그리스 로마 철학사

A HISTORY OF PHILOSOPHY

Greece and Rome

A HISTORY OF PHILOSOPHY (Vol 1)

그리스 로마 철학사

2015년 11월 20일 초판 인쇄
2015년 11월 25일 초판 발행

지은이 프레드릭 코플스턴 | **옮긴이** 김보현 | **펴낸이** 이찬규 | **교정교열** 선우애림
펴낸곳 북코리아 | **등록번호** 제03-01240호 | **전화** 02-704-7840 | **팩스** 02-704-7848
이메일 sunhaksa@korea.com | **홈페이지** www.북코리아.kr
주소 13209 경기도 성남시 중원구 사기막골로 45번길 14 우림 2차 A동 1007호
ISBN 978-89-6324-450-1(93160)

값 35,000원

그리스 로마
철학사

프레드릭 코플스턴 지음
김보현 옮김

A HISTORY OF PHILOSOPHY

Greece and Rome

북코리아

제1판
역자 서문

―――――――

　철학에 대한 코플스턴의 지식과 관심은 넓고 깊어서 동서고금에 미치지 않는 곳이 없었다. 그는 신부로서 중세철학은 물론이고, 고대 및 근·현대의 철학에도 두루 해박했다. 저술 또한 매우 광범위하여 헤겔, 니체, 쇼펜하우어 등의 사상을 논했는가 하면, 그와는 경향이 전혀 다른 러셀, 에이어 등의 분석철학도 다루었다. 그뿐만 아니라 러시아 철학, 심지어는 불교에 관해서도 저술이나 강연을 남겼으니 그의 박학다식은 실로 초인적인 것이었다. 이만한 석학이었기에 그는 고금의 전 사상사를 균형 잡힌 시각에서 상세하게 기술하여 9권의 철학사(*A History of Philosophy*, 1946-1974) 속에 담아낼 수 있었다. 그의 이 철학사는 개별적 사상가 및 학파에 관한 상세한 논의와 광범위하고 충실한 원전 인용으로 인하여 그 어떤 철학사보다도 방대한 대작이다. 그럼에도 불구하고 그 각 권은 동일한 저자의 작품에서만 가능한 표현의 동질성을 공유하고 있다. 이러한 장점을 지닌 까닭에, 많은 철학자들은 이 대작을 철학도뿐만 아니라 철학에 관심이 있는 많은 지식인들에게 지속적인 영향을 미칠, 20세기를 대표하는 지적 성취들 가운데 하나로 평가하기를 주저하지 않는다. 여기의 이 졸문(拙文)은 역자가 그 대작의 고대편인 제1권(*Greece and Rome*, 2. ed. (Westminster, Maryland: Newman Press, 1960))을 완역한 것이다.

　코플스턴 철학사의 제1권은 모두 다섯 부분으로 되어 있다. 제1부는 소크라테스 이전의 철학이다. 그것은 우주의 단일성이라는 형이상학적 가정과 복수성이라는 경험적 사실을 조화시키려는 노력이었다. 비록 그 노력은 실패로 끝났으나, 이 세계에 대한 합리적인 이해에 도달하기 위한 그리스 최초의 시도로서 그 나름의 의미가 있다. 제2부는 소크라테스의 시대이다. 이 시대의 철학은 관심과 문제에 있어, 소크라테스 이전의 철학과 달랐다. 그 관심과 문제는 우주가 아니라 인간이었다. 이 시대의 철학이 씨름한 문제는 윤리적 문제와 같은 인간의 문제였으며, 철학적 관심도 이미 객관에서 주관으로 바뀌어 있었다. 그러나 철학사를 아무런 연관 없이 단절된 견해들의 단순한 집적이 아니라, 작용과 반작용의 연관 속에서 체계적으로 파악되어야 할 사상들의 연속적인 흐름으로 보는 코플스턴은 소크라테스 이전의 우주론적 사변과 소크라테스 시대의 인간철학을 정(thesis)과 반(antithesis)의 관계로 서술하고 있다. 제3부는 플라톤이고 제4부는 아리스토텔레스이다. 그리스 철학 전체를 관통하는 일(一)과 다(多)의 문제는 결국, 궁극적인 원인을 발견하는 문제이다. 소크라테스 이전의 철학자들은 물질적 원인을 발견했으나, 플라톤은 범형인(範型因)으로서 관념적·초물질적 실재를 강조하고 운동의 작용인(effcient operative cause)으로서 정신과 영혼을 주장했다. 그러나 그의 체계는 지상의 세계에서 내재적인 형상인이 어떤 분명한 위치를 갖지 못한다는 점에서 불충분한 것이었다. 반면 아리스토텔레스의 체계는 지상 세계에서 내재적인 형상인과 질료인에 관해 명백한 이론을 제시하지만, 궁극적인 작용인과 범형인에 관해서는 만족스럽게 설명하지 못한다는 점에서 역시 부족한 것이었다. 마지막으로 제5부는 아리스토텔레스 이후의 고대철학이다. 이 시기는 그리스의 도시 국가들이 거대한 제국으로 통합되면서 시민들이 점차 범세계적 사회에서 필요한 새로운 삶의 지침을 요구하던 시기인 만큼, 철학의 관심도 주로 윤리학에 관한 것이었다. 스토아주의나 에피쿠로스주의가 현저하게 윤리적이고 실천적인 경향을 보인 것도 이러한 배경에서였다. 그러나 형이상학적 사색이 완전히 사라질 수는 없었는데, 그 이유는 그것이 윤리학에 대한 이론적 기초를 제공하기 때문이었다. 당연히 플라톤(정)과 아리스토텔레스(반)의 종합이 시도되었는데, 고대철학의 마지막 꽃이라고 불리는 신(新)플라톤주의는 그러한 시도의 대표적인 예이다. 코플스턴은 그것의 유출설이 무(無)로부터의 창조를 부정하고, 신의 자기 분화 역시 부정하기 때문에 단순한 비유에 불과하며, 궁극적 원인을 발견하는 문제는 최종적 작용인·범형인·목적인이 하나의 정신적 신 안에서 명백하게 동일시되는 기독교 철학에서만 해결될 수 있다고 본다. 그는 신플라톤주의가 기독교 철학에 변증법적 도구들과 형이상학적 개념 및 용어들을 제공했다는 점에서, 기독교에 이르는 하나의 유용한 과정이었다고 평가한다. 아니, 신플라톤주의뿐만 아니라 그리스 철학 전체가 복음의 준비였다는 것이다.

　　코플스턴은 본서에서 버넷(Burnet), 딜스(Diels), 예거(Jaeger), 프래흐터(Praechter), 리터(Ritter), 로스(Ross), 슈텐첼(Stenzel), 테일러(Taylor) 등과 같은 고대철학 전문 학자들의 견해를 치우침 없이 반영함은 물론, 그리스어 및 라틴어 원전을 광범위하게 인용한다. 그러기에 본서는 역사서로서 공정한 객관성과 풍부한 내용을 자랑할 수 있겠으나, 고대철학에 과문한 역자에게는 번역이 쉽지 않은 책이다. 그러므로 역자는 여러 지인들의 도움을 구하지 않을 수 없었다. 희랍어 문장의 번역에는 김귀룡 박사와, 이상인 박사의 도움이 있었고, 라틴어 문장의 번역은 서병창 박사, 김은중 박사 그리고 이경재 선생의 도움으로 이루어졌다. 또 제우스 송가 등에 나오는 고대영어 문장의 번역은 울산대학교 영문과의 전국서 교수가 도와주었다. 이들의 도움에 감사를 표한다. 번역은 반역이라는 말이 있다. 그러나 역자는 본서를 번역하면서 반역을 도모하지 않았다. 독자의 이해를 돕기 위해, 간혹 옮긴이의 주를 붙이고, '[ ]'을 넣어 약간의 보필을 했을 뿐, 역자는 대체로 직역으로 일관했다. 그것은 주로, 역자의 수준에서 의역은 자칫 저자의 진의를 왜곡시킬지도 모른다는 두려움 때문이었을 것이나, 역자가 대학 시절의 은사 김태성 선생님으로부터 전수한 직역의 습관 때문이기도 했을 것이다. 김은중 박사는 번역 원고 전체를 정독하고 오역을 바로잡아주었으며, 이경재 선생은 아리스토텔레스 부분의 번역에서 많은 도움을 주었고, 오승훈 군도 어색한 표현이나 오자 등을 교정해주었다. 그러나 많은 지인들의 헌신적인 도움에도 불구하고, 역자가 고대철학에 어두운 탓에 오역이 많을 것으로 예상된다. 그러므로 이제 역자는 독자들의 비판으로부터 배우고자 한다.

1988년 9월 9일 울산에서
김보현

제2판
역자 서문

이 책은 코플스턴의 『그리스 로마 철학사』(철학과 현실사, 1996)의 개정판이다. 그동안 초판은 여러 곳에서 오역이 발견되기도 했고, 또 가독성에 문제가 있다는 독자들의 지적도 받았다. 당연히 오래전에 개정판이 출간되었어야 하나 그렇지 못한 까닭은 원전의 분량이 방대하기도 하려니와, 무엇보다 희랍어와 라틴어 문장들의 해석에 대해 자신이 없었기 때문이었다. 그러나 이제 가독성을 어느 정도 개선했을 뿐만 아니라, 여기저기에서 발견된 오역들을 바로잡았고 전문가들의 도움으로 고전어에 대해서도 잘못된 번역을 고쳤기에, 수정본 출간을 결심할 수 있었다.

박학다식한 코플스턴의 문체는 만연체이다. 많은 어구를 사용하여 수식하며 부연하여 설명하는 장황한 원전의 문장을 직역이라는 명분으로 고스란히 번역한 초판의 가독성이 떨어지는 것은 당연한 일이었을 것이다. 이 책에서는 가독성을 높이기 위해 긴 문장은 가능한 한 짧게 잘라서 여러 문장으로 번역하려고 노력하였고, 때때로 접속사 번역은 생략하기도 하였다. 뿐만 아니라, 부연 또는 설명의 괄호 문장은 작은 글씨로 표시하여 괄호가 시작되는 부분과 끝나는 부문의 연결을 시각적으로 원활하게 함으로써 문맥이 단절되는 것을 막고자 하였다.

오역을 바로잡는 데는 많은 사람의 도움이 있었다. 광운대학교의 김효섭 박사는 여러 곳에서 영어 문장의 오역을 찾아내어 수정해주었고, 서울대학교 인문학연구원 서양고전학연구소의 김진식 박사는 세네카의 라틴어 문장에 대한 오역을 지적하고 고쳐주었다. 필리핀 국립대학의 시리아코 준 세이슨(Ciriaco Jun Sayson) 교수는 원전의 희랍어 문장들을 모두 영어로, 그리고 독일 벤도르프의 헬가 퀴블러-부흐하이트(Hega Kübler – Buchheit) 여사는 라틴어 문장들을 독일어로 각각 번역해줌으로써, 고전어 문장들의 오역을 바로잡도록 도와주었다. 또 울산대학교의 조창오 박사는 고전어 초판 번역에 대한 모든 수정 제안을 읽고 그 수용여부를 결정하는 데 조언을 아끼지 않았다.

이 책의 출간에 도움을 준 데 대해 감사를 받아야 할 사람은 위에 거명된 이들뿐만이 아니다. 북코리아의 이찬규 사장님 역시 빼놓을 수 없다. 출판업계의 어려운 사정에도 불구하고 대중성이 그리 높지 않은 철학번역서 재판의 출판 제안에 흔쾌히 동의해준 것에 고마울 따름이다.

이 책을 출간하도록 도와주고 격려해준 이들의 바람이 헛되지 않도록, 가독성이 크게 향상되고 많은 오역이 바로잡혔기를 바란다. 더 나아가서, 철학도뿐만 아니라 일반인들도 이 책을 많이 읽어서, 그들의 교양이 정치, 역사, 사회, 문학, 음악, 미술 등에서 철학으로까지 확장되기 바란다. 그리되면 그들은 코플스턴의 말마따나 미켈란젤로나 루벤스의 그림에서 받는 감동 못지않은 것을 플라톤이나 아리스토텔레스의 철학에서 느낄 줄 아는 진정한 교양인이 될 것이다.

2015년 8월 25일 독일 콘스탄츠에서
김보현

저자 서문

─────────

이미 많은 철학사 책들이 나와 있기 때문에, 왜 거기에 한 권을 더 보태게 되었는지 다소 설명이 필요할 것 같다. 이 책을 쓴 주된 동기는 ─이 책은 전(全) 철학사 가운데 제1권으로 계획되어 있다─ 통상적으로 사용되는 교과서들보다 좀 더 상세하고 더 광범위하며, 동시에 철학적 체계들의 논리적 발전과 그 체계들의 상호연관을 드러내 보일 수 있는 저작을 천주교 교회의 신학교에 제공하는 것이다. 철학의 역사에 대하여 학문적이고 철학적인 설명을 제공하는(제한된 주제들을 다루는 과학적 전공 논문과는 다른) 영어 저작들이 몇몇 있는 것은 사실이다. 그러나 그 저작들의 관점은 종종 본 저자 스스로의 관점과도 다르고, 이 책을 집필할 때 예상 독자로 염두에 둔 학생들의 관점과도 매우 다르다. 철학사를 다루면서 조금이라도 "관점"을 언급하는 것은 눈살을 찌푸리게 할 수도 있다. 그러나 진정한 사가(史家)는 누구도 어떤 관점, 즉 어떤 입장 없이는 쓰지 못한다. 그가 자신의 지적 선정(知的 選定)과 사실 배열을 인도하는 선택의 원리를 가져야만 한다는 이유만으로도, 그러하다. 모든 양심 있는 사가들은 가능한 한 객관적이고자 노력할 것이며, 미리 이론에 맞추기 위하여 사실을 왜곡하거나, 어떤 사실들이 단지 그가 전제하는 이론을 지지하지 않는다는 이유로 빠뜨리거나 언급을 삼가지는 않을 것이다. 그러나 만일 어떠한 선택의 원리도 없이 역사를 쓰려고 시도한다면, 그 결과는 단순한 연대기일뿐 진정한 역사가 아니다. 그것은 이해 또는 동기가 없는 견해 또는 사건들의 단순한 나열에 불과하다. 엘리자베스 여왕의 드레스 수와 스페인 함대의 패배를 똑같이 중요한 사실로서 기록하며, 스페인의 모험이 어떻게 일어났는지, 그 원인이 된 사건은 무엇이며 그 결과가 어떤 것이었는지를 보여주려는 어떤 지적인 시도도 하지 않는 영국사가에 대해서 당신은 어떻게 판단할 것인가? 더구나 철학사가(哲學史家)의 경우, 사가 자신의 개인적 철학관은 사실에 대한 그의 선택 및 소개, 또는 적어도 어떤 사실이나 측면을 더 강조할지에 대한 그의 선택에라도, 영향을 미치지 않을 수 없다. 간단한 예를 하나 들어보자. 두 명의 고대 철학사가들은 각각 어떤 사실들, 이를테면 플라톤주의의 역사와 신플라톤주의의 역사를 똑같이 객관적으로 연구할 수 있다. 그러나 만약 한 사람은 모든 "초월주의"가 순전히 어리석은 생각이라고 확신하는 데 반해, 다른 사람은 초월적인 것의 실재를 굳게 믿고 있다면, 플라톤적 전통에 대한 그들의 소개가 정확하게 똑같으리라고는 전혀 상상할 수 없다. 그들 모두가 플라톤주의자들의 견해를 객관적으로 그리고 양심적으로 서술할 수는 있다. 그러나 예를 들어, 전자는 신플라톤주의의 형이상학을 강조하지는 않을 것이며, 자신이 신플라톤주의를 그리스 철학의 유감스러운 종말로, "신비주의" 또는 "동방주의"로의 후퇴로 간주한다는 사실을 드러낼 것이다. 반면에 후자는 신플라톤주의의 제설혼합주의(諸說混合主義)적 측면과 기독교 사상에서의 중요성을 강조할 수 있다. 그들 가운데 어느 누구도, 철학자들에게 그들이 갖고 있지 않던 견해들을 귀속시키거나, 그들의 교의(敎義) 가운데 어떤 것을 감추거나, 연대기나 논리적 상호연관을 무시한다는 의미에서 사실을 왜곡하지는 않았을 것이다. 하지만 그럼에도 플라톤주의와 신플라톤주의에 대한 그들의 묘사는 틀림없이 다를 것이다. 사정이 이러하기 때문에, 나는 스콜라주의적 철학자의 입장에서 철학사에 관한 저작을 하나 저술할 권리가 있다고 주장하기를 서슴지 않는다. 무지로 인한 오류 또는 오역이 있을 수 있음을 부인하는 것은 뻔뻔스럽고 어리석은 일일 것이다. 그러나 나는 객관성을 유지하려 노력했다고 주장하는 바이며, 동시에 내가 일정한 관점에서 이 책을 썼다는 사실은 단점이라기보다는 장점이라고 주장하는 바이다. 최소한 그것은 마치 동화 속 이야기처럼 허황되고 일관성 없는 의견들의 뒤섞임에 불과할 수도 있는 서술에 일관성을 부여하여 의미를 도출해낼 수 있도록 해준다.

　이미 말한 것으로부터, 나는 이 책을 학자 또는 전문가들을 위해서 쓴 것이 아니라, 철학사를 처음 접하며, 이 책을 체계적인 스콜라 철학에 병행하여 공부하지만, 당분간은 스콜라 철학에 보다 많은 주의를 기울일 필요가 있는 학생들을 위하여 썼음이 명백할 것이다. 내가 일차적으로 염두에 두고 있는 그 독자들에게(만약 이 책이 다른 사람들에게도 어떤 도움을 줄 수 있다고 입증된다면 너무도 기쁠 따름이지만)는 일련의 학문적이고 독창적인 전공 논문들이 교과서로 계획된 책보다는 덜 유용할 것이다. 하지만 그런 교과서는, 어떤 학생들의 경우에는 독창적인 철학적 원문, 주석서, 그리고 그 원문들에 관한 저명한 학자들의 연구논문을 공부하는 데 하나의 자극제가 될 수도 있다. 나는 이 책을 집필하는 동안 이 사실을 마음 속에 간직하려고 노력했다. 목적을 원하는 자는 그 수단도 원한다(qui vult finem, vult etiam media). 그러므로 이 책이 고대 철학사에 관한 문헌에 정통한 독자들의 손에 들어간다면, 그리하여 그들에게 이 아이디어는 버넷(Burnet)이나 또는 테일러(Taylor)가 말하는 것에 근거해 있으며, 저 아이디어는 리터(Ritter) 또는 예거(Jaeger) 또는 슈텐첼(Stenzel) 또는 프래흐터(Praechter)가 말한 것에 근거해 있다는 생각이 들도록 한다면, 나는 그들에게 (아마 나 자신도 그것을 매우 잘 알고 있을 것이고) 문제의 학자가 말하는 것에 무비판적으로 또는 생각 없이 동의할 수 없었을 것임을 상기시키고 싶다. 독창성은 그것이 지금까지 밝혀지지 않은 진리의 발견을 의미할 때는 확실히 바람직하다. 그러나 독창성을 위하여 독창성을 추구하는 것은 역사가의 본래 임무가 아니다. 그러므로 나는 영국과 대륙의 학문에 영광을 더한 사람들, 즉 테일러 교수, 데이비드 로스 경(Sir David Ross), 콘스탄틴 리터, 베르너 예거 등등과 같은 사람들에게 진 나의 부채를 기꺼이 인정한다. 사실 이 책의 예상 독자들이 가지고 있는 입문서들은 현대 전문가의 비판의 결과에 충분히 주목하지 않았다. 나로서는 그러한 광원(光源)을 너무 많이 사용한다는 비난보다는 충분하게 사용하지 않는다는 비난을 반대 비판에 대한 보다 합리적인 근거로 간주해야 한다고 여긴다.

피타고라스에 관한 토마스 리틀 히쓰 경의 논문(14판)에서 끌어낸 도식들을 사용하도록 허락해준 데 대해서는 브리태니카 백과사전 주식회사에, 플라톤의 형상들과 수(數)들에 관한 연구(『철학적 연구에 있어서 마음』)를 자유롭게 사용하도록 너그럽게 허락해준 데 대해서는 테일러 교수(그리고 맥밀란 사)에, 아리스토텔레스가 말하는 도덕적 덕(德)들에 대한 자신의 도표(『아리스토텔레스』, 203쪽)를 따 넣도록 친절하게 허락해준 데 대해서는 데이비드 로스 경과 메쓔엔 사에, 니콜라이 하르트만(Nicolai Hartmann) 교수의 『윤리학』 영문 번역서에서 한 줄을 인용하도록 허락해주고 그 책의 한 도식을

그리스 로마 철학사

사용하도록 허락해준 데 대해서는 앨런 앤드 어윈 사에, 니체(Nietzsche) 저작들의 권위있는 영문 번역에서 몇 구절 인용한 데 대해서는 위와 동일한 출판사와 편집자 오스카 레비 박사에, 제임스 아담 박사에 의한 클레안테스의 제우스 송가의 번역을 인용하도록(힉, 『스토아학파와 에피쿠로스학파』) 허락해준 데 대해서는 차알스 스크리브너즈 선즈 사에, 『신(新)플라톤주의 해설 문선』(에스 피 씨 케이, 1923)의 번역들을 사용하도록 허락해준 데 대해서는 도스(E. R. Dodds) 교수와 에스 피 씨 케이 사에, 그리고 네틀쉽(R. L. Nettleship)의 『플라톤의 국가에 관한 강의』에서 인용하도록 허락해준 데 대해서는 맥릴란 사에 심심한 감사를 표한다.

　　소크라테스 이전의 철학자들에 대한 참고문헌은 딜스(Diels)의 『소크라테스 이전의 철학자들』의 제5판에 따라서 제공된다. 몇몇 단편들은 내가 번역한 반면, 다른 경우에는(에이 앤드 씨이 블랙 사의 친절한 허락을 받아서) 버넷(Burnet)의 『초기 그리스 철학』 영문 번역을 차용했다. 참고문헌에서 이 저서의 제목은 E.G.P.로 축약되며, 젤러(Zeller)-네스틀(Nestle)-팔머(Palmer)가 쓴 『그리스 철학사의 개요』는 일반적으로 『개요』로 표기했다. 플라톤의 대화편들과 아리스토텔레스 저작의 제목들에 대한 축약은 독자들도 충분히 알 수 있을 것이다. 언급된 다른 책들의 제목은 본서 끝에 있는 부록 I에 설명되어 있다. 나는 부록 III에 추천도서 몇 권을 언급했는데, 그것은 단순히 이 책의 일차 대상 독자인 학생들의 실질적 편의를 위한 것이다. 나는 짧은 도서목록을 참고문헌이라는 이름으로 그럴듯하게 부르지 않으며, 완전한 참고문헌 비슷한 것(당연히 그래야만 하겠지만, 만약 그것이 학술적 정기 간행물들을 고려에 넣는다면)은 어떤 것이든 분량이 매우 커지므로 본서에 담는 것이 매우 비실용적이기에 참고문헌을 제공하지 않았다. 참고문헌을 찾아보고 출전들을 개관하기 위해서, 학생들은 위버벡-프래흐터(Ueberweg-Praechter)의 『중세 철학』 등을 참조할 수 있다.

제1판의 오자와 그 외의 형식적 오류들을 교정하는 데 값진 도움을 주고 색인의 개선에 관련해 제안을 해주신 페인(T. Paine) 신부님, 우드록(Woodlock) 신부님, 그리고 번스 오쓰와 워쉬본 사(Burns Oates and Washbourne)의 교정원에게 감사를 전한다. 177쪽에서와 같이 본문에 약간 첨가한 내용이 있는데, 이것은 전적으로 나의 책임으로 이루어졌다. 지체없이 재판을 내야 할 필요 때문에 본문을 광범위하게 개정하지는 못했다.

차례

제1부 소크라테스 이전의 철학

제2부 소크라테스의 시대

제3부 플라톤

제4부 아리스토텔레스

제5부 아리스토텔레스 이후의 고대철학

들어가는 말

━━━━━━━ **1. 왜 철학사를 공부하는가?**

01.　　누구라도 역사에 대한 지식이 전혀 없는 사람에게 "배웠다"고 말하지 않을 것이다. 사람들은 조국의 역사에 대해서 어느 정도는, 즉 정치 · 사회 · 경제적 발전 및 문학적 · 예술적 성취에 대해 되도록이면 유럽사라는 그리고 세계사라는, 보다 넓은 배경 속에서 알아야 한다는 것을 모두 인정한다. 그러나 만약 교육받은 교양 있는 영국인이 알프레드 대왕과 엘리자베스 여왕, 크롬웰과 말브로우 그리고 넬슨, 노르만 침공, 종교 개혁, 산업 혁명에 대한 지식을 가지고 있다면, 그가 적어도 로저 베이컨, 둔스 스코투스, 프랜시스 베이컨, 홉스, 로크, 버클리, 흄, 존 스튜어트 밀 그리고 허버트 스펜서에 대해서도 얼마간 알고 있으리라는 점 또한 마찬가지로 명백하다. 더구나, 교육받은 어떤 사람이 그리스와 로마에 대해서 전혀 모르지는 않을 것이라고 예상되고, 또 소포클레스나 베르길리우스에 대해 들어보지도 못했고 유럽문화의 기원에 대해 아무것도 모른다고 고백해야 하는 경우를 부끄러워 할 것이라면, 마찬가지로, 세상 사람들이 알았던 가장 위대한 사상가들 가운데 두 사람이며 유럽 철학의 선두에 서 있는 플라톤과 아리스토텔레스에 대해서 어느 정도는 알고 있을 것이다. 교양 있는 사람이라면 단테와 셰익스피어와 괴테에 관해서, 아시시의 성 프랜시스와 안젤리코 수사에 관해서, 프레드릭 대왕과 나폴레옹 1세에 관해서 약간은 알 것이다. 왜 그가 성 아우구스티누스와 성 토마스 아퀴나스, 데카르트와 스피노자, 칸트와 헤겔에 대해서 얼마간 알

고 있으리라고 기대해서는 안되는가? 위대한 정복자들과 파괴자들에 관해서는 알면서도 위대한 창조자들, 우리의 유럽 문화에 진정으로 기여한 사람들에 대해서는 모르고 있으리라고 말하는 것은 터무니없는 일이다. 그리고 우리에게 영속적인 유산과 보배를 남긴 사람들은 위대한 미술가들과 조각가들뿐만이 아니다. 플라톤과 아리스토텔레스, 성 아우구스티누스와 성 토마스 아퀴나스와 같은 위대한 사상가들 역시 유럽과 그 문화를 비옥하게 만든 사람들이다. 그러므로 최소한 유럽 철학의 흐름에 대해서 무엇인가를 아는 것은 교양교육에 속한다. 결과가 좋건 나쁘건 간에 우리의 시대를 만드는 데 이바지한 사람들은 예술가들과 장군들뿐만이 아니라, 사상가들이기도 하기 때문이다.

누구도 셰익스피어의 저작을 읽거나 또는 미켈란젤로의 창작품을 관람하는 것을 시간 낭비라고 생각하지는 않을 것이다. 그 작품들에는 당시부터 현대까지의 긴 시간 속에서도 감소되지 않는 본질적 가치가 내재되어 있기 때문이다. 플라톤이나 아리스토텔레스 또는 성 아우구스티누스의 사상을 연구하는 일 역시 마찬가지로 시간 낭비가 아니다. 그들의 사상 혹은 창조물은 인간 정신의 걸출한 성취물로서 지속되기 때문이다. 루벤스 시대 이래로 루벤스 외의 많은 예술가들이 존재해왔고 그림을 그려왔으나, 그것이 루벤스 작품의 가치를 감소시키지는 못한다. 플라톤 시대 이래로 플라톤 이외의 다른 철학자들이 철학을 해왔으나, 그것이 플라톤 철학에 대한 관심과 그것의 아름다움을 파괴하지는 못한다.

직업, 성격 그리고 전문화(專門化)에 대한 필요가 허락하는 한, 철학 사상사에 대하여 얼마간 아는 것이 교양인에게 바람직하다면, 모든 공언된 철학도들에게는 이것 [철학 사상사에 대하여 얼마간 아는 것]이 얼마나 더 바람직하겠는가. 특히 스콜라 철학을 전공하는 학생들에게 더욱 그러할 것이다. 그들은 그것을 영원한 철학(philosophia prennis)으로 연구하기 때문이다. 나는 그것이 영원한 철학이라는 것을 논박하고 싶지는 않다. 그러나 그것은 하늘에서 떨어진 것이 아니라, 과거로부터 성장한 것이다. 그리고 만약 우리가 성 토마스 아퀴나스나 성 보나벤투라 또는 둔스 스코투스의 작품을 진정으로 감상하기를 원한다면, 플라톤과 아리스토텔레스와 성 아우구스티누스에 대하여 얼마간 알고 있어야만 한다. 또, 만약 영원한 철학이 존재한다면, 그 몇몇 원리들은 심지어 근대 철학자들의 마음 속에서도 (비록 그들이 일견 성 토마스 아퀴나스로부터 멀리 떨어져 있는 것처럼 보이긴 하지만) 기능하리라는 기대만은 해볼 수 있다. 그리고 비록 그렇지 않다 하더라도, 잘못된 전제들과 그릇된 원리들로부터 어떤 결과가 도출되는지를 관찰하는 것은 유익할 것이다. 실제 역사적 배경 속에서 그 입장과 의미가 파악되거나 또는 이해되지 않은 사상가들을 비난하는 습관은 크게 비판받아야 한다는 것 또한 부인할 수 없다. 아울러 참된 원리를 철학의 모든 영역에 적용하는 것이 분명 중세에서 끝난 것은 아니라는 점 역시 확신할 수 있을 것이다. 따라서 이를테면 미학 이론이나 또는 자연 철학의 분야에서 우리가 근대의 사상가들로부터 배울 것이 있음은 당연하다.

02. 과거의 여러 가지 철학적 체계들은 단지 낡은 유물에 불과하다는 반론도 있다. 철학사는 "각각의 체계들이 서로를 죽이고 매장했기 때문에, 반박되고 영적으로 죽은 체계들로 이루어져 있다"[1]는 반론이 그것이다. 형이상학은 언제나 "결코 시들지 않는 그러나 결코 충족되지도 않는 희망으로 인간의 마음을 불안한 상태로 만들고" 있으며 "다른 모든 학문은 끊임없이 발전하고 있는 반면", 형이상학에서는 사람들이 "단한 발짝도 나아가지 못하고, 동일한 점을 영원히 맴돈다"고 칸트가 선언하지 않았던가?[2] 플라톤주의, 아리스토텔레스주의, 스콜라주의, 데카르트주의, 칸트주의, 헤겔주의 이 모두가 각기 유행했던 시절이 있었고, 또 모두 도전받은 바 있다. 유럽의 사상은 "버려지고 화해되지 않은 형이상학적 체계들로 어질러져 있는 것으로 묘사될"[3] 수 있다. 역사라는 방 안에 굴러다니는 낡아빠진 잡동사니를 왜 공부하는가?

그러나 비록 과거의 모든 철학들이 도전받았을 뿐만 아니라(이것은 명백하다) 반박되기도 했다고(이것은 결코 도전과 같은 것이 아니다) 하더라도, "오류는 항상 교훈적이라는"[4] 것은 여전히 진리로 남는다. 물론 철학은 가능한 학문이며 도깨비불같은 환영이

---

1 Hegel, *Hist. Phil.*, I, 17쪽.

2 *Proleg.*, 2쪽(Mahaffy).

3 A. N. Whitehead, *Process and Reality*, 18쪽. 말할 필요도 없이, 그 반역사적 태도는 화이트헤드 교수 자신의 태도가 아니다.

4 N. Hartmann, *Ethica*, I, 119쪽.

아니라고 추정할 때 그러하다. 중세 철학으로부터 예를 하나 들면, 한편으로 과장된 실재론이 도달하는 결론과 다른 한편으로 유명론이 도달하는 결론은, 보편자의 문제에 대한 해답은 그 양극단의 중앙에서 찾아질 수 있음을 보여준다. 그러므로 그 문제의 역사는 학파들이 가르치는 논지에 대한 실험적 증명이 된다. 또 절대적 관념론이 그 자신은 유한한 자아에 대한 어떠한 충분한 설명도 할 수 없다는 것을 알았다는 사실만으로도 사람들이 일원론의 길로 접어드는 것을 단념시키기에 충분할 것임에 틀림 없다. 근대 철학에서 인식론과 주객(主客) 관계를 강요함으로써, 그것으로 야기된 모든 터무니 없는 생각들에도 불구하고 어쨌든 객체가 주체로 환원될 수 없듯이 주체는 객체로 환원될 수 없다는 것이 분명해졌다. 반면에 마르크스주의는 그것의 기본적인 오류에도 불구하고, 기술(技術)과 인간의 경제 생활이 인간 문화의 보다 고급한 영역에 미치는 영향을 무시하지 말라고 우리에게 가르칠 것이다. 주어진 하나의 철학 체계를 배우기로 계획을 세운 것이 아니라, 말하자면 기초부터(ab ovo) 철학하기를 열망하는 사람에게는 특히, 철학사 공부가 필수 불가결하다. 철학사를 공부하지 않을 경우, 그는 시계(視界)가 없는 소로(小路)들을 따라 내려가 그의 선배들이 저질렀던 오류들을 반복하는 위험을 무릅쓰게 될 것이지만, 그가 과거의 사상을 진지하게 연구했다면, 아마도 그 위험에서 빠져나올 수 있을 것이다.

03.　　철학사에 대한 연구가 어떤 회의적 심리구조를 유발하는 경향이 있을 수도 있음은 사실이다. 그러나 철학의 체계들이 계속되었다는 사실이 어느 한 철학이 틀렸다는 것을 증명하지는 않는다는 것을 기억해야만 한다. 비록 X가 Y의 입장에 도전하며 그것을 포기한다 하더라도, 그것 자체만으로는 Y의 입장이 지지(支持)될 수 없다는 것을 증명하지 못한다. 왜냐하면 X가 불충분한 근거로 그것을 포기했거나 또는 틀린 전제들을 받아들였는데, 그 전제들을 발전시킨 결과가 Y의 철학과의 결별을 수반했을 수도 있기 때문이다. 사람들은 불교, 힌두교, 조로아스터교, 기독교, 이슬람교 등 많은 종교들을 보았다. 그러나 그것이 기독교가 참된 종교가 아니라는 것을 증명하지는 않는다. 그것을 증명하려면 기독교 호교학(護敎學)에 대한 철저한 반박이 필요할 것이다. 다양한 종교들이 존재한다는 것이 사실상 어느 한 종교가 참된 종교라는 주장이 그르

다고 입증하는 것이 터무니없음과 마찬가지로, 철학들이 연속된다는 것이 사실상 참된 철학은 없으며 있을 수도 없다는 것을 증명하는 것도 터무니없다. (우리가 이렇게 말하지만, 기독교 이외의 다른 종교에는 아무런 진리 또는 가치가 없음을 암시할 뜻은 물론 없다. 더구나 참된 종교(계시종교)와 참된 철학 사이에는 이러한 큰 차이가 있다. 즉 전자(前者)가 계시된 것으로서, 계시된 것 전체가 필연적으로 참인데 반하여, 참된 철학은 주어진 어떤 순간에도 완성되지 않은 채, 그것의 주요 노선들과 원리들만 참일 수 있다. 철학은 인간 정신의 작품이며 신의 계시가 아닌 까닭으로 성장하며 발전한다. 새로운 문제들에 대한 새로운 접근(接近) 방향이나 새로운 적용 방향, 새롭게 발견된 사실들, 새로운 상황들 등등에 의해서 새로운 지평이 열릴 수 있다. "참된 철학" 또는 영원한 철학이라는 용어가 발전 또는 수정을 모르는 정적이고 완벽한 원리들과 적용들의 군(群)을 의미하는 것으로 이해되어서는 안 된다.)

━━━━━━━━ **2. 철학사의 본질**

01.　확실히 철학사는 견해의 단순한 집적(集積)도, 서로 아무런 연관도 없는 단절된 사상적 사항들에 대한 서술도 아니다. 철학사가 "단지 다양한 견해들의 열거로만" 취급되면, 또 이 견해들이 똑같이 가치 있다거나 똑같이 무가치하다고 간주되면, 그것은 "한가한 설화 또는 (만약 당신이 그렇게 부르고자 한다면) 박식한 연구"[5]가 된다. 연속성과 연관, 작용과 반작용, 정(正, thesis)과 반(反, antithesis)이 있어서, 역사적 배경 속에서, 다른 체계들과의 연관에 비추어서 보지 않는다면, 어떠한 철학도 실제로 완전하게 이해될 수 없다. 만약 헤라클레이토스와 파르메니데스 그리고 피타고라스주의자들의 사상에 대해 다소라도 알지 못한다면, 플라톤이 무엇에 도달하고 있었는지 또는 무엇이 그로 하여금 그가 말한 것을 말하도록 했는지를 실제로 어떻게 이해할 수 있겠는가? 만약 영국 경험론에 대해서 얼마간 알지 못한다면, 그리고 흄의 회의적 결론들이 칸트의 마음에 끼친 영향을 깨닫지 못한다면, 칸트가 공간, 시간 그리고 범주들에 관하여

5　Hegel, *Hist. Phil.*, I, 12쪽.

외견상 그토록 이상한 입장을 수용한 이유를 어떻게 이해할 수 있는가?

02.   그러나 만약 철학사가 단지 고립된 견해들을 모아 놓은 것에 불과하다면, 그것은 진보로나 또는 심지어 나선식의 발전으로도 간주될 수 없다. 철학적 사색을 하다 보면 정·반·합이라는 헤겔의 삼박자에 대해 그럴듯한 예들이 발견될 수 있다는 점은 사실이다. 그러나 선험적 틀을 채택하고 나서 사실들을 그 틀에 맞추는 것은 과학적인 역사가가 할 일이 아니다. 헤겔은 연속되는 철학적 체계들은 "철학 발전의 필연적인 연속적 단계들을 나타낸다"고 상정했다. 그러나 그것은 인간의 철학 사상이 바로 "세계 정신"의 사유일 때만 그러하다. 실제적으로 말하자면, 어떤 기존의 사상가도 자신의 사상이 택할 방향에 있어서는 제한적이라는, 즉 그 바로 앞의 체계들 그리고 동시대 체계들에 의해서 제한을 받는다는 것(우리는 그 사상가의 개인적 성향, 교육, 역사적·사회적 상황 등등에 의해서도 역시 제한을 받는다는 것을 첨언할 수 있을 것이다)은 의심할 나위 없이 사실이다. 그럼에도 불구하고 그 사상가가 어떤 특수한 전제들 또는 원리들을 선택하도록 결정되어 있지는 않으며, 그 전의 철학에 대해 어떤 특수한 방식으로 반응하도록 결정되어 있지도 않다. 피히테는 그의 체계가 논리적으로 칸트의 체계를 이으며, 근대 철학을 공부하는 모든 학생들이 알고 있는 것처럼, 분명히 [칸트의 체계와] 직접적인 논리적 연관이 있다고 믿었다. 그러나 피히테는 그가 행한 그 특수한 방식대로 칸트의 철학을 발전시키도록 정해져 있지는 않았다. 칸트를 잇는 그 철학자는 칸트의 전제들을 재검토하고 칸트가 흄으로부터 받아들인 결론들이 참된 결론이라는 것을 부정하는 선택을 했을 수도 있었을 것이다. 그는 다른 원리들로 되돌아가거나 또는 자신의 새로운 원리들을 생각해낼 수도 있었을 것이다. 분명히 철학사에는 논리적 귀결이 있다. 그러나 엄밀한 의미의 필연적 귀결은 없다.

그러므로 우리는 "한 시대의 마지막 철학은 이 발전의 결과이고, 정신의 자의식이 저절로 제공하는 최고의 형식 속에 들어 있는 진리이다"[6]라는 헤겔의 말에 동의할 수 없다. 물론 많은 것이 그 "시대"를 어떻게 구분하는지 그리고 무엇을 어느 시대의

---

6   *Hist. Phil.*, Ⅲ, 552쪽.

마지막 철학으로 간주하고 싶은지(여기에는 선입견과 희망에 따라서, 임의적인 선택을 할 가능성이 크다)에 달려 있다. 그러나 (만약 우리가 처음에 헤겔의 입장 전체를 수용하지 않는다면) 어느 시대의 마지막 철학이 최고의 사상적 발전을 이루어냈다고 보증할 수 있는가? 비록 철학의 중세 시대에 대해서 계통적으로 말할 수 있으며, 오컴주의가 그 시대의 마지막 주요 철학으로 간주될 수 있다고 하더라도, 분명히 오컴주의의 철학은 중세 철학사에서 최상의 성취로 간주될 수 없다. 질송 교수가 보여준 것처럼,[7] 중세 철학은 직선형이 아니라 곡선형이다. 우리는 여기서 오늘날의 어떤 철학이 이전의 모든 철학들의 종합을 나타내는가?라는 적절한 질문을 던질 수 있을 것이다.

03.   철학사는 인간이 담론적 이성을 사용하여 진리를 찾는다는 것을 드러내 보인다. 신(新)토마스주의자는 "인식하는 자는 모두 자신이 인식하는 것 안에서 은연 중에 신(神)을 인식한다(Omnia cognoscentia cognoscunt implicite Deum in quolibet cognito)"[8]라는 성 토마스의 말을 발전시켜서 판단은 언제나 그 자신의 저편을 가리키며, 언제나 절대 진리와 절대 존재를 향한 암묵적인 지시(指示)를 포함하고 있다[9]고 주장했다. (비록 용어 "절대"가 두 경우에 동일한 의미를 가지는 것은 아니지만, 브래들리(F. H. Bradley)가 생각난다.) 어쨌든 이렇게 말할 수 있다. 진리의 추구는 궁극적으로 절대 진리인 신의 추구이며, 심지어는 이 진술을 반박하는 것처럼 보이는 철학 체계, 이를테면 역사적 유물론 조차도 그것[그 진술]의 예인데, 왜냐하면 비록 무의식적이긴 하지만 또 그 사실을 비록 깨닫지 못할 것이지만, 궁극적인 근거, 즉 최상의 실재를 찾고 있기 때문이다. 비록 지적 사색이 때때로 기이한 이설(理說)과 괴상한 결론에 이르긴 했지만, 진리에 도달하기 위한 인간 지성의 투쟁에 대해 호의와 관심을 갖지 않을 수 없다. 칸트는 전통적 의미의 형이상학이 학문일 수 있다는 것을 부정했으나, 그럼에도 불구하고 우리가 형이상학이 다룬다고 공언하는 대상들, 즉 신, 영혼, 자유에 대해 무관심할 수 없다는 것은 인정

---

7   *The Unity of Philosophical Experience* 참조.

8   *De Verit*, 22, 2, ad I.

9   J. Maréchal, S. J., *Le Point de Départ de la Metaphysique*: Cahier V.

했다.[10] 그리고 우리는 진리와 선(善)에 대한 인간 정신의 추구에 무관심할 수 없음을 첨언할 수 있다. 실수의 용이성, 개인적 기질, 교육 그리고 그 외에도 명백한 "우연적" 상황들이 사상가를 매우 자주 지적 곤경(知的 困境)에 이르게 한다는 사실, 우리는 지성적 존재가 아니며 우리의 마음은 외부 요소에 의해서 빈번히 영향을 받는다는 사실은 틀림없이 종교적 계시의 필요를 보여준다. 그러나 그것이 우리로 하여금 인간의 사색을 완전히 단념하도록 하거나 또는 진리에 도달하려는 과거 사상가들의 진실한 시도를 경멸하도록 해서는 안 된다.

04.   본 저자는 영원한 철학이 존재하며, 이 영원한 철학이 넓은 의미의 토마스주의라는 토마스주의적 입장을 고수한다. 이 문제에 관하여 두 가지를 말하고 싶다. (a) 토마스주의적 체계가 영원한 철학이라고 말하는 것이 그 체계가 주어진 어느 역사적 시점에서 닫혀버려 어떤 방향으로든 더 이상 발전을 할 수 없다는 것을 의미하지는 않는다. (b) 중세 시대가 끝난 이후에 영원한 철학은 단순히 "근대"철학을 따라서 그리고 근대철학과 떨어져서 발전하는 것이 아니라, 근대철학 안에서 그리고 근대철학을 통해서 발전하기도 한다. 이를테면 나는 스피노자 또는 헤겔의 철학이 토마스주의라는 용어 아래서 파악될 수 있음을 암시하려는 것이 아니다. 오히려 철학자들이 (비록 그들이 자신들을 결코 "스콜라적"이라고 부르지 않을 것이라 하더라도) 참된 원리들을 사용하여 가치 있는 결론들에 도달할 때, 이 결론들은 영원한 철학에 속하는 것으로 간주되어야 한다.

예를 들어 분명히 성 토마스 아퀴나스는 국가에 관하여 몇 가지 진술을 하는데, 우리는 그의 원리들을 의문시하고 싶은 마음은 없다. 그러나 13세기에 근대 국가에 대한 발전된 철학을 기대하는 것은 터무니없을 것이다. 그리고 실제적으로 보아 근대 국가가 출현하고 국가에 대한 근대적 태도들이 나타나 보이기까지는, 스콜라적 원리에 기초한 발전되고 분명한 국가 철학이 구체적으로 어떻게 다듬어질지 알기가 어렵다. 자유주의적 국가와 전체주의적 국가에 대한 경험을 하고 난 이후라야만, 우리는 성 토

---

10   *Critique of Pure Reason* 제1판에 대한 서문.

마스가 국가에 관하여 하는 얼마 안 되는 말 속에 포함된 모든 의미를 알 수 있게 되고, 근대 국가에 적용 가능하며, 다른 이론들이 지닌 모든 장점들은 명백하게 포함하는 반면, 오류들은 버리는 정교한 스콜라적 정치 철학을 개발하게 되는 것이다. 국가 철학이라는 결과는 구체적으로 보면, 실제의 역사적 상황 그리고 반대 이론들로부터 절대적으로 격리된, 단순한 스콜라적 원리들의 발전이 아니라 이 원리들의 역사적 상황을 참조한 발전이요, 그와 반대되는 국가론들 속에서 그리고 그 국가론들을 통하여 성취된 발전으로 보일 것이다. 만약 이 관점이 채택된다면, 우리는 한편으로는 영원한 철학이 주어진 어느 한 세기에 국한되는 매우 협소한 견해나 또는 다른 한편으로는 진리는 결코 주어진 어느 한순간에 도달되지 않는다는 헤겔의 철학관(비록 헤겔 자신은 달리 생각했던 것으로 보이지만, 그처럼 달리 생각하는 것은 앞뒤가 맞지 않는다)에 얽매이지 않고, 영원한 철학이라는 견해를 주장할 수 있을 것이다.

━━━━━━━━ ## 3. 철학사 연구 방법

01. 첫째로 강조하고 싶은 부분은 어떤 철학 체계라도 그 역사적 배경의 연관성 안에서 보아야 할 필요가 있다는 점이다. 이 점은 이미 언급되었으므로 더 이상 상론할 필요는 없다. 주어진 어느 한 철학자의 마음 상태와 그의 철학의 존재 이유는, 먼저 그 철학의 역사적 출발점을 이해했어야, 충분하게 파악할 수 있다는 점은 명백하다. 칸트의 예는 이미 들었다. 흄의 비판철학, 대륙합리론의 명백한 파산, 그리고 수학과 뉴턴 물리학의 명백한 확실성을 마주하고 있었던 그의 역사적 상황 속에서 그를 볼 때만이 우리는 자신의 선험론을 발전시키는 그의 마음 상태를 이해할 수 있다. 마찬가지로 앙리 베르그송(Henri Bergson)의 생물 철학을, 예를 들어 그 이전의 기계론적 이론들과 프랑스 "유심론"과의 관계 속에서 본다면, 우리는 그것을 더 잘 이해할 수 있게 된다.

02. 철학사에 대한 유익한 연구를 위해서는 어떤 "공명(共鳴)" 또한 필요한데, 그 것은 거의 심리학적 접근이다. 역사가가 한 인간으로서의 철학자에 대한 어떤 것을 아

는 것은 바람직하다. (이것이 모든 철학자의 경우에 가능한 것은 물론 아니다.) 왜냐하면 그 앎이 그가 문제의 체계 안으로 느껴 들어가도록, 말하자면 문제를 내부로부터 보며, 그 독특한 향기와 특성을 파악하도록 도울 것이기 때문이다. 우리는 철학자의 입장 속으로 우리 자신을 밀어 넣으려고 노력해야 한다. 즉 그의 사상들을 내부에서부터 보려고 시도해야 하는 것이다. 더구나 이러한 공명(共鳴) 또는 상상적 통찰은 현대 철학을 이해하고자 하는 스콜라 철학자에게 필수적이다. 만약 어떤 사람이 기독교 신앙이라는 배경을 가지고 있다면, 그에게 근대의 체계들이나, 또는 최소한 그 체계들 가운데 몇 가지는 진지하게 주목할 가치가 없는 단지 이상한 괴물들로 보이기 쉽다. 그러나 그가 할 수 있는 한, 그 체계들을 내부로부터 보는 데 성공한다면(물론 그 자신의 원리들을 포기하지 않고), 그는 그 철학자가 의미한 것을 이해할 가능성이 훨씬 더 높다.

그러나 그 철학자의 심리에 너무도 몰두한 나머지 그의 사상 그 자체로서의 진위(眞僞)나 또는 그의 체계와 그 이전 사상과의 논리적 관계를 무시해서는 안 된다. 심리학자는 첫번째 관점에 국한되는 것이 당연하지만 철학사가는 그렇지 않다. 예를 들어 순수하게 심리적인 접근을 통해 쇼펜하우어(Arthur Schopenhauer)의 체계를 본다면, 적의를 품은 비뚤어지고 낙심한, 그러나 동시에 필력(筆力)과 미적 상상력과 통찰력을 가진 사람의 창조물일 뿐 그 이상은 아니라고 (마치 그의 철학이 어떤 심리 상태들의 현현(顯現)이기라도 한 것처럼) 상정할 수도 있을 것이다. 그러나 이 관점은 그의 비관적인 의지주의적 체계가 대체로 헤겔의 낙관주의적 합리주의에 대한 반발이라는 사실을 도외시할 것이며, 아울러 쇼펜하우어의 미학이론은 그것을 제안한 사람이 어떤 사람이었는가에 상관없이 그것 자체의 가치를 가질 수 있다는 사실 역시 도외시할 것이다. 그리고 그 관점은 또한 쇼펜하우어 자신이 낙심하고 환멸을 느끼게 된 사람이었건 아니건, 쇼펜하우어의 체제가 제기하는 매우 현실적인 문제인 악(惡)과 고통(苦痛)에 대한 문제 전체를 무시할 것이다. 마찬가지로 만약 우리가 니체(Friedrich Nietzsche)의 개인사(個人史)에 관해서 얼마간 안다면, 그것이 니체의 사상을 이해하는 데 커다란 도움이 되기는 하겠지만, 그의 사상들은 그것들을 생각한 사람과는 별도로 그것들 자체로서 고찰될 수 있다.

03. 사상가의 체계 속으로 연구해 들어가는 것, 글자 그대로의 단어와 어구들뿐만 아니라, 저자가 전달하고자 의도하는 의미의 그늘까지 철저하게 이해하는 것(그것이 가능한 한), 체계의 세부 사항들을 전체와의 관련 속에서 보는 것, 그것의 발생과 의미들을 완전하게 파악하는 것, 어떤 사상가에 관한 것이건 이 모든 일은 잠시 동안 이루어질 수 있는 연구가 아니다. 과학 분야의 여러 영역들과 마찬가지로, 철학사의 영역에서도 전문화가 일반 규칙임은 당연할 따름이다. 예를 들어, 플라톤 철학에 대한 전문적인 지식을 갖기 위해서는, 그리스어와 그리스 역사에 대한 철저한 지식 외에도 그리스의 수학·종교·과학 등등에 대한 지식이 요구된다. 그러므로 전문가는 거대한 학문의 도구가 필요하다. 그러나 그가 진정한 철학사가 되려면, 문제의 철학이 지닌 정신을 뚫고 들어가는 데 실패하지 않기 위해서 그리고 그 정신이 그의 저술 또는 강의 안에서 되살아나도록 하는 데 실패하지 않기 위해서, 필수적으로 그의 학식의 장비와 세세한 지식에 압도되지 않아야 한다. 학식은 필요하지만 결코 충분한 것은 아니다.

한 사람의 일생이 한 명의 위대한 사상가를 연구하는 데 바쳐지고도, 여전히 많은 연구거리를 당연하게 남겨 놓을 것이라는 사실은, 연속적인 철학사의 집필을 떠맡을 만큼 대담한 사람은 어느 누구도, 전문가들에게 큰 가치를 지니는 그 무엇을 제공할 수 있는 작품의 생산을 희망할 수 없다는 것을 의미한다. 본 저자는 이 사실을 매우 잘 알고 있으며, 이미 서문에서 말한 대로 전문가들을 위해서 쓰고 있는 것이 아니라, 오히려 전문가들의 작품을 사용하고 있다. 저자가 이 책을 저술하는 이유들을 여기에서 반복할 필요는 없다. 그러나 만약 이 책이 일차적으로 겨냥하는 유형의 학생들을 교육하는 데뿐만 아니라 그들의 세계관을 넓히는 데에도, 그리고 인류의 지적 투쟁에 대한 보다 큰 이해와 공명을 얻는 데, 또 물론 참된 철학의 원리들을 보다 확고하고 심도 있게 파악하는 데 조금이라도 기여할 수 있다면, 이 책의 저술에 대한 대가를 잘 받은 것으로 생각할 것임을 다시 한번 말해두고 싶다.

그리스 로마 철학사

4. 고대 철학

　　고대 철학 장에서 우리는 그리스인들과 로마인들의 철학을 다룬다. 그리스 문화의 중요성을 강조할 필요는 별로 없을 것이다. 헤겔이 말하는 것처럼 "그리스라는 이름은 유럽의 교육받은 사람들의 가슴을 찌른다."[11] 그리스인들이 불멸의 문학유산과 예술유산을 우리의 유럽 세계에 남겼다는 것은 아무도 부인하려 하지 않을 것인데, 철학적 사색에 관해서도 그러하다. 그리스 철학은 처음 소아시아에서 시작한 이후 플라톤과 아리스토텔레스 두 거장의 거대한 철학 속에서 꽃을 피울 때까지 발전의 길로 매진했으며, 그 후에는 신(新)플라톤주의를 통하여 기독교 사상의 형성에 지대한 영향력을 행사했다. 유럽 사색의 제1기로서 성격에 있어서나 고유한 가치에 있어서, 그리스 철학은 모든 철학도들에게 흥미로울 수밖에 없다. 그리스 철학에서 우리는 우리와의 연관성을 결코 잃어버리지 않은 문제들이 밝혀지는 것을 보며, 무가치하지 않은 답변들이 제안되는 것을 발견한다. 그리고 비록 우리가 어떤 유치함과, 지나친 확신과 경솔함을 발견하더라도, 그리스 철학은 유럽의 성취의 영광들 가운데 하나로 남는다. 더구나 만약 그리스인들의 철학이 그 이후의 사변에 대한 영향과 그 고유한 가치 때문에 모든 철학도가 흥미 있어 한다면, 스콜라 철학을 공부하는 학생들에게는 보다 더 흥미를 줄 것임이 분명하다. 스콜라 철학은 플라톤과 아리스토텔레스에게 매우 많은 것을 빚지고 있기 때문이다. 그리고 그리스인들의 이 철학은, 그들의 문학과 예술이 그들 자신의 성취임과 마찬가지로, 진정 그들 자신의 성취였으며, 그들의 정력적이고 신선한 마음의 결실이었다. 우리는 가능한 비(非)그리스적 영향을 고려하려는 기특한 욕구가 우리로 하여금 그 영향의 중요성을 강조하게 하고 그리스인들의 독창성을 과소평가하도록 허락해서는 안 된다. "진실은, 우리는 그리스인들의 독창성을 과장하기보다는 그것을 과소평가하기가 훨씬 더 쉽다는 것이다."[12] 항상 "근원"을 찾는 역사가의 경향은 물론 매우 가치 있는 비판적 연구를 가져오는데, 그것을 얕잡아 보는 것은 어리

11　*Hist. Phil.*, I, 149쪽.
12　Burnet, *G.P.*, I, 9쪽.

석은 일일 것이다. 그러나 그 경향을 너무 심하게, 심지어는 그것에 대한 비판이 그것은 더 이상 과학적이 아니라고 으르댈 때까지, 몰아붙일 수 있다는 것이 사실이다. 예를 들면, 모든 사상가들의 모든 견해가 그의 선배로부터 빌려 온 것이라고 선험적으로 가정해서는 안 된다. 만약 그렇게 가정하면, 우리는 논리적으로 태고에 거인 또는 초인이 있어서 그 후의 모든 철학적 사변들은 궁극적으로 그로부터 유래한다고 가정하지 않을 수 없을 것이다. 두 명 또는 두 집단의 연속적인 동시대 사상가들이 유사한 이설(理說)들을 주장할 때마다, 우리는 그 하나가 다른 하나로부터 빚어졌음에 틀림없다고 안심하고 가정할 수는 없다. 만약 어떤 기독교적 관습 또는 의식이 아시아의 동방 종교 안에서 부분적으로 발견된다고 해서, 기독교의 그 관습 또는 의식이 아시아에서 빌려 왔음에 틀림없다고 상정하는 것이 —실제로 터무니없듯이— 터무니없다면, 그리스 사변이 동양 철학에 나타나는 사상과 유사한 어떤 사상을 포함한다고 해서, 후자가 전자의 역사적 근원임에 틀림없다고 상정하는 것 또한 터무니없다. 결국 인간의 지성은 그리스인의 지성이건 또는 인도인의 지성이건 간에, 반응의 유사성이 반박할 수 없는 차입(借入)의 증거라고 상정할 필요도 없이, 유사한 경험들을 유사한 방식으로 잘 해석할 수 있다. 이 말의 의도는 역사적 비판과 연구를 경시하겠다는 것이라기보다는, 역사적 비판은 그것의 결론들을 역사적 증거들 위에 기초시켜야 하며, 그것들을 선험적 가정들로부터 연역해내어 사이비 역사적인 느낌을 주어서는 안 된다는 것을 지적하려는 것이다. 적어도 지금까지는, 정당한 역사적 비판이라면 그것이 그리스인들이 독창적이라는 주장을 심각하게 약화시킨 적은 없었던 것으로 보일 것이다.

그러나 로마 철학은 그리스인들의 철학과 비교할 때, 빈약한 작품에 불과하다. 왜냐하면 로마인들은, 그들이 예술과 그리고 최소한 문학적 분야에 있어서 그리스인들에게 대단히 의존했던 것과 똑같이, 철학 사상에 있어서도 대부분 그리스인들에게 의존했기 때문이다. 그들은 자신의 독특한 영광과 성취(우리는 로마법의 창조와 로마의 정치적 천재들이 이룩한 성취들을 생각한다)를 소유했으나, 그들의 영광은 철학적 사색의 영역에 존재하지는 않았다. 비록 로마의 철학 학파들이 그리스 선조들에 의존해 있었음을 부인할 수는 없지만, 그러함에도 로마 세계의 철학을 무시할 수는 없는데, 그 이유는 로마의 철학이 유럽의 문명화된 세계의 주인이었던 계층의 교양 있는 구성원들 사이

그리스 로마 철학사

에 유행하게 된 종류의 사상들을 우리에게 보여주기 때문이다. 예를 들어, 후기 스토아 사상, 세네카, 마르쿠스 아우렐리우스 그리고 에픽테토스의 가르침은, 비록 우리가 그것은 부족한 것이 많다는 것을 알고 있지만, 그와 동시에 여러 가지 점에서 경탄과 존경을 불러일으키지 않을 수 없는 인상적이고 고귀한 서설(敍說)을 제공한다. 기독교 학생이 이교(異敎)가 제공할 수 있는 최상의 것에 대해 어느 정도 알며, 계시 종교가 이식(移植)되어 자라던 그 그리스·로마 세계 안의 여러 사상의 흐름들을 익히는 것 또한 바람직하다. 만약 학생들이 카이사르 또는 트라야누스의 종군과 칼리굴라 또는 네로의 악명 높은 이력은 알고 있으면서, 철학자 황제 마르쿠스 아울레리우스나 또는 비록 기독교인은 아니었으나 신앙이 깊은 종교인이었으며, 기독교 철학의 첫 번째 위인인 히포의 성 아우구스티누스가 그 이름을 그토록 친애한 그리스의 플로티노스의 로마에서의 영향력에 대해서는 모른다면, 그것은 참으로 애석한 일이다.

제1부

소크라테스 이전의 철학

PRE-SOCRATIC PHILOSOPHY

A HISTORY OF PHILOSOPHY
GREECE AND ROME

제1장

서양사상의 요람: 이오니아

그리스 철학의 발생지는 소아시아의 해안이었으며 초기 그리스 철학자들은 이오니아인들이었다. 기원전 11세기에 도리아인들이 침입하여 고대 에게문화를 침수시켰는데, 그 결과 그리스 자체는 비교적 혼란 또는 야만의 상태에 있었으나, 이오니아는 더 오래된 문명[1]의 정신을 유지하고 있었으며, 비록 호메로스의 시(詩)들은 신흥 아카이아 귀족들의 애호를 받았으나, 호메로스가 속하는 곳은 이오니아의 세계였다. 호메로스의 시 속에 나오는 단절된 철학적 아이디어들이 전혀 체계화되어 있지 않기 때문에(그리스 본토의 서사시 작가 헤시오도스 시 속의 아이디어들보다 훨씬 덜 체계적인데, 헤시오도스는 그의 작품 속에, 역사에 대한 그의 비관주의적 견해, 동물세계 안에서의 법의 지배에 대한 그의 확신 그리고 사람들 사이에서의 정의에 대한 그의 열정을 묘사한다), 호메로스의 시들을 진정한 철학 작품이라고 부를 수는 없다(그것들은 그리스인들의 사고방식과 생활방식의 어떤 단계들을 드러내 보임으로써 커다란 가치를 가지는 한편, 후대의 그리스인들에 끼친 그것들의 교육적인 영향을 과소 평가해서는 안 됨에도 불구하고). 하지만 그리스의 가장 위대한 시인과 체계적인 철학의 시작이

---

1   "새로운 그리스 문명이 발원한 곳은 이오니아였다. 고대 에게인의 피와 정신을 대부분 보존하고 있었던 이오니아가 새로운 그리스를 가르쳤고, 자신의 주화와 문자, 예술과 시가(詩歌)를 전해주었다. 이오니아의 뱃사람들은 자신들의 전방으로부터 페니키아인들을 끌어내어 당시로는 지구의 끝으로 생각되었던 곳에 자신들의 새로운 문화를 전달했다." Hall, *Ancient History of the Near East*, 79쪽.

모두 이오니아에 속한다는 것은 의미심장하다. 호메로스의 시와 이오니아의 우주론이라는 이오니아 천재의 이 두 대작이 단순히 하나에서 다른 하나로 발전된 것은 아니다. 호메로스 시들의 작자, 구성 그리고 연대에 대해서 사람들이 어떤 견해를 가지고 있든, 그 시들 속에 반영되어 있는 사회는 이오니아 우주론 시대의 사회가 아니라, 보다 원시적인 시대에 속한다는 것. 최소한 그것은 충분히 명백하다. 또 "두 명의" 위대한 서사시인 중 후자인 헤시오도스가 묘사하는 사회는 그리스 도시국가의 사회와 크게 다르다. 왜냐하면 그 두 사람 사이에서 귀족 권세의 몰락이 발생했는데, 그 몰락이 그리스 본토에서 도시 생활이 자유롭게 성장하도록 만들었기 때문이다. 『일리아드』안에 묘사되어 있는 영웅적 삶도 헤시오도스의 시들 속에 묘사되어 있는 토지 귀족의 지배도 그리스 철학이 성장한 배경이 아니다. 반대로 초기 그리스 철학은 비록 그것이 당연히 개인들의 작품이기는 했으나, 역시 도시의 산물로서, 법의 지배와 소크라테스 이전의 철학자들이 그들의 우주론에서 전체 우주로 체계적으로 확장한 법의 개념을 어느 정도 반영했다. 그러므로 어떤 의미에서는, 신들과 인간들을 지배하는 궁극적인 법, 운명 또는 의지라는 호메로스의 개념과, 헤시오도스의 세계관과 그 시인의 도덕적 요구와, 그리고 초기 이오니아의 우주론 사이에는 어떤 연속성이 있다. 사회생활이 안정되면 인간은 합리적인 반성으로 눈을 돌릴 수 있을 것이고, 철학의 유아기에 맨 먼저 인간의 관심을 점유한 것은 전체로서의 자연이었다. 심리학적 관점에서 보면, 우리가 예상하게 될 것은 이것뿐이다.

그러므로 비록 그리스 철학이 그리스의 선사시대에까지 거슬러 올라가는 문명의 사람들 사이에서 일어났음은 부인할 수 없으나, 우리가 '초기 그리스 철학'이라고 부르는 것은 오로지 그 이후의 그리스 철학과 본토에서의 그리스 사상 및 문화의 번영에 관해서만 "초기"였던 것이다. 하지만 그리스 발전상 그 전(前) 세기들과 관련해서 [본다면], 오히려 그것은 한편으로는 이오니아의 위대성의 시대를 마감하고 다른 한편으로는 그리스 문화,[2] 특히 아테네 문화의 영광을 여는 성숙한 문명의 열매로 간주

---

2 율리우스 슈텐첼(Julius Stenzel)이 전이론적 형이상학(Vortheoretische Metaphysik)이라 부르는 것은, Zeller, *Outlines*, Introd. 3쪽 이하; Burnet, *E. G. P.*, Introd.; Ueberweg-Praechter. 28-31쪽; Jaeger, *Paideia*; Stenzel, *Metaphysik des Altertums*, I, 14쪽 이하 등을 참조할 것.

제1부 소크라테스 이전의 철학

될 수 있다.

우리는 초기 그리스 철학 사상을 고대 이오니아 문명의 궁극적인 소산으로 묘사했다. 그러나 이오니아는, 동서방의 합류점을 형성하기 때문에 그 결과 그리스 철학이 동방의 영향에 기인한 것이었는지 아니었는지, 이를테면, 그것이 바빌로니아 또는 이집트로부터 전래되었는지 아닌지 하는 질문이 제기될 수 있다는 점을 기억해야 한다. 이 견해가 주장되었으나 포기되어야만 했다. 그리스의 철학자들과 문필가들은 그것에 관해서 아무것도 모른다. 심지어 자신이 좋아하는 그리스 종교와 문명의 이집트 연원설을 그토록 열심히 설파한 헤로도토스조차 그러하다. 동방연원설은 주로 알렉산드리아의 작가들에 기인하는데, 기독교 호교가들이 그것을 그들로부터 넘겨받았다. 예를 들어, 헬레니즘 시대의 이집트인들은 그들의 신화를 그리스 철학 사상에 따라서 해석했으며, 그리고 나서 그들의 신화가 그리스 철학의 연원이라고 주장했다. 그러나 이는 단순히 알렉산드리아인들 쪽의 상징화의 한 예일 뿐이다. 플라톤이 그의 지혜를 구약에서 끌어냈다는 유대의 생각이 객관적인 가치가 없는 것과 마찬가지로, 그것은 객관적인 가치가 없다. 물론 이집트 사상이 어떻게 그리스인들에게 전해질 수 있었는지를 설명하는 데는 어려움이 있을 것(상인들은 우리가 철학적 개념들을 전달해줄 것을 기대하는 부류의 사람들이 아니다)이다. 그러나 버넷이 말한 것처럼 만약 우리가 문제의 사람들이 정말로 철학을 가지고 있었다는 것을 먼저 확인하지 않았으면, 이런 또는 저런 동방인들의 철학 사상들이 그리스인들에게 전달될 수 있었는지 아닌지를 묻는 것은 사실상 시간 낭비이다.[3] 이집트인들이 전달해줄 철학을 가지고 있었다는 것은 밝혀진 바 없으며, 그리스 철학이 인도나 또는 중국으로부터 나왔다고 상정하기란 전혀 불가능한 일이다.[4]

그러나 더 고찰해야 할 점이 있다. 그리스 철학은 수학과 밀접하게 연결되어 있

---

3 *E.G.P.*, 17-18쪽
4 "기원전 6세기 그리스에 인간 문화의 놀라운 현상이 있다. 밀레투스학파는 과학적 연구를 탄생시켰다: 그들이 초창기에 놓은 기본 토대는 세대를 넘어 영원히 남게 되었다. 그 이후 세대와 세기를 거쳐 발전을 거듭하게 되었다."(Nel sesto secolo A.C. ci si presenta, in Grecia, uno uno dei fenomeni meravigliosi della colturaumana. La Scuola di Mileto crea la ricerca scientifica: e le lines fondamentalistabile in quei primi albori, si perpetuano attraverso le generationi e i secoli.) Aurelio Covetti, *I Presocratici*, 31쪽 (Naples, 1934).

었으며, 그리스의 수학은 이집트에서 그리고 천문학은 바빌로니아에서 이어받았다고 주장한 사람들도 있다. 그런데 그리스 수학은 이집트의 영향을 받고 그리스의 천문학은 바빌로니아의 영향을 받았다는 주장은 개연성이 있고도 남는다. 우선 그리스의 과학과 철학은 동방과 상호교류가 가장 활발할 것으로 예상 가능한 지역에서 발전하기 시작했다. 그러나 그것은 그리스의 학문으로서의 수학이 이집트에서 유래한다거나 또는 그리스의 천문학이 바빌로니아에서 유래한다고 말하는 것과는 전혀 다르다. 상세한 논증들은 논외로 하더라도, 이집트의 수학은 실용적 결과를 얻는 경험적이며, 거칠고 쉬운 방법들로 이루어져 있다는 것을 지적하는 것으로 충분하다. 이집트의 기하학은 나일 강의 범람 후 농지를 다시 구획하는 실용적 방법들로 이루어져 있다. 학문으로서의 기하학은 이집트인들에 의해서 발전된 것이 아니라, 그리스인들에 의해서 발전되었다. 마찬가지로 바빌로니아의 천문학은 점(占)을 목적으로 연구되었다. 그것은 주로 점성술이었으나, 그리스인들 사이에서는 학문적인 일이 되었다. 그러므로 비록 우리가 이집트인들의 실용적인 정원사-수학과 바빌로니아 점성술사들의 천문학적 관측들이 그리스인들에게 영향을 주었고 예비자료를 제공했음을 인정하더라도, 이 인정이 결코 그리스 천재의 독창성에 해가 되지는 않는다. 단순히 실용적인 계산이나 점성술의 지식과는 구별되는 학문과 사상은 그리스 천재의 결과이며 이집트인들에게 기인한 것도 아니요 바빌로니아인들에게 기인한 것도 아니다.

그러므로 그리스인들은 명백하게 유럽의 독창적 사상가들이며 과학자들이다.[5] 그들은 맨 먼저 지식 그 자체를 위한 지식을 찾았으며, 학문적이고 자유로우며 편견 없는 마음으로 지식을 추구했다. 더구나 그리스 종교의 성격상 그들은 고집스럽게 고수되며 단지 소수에게만 전달되는, 강한 전통과 또 그 자신의 비이성적인 교리들을 가지고 있을 수도 있는 어떤 성직자 계급으로부터도 자유로웠는데, 그러한 전통과 교리들은 자유로운 학문의 발전을 저해할 수도 있는 것들이다. 헤겔은 그의 철학사에서 인도 철학을 그것이 인도 종교와 동일하다는 이유로 다소 짧게 처리해 치운다. 철학적

---

5   프래흐터 박사가 지적하듯이(27쪽), 오리엔트의 종교 개념은 비록 그것이 그리스인들에게 전수되었다 하더라도, 그리스 철학의 독특한 특징인 사물의 본질에 대한 자유로운 사색을 설명하지 못할 것이다. 인도의 고유 철학에 관하여 말하자면, 그것이 그리스 철학보다 더 이른 것처럼 보이지 않을 것이다.

개념들이 나타난다는 것을 인정하는 반면에, 그는 그 개념들이 사상의 형태를 갖추지 못하고 시적이고 상징적인 형식으로 되어 있으며, 종교와 마찬가지로 지식 그 자체로서의 지식보다는 인간을 인생의 환상과 불행으로부터 구원하는 실용적 목적을 가지고 있다고 주장한다. 인도 철학에 대한 헤겔의 견해에 얽매이지 않더라도(헤겔의 시대 이래로 인도철학은 순수철학적인 측면에서 훨씬 더 분명하게 서양 세계에 소개되었다), 그리스 철학은 맨 처음의 사상에서부터 자유로운 학문의 정신 속에서 추구되었다는 점에 있어서는 그에게 동의할 수 있다. 어떤 사람들의 경우, 그리스 철학이 믿음의 관점과 행동의 관점 모두에서 종교를 대신하는 경향이 있었다. 그러나 그것은 그리스 철학 안에 신화적 또는 신비적 특성이 있었기 때문이라기보다는 그리스 종교가 부실했기 때문이었다. (물론, 그것은 그리스 사상 속에 들어있는 "신화"의 위치나 기능을 무시하거나, 어떤 시점에서 종교로 넘어가는 철학의 경향 —예를 들면 플로티노스의 경우에— 을 경시하라는 뜻이 아니다. 정말이지 신화에 관해서는, "그리스 자연학자들의 초기 우주론 속에는 신화적 요소들과 합리적 요소들이 아직 나뉘어지지 않은 하나의 통일체 안으로 상호침투하고 있다." 그렇게 베르너 예거 교수는 『아리스토텔레스, 그의 발전사의 기초』 377쪽에서 말한다.)

젤러 교수는 주변 세계를 응시할 때 그리스인들이 발휘하는 공정성을 강조하는데, 그 공정성은 그들의 실재감 및 추상력과 결합되어 "그들로 하여금 매우 일찍 그들의 사실적 존재에 대한 종교적 관념을 (그것은 예술가적 상상력의 산물이다) 인정할 수 있게 했다."[6] (물론 이것은 일반적인 그리스인들, 즉 비철학적인 다수에게는 타당하지 않을 것이다.) 현자(賢者)들의 속담 투의 지혜와 시인들의 신화들을 이오니아 우주론자들의 반은 과학적이고 반은 철학적인 견해와 연구가 뒤따랐던 순간부터, 예술을 철학이 이었는데(어쨌든 논리적으로), 그 철학은 플라톤과 아리스토텔레스에서 찬란한 절정에 도달할 수 있었고, 플로티노스에서는 마침내 철학을 넘어서 신화가 아니라 신비주의로 접어드는 경지에 오르게 된다고 말할 수 있을 것이다. 그러나 "신화"로부터 철학으로의 갑작스러운 전이(轉移)는 없었다. 심지어 이를테면 헤시오도스의 신통계보학(神統系譜學)은, 점

---

6   *Outlines of the History of Greek Philosophy*, by Eduard Zeller, 13th edit., revised by Nestle, L. R. Palmer 옮김, 2-3쪽.

차 강해지는 합리화의 바람에 밀려서, 신화적 요소가 사라진 것은 아니지만 어느 정도 후퇴하자, 이오니아의 우주진화론적 사변이라는 후계자를 발견했다고 말할 수도 있을 것이다. 정말이지 신화적 요소는 그리스 철학 속에, 심지어는 소크라테스 이후의 시대에서도 나타난다.

그리스 사상의 찬란한 성취는 이오니아에서 커져갔다. 그리고 만일 이오니아가 그리스 철학의 요람이었다면, 밀레투스는 이오니아 철학의 요람이었다. 최초의 철학자로 널리 알려진 이오니아의 탈레스가 번성한 것이 밀레투스에서였기 때문이다. 이오니아 철학자들은 변화, 출생과 성장, 부패와 죽음이라는 사실에 깊은 인상을 받았다. 자연의 외부 세계 속에 봄과 가을, 인간의 생애 속에 유년과 노년, 생성과 소멸, 이러한 것들은 명백하고 피할 수 없는 우주의 사실들이다. 그리스인들은 행복했으며 태양의 태평한 자식들이어서, 도시 입구에서 어슬렁거리며 장엄한 예술 작품들이나 또는 운동선수들이 이룩한 성취들을 바라보기만을 바랐다고 상정하는 것은 커다란 오류이다. 그들은 이 행성 위에 있는 우리 존재의 어두운 면을 잘 알고 있었다. 왜냐하면 그들은 태양과 환희 뒤에서 인생의 불확실성과 불안전성, 죽음의 확실성, 미래의 어두움을 보았기 때문이다. "인간에게 최선의 것이라면 그것은 태어나지 않았던 것이며 태양의 빛을 보지 않았던 것일 것이다. 그러나 일단 태어났다면, (인간에게 차선의 것은) 최대한 빨리 죽음의 문을 통과하는 것이다"라고 테오그니스는 선언하는데,[7] 그것은 칼데론(Calderón)의 말(쇼펜하우어가 매우 좋아하는) "인간의 가장 큰 죄악은 태어난 것이다(El mayor delito del hombre, Es haber nacido)"를 생각나게 한다. 그리고 테오그니스의 그 말들은 『콜로노스의 오이디푸스』에 들어있는 소포클레스의 말 "태어나지 않았던 것이 모든 응보(應報)보다 낫다(μὴ φῦναι τὸν ἅπαντα νικᾷ λόγον)"[8]에서 반향(反響)되었다.

비록 그리스인들이 중용이라는 이상을 가졌던 것은 확실하지만, 권력을 향한 의지는 끊임없이 그들을 중용에서 멀어지도록 유혹했다. 그리스 문화의 전성기에서도, 그리고 심지어는 그들 공동의 적에 대항하여 서로 단합하는 것이 그들의 명백한 관심

---

7   425–427.
8   1224.

이었을 때조차, 끊임없이 일어난 그리스 도시들의 상잔(相殘), 또 야심적인 과두정치 집정자에 의해 주도된 것이든 민주정(民主政)의 선동가에 의해 주도된 것이든, 그 도시들 내부의 그치지 않던 반란들, 또 자신들의 도시의 안전과 명예가 위기에 처했을 때조차 그리스 정치 생활의 그 많은 공인들에 의해 저질러진 독직, 이 모든 것은 그리스에서 그렇게도 강력했던 권력에의 의지를 증명한다. 그리스인은 능률을 숭상하며, 자신이 무엇을 원하는지를 알며 그것을 차지할 수 있는 힘을 가진 강자의 이상을 숭상한다. 덕(ἀρετή)이라는 그의 개념은 대체로 성공을 이룩할 수 있는 능력이라는 개념이었다. 드 뷰르(De Burgh) 교수가 말하듯이 "그리스인들은 나폴레옹을 탁월한 덕을 가진 사람으로 간주했을 것이다."[9] 그들이 권력을 향한 거리낌 없는 의지를 매우 솔직하게 또는 다소 뻔뻔스럽게 인정했다는 것을 알려면, 투키디데스(Thucydides)가 아테네 대표들과 멜로스 대표들 사이의 회담에 대해 제공하는 보고서를 읽기만 하면 된다. 아테네인들은 "당신네들과 우리들은 우리가 실제로 무엇을 생각하는지를 말하고 가능한 것을 목표로 해야 한다. 왜냐하면 우리는 모두 다같이, 정의의 문제는 필요의 압력이 같은 곳에서만 인간사적(人間事的) 논의에 들어가며, 힘센 자들은 그들이 강요할 수 있는 것을 강요하고, 약한 자들은 그들이 수락해야만 할 것을 수락한다는 것을 알고있기 때문이다"라고 선언한다. "왜냐하면 그들은 그들의 본성에 대한 법칙상, 그들이 지배할 수 있는 곳이면 어디에서든 지배하려고 할 것임을 우리는 신들에 대해서는 믿고, 인간들에 대해서는 알고 있기 때문이다. 이 법칙은 우리가 만든 것도 아니고, 우리가 이 법칙에 따라 행동하는 첫 번째 사람들인 것도 아니다. 우리는 그것을 상속했을 뿐이며, 만세(萬歲)에 전할 것이고, 우리는 당신들 및 모든 인류가, 만약 우리만큼 강하다면, 우리가 행하는 것처럼 하리라는 것을 안다"[10]는 유명한 말에서도 마찬가지이다. 이보다 더 후안무치(厚顔無恥)한 권력의지의 공언을 구할 수는 없을 것인데, 투키디데스는 아테네인들의 행동에 반대하는 기미를 보이지 않는다. 멜로스인들이 마침내 항복해야만 했을 때, 그리스인들은 군대갈 나이의 모든 남자들을 죽였고, 여자들과 어린애들은 노

---

9 *The Legacy of the Ancient World*, 83쪽. 주 2.

10 Benjamin Jowett의 Thucydides 번역에서(Oxford Un. Press).

예로 만들었으며, 그 섬은 그들 자신의 정착민들로 식민시켰는데, 이 모두가 아테네의 영광과 예술적 성취가 절정에 달했을 때 행해졌음을 상기해야 한다.

자만(ὕβρις)이라는 개념은 권력을 향한 의지와 밀접한 관계에 있다. 너무 멀리 나아가는 자, 그는 운명이 그에게 정해준 것 이상이 되려고 노력하며 운명이 정해준 것 이상을 가지려고 노력하는 자인데, 그는 필연적으로 신의 시기(猜忌)를 부를 것이고 멸망할 것이다. 자기권리의 주장을 위한 제어되지 않은 욕망에 사로잡힌 개인 또는 국민은 갑작스럽게 무모한 자만(自慢)으로 그리고 결과적으로 파멸로 내몰린다. 맹목적인 정렬은 자만을 낳고 거들먹거리는 자만은 파멸로 끝난다.

그리스적 성격의 이러한 면을 실감하는 것도 나쁘지 않다. 그렇다면 "힘은 정의이다"라는 이론에 대한 플라톤의 비판은 더욱더 주목할 만해진다. 우리는 물론 니체의 평가에 동의하지는 않으면서도, 그리스 문화와 권력 의지와의 관계를 보는 데 있어서 그의 통찰력에 감탄하지 않을 수 없다. 그리스 문화의 어두운 면이 유일한 면이라는 것은 물론 아니다. 전혀 그렇지 않다. 의지의 권력을 향한 충동이 사실이라면, 중용과 조화라는 그리스적 이상 또한 사실이다. 우리는 그리스의 특성과 문화에는 두 가지 면이 있다는 것을 깨달아야 한다. 중용, 예술, 아폴론 그리고 올림피아 신들의 측면이 있고, 넘침, 제어되지 않은 자기권리의 주장, 에우리피데스의 『박카이』(Bacchae)에 묘사되어 보이는 대로의 디오니소스적 광난(狂亂)의 측면이 있다. 그리스 문화의 찬란한 성취의 밑바닥에서 극도의 노예 상태가 보이듯, 올림피아의 종교와 올림피아의 예술 아래에서는 극도의 디오니소스적 광란과 극도의 염세주의와 모든 양상의 중용 결핍을 본다. 니체의 사상에 고취되어 올림피아 종교의 많은 것 속에서, 디오니소스적 그리스인들 쪽에 대해 스스로 부과한 억제를 볼 수 있다고 상정하는 것도 결국 전적으로 환상적인 것은 아니다. 권력 의지에 의하여 자기파괴로 내몰린 후, 그리스인은 올림피아의 꿈-세계를 창조하지만, 그곳의 신들은 질투심을 가지고 그 그리스인이 인간 노력의 한계를 넘어서지 않도록 감시한다. 그래서 그는 그의 영혼 내부의 격앙된 힘들이 궁극적으로는 그에게 파멸을 초래하리라는 그의 자각을 표현한다. (물론 이 해석이 종교사가의 과학적 관점에서, 그리스의 올림피아 종교의 발원(發源)에 대한 설명으로 제공되는 것은 아니다. 단지 그리스인의 영혼 속에서, 비록 무의식적으로일 망정, 작용할 수도 있을 심리적 요소들 —만약 원한다면 "자연"의 규정이라고 해도 좋다— 을 암시하려는 것일 뿐이다.)

이 여담(餘談)에서 본론으로 돌아가자. 그리스인의 우울한 측면에도 불구하고, 끊임없는 변화의 과정과 삶에서 죽음으로 그리고 죽음에서 삶으로의 전이 과정에 대한 그들의 인식은 이오니아 철학자들을 철학의 시작으로 인도하는 데 도움을 주었다. 왜냐하면 이 현자(賢者)들은 모든 변화 및 전이에도 불구하고 반드시 영원한 어떤 것이 있으리라는 것을 알았기 때문이다. 왜일까? 그 이유는 변화란 어떤 것으로부터 다른 어떤 것으로 진행하는 것이기 때문이다. 근원적이고 지속적이며 여러 형태를 취하며, 이런 변화의 과정을 겪는 어떤 것이 있지 않으면 안 된다. 변화가 단순히 반대자들의 투쟁일 수는 없다. 사려 깊은 사람들은 이 반대자들 배후에 어떤 것, 근원적인 어떤 것이 있다고 확신했다. 그러므로 이오니아의 철학 또는 우주론은 주로 만물의 이러한 원초적 요소 또는 원료(Urstoff)[11]가 무엇인지를 정하려는 시도인데, 어느 철학자는 어떤 원소로 정하고 다른 철학자는 다른 원소로 정한다. 각각의 철학자가 어떤 특수한 요소를 그의 원료로 정했는가는 그들이 이 단일성(Unity)이라는 관념을 공동으로 가지고 있었다는 것만큼 중요하지 않다. 아리스토텔레스의 말처럼 비록 그들은 운동을 설명하지 못하였으나 변화, 즉 아리스토텔레스적 의미의 운동이라는 사실로 인하여 단일성이라는 개념을 갖게 되었다.

이오니아인들은 그들의 원료의 성격에 관하여 서로 견해가 달랐지만, 모두 그것을 물질적이라고 주장했다. 탈레스는 물을 골랐고, 아낙시메네스는 공기를 골랐으며, 헤라클레이토스는 불을 골랐다. 정신과 물질 사이의 반(反, antithesis)은 아직 파악되지 않았다. 그 결과 비록 그들은 사실상 유물론자들이었으나 (그들이 물질의 한 형태를 단일성의 원리 및 만물의 원초적 자료로 선정했다는 점에서) 우리가 말하는 의미로는, 유물론자라고 불릴 수 없다. 그들이 정신과 물질 간의 명백한 구분을 이해하고 나서 그것을 부정했던 것 같지는 않다. 그들은 그 구분을 완전히 알지 못했거나, 또는 최소한 그것의 의미를 깨닫지 못했던 것이다.

---

11 독일어 Urstoff를 여기서 사용한다. 그 이유는 단지 그것이 짧은 한 단어로 우주의 원초적 요소나 기반 혹은 "질료"라는 개념을 표현하기 때문이다.

그러므로 이오니아의 사상가들은 철학자들이라기보다는 물질적인 외부 세계를 설명하려고 노력하는 초보적인 과학자들이었다고 말하고 싶을지도 모르겠다. 그러나 그들은 짧게 감각에서 멈추지 않고, 외양을 넘어서 사유에까지 나아갔다는 것을 기억해야만 한다. 원료로서 물이 선정되든지 또는 공기가 선정되든지 또는 불이 배정되든지 간에, 분명히 그것은 그 자체로 나타나지 않는다. 다시 말해서 궁극적인 원소로서 나타나는 것이다. 만물의 궁극적인 원소라는 개념인 이것들 가운데 어느 하나에라도 도달하기 위해서는 외양과 감각을 넘어서는 것이 필요하다. 그리고 그들은 그들의 결론에 과학적 · 실험적 접근이 아니라, 사변적 이성을 통해 도달하였다. 상정된 단일성은 사실상 물질적 단일성이지만, 그것은 사유에 의해서 상정된 단일성이다. 더구나 그것은, 비록 유물론적이긴 하지만, 추상적이다. 즉 외양적 자료들로부터 추상하는 것이다. 결과적으로 우리는 아마도 이오니아의 우주론을 추상적 유물론의 예라고 부를 수 있을 것이다. 우리는 이미 그것에서 상이성 안에 들어 있는 단일성이라는 개념과 단일성 속으로 들어가는 상이성이라는 개념을 알아볼 수 있다. 그리고 이것은 철학적 개념이다. 게다가 이오니아의 사상가들은 우주 안에서의 법의 지배를 확신하고 있었다. 개별적인 자만(ὕβρις)의 삶에서, 인간에게 옳고 적당한 것을 밟고 넘어서는 것은 파멸을 초래하는데, 그 결과 불균형이 시정된다. 그러므로 우주로 연장되면서 우주의 법칙이 지배하여, 균형을 유지하고 혼돈과 무질서를 억제한다. 법이 다스리는 우주, 단순한 변덕이나 무법적 자동성의 노리개가 아니며, 하나의 원소가 다른 원소를 단순히 무법적으로 그리고 "이기적으로" 지배하는 마당이 아닌 우주라는 이 개념은 환상적인 신화학에 반대되는 과학적 우주론의 기초를 형성했다.

그러나 다른 관점에서는, 이오니아인들의 경우, 과학과 철학이 아직 구별되어 있지 않다고 말할 수 있다. 초기 이오니아의 사상가나 현자들은 천문학 연구와 같은 모든 종류의 과학적 연구를 수행했으나, 그것들은 철학과 분명하게 분리되어 있지 않았다. 그들은 현자들로서 항해를 목적으로 천문학적 관찰을 하고, 우주의 원초적 요소를 찾아내려고 노력하며, 공학적 물건들을 생각해내는 등등의 일을 했을 것이나, 이 모두가 그들의 다양한 활동들 사이에 어떤 명백한 구별 없이 이루어졌다. 오직 역사적 탐구(ἱστορίη)로 알려진 역사와 지리의 그 혼합만이 철학 · 과학적 활동들과 분리되어 있었는데, 그것도 언제나 분명한 것은 아니었다. 그러나 그 이오니아인들에게서는 실재에 관한 철학 개념들과 실재에 관한 사색 능력이 보이며, 그 이후로 그들은 고전적 그리스 철학의 발전에 있어서 한 단계를 구축하기 때문에, 그들이 마치 심각하게 주목할 가치가 없는 말들을 천진난만하게 더듬거리는 어린아이라고 취급하며, 그들을 철학사에서 빼버릴 수는 없다. 유럽 철학의 시작은 역사가에게 무관심한 일일 수 없는 것이다.

제 2 장

개척자들: 초기 이오니아 철학자들

━━━━━━━ **1. 탈레스**

우리는 철학자와 과학자를 겸한 경우를 밀레투스의 탈레스의 경우에서 분명히 볼 수 있다. 탈레스는 헤로도토스가 언급한 일식[1]이 리디아인들과 메디아인들 사이에 벌어진 전쟁의 말기에 일어난다고 예언했다고 한다. 지금 천문학자들의 계산에 따르면, 아마도 소아시아에서 보일 수 있었을 일식이 기원전 585년 5월 28일에 발생했다. 그러므로 만약 탈레스에 관한 그 이야기가 사실이고, 그가 예언한 그 일식이 585년의 일식이라면, 그는 기원전 6세기의 초반부에 살았음이 틀림없다. 그는 기원전 546/5년 사르디스 멸망 직전에 죽었다고 한다. 그 외에 탈레스의 과학적 활동으로는 한 권의 역서(歷書)를 지은 것과 작은 곰자리를 기준으로 배의 항로를 조정하는 페니키아 관습을 소개한 것이 있다. 디오게네스 라에르티오스(Diogenes Laërtius)가 쓴 탈레스의 생애에서 읽을 수 있는, 그에 관한 일화들에는 그가 별들을 응시하다가 우물 또는 도랑에 빠졌다든지 또는 그가 올리브유의 부족을 예견하고 기름을 매점했다고 하는 것들이 있는데, 이는 아마도 현인 또는 쉽게 현자의 것으로 판정되는 그런 유형의 설화들

---

1   *Hist.*, I, 74.

에 불과할 것이다.[2]

『형이상학』에서 아리스토텔레스는 탈레스에 따르면 지구는 물위에 놓여 있다고 (그것을 물위에 떠 있는 평평한 원판으로 명백히 간주하여) 주장한다. 그러나 가장 중요한 점은 탈레스가 만물의 근원적 자료를 물이라고 선언했다는 것과 무엇보다도 그가 사실상 일(一)의 문제를 제기했다는 것이다. 아리스토텔레스는 관찰이 탈레스를 이러한 결론으로 인도했을 것으로 추측한다. 왜냐하면 "모든 것의 영양분은 축축하며, 열 그 자체도 물기로부터 발생하며, 그것에 의하여 존속되는 것을 보고(그리고 만물을 존재하게 하는 근원은 만물의 원리이므로), 그런 생각을 갖게 되었을 것이기 때문이다. 그는 이런 사실과 더불어 모든 사물의 씨앗에는 축축한 성질이 있으며, 축축한 사물들의 성질의 시원이 물이라는 사실로부터 그러한 발상을 했다."[3] 또한 아리스토텔레스는 망설이면서도 분명히, 탈레스가 과거의 신학에 영향을 받았다는 설을 제기하는데, 그 신학에서 물은 시인들이 읊조리는 지옥의 강으로서, 신들 사이의 서약의 대상이었다. 이런 것이야 어떠하건, 증발의 현상은 물이 안개나 공기가 될 수 있음을 암시하는 한편, 빙결 현상은 만약 그 과정이 더 진행된다면 물이 땅이 될 수 있을 것임을 암시할 것이 분명하다. 어쨌든 이 초기 사상가의 중요성은 그가 이 세계의 궁극적 본질은 무엇인가라는 질문을 제기한 데 있는 것이지, 그가 그 질문에 대해 실제로 제공한 대답이나 또는 그 근거들이 무엇이건 간에, 그런 대답에 대한 근거들에 있는 것은 아니다.

아리스토텔레스가 탈레스의 것으로 추정한 또 다른 진술인 "모든 사물은 신(神)들로 가득 차 있고, 자석은 쇠를 움직이므로 영혼을 가지고 있다"는 진술[4]은 확실하게 해석될 수 없다. 이 진술이 세계영혼의 존재를 주장한다고 선언하는 것, 그리고 그 다음에 이 세계영혼을 신[5]이나 플라톤의 데미우르고스(Demiurge)[6]와 동일시하는 것은 ―마치 후자가 물로부터 만물을 형성하기라도 하는 것처럼― 해석의 자유 속으로

---

2   Diog. Laërt, *Lives of the Philosophers*, I, 22-44.

3   *Metaphysics*(J. A. Smith와 W. D. Ross 옮김).

4   *De Anima*, A 5, 411 a 7; 2, 405 a 19.

5   So Aëtius, I, 7, XI(D, 11 A 23).

6   Cicero : *De Nat. D.*, I, 10, 25(D *Ibid*).

지나치게 깊이 들어가는 것이다. 탈레스의 이설(理說)에 관하여 유일하게 확실하고 실제로 중요한 점은 그가 "사물들"을 하나의 근원적이고 궁극적인 원소의 변하는 형태들로 생각했다는 것이다. 그가 물을 이 원소로 선정했다는 것은, 말하자면 그의 두드러진 역사적 특징이다. 그러나 그가 최초의 그리스 철학자라는 위치를 얻게 된 것은 그가 상이성 속에 단일성(Unity)이라는 개념을 최초로 인식하고(비록 그가 그 개념을 논리적 차원으로 한정하지는 않지만) 단일성의 개념을 고수하면서 다(多, many)의 명백한 다양성을 설명하려고 노력했기 때문이다. 철학은 당연히 우리가 경험하는 복수성(plurality)과 그것의 존재와 본질을 이해하려고 노력한다. 그런데 이 문맥에서, 이해한다는 것은 철학자가 배후의 단일성 또는 제일 원리를 발견하는 것을 의미한다. 물질과 정신 사이의 철저한 구별이 명백하게 이해되고 난 후에야, 그 문제의 복합성이 파악될 수 있다. 이것이 이해되기 전에는(심지어 사실상 그것이 이해된 뒤라도, 만약 한 번 "이해되고" 그 후에 그것이 부정된다면), 그 문제에 대한 매우 서투른 대답이 제안될 수밖에 없다. 실재가 물질적 단일성으로 생각되거나(탈레스의 사상에서처럼) 또는 관념으로(어떤 근대 철학들에서처럼) 생각될 것이다. 실재의 본질적 등급과 존재의 유비론이 분명하게 이해되고 명쾌하게 주장될 때에만, 일(一)과 다(多)의 문제의 복합성이 공정하게 다루어질 수 있다. 그렇지 않으면 다양성의 비옥함이 희생되어, 그릇되고 다소 임의로 생각된 단일성이 될 것이다.

아리스토텔레스가 탈레스의 말로 추정하는, 자석이 살아 있다는 것에 관한 말은 정말로 영혼-유령(꿈 속에서 지각되는 어렴풋한 영)의 개념이 인간 이하의 유기체적 생명과 심지어는 비유기체적 세계에 속하는 것들로까지 확장되게 되는 원시적인 물활론이 남아 있음을 보여줄지도 모른다. 그러나 설사 그렇다고 하더라도 그것은 유풍(遺風)에 불과하다. 왜냐하면 우리는 탈레스에게서 신화로부터 과학과 철학에로의 전이를 똑똑히 보며, 아울러 그는 그리스 철학의 창시자로서 그의 전통적 성격을 유지하기 때문이다. 탈레스는 이런 철학의 창시자이다(ἀλλὰ Θαλῆς μὲν ὁ τῆς τοιαύτης ἀρχηγὸς φιλοσοφίας).[7]

---

7   *Metaph.*, 983 b 18.

2. 아낙시만드로스

밀레투스의 또 다른 철학자로 아낙시만드로스가 있다. 테오프라스토스가 그에 대해 탈레스를 "연상시키는 사람"으로 묘사하는 것으로 보아, 그는 분명히 탈레스보다 젊은 사람이었다.[8] 탈레스와 마찬가지로 아낙시만드로스도 실용적 과학의 추구에 바빴는데, 그는 흑해를 항해하는 밀레투스의 상인들을 위해서 지도를 작성했다고 한다. 그는 다른 많은 그리스 철학자들처럼 정치에 참여하여 일단의 식민인들을 아폴로니아로 인도했다.

아낙시만드로스는 그의 철학 이론들에 관하여 산문 작품을 한 편 지었다. 이것은 테오프라스토스의 시대에 남아 있었으며, 우리는 테오프라스토스의 덕택으로 아낙시만드로스에 관한 가치 있는 정보를 얻을 수 있다. 아낙시만드로스도 탈레스와 마찬가지로 만물의 근원적이고 궁극적인 요소를 추구했다. 그러나 그는 그것이 물과 같은 어떤 특수한 한 종류의 물질일 리는 없다고 확정했다. 왜냐하면 물이나 축축한 것은 대립되는 물질들 가운데 하나이고, 그 대립물들의 투쟁과 침탈이 설명되지 않으면 안 되었기 때문이다. 만약 변화, 출생과 죽음, 성장과 부패가 투쟁 때문이라면, 어느 한 원소가 다른 원소를 희생시켜 빼앗았기 때문이라면, 모든 것이 그 실재에 있어서는 물이라는 가정에 근거해서는, 왜 다른 원소들이 오래전에 물 속으로 흡수되어버리지 않았는지를 알기가 어렵다. 그러므로 아낙시만드로스는 근원적 요소, 즉 원료는 비확정적이라는 생각에 도달했다. 그것으로부터 대립물들이 생성되어 나오고 그것 안으로 대립물들이 사라져버리므로, 그것은 대립물들보다 더 원초적이다.[9]

이 근원적 요소(ἀρχή)는 아낙시만드로스에 의해서 물질적 원인이라고 불렸는데, 테오프라스토스에 의하면 그가 그것을 그렇게 부른 최초의 사람이었다. "그것은 물도, 다른 어떤 이른바 원소들도 아니다, 그것들과는 다른 성질이며 무한하다. 그 안에 있는 모든 하늘과 세계가 그것으로부터 발생했다." 그것은 무한정자(τὸ ἄπειρον), 즉

---

8   *Phys. Opin.*, fr. 2(D. 12A 9). Ps. Plut. *Strom.*, 2(D. 12 A 10) 참조.

9   Frag. 1.

무한한 실체이다. "영원하고 나이가 없는" 그것은 "모든 세계들을 품고 있다."[10]

어느 한 원소의 다른 원소에 대한 침탈은 시적(詩的)으로 불의(不義)의 예(例)라고 표현되는데, 여름에는 따뜻한 요소가 불의를 범하고 겨울에는 찬 요소가 불의를 범한다는 것이다. 확정적인 요소들은 비확정적인 무한정자 속으로 다시 흡수됨으로써 그것들이 저지른 불의를 보상한다.[11] 이것은 법의 개념을 인생으로부터 우주 일반에까지 확장한 한 예이다.

공존하는 수많은 세계들의 복수성(plurality)이 있다.[12] 그 세계는 모두 가멸적이지만, 세계들이 영원한 운동을 통하여 생성되기 때문에, 수많은 세계들이 동시에 존재하는 듯하다. "그리고 게다가 하늘들을 생성한 영원한 운동이 있었다."[13] 우리가 플라톤의 『티마이오스』에 기술된 피타고라스의 이설(理說)에서 발견하는 것처럼, 이 영원한 운동은 "분리해냄(ἀπόχρισις)", 즉 일종의 체질(sifting in a sieve)이었던 것으로 보인다. 한번 사물들이 분리되고 나면, 우리가 알고 있는 세계는 회오리 운동 또는 —무거운 요소들인 흙과 물은 회오리의 중심에 남고, 불은 주변으로 물러나며, 공기는 그 사이에 남는다— 소용돌이(δίνη)에 의해서 형성된다. 지구는 원판이 아니라, "기둥의 고상부(鼓狀部)와 같이"[14] 짧은 원통이다.

생명은 바다에서 나오며, 환경에 대한 적응을 통해 동물들은 현재의 형태로 진화되었다. 아낙시만드로스는 인간의 기원에 관해 현명한 추측을 한다. "…그는 또, 태초에 인간은 다른 종(種)의 동물들로부터 태어났다. 다른 동물들은 금방 스스로 먹이를 찾을 수 있는 반면, 인간만이 긴 수유기를 거치는 것으로 보아, 인간은 원래 지금 그대로였다면 결코 살아남지 못했을 것이라고 말한다."[15] 그는 인간이 전이(轉移)의 단계에서 어떻게 살아남았는지를 —진화론자에게 그것은 영원한 난제이다— 설명하지 않는다.

---

10   Frags. 1-3.

11   Frag. 1.

12   D. 12 A 17. Simpl. *Phys.*, 1121, 5: Aët. II, 1, 3: Cic. *De Nat. D.*, 1, 10, 25: Aug. C. D., viii, 2.

13   Hippol., *Ref.*, 16, 2(D. 12 A 11) 참조.

14   Frag. 5. Ps. Plut. *Strom.*, 2(D. 12A 10).

15   Ps. Plut. *Strom.*, fr. 2(D. 12A 10).

그렇다면 아낙시만드로스의 이설은 탈레스의 이설보다 발전된 것이다. 그는 어느 특정한 요소를 근원적으로 보는 것을 넘어서 모든 사물들이 생성되어나오는 부정 (否定)의 무한이라는 개념에까지 나아갔다. 그뿐만 아니라 그는 최소한, 이 세계가 이 근원적인 요소로부터 어떻게 발전했는가라는 질문에 대답하려고 상당히 애쓴다.

▬▬▬ 3. 아낙시메네스

밀레투스학파의 세 번째 철학자는 아낙시메네스였다. 그는 틀림없이 아낙시만드로스보다 젊었을 것이다. 적어도 테오프라스토스는 그가 아낙시만드로스를 "연상시키는 사람"이었다고 말한다. 그는 책 한 권을 썼는데, 그것의 작은 단편 하나가 남아 있다. 디오게네스 라에르티오스에 따르면 "그는 섞이지 않은 순수한 이오니아 방언으로 썼다."

어쨌든 첫눈에 보기로는, 아낙시메네스의 이설은 아낙시만드로스가 도달한 단계로부터 현저하게 후퇴한 것으로 보인다. 왜냐하면 아낙시메네스는 무한정자(τὸ ἄπειρον) 이론을 버리고 탈레스를 좇아서 확정된 요소를 원료로 보기 때문이다. 이 확정된 요소는 물이 아니라 공기이다. 그는 호흡한다는 사실에서 이러한 암시를 받았을 것이다. 인간은 숨을 쉬는 한 살아 있으며, 때문에 공기는 삶의 원리처럼 보이기 쉽다. 아낙시메네스는 사실상 인간과 자연 일반 사이의 유비추론을 한다. "공기인 우리의 영혼이 우리를 결합시키는 것처럼, 호흡과 공기는 전 세계를 에워싼다."[16] 그렇다면 공기는 이 세계의 원료이고, 그 원료로부터 존재하고 있는 사물들과 존재했던 사물들 그리고 존재할 사물들, 신들 그리고 성스러운 것들이 생기(生起)하는 반면, 다른 사물들은 그것의 소산(所産)에서 나온다."[17]

그러나 만물이 어떻게 공기로부터 나오는지를 설명하는 데는 분명히 어려움이

---

16 Frag. 2.
17 Hippol. *Ref.*, i, 7(D. 13A 7).

있다. 이 난제에 대해 그가 제공한 해답 속에서 아낙시메네스는 천재의 기색을 보였다. 구체적인 대상들이 어떻게 원초적인 요소로부터 형성되는지를 설명하기 위하여, 그는 농축과 희박이라는 개념을 도입한다. 공기 그 자체는 보이지 않는다. 그러나 그것은 팽창되거나 희박해졌을 때 불이 되고, 농축되었을 때 바람이 되고, 구름이 되고, 물이 되고, 흙이 되고, 종내(終乃)는 돌이 되는, 이 농축과 희박의 과정 속에서 보이게 된다. 그리고 사실상 이 농축과 희박의 개념은 아낙시메네스가 근원적인 요소로서 공기를 택한 또 다른 이유를 암시한다. 그는 공기가 옅어지면 따뜻해지고 그래서 불이 되고, 반면에 그것이 농축되면 차가워지면서 점차 고체가 된다고 생각했다. 그러면 공기는 그 안에 축축한 덩어리를 품은 채, 주변에 있는 불의 고리와 차가운 것 사이의 중간에 놓이는데, 아낙시메네스는 일종의 타협책으로 공기를 선택한다. 그러나 그의 이설(理說)의 중요한 점은 모든 질을 양 위에 정초하려는 시도라고 말할 수 있다. 현대 용어로 표현하자면, 그것이 그의 농축과 희박론이 도달한 곳이기 때문이다. (우리는 아낙시메네스가 우리가 입을 벌리고 숨을 쉴 때, 공기가 따뜻하고, 입을 닫고 숨을 쉴 때, 공기가 차다는 것을 지적했다는 말을 듣는데, 그것은 그의 입장에 대한 실험적 증명이다.)[18]

탈레스의 경우에서처럼, 지구는 평평하다고 생각된다. 그것은 나뭇잎처럼 공기 위를 떠다닌다. 버넷 교수의 말로 하면 "이오니아는 지구에 대한 과학적 견해를 결코 수용할 수 없었으며, 심지어는 데모크리토스조차도 계속 지구가 평평하다고 믿었다."[19] 아낙시메네스는 무지개에 대해 이상한 설명을 했다. 무지개는 태양 광선이 뚫고 들어갈 수 없는 두꺼운 구름 위에 태양 광선이 떨어지기 때문에 생긴다. 호메로스의 작품에 나오는 신들의 사자인 이리스(Iris)와 이 "과학적 설명" 사이에는 큰 거리가 있다고 젤러는 말한다.[20]

494년의 밀레투스 멸망과 더불어, 밀레투스학파는 종말을 고하지 않을 수 없었다. 고대인들의 눈에는, 마치 아낙시메네스가 밀레투스학파의 가장 중요한 대표자이기라도 했던 것처럼, 밀레투스인들의 학설들은 대체적으로 아낙시메네스의 철학으

18　(Plut., *De prim. frig.*, 947 이하), Frag. 1.

19　*G. P.*, I, 9쪽.

20　*Outlines*, 31쪽.

로 알려지게 된다. 이 세계의 구체적인 사물들을 "질이 양으로 환원한다"는 메커니즘을 통해 설명하려는 시도인 그의 농축과 희박론과 마찬가지로 의심할 나위 없이, 그 학파의 마지막 사람으로서 그의 역사적 위치는 그 이유를 설명하기에 충분할 것이다.

일반적으로 우리는, 이오니아인들의 가장 큰 중요성은 그들이 사물들의 궁극적인 본질에 관한 질문을 제기했다는 사실에 있는 것이지, 제기된 그 질문에 대해 그들이 제공한 어떤 특수한 대답에 있는 것이 아니라는 것을 다시 한번 강조할 수 있다. 또한 우리는 그들 모두가 물질의 영원성을 가정한다는 점을 지적할 수 있다. 그들은 이 물질세계의 절대적 시원이라는 생각을 가지고 있지 않았다. 사실 그들에게 이 세계는 유일한 세계이다. 그러나 이오니아의 우주론자들을 독단적인 유물론자들로 간주하는 것은 정확하지 않을 것이다. 물질과 정신 간의 구별은 아직 착상되지 않았으며, 이러한 인식의 씨앗이 착상될 때까지, 우리가 말하는 의미의 유물론자들은 존재할 수 없다. 그들은 만물의 기원을 어떤 물질적 요소에서 나온 것으로 설명하려고 시도했다는 점에서는 유물론자들이다. 그러나 물질과 정신의 구별을 애써 부정한다는 점에 있어서는 유물론자들이 아니다. 그 차이가 명확하게 파악되지 않아 형식적 부정이 불가능했기 때문이다.

"비판적 문제"를 제기하지 않았다는 의미에서 이오니아인들이 "독단론자들"이었다는 것은 지적할 필요가 없다. 그들은 우리가 사물들을 있는 그대로 알 수 있다고 가정했다. 그들은 경이의 순박함과 발견의 즐거움으로 가득 차 있었다.

제3장

피타고라스학파

피타고라스주의자들은 단순히, 다소 독자적이며 서로 고립된 피타고라스 제자들의 무리만이 아니었음을 깨닫는 것이 중요하다. 그들은 사모스인인 피타고라스가 기원전 6세기 후반 남부 이탈리아에 있는 크로톤에 창시한 피타고라스 종교사회 또는 종교집단의 구성원들이었다. 피타고라스 그 자신은 이오니아인이었으며, 그 학파의 초기 구성원들은 이오니아 방언을 썼다. 피타고라스학파의 기원은 그 설립자의 생애와 마찬가지로 어둠 속에 가려져 있다. 이암블리코스는 그가 쓴 피타고라스의 생애에서 그를 "성 철학(聖 哲學)의 지도자 또는 아버지", "신 또는 악마(즉 초인간적 존재)", 또는 "신적 인간"이라고 불렀다. 그러나 이암블리코스, 포르피리오스와 디오게네스 라에르티오스가 쓴 피타고라스의 생애들은 우리에게 믿을 만한 증거를 제공한다고 말할 수 없으며, 그것을 소설이라고 부르는 게 확실히 옳다.[1]

학파를 창시하는 것은 아마도 그리스 세계에서 새로운 일은 아니었을 것이다. 명백하게 증명할 수는 없지만, 초기 밀레투스 철학자들 주변에는 학파에 거의 필적하는 것들이 존재했을 개연성이 매우 높다. 그런데 피타고라스학파는 두드러진 특징들,

---

1   "실제로 그들의 삶은 소설이라고 부를 수 있다."(Ben, invero, possono dirsi romanzi, leloro 'Vite'.) Covotti, *I Presocratici*, 66쪽.

즉 금욕주의적 특징과 종교적인 특징을 가지고 있었다. 이오니아 문명의 말기 무렵, 순수하게 종교적 요소들을 제공하려는 종교 부활이 일어났는데, 그 요소들은 올림피아 신화나 밀레투스의 우주론에서는 볼 수 없었던 것이었다. 사회가 원래의 활기와 신선함을 잃어버린 채 기울어가고 있던 로마제국에서, 우리가 한편으로는 회의주의로 향하고, 다른 한편으로는 "신비스러운 종교"로 향하는 움직임을 보는 것과 마찬가지로, 우리는 부유한 상업 문명인 이오니아 문명의 말기에도 이와 똑같은 경향을 발견한다. 피타고라스학파는 이러한 종교 부활의 풍조를 나타내지만, 그 학파는 그것을 매우 뚜렷한 과학정신과 연결시키는데, 그 과학적 기풍이 피타고라스주의자들을 철학사에 포함시키는 것을 정당화하는 요인임은 물론이다. 비록 오르페우스주의와 피타고라스주의에 대한 정확한 관계, 그리고 오르페우스교파의 가르침이 피타고라스주의자들에 대해서 가지고 있었던 영향의 정도를 판정하는 일이 전적으로 쉬운 일은 아니지만, 오르페우스주의와 피타고라스주의 사이에는 분명히 공동의 기반이 있다. 오르페우스주의는 분명히 공동생활 방식을 전수하고 그 방식에 충실함으로써 결속된 공동체들에서 볼 수 있는 하나의 기구(機構)라 할 수 있으며, 피타고라스의 가르침에서도 두드러진 영혼 윤회설 또한 그러하다. 그러므로 피타고라스와 연결될 수 있는 것은 트라키아의 디오니소스적 종교라기보다는 델로스이지만, 피타고라스가 오르페우스적 신념과 풍습에 영향을 받지 않았다고 생각하기는 어렵다.[2]

피타고라스의 공동체들은 정치적 공동체들이었다는 주장이 있었으나, 적어도 그것들이 본질적으로 정치적 공동체들 —그것들은 분명히 그렇지 않다— 이었다는 의미라면, 옹호될 수 없는 견해이다. 피타고라스가 시론의 사례를 근거로 크로톤을 떠나 메타폰티움으로 향해야 했다는 것은 사실이다. 그러나 이것은 피타고라스 쪽에서 어느 특수한 당파를 편들어서 어떤 특별한 정치적 행동을 했다고 상정하지 않아도 설명될 수 있을 것 같다. 그러나 피타고라스주의자들은 크로톤과 마그나 그라에시아의 다른 도시들에서 정치적 통제력을 획득했다. 그리고 폴리비오스는 그들의 "오두막집들"은 불타서 내려앉았고 자신들은 박해를 받았다고 우리에게 말한다. 아마도 기원전

---

2   Diog. Laërt., 8, 8 참조.

440~430년경의 일 같은데,[3] 이 사실이 반드시 그것들이 종교적 사회라기보다는 본질적으로 정치적 사회였다는 것을 의미하지는 않는다. 캘빈은 제네바에서 통치했으나 원래 정치가는 아니었다. 스테이스(Stace) 교수는 이렇게 말한다. "크로톤의 평범한 시민이 콩을 먹지 말라는 명령을 받았을 때, 그리고 그 시민이 어떤 상황에서도 그 자신의 개를 먹을 수 없다는 명령을 받았을 때, 이것은 너무 과한 것이었다."[4] (비록, 사실 피타고라스가 콩 또는 모든 고기를 식료품으로서 금지했다는 것이 확실하지는 않지만[만약 위와 같은 명령을 내렸다면, 그렇다는 것이다], 콩에 관해서 아리스토크세노스는 정반대의 것을 단언한다.[5] 버넷은 그 금지를 피타고라스주의자들에게 실제로 내려진 것으로 인정하는 경향이 있지만, 그럼에도 불구하고 콩에 관한 금기에 관해서는 아리스토크세노스가 옳을 가능성을 인정한다.)[6] 그 학파는 몇 년 뒤 부활했으며 이탈리아에서 활동을 계속했다. 그중에서도 타렌툼에서의 활동은 주목할 만한데, 그곳에서 기원전 4세기 전반부에 아르키타스는 독자적으로 명성을 얻었다. 필롤라오스와 에우리토스 역시 그 도시에서 활동했다.

피타고라스주의자들의 종교적 · 금욕적인 생각과 그 실천에 관하여 말하자면, 이것들은 순결과 정화 사상의 주변을 맴돌았고, 영혼 윤회설로 말미암아 당연히 영혼 문화가 진작되었다. 침묵의 실천, 음악의 영향과 수학의 연구는 모두 영혼을 돌보는 데 있어서 가치 있는 도움으로 간주되었다. 그러나 그들의 습관 가운데 어떤 것들은 순전히 외적인 성격을 지닌 것이었다. 만약 피타고라스가 정말로 고기 먹는 것을 금했다면, 그것은 영혼 윤회설 때문이었거나 또는 적어도 영혼 윤회설과 연결되어 있었을 것이다. 그러나 디오게네스 라에르티오스가 그 학파가 준수했던 것으로 인용하는 것들과 같은 순수 외적인 규칙들은 상상을 아무리 넓혀도 결코 철학적 이설(理說)로 불릴 수 없다. 그 규칙들은 이를테면 콩을 삼갈 것, 큰 거리를 걸어 다니지 말 것, 자기 손톱 깎은 것을 밟지 말 것, 재 속에 냄비의 흔적을 남기지 말것, 부셸(bushel) 되를 깔고 앉지 말 것 등과 같은 것들이다. 그런데 만약 이것이 피타고라스 학설들이 포함한 전부

---

3   Polybius, ii, 39(D. 14, 16).
4   Stace, *Critical History of Greek Philosophy*, 33쪽.
5   ap. Gell., iv, II, 5(D. 14,9).
6   *E.G.P.*, 93쪽, 주 5.

라면, 그 학설들은 종교사가(宗敎史家)에게는 흥미가 있을지 모르지만, 철학사가의 진지한 주목을 받을 만하지는 못할 것이다. 그러나 이 외적인 준수 규칙들이 피타고라스주의자들이 제공할 수 있는 것 모두를 포함하는 것은 결코 아니다.

(우리가 피타고라스주의자의 이론들을 간단하게 논의하면서, 그 이론들 가운데 어느 정도가 피타고라스 자신에게서 기인한 것이고, 어느 정도가 그 이후의 학파 구성원들, 예를 들면 필롤라오스 등에게서 기인한 것인지를 말할 수는 없다. 그리고 아리스토텔레스는 그의 『형이상학』에서 피타고라스보다는 피타고라스주의자들에 대해서 말한다. 그러므로 "피타고라스는 …라고 주장했다"는 구절이 사용되더라도, 그것이 반드시 그 학파의 창시자 개인을 가리키는 것으로 해석되어서는 안 된다.)

디오게네스 라에르티오스는 그가 쓴 피타고라스의 생애에서 크세노파네스의 시(詩)에 대하여 말하는데, 거기서 크세노파네스는 피타고라스가 어떤 사람이 개를 때리는 것을 보고, 개의 울음소리에서 친구의 목소리가 들린다고 그에게 그만두라는 명령을 했다고 이야기한다. 그 이야기가 사실이든 아니든, 피타고라스가 영혼 윤회설을 믿었다는 설은 수용될 수 있다. 종교의 부활은 영혼의 힘과 아울러 사후(死後)에도 계속되는 활력이라는 과거의 생각을 새롭게 소생시켰는데, 그것은 사자(死者)의 횡설수설하는 어두움이라는 호메로스의 개념과는 전혀 다른 생각이었다. 영혼 윤회설과 같은 이설에서 개인의 자기동일성에 대한 의식, 즉 자의식은 마음 속에 담기거나, 영혼에 결속된 것으로 간주될 수 없다. 율리우스 슈텐첼 박사의 말을 빌려 이야기한다면 "…영혼은 자기 상태와 자기 상태를, 또는 똑같은 말인데, 육신과 육신을 편력(遍歷)한다는 것이다. 왜냐하면 육신이 나에 속한다는 통찰은 그리스인들의 철학적 본능에는 언제나 자명했기 때문이다."[7] 육체와의 조화로서의 영혼에 대한 이론은 플라톤의 『파이돈』에 나오는 심미아스가 제안하여 플라톤의 공격을 받는데, 그것은 불멸이고 전생(轉生)을 겪는 것으로서의 영혼이라는 피타고라스의 견해에 들어맞지 않을 것이다. 그러므로 이 견해를 피타고라스주의자들의 견해라는 추정(마크로비오스는 명백하게 피타고라스와 필롤라오스를 가리킨다)[8]은 적어도 의심스럽다. 그러나 프래흐터 박사가 지적하는

---

7   *Metaphysik des Altertums*, Teil I, 42쪽.

8   *Somn. Scip.*, I, 14, 19(D. 44 A 23).

것처럼, 영혼은 육체의 조화라는 또는 단순한 조화라는 진술이, 영혼이 육체 내부의 질서와 생명의 원리임을 의미한다고 해석될 수 있는지 여부는 논의할 가치도 없는 문제는 아니다. 이것으로 인해 반드시 영혼의 불멸성을 양보하게 되지는 않을 것이다.[9]

(몇 가지 중요한 점에 있어서 오르페우스주의와 피타고라스주의 사이에 유사성이 존재하는 것은 전자가 후자에 끼친 영향 때문일 것이다. 그러나 실제로 어떤 직접적인 영향이 있었는지, 그리고 있었다면 그 영향이 어느 정도였는지를 확정하기란 매우 어렵다. 오르페우스주의는 디오니소스의 숭배와 관련이 있었는데, 그 숭배는 트라키아 또는 스키티아(Scythia)에서 그리스로 건너온 것이며, 비록 그것의 "열광적" 이고 "무아경적" 성격들이 그리스인들의 공명(共鳴)을 얻기는 했으나, 올림피아 예식의 정신에는 낯선 것이었다. 그러나 오르페우스주의를 피타고라스주의와 연결시키는 것은 디오니소스적 종교의 "열광적" 성격이 아니다. 그보다는 오히려 오르페우스교의 전수자들은 공동체들로 조직되어 있었으며, ―이것에 유의하라― 영혼 윤회설을 배운 결과, 그들에게 있어서 인간의 중요한 부분은 영혼이지 감금하는 육체가 아니라는 사실이다. 사실상 영혼은 "실재의" 사람이며, 호메로스에서 나타나는 것처럼 단순한 육체의 그림자-상에 불과하지는 않다. 그러므로 영혼 훈련과 영혼 정화가 중요한데, 그것은 육류의 금지와 같은 계율의 준수를 포함한다. "제우스는 시초이자 중간[과정]이며, 제우스로부터 모든 것이 생겨났다(Ζεὺς κεφαλή, Ζεὺς μέσσα, Διὸς δ᾽ ἐκ πάντα τέτυκται)"[10]라는 유명한 단편에서 볼 수 있는 것처럼 범신론으로 기울어 있었으나, 사실상 오르페우스주의는 철학이라기보다는 종교였다. 그러나 그것이 하나의 철학으로 불릴 수 있다고 해도, 그것은 생활양식이었지 단순한 우주론적 사변은 아니었다. 이 점에 있어서 피타고라스 주의는 확실히 오르페우스 정신의 한 후계자였다.)

이제 피타고라스주의의 수학적·형이상학적 철학이라는 어려운 주제로 화제를 돌리자. 아리스토텔레스는 『형이상학』에서 "소위 피타고라스주의자들은 수학에 몰두했으며, 그들은 수학을 발전시킨 최초의 사람들이었고 수학 속에서 성장해왔기 때문에 수학의 원리가 만물의 원리라고 생각했다"[11]고 말한다. 그들은 발전하는 한 학문의 초기 학생들의 열성을 가지고 있었으며, 이 세계에서의 수의 중요성에 감동을 받았다. 만물은 수적(數的)이며, 우리는 많은 것들을 수로 표현할 수 있다. 그러므로 관계된 두

---

9   Ueberweg-Praechter, 69쪽.

10   D. 21 a.

11   *Metaph.*, 985, b 23-6.

사물들 간의 관계는 수적인 비(比)에 따라서 표현될 수 있다. 정해진 많은 문제들 사이의 질서는 수적으로 표현될 수 있다. 그러나 그들이 특별히 감동받았던 부분은 수금(竪琴)상의 음표들 사이의 음악적 간격들이 수적으로 표현될 수 있다는 발견이었다. 가락이 길이에 의존한다면, 수에 의존한다고도 말할 수 있으며, 음계상의 차이는 수적인 비에 의하여 표현될 수 있다.[12] 음악적인 조화가 수에 달려 있듯이, 우주의 조화도 수에 달려 있다고 생각될 수 있었을 것이다. 밀레투스의 우주론자들은 우주 안에서의 대립되는 것들의 갈등을 말했는데, 피타고라스주의자들의 음악 연구는 그들에게 수의 개념을 통하여 그 "갈등"의 문제에 대한 해결안을 쉽게 제안할 수 있었을 것이다. 아리스토텔레스는 이렇게 말한다. 그들이 "음악의 음계의 속성과 비(比)들이 수로 표현될 수 있음을 본 이래로, 그 이후로 그 밖의 모든 사물들은 그 전(全) 성질이 수를 따라 만들어진 것으로 보였으며, 수들은 자연 전체에서 첫 번째 것들로 보였고, 전 하늘이 음악의 음계와 수로 보였다."[13]

아낙시만드로스는 무한정자 또는 무규정자로부터 모든 것을 생산했다. 그러나 피타고라스는 이 개념에다 한계 또는 한정(τὸ πέρας)의 개념을 결합시켰는데, 그것이 무한정자에 형태를 제공한다. 이것은 음악에서 예증되는데(건강에서도 역시 예증되는데, 거기에서 한계는 "진정시킴"이고, 그것은 건강인 조화로 귀착된다), 거기에서는 비와 조화가 산술적으로 표현될 수 있다. 이것을 세계 전체로 전이(轉移)하면서, 피타고라스주의자들은 우주의 조화를 말했다. 그러나 그들은 우주 안에서 수들이 맡은 중요한 역할을 강조하는 데 만족하지 않고, 더 나아가서 '만물은 수이다'라고 선언했다.

이는 확실히 이해하기 쉽지 않은 이설이며, 매우 어려운 말이다. 피타고라스주의자들은 이것으로 무엇을 의미했을까? 무엇보다도, 그들은 수(數)로 무엇을 의미했을까 또는 수에 대해서 어떻게 생각했을까? 이는 중요한 질문이다. 왜냐하면 여기에 대

---

12 피타고라스학파의 음향비는 길이의 비이지 주기의 비가 아니었던 것이 확실한 듯한데, 피타고라스주의자들은 그 비를 측정할 능력이 없었을 것이다. 따라서 가장 긴 하프현은 "가장 낮은" 음조와 주기에 해당할지라도 휘파테(ἡ ὑπάτη)라고 불렸으며, 가장 짧은 하프현은 "가장 높은" 음조와 주기에 해당할지라도 네아테(ἡ νεάτη)라고 불렸다.

13 *Metaph.*, 985, b 31-986 a 3.

한 대답은 피타고라스주의자들이 만물이 수라고 말한 이유를 암시하기 때문이다. 아리스토텔레스는 우리에게 이렇게 말한다. "(피타고라스주의자들이) 수의 요소들은 짝수와 홀수이며, 이들 중 전자는 무제한적이고 후자는 제한적이라고 주장했다. 그리고 자아는 이 모두로부터 진행하고(왜냐하면 그것은 짝수이면서 홀수이기 때문이다), 수는 자아로부터 진행한다. 그리고 전(全) 하늘은, 말했듯이 수들이다."[14] 아리스토텔레스가 언급하는 시대가 피타고라스주의의 발전 가운데 정확히 어떤 시대이건, 그리고 짝수와 홀수에 관한 그의 말에 대해 내려질 정확한 해석이 무엇이건, 피타고라스주의자들이 수를 공간적으로 생각했음은 분명해 보인다. 하나는 점이요, 둘은 선이고, 셋은 면이며, 넷은 입체이다.[15] 그렇다면 만물은 수라고 말하는 것은 "모든 물체들은 점들 또는 공간상의 단위들로 이루어져 있으며, 그것들이 합쳐지면 수를 구성한다"[16]를 의미할 것이다. 피타고라스주의자들이 수를 이런 식으로 생각했다는 것은 그들이 신성한 것으로 간주한 그림인 "테트락튀스(tetraktys)"가 보여준다.

이 그림은 열은 하나와 둘과 셋과 넷의 합이라는 것, 다른 말로 하면 처음의 네 정수들의 합이라는 것을 눈으로 볼 수 있도록 한다. "에우리토스는 조약돌로 수들을

---

14   *Metaph.*, 986 a 17-21.

15   Art. *Pythagoras.*, Enc. Brit., 14th edit., by sir Thos. Little Heath 참조.

16   Stöckl, *Hist. Phil.*, I, 48쪽(Finlay 옮김, 1887).

표현하곤 했는데, 그것은 우리가 "정사각의" 수들과 "직사각의" 수들을 얻는 표현 방법과 일치한다"[17]고 아리스토텔레스는 말한다. 일로부터 시작하여 홀수들을 연속하여 "그노몬(gnomons)"의 형태로 더하면, 정사각수들을 얻는다.

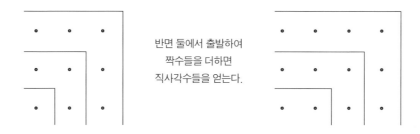

반면 둘에서 출발하여
짝수들을 더하면
직사각수들을 얻는다.

그려진 수들을 이렇게 사용함으로써 또는 수들을 기하학에 연결함으로써, 피타고라스주의자들이 어째서 사물들을 단순히 수적(數的)으로가 아니라 수(數)임으로 간주했는지를 이해하는 것이 보다 쉬워진다. 그들은 수학적 개념들을 물질적 실재의 질서에 전이(轉移)시켰다. 그래서 "몇 개의 점들을 병치함으로써 하나의 직선이 단순히 수학자의 학문적 상상 속에서뿐만이 아니라, 외부의 실재 속에서 또한 생성된다. 똑같은 방식으로, 평면은 몇 개의 직선들을 병치함으로써 생성되며, 마지막으로 물체는 몇 개의 평면들을 연결함으로써 생성된다. 그러므로 점, 선 그리고 평면은 자연 안의 모든 물체들을 구성하는 실재 단위들이며, 이러한 의미에서 모든 물체들은 수로 간주되어야만 한다. 사실상 모든 물질적 물체는 수 4(τετρακτύς)의 표현이다. 왜냐하면 그것은 네 번째 용어로서, 세 가지 구성요소들(점, 선, 평면)로부터 귀결하기 때문이다."[18] 그러나 사물을 수와 동일시하는 것을 수를 기하학적 모형에 의해 표현하는 습관 탓으로 얼마나 돌릴 수 있느냐 하는 것, 또 그 음악에 관해 피타고라스주의자들이 발견한 것들을 모든 실재에 확장한 탓으로 얼마나 돌릴 수 있느냐 하는 것은 말하기가 극도로 어렵다. 버넷은 원래 사물을 수와 동일시하는 것은 음악적 소리를 수로 환원될 수 있

17 *Metaph.*, 1092, b 10-13.
18 Stöckl, *Hist. Phil.*, I, 43-49쪽.

다는 발견을 확장한 때문이었지, 수를 기하적 도형과 동일시했기 때문은 아니라고 생각한다.[19] 그러나 피타고라스주의자들이 명백히 그렇게 생각했듯이, 대상들이 물질적이고 양적인 점들의 합으로 간주되면, 또 동시에 수들이 기하학적으로 점들의 합으로 간주되면, 다음의 단계, 즉 대상을 수와 동일시하는 단계가 어떻게 취해질 수 있을지를 보다 쉽게 알 수 있다.[20]

아리스토텔레스는 위에 인용된 대목에서 피타고라스주의자들은 "수의 요소들은 짝수와 홀수이고, 이들 중 전자는 무제한적이고 후자는 제한적이다"라고 주장했다고 선언한다. 어떻게 제한적인 것과 무제한적인 것이 등장하는가? 피타고라스주의자들에게는 제한된 우주 또는 세계가 그것이 "흡입하는" 무제한적인 또는 무한한 우주(공기)에 의해 둘러싸여 있다. 그러므로 제한된 우주의 대상들은 순수 제한적인 것이 아니라, 무제한적인 것이 혼합되어 있다. 그런데 수를 기하학적으로 생각하는 피타고라스주의자들은 수도 역시 제한적인 것과 무제한적인 것의 산물이라고 (짝수와 홀수로 구성되어 있으므로) 생각했다. 그렇다면 이 관점에서 역시, 그것은 (짝수는 무제한적인 것과 동일시되고, 홀수는 제한적인 것과 동일시되기 때문에) 수를 사물과 동일시하기 위한 손쉬운 조처일 뿐이다. 홀수 그노몬들은 (그림들 참고) 고정된 정사각형의 형체(제한적)를 보존하는 반면, 짝수 그노몬들은 계속해서 변화하는 직사각형의 형체(무제한적)를 제공한다는 사실에서 설명될 수 있다.[21]

특정한 수를 특정한 사물에 배정하는 문제에 이르자, 당연히 모든 종류의 임의적인 변덕과 공상이 발휘될 여지가 허용되었다. 예를 들면, 왜 정의가 4로 단정되어야 하는지는 비록 우리가 얼마간 이해할 수 있을지 모르지만, 왜 적절한 정도(χαιρός)는 7로 단정되어야 하는지 또는 왜 생기(生氣)는 6으로 단정되어야 하는지를 알기는 쉽지 않다. 5는 첫 번째의 남성 수인 3과 첫 번째의 여성 수인 2의 합이기 때문에 결혼이라고 단언한다. 그러나 이 모든 공상적 요소에도 불구하고 피타고라스주의자들은 수학

---

19 *E.G.P.*, 107쪽.
20 필롤라오스는 (그의 단편들로부터 알 수 있듯이) 만약 수(數)를 갖지 않은 것이거나, 또는 수가 아니라면 아무것도 알려질 수 없다고, 즉 아무것도 분명하거나 명백하게 되지 않을 것이라고 주장했다.
21 Arist. *Physics*, 203 a 10-15 참조.

에 실제적인 공헌을 했다. 기하학적 사실로서의 "피타고라스 정리"에 대한 지식이 수 메르인들의 계산에서 보인다. 그러나 프로클로스가 말한 대로[22] 피타고라스주의자들은 단순한 산술적·기하학적 사실들을 넘어섰으며, 그것들을 소화하여 연역적 체계를 — 처음에는 물론 초보적인 성격이었지만— 만들어냈다. "피타고라스주의자들의 비론(比論)은, 무리수적 크기에는 적용될 수 없었다는 점에서 불충분했다는 유보조항을 달면, 우리는 피타고라스학파의 기하학을 요약하여 그것이 에우클레이데스의 책, i권, ii권, iv권, vi권(아마도 iii권도)의 주요한 부분을 망라했다고 말할 수 있을 것이다."[23] 이 마지막 문제를 해결한 이론은 에우독소스의 지도 하에 아카데메이아에서 나왔다.

피타고라스주의자들에게 지구는 구형이며,[24] 우주의 중심도 아니다. 지구와 행성들은 태양과 함께 중심의 불 또는 "우주의 노(爐)"(이것은 수 1과 동일시된다)를 돈다. 이 세계는 세계 밖의 무한한 덩어리로부터 공기를 흡입한다. 그런데 공기는 무한정자라고 말해진다. 여기에서 우리는 아낙시메네스의 영향을 본다. (아리스토텔레스, 『천체론』, 293, a 25-7)에서, 피타고라스주의자들은 현상들을 설명하기 위해서가 아니라, 그들 자신의 임의적인 이유로 지구중심주의를 부정한다.)

피타고라스주의자들이 우리에게 흥미있는 것은, 그들의 음악 연구와 수학 연구나 종교적 사회로서의 성격 때문만이 아니다. 그들이 그들의 영혼 윤회설과 수학적 형이상학을 통해서 —적어도 그들이 수를 "물질화"하지 않는 한에 있어서는[25]— 밀레투

---

22   *In Eukleiden*, Friedlein, 65, 16-19.

23   Heath, *art. cit.*

24   러시아 철학자 레오 체스토프(Leo Chestov)의 다음의 말을 참조. "어떤 진리가 발견된 이후 그것이 인식되기 위하여 온전히 수세기를 기다려야만 했었던 일이 한번 이상 일어났다. 지구가 움직인다는 피타고라스의 가르침이 그러했다. 모든 사람들이 그것이 거짓이라고 생각했다. 그리고 1500년 이상 사람들이 이 진리를 받아들이기를 거부했다. 심지어 코페르니쿠스 이후에도 대학자들은 전통과 건전한 상식의 수호자들에게 이 새로운 진리를 감추어야 했다." Leo Chestov, *In Job's Balances*, 168쪽 (C. Coventry와 Macartney 옮김)

25   사실상 피타고라스학파의 우주의 수학화가 실제로 우주의 "관념화"로 간주될 수는 없다. 왜냐하면 그들은 수(數)를 기하학적으로 생각했기 때문이다. 따라서 대상들과 수의 동일화는 대상들의 관념화라기보다는 수의 질료화이다. 다른 한편, 정의(justice)와 같은 "관념들"이 수와 동일시되는 한에서, 정의의 경우 혹 관념화의 경향이라고 말할 수도 있다. 똑같은 논제가 플라톤의 관념론에서 반복된다.
    그러나 피타고라스주의자들이 수의 기하학화에 영향을 끼쳤다는 주장은 적어도 후기 피타고라스주의자들에게는 유효하지 않다는 것이 인정되어야 한다. 따라서 플라톤의 친구 타렌툼(Tarentum)의 아르키타

스 우주론자들의 명백한 유물론을 탈출하는 경향이 있었기 때문만도 아니다. 그들이 플라톤에게 끼친 영향도 매우 중요하게 생각된다. 플라톤은 틀림없이 영혼과 (아마도 그는 영혼의 삼분적 성질에 대한 이설을 그들에게서 빌려왔을 것이다) 영혼의 운명에 대한 그들의 생각에 영향을 받았다. 피타고라스주의자들의 마음에는 분명히 영혼의 중요성과 영혼을 올바르게 돌봐야 한다는 생각이 새겨져 있었으며, 플라톤은 이를 가장 소중하게 가슴에 품고 있던 확신들 가운데 하나로서 평생 동안 그것에 매달렸다. 플라톤은 또한 피타고라스주의자들의 수학적 사변들에도 —비록 그가 이 점에 있어서 그들의 영향을 얼마나 받았는지 정확하게 확정하기는 어렵지만— 강한 영향을 받았다. 그리고 피타고라스주의자들이 플라톤의 사상을 형성에 결정적인 영향을 미친 요인들 가운데 하나라고 말하는 것은 그들에게 적지 않은 경의를 표하는 것이다.

스(Archytas)는 분명히, 기하학과 산술 양자의 분리와 환원불가능한 특성을 믿는 아리스토텔레스가 강경하게 반대한 경향인, 정반대 방향으로(딜스, B 4 참조) 연구하고 있었다. 대체로, 어쩌면 산술과 기하 사이의 상호 환원보다는 동형성(isomorphisms)에 대한 (비록 불완전하게 분석되었을지라도) 피타고라스학파의 발견에 대해 이야기하는 것이 더 나을 수도 있을 것이다.

제1부 소크라테스 이전의 철학

제4장

헤라클레이토스의 말

헤라클레이토스는 에페소스의 귀족으로, 디오게네스에 따르면 제69차 올림픽 경기 때쯤, 즉 기원전 504-501년에 전성기를 구가했다. 그의 생존 기간은 정확하게 확정할 수 없다. 그의 집안에서 통치자(basileus) 직을 세습했으나 헤라클레이토스는 그 것을 동생에게 양도했다. 우리는 그가 우울한 사람이었고, 고고하고 고독한 성질이었을 것으로 추측하는데, 그는 보통 시민 군중에 대하여는 물론이고, 과거의 저명 인사에 대해서도 경멸을 나타냈기 때문이다. 그는 도시의 시민들에 대하여 이렇게 말했다. "에페소스인들, 그들 가운데 남자 성인들은 모조리 스스로 목을 매어버리고 도시[국가]를 턱수염 없는 어린애들에게 맡기는 편이 나을 것이다. 왜냐하면 그들은 '우리는 우리 가운데 가장 훌륭한 자를 두지 않을 것이다. 만약 그러한 어떤 자가 있다면, 그로 하여금 다른 어떤 곳에서나 또 다른 사람들 중에서나 가장 훌륭하도록 하라'고 말하면서, 그들 중 가장 훌륭한 사람인 헤르모도로스를 추방했기 때문이다."[1] 그는 또 이런 평도 내놓는다. "프리에네에는 테우타마스의 아들인 비아스가 살았는데, 그는 그 밖의 사람들보다 더 중요하다." (그는 이렇게 말했다. "대부분의 사람들은 악하다.")[2]

---

1   Frag. 121.
2   Frag. 39.

헤라클레이토스는 다음의 말에서 호메로스에 대한 그의 견해를 피력한다. "호메로스는 명단에서 빼고 채찍질을 해야 하며, 아르킬로코스도 마찬가지이다." 그와 비슷하게 그는 이렇게 말한다. "많은 것을 배웠다고 해서 지혜로워지는 것은 아니다. 만약 그랬다면 박식한 헤시오도스와 피타고라스, 그리고 크세노파네스와 헤카타이오스는 지혜로웠을 것이다." 피타고라스에 관하여, 그는 "다른 모든 사람들 이상으로 과학적 탐구를 행했는데, 이 저술들을 정선하여 단지 많은 사물들에 대한 지식이며 사기에 불과한 것을 그 자신의 지혜라고 주장했다"[3]고 말했다.

헤라클레이토스의 많은 말들은, 가끔 다소 재미있을 때도 있지만, 그 성격이 함축적이고 신랄하다. 예를 들면 "환자를 베고, 지지고, 찌르고 아프게 하는 의사들이 그 대가로 받기에 과분한 요금을 요구한다. 인간은 신(神)에 의해 갓난아기라고 불리며, 심지어 인간에 의해서도 어린애로 불린다", "당나귀는 황금보다도 밀짚을 더 좋아한다", "인간의 성격은 그의 운명이다"[4]가 그렇다. 종교에 관한 헤라클레이토스의 태도에 관해서 말하자면, 그는 신비한 것은 존중하지 않았으며 심지어 "인간들 사이에서 행해지는 신비들은 부정(不淨)한 신비들이다"[5]라고 선언하기까지 했다. 그뿐만 아니라 신에 대한 그의 태도는 그가 사용한 종교 언어에도 불구하고 범신론적이었다.

헤라클레이토스가 말년에 어두운[모호한] 사람(ὁ σκοτεινός)이라는 별명을 얻은 것으로 보아 그의 문체는 다소 모호했던 것으로 보인다. 또 이런 행위가 전혀 비의도적이지는 않았던 것으로 보인다. 최소한 우리는 단편들 중에서 이러한 문장들을 발견할 수 있다. "자연은 숨기를 좋아한다. 델피의 신탁으로 말씀하시는 주님은 말소리를 내지도 않으시고 그 의미를 감추지도 않으시며, 말씀을 기호로 보여주신다." 그리고 인류를 향한 그 자신의 전언에 대하여 이렇게 말한다. "사람들은 그것을 처음으로 들을 때는, 듣기 전에 이해할 수 없었던 것과 마찬가지로, 이해할 수 없다."[6] 버넷은 핀다로스와 아이스킬로스도 똑같은 예언적 어조를 가지고 있음을 지적하고, 그것을 부분

---

3   Frags. 42, 40, 129(디오게네스에 따르면, 후자는 의심스럽다).
4   Frags. 58, 79, 9, 119.
5   Frag. 14.
6   Frags. 123, 93, 1(17, 34 참조). Diog. Laërt., 9, 6 참조.

적으로 당시 종교 부활의 탓으로 돌린다.[7]

　　헤라클레이토스는 비록 명백하지 않지만, 그가 한 것으로 추정된 유명한 말로 많은 사람들에게 알려져 있다. "만물은 유전(流轉) 변화의 상태에 있다(πάντα ῥεῖ)". 사실상 이것이 많은 사람들이 그에 관하여 알고 있는 전부이다. 이 진술은, 사실상 그의 이설의 중요한 한 측면을 나타내기는 하지만, 그의 철학 사상의 핵심을 표현하지는 못한다. 그는 "새로운 물들이 계속 당신에게로 흘러들어오기 때문에, 같은 강물에 발을 두 번 담글 수 없다"[8]는 말에 책임이 없을까? 더구나 플라톤은 "헤라클레이토스는 어디에선가 만물은 지나가며 결코 머무르지 않는다고 말한다. 또 사물들을 강의 흐름에 비유하면서, 똑같은 물줄기에 두 번 뛰어들 수 없다고 말한다"[9]고 말한다. 그리고 아리스토텔레스는 헤라클레이토스의 이설을 "만물은 운동 중에 있으며, 어떤 것도 정지해 있지 않다"[10]고 확언하는 것으로 기술한다. 이러한 점에서 헤라클레이토스는 아무 것도 안정되어 있지 않으며, 아무 것도 머무르지 않는다고 소리지르며, "실재"의 비실재성을 주장하는 고대 세계의 피란델로[11]이다.

　　그러나 헤라클레이토스가 변하는 것은 없다는 것을 가르치고자 했다고 상정하는 것은 오류일 것이다. 왜냐하면 그것은 그의 철학의 나머지 부분에 모순되기 때문이다.[12] 또한 심지어 변화에 대한 주장은 그의 철학의 가장 중요하고 의미 있는 측면이 아니기까지 하다. 헤라클레이토스는 그의 "말", 즉 인류를 향한 그의 특별한 메시지를 강조하는데, 만약 그 메시지가 단지 만물은 끊임없이 변화하고 있다는 진리에 그칠 뿐이라면, 그는 그 자신이 그것을 강조하는 것이 정당하다는 느낌을 가질 수 없을 것이

7　　*E.G.P.*, 132쪽.

8　　Frags. 12와 91.

9　　*Crat.* 402 a.

10　　*De Caelo*, 298 b 30(III, i).

11　　*역자 주: 피란델로(Pirandello)는 이탈리아의 소설가로 1934년 노벨상 수상하였으며 분열된 인간의 고뇌 · 광기를 주로 다루었다.

12　　헤라클레이토스는 참으로 실재는 끊임없이 변하고 있다고, 즉 변하는 것이 그것의 본질이라고 가르친다. 그러나 이것이 불변의 실재는 결코 없다는 것을 의미하는 것으로서 해석되어서는 안된다. 헤라클레이토스는 종종 베르그송과 비교되어왔다. 그러나 베르그송의 생각 또한, 비록 이해할 만은 하다 해도, 상당히 잘못 해석되어왔다.

다. 그것은 다른 이오니아 철학자들이 본 진리이며 참신한 성격을 지니지 못한 진리이다. 아니, 철학에 대한 헤라클레이토스의 독창적인 공헌은 다른 곳에서 발견될 수 있다. 그것은 다양성 속의 단일성, 단일성 속의 상이성이라는 개념에 있다. 우리가 본 바와 같이, 아낙시만드로스의 철학에서는 대립자들은 서로를 침해하며, 그리고 나서 차례로 그런 부당한 행위에 대한 보복을 받는 것으로 간주된다. 아낙시만드로스에게 대립자들의 전쟁은 무질서한 어떤 것이고, 있어서는 안 되는 것이며, 일자(一者)의 순수성을 훼손하는 것이다. 그러나 헤라클레이토스는 이 관점을 채택하지 않는다. 그에게 대립자들의 갈등은 일자의 단일성을 더럽히기는커녕, 일자가 존재하기 위해 필수적이다. 사실상 일자는 대립자들의 긴장 속에서만 존재하는 것이다. 이 긴장이 일자의 단일성에 필수적이다.

헤라클레이토스에 있어서 실재는 일(一)이라는 것은 다음의 말에서 충분히 분명하게 볼 수 있다. "나에게가 아니라, 나의 말에 귀를 기울이고, 만물은 일이라고 고백하는 것이 현명하다."[13] 다른 한편으로 대립자들의 갈등이 일자의 존속을 위해서 필수적임을 다음과 같은 진술이 명백하게 보여준다. "우리는 전쟁은 만인에 공통이며 투쟁은 정의라는 것을 알아야 하며 만물은 투쟁을 통하여 생성되고 소멸한다는 것을 알아야 한다."[14] 그러므로 "신들과 인간들 사이에서 투쟁은 사라질 것이로다!"라는 호메로스의 말은 틀렸다. 그는 자신이 우주의 파괴를 위하여 기도하고 있다는 것을 알지 못했다. 왜냐하면 만약 그의 기도가 받아들여진다면, 만물이 사라질 것이기 때문이다.[15] 다시금 헤라클레이토스는 적극적으로 말한다. "사람들은 자신과 다른 것이 어떻게 자신에 부합하는지를 알지 못한다. 그것은 현금과 현의 긴장과 같은 대립된 긴장들의 조정이다."[16]

그렇다면 헤라클레이토스에 있어 실재는 일(一)이다. 그러나 그것은 동시에 다(多)이다. 그것은 일이며 동시에 다인데, 그것도 단순하게 우유적으로 그러한 것이 아

---

13   Frag. 50.

14   Frag. 80.

15   Numenius, Frag. 16, apud Chalcidium, c. 297(D. 22 A 22).

16   Frag. 51.

니라, 본질적으로 그러하다. 일자가 생성되고 존속하기 위해서 그것이 일이며 동시에 다여야 함은 필수적이다. 즉 상이성 속의 (자기)동일성이어야 한다. 헤겔이 헤라클레이토스의 철학을 되어감(Becoming)의 범주에 배정한 것은 그러므로 오해에 근거해 있다. 또한 그는 파르메니데스를 헤라클레이토스보다 시간적으로 앞에 놓음으로써 잘못을 범한다. 왜냐하면 파르메니데스는 헤라클레이토스의 동시대인일 뿐만 아니라 비판자였으므로 헤라클레이토스 이후의 문사임이 틀림없을 것이기 때문이다.[17] 일자가 다(多) 속에 존재하며, 동일성이 상이성 속에 존재하는 헤라클레이토스의 철학이 구체적 우주라는 생각에 훨씬 더 부합한다.

그러나 다 속의 일이란 무엇인가? 후대의 스토아주의자들과 마찬가지로 헤라클레이토스에 있어서 만물의 본질은 불이다. 스토아주의자들은 그 개념을 헤라클레이토스로부터 빌려 왔던 것이다. 언뜻 헤라클레이토스가 낡은 이오니아의 논제에 관하여 변화를 소리 높여 외치고 있는 것처럼 보일 것이다. 마치 헤라클레이토스가 (탈레스는 실재를 물로 만들고 아낙시만드로스는 공기로 만들었기 때문에) 단순히 그의 선배들과는 다른 무엇을 발견하기 위해서, 불을 택하기라도 한 것처럼 말이다. 당연히 다른 원료(Urstoff)를 발견하고자 하는 소망도 어느 정도는 작용했을 것이나, 그가 불을 선택한 데에는 그보다 더한 무엇이 있었다. 그에게는 불을 선택한 적극적인 이유, 그리고 매우 훌륭한 이유가 있었는데, 그것은 그의 철학의 중심 사상에 연결되어 있다.

우리는 감관경험을 통하여 불은 이질적인 물체를 태우고 그것을 그 자신으로 변형시킴으로써 산다는 것을 안다. 잡다한 대상들로부터, 말하자면 뛰어올라 그것들을 자신으로 변화시키는 불은 물질의 공급이 없다면 꺼지게 되며, 더 이상 존재하지 않게 될 것이다. 불의 존재는 바로 이 "투쟁"과 "긴장"에 의존한다. 물론 이는 순수 철학적 개념을 감각적으로 상징한 것이다. 그러나 분명히 그것은 그 개념과 물이나 또는 공기가 쉽게 갖지 못할 어떤 관계를 가지고 있다. 그러므로 헤라클레이토스가 실재의 본질적 성질로 불을 선택한 것은 단순히 임의적인 변덕 때문도, 또 단순하게 새 것을 구하고자 하는 욕구 때문도 아니며, 그의 선배들과 달라야 할 필요 때문도 아니다. 그것은

---

17   Hegel, *Hist. Phil.*, vol. I.

그의 주요한 철학 사상에 의해 제안된 것이다. "불은 결핍이며 과다이다"라고 그는 말한다. 그것은 다른 말로 하면 존재하는 모든 것이나, 끊임없는 긴장과 투쟁과 소모와, 연소와 사라짐의 상태에 있는 이러한 것들이다.[18] 헤라클레이토스는 불의 과정을 상향과 하향 두 갈래의 길로 구별한다. "그는 변화를 상향의 길과 하향의 길로 불렀으며, 우주는 그 덕분으로 생성된다고 말했다. 불이 농축되면 축축해지고, 압력을 받으면 물로 변한다. 물은 응결되어 흙으로 변하는데, 이것을 그는 하향의 길이라고 부른다. 그리고 흙은 다시 액화되며 이것에서 물이 나오고, 여기에서 다른 모든 것이 나온다. 그러한 까닭은 그가 거의 모든 것을 바다에서 이루어지는 증발의 탓으로 돌리기 때문이다. 이것이 상향의 길이다."[19]

그러나 만물이 불이고, 끊임없이 유전 변화의 지속적인 상태에 있다면, 적어도 이 세계 속에 있는 사물들의 안정적인 속성으로 보이는 것은 무엇인가에 대해 어떤 설명이 제공되어야 함은 명백하다. 헤라클레이토스가 제공한 설명은 분량에 의한 설명이다. 이 세계는 "일부는 밝게 불타고 일부는 소멸하는 영원히 살아 있는 불이다."[20] 그러므로 만약 불이 사물을 취해 태움으로써 그 자신으로 전환시킨다면, 불은 취한 만큼의 무언가를 역시 내어놓는다. "심지어 상품들이 금과 바꾸는 교환물이고 금이 상품들과 바꾸는 교환물인 것처럼, 만물은 불과 바꾸는 교환물이며 불은 만물과 바꾸는 교환물이다."[21] 그러므로 각 종류의 물체들의 내용은 언제나 변하고 있지만, 그 종류의 물체들의 총량은 동일하다.

그러나 헤라클레이토스는 단지 사물들의 상대적인 안정성만을 설명하려고 하는 것이 아니라, 밤과 낮이나 여름과 겨울에서 보는 것과 같은 다른 종류의 사물에 대한 어느 한 종류의 사물의 변하는 우위 또한 설명하려고 한다. 디오게네스는 우리에게 헤라클레이토스는 상이한 요소들의 우위를 "상이한 발산"에 기인하는 것으로 설명한다고 가르쳐준다. 그러므로 "태양의 둘레에 불이 붙었을 때, 밝은 발산은 낮을 만들고,

---

18　　Frag. 65.

19　　Diog. Laërt., 9, 8-9.

20　　Frag. 30.

21　　Frag. 90.

　　　　　　　　제1부　소크라테스 이전의 철학

반대의 발산이 우세하면 밤이 된다. 밝은 발산으로부터 나오는 따뜻함이 증가하면 여름이 되고, 어두운 발산으로부터 나오는 축축함이 우세하면 겨울이 된다."[22]

우리가 보았듯이, 다소 동등한 비율로 밝게 불타거나 소멸하는 분량이 다른 탓으로, 우주 안에는 끊임없는 투쟁이 존재하며 사물들의 상대적 안정성 또한 존재한다. 헤라클레이토스가 "우주의 숨은 조화"라고 부르는 것, 그리고 그가 "드러난 조화보다 낫다"[23]고 단언하는 것을 구성하는 것은 이 분량이라는 사실, 즉 상향의 길과 하향의 길의 균형이라는 사실이다. 헤라클레이토스는 이미 인용된 한 단편에서 이렇게 말한다. "사람들은 한 사물과 다른 어떤 것이 어떻게 그 사물에 부합하는지를 알지 못한다. 그것은 현금과 현의 긴장과 같은 대립된 긴장들의 조정이다."[24] 간단히 말해서 일자(一者)는 그것의 차이들이고 그 차이들 자신은 일자이다. 그것들은 일자의 서로 다른 측면들이다. 어떤 한 측면도, 즉 상향의 길도 하향의 길도 중지될 수 없다. 만약 그것들이 중지된다면, 일자 자신은 더 이상 존재하지 않을 것이다. 일자의 상이한 요소들의 본질적인 특성인 대립자들의 불가분성(不可分性)이 이렇게 표현된다. "상향의 길과 하향의 길은 같다." 그리고 또 "물이 되는 것은 영혼이 죽는 것이고, 흙이 되는 것은 물이 죽는 것이다. 그러나 물은 흙에서 나오고, 영혼은 물에서 나온다."[25] 물론 그것은 다음의 진술들에서처럼 어떤 상대주의를 초래한다. "선과 악은 하나이다." "바다는 가장 깨끗하고 가장 더러운 물이다. 물고기는 그것을 마실 수 있으며 그것은 그들에게 좋다. 그것은 사람들에게는 마실 수 없는 물이며 해롭다." "돼지는 진창에서 목욕하고, 앞마당의 가금들은 먼지 속에서 목욕한다."[26] 그러나 일자 속에서 모든 긴장들은 조정되며, 모든 차이들은 조화를 이룬다. "신에게 만물은 공평하고 선하며 옳지만, 인간들은 어떤 것들은 그르고, 어떤 것들은 옳다고 주장한다."[27] 영원의 상(相)에 있어서는(sub specie aeternitatis) 모든 것이 정당하다는 것, 이것은 물론 범신론적 철학의 피할 수 없는 결론이다.

---

22   Diog. Laërt., 9, 11.
23   Frag. 54.
24   Frag. 51.
25   Frags. 60, 36.
26   Frags. 58, 61, 37.
27   Frag. 102.

헤라클레이토스는 일자를 신이고, 현명하다고 말한다. "현명한 것은 오로지 일(一)뿐이다. 그것은 제우스라는 이름으로 부르고 싶을 수도 있고, 그렇게 부르고 싶지 않을 수도 있다."[28] 신은 보편 이성(Λόγος)이자, 만물에 내재해 있는 보편 법칙으로서 만물을 하나의 단일체로 아우르며 우주 내에서의 지속적인 변화를 보편 법칙에 따라 결정한다. 인간의 이성은 이러한 보편 이성의 한 요소 또는 축소판이다. 그러므로 인간은 이성의 관점을 얻으려고 노력해야 하고 이성에 따라 살려고 노력해야 하며, 만물의 단일성과 불변적인 법칙의 지배를 깨닫고 필연적인 우주 과정에 만족해야지, 그것에 저항해서는 안된다. 왜냐하면 그것은 모든 것을 포괄하고 질서지우는 로고스 또는 이법(理法)의 표현이기 때문이다. 인간 내부의 이성과 의식은 불의 요소로서 가치 있는 요소이다. 순수한 불이 육체를 떠날 때, 뒤에 남는 물과 흙은 무가치하다. 이것은 헤라클레이토스가 다음의 말에서 표현하는 사상이다. "시체는 똥보다 못하다."[29] 그렇다면 인간의 관심은 그의 영혼을 가능한 한, 건조한 상태로 보존하는 것이다. "건조한 영혼이 가장 현명하고 훌륭하다."[30] 축축해지는 것은 영혼에게 쾌락일 수 있지만, 그럼에도 불구하고 "물이 되는 것은 영혼에게 죽음이다."[31] 영혼은 "잠"이라는 개인 세계를 넘어 "깸(waking)"이라는 공동 세계, 즉 사유와 이성의 공동 세계로 올라가려고 노력해야 한다. 물론 이 생각은 헤라클레이토스의 말이다. 그렇다면 우주에는 하나의 내재적인 법칙과 이성이 있으며, 인간의 법칙들은 기껏해야 불완전하고 상대적인 구체화에 지나지 않는다 해도 그것의 구체화임이 틀림없을 것이다. 보편 법칙과 인간 이성으로의 참여를 강조함으로써 헤라클레이토스는 스토아주의의 보편주의적 이상들을 위한 길을 열도록 도왔다.

보편적이고 모든 것을 질서지우는 이성이라는 이 개념은 스토아주의자들의 체계 속에서 나타나는데, 그들은 그들의 우주론을 헤라클레이토스에게서 빌려 왔다. 그러나 우리는 탈레스 또는 아낙시만드로스가 물 또는 공기를 인격 신으로 간주했다고

28　　Frag. 32.
29　　Frag. 96.
30　　Frag. 118.
31　　Frags. 77, 36.

　　　　　　　　제1부 소크라테스 이전의 철학

상정할 수 없는 것처럼 헤라클레이토스가 일자, 즉 불을 인격 신으로 간주했다고 상정할 수 없다. 헤라클레이토스는 후대의 스토아주의자들이 범신론자였던 것과 똑같이 범신론자였다. 하지만 만물에 내재하면서 질서지우는 원리로서의 신 개념은, 사건들을 신적 법칙의 표현으로 받아들이는 도덕적 태도와 더불어 어떤 심리적 태도를 산출하는 경향이 있는 것이 사실이다. 그런데 그 심리적 태도는 신과 우주적 단일성을 이론적으로 동일시함에 의해 논리적으로 요구될 듯이 보이는 태도와는 다르다. 심리적 태도와 엄격한 이론의 요구 사이에 있는 이러한 괴리는 스토아학파에서 매우 분명해지는데, 스토아학파의 구성원들은 매우 자주 심적인 태도를 무심코 드러내고 그 우주론적 체계가 논리적으로 요구하는 다신론적 개념이라기보다는 일신론적인 신 개념을 연상시킬 언어를 사용한다. 그 괴리는 특히 후기의 스토아주의자들 사이에서 악화되었는데, 그들이 윤리적 문제에 점차 많이 집중했기 때문이었다.

　　헤라클레이토스가 우주의 대화재가 주기적으로 반복된다는 설을 가르쳤던가? 스토아주의자들은 분명히 이 설을 주장했고 또 그들은 헤라클레이토스를 모방했으므로 주기적인 우주의 대화재 설 역시 헤라클레이토스의 설로 추정되어왔다. 그러나 다음과 같은 이유 때문에 이 추정을 수용하기는 불가능해 보인다. 첫째, 헤라클레이토스는 대립자들의 긴장 또는 갈등이 일자의 존재에 필수적이라고 주장했다. 그런데 논리적으로 보았을 때, 만약 만물이 주기적으로 순수한 불 속으로 빠진다면, 불 그 자체가 존재하기를 중단해야 할 것이다. 둘째, 헤라클레이토스는 "태양은 그의 한도를 넘어서지 않을 것이다. 그렇지 않다면 정의의 시녀인 에리니에스(Erinyes)가 그를 찾아낼 것이며"[32]라고, 또 "이 세계는 일부는 밝게 불타고 일부는 소멸하는, 과거에도 현재에도 앞으로도 언제나 영원히 살아 있는 불일 것이다"라고 분명하게 말하지 않는가? 셋째, 플라톤은 헤라클레이토스에 따르면 일자는 언제나 다(多)이고, 반면에 엠페도클레스에 따르면 일자는 차례로 다이기도 하고 일이기도 하다는 이유로 헤라클레이토스와 엠페도클레스를 대비시킨다.[33] 젤러 교수의 "그것은 그[헤라클레이토스]가, 또 어쩌

32　　Frag. 94.
33　　*Soph.*, 212 d.

면 플라톤까지도 관찰하지 못했던 모순이다"라는 주장은 정당성을 인정하기 어렵다. 물론 만약 헤라클레이토스가 실제로 주기적인 일반 대화재 설을 가르쳤다는 것이 명백하게 입증된다면, 사실상 우리는 그 포함된 모순을 헤라클레이토스와 플라톤 모두가 보지 못했다고 결론을 내려야만 할 것이다. 그러나 증거가 헤라클레이토스가 이 이설을 가르치지 않았음을 보여주기 때문에, 플라톤이 이 문제에 있어서 실수를 범했다고 추정하는 것은 합리적이지 않다. 더구나 헤라클레이토스가 일반 대화재 설을 주장했다고 처음으로 진술한 자들은 분명히 스토아주의자들이었다.[34] 그리고 심지어 스토아주의자들조차도 이 문제에 관하여 의견이 나뉘어 있었다. 플루타르코스는 한 인물로 하여금 "나는 스토아주의자들의 대화재가 헤라클레이토스의 저술들과 오르페우스의 운문들에 널려 있는 것과 똑같이, 헤시오도스의 시에 널려 있는 것을 안다"[35]고 말하게 하지 않았던가?

우리는 헤라클레이토스의 이설, 즉 상이성 속의 단일성에 대하여 무엇을 말할 수 있는가? 다(多), 즉 복수성이 존재한다는 것은 충분히 분명하다. 그러나 동시에 지성은 사물들을 연결시킬 수 있는 포괄적인 견해를 얻기 위해서 단일성, 즉 체계를 이해하려고 끊임없이 노력한다. 그리고 사유의 이러한 목표는 사물들 속에 있는 실재의 단일성에 해당한다. 사물들은 상호 의존적이다. 심지어 불멸의 영혼을 지닌 인간도 나머지 창조물들에 의존한다. 그의 육체는 매우 실재적인 의미에서 이 세계와 인류의 과거 역사 전부에 의존한다. 그는 살기 위하여, 즉 공기, 음식, 음료, 햇빛 등등을 통한 육체적 삶을 위하여 또한 지식의 출발점인 감각을 통한 지적인 삶을 위하여 물질적 우주에 의존한다. 그는 또한 그의 문화적 삶을 위하여 사상과 문화, 과거의 문명과 발전에 의존한다. 그러나 비록 인간이 단일성을 찾는 것이 옳다고 하더라도, 복수성을 희생시켜 단일성을 주장하는 것은 잘못일 것이다. 단일성, 소유할 만한 가치가 있는 유일한 단일성은 상이성 속에 있는 단일성이며, 다양성 속에 있는 동일성이다. 말하자면 빈곤한 단일성이 아니라, 풍부한 단일성이다. 모든 물질적 사물(분자, 원자, 전자 등등

---

34   *E.G.P.*, 159-60쪽.

35   *De def. orac.*, 415 이하.

으로 구성된)은 다양성 속의 단일성이다. 그리고 살아 있는 모든 유기체들 역시, 심지어는 우리가 계시에 의하여 알고 있는 대로의 신 자신까지도, 개인들의 차이 속에 있는 단일성이다. 예수 안에 다양성 속의 단일성이 있다. 그것은 성질들의 상이성 속에 있는 개인의 단일성이다. 지복직관의 합일은 차별 속의 합일이다. 그렇지 않다면 그것은 그것의 풍부함을 상실할 것이다(물론 신과 피조물 사이의 동일성이라는 "단순한" 단일성이 불가능하다는 것은 별도로 하고).

창조된 우주를 단일성으로 간주할 수 있을까? 우주는 분명히 하나의 실체가 아니라 실체의 복수성으로 이루어져 있다. 그러나 우주는 그것에 대한 우리의 관념 속에서 하나의 총체이며, 만약 에너지 보존의 법칙이 타당하다면 어떤 의미에서 그것은 물리적 총체이다. 그렇다면 우주는 어느 정도는 다양성 속의 단일성으로 간주될 수 있다. 그러나 아마도 우리는 더 나아가서 헤라클레이토스와 함께 대립자들의 투쟁, 즉 변화는 물질적 우주의 존속을 위해서 필요하다는 제안을 할 수 있을 것이다.

① 비유기체적 물체에 관한 한, 물체의 구조에 관한 현대 이론들과 광학 이론 등등이 받아들여진다면, 변화는 적어도 장소의 이동이라는 의미에서는 필연적으로 수반된다.

② 만약 유한한, 물질적으로 조건지어진 삶이 있다면 변화가 필수적이라는 것 또한 명백하다. 신체적 유기체의 삶은 호흡, 소화 등등에 의해 지탱되는데, 그 모든 과정들은 변화, 즉 "대립자들의 투쟁"을 수반한다. 특수한 생명이 행성 위에서 보존되려면 생식도 있어야 하며, 출생과 죽음은 대립자라고 불러야 마땅할 것이다.

③ 대립자들의 투쟁이 없는, 도대체 변화란 절대로 없는 물질적 우주도 존재 가능하지 않을까? 첫째, 이러한 우주에서는 생명이 존재할 수 없다. 왜냐하면 우리가 본 것처럼 구체화된 삶은 변화를 수반하기 때문이다. 그러나 생명이 없는 아주 정적(靜的)인, 변화와 운동이 전혀 없는 물질적 우주도 존재 가능하지 않을까? 만약 물질을 에너지라는 면에서 보면, 그토록 순수하게 정적인 어떤 우주가 어떻게 존재할 수 있는지를 이해하기란 매우 어렵다. 그러나 이

모든 물리학 이론들을 도외시하고 그러한 우주가 물리적으로 가능하다 하더라도, 그것이 합리적으로 가능할 수 있을까? 우리는 최소한 그러한 우주에 대해서는 어떤 가능한 기능도 발견할 수 없을 것이다. 그러한 우주는 생명도 발전도 변화도 없는 일종의 원시적인 혼돈이다.

그렇다면 순수하게 물질적인 우주는 경험적으로뿐만 아니라, 선험적으로도 생각할 수 없는 것처럼 보인다. 유기체적 생명이 현존하는 물질적 우주라는 개념은 변화를 요구한다. 그러나 틀림없이 출발점(terminus a quo)과 귀착점(terminus ad quem)이 존재하기 때문에 변화에 한편으로는 다양성을 의미하며, 변화하는 어떤 것이 존재하기 때문에 다른 한편으로는 안정을 의미한다. 그러므로 다양성 속에 동일성이 존재하기 마련이다.

따라서 에페소스의 헤라클레이토스가 자신의 이오니아 선배들과 똑같은 감각적 상징의 길을 추구했지만 하나의 순전히 철학적인 개념을 생각했으며, 본질적으로 다(多)로서의 일(一)이라는 이 개념은 그 모든 감각적 상징들과 명백하게 구분 가능하다는 결론을 내릴 수 있다. 사실상 헤라클레이토스는 아리스토텔레스의 스스로를 사유하는 사유(νόησις νοήσεως)인 실체적 사유의 개념에까지 올라가지는 못했으며, 우주 속에 안정의 요소들을 아리스토텔레스가 설명하려고 했던 것처럼 충분히 설명하지도 못했다. 그러나 헤겔이 말하는 것처럼 "만약 우리가 운명을, 언제나 최선의 것을 후대까지 보존할 만큼 정당한 것으로 간주하고 싶다면, 우리는 적어도 헤라클레이토스가 우리에게 남긴 것에 보존의 가치가 있다고 말해야 한다."[36]

---

36 *Hist. Phil.*, I, 297-8쪽.

제5장

파르메니데스와 멜리소스의 일자(一者)

유명한 엘레아학파의 창시자는 크세노파네스였다. 그러나 그가 남부 이탈리아의 엘레아에 간 적이 있다는 실제적인 증거가 없기 때문에, 그를 그 학파의 후견인적 창시자, 후원자 이상의 위치로 간주할 수 있을 것 같지는 않다. 그가 언급한 것이라 추정되는 말들을 고찰해보면, 왜 그가 부동의 일자(一者) 사상을 고집하는 그 학파의 후원자로 채택되었는지는 어렵지 않게 알 수 있다. 크세노파네스는 인간과 동형적인 그리스 신들을 공격한다. "만일 소나 말이나 사자가 손을 가지고 있어서 그 손으로 그림을 그릴 수 있고 사람들처럼 예술 작품을 만들 수 있다면 말은 신들의 형상을 말처럼 소는 소처럼 그릴 것이며, 신들의 몸을 자신의 족속을 꼭 빼닮게 만들 것이다."[1] 그리고 자신들을 "신들과 사람들 가운데 가장 위대한 자이고, 형상에 있어서도 또 사유에 있어서도 인간을 닮지 않았으며, 이리저리 돌아다니는 것은 어울리지 않으므로 똑같은 장소에 영원히 거주하는 하나의 신"[2]으로 바꾼다. 아리스토텔레스는 『형이상학』에

---

1   Frag. 15. 우리는 에피카르모스(Epicharmus)의 말을 참조할 수도 있을 것이다. (Frag. 5): "개에게는 개가 가장 아름다운 피조물인 것처럼 보이고, 소에게는 소가 그렇고, 당나귀에게는 당나귀가 그렇고, 돼지에게는 돼지가 그렇다."

2   Frags. 23과 26.

서 크세노파네스는 "전체 세계에 대하여 언급하면서 일자는 신이다라고 말했다"[3]라고 우리에게 말한다. 그렇다면 그는 일원론자이지만 일신론자는 아닐 가능성이 높은데, 그의 "신학"에 대한 이런 해석이 유신론적 해석보다 그에 대한 엘레아학파의 태도에 더 잘 부합한다. 실제로 일신론적 신학은 우리에게 충분히 친숙한 개념일 것이나, 당시의 그리스에서 그것은 다소 예외적이었을 것이다.

그러나 크세노파네스의 견해들이 어떠했든지 간에, 철학적 관점과 역사적 관점에서 엘레아학파의 실제 창시자는 의심할 나위 없이 엘레아의 시민인 파르메니데스였다. 파르메니데스는 기원전 6세기 말에 태어났던 것으로 보인다. 왜냐하면 대략 기원전 451-449년, 그가 65세였을 때 아테네에서 젊은 소크라테스와 대화를 나누었기 때문이다. 그는 고향 도시 엘레아 시의 법률들을 작성했다고 한다. 디오게네스는 파르메니데스가 피타고라스학파의 일원으로 출발했으나, 후에는 자기 자신의 철학을 위하여 그 철학을 버렸다는 취지의 소티온의 진술을 보존하고 있다.[4]

파르메니데스는 운문으로 저술했으며, 우리가 소유하고 있는 대부분의 단편들은 심플리키우스의 논평 속에 보존되어 있다. 그의 이설은 간단히 말해서 존재, 일자는 존재하며, 전화(轉化), 변화는 환상이라는 취지이다. 만약 어떤 것이 생성된다면, 그것은 존재로부터 생성되거나 또는 비(非)존재에서 생성될 것이다. 만약 그것이 존재로부터 생성된다면 그것은 이미 존재하는 것이 되는데, 이 경우 그것은 생성되는 것이 아니다. 만약 그것이 비존재로부터 생성된다면, 그것은 무(無)이다. 왜냐하면 무에서는 무가 나오기 때문이다. 그렇다면 전화는 환상이다. 복수성도 또한 환상이기 때문에, 존재는 단순히 있을 뿐이고, 일자이다. 이 이설은 보통 사람의 마음에 즉시 떠오르는 유형의 이론은 분명히 아니다. 그렇기 때문에 파르메니데스가 진리의 길과 신념 또는 의견의 길에 대한 극단적인 구별을 주장하더라도 놀라운 일은 아니다. 시의 둘째 부분에 드러나 있는 의견의 길은 피타고라스주의자들의 우주론을 나타낼 가능성이 매우 높다. 그리고 피타고라스주의의 철학 자체가 감각적 지식을 표준으로 삼는 사람에게는

---

3   *Metaph.*, A 5, 986 b 18.
4   Diog. Laërt., 9, 21.

떠오르지 않을 것이므로, 그 두 길에 대한 파르메니데스적 구별은 그 후에 행해진 지식과 의견, 사유와 감각 사이의 플라톤적 구별이 지닌 형식적 일반성을 모두 지닌다고 주장해서는 안 된다. 오히려 그것은 특정한 어느 한 철학을 다른 특정한 철학을 위하여 거부하는 것이다. 그러나 피타고라스주의 철학은 변화와 운동을 인정하기 때문에, 파르메니데스가 피타고라스주의의 철학을 거부한다는 것은 사실이다. 사실상 파르메니데스는 그 점[변화와 운동을 인정한다는 점]에서 그것[피타고라스주의 철학]과 일치하는 모든 철학을 거부한다. 변화와 운동은 감각에 나타나는 매우 확실한 현상이다. 즉 파르메니데스는 변화와 운동을 거부함으로써 감각-현상의 길을 거부하고 있는 것이다. 그러므로 파르메니데스가 이성과 감각, 진리와 외관 사이의 가장 중요한 차이를 도입한다고 말하는 것도 부정확한 것은 아니다. 심지어 탈레스도 이 차이를 어느 정도까지 알고 있었다는 것은 물론 사실이다. 왜냐하면 그가 상정한 '만물은 물'이라는 진리는 감관에 직접적으로 감지될 수 없기 때문이다. 그것은 이해되기 위해서 이성을 필요로 하는데, 이성은 외관을 초월한다. 또 헤라클레이토스의 중심 "진리"도 이성의 진리이며 모든 일에서 감각-외관을 신뢰하는 사람들의 보통 견해를 훨씬 넘어선다. 헤라클레이토스는 심지어 그 차이를 부분적으로 명백하게 하기까지 했다는 것도 사실이다. 그가 [언제] 단순한 상식과 그의 말을 구별하지 않던가? 그러나 처음으로 그 차이를 크고 명백하게 강조한 사람은 파르메니데스이다. 그가 도달한 결론들을 고찰하면, 왜 그가 그렇게 하는지를 이해하기는 아주 쉽다. 그 차이는 사실상 모든 형태의 관념론에서 중요하지 않을 수 없듯이, 플라톤의 철학에서도 매우 중요해진다.

파르메니데스가 관념론의 기본적인 교의(敎義)가 될 하나의 차이를 선언하기는 하지만, 그를 관념론자라고 말하기는 어렵다. 우리가 앞으로 알게 되듯이, 파르메니데스의 눈에는 일자가 감성적이고 물질적이었을 것이라고 상정하는 데에는 매우 충분한 이유가 있다. 따라서 그를 19세기 유형의 객관적 관념론자로 바꾸는 것은 시대착오의 잘못을 범하는 것이다. 변화를 부정한다고 해서 반드시 일자가 관념이 되는 것은 아니다. 우리는 [어떤] 사유방식을 따르라는 요구를 받을 수는 있다. 그러나 그 방식에 따라 우리가 도달하는 일자를 파르메니데스가 실재 사유자체로 간주했다는 결론은 도출되지 않는다. 만약 파르메니데스가 일자를 스스로 실재하는 사유로 표현했다면, 플라톤과 아리스토텔레스는 반드시 그 사실을 기록했을 것이고, 소크라테스는 아낙사고라스를 그의 정신(Nous) 또는 마음(Mind) 개념을 근거로 최초의 깨어 있는 냉정한 철학자라고 생각하지는 않았을 것이다. 진실은 다음과 같아 보인다. 파르메니데스가 이성과 감각의 차이를 주장한다. 그러나 그것은 관념론적 체계를 수립하기 위해서가 아니라, 일원적 유물론을 수립하기 위해서인데, 일원적 유물론을 수립하려는 이유는 일원적 유물론에서는 변화와 운동이 환상적인 것으로 추방되기 때문이다. 단지 이성만이 실재를 이해할 수 있으나, 이성이 이해하는 실재는 물질적이다. 그러므로 이는 관념론이 아니라 유물론이다.

이제 이 세계의 본질에 관한 파르메니데스의 이설(理說) 쪽으로 넘어가자. 그의 첫 번째 커다란 주장은 "그것은 있다"이다. "그것", 즉 실재, 존재는 그것의 본성이 어떠하건 존재하면서 존재하지 않을 수는 없다. 그것이 있으면서 있지 않기란 불가능하다. 존재는 말해질 수 있고 내 사유의 대상일 수 있다. 그런데 내가 생각할 수 있고 말할 수 있는 것은 존재할 수 있다. "왜냐하면 생각될 수 있는 것과 존재할 수 있는 것은 같은 것이기 때문이다. 그러나 만약 "그것"이 존재할 수 있다면 그것은 존재한다. 왜일까? 왜냐하면 만약 그것이 존재할 수 있는데 아직 존재하지 않는다면, 그것은 무(無)일 것이기 때문이다. 그런데 무는 말이나 사유의 대상일 수 없다. 왜냐하면 무에 관해서 말하는 것은 전혀 말하지 않는 것이며, 무에 관해서 생각하는 것은 전혀 생각하지 않는 것이기 때문이다. 그뿐만 아니라 만약 그것이 단순히 존재할 수 있기만 할 뿐이라면, 역설적으로 그것은 결코 생성될 수 없을 것이다. 왜냐하면 그것은 무에서 나와야만 할 것인데, 무에서 나오는 것은 무이지 어떤 것이 아니기 때문이다. 그렇다면 존재, 실재인 "그것"은 처음에는 불가능했다가, 즉 무였다가 그 다음에 존재하는 것이 된다. 그것은 언제나 존재했다. 보다 정확하게 말하면 "그것은 있다."

왜 우리는 "보다 정확하게 말하면, 그것은 있다"라고 말하는가? 이러한 이유 때문이다. 만약 어떤 것이 생성된다면, 그것은 존재로부터 생기거나 또는 비존재에서 생길 수밖에 없다. 만약 그것이 존재로부터 생긴다면 진정한 생김, 생성이란 없다. 왜냐하면 만약 그것이 존재로부터 나온다면 그것은 이미 존재하는 것이 되기 때문이다. 그러나 만약 그것이 비존재로부터 생긴다면, 비존재는, 존재가 그것으로부터 생겨나기 위해서, 이미 어떤 것이었어야 한다. 그러나 이는 모순이다. 존재, "그것"은 그러므로 존재로부터도 생기지 않고 비존재로부터도 생기지 않는다. 그것은 생성되는 것이 아니라 단순히 존재하는 것이다. 그리고 이것은 모든 존재에 통용되므로, 어떤 것도 결코 전화(轉化)하지 않는다. 왜냐하면 만약 어떤 것이 전화한다면, 그것이 아무리 사소한 것이라 하더라도, 똑같은 어려움이 언제나 반복될 것이기 때문이다. 그것은 존재로부터 나오는가? 비존재로부터 나오는가? 만약 존재로부터 나온다면, 그것은 이미 존재한다. 그리고 만약 비존재로부터 나온다면, 당신은 모순에 빠지는데, 왜냐하면 비존재는 무(無)이고 존재의 연원이 될 수 없기 때문이다. 그러므로 변화, 즉 전화와 운동은 불가능하다. 따라서 "그것은 있다." "즉 우리가 그것은 있다고 말하는 한 가지 길만이 남아 있다. 이 길에는 존재하는 것은 완전하고, 부동이며 무한하기 때문에, 창조되지도 않고 파괴되지도 않는다는 증거들이 매우 많이 있다."[5]

　왜 파르메니데스는 "그것"이 완전하다고, 즉 다른 것이 덧붙여질 수 없는 하나의 실재라고 말하는가? 만약 그것이 일(一)이 아니고 나뉘어진다면, 그것은 그것 자신과는 다른 어떤 것으로 나뉘어져야만 할 것이다. 그러나 존재는 그것 자신과는 다른 어떤 것으로 나뉘어질 수 없다. 존재 이외에 다른 것은 없기 때문이다. 어떤 것이 그것에 더해질 수도 없다. 존재에 더해진 그것 자체도 존재일 것이기 때문이다. 마찬가지로 그것은 부동이며 영속적이다. 모든 운동과 변화, 즉 전화는 배제되어 있기 때문이다.

　그런데 이 "그것", 존재의 성질에 대해 파르메니데스는 어떻게 간주하는가? 파르메니데스가 존재를 물질적인 것으로 간주한다는 것은 존재, 즉 일자(一者)는 유한하다는 그의 주장이 분명하게 지적하는 것 같다. 그에게 있어서 무한하다는 것은 불확정적이고 무한정적이라는 것인데, 존재는 실재이므로 무한정적이거나 불확정적일 수 없으며 변화할 수 없고, 빈 공간 속으로 뻗어 가는 것으로 생각될 수 없다. 그것은 한정적이고 확정적이며 완전하다. 그것은 시작도 없고 끝도 없으므로, 시간적으로 무한하지만 공간적으로는 유한하다. 더구나 그것은 모든 방향에서 똑같이 실재적이다. 그러므로 형체가 구형이고 "그것은 어느 한곳에서 다른 곳에서보다 더 크거

5　Frag. 8.

나 더 작을 수 없기 때문에, 중심으로부터 모든 방향에서 똑같이 놓여 있다."[6] 만약 파르메니데스가 존재를 물질적인 것으로 생각하지 않았다면, 그가 존재를 구형으로 생각하는 것이 가능했을까? 그렇다면 "파르메니데스는 어떤 사람들이 말했던 것처럼 '관념론의 시조'가 아니다. 반대로 모든 유물론이 그의 실재관에 의존한다"[7]는 버넷의 적절한 말은 옳은 것으로 생각된다. 스테이스 교수는 "파르메니데스, 멜리소스 그리고 엘레아학파의 사람들은 일반적으로 존재를 어떤 의미에서, 물질적으로 간주했다"는 것을 인정해야만 했다. 그러나 그는 여전히 파르메니데스는 "이 세계는 절대적 실재의 표현인데, 절대적 실재는 사고, 즉 개념에 있다"[8]는 "관념론의 핵심 논제"를 주장했다는 점에서 관념론자였다는 것을 입증하려고 한다. 파르메니데스의 존재는 오직 사유에 의해서만 파악될 수 있다는 것은 완벽하게 사실이다. 그러나 마찬가지로 탈레스 또는 아낙시메네스의 실재도 오로지 사유에 의해서만, 개념으로만 파악될 수 있다. 그러나 '사유 속에서 파악됨'을 '사유됨'과 동등시하는 것은 분명히 혼동이다.

그렇다면 역사적 사실로서 파르메니데스는 유물론자였으며, 그 밖의 어떤 것도 아니었던 것처럼 보일 것이다. 그러나 그것이 스테이스 교수가 단언하는 것처럼,[9] 파르메니데스의 철학에는 조화되지 않은 모순이 있어서 비록 유물론자이기는 하지만 그의 사상은 관념론의 싹을 포함하고 있거나 또는 어쨌든 관념론의 출발점을 형성할 가능성을 막지는 못한다. 파르메니데스는 한편으로 존재의 불변성을 주장했으며, 그가 존재를 물질적인 것으로 생각한 한에 있어서는, 물체의 파괴 불가능성을 주장했다. 엠페도클레스와 데모크리토스는 그의 입장을 받아들이고 그것을 그들의 원자설에 이용했다. 그러나 파르메니데스는 자신이 변화와 전화(轉化)를 환상으로 추방하지 않을 수 없음을 느끼고 헤라클레이토스의 입장에 정반대되는 입장을 택한 반면, 데모크리토스는 피할 수 없는 경험적 사실로 보이는 것을 물리칠 수가 없었는데, 그것은 간단하게 추방할 것이 아니라 더 많은 설명이 필요한 것이었기 때문이었다. 그러므로 데모크

---

6   Frag. 8.
7   *E.G.P.*, 182쪽.
8   *Crit. Hist.*, 47쪽과 48쪽.
9   *Crit. Hist.*, 49-52쪽.

리토스는 존재는 생기(生起)할 수도 소멸할 수도 없다는, 즉 물체의 파괴 불가능성이라는 파르메니데스의 논지를 받아들이는 한편, 변화를 물체의 파괴 불가능한 입자들의 집산(集散)에 기인하는 것으로 해석했다. 다른 한편으로 플라톤이 존재의 변화불가능성에 관한 파르메니데스의 논지에 사로잡혔으며 항존의 존재를 현존의 객관적 관념과 동일시했다는 것은 역사적 사실이다. 그러므로 파르메니데스는 최초의 위대한 관념론자가 파르메니데스의 핵심 교의(敎義)를 받아들이고 그것을 관념론적 입장에서 해석했다는 점에서, 그 정도까지는 관념론의 시조라고 불릴 수 있을 것이다. 그뿐만 아니라 플라톤은 이성의 세계와 감각 또는 외관의 세계 사이의 파르메니데스적 구별을 크게 이용했다. 그러나 만약 파르메니데스가 그러한 역사적 의미에서 플라톤에 끼친 그의 명백한 영향을 통해서 마땅히 관념론의 시조로 기술될 수 있다면, 그와 동시에 파르메니데스 자신이 유물론적 이설을 가르쳤다는 것과 데모크리토스 같은 유물론자들이 그의 적자(嫡子)들이었다는 것도 이해되어야만 한다.

헤라클레이토스는 그의 만물유전(πάντα ρεῖ)론에서 전화(轉化)를 강조했다. 그는 전화는 있으나 전화되는 것은 아무것도 없다고 말했기 때문에, 존재를 완전히 배제하고 전화를 주장한 것은 아니다. 그는 일자(불)의 존재를 단언했으나 변화, 전화, 긴장이 일자의 존재에 필수적이라고 주장했다. 반면에 파르메니데스는 전화를 배제하면서까지 존재를 주장하여, 변화와 운동은 환상적이라고 단언했다. 감관은 우리에게 변화가 있다고 말한다. 그러나 진리는 감관에서가 아니라, 이성과 사유 속에서 찾을 수 있다. 그러므로 우리에게는 이 두 철학자들에게서 예증된 두 경향이 있는데, 전화를 강조하는 경향과 존재를 강조하는 경향이 그것이다. 플라톤은 그 두 경향의 종합, 그러니까 각각의 경향에서 옳은 것들의 결합을 시도했다. 그는 사유와 감각의 구별이라는 파르메니데스의 견해를 받아들여서 감각대상들, 즉 감관지각의 대상들은 헤라클레이토스적인 유전 변화에 빠져 있고, 필요한 안정성을 결(缺)하고 있기 때문에 참된 지식의 대상이 되지 못한다고 선언한다. 참된 지식의 대상들은 파르메니데스의 존재처럼 안정되고 영원하다. 그러나 그것들은 파르메니데스의 존재처럼 물질적이지는 않다. 반대로 그것들은 관념적이고 현존적이며 비물질적인 형상들인데, 그것들은 위계(位階)적으로 배열되어 있으며 선(善)의 형상에서 그 절정을 이룬다.

그 종합은 아리스토텔레스에 의해서 더욱 발전되었다고 말할 수 있다. 존재는 궁극적이고 비물질적인 실재, 신(神)이라는 의미에서는 불변이고 현존의 사고이며, 스스로를 사유하는 사유(νόησις νοήσεως)이다. 아리스토텔레스는 물질적 존재들에 대해서는 그것들이 변화 속에 있다는 헤라클레이토스의 견해에 동조하며, 파르메니데스의 입장을 물리친다. 그러나 아리스토텔레스는 플라톤의 형상 또는 이데아를 이 세계의 대상들 속에 들어 있는 구체적이고 형식적인 원리로 만듦으로써, 사물들의 상대적 안정성을 파르메니데스보다 더 잘 설명한다. 그뿐만 아니라 그는 잠재성[가능태]이라는 개념을 강조함으로써 파르메니데스의 딜레마를 해결한다. 그는 한 사물이 실제로는 X이고, 잠재적으로는 Y라고 말하는 것은 모순이 아니라는 점을 지적한다. 그것은 X이지만, 미래에는 잠재성 덕분으로 Y가 될 것인데, 잠재성은 단순하게 무(無)가 아니고 현실의 존재도 아니다. 그러므로 존재는 비존재로부터 생기하거나, 정확하게 실제 (현실)적 존재로서의 존재로부터 생기하는 것이 아니라, 잠재적인(potentia, δύναμει) 존재로 생각되는 존재로부터 생기한다. 파르메니데스의 시 '억견의 길'의 제2부에 대해서는 어떤 말도 필요치 않지만, 멜리소스에 대해서는 몇 마디 언급이 필요하다. 그는 그의 스승인 파르메니데스의 사상을 보충하기 때문이다. 파르메니데스는 존재, 일자는 공간적으로 유한하다고 선언했다. 그러나 파르메니데스의 사모스 출신 제자 멜리소스는 이 이설을 수용하지 않으려 했다. 만약 존재가 유한하다면, 존재 저편에 무가 있어야만 한다. 존재가 무에 의하여 묶이거나 또는 제한되어야만 하는 것이다. 그러나 만약 존재가 무에 의하여 제한된다면, 그것은 무한하지 유한하지는 않음에 틀림없다. 존재 밖에는 진공이 있을 수 없다. "왜냐하면 빈 것은 무이기 때문이다. 무인 것은 존재할 수 없다."[10]

아리스토텔레스는 멜리소스의 일자(一者)는 물질적인 것으로 생각되었다고 우리에게 말한다.[11] 그런데 심플리키우스는 멜리소스가 일자를 물질적인 것으로 간주한 것이 아니라, 비물질적인 것으로 간주했다는 것을 증명하기 위해서 단편 하나를 인용

---

10 Frag. 7.
11 *Metaph.*, 986 b 18-21.

제1부 소크라테스 이전의 철학

한다. "그런데, 만약 그것이 존재한다면, 그것은 일(一)일 필요가 있음에 틀림없다. 그러나 만약 그것이 일이라면, 그것은 신체를 가질 수 없다. 왜냐하면 만약 그것이 신체를 갖는다면 그것은 부분들을 가질 것이고, 더 이상 일이 아닐 것이기 때문이다."[12] 그 설명은 멜리소스가 가설적 경우에 대하여 말하고 있다는 사실에서 암시를 받은 듯하다. 버넷은 젤러를 좇아서 그 단편이 제논의 논증과 유사하다는 것을 지적하는데, 그 논증에서 제논은 만약 피타고라스주의자들의 궁극적인 단위들이 존재한다면, 그 하나하나가 부분들을 가질 것이며 따라서 일이 아닐 것이라고 말하고 있다. 그러므로 우리는 멜리소스 역시 피타고라스주의자들의 이설에 대해 말하고 있으며, 그들의 궁극적인 단위들의 존재를 논박하려고 하고 있지, 파르메니데스의 일자에 대해서는 전혀 말하고 있지 않다고 상정할 수 있다.

---

12   Frag. 9. (Simplic. *Phys.*, 109, 34).

제6장

제논의 변증법

제논은 아킬레스와 거북이의 수수께끼와 같이, 운동의 불가능성을 증명하는 몇 가지 교묘한 논증의 작자로 잘 알려져 있다. 그 논증들은 제논이 자신보다 덜 영리한 사람들을 어리둥절하게 하기 위하여 자기의 재치를 사용하기 좋아하는 영리한 수수께끼 놀음꾼에 불과했다는 견해를 조장할 수도 있는 논증들이다. 물론 제논이 의심할 나위 없이 영리하긴 했으나, 사실상 그는 단순하게 그의 영리함을 과시하는 데 관심을 가지고 있었던 것이 아니라, 진지한 목적을 꾀하고 있었다. 제논을 이해하고 그의 수수께끼를 평가하기 위해서는 이 목적의 성격을 파악하는 것이 중요하다. 그렇지 않으면 그의 입장과 목표를 완전히 오해할 위험이 있다.

엘레아의 제논은 아마도 기원전 489년쯤 태어났으며 파르메니데스의 제자였는데, 그는 바로 이 관점에서 이해되어야 한다. 그의 논증들은 단순히 재치 있는 장난들이 아니라, 그 스승의 입장을 증명하기 위하여 계획된 것이다. 파르메니데스는 다원론(多元論)과 싸웠고, 변화와 운동은 환상이라고 선언했다. 복수성과 운동은 우리 감관 경험의 매우 명백한 자료들로 보이기 때문에, 이 대담한 입장은 당연히 어느 정도의 조소를 유발하는 것이었다. 파르메니데스 이론의 확고한 신봉자인 제논은 피타고라스주의자들의 다원론은 해결 불가능한 어려움에 빠지며, 변화와 운동은 그들의 다원론적 가설들에 근거해서조차 불가능하다는 것을 보여주는 방법으로 파르메니데스의 이론이 참이라는 것을 증명하려고 했고, 적어도 그것이 조소거리는 아니라는 것을 논증하려고 했다. 그러니까 제논의 논증들은 피타고라스학파의 파르메니데스 반대자들을 일련의 현명한 귀류논증(reductiones ad absurdum)을 사용하여 논박하기 위하여 계획된 것이다. 플라톤은 이 점을, 그가 제논의 (잃어 버린) 책의 목적을 지적할 때, 『파르메니데스』에서 충분히 밝힌다. "진상은 이 저술들이, 파르메니데스를 공격하는 사람들, 그러니까 일자(一者)를 긍정함으로써 생긴다고 생각하는 많은 우스꽝스럽고 모순적인 결론들을 보여주는 사람들로부터 파르메니데스의 논증들을 어떻게든 보호하고자 의도되었다는 것이다. 나의 저술은 다(多)의 지지자들에 대한 대답이다. 그것[나의 저술]은, 다의 가설은 충분히 자세하게 검토해보면, 일의 가설보다 더 우스꽝스러운 결론들을 초래한다는 것을 보여줄 의도를 지닌 것으로, 그들의 공격에 덤을 얹어 반격한다."[1] 그리고 프로클로스는 "제논은 그의 스승을 도우러 나서는 것이 좋은 일이라고 생각하여, 존재가 일임을 논증하기 위하여 40개의 증명을 만들었다"[2]고 우리에게 알려준다.

1. 피타고라스주의의 다원주의를 반박하는 증명들

01.　피타고라스주의자들과 더불어 실재가 단위들(units)로 이루어져 있다고 상정하자. 이 단위들은 크기를 가졌거나 또는 크기를 갖지 않았을 것이다. '직선'으로 예를 들어보자. 만약 전자라면 직선은 크기를 가진 단위들로 구성되어 있으므로 무한히 분할될 것이다. 아무리 많이 분할하더라도 단위들은 여전히 크기를 가질 것이며 따라서 분할될 것이기 때문이다. 그러나 이 경우 그 직선은 무수한 단위들로 구성되어 있는 것이 될 텐데, 그 단위 하나 하나는 모두 크기를 가지고 있다. 그러면 그 직선은 무수한 물체들로 구성되었으므로, 무한히 클 것이다. 이렇게 되면 이 세계의 모든 것은 전부 무한히 커야만 하며, 더욱이 이 세계 자체도 무한히 크지 않으면 안 된다. 다른 한편으

1　*Parmen.*, 128 b.

2　Procl., in *Parmen.*, 694, 23(D. 29 A 15).

로, 그 단위들이 크기를 갖지 않는다고 상정하자. 이 경우 전체 우주는 크기가 없을 것인데, 왜냐하면 단위들이 크기가 없다면 아무리 많은 단위들을 서로 더한다 하더라도 그것들의 합은 역시 크기를 갖지 못할 것이기 때문이다. 그러나 만약 우주가 어떤 크기도 없다면, 그것은 무한히 작을 것임에 틀림없다. 사실상 우주의 모든 것은 무한히 작아야 할 것이다.

그러므로 피타고라스주의자들은 이러한 딜레마에 직면한다. 우주의 모든 것은 무한히 크거나, 또는 무한히 작다. 제논이 우리가 이 논증에서 도출하기를 바라는 결론은 물론 딜레마가 나오는 그 가정, 즉 우주와 우주 속의 만물이 단위들로 이루어져 있다는 피타고라스학파의 가정은 터무니없는 가정이라는 것이다. 만약 피타고라스주의자들이 일자(一者)의 가설이 터무니없으며 우스꽝스러운 결론들을 초래한다고 생각한다면 그 반대의 가설, 즉 다자(多者)의 가설도 마찬가지로 우스꽝스러운 결론들을 만들어낸다는 것이 방금 설명되었다.[3]

02.   만약 다(多)가 존재한다면, 우리는 그것이 얼마나 많은지를 말할 수 있어야만 한다. 그것들은 최소한 가산적(可算的)이어야 할 것이다. 그것들이 가산적이지 않다면, 어떻게 존재할 수 있는가? 반면에 그것들은 가산적일 리 없으며, 무한함에 틀림이 없다. 왜? 한 직선이 무한하게 분할 가능한 것처럼 어떠한 지정된 두 단위 사이에도 또 다른 한 단위가 존재할 것이기 때문이다. 그러나 다(多)의 수를 유한하다고 하고, 또 동시에 무한하다고 하는 것은 모순이다.[4]

03.   한 부셸의 콩이 바닥에 떨어질 때, 소음이 나겠는가? 물론이다. 콩알 한 알이나 또는 콩알 하나의 천분의 일은 어떠한가? 그것은 소음을 내지 않는다. 그러나 그 부셸의 콩은 단지 콩알들 또는 콩알들의 부분들로만 이루어져 있다. 만약 그렇게 부분들이 떨어질 때 소리를 내지 않는다면, 전체는 오직 그 부분들로만 구성되어 있는데 어

---

3   Frags. 1, 2.
4   Frag. 3.

떻게 소리를 낼 수 있는가?[5]

2. 피타고라스주의의 공간론을 반박하는 논증

파르메니데스는 진공 또는 빈 공간의 존재를 부정했는데, 제논은 그것에 대한 반대 견해를 모순에 몰아넣음으로써 이 부정을 지지하려고 한다. 당분간 사물들을 그 안에 포함하는 한 공간이 있다고 가정하자. 만약 그 공간이 무(無)라면, 사물들은 그 안에 포함될 수 없다. 그러나 그것이 어떤 사물이라면, 그것 자체도 공간 속에 포함될 것이고 그 공간 자체도 또한 공간 속에 포함될 것이며, 이러한 과정은 언제까지나 계속될 것이다. 그런데 이런 결론은 터무니없다. 그러므로 사물은 공간 또는 공허 속에 있지 않으며, 파르메니데스가 진공의 존재를 부정하는 것은 완전히 옳다.[6]

3. 운동에 관한 논증들

가장 유명한 제논의 논증들은 운동에 관한 논증들이다. 제논이 보여주고자 시도하는 것이 '파르메니데스가 부정한 운동은 피타고라스주의자들의 다원론에 근거하더라도 마찬가지로 불가능하다'라는 점임을 기억해야 한다.

01. 당신이 운동장 또는 경주로(競走路)를 가로질러 가려고 한다고 생각해보자. 적어도 피타고라스학파의 가정에 따르면, 그러기 위해서 당신은 수많은 지점들을 거쳐 가야만 할 것이다. 더구나 만약 당신이 적어도 다른 쪽에 도달하려고 한다면, 한정된 시간에 그 거리를 지나가야만 할 것이다. 그러나 무수히 많은 지점들을, 즉 무한한 거

---

5   Arist., *Phys.*, H, 5, 250 a 19; Simplic., 1108, 18(D. 29 A 29).
6   Arist., *Phys.*, 3, 210 b 22; 1, 209 a 23. Eudem., *Phys.*, Frag. 42(D. 29 A 24).

리를 어떻게 한정된 시간에 통과할 수 있겠는가? 우리는 당신이 그 운동장을 가로지를 수 없다는 결론을 내릴 수밖에 없다. 정말이지, 우리는 어떠한 것도, 거리가 얼마이든 간에 그 거리를 가로질러 갈 수 없으며(똑같은 어려움이 언제나 반복되기 때문이다), 결과적으로 모든 운동은 불가능하다고 결론지을 수밖에 없다.[7]

02.　　아킬레스와 거북이가 경주를 하려 한다고 가정하자. 아킬레스는 운동선수이기 때문에, 거북이를 먼저 출발시킨다. 아킬레스가 거북이가 출발했던 지점에 도달하는 시간에 거북이는 다시 다른 지점으로 나아갔다. 그리고 아킬레스가 그 지점에 도달하면, 거북이는 또 다른 거리를 —비록 그것이 매우 짧다하더라도— 나아갔을 것이다. 그러므로 아킬레스는 언제나 거북이에 가까이 가고 있지만, 실제로는 결코 그것을 따라잡지 못한다. 한 직선은 수많은 점들로 이루어져 있다는 가정 때문에 결코 따라잡을 수가 없는데, 왜냐하면 아킬레스는 무한한 거리를 통과해야만 할 것이기 때문이다. 그렇다면 피타고라스주의자들의 가설에 근거할 때 아킬레스는 거북이를 영원히 따라잡지 못할 것이다. 그러므로 비록 그들이 운동의 실재를 주장하지만, 그들은 자신들의 이설에 근거해서도 운동을 불가능하게 만든다. 왜냐하면 더 느린 자가 더 빠른 자와 같은 속도로 움직인다는 결론이 나오기 때문이다.[8]

03.　　날아가고 있는 화살을 생각해보자. 피타고라스주의자들의 이론에 따르면, 그 화살은 공간상의 주어진 한 지점을 차지해야 할 것이다. 그러나 공간상의 주어진 한 지점을 차지하는 것은 정지해 있는 것이다. 그러므로 날아가고 있는 화살은 정지해 있는데, 이것은 모순이다.[9]

7　　Arist., *Phys.*, Z 9, 239 b 9; 2, 233 a 21; *Top.*, θ 8, 160 b 7.

8　　Arist., *Phys.*, Z 9, 239 b 14.

9　　Arist., *Phys.*, Z 9, 239 b 30.

제1부 소크라테스 이전의 철학

04.   제논의 네 번째 논증은 우리가 아리스토텔레스로부터 아는 것[10]인데, 데이비드 로스 경이 말하는 것처럼, "얼마간은 아리스토텔레스가 모호한 말들을 사용하기 때문에, 또 얼마간은 읽을 거리가 미덥지 않기 때문에 이해하기가 매우 어렵다."[11] 우리는 운동장 또는 경주로상의 세 물체군(物體群)들을 상상해야 한다. 한 물체군은 정지해 있고, 다른 두 물체군은 서로 반대 방향을 향해 같은 속도로 움직이고 있다.

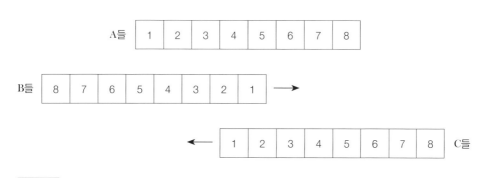

그림 1

A들은 정지해 있고, B들과 C들은 서로 반대 방향으로 동일한 속력으로 움직이고 있다. 그렇다면 그것들은 다음 그림의 위치를 차지하게 될 것이다.

그림 2

---

10   Arist., *Phys.*, Z 9, 239 b 33.
11   Ross, *Physics*, 660쪽.

〈그림 2〉의 위치에 도달하면서, B1의 선두는 네 개의 A들을 통과한 반면, C1의 선두는 B들 전부를 통과했다. 만약 하나의 길이 단위가 하나의 시간 단위 B 동안에 통과된다면, 〈그림 2〉의 위치에 도달하는 데 있어, B1의 선두는 C1의 선두가 걸린 시간의 반이 걸렸다. 반면에 C1의 선두가 B들 모두를 통과한 것과 똑같이, B1의 선두는 C들 모두를 통과했다. 그러므로 그들의 통과 시간은 같아야 한다. 결국 어떤 시간의 반이 그 시간의 전체와 같다는 터무니없는 결론이 우리에게 남겨진다.

우리는 제논의 이 논증들을 어떻게 해석해야 하는가? 다음과 같이 생각하지 않도록 하는 것이 중요하다. "이것들은 제논 쪽에서의 단순한 궤변에 불과하다. 그것들은 교묘한 속임수이며, 직선은 점들로 구성되어 있고 시간은 불연속의 순간들로 구성되어 있다고 상정함으로써 잘못을 범한다." 직선과 시간은 연속적인 것이지 서로 떨어져 있는 것이 아님을 보여주는 데서 수수께끼들의 해답이 발견될 것 같다. 그러나 제논은 그것들이 불연속적이라고 주장하는 데는 관심이 없었다. 그는 그것들이 불연속적이라고 상정하는 데서 나오는 터무니없는 결론들을 보여주는 데 관심이 있었다. 제논은 파르메니데스의 제자로서 운동은 환상이고 불가능하다고 믿었으나, 앞의 논증들에 있어서 그의 목표는 심지어 다원론적 가설에 근거해서조차도 운동은 마찬가지로 불가능하며, 그것이 가능하다는 가정은 모순적이고 터무니없는 결론들을 초래한다는 것을 증명하는 것이다. 제논의 입장은 다음과 같다. "실재는 충만한 공간이고, 완전한 연속체이며 운동은 불가능하다. 우리들의 반대자들은 운동을 주장하며 다원론적 가설에 호소함으로써 그것을 설명하려고 한다. 나는 이 가설은 운동을 설명하는 데는 아무것도 할 수 없으며, 단지 사람을 모순에 빠뜨릴 뿐임을 보여줄 생각이다." 그러므로 제논은 그의 반대자들의 가설을 모순에 빠뜨렸으며, 그의 변증법의 실재 결과는 파르메니데스적인 일원론을 설립하는 것(그것은 극복할 수 없는 반대들에 부딪힌다)이라기보다는, 연속적인 양(量)이라는 개념을 인정할 필요를 보여주려는 것이었다.

그리고 나서 엘레아학파 사람들은 다(多)와 운동의 실재를 부인한다. 하나의 원리인 존재가 있는데, 그것은 물질적이며 부동적인 것으로 생각된다. 물론 그들이 우리가 다와 운동을 감각적으로 지각한다는 것을 부인한 것은 아니다. 그러나 그들은 우리가 감각적으로 지각하는 것은 환상이라고 선언한다. 그것은 외관에 불과하다. 참된 존재는 감각에 의해서가 아니라 사유에 의해서 발견될 수 있다. 그리고 사유는 복수성, 운동, 변화는 존재할 수가 없음을 보여준다.

엘레아학파 사람들도 초기 그리스 철학자들이 그랬던 것처럼, 이 세계의 한 원리를 발견하려고 했다. 그러나 우리에게 보여지는 대로의 세계는 분명히 다원론적인 세계이다. 그러므로 문제는 그 하나의 원리를 이 세계에서 발견되는 복수성 및 변화와 어떻게 조화시키느냐 하는 문제, 즉 일과 다의 문제인데, 그 문제를 헤라클레이토스는 다양성 속에 단일성, 상이성 속에 동일성이라는 한 이설을 통하여 두 요소 모두를 공평하게 다룬다고 공언하는 하나의 철학 속에서 해결하려고 노력했다. 피타고라스주의자들은 사실상 일을 배제시켜서, 복수성을 주장했다. 그러나 많은 일(一)들이 있다. 엘레아학파 사람들은 다(多)를 배제시켜서 일을 주장했다. 그러나 감관경험이 제기하는 복수성을 고집한다면, 변화를 인정해야만 한다. 그리고 어느 한 사물의 다른 사물에로의 변화를 인정한다면, 변화하는 사물들에 공통적인 요소의 성격에 관한 반복되는 문제들을 피할 수가 없다. 반면에 일자(一者)의 설로 출발한다면, 엘레아학파 사람들의 입장과 같은 일방적인 입장을 ―그런 입장은 오래 갈 수가 없는 것이다― 채택하려고 하지 않는 한, 복수성을 일자로부터 연역하거나 또는 최소한 이 세계에서 관찰되는 복수성이 일자와 부합한다는 것을 보여주어야만 한다. 즉 일과 다, 안정과 변화, 이 두 요인이 공평하게 취급되어야 한다. 파르메니데스의 일방적인 이론도 그리고 피타고라스학파의 일방적인 이론도 모두 받아들이기 어렵다. 헤라클레이토스의 철학도 역시 불만족스러웠다. 그것은 사물 안의 안정적 요소를 충분히 설명하지 못했다는 사실은 차치하더라도, 유물론적 일원론과 결부되어 있었던 것이다. 결국 가장 높은 그리고 가장 참된 존재는 비물질적이라고 제안하지 않을 수 없었다. 그러는 동안에 그 이전 철학자들의 사상을 서로 결합시키려는 것으로 젤러가 "타협 체계"들이라고 부르는 것을 발견하게 되는 것은 놀라운 일이 아니다.

━━━━━ 소크라테스 이전의 그리스 철학 속 "범신론"에 관한 메모

01. 만약 범신론자가 우주를 신과 동일시하는, 우주에 대한 주관적인 종교적 태도를 지닌 사람이라면, 소크라테스 이전의 철학자들은 범신론자들이라고 불릴 수 없다. 헤라클레이토스가 일자를 제우스라고 말하는 것은 사실이다. 그러나 그는 일자, 즉 불에 대해서 어떠한 종교적 태도도 택하는 것같이 보이지 않는다.

02. 만약 범신론자가 우주의 초월적 원리를 부정하는 한편, (우주를 물질로만 이해하는 유물론자와는 달리) 우주를 궁극적으로 사유되는 것으로 이해하는 사람이라면, 소크라테스 이전의 철학자들은 또 한번 범신론자라는 이름을 얻을 자격이 없다. 왜냐하면 그들은 물질적 용어로 일자를 생각하거나 또는 말하기 때문이다(정신과 물질의 구별이 아직은 명백하게 이해되지 않아서 그들은 근대의 유물론적 일원론자가 그것을 부인하는 것과 같은 방식으로 그것을 부인할 수가 없었다는 주장이 비록 사실이라 하더라도 그러하다).

03. 어떤 경우에도 일자, 우주는 그리스 신들과 동일시될 수가 없었다. (셸링은) 호메로스의 신은 자연의 일부이기 때문에, 호메로스에게는 초자연적인 것이 없다고 말했다. 이 말은 지금 이 문제에 적용될 수 있다. 그리스의 신은 유한하고 신인동형적(神人同形的)으로 이해되었다. 그리스의 신을 일자와 동일시하는 것은 가능하지도 않으며, 그 누구도 글자 그대로 그렇게 하려는 생각을 하지 않을 것이다. 예를 들면, 제우스와 같은 어떤 신의 이름이 가끔 일자에게로 옮겨질 수는 있을 것이지만, 그 일자가 전설과 신화의 "실제" 제우스와 동일시되었다고 생각할 수는 없다. 일자가 존재하는 유일한 "신"이며, 올림피아의 신들은 신인동형적 설화들이라는 설이 있을 수 있다. 그러나 심지어 그 경우에도 철학자가 일자를 숭배했는지는 매우 불확실해 보인다. 스토아주의자들을 범신론자들이라고 부르는 것은 정당할 수 있을 것이다. 그러나 초기의 소크라테스 이전 철학자들에 관한 한, 그들을 범신론자들이라고 부르는 것보다는 일원론자들이라고 부르는 것이 단연코 더 나아 보인다.

제7장

아크라가스의 엠페도클레스

엠페도클레스는 시켈리아의 아크라가스(Akragas), 또는 아그리겐툼(Agrigentum)의 시민이었다. 그의 생몰년은 정확히 알수 없으나, 그는 기원전 444-43년 투리이(Thurii) 시가 설립된 직후 그곳에 방문했던 것으로 보인다. 그는 고향 도시의 정치에 참여했으며, 민주 정당의 지도자였던 것으로 보인다. 후에 엠페도클레스가 마술사 및 요술쟁이로 활동했다는 이야기가 돌았고, 그가 "강론을 훔쳤다는"[1] 이유로 피타고라스학파의 제전(祭典)에서 추방되었다는 이야기도 있다. 엠페도클레스는 마술 활동과는 별개로, 본래 의학 발전에도 기여했다. 그 철학자의 죽음은 몇 가지 재미있는 설화의 주제가 되었는데, 그중에서 가장 잘 알려진 것은 사람들이 그가 하늘로 승천했다고 믿도록 하고, 신으로서 존경하게 하기 위하여, 에트나의 분화구 속으로 뛰어들었다는 이야기다. 그는 화산의 가장자리에 그의 슬리퍼 한 짝을 남겼는데, 그는 늘 놋쇠로 밑창을 단 슬리퍼를 신었으므로 그것이 쉽게 눈에 띄었다.[2] 그러나 디오게네스는 이 이야기를 하면서 "그러나 티마이오스는 엠페도클레스가 펠로폰네소스로 떠나서 영원히 돌아오지 않았으며 무슨 까닭인지, 또 그가 어떻게 죽었는지는 확실하지 않다고 힘주

---

1   Diog. Laërt., 8, 54.

2   Diog. Laërt., 8, 69.

어 말하면서 이 모든 이야기들을 부인한다"[3]고 우리에게 알려주기도 한다. 엠페도클레스는 다른 그리스 철학자들과는 달리, 파르메니데스처럼 자신의 철학 사상들을 운문으로 표현했는데, 그중 다소 광범위한 단편들이 우리에게 전해내려왔다.

엠페도클레스는 새로운 철학을 창시한다기보다는 그 이전 철학자들의 사상을 결합하고 조화시키려고 노력했다. 파르메니데스는 존재는 있을 뿐이며, 존재는 물질적이라고 주장했었다. 엠페도클레스는 이 입장뿐만 아니라, 존재는 비존재로부터 생기할 수도 없고 비존재 속으로 사라져버릴 수도 없기 때문에, 생기할 수도 또는 소멸할 수도 없다는 파르메니데스의 기본 사상 또한 받아들였다. 그렇다면 물질은 시작도 끝도 없다. 그것은 파괴될 수 없다. "전에 없었던 것이 생성된다고 생각하거나 또는 어떤 것이든 소멸하고 완전히 파괴될 수 있다고 생각하는 자들은 ―그들에게는 원대한 사상이 없기 때문에― 어리석은 자들이로다! 결코 존재하지 않는 것으로부터 그 무엇이 생기할 수는 없으며, 존재하는 것은 그것을 어디에 놓아 두고 있더라도 언제나 있을 것이기 때문에, 그것이 소멸한다는 것은 불가능하고 들어보지도 못했기 때문이다."[4] 그리고 다시금 "또 전체 속에는 빈 무(無)와 너무 꽉찬 무도 있다." 그래서 "전체 속에는 빈 무가 있다. 그렇다면 그 무엇인가는 어디에서 그것을 증가시키게 되는가?"[5]

엠페도클레스는 여기까지는 파르메니데스에 동의한다. 그러나 반면 변화는 부정될 수 없는 사실이며, 변화를 환상이라 하여 추방하는 것은 오래 주장될 수 없을 것이다. 그렇다면 변화와 운동이 존재한다는 사실과 존재는 ―파르메니데스에 따르면 존재는 물질적임을 잊지 말자― 생성도 소멸도 하지 않는다는 파르메니데스의 원리를 조화시키는 길을 발견하는 일이 남아 있다. 경험이 보여주듯이 대상들은 전체로서 존재하기 시작하고 없어지기 시작하지만, 대상들은 물질적 입자들로 구성되어 있으며 그 입자들 자체는 파괴 불가능하다는 원리를 사용하여, 엠페도클레스는 이러한 조화를 이루고자 노력했다. "혼합된 것의 혼합과 상호교환만이" 있을 뿐이다. "실체(Φυσις)

---

3   Diog. Laërt., 8, 71. (위대한 독일 고전 시인 횔덜린은 엠페도클레스의 전설적인 죽음에 관한 시를 썼으며, 미완의 희곡도 한편 썼다.)

4   Frag. 11.

5   Frag. 14.

            제1부 소크라테스 이전의 철학

란 인간이 이러한 사물들에 붙인 이름에 불과하다."[6]

　탈레스는 만물은 궁극적으로 물이라고 믿었고 아낙시메네스는 공기라고 믿었다는 차이가 있지만, 그들은 공통적으로 어느 한 종류의 물질이 다른 종류의 물질이 될 수 있다고 믿었다. 적어도 예컨대 물이 흙이 되고 공기가 불이 된다는 의미에서는 말이다. 그러나 엠페도클레스는 변화 불가능성이라는 파르메니데스의 원리를 자기 나름대로 해석하여, 어느 한 종류의 물질이 다른 종류의 물질이 될 수는 없지만, 기본적이고 영원한 종류의 물질 또는 원소들이 있는데, 흙, 공기, 불 그리고 물이 그것이라고 주장했다. 그러니까 비록 엠페도클레스가 원소라고 말하지 않고 "모든 것의 뿌리"[7]라고 말했지만, 우리에게 친숙한 4원소의 분류는 엠페도클레스가 창안한 것이다. 흙은 물이 될 수 없고, 물도 흙이 될 수 없다. 네 종류의 물질은 변화 불가능한 궁극적인 입자들인데, 그것들은 그것들이 서로 혼합됨으로써 이 세계의 구체적인 대상들을 형성한다. 그러므로 대상들은 그 원소들을 혼합함으로써 생성되며, 그 원소들을 분리함으로써 소멸한다. 그러나 그 원소 자체는 생성되지도 사라지지도 않고, 영원히 불변이다. 그러므로 엠페도클레스는 파르메니데스의 유물론적 입장을 명백한 변화의 사실과 조화시키는 유일하게 가능한 방법, 즉 궁극적인 물질적 입자들의 다양성을 가정하는 방법을 알았으며, 그러므로 파르메니데스의 체계와 감관의 증거 사이의 중재자라고 불릴 수 있다.

　이오니아 철학자들은 자연의 과정들을 설명하는 데 실패했었다. 만약 아낙시메네스가 생각했던 대로 모든 것이 공기로 구성되어 있다면, 우리 경험의 대상들은 어떻게 생성될까? 자연의 순환적 과정은 어떤 힘 때문에 발생할까? 아낙시메네스는 공기가 그 자신에 내재된 힘에 의하여 다른 종류의 물질들로 변형된다고 추측했다. 그러나 엠페도클레스는 활성적인 힘들을 가정할 필요가 있다는 것을 알았다. 그는 사랑과 미움, 또는 조화와 불화가 이러한 힘들이라고 생각했다. 그러나 엠페도클레스는 그러한 힘들은, 그 이름은 그렇지만 물리적이고 물질적인 힘들이라고 생각했는데, 사랑 또는

6　Frag. 8.
7　Frag. 7(ἀγένητα, 즉στοιχεῖα).

유혹은 4원소의 입자들을 결합하고 대상들을 건설하지만, 투쟁 또는 미움은 그 입자들을 분리하여 대상들이 더 이상 존재하지 못하게 한다.

엠페도클레스에 따르면, 주기적인 세계의 순환이 존재한다는 의미에서 이 세계의 진행은 순환적이다. 한 주기가 시작될 때는 그 원소들 모두가 함께 섞이는데 ―우리가 알고 있는 대로의 구체적인 대상들을 형성할 정도로 구별된 것은 아니고― 그것은 흙, 공기, 불 그리고 물의 입자들의 일반적인 혼합이다. 그 과정의 이러한 일차 단계에서는 사랑이 지배 원리이며, 그 전체는 "축복받은 신"이라고 불린다. 그러나 미움이 천체를 둘러싸며, 미움이 천체 안으로 뚫고 들어갈 때, 분리의 과정, 즉 그 입자들의 분열이 시작된다. 결국 분리가 완성된다. 모든 물 입자, 모든 불 입자들 등등이 함께 모아진다. 사랑이 밀려나면 미움이 극에 달한다. 그러나 사랑이 다시 활동하기 시작하고 따라서 여러 가지 요소들을 점차 혼합하고 결합시키는데, 이 과정은 요소-입자들이 처음에 그랬던 것처럼 함께 섞일 때까지 계속된다. 그리고 나면 미움이 자신의 활동을 새롭게 시작할 차례이다. 그 과정은 그렇게 계속되며, 처음의 시작도 끝의 마지막도 없다.[8]

우리가 아는 대로의 이 세계에 관하여 말하면, 이는 최초의 천체와 그 원소들이 완전히 분리되는 단계 사이의 중간 단계에 있다. 미움은 점차 천체를 뚫고 들어 가며, 뚫고 들어가는 만큼 사랑을 몰아낸다. 천체로부터 우리의 지구가 형성되기 시작할 때, 공기가 최초로 분리된 요소였으며 그 다음이 불이고, 흙이 그 다음이다. 물은 이 세계가 회전하는 속도에 의하여 짜내진다. 일차적인 천체, 즉 절대적 의미에서가 아니라, 순환 과정상 일차적 천체는 우리에게 보이는 것 속에서 다소 재미 있는 말로 기술된다. "(그러니까 천체 안에서는) 날랜 태양의 손발도 텁수룩한 땅도 그리고 바다도 그 힘이 뛰어나지 않다. 신(神)은 조화라는 빈틈없는 덮개에 묶여서도 그토록 빨랐으며, 완벽하고 충실하며, 자신의 순환적 고독을 즐긴다."[9] 사랑과 투쟁의 활동은 여러 가지 방식으로 설명된다. "이것"(즉 사랑과 미움 간의 각축)은 "필멸(必滅)의 팔다리에서 분명히 볼 수 있다. 한때는 사랑이 육신의 부분인 팔다리 모두를 청춘인 삶의 호시절로 모아들인다.

---

8   끊임없는 순환과정이라는 이 논제는 영원한 회귀란 이름으로 니체 철학에서 다시 나타난다.
9   Frag. 27.

다른 때는 잔혹한 투쟁에 위해 절단되어 하나 하나가 삶이라는 바다의 파도를 타고 홀로 떠돈다. 식물이나 물 속에 집을 짓는 물고기의 경우에도, 자신들의 굴을 언덕 위에 가지고 있는 짐승들 및 날개로 나는 바다새들의 경우에도 사정은 똑같다."[10]

엠페도클레스는 영혼 윤회설을 정화에 관한 책에서 가르친다. 그는 심지어 이렇게 선언하기까지 한다. "왜냐하면 나는 이전에 이미 소년이었고 소녀였으며, 관목이었고 새였으며 바다 속에 사는 물고기였기 때문이다."[11] 그러나 이 이설이 엠페도클레스의 우주론적 체계와 잘 들어맞는다고 말할 수는 없다. 만약 만물이 멸할 때 분리되는 물질적 입자들로 구성되어 있다면, 그리고 "심장 둘레의 피가 인간의 사고라면,"[12] 불멸의 여지는 남아 있지 않을 것이기 때문이다. 그러나 엠페도클레스는 그의 철학 이론들과 그의 종교 이론들 사이의 불일치를 알아채지 못했을 수도 있다. (그의 종교 이론들 가운데는 "불쌍한 자들이여 철저하게 불쌍한 자들이여, 콩을 만지지 말지어다!"와 같이 자못 피타고라스 학파의 규범처럼 들리는 규범들도 있다.)[13]

아리스토텔레스는 엠페도클레스가 사유와 지각을 구별하지 않았다고 말한다. 그의 실제 시각론은 테오프라스토스에 의해 제공되는데, 그것은 플라톤이 『티마이오스』에서[14] 사용하는 이론이다. 감관지각에는 우리 내부에 있는 요소와 우리 외부에 있는 그와 유사한 요소 간의 만남이 있다. 만물은 끊임없이 유출물을 내보내고 있는데, 감관의 세공(細孔)들이 올바른 크기일 때는 이 유출물들이 안으로 들어가서 지각이 일어난다. 예를 들어 시각의 경우, 유출물들이 사물들로부터 눈 속으로 들어간다. 반면에 눈의 안쪽으로부터 나오는 불은 (눈은 불과 물로 이루어져 있다. 불은 매우 작은 구멍들을 가진 막피(膜皮)에 의해 물로부터 보호된다. 막피는 물이 스며드는 것은 방지하고 불이 빠져나가는 것은 허용한다) 대상을 만나기 위하여 밖으로 나가며, 그 두 요소들이 함께 시각을 만든다.

결론적으로 우리는 엠페도클레스가 그 혼합은 이 세계의 구체적인 대상들을 형

---

10   Frag. 20.

11   Frag. 117.

12   Frag. 105.

13   Frag. 141.

14   Arist., *De An.*, 427 a 21. Theoph., *de sensu*, 1 이하. Plat., *Tim.*, 67 c 이하 참조. (D. 31 A 86).

성하고 그 분리는 그러한 대상들의 소멸을 구성하는 네 가지 원소들이라는 궁극적 입자들을 가정함으로써, 존재는 결코 생성되거나 소멸될 수 없다는 파르메니데스의 논지를 변화의 명백한 사실과 조화시키려고 하였음을 깨달을 수 있다. 그러나 그는 자연의 물질적 순환과정이 어떻게 일어나는지를 설명하지 못하고, 신화적인 힘인 사랑과 미움에 의존해버렸다. 세계화 과정의 원초적 원인으로서 마음이라는 개념을 도입하는 것은 아낙사고라스에게 남겨졌다.

제8장

아낙사고라스의 진전

아낙사고라스는 기원전 500년경에 소아시아의 클라조메나이에서 태어났다. 그는 비록 그리스인이었으나 페르시아의 시민이기도 했다. 이오니아의 반란이 진압된 이후 클라조메나이가 합병되었기 때문이다. 심지어 그가 페르시아 군대의 일원으로 아테네에 왔다는 말까지 있다. 만약 그렇다면, 그것은 왜 그가 살라미스 해인 기원전 480/79년에 왔는지를 확실하게 설명할 것이다. 그는 그 도시에 정착한 최초의 철학자였으며, 그 도시는 후일 그토록 번성하는 철학연구의 중심이 될 것이었다.[1]

플라톤은 우리에게 페리클레스가 젊은 시절 아낙사고라스의 제자였다[2]는 것을 알려주는데, 그 사제관계는 후일 그 철학자를 곤경에 빠뜨렸다. 약 30년간 그 도시에 거주한 후, 그러니까 기원전 450년에 아낙사고라스는 페리클레스의 정적들에 의해서 기소되었다. 디오게네스는 그의 죄명이 불경죄(그는 소티온에 관해 언급한다)와 광신주의였다(사티로스를 언급하면서)고 말한다. 첫 번째 죄에 관하여 말하자면, 그것은 아낙사고라스가 태양은 붉고 뜨거운 돌이며 달은 흙으로 만들어졌다고 가르쳤다는 사실에 근

---

1   아낙사고라스는 클라조메나이에 재산을 가지고 있었으나, 이론적 삶을 따르기 위하여 그것을 무시했다고 한다. Plato, *Hipp*. M., 283 a 참조.
2   *Phaedrus*, 270 a.

거한다고 플라톤은 말한다.[3] 이 죄들은 주로 아낙사고라스를 통해 페리클레스에게 일격을 가하기 위하여 날조된 것이 틀림없다. (페리클레스의 또 다른 스승 다몬은 패각추방을 당했다.) 아낙사고라스는 형을 선고받았으나, 아마도 페리클레스 자신에 의하여 감옥에서 방면된 듯하다. 그는 이오니아로 물러가서 밀레투스의 한 식민지였던 람프사코스에 정착했다. 그는 여기에서 아마도 한 학교를 설립했던 듯하다. 그 시민들은 그를 기억하기 위하여 장터에 기념비를 건립했고, 그의 기일(忌日)은 그 자신의 요구에 의해 오랫동안 어린 학생들을 위한 공휴일로 준수되었다고 전한다.

아낙사고라스는 그의 철학을 한 권의 책으로 표현했으나, 단지 단편들만이 남아 있으며, 이 단편들은 그 책의 첫 번째 부분에 국한된 것으로 보인다. 우리가 가지고 있는 단편들이 보존된 것은 심플리키우스(기원후 6세기)의 덕이다.

아낙사고라스는 엠페도클레스와 같이, 존재는 생성되지도 않고 사라지지도 않으며 불변한다는 파르메니데스의 이론을 받아들였다. "그리스인들은 생성과 소멸을 올바로 이해하지 못한다. 생성되거나 소멸되는 것은 아무것도 없고, 존재하는(즉 항존하는) 사물들의 분리가 있을 뿐이다."[4] 그렇다면 이 두 사상가는 모두 물질은 파괴될 수 없다는 물질불멸론에 동의하는 것이다. 그리고 이 두 사람은 그것들의 혼합은 대상들을 형성하고 분리는 대상들의 소멸을 설명하는, 그러한 파괴 불가능의 입자들을 가정함으로써 물질불멸론을 명백한 변화의 사실과 조화시키는 것이다. 그러나 아낙사고라스는 궁극적인 단위들이 흙, 공기, 불, 물의 4원소에 상응하는 입자들이라는 점에서는 엠페도클레스에 동의하지 않을 것이다. 그는 질적으로 전체와 같은 부분들을 갖는 것들은 모두 궁극적이고 원초적인 것이라고 가르친다. 아리스토텔레스는 질적으로 동일한 부분들을 갖는 이러한 전체들을 동질소들(τὰ ὁμοιομερῆ)이라고 부른다. 동질소(τὸ ὁμοιομερές)는 비동질소(τὸ ἀνομοιομερές)에 반대된다. 예를 하나 들면 이 구별은 쉽게 이해된다. 금을 반으로 잘랐다고 가정하면 그 반쪽들 자체도 금이다. 그러므로 부분들이 전체와 똑같고 전체는 동질소(ὁμοιομερές)라고 말할 수 있다. 그러나 만약 개(犬),

---

3   *Apol.*, 26 d.
4   Frag. 17.

즉 살아 있는 유기체가 반으로 잘린다면, 그 반쪽들 자체는 두 마리의 개가 아니다. 그러므로 이 경우에 전체는 비동질소(ἀνομοιομερές)이다. 그러므로 대략의 생각은 분명하며, 근대의 과학실험에서 고려사항들을 도입하여 문제를 혼동할 필요는 없다. 어떤 사물들은 질적으로 유사한 부분들을 가지고 있으며, 그러한 사물들은 궁극적이고 원초적이다. (종류에 관해서 바꾸어 말하면, 입자들의 어떤 주어진 혼합물도 궁극적이며 원초적이지 않다.) "어떻게 해서 머리카락이 머리카락이 아닌 것으로부터 생겨나고, 살이 아닌 것으로부터 살이 생겨날 수 있는가?" 하고 아낙사고라스는 묻는다.[5] 그러나 동질소로 보이는 모든 것이 실재로 그러하다는 결론이 나오지는 않는다. 그러므로 아낙사고라스는 엠페도클레스의 원소들, 즉 흙, 공기, 불 그리고 물이 실재로 궁극적이라고 주장하지 않았으며, 반대로 그것들은 질적으로 다른 많은 입자들로 구성된 혼합물들이라고 주장했다고 아리스토텔레스는 말했다.[6]

처음에는 모든 종류의 입자들이 ―아낙사고라스에 따르면, 불가분적(不可分的)인 입자들은 없다― 서로 뒤섞여 있었다. "숫자는 무한하고 크기는 무한히 작은 모든 것들이 모여 있었다. 작음에도 무한함이 있다. 그리고 모든 것들이 함께 있었을 때는, 그것들은 작기 때문에 그중 어떤 것도 두드러질 수 없었다."[7] "만물은 전체 속에 있다." 입자들이 결합한 결과로 발생할 대상 속에 특정한 종류의 입자들이 우세하도록 궁극적인 입자들이 결합되면, 경험의 대상이 발생한다. 그러므로 최초의 혼합에서는 금의 입자들이 흩어져 다른 모든 종류의 입자들과 섞여 있다. 그러나 금의 입자들이 다른 입자들과 결합한 결과 발생할 가시적인 대상이 지배적으로 금-입자들로 구성되도록 결합되었을 때는, 우리는 우리 경험의 금을 갖는다. 왜 "다른 입자들과"라고 말하는가? 아낙사고라스에 따르면 구체적인 경험의 대상들 속에는 모든 사물들의 입자들이 들어 있기 때문이다. 그러나 그 입자들은 어느 한 종류의 입자가 우세한 방식으로 결합되며 이 사실로부터 그 전체적 대상은 그것의 명칭을 얻는다. 아낙사고라스는 "만물

---

5   Frag. 10.
6   *De Gen. et corr.*, Γ, 1, 314 a 24. *De Caelo*, Γ, 3, 302 a 28.
7   Frag. 1.

속에는 일정량의 만물이 들어 있다"[8]는 이설을 주장했다. 그 명백한 이유는 그가 달리 어떻게 변화의 사실을 설명할 수 있을지를 알지 못했기 때문이다. 예를 들어 풀이 싱싱해진다면, 풀 속에 싱싱함의 입자가 존재함이 틀림없으며("싱싱한"은 "싱싱하지 않은 것으로부터" 나올 수 없기 때문이다), 반면에 다른 한편으로는 풀 속에는 풀의 입자가 우세함이 틀림없다. 풀의 우세한 구성요소는 풀의 입자이다. 그러나 풀은 다른 입자들도 가지고 있다. 왜냐하면 "만물 속에는 일정량의 만물이 들어 있으며" 또 "어느 한 세계 속에 있는 사물들은 분리되지도 않으며 도끼로 다른 것으로부터 잘라낼 수도 없는데, 더위를 추위로부터 잘라낼 수 없으며 추위를 더위로부터 잘라낼 수도 없기" 때문이다.[9] 아낙사고라스는 이러한 방식으로 존재에 관한 파르메니데스의 이설을 지지하려고 한 반면, 동시에 변화에 대하여 실재론적 태도를 택하여 변화를 감각의 환상으로 추방하지 않고 사실로 받아들인 후 그것을 존재에 대한 엘레아학파의 이론과 조화시키려고 했다. 이후에 아리스토텔레스는 변화에 관한 파르메니데스의 이설에 의해 제기된 난제(難題)들을 그가 만든 실현과 잠재 사이의 구별에 의하여 해결하려고 시도하게 된다.

버넷은 에피쿠로스학파 사람들이 상정했던 것처럼, 아낙사고라스가 "빵과 물 속에는 피, 살 그리고 뼈의 입자들과 같은 미세한 입자들이 들어 있음이 틀림없다"[10]고 생각했다고 보지 않는다. 그의 견해로는 아낙사고라스에 따르면, 만물이 그 일정량을 포함한 것은 대립자들, 즉 더운 것과 추운 것, 마른 것과 축축한 것이다. 버넷의 견해는 확실히 지지받을 만한 점이 많다. 이미 우리는 아낙사고라스가 "어느 한 세계 속에 있는 사물들은 분리되지도 않으며 도끼로 다른 것으로부터 잘라낼 수도 없는데, 더위를 추위로부터 잘라낼 수 없으며 추위를 더위로부터 잘라낼 수도 없다"고 선언하는 단편을 보았다. 그뿐만 아니라 아낙사고라스에 따르면 불가분적인 입자들은 없기 때문에, 더 이상 분할될 수 없는 것이라는 의미에서의 어떤 궁극적인 입자도 존재할 수 없다. 그러나 입자들의 불가분성으로부터 질적으로 분해될 수 없을 궁극적인 종류들은 없다는 —그 철학자의 견해로는— 결론이 반드시 나오지는 않을 듯 보인다. 그리

---

8   Frag. 11.
9   Frag. 8.
10   *G.P., I.,* 77-78쪽.

고 아낙사고라스는 어떻게 머리카락이 아닌 것으로부터 머리카락이 나올 수 있는지를 분명하게 묻지 않는가? 이뿐만 아니라 단편 4에는 만물의 혼합에 대해 쓰여있다. "습한 것과 마른 것, 더운 것과 찬 것, 밝은 것과 어두운 것의 혼합 그리고 그 속에 있는 많은 흙의 혼합과 서로 결코 같지 않은 무수히 많은 씨들의 혼합. 또 다른 사물들도 마찬가지로 그중에서 어떤 것도 다른 어떤 것과 같지 않다. 그런데 이것들이 그러하다면, 우리는 만물은 전체 속에 있다고 주장하지 않을 수 없다." 이 단편은 그 "대립자들"이 어떤 특수한 특권의 위치에 있다는 인상도 주지 않는다. 그러므로 우리는 한편으로 버넷의 견해가 지지받을 만한 점이 많다는 것을 인정하지만, 본문에 이미 제공된 해석을 더 선호한다.[11]

여기까지만 보면, 아낙사고라스의 철학은 엠페도클레스를 해석하고 파르메니데스를 번안하여 나온 한 아류이며, 특별히 가치 있는 특징들을 보이지 않는다. 그러나 원초적 덩어리로부터 사물들을 형성시켜내는 일을 맡고 있는 힘을 설명하는 데 있어서는, 철학에 대한 아낙사고라스의 독창적인 기여를 보게 된다. 엠페도클레스가 우주 내에서의 운동을 사랑과 미움이라는 두 물리적 힘에 기인하는 것으로 추정했으나, 아낙사고라스는 그 대신 정신(Nous) 또는 마음(Mind)의 원리를 도입한다. "아낙사고라스와 더불어 한줄기 빛이, 비록 아직은 미약하더라도, 밝아지기 시작한다. 왜냐하면 이해가 이제는 원리로 인지되기 때문이다."[12] 아낙사고라스는 말한다. "정신은 크건 작건, 생명이 있는 모든 사물들을 지배한다. 그리고 정신은 선회 전체를 지배하여, 처음부터 선회하기 시작했다. … 정신은 존재할 운명의 모든 것들, 그러니까 과거에 존재했고 지금 존재하며 또 앞으로 존재할 모든 것들을 정돈했으며, 서로 떨어져 있는 별들과 태양과 달과 공기와 에테르가 지금 회전하고 있는 이 선회까지도 정돈했다. 그런데 선회 그 자체가 그 분리를 야기하여, 촘촘한 것은 성긴 것으로부터 떨어져 나아가고, 더운 것은 찬 것으로부터 떨어져 나아가며, 밝은 것은 어두운 것으로부터 떨어져 나아가고, 건조한 것은 축축한 것으로부터 떨어져 나아간다. 그리고 많은 사물들 속에

11 Zeller, *Outlines*, 62쪽; Stace, *Crit Hist.*, 95쪽 이하; Covetti, *I Presocratici*, 21장 참조.

12 Hegel, *Hist. Phil.*, I, 319쪽.

는 많은 부분들이 들어있다. 그러나 정신을 제외하고는 어떠한 것도 다른 것과 완전하게 분리되어 있지는 않다. 그리고 크건 작건, 모든 정신은 서로 같다. 그러나 정신 이외에 어떤 것도 그 밖의 어떤 것과 같지 않다. 그러나 단일한 사물은 매우 분명하게 그 대부분이 정신 속에 있는 사물들이며 또 사물들이었다."[13]

정신은 "무한하고 자율적이며, 어떤 것과도 섞이지 않은 채 홀로 그 자체로 있다."[14] 그렇다면 아낙사고라스는 정신을 어떻게 이해했는가? 그는 그것을 "모든 사물들 중에서 가장 미세한 것이며 가장 순수한 것"이라고 부르는데, "그것은 만물에 관하여 그리고 최대의 힘에 관하여 모든 것을 알고 있다…"고 말한다. 또한 정신이 "그 밖의 모든 것들이 있는 곳에, 주변의 물체더미 속에"[15]있다고도 말한다. 그러니까 그 철학자는 정신 또는 마음을 "만물 가운데 가장 미세한 것" 또는 공간을 점유하는 등의 물질적 용어로 말한다. 버넷은 이것을 근거로 아낙사고라스는 물질적 원리의 개념을 결코 넘어서지 못했다고 선언한다. 그는 정신을 다른 물질적 사물보다 더 순수한 것으로 간주했으나, 비물질적 사물 또는 영적 사물이라는 개념에는 결코 도달하지 못했다. 젤러는 이것을 인정하지 않을 것이다. 그리고 스테이스는 "모든 철학이 감각적인 관념들을 표현할 목적으로 발전되어온 언어로 비감각적인 사유를 표현해야 하는 어려움 속에서 악전고투하는"[16] 양상을 지적한다. 비록 우리가 마음을 "순수하다"고 말하거나 또는 어떤 사람의 마음을 다른 사람의 마음보다 "더 크다"고 말한다 하더라도, 우리가 그 이유 때문에 유물론자라고 불릴 수는 없다. 아낙사고라스가 정신이 공간을 점유한다고 생각했다는 것은, 그가 정신과 사물 사이의 엄밀한 구별을 이해했더라면, 정신을 물질적이라고 선언했을 것이라는 것에 대한 충분한 증거가 아니다. 정신의 비공간성은 그 이후에 생겨난 개념이다. 아낙사고라스는 정신적인 것에 대한 그의 개념으로 정신적인 것과 물질적인 것 사이의 근본적인 차이를 분명하게 이해하는 데 실패했다는 것이 아마도 가장 만족스러운 해석일 것이다. 그러나 이것은 그가 독단적인 유물론자

---

13   Frag. 12.

14   Frag. 12.

15   Frag. 14.

16   *Crit. Hist.*, 99쪽.

였다고 말하는 것과는 다르다. 반대로, 비록 그가 정신적이고 지적인 원리와 그 원리가 형성하고 운동하게 하는 사물 사이의 본질적인 차이를 충분하게 이해하는 데는 실패하지만, 그는 정신적이고 지적인 원리를 처음으로 도입한다.

정신은 사람, 동·식물 등 모든 살아 있는 사물들 안에 나타나며, 그 모든 것 안에서 동일하다. 그렇다면 이런 대상들 사이의 차이는 그 영혼의 본질적인 차이 때문이 아니라 그 육신 사이의 차이 때문인데, 그 육신은 정신의 보다 충분한 활동을 촉진하기도 하고 방해하기도 한다. (그러나 아낙사고라스는 독자적인 자아의 인간 의식을 설명하지 못한다.)

정신이 사물을 창조한다고 생각할 수는 없다. 물질은 영원하다. 정신의 기능은 혼합된 물질덩이 속에서 회전운동 또는 소용돌이가 진행되도록 하는 것으로 보인다. 소용돌이 자체의 활동은 퍼져나가면서 후속 운동을 책임지는 것이다. 그러므로 아리스토텔레스는 『형이상학』에서 아낙사고라스는 마구잡이로 말해댔던 그의 전 세대 사람들에 비해 "깨어 있는 사람처럼 두드러진다"[17]고 말했으나, 또한 "아낙사고라스는 이 세계의 형성을 설명하기 위하여 정신을 가망없어 보이는 상황의 해결책(deus ex machina)으로 이용한다. 그는 어떤 것이 필연적으로 존재하는 이유를 설명하다 난관에 봉착할 때면, 언제나 그것을 끌어들인다. 그러나 다른 경우엔 정신이 아닌 다른 어떤 것을 원인으로 삼는다"[18]고 말하기도 한다. 그렇다면 우리는 소크라테스의 실망을 쉽게 이해할 수 있다. 소크라테스는 아낙사고라스를 발견했을 때 전혀 새로운 접근을 만났다고 생각했으나, "책을 읽어나감에 따라, 그 사람이 정신을 전혀 사용하지 않았다는 것을 알았을 때, 나의 터무니없는 기대들이 땅바닥에 내던져지는 것을 알았다. 아낙사고라스는 사물들을 정돈하는 데 있어서, 어떠한 인과적 힘도 정신에 있는 것으로 보지 않고 공기, 에테르, 물, 그리고 그 밖의 이상야릇한 여러 가지 것들에 있는 것으로 보았다."[19] 이처럼 아낙사고라스는 그 원리를 충분히 사용하는 데는 실패했지만 그럼에도 장차 빛나는 열매를 맺을 매우 중요한 한 원리를 그리스 철학에 소개한 공로자로 평가되어야 한다.

---

17   *Metaph.*, A 3, 984 b 15-18.

18   *Metaph.*, A 4, 958 a 18-21.

19   *Phaedo*, 97 b 8.

제9장

원자론자들

　　원자론학파의 창시자는 밀레투스의 레우키푸스(Leucippus)였다. 레우키푸스는 존재하지 않았다는 주장도 있었으나,[1] 아리스토텔레스와 테오프라스토스는 그를 원자론 철학의 창시자로 생각한다. 우리는 그들이 틀렸다고 생각하기는 어렵다. 그의 생몰년도는 정확히 알 수 없다. 그러나 테오프라스토스는 레우키푸스가 파르메니데스학파의 구성원이었다고 밝혔고, 또 디오게네스가 쓴 『레우키푸스의 생애』에는 그가 제논의 제자(οὗτος ηχουσε Ζήνωνος)라고 적혀 있다. 그 후에 압데라의 데모크리토스의 작품들 속으로 통합된 『위대한 질서』는 사실상 레우키푸스의 작품으로 보인다. 또 버넷이 데모크리토스의 『전집』을 히포크라테스의 것과 비교하면서, 어느 것에서도 거기 실린 여러 논문들의 저자들을 분간해내기는 불가능하다고 했던 말은 분명히 옳다.[2] 전(全) 『전집』은 한 학파의 저작이며, 우리가 각 작품에 그 각각의 저자를 정할 수 있게 될 가능성은 매우 적다. 그러므로 우리는 원자론학파의 철학을 다룰 때 어떤 것이 레우키푸스의 것이고 어떤 것이 데모크리토스의 것인지를 구별하는 척할 수는 없다. 그러나 데모크리토스는 상당히 이후의 사람이고 역사적으로 정확하게 소크라테스 이전의 철

---

[1]　예를 들어 에피쿠로스는 레우키푸스의 존재를 부정했다. 그러나 이러한 부정은 독창적인 것을 주장하려는 에피쿠로스의 결정 때문이었다는 설이 있었다.

[2]　*E.G.P.*, 331쪽.

학자로 분류될 수 없기 때문에, 우리는 그의 감관지각론을 다음 장에서 살펴볼 것이다. 그는 그 감관지각론으로 프로타고라스와 그의 인간 행동론에 대답하고자 했다. 사실 어떤 철학사가들은 소크라테스 이전의 철학자들에게 할당된 절(節)에서 원자론의 철학을 다룰 때, 데모크리토스의 견해를 이러한 논점들에 근거해서 취급한다. 그러나 데모크리토스가 틀림없이 그 이후의 사람이라는 점을 고려하면 이 문제에 있어서는 버넷을 따르는 것이 더 나은 것 같다.

원자론의 철학은 실제로 엠페도클레스의 철학을 논리적으로 발전시킨 것이다. 엠페도클레스는 여러 비율로 섞여서 경험적 대상을 형성하는 4원소들을 가정함으로써, 존재의 비존재로의 변화나 또는 그 역(逆)변화를 부정하는 파르메니데스의 원리를 변화의 명백한 사실과 조화시키려고 했다. 그러나 그는 사실상 그의 입자설을 완성하지 못했고, 또 질적인 변화에 대한 양적인 설명을 논리적 결론으로 이끌지 못했다. 엠페도클레스의 철학은 모든 양적인 변화를 여러 모형의 물질적 입자들을 기계적으로 병렬시킴으로써 설명하는 단계에로 나아가는 과도적 단계를 형성한다. 더구나 사랑과 투쟁이라는 엠페도클레스의 힘은 비유적 힘이었으므로 철저하게 기계론적인 철학에서는 제거되어야만 할 것이었다. 완전한 기계론으로 가는 마지막 단계는 원자론자들에 의해서 시도되었다.

레우키푸스와 데모크리토스에 따르면 무수히 많은 불가분적(不可分的) 단위들이 존재하는데, 그것들은 원자라고 불린다. 이것들은 너무 작아서 감관에 의해서 지각될 수 없기 때문에 지각 불가능하다. 원자들은 그 크기와 형태는 서로 다르지만, 견고성과 비천공성(非穿孔性)을 제외하면 아무런 성질도 없다. 그것들의 수는 무한하며, 그것들은 진공 안에서 운동한다. (파르메니데스는 공간의 실재성을 부정했다. 피타고라스주의자들은 자신들의 단위들을 떼어 놓을 수 있는 공간을 인정하고, 그것을 대기권의 공기와 동일시했는데, 엠페도클레스는 그것이 물질임을 보여주었다. 그러나 레우키푸스는 동시에 공간과 그 존재의 비실재성을 단언했는데, 여기에서 비실재성은 비물질성을 의미했다. 이 입장은 "존재하지 않는 것"은 "존재하는 것"만큼 실재적이라는 말로 표현된다. 그렇다면 공간 또는 진공은 물질적이지 않다. 그러나 그것은 물체만큼 실재적이다.) 그 이후의 에피쿠로스학파 사람들은 원자들은 모두 무게의 힘에 의하여 진공으로 떨어진다고 주장했는데, 아마도 그것은 아리스토텔레스의 절대적 무거움과 가벼움이라는 개념에 영향을 받았을 것이다. (아리스토텔레스는 자기 이전의 어떤 사람도 이 개념을 주장하지 않았다고 말한다.) 그런데 아에티우스는, 데모크리토스는 원자에 크기와 형태는 있다고 생각한 반면 무게는 없다고 생각했으나, 에피쿠로스는 원자들의 운동을 설명하기 위하여 무게를 더했다고 분명하게 말한다.[3] 키케로도 같은 말을 하면서, 데모크리토스에 따른다면 진공 속에 "꼭대기" 또는 "밑바닥" 또는 "중간"이란 없다고 선언한다.[4] 만약 이것이 데모크리토스가 주장한 것이라면, 물론 그는 매우 옳다. 왜냐하면 절대적인 상(上) 또는 하(下)란 없기 때문이다. 그러나 이 경우에 그는 원자들의 운동을 어떻게 생각했을까? 『영혼론』[5]에서 아리스토텔레스는 영혼 원자들의 운동을 광선 속의 먼지들에 비유한 것으로 추정하는데, 그 먼지들은 심지어 바람이 없을 때에도 여기저기 모든 방향으로 날아간다. 이것 또한 원자들의 원초적 운동에 대한 데모크리토스의 견해일 수 있다.

그러나 원자들이 진공 속에서 본래 어떠한 방식으로 움직였든지 간에, 어떤 시점에서 원자들 사이에 충돌이 일어나 불규칙적인 형태의 원자들이 서로 얽히게 되고 원자군들을 형성했다. 이러한 방식으로 소용돌이가(아낙사고라스) 만들어지며, 하나의 세계가 형성의 과정에 놓인다. 아낙사고라스는 큰 물체들은 중심으로부터 매우 멀리 밀려날 것이라고 생각한 반면, 레우키푸스는 그 반대의 말을 했는데 그것은 그가 바람 또는 물이 소용돌이칠 때 큰 물체들은 중앙으로 향하는 경향이 있다고 잘못 믿었기 때문이다. 진공 속 운동의 또 다른 결과는 그 크기와 형태가 같은 원자들이, 체가 기장, 밀 그리고 보리의 낱알들을 모으듯이, 또는 바다 물결들이 긴 돌들은 긴 돌들끼리 둥근 돌들은 둥근 돌들끼리 쌓아올리듯이 모아진다는 것이다. 이러한 방식으로 불, 공기, 흙 그리고 물의 "4원소들"이 형성된다. 그리하여 진공 속에서 운동하는 무수한 원자들끼리의 충돌로부터 수많은 세계들이 발생한다.

원자론의 철학에서는 엠페도클레스의 힘인 사랑과 투쟁도, 아낙사고라스의 정신도 나타나지 않는다는 것 또한 주목할 만하다. 레우키푸스는 어떠한 동력도 필요한

---

3   Aët., i, 3, 18과 12, 6(D. 68 A 47).

4   *De Fato*, 20, 46과 De fin., i, 6, 17, (D. 68 A 47과 56).

5   *De An.*, A, 2, 403 b 28 이하.

가설로 생각하지 않았음이 명백하다. 태초에 진공 속에 원자들이 있었다. 그리고 그것이 전부였다. 그 시작에서 우리의 경험 세계가 발생했으며, 어떠한 외력(外力)이나 동력(動力)도 그 원초적 운동의 필연적인 원인으로 가정되지 않는다. 초기의 우주론자들이 운동을 어떠한 설명을 필요로 한다고 생각하지 않았던 것은 명백하며, 원자론의 철학에서 원자들의 영원한 운동은 자족(自足)한 것으로 간주된다. 레우키푸스는 만물이 로고스에 따라 그리고 필연적으로(ἐκ λόγου καὶ ὑπ᾽ ἀνάγκης)[6] 발생한다고 말하는데, 이것은 일견 설명되지 않은 원자들의 원초적 운동설과 원자들의 충돌설에 어긋나는 것처럼 보일 수 있을 것이다. 그러나 후자는 원자들의 배열과 불규칙적인 운동 때문에 필연적으로 일어나며, 반면에 전자는 자족한 사실로서 더 이상의 설명을 요구하지 않았다. 우연을 부정하면서도 영원한, 무설명적 운동을 가정하는 것이 우리에게 이상하게 보이는 것도 당연할 것이다. 아리스토텔레스도 운동과 운동의 종류를 설명하지 않았다 하여 원자론자들을 비난한다.[7] 그러나 레우키푸스가 원자들의 운동을 우연의 탓으로 돌리고자 했다는 결론을 내려서는 안 된다. 그에게는 운동이 영원하며 계속된다는 것에 설명이 필요 없었다. 우리의 견해로는 그러한 이론을 대하면 마음이 움찔하며 레우키푸스의 결론에 만족하지 못한다. 그러나 그 자신이 이 결론에 만족하고 "최초의 부동의 운동자"를 찾지 않았다는 것은 재미 있는 역사적 사실이다.

레우키푸스와 데모크리토스의 원자들은 파르메니데스의 존재의 속성을 부여받은 피타고라스의 단자들이라는 것에 —각 원자는 파르메니데스의 일(一)과 같기 때문에— 주목해야 한다. 그리고 원소들은 원자들의 다양한 배열과 위치로부터 생기(生起)하므로, 만약 피타고라스학파의 수(數)가 전형 또는 "정해진 어떤 형체를 지닌 수"로 간주된다면, 그것들은 피타고라스학파의 수에 견줄 수 있을 것이다. 이것이 "레우키푸스와 데모크리토스는 사실상 만물을 역시 수로 만들며 그것들을 수들로부터 생산한다"[8]는 아리스토텔레스의 격언에 부여될 수 있는 유일한 의미이다.

그의 세부 계획에 있어서, 레우키푸스는 다소 반동적이어서 지구는 구(球)의 성

---

6   Frag. 2 (Aët., 1, 25, 4).

7   *Phys.*, **θ** i, 252 a 32; *De Caelo*, *Γ* 2, 300 b 8; *Metaph.*, A, 4, 985 b 19-20.

8   *De Caelo*, *Γ* 4, 303 a 8.

격을 가지고 있다는 피타고라스학파의 견해를 거부하고, 지구는 공기 속에서 떠 다니는 탬버린과 같다는 아낙시메네스의 견해로 되돌아갔다. 그러나 비록 원자론적 우주론의 세부적인 내용들이 어떤 새로운 발전을 보여주지는 않지만, 레우키푸스와 데모크리토스는 이전의 경향들을 그 논리적 결론으로 이끌었고, 실재에 대한 순전한 기계적 해설과 설명을 제공했다는 점에서 주목할 만하다. 이 세계를 기계적 유물론으로 완전하게 설명하려는 시도는, 근대에 물리학의 영향을 받아 훨씬 더 철저한 형태로 다시 나타났다. 그러나 레우키푸스와 데모크리토스의 그 훌륭한 가설이 그리스 철학의 완결판은 결코 아니었다. 그 이후의 그리스 철학자들은 이 세계의 풍부성이 그 모든 영역에 있어서 원자들의 기계적 상호작용으로 환원될 수 없다는 것을 알게 될 것이었다.

제10장

소크라테스 이전의 철학

01. 그리스 철학은 일(一)과 다(多)의 문제를 맴돈다는 말을 자주 한다. 우리는 이미 그리스 철학의 초기 단계에서 단일성의 개념을 발견한다. 사물들은 다른 것으로 변한다. 그러므로 어떤 공동의 기반이나 어떤 궁극적인 원리가, 즉 다양성의 배후에 도사린 어떤 단일성이 존재함에 틀림없다. 탈레스는 물을, 아낙시메네스는 공기를, 헤라클레이토스는 불을 공동의 원리라고 선언했다. 그들은 서로 다른 원리들을 선택했다. 그러나 세 사람은 모두 하나의 궁극적 원리가 존재함을 믿었다. 그러나 비록 아리스토텔레스가 "실체적" 변화라고 불렀던 변화라는 사실이 초기의 우주론자들에게 우주 안에 기초가 되는 하나의 단일성이 있다는 암시를 주었을 수도 있으나, 이 개념을 물리학의 결론으로 떨어뜨리는 것은 오류일 것이다. 엄격한 과학적 증명에 관한 한, 그들은 자신들의 단일성 주장을 보증할 수 있는 과학적 자료나 혹은 그것이 물이건 공기이건 불이건 간에 어떤 특수한 원리를 보증할 수 있는 자료도 가지고 있지 못했다. 그 초기의 우주론자들은 자료를 뛰어넘어 보편적 단일성에 대한 직관에 도달한 것이다. 그들은 형이상학적 직관력이라고 부를 수 있는 어떤 것을 가지고 있었다. 이것이 그들의 영광을 만들고, 철학의 역사 안에서 한 자리를 차지할 수 있게 한다. 만약 탈레스가 물로부터 흙이 나온다고 말하는 것에 만족했었더라면 "우리는" 니체가 말하는 대로 "단순히 과학적 가설만을 가질 것이 분명하다. 이것은 비록 반박하기가 어렵기는 하지만, 틀린 것

이다." 그러나 탈레스는 단순한 과학적 가설을 넘어선다. 그는 하나의 형이상학적 이설로 뻗어 나아가는데, 그 형이상학적 이설에는 만물이 일(一)임이 표현되어있다.

다시 니체를 인용한다. "그리스 철학은 터무니없는 공상, 즉 '물이 만물의 근원이며 어머니 자궁이다'라는 명제로 시작하는 것 같다. 그곳에 멈추어서 심각해질 필요가 정말로 있는가? 그렇다. 그것도 세 가지 이유에서 그러하다. 첫째, 그 명제는 사물의 기원에 관한 그 무엇을 말하기 때문이다. 둘째, 그것이 비유와 꾸밈없이 그러하기 [사물의 기원에 관해 무엇인가를 말하기] 때문이다. 셋째, 그 속에는 비록 과도적 상태에서이기는 하지만, 만물은 일(一)이라는 생각이 포함되기 때문이다. 첫 번째 이유는 탈레스를 여전히 종교적이고 미신적인 사람들과 벗하게 한다. 그러나 두 번째 이유는 그를 이 교제로부터 끌어내어 자연 철학자로서 자리매김하도록 한다. 그러나 탈레스는 세 번째 이유의 덕분에 최초의 그리스 철학자가 된다."[1] 이것은 다른 초기 우주론자들도 마찬가지이다. 아낙시메네스와 헤라클레이토스 같은 사람들 역시 날개를 달고, 경험적 관찰에 의해 검증될 수 있는 것 너머로 날아올랐다. 동시에 그들은 어떠한 신화적 가정에도 만족하지 않았는데, 그 이유는 그들이 단일성의 실재적 원리, 즉 변화의 궁극적인 기반을 추구했기 때문이다. 그들은 자신의 주장을 매우 진지하게 개진했다. 그들은 '전체이며 체계인 세계'라는 개념과 '법칙에 의해 지배되는 세계'라는 개념을 가지고 있었다. 그들의 주장은 단순한 상상이나 신화에 따른 것이 아니라 이성 또는 사고에 따른 것이었다. 그러므로 그들은 철학자, 유럽 최초의 철학자로 평가될 자격이 있는 것이다.

02. 초기의 우주론자들은 우주의 단일성이라는 사상에 고무되어 있었으나, 다(多), 다면성, 다양성의 문제에도 직면해 있었다. 그러므로 그들은 이 명백한 복수성(複數性)을 가정된 단일성(單一性)과 조화시키는 이론적 작업을 시도해야 했다. 다시 말해서 그들은 우리가 아는 대로의 세계를 설명해야만 했던 것이다. 예를 들어 아낙시메네스는 농축과 희박의 원리에 호소했던 반면, 파르메니데스는 존재는 하나이고 불변이라는 그의 위대한 이론에 붙잡혀, 변화와 운동과 다면성이라는 사실은 감관의 환상

---

1   *Philosophy during the Tragic Age of the Greeks*, in sect. 3.

이라 하여 단호하게 거부했다. 엠페도클레스는 만물을 사랑과 투쟁의 작용에 의해 형성하는 네 개의 궁극적인 원소들을 가정했고, 아낙사고라스는 원자론의 궁극적인 성격과 질적인 차이에 대한 양적인 설명을 주장했는데, 그렇게 함으로써 복수성, 다자(多者)를 공정하게 다루었지만, 각각의 원자는 파르메니데스의 일(一)을 나타낸다는 사실에도 불구하고 단일성에 대한 그 이전의 시각을 포기하는 경향이 있었다.

그러므로 우리는 소크라테스 이전의 철학자들은 일과 다의 문제와 씨름했으나 그것을 해결하는 데에는 성공하지 못했다고 말할 수 있다. 사실 헤라클레이토스의 철학은 다양성 속의 단일성이라고 하는 심오한 개념을 포함하지만, 전화(轉化)에 대한 과도한 주장과 연결되어 있고 또 화설(火說)의 결과로 야기되는 난제들과도 연결되어 있다. 따라서 소크라테스 이전의 철학자들은 그 문제를 해결하는 데 실패했다. 그 문제는 플라톤과 아리스토텔레스에 의해서 다시 채택되었고, 그들은 자신들의 뛰어난 재능과 천재성을 그 문제에 쏟았다.

03.   그러나 만약 일과 다의 문제가 소크라테스 이후의 시대에 계속해서 그리스 철학의 주제가 된다면, 그리고 플라톤과 아리스토텔레스의 손에서 보다 만족스러운 해답들을 얻는다면, 우리가 그 문제를 언급함으로써 소크라테스 이전 철학을 특징지을 수 없음은 분명하다. 우리는 그것을 특징짓고 구별지을 어떤 다른 특색을 요구한다. 그것은 어디에서 발견될 수 있는가? 우리는 소크라테스 이전의 철학은 외부세계, 객관, 비아(非我)를 중심으로 한다고 말할 수 있다. 물론 인간, 주관, 자아가 고려에서 배제되지는 않지만 비아에 대한 관심이 지배적이다. 이것은 연이은 소크라테스 이전의 사상가들이 답하고자 노력했던 문제들로부터 분명히 볼 수 있다. "이 세계는 궁극적으로 무엇으로 구성되어 있는가?" 초기 이오니아 철학자들은 이 문제에 답함에 있어서 경험적 자료들이 보증할 수 있는 선을 확실히 넘어섰으며, 신화적 공상을 엮어내는 이야기꾼의 정신에서가 아니라 철학적 정신에서 그 문제와 씨름했다. 그들은 물리학과 철학을 구별하지 않았으며, 순수하게 실천적인 성격의 "과학적" 관찰을 철학적 사변과 결합했다. 그러나 그 초기 단계에서는 물리학과 철학의 구별이 불가능했다는 것을 잊어서는 안 된다. 사람들은 이 세계에 관하여 무엇인가를 더 알고자 원했으며, 따

라서 과학적 문제들과 철학적 문제들이 함께 섞이는 것은 자연스러울 따름이었던 것이다. 그들이 이 세계의 궁극적인 본성에 관심을 가졌기 때문에, 그들의 이론들은 철학적 이론들로 분류된다. 그러나 그들은 아직 정신과 물질의 어떠한 명확한 구별도 형성하지 않았고 그들의 문제는 주로 물질의 변화라는 사실에 의하여 유발되었기 때문에, 그들의 대답은 대부분 물질에서 취한 용어들과 개념들로 표현되었다. 그들은 우주의 궁극적인 "원료"가 모종의 물질임을 발견했다. 탈레스의 물이건, 아낙시만드로스의 무규정자이건, 아낙시메네스의 공기이건, 헤라클레이토스의 불이건, 또는 레우키푸스의 원자들이건, 그것은 너무도 당연히 물질이다. 그러므로 오늘날의 물리학자들이라면 소크라테스 이전 철학자들이 몰두했던 주제의 많은 부분이 자신들의 영역에 속한다고 주장할 것이다.

그렇다면 초기 그리스 철학자들은 우주론자라고 부르는 것이 옳다. 왜냐하면 그들의 관심은 우주의 본질, 인간 지식의 대상에 있었으며 인간 자체는 주관적 측면에서 지식의 주체로서 또는 도덕적으로 의도하며 행동하는 주체로서가 아니라, 객관적 측면에서 우주 속의 한 항목으로서 고찰된다. 우주에 대한 그들의 고찰에 있어서 그들은 연관된 모든 요인들을 설명하는 어떠한 최종적 결론에도 도달하지 못한다. 이 명백한 우주론의 파산은 곧 고찰될 다른 이유들과 함께 자연스럽게 객관에서 주관으로, 우주에서 인간 자신으로 관심을 전환시켰다. 우리는 소피스트들이 그 예가 되는 이 관심의 변화를 이 책의 다음 절(節)에서 고찰할 것이다.

04.　소크라테스 이전 철학은 우주, 즉 외부세계를 중심으로 하며, 이 우주론적 관심이 그 철학을 소크라테스의 철학과 대비할 때 두드러지는 차이점이라는 것이 사실이다. 그러나 다음의 사실 역시 반드시 언급되어야 한다. 즉 인식하는 주체로서의 인간에 관련된 문제 하나가 소크라테스 이전의 철학에서 제기되었는데, 그것은 감관경험과 이성 사이의 관계라는 문제였다는 것이다. 그러므로 일자의 개념에서 출발하는 파르메니데스는 감관경험 속에 주어진 생기와 소멸을 설명할 수가 없음을 깨닫고는 감각의 증거들을 환상으로 치워버리고 이성만의 정당성을 선언하는데, 그 이유는 이성만이 실재와 상존(常存)에 도달할 수 있기 때문이다. 그러나 그 문제는 충분하게 또

는 적절하게 다루어지지 않았다. 파르메니데스가 감관지각의 정당성을 부정했을 때, 그는 감관지각의 본성과 비감각적 사고의 본성에 대한 연속적인 고찰에서라기보다는 형이상학적 이설 또는 가정 때문에 그것의 정당성을 부정했던 것이다.

05.　　초기의 그리스 사상가들을 철학자들이라고 부르는 것이 당연하기 때문에, 그리고 그들은 대체로 작용과 반작용 또는 정과 반(예를 들면 헤라클레이토스의 전화에 대한 지나친 강조와 존재에 대한 파르메니데스의 지나친 강조)에 의해서 진행하기 때문에, 그 이후의 철학적 경향들과 학파들의 씨앗들이 소크라테스 이전의 철학에서 이미 식별될 수 있으리라고 기대될 수 있을 따름이었다. 그러므로 파르메니데스의 일자설을 감관지각을 희생시킨 대가로 인한 이성의 고양이라는 점과 결부해서 생각하면, 우리는 그 이후 관념론의 씨앗들을 볼 수 있다. 반면에 아낙사고라스에 의한 정신(Nous)의 도입에서 ―실제로 그가 정신을 아무리 제한적으로 사용했다고 하더라도― 우리는 그 이후 철학적 일신론의 씨앗들을 볼 수 있다. 그리고 레우키푸스와 데모크리토스의 원자론에서, 우리는 모든 질을 양으로 설명하려고 노력하며 우주 안의 모든 것을 물질과 그것의 산물로 환원하려고 노력하게 될, 그 이후의 유물론적 기계론적 철학들의 선구(先驅)를 볼 수 있다.

06.　　지금까지 말한 것으로 보면, 소크라테스 이전의 철학은 그리스 사상 연구에 있어서 바로 소크라테스와 플라톤에서 시작하는 것이 정당할 정도로 무시될 수 있는 단순한 철학 이전의 단계가 아니라는 점은 명백하다. 소크라테스 이전의 철학은 철학 이전의 단계가 아니라, 그리스 철학의 첫 번째 단계이다. 혼합되지 않은 순수한 철학은 아닐지 모르지만, 그것은 철학이며 이 세계에 대한 합리적인 이해에 도달하기 위한 그리스 최초의 시도로서 그 자체에 대한 본질적 관심에서 연구될 가치가 있다. 또한 소크라테스 이전의 철학은 방수 구획실에 갇혀 그 이후의 철학 사상으로부터 차단된 어떤 독립적 단위가 아니다. 오히려 그 시대는 이후 철학을 준비하는 시대이다. 왜냐하면 그 안에서 그리스 철학자들 가운데 최대의 철학자들을 사로잡게될 문제들이 제기되기 때문이다. 그리스 사상은 발전한다. 비록 플라톤과 아리스토텔레스와 같은 사람

들의 타고난 천재성은 아무리 높게 평가하더라도 지나침이 없기는 하지만, 그들이 과거에 의해 영향을 받지 않았다고 생각하는 것은 잘못이다. 플라톤은 소크라테스 이전 사상의, 즉 헤라클레이토스의 체계들과 엘레아학파의 체계들 그리고 피타고라스주의의 체계들의 심대한 영향을 받았다. 아리스토텔레스는 자신의 철학을 과거의 상속이며 절정으로 간주했다. 그리고 그 두 사상가들은 모두 철학적 문제들을 이전 사람들에게서 물려받았다. 그들이 그 문제에 대한 독창적인 해답을 내놓은 것은 사실이지만, 동시에 그들은 그 문제들의 역사적인 배경 속에서 그 문제들과 씨름했다. 그러므로 그리스 철학의 역사를 그 이전 사상에 대한 어떠한 논의도 없이 소크라테스와 플라톤에 대한 논의로 시작하는 것은 터무니없는 일이다. 과거에 대한 지식 없이는 소크라테스나 플라톤, 또는 아리스토텔레스 역시 이해할 수 없다.

이제 우리는 그리스 철학의 그 다음 국면으로 돌아서야만 한다. 이 시대의 철학은 우주론적 사변의 이전 시대에 대한 반(反, antithesis)으로 간주할 수 있다. 그 시대는 소피스트와 소크라테스의 시대이다.

제2부

소크라테스의 시대

THE SOCRATIC PERIOD

A HISTORY OF PHILOSOPHY
GREECE AND ROME

제11장

소피스트들

초기 그리스 철학자들은 주로 객체에 관심이 있었으며, 만물의 궁극적 원리를 확정하고자 했다. 그러나 그들의 성공은 그들의 철학적 성실성에 필적하지 못하였고, 그들이 발전시킨 연속적인 가설은 이 세계의 궁극적인 본질에 관한 어떤 확실한 지식을 획득할 가능성에 관한 회의론을 초래했다. 게다가 헤라클레이토스와 파르메니데스의 이설(理說)과 같은 이설들은 자연히 감관지각의 정당성에 관하여 회의주의적인 태도를 초래한다. 만약 존재가 정적이고 운동의 지각이 환상이라면, 또는 만물은 끊임없는 변화의 상태에 있고 안정의 실재적 원리란 없으며 우리의 감관지각이 미덥지 못하다면, 우주론 자체의 기초도 붕괴된다. 지금까지 철학의 체계들은 서로를 배제하며 제안되었다. 대립되는 이론들 안에서 발견될 수 있는 진리도 물론 있었지만, 반(反, antithesis)들을 보다 높은 합(合, synthesis)으로, 즉 오류들을 정화해내고 경쟁적 이설들 안에 포함되어 있는 진리를 공평하게 다루는 합으로 조화시키기에 충분할 만큼 위대한 철학자는 아직 한 사람도 나타나지 않았다. 그 결과는 우주론들에 대한 어떤 불신일 수밖에 없었다. 그래서 어떤 실질적 발전이 이루어지려면, 고찰점을 주관으로 전환하는 것이 필요했다. 안정성과 가변성이라는 사실 모두를 공정하게 취급하는 보다 참된 이론을 가능하게 만든 것은 사유에 대한 플라톤의 고찰이었다. 그러나 발전을 가능하게 만든 객체에서 주체로의 반동은 맨 먼저 소피스트들 사이에서 나타났는데, 그것은 대체로 그 이전의 그리스 철학이 파산한 결과였다. 제논의 변증법을 대하면 우주론의 연구에 있어서 실제로 발전이 가능했는지에 대해 당연히 의심스러워 보일 것이다.

앞에서 말한 그리스 철학의 결과인 회의주의 이외에, 주관 쪽으로 주의(注意)를 돌리게 하는 또 다른 요인은 문화현상과 문명현상에 관한 점증하는 반성이었는데, 그것은 대부분 그리스인들과 이(異)민족들과의 친교가 확장된 데서 기인한다. 그들은 페르시아 문명, 바빌로니아 문명 그리고 이집트 문명에 대하여 무엇인가 알게 될 뿐만이 아니라, 스키타이인과 트라키아인들처럼 발전 단계가 매우 낮은 민족과도 접촉하게 되었다. 그렇다면 그리스인들처럼 고도로 지적인 민족이 스스로에게 질문을 하기 시작하는 것은 지극히 당연할 따름이다. 예를 들면, 여러 국가 또는 지방의 생활방식, 종교와 윤리의 법전 등은 단순히 규약인가 아닌가? 비(非)헬레니즘 문화 또는 야만 문화와 대조되는 헬레니즘 문화는 인간이 만들고 가변적이며 관습적으로(νόμῳ) 존재하는 법(νόμος)의 문제였나, 아니면 자연적으로 존재하는(φύσει) 자연에 기초했나? 그것은 신(神)의 허가를 받은 신성한 법령이었나, 아니면 변할 수 있고, 수정될 수 있고, 개작될 수 있으며, 발전될 수 있는가? 젤러 교수는 이러한 문맥에서 소피스트들 가운데 가장 재주가 뛰어난 프로타고라스가 어떻게 압데라에서, 즉 "이오니아 문화의 발전된 전진기지에서 트라키아 야만인들의 땅으로"[1] 왔는지를 보여준다.

그러나 소피스트 철학[2]이 다룬 문제는 그전의 그리스 철학과 달랐다. 그들이 주목한 문제는 인간과 인간의 문명 및 관습이었다. 그것은 거시세계[우주]가 아니라, 미시세계[인간]를 다루었다. 인간이 자신을 의식해가고 있었다. 소포클레스가 말하는 것처럼 "이 세계에 기적은 많다. 그러나 인간보다 더 위대한 기적은 없다."[3] 소피스트 철학은 그 이전의 철학과 중심이 되는 문제뿐만 아니라 그 방법도 다르다. 그 이전 그리스 철학의 방법은 경험적 관찰을 결코 배제하지는 않았지만, 성격상 연역적이었다. 어

---

1   *Outlines*, 76쪽.
2   "궤변"이란 용어를 사용하면서 나는 어떤 소피스트적 체계가 있었다고 말하는 것은 아니다. 우리가 그리스의 소피스트로 알고 있는 사람들은 그 능력과 의견에 있어서 서로 상당히 달랐다. 그들은 어떤 경향이나 운동을 대표하고 있지, 학파를 대표하고 있지는 않다.
3   *Antigone*, 332 이하.

느 한 철학자가 이 세계에 관한 보편적 원리, 이 세계를 구성하는 궁극적인 원리를 세우고 나면, 특수한 현상들을 그 법칙에 따라 설명하는 일이 남는다. 그러나 소피스트는 많은 개별적 관찰과 사실들을 축적하려고 노력했다. 그들은 백과사전적 사람들이었으며, 박학다식한 사람들이었다. 그러고 나서 그들은 이 축적된 사실들로부터 일부는 이론적이고 일부는 실제적인 결론을 도출하는 데로 나아갔다. 그러므로 그들은 견해와 신념의 차이들에 관해, 그들이 축적한 많은 사실들로부터 어떠한 확실한 지식도 소유하기가 불가능하다는 결론을 도출할 수 있을 것이다. 또는 다양한 국가들과 생활 방식에 대해 알고있는 지식으로부터, 그들은 문명의 기원이나 언어의 출발에 관한 이론을 형성할 수 있을 것이다. 또는 그들은 다시금 실제적인 결론들, 예를 들면 사회가 이런저런 방식으로 조직된다면 매우 효율적으로 조직될 것이라는 결론을 도출할 수 있을 것이다. 그렇다면 소피스트 철학은 "경험적-귀납적"[4]이다.

그러나 소피스트들의 실제 결론들이 필연적 진리에 기초한 객관적인 규범들의 설정을 의도하지 않았다는 점을 잊지 말아야 한다. 그리고 이 사실은 그 이전의 그리스 철학과 소피스트 철학의 또 다른 차이, 즉 목적의 차이를 가리킨다. 전자(前者)는 객관적 진리에 관심을 가졌다. 그 우주론자들은 이 세계에 관한 객관적 진리를 찾아내기를 원했고, 대개 진리의 공정한 추구자들이었다. 반면에 소피스트들은 본래 객관적 진리에 몰두하지 않았다. 그들의 목표는 실제적인 것이었지 사색적인 것이 아니었다. 그러므로 소피스트들은 그리스의 여러 도시에서 기술을 가르치며 삶을 통제하는 것을 목표로, 시민들을 가르치고 훈련시키는 교육자들이 되었다. 소크라테스 이전 철학자들에게 있어서는 제자들의 결속이 다소 우연적이었던 반면 ―그들의 본래 목표는 진리를 찾아내는 것이었으므로― 소피스트들에 있어서는 그것이 필수적이었는데, 왜냐하면 그들은 가르치는 것을 목표로 했기 때문이다.

페르시아 전쟁 이후 그리스에서는 자연적으로 정치생활이 격렬해졌는데, 특히 민주적인 아테네에서 그러했다. 자유민은 정치생활에서 어쨌든 얼마간의 역할을 수행했으며, 출세하기를 바라는 자유민은 관련된 훈련을 받아야만 했다. 국가에서 출세하

---

4   Zeller, *Outlines*, 77쪽.

려는 사람에게 낡은 교육은 불충분했다. 낡은 귀족적 이상은 본질적으로는 새로운 이상보다 더 낫든 그렇지 않든, 발전 중인 민주주의 내부의 지도자들에게 요구된 사항들을 만족시킬 수 없었다. 그 이상의 무엇이 필요했는데, 이 필요성이 소피스트들에 의해서 충족되있다. 플루타르코스는 '소피스트들은 주로 가족의 전통적인 일, 저명한 정치가와의 교류, 정치 생활에의 실제 참여로 인한 실용적 실험적 훈련 등의 과거의 실용적 훈련 대신에 이론적 훈련을 부가했다'고 말한다. 여기에서 요구되는 것은 교과과정이었으며, 소피스트들은 도시에서 그러한 교과과정을 개설했다. 그들은 도시에서 도시로 여행하는 순회 교수들이었으므로, 가치 있는 많은 지식과 경험을 모았고, 문법, 시의 해석, 신화와 종교의 철학 등등 다양한 주제에 관하여 강연했다. 그러나 무엇보다도, 그들은 수사학적 기술을 가르친다고 공언했는데, 그것은 정치 생활을 위하여 절대적으로 필요했다. 그리스의 도시국가 특히 아테네에서는 말을 하지 못하면, 심지어 잘하지 못하면, 결코 정치가로서 명성을 얻을 수 없었다. 소피스트들은 그에게 말을 잘하도록 가르쳐주겠다고 공언하고, 지적이고 능력 있는 새로운 귀족계급의 덕(德)인 정치적 "덕"의 주된 표현법(수사법)을 훈련시켰다. 물론 이것 자체에는 잘못된 것이 없다. 그러나 그 명백한 결과가, 즉 수사학의 기술이, 사심이 섞인 또는 도시[국가]에 명백히 해가 될지 모르는, 아니면 단순히 정치가의 경력 향상을 위하여 계산된 생각 또는 정책을 이해시키는 데 이용될 수 있을 것이라는 점이 소피스트들이 나쁜 평판을 받도록 하는 데 일조했다. 그들의 논쟁술 교육에 관한 경우가 특히 그랬다. 그리스 민주주의에서 돈을 벌려고 한다면, 그것은 주로 소송에 의해서 이루어질 수밖에 없었는데, 소피스트들은 이러한 소송에서 이기는 올바른 방법들 가르쳐준다고 공언했다. 그러나 분명히 그것은 사실상 사람들에게 정의롭지 못한 것을 정의로운 대의(大義)로 보이게 하는 방법을 가르치는 기술을 의미함이 틀림없을 것이다. 그러한 과정은 과거 철학자들이 진리를 추구하는 태도의 과정과는 명백히 매우 달랐으며, 소피스트들에 대한 플라톤의 취급을 설명하는 데 도움을 준다.

소피스트들은 젊은이들을 교육하고 여러 도시에서 대중적인 강연을 함으로써 그들의 교육사업을 수행했다. 그러나 그들은 순회교수였고, 폭넓은 경험의 소유자였으며, 아직은 다소 회의적이고 천박한 반동의 대표자들이었으므로, 그들이 젊은이들을 고향에서 불러모아 전통적인 윤리적 법규와 종교적 신념들을 그들 앞에서 산산조 각낸다는 생각이 퍼지게 되었다. 따라서 젊은이들은 소피스트들을 열광적으로 지지했 으나, 엄격하게 전통을 고수하던 사람들은 그들을 다소 회의적으로 생각했다. 소피스 트들의 파괴적 경향이 모두 그리스 생활을 약화시키는 것은 아니었다. 그들은 폭넓은 견해를 기반으로 도시국가 그리스에서 몹시 요구되던 범헬레니즘의 옹호자가 되었던 것이다. 그러나 가장 주목받았던 부분은 그들의 회의적인 경향이었다. 그들이 동요를 일으켰던 과거의 확신들을 대신할 새롭고 안정적인 그 무엇을 도입한 것이 아니었기 때문에 특히 그러했다. 여기에다 그들이 강의료를 받았다는 사실도 첨가되어야 한다. 이 행위는 아무리 합법적이었다고 해도, 과거의 그리스 철학자들의 관습과는 달랐으 며, 무엇이 적절한가에 대한 그리스적 견해에 어긋났다. 플라톤은 이에 대해 혐오스럽 다고 여겼고, 크세노폰은 소피스트들이 돈을 벌 목적으로 속이기 위하여 말하고 쓰므 로 그들은 누구에게도 도움을 주지 못한다고 말했다.[5]

지금까지 말한 것으로 볼 때, 소피스트 철학이 어떤 전면적인 비난을 받아 마땅 한 것은 아님이 분명하다. 그것은 사상가들의 주의를 사유하고 의도하는 주체인 인간 자신에로 돌림으로써, 위대한 플라톤적 · 아리스토텔레스적 성취를 향한 과도적 단계 의 역할을 했다. 소피스트 철학은 훈련과 교육의 수단을 제공하면서, 그리스 정치 생 활의 필요한 과제를 완수했다. 다른 한편으로 소피스트 철학의 범헬레니즘적 경향은 확실히 자부할 만하다. 또한 소피스트 철학에 비록 회의적이고 상대적인 경향들이 있 었지만, 그 경향들은 결국 한편으로는 주로 이전 철학이 붕괴한 결과였고, 다른 한편 으로는 인간 생활의 경험이 더 넓어진 결과였기 때문에, 최소한 문제들을 제기하는 데 는 ―소피스트 철학 자체가 그 문제들을 해결할 수는 없었다고 하더라도― 공헌했다. 그리스 연극, 예를 들어 『안티고네』에 나와 있는 소포클레스의 인간 성취에 대한 송가 (頌歌)와, 에우리피데스의 희곡들에 포함된 이론적 논의들과, 예컨대 투키디데스의 작 품 중에서 유명한 멜리아의 대화록 같은 그리스 역사가들의 작품들 속에서 소피스트 철학의 영향을 분간해 낼 수 있다는 것은 상상 속 일이 아니다. 소피스트(Σοφιστής)라

---

5   Xen., *Cyneg.*, 13, 8 (D. 79, 2 a).

는 명칭이 부정적인 의미를 얻는 데는 꽤 시간이 걸렸다. 헤로도토스는 그 이름을 솔론과 피타고라스에게 사용하고, 안드로티온은 7현자들과 소크라테스에게 사용하며, 리시아스는 플라톤에게 사용한다. 더구나 더 오래전의 소피스트들은 스스로 일반적인 존경과 칭송을 얻었으며, 역사가들이 지적하는 대로 그들 각각의 도시의 "대사들"로 드물지 않게 선발되었는데, 이 사실은 그들이 협잡꾼이었다거나 또는 협잡꾼으로 간주되지 않았음을 가리킨다. "소피스트"라는 명칭이 불쾌한 어감을 얻었던 것은 플라톤에게처럼 단지 부수적으로만이었다. 그리고 이후에는 좋은 의미를 다시 획득했던 것으로 보인다. 그것은 제국의 수사학 교수들과 산문작가들에게 궤변가 또는 사기꾼이라는 의미를 제외한 채 사용되었다. "소피스트들이, 오늘날 그 말이 통상 그릇된 추론에 의해 어떤 진리가 반박되고 의심스럽게 된다거나, 또는 틀린 어떤 것이 증명되어 그럴듯하게 된다는 것을 의미하게 된 불명예에 빠진 것은, 특히 소크라테스와 플라톤에 대한 반대 때문이다."[6]

반면 소피스트들의 상대주의, 논쟁술의 장려, 고정적인 규범들의 결여, 강의료의 수납, 그리고 어떤 후대 소피스트들의 쓸데없이 따지는 경향들은 그 용어의 부정적인 의미를 크게 정당화한다. 플라톤에게 있어서 그들은 "정신적인 상품을 파는 소매상인"[7]이다. 그리고 소크라테스가 『프로타고라스』[8]에서 프로타고라스에게 강의를 받고 싶어하는 히포크라테스에게 "당신은 그리스 사람들에게 자신을 소피스트로 소개하는 것이 부끄럽지 않겠소?"라고 묻고 있는 것으로 묘사되어 있을 때, 히포크라테스는 이렇게 대답한다. "만약 제가 생각하는 것을 말한다면, 예, 물론이지요. 소크라테스." 그러나 우리는 소피스트 철학의 장점들을 소피스트 자신들의 성취들과는 전혀 비교가 안 될 정도로 발전시켰던 소크라테스를 그 자신의 눈으로 직접 보았다는 이유 때문에 플라톤이 소피스트들의 나쁜 측면을 들추어내는 경향이 있다는 것을 잊어서는 안 된다.

---

6 Hegel, *Hist. Phil.*, I, 354쪽.

7 *Protag.*, 313 c 5-6.

8 *Protag.*, 312 a 4-7.

제12장

개별적인 소피스트 몇 사람

------- **1. 프로타고라스**

대부분의 저술가들에 따르면 프로타고라스는 기원전 481년경에 트라키아, 압데라의 토착민으로 태어났으며,[1] 기원전 5세기 중엽에 아테네로 왔던 것으로 보인다. 그는 페리클레스의 호의를 누렸는데, 그는 그 정치가에게서 기원전 444년 창건된 범헬레니즘적 식민지 투리이의 헌법을 작성하는 과제를 위탁받았다고 한다. 그는 431년 펠로폰네소스 전쟁이 발발했을 때와, 430년 페스트가 ―그것이 페리클레스의 두 아들을 앗아 갔다― 돌던 동안, 다시 아테네에 있었다. 디오게네스 라에르티오스는 프로타고라스가 신들에 관한 그의 저서 때문에 신성모독으로 비판을 받았으나, 재판 전에 그 도시를 탈출했다가 시켈리아로 건너가던 중 익사했으며, 그의 책은 장터에서 불태워졌다는 이야기를 한다. 이것은 기원전 411년 400인의 과두정치적 반란기에 발생했을 것이다. 버넷은 이 이야기를 의심스럽게 여기는 경향이 있으며, 만약 그 기소 사건이 발생했다면 411년 이전에 발생했음이 틀림없다고 주장한다. 테일러 교수도 그 기소 이야기를 거부하는 데 있어서 버넷에 동의하는데, 그 이유는 그가 훨씬 이른 날

---

1   *Protag.*, 309 c; *Rep.*, 600 c; Diog. Laërt., 9, 50 이하.

짜를, 즉 기원전 500년을 프로타고라스의 출생일로 인정하는 데 있어서 역시 버넷에 동의하기 때문이다. 이 두 저술가는 프로타고라스라는 이름의 대화편에서 플라톤이 약 435년 경에 프로타고라스를 소크라테스보다 늙은이로, 최소한 65세에 근접하는 것으로 묘사하는 것을 신뢰한다. 플라톤은 "프로타고라스가 실제로 소크라테스 이전의 세대에 속했는지를 알고 있었음이 틀림없으며, 그러한 점에 관하여 그릇된 묘사를 할 동기가 있을 수 없을 것이다."[2] 만약 이것이 정확하다면, 우리는 프로타고라스가 높은 명성을 누리며 죽었다는 『메논』 속의 진술 역시 인정해야만 한다.

프로타고라스의 가장 잘 알려진 진술은 "인간은 만물의 척도이다, 보이는 그대로의 것들의 척도이고, 아니게 보이는 것들이 아닌 것들의 척도이다"[3]라는 그의 저작 『진리 또는 논박(논증)』(ʼΑλήθεια ἢ Καταβάλλοντες (λόγοι))에 포함된 글이다. 이 유명한 말을 어떻게 해석해야 하는가에 관해 상당한 논쟁이 있었다. 어떤 저술가들은 프로타고라스의 "인간"은 개별적 인간이 아니라, 종적(種的)인 인간을 의미한다는 견해를 주장했다. 만약 그렇다면, 그 언명의 의미는 "당신에게 참으로 보이는 것은 당신에게 참이며, 나에게 참으로 보이는 것은 나에게 참이다"가 아니라, 그보다는 공동체, 또는 집단 또는 인종(人種) 전체가 진리의 기준이고 표준이라는 것을 뜻할 것이다. 사물들(Χρήματα)은 전적으로 감관지각의 대상들로만 이해되어야 하는가, 아니면 가치의 영역 역시 포괄하도록 확장되어야 하는가라는 문제를 둘러싸고도 논쟁이 벌어졌다.

이것은 어려운 문제이며 여기에서 상세하게 논의될 수 없다. 그러나 본 저자는 『테아이테토스』에 나오는 플라톤의 증언을 무시할 생각은 없다. 거기에서 프로타고라스의 그 언명은, 플라톤 자신이 인정하듯이 참임이 분명하며, 감관지각에 관한 한 확실히 개인주의적 의미로 해석된다.[4] 소크라테스는 똑같은 바람이 불고 있을 때, 우리들 가운데 한 사람은 차게 느낄 것이고 다른 사람은 그렇게 느끼지 않거나 또는 한 사람은 약간만 차게 느끼고 다른 사람은 매우 춥게 느낄 것이라고 말하며, 그 바람이 차다고 느끼는 사람에게는 차며, 다른 사람에게는 차지 않다는 프로타고라스의 말에 동

---

2   *Plato*, 236쪽, 주.

3   Frag. 1.

4   *Theaet.*, 151 e, 152 a.

의해야 할 것인지를 묻는다. 이 글귀에서 프로타고라스는 개별적 인간을 언급하고 있으며, 종(種)이라는 의미의 인간은 결코 언급하고 있지 않다고 해석됨이 분명하다. 더구나 그 소피스트는 그 바람이 단순히 전자에게는 찬 것 같고 후자에게는 찬 것 같지 않다고 말하는 것으로 묘사되어 있지 않다는 점에 주의해야 한다. 그러므로 만약 내가 어느 추운 날 달리기를 하다가 빗속으로 들어와서, 그 빗물이 덥다고 말한다면, 반면에 당신은 더운 방에서 나와서 똑같은 빗물을 차게 느낀다면, 프로타고라스는 우리들 중 누구도 틀렸다고 말하지 않을 것이다. 그 빗물은 나의 감관에 대해서는 더우며, 당신의 감관에 대해서는 춥다. (그 소피스트에게 기하학적 명제들은 모든 사람들에게 일정하다는 반론이 제기되었을 때, 프로타고라스는 사실의 구체적인 실재에서는 어떤 기하학적 선들이나 원들도 존재하지 않기 때문에, 그러한 어려움은 발생하지 않는다고 대답했다.[5])

　　이러한 해석에 대한 반론은 플라톤의 『프로타고라스』에 근거한다. 거기에서 프로타고라스는 개인주의적 의미로서의 그 언명을 윤리적 가치들에 적용하고 있는 것으로 묘사되지 않는다. 비록 프로타고라스가 그 자신과 일관되게 이해되어야 한다는 점을 인정하더라도, 감관지각의 대상들에 대해서 참인 것이 윤리적 가치들에 대해서도 그대로 참이라고 반드시 상정할 필요는 물론 없다. 하지만 프로타고라스는 인간은 만물(πάντων χρημάτων)의 척도라고 선언하기 때문에, 만약 감관지각의 대상들에 관하여 개인주의적 해석이 수용된다면, 그것은 또한 윤리적 가치들과 판단들로도 확장되어야 하며, 역으로 만약 그것이 윤리적 가치들과 판단들에 관하여 수용되지 않는다면 감관지각의 대상들에 관해서도 수용될 수 없을 것이라는 점이 지적될 수는 있다. 달리 말해서, 우리는 『테아이테토스』와 『프로타고라스』의 사이에서 어느 하나를 신뢰하고 다른 것은 거부하라는 선택을 강요받고 있다. 그러나 첫째, 만물(πάντων χρημάτων)이 윤리적 가치들을 포함하는 것으로 의도되었는지가 확실하지 않으며 둘째, 특수한 감관들의 대상들은 참되고 보편적인 지식의 주제가 될 수 없는 성격을 갖지만, 반면에 윤리적 가치들은 참되고 보편적인 지식의 주제가 될 수 있는 종류일지도 모른다. 이것은 플라톤 자신의 견해였는데, 그는 프로타고라스의 그 말을 헤라클레이토스의 유전

5　　Arist., *Metaph.*, B 2, 997 b 32–998 a 6.

변화설과 연결하여, 참이고 확실한 지식은 초감성적인 것만이 가질 수 있다고 주장했다. 우리는 프로타고라스가 윤리적 가치들에 관하여 플라톤의 견해를 주장했음을 입증하려 하고 있는 것이 아니라, —프로타고라스는 그렇게 하지 않았다— 감관지각과 가치에 대한 직관이 만인에 대한 어떤 지식 및 진리와 반드시 관계가 있거나 또는 서로 관계를 갖게 되지는 않는다는 것을 지적하려고 하고 있다.

그렇다면, 윤리적 판단과 가치에 관한 프로타고라스의 실제 가르침은 무엇이었나? 『테아이테토스』에서 그는 윤리적 판단들은 상대적이며, ("왜냐하면 나는 어느 특수한 국가에서 옳고 장하게 여겨지는 행위들은 어떤 것이든, 그 국가가 그것들에 의해 유지되는 한, 그 국가에 대해서 그러하다고 주장하기 때문이다.") 그리고 현자(賢者)는 불건전한 행위를 건전한 행위로 바꾸려고 시도할 것이라고 말하고 있는 것으로 묘사되어 있다.[6] 다른 말로 하면, 어느 한 윤리적 견해는 참이고 다른 것은 거짓인 문제는 없으나, 어느 한 견해가 다른 견해보다 "더 건전하다", 즉 더 유용하거나 또는 편리하다는 문제는 있다. "이렇게 해서 어떤 사람들이 다른 사람들보다 더 현명하다는 것과 어떤 사람도 틀리게 생각하지 않는다는 것이 모두 참이다." (절대적 진리는 없다고 생각하는 사람은 "어떤 사람도 틀리게 생각하지 않는다"고 절대적으로 선언할 자격이 없다.) 그런데 『프로타고라스』에서 플라톤은 그 소피스트를 "만약 다른 기예들의 경우에서처럼 적은 수의 사람들만이 그것[도덕과 정의]을 나누어 가지고 있다면 도시[국가]들은 존재하지 않을 것이기 때문에", 수치심($\alpha\iota\delta\omega\varsigma$)과 정의감($\delta\iota\kappa\eta$)이 신들에 의해서 모든 사람들에게 부여되었다고 주장하는 것으로 묘사한다. 이것은 『테아이테토스』에서 말한 것과 다르지 않은가? 프로타고라스가 의미하는 것은 이러한 것으로 보일 것이다. 즉 법은 일반적으로 모든 사람들에게 심어진 어떤 윤리적 경향들 위에 기초해 있으나, 특수한 국가들에서 발견되는 것과 같은 법의 개별적인 변형들은 상대적이며, 한 국가의 법으로서 다른 국가의 법보다 "더 참되지"는 않지만, 아마도 보다 더 유용하거나 또는 편리하다는 의미에서 "더 건전할" 것이다. 이 경우 법의 결정자는 개인이 아니라 국가 또는 도시 공동체이지만, 구체적인 윤리적 판단과 구체적인 규범(Nomos) 결정의 상대적 성격은 유지될 것이다. 프로타고라스는 전통

---

6 *Theaet.*, 166 이하.

과 사회적 규약들의 지지물(支持物)로서 교육의 중요성과 국가의 윤리적 전통 수용의 중요성을 강조하며, 동시에 현자(賢者)는 국가를 "더 나은" 법들 쪽으로 이끌 수 있다는 것을 인정한다. 개별적 시민에 관한 한, 시민은 전통과 받아들여진 공동체의 규칙을 고수해야 하는데, 어느 한 "길"도 다른 것보다 더 참되지 않기 때문에, 더욱더 그러하다. 수치심(αἰδώς)과 정의감(δίκη)이 그에게 이런 마음이 일도록 하는데, 만약 그가 신의 이런 선물들을 나누어 가지고 있지 않고 국가에 귀 기울이기를 거절한다면, 국가는 그를 제거해야 한다. 그러므로 일견하여 "상대주의적인" 프로타고라스의 이설(理說)의 의도는 혁명적이라고 여겨질 수 있겠지만, 전통과 권위를 떠받치는 데 사용되는 것으로 판명된다. 어느 한 규칙도 다른 규칙보다 "더 참이지" 않다. 그러므로 당신의 사적인 판단을 국법(國法)에 대항하여 설정하지 말라. 이뿐만 아니라 프로타고라스는 도덕과 정의라는 그의 개념을 통하여 불문법 또는 자연법에 대해 적어도 어떤 암시를 주는데, 이 점에서 그리스적 사고방식을 넓히는 데 기여했다.

『신(神)론』(Περὶ θεῶν)이라는 한 저작에서 프로타고라스는 이렇게 말했다. "신(神)들에 관하여 말하자면, 나는 그들이 존재하는지 또는 존재하지 않는지도 확실히 알지 못하고, 그들의 형상이 어떠한지도 알지 못한다. 왜냐하면 주제의 모호함과 인생의 짧음 등, 확실한 지식을 방해하는 것들이 많기 때문이다."[7] 이것이 우리가 가지고 있는 그 작품의 유일한 단편이다. 그러한 문장은 회의적이고 파괴적인 사상가로서의 프로타고라스의 모습에 확실성을 첨가하는 것처럼 보일 것인데, 그는 자신의 비판력을 윤리와 종교에 뿌리 내린 모든 전통에 겨누었다. 그러나 그러한 견해는 우리가 『프로타고라스』라는 이름의 플라톤의 대화편으로부터 받는 프로타고라스의 인상과 일치하지 않으며, 틀림없이 잘못일 것이다. 특수한 법 규칙들의 상대성으로부터 도출될 수 있는 도덕은 개인은 전통적인 교육에 따라야 하는 것처럼, 신들과 신들의 본성에 관한 우리의 불확실성으로부터 도출될 수 있는 도덕은 우리는 도시의 종교에 따라야 한다는 것이다. 우리가 절대적 진리를 확신할 수 없다면, 왜 우리는 선조들로부터 물려받은 종교를 없애지 않는가? 또한 프로타고라스의 태도는 교리적 종교의 고수자들이 자연적

---

7   Frag. 4.

으로 상정하게 되는 것처럼 그렇게 이상하거나 파괴적이지는 않다. 왜냐하면 버넷이 말하는 것처럼 그리스 종교는 "신학적 확언 또는 부정에" 있었던 것이 아니라, 숭배에 있었기 때문이다.[8] 소피스트들이 결과적으로 전통에 대한 인간의 믿음을 약화시켰음은 사실이지만, 프로타고라스는 개인적으로 기질이 보수적이었고 혁명가들을 교육할 의도도 없었던 것 같다. 그와 반대로, 그는 훌륭한 시민을 교육한다고 공언했다. 모든 사람들에게는 윤리적인 경향들이 있으나, 그 발전은 오직 조직된 공동체 안에서만 가능하다. 만약 어떤 사람이 훌륭한 시민이라면, 그는 그렇기 때문에 그가 구성원으로 속한 그 공동체의 전체 사회적 전통을 수용해야 한다. 사회적 전통이 절대적 진리는 아니지만, 그것은 훌륭한 시민이 되기 위한 규범이다.

그 상대주의적 이론으로부터 모든 주제에 관하여 하나 이상의 견해가 가능하다는 결론이 나오는데, 프로타고라스는 이 점을 자신의 『모순논증』(Ἀντιλογίαι)에서 발전시킨 것 같다. 변증론자와 수사학자는 상이한 견해들과 논증들을 개발하는 기술을 연마할 것인데, 약한 논증을 강하게 만들기(τὸν ἥττω λόγον κρείττω ποιεῖν)에 성공할 때 그는 가장 찬란하게 빛날 것이다. 소피스트의 적들은 이것을 도덕적으로 더 못한 것을 우세하게 만든다는 의미로 해석했으나,[9] 그것이 반드시 도덕적으로 파괴적인 의미를 가질 필요는 없다. 예를 들어, 너무 약해서 자신을 방어할 수 없는 의뢰인이나 또는 그 사건의 정당성을 입증하기가 어려운 의뢰인의 정당한 사건을 성공적으로 변론한 변호사는, 비록 그가 부도덕한 짓을 전혀 하고 있지 않다고 하더라도, "보다 약한 논증"을 우세하게 만들고 있다고 말할 수 있을 것이다. 아무것도 가리지 않는 수사학자들과 논쟁술의 열광자들의 손에서 그 격률이 쉽게 불쾌한 의미를 얻었으나, [그들이] 파렴치한 행위를 조장할 욕구가 프로타고라스는 자신에게 있었다고 단정할 근거는 없다. 그러나 상대주의설은, 변증술과 논쟁술을 행하는 것과 연결될 때, 참인지 또는 정당한지에 관한 많은 고려 없이 아주 자연스럽게 성공을 향한 욕구를 낳는다는 사실은 여전히 부정될 수 없다.

---

8   *G.P.,I,* 117쪽.
9   Aristoph., *Clouds,* 112 이하., 656-657.

프로타고라스는 문법 연구와 문법학의 개척자였다. 그는 상이한 종류의 문장들을 분류했으며,[10] 명사들의 성(性)을 술어학적으로 구별했다고 한다.[11] 『구름』의 재미있는 한 구절에서, 아리스토파네스는 그 소피스트를 남성형인 수탉(ἀλεκτρυών)으로부터 [존재하지도 않는] 여성형인 암탉(ἀλεκτρύαινα)을 만들어내고 있는 것으로 묘사한다.[12]

━━━━━ **2. 프로디코스**

프로디코스는 에게 해의 세오스라는 섬 출신이었다. 이 섬의 주민들은 염세적인 성향이 있었다고 전해지는데, 프로디코스는 가짜 플라톤 대화편인 『악시오쿠스』에서 그가 삶의 악을 피하기 위해서 죽음이 바람직하다고 주장하는 것으로 묘사되는 것으로 보아, 고향 사람들의 성향을 가졌던 것으로 생각된다. 죽음에 대한 공포는 비합리적이다. 왜냐하면 죽음은 살아 있는 것과도 상관이 없으며, 죽은 것과도 상관이 없기 때문이다. 첫 번째 것은 그것들이 여전히 살아 있기 때문이며, 두 번째 것은 그것들이 더 이상 살아 있지 않기 때문이다.[13] 그러나 이 인용문의 신빙성은 입증하기가 쉽지 않다.

프로디코스는 아마도 주로 종교의 기원에 관한 그의 이론으로 유명할 것이다. 그는 처음에 인간은 달, 강들, 호수들, 열매들 등등, 달리 말해서 인간에게 유용하고 양식을 주는 것들을 신으로서 숭배했다고 주장했다. 그리고 하나의 예로서 이집트의 나일강 숭배를 들었다. 이 원시적 단계 다음에 다른 단계가 이어지는데, 거기서는 여러 가지 기술들, 즉 농작법, 양조법, 금속 세공 등등의 발명가들이 데메테르, 디오니소스, 헤파에스토스 등등의 신들로 숭배되었다. 그는 이러한 종교관에 근거하여 기도는 불필요하리라고 생각했다. 그래서 그는 아테네 당국과 불화에 빠졌던 것으로 보인다.[14]

---

10   Diog. Laërt., 9, 53 이하.
11   Arist., *Rhet.*, 5, 1407 b 6.
12   *Clouds*, 658 이하., 847 이하.
13   366 c 이하.
14   Frag. 5.

프로디코스는 프로타고라스처럼 언어학적 연구로 유명했으며,[15] 동의어에 관한 논문 한 편을 썼다. 그는 표현의 형식에 있어서 매우 현학적이었던 것 같다.[16]

　　(젤러 교수는 이렇게 말한다.[17] "비록 플라톤이 그를 통상 반어적으로 취급하지만, 그럼에도 불구하고 소크라테스가 때때로 그에게 학생들을 추천했다는 사실(『테아이테토스』, 151b)과 그의 고향 도시가 그에게 외교적 사명을 맡겼다는 사실(『대 히피아스』, 282 c)은 그의 훌륭함을 증명한다." 사실상, 젤러는 『테아이테토스』 편의 논점을 놓친 것으로 보인다. 왜냐하면 소크라테스가 프로디코스에게 보낸 젊은이들은, 그가 보기에 그와 교제할 때 사유가 "가득차" 있지 않았던 사람들이기 때문이다. 따라서 그는 그들을 프로디코스에게로 쫓아 버렸는데, 그들은 그와 교제하면서 더 이상 "[사유가] 빈곤하지" 않게 되었다.)

---

3. 히피아스

엘리스의 히피아스는 프로타고라스의 젊은 동시대인이었으며, 특히 다재다능(多才多能)함으로 유명했는데, 수학, 천문학, 문법, 수사학, 음률과 조화, 역사와 문학과 신화에 능통했다. 간단히 말해서, 그는 진정으로 박학다식한 사람이었다. 그뿐만 아니라 그는 어느 한 올림픽 경기에 나타났을 때, 자신의 옷 전부를 손수 만들었다고 뽐내기도 했다. 올림픽 승자들에 대한 그의 목록은 그 이후의 올림픽 경기들에 의한 그리스식 연대추정체계에 기초를 놓았다(첫 번째 것은 사학자 티마이오스가 소개했다).[18] 플라톤은 『프로타고라스』에서 그로 하여금 "법은 사람들의 폭군이라서 사람들에게 자연에 반(反)하는 많은 것들을 하도록 강요한다"[19]고 말하게 한다. 그 논점은 도시 국가의 법은 종종 협소하며 난폭하고 불문법(ἄγραφοι νόμοι)과 다르다는 것으로 보인다.

15　　Crat., 384 b 참조.
16　　Protag., 337 a 이하 참조.
17　　*Outlines*, 84-85쪽.
18　　Frag. 3.
19　　337 d, 2-3.

━━━━━━━ 4. 고르기아스

시켈리아 레온티니의 고르기아스는 기원전 483년경부터 375년까지 살았으며 427년 쉬라쿠사이에 대항할 원군을 청하기 위하여 레온티니의 대사로 아테네에 왔다. 그는 여행 중 범헬레니즘의 정신을 펴기 위하여 그가 할 수 있는 모든 일을 했다.

고르기아스는 엠페도클레스의 첫 번째 제자였으며, 자연과학적 문제들에 몰두했던 것으로 보이는데, 광학에 관한 책을 한 권 집필했을 수도 있다. 그러나 그는 제논의 변증법에 의하여 회의주의로 인도되었으며 『비존재 또는 자연에 관하여』(Περὶ τοῦ μὴ ὄντος ἢ περὶ Φύσεως)라는 제목의 책을 출간했는데, 그 책의 주된 사상들은 섹스투스 엠피리쿠스와 사이비-아리스토텔레스적 저술 『멜리소스, 크세노파네스와 고르기아스에 관하여』에서 찾을 수 있다. 고르기아스 저작의 내용에 대한 이러한 설명들을 보면, 그는 엘레아학파의 변증법에 대해 프로타고라스와는 다르게 반응했음이 분명하다. 왜냐하면 프로타고라스는 모든 것이 참이라고 주장했다고 말할 수 있는 반면, 고르기아스는 정반대를 주장했다. 고르기아스에 따르면 ① 아무것도 존재하지 않는다. 만약 어떤 것이 존재한다면, 그것은 영원하거나 또는 생성되었어야 할 것이기 때문이다. 그러나 그것은 생성되었을 수 없다. 왜냐하면 존재로부터도 비(非)존재로부터도 어떤 것은 생성되어 나올 수 없기 때문이다. 그것은 또한 영원할 수도 없다. 만약 그것이 영원하다면 그것은 무한해야만 하는데, 무한한 것은 불가능하기 때문이다. 무한자가 불가능한 것은 다음의 이유 때문이다. 무한자는 다른 것 속에 있을 수도 없을 것이고, 그것 자신 속에 있을 수도 없을 것이기 때문에 그것은 어디에도 존재하지 않을 것이다. 그런데 어디에도 존재하지 않는 것은 무(無)이다. ② 설사 어떤 것이 존재하더라도, 그것은 알려질 수 없다. 만약 존재에 대한 지식이 있다면, 사고된 것은 존재함에 틀림없으며, 비존재는 전혀 사고될 수 없을 것이기 때문이다. 이 경우 오류란 있을 수 없을 것인데, 이것은 터무니없는 이야기이다. ③ 설사 존재에 관한 지식이 있더라도, 그것은 나누어 가질 수 없을 것이다. 모든 기호는 기호화된 사물과 다르다. 예를 들면 귀는 소리를 듣지 색을 듣는 것이 아닌데, 어떻게 색에 관한 지식을 말로써 전할 수가 있을 것인가? 그리고 사람이 서로 다른데 어떻게 존재에 관한 동일한 표상이 두 사람 속에 동시에 존재할 수 있을 것인가?[20]

어떤 사람들은 이러한 놀라운 생각들을 심각한 의미의 철학적 허무주의를 표현하는 것으로 간주했던 반면, 다른 사람들은 그 이설(理說)은 고르기아스 쪽에서의 농담이라고 생각하거나 또는 그 위대한 수사학자가 수사학이나 또는 말의 기술적인 사용은 가장 터무니없는 가설까지도 그럴듯 하게 만들 수 있다는 것을 보여주기를 원했다고 생각했다. (곰페르츠의 원문을 그대로 인용함.) 그러나 이 후자(後者)의 견해는 이소크라테스가 고르기아스의 견해를 제논과 멜리소스의 견해와 나란히 놓았다는 사실과 일치하지 않으며, 『고르기아스론』(Πρὸς τὰ Γοργίου)이라는 글과도 일치하지 않는데, 그 글은 고르기아스의 견해를 철학적으로 비판할 가치가 있는 것으로 취급하고 있다.[21] 어쨌든, 자연에 관한 논문이 그러한 수사학적 고난도 곡예를 부리는 곳은 아니었을 것이다. 반면에, 고르기아스가 아무것도 존재하지 않는다고 매우 심각하게 주장했다고 상정하기도 어렵다. 그는 엘레아학파의 철학을 터무니없는 결론에 빠뜨리기 위하여 엘레아학파의 변증법을 사용하기를 원했을 것이다.[22] 후일 그는 철학을 포기하고 수사학에 전념했다.

수사학적인 기술(技術)은 고르기아스에 의해 설득술(說得術)의 정복으로 간주되었으며, 이것은 필연적으로 그를 행위 심리학에 대한 연구로 인도했다. 그는 신중하게 암시술(暗示術, ψυχαγωγία)을 연마했는데, 그것은 선(善)과 악(惡)이라는 실천적 목적을 위해서도 사용될 수 있었고, 예술적 목적을 위해서도 사용될 수 있었다. 후자와 관련해서 고르기아스는 정당한 기만(δικαία ἀπάτη)의 기술을 개발했으며, 비극을 "저지르는 것이 저지르지 않는 것보다 더 나은 기만"이라고 불렀다. "그것에 굴복하는 것이 그것에 굴복하지 않는 것보다 더 큰 예술 이해력을 보여준다."[23] 고르기아스가 비극의 효과를 하제(下劑)의 효과에 비유하는 것을 보면, 많이 논의되는 아리스토텔레스의 정화(κάθαρσις)설이 떠오른다.

---

20   Frags. 1, 3 참조.
21   아리스토텔레스인가, 테오프라투스인가?
22   Zeller, *Outlines*, 87쪽.
23   Frag. 23 (Plut., *de gloria Athen.*, 5, 348 c).

플라톤이 칼리클레스로 하여금 힘이 정의라는 이설(理說)을 말하게 하며,[24] 한편으로 다른 제자 리코프론이 귀족은 사기꾼이며 만인은 평등하고 법은 권리가 공동으로 보장되게 하는 계약이라고 주장했고,[25] 또 한편으로 다른 제자가 자연법의 이름으로 노예의 해방을 요구했다[26]는 사실을 우리는 젤러와 더불어 고르기아스가 철학을 포기했기 때문이라고 생각할 수 있는데, 철학의 포기는 그로 하여금 진리와 도덕성에 대한 질문들에 대답하는 것을 사양하도록 했다.[27]

간단하게 언급할 수 있는 다른 소피스트들은 칼케돈의 트라시마코스와 아테네의 안티폰인데, 트라시마코스는『국가』에서 강자의 권리에 대한 잔인한 옹호자로 소개되며,[28] 안티폰은 만인의 평등을 주장하고 귀족과 평민의 차별과 그리스인과 야만인의 차별을 그 자체가 야만이라고 비난했다. 그는 교육을 인생에서 가장 중요한 것으로 이해했으며, 위로하는 말로 고통을 없애는 기술[위안 문학](Τέχνη ἀλυπίας λόγοι παραμυθητικοί)이라는 문학 장르를 창조했고, 어떤 사람도 말로써 슬픔에서 벗어나게 할 수 있노라고 선언했다.[29]

─────────── 5. 소피스트 철학

결론적으로, 나는 위대한 소피스트들이 종교와 도덕성의 전복을 의도했다고 생각할 아무런 근거도 없다는 점을 다시 한번 말한다. 프로타고라스와 고르기아스같은 사람들은 그러한 것을 목표로 하지 않았다. 사실상 위대한 소피스트들은 "자연법"이라는 개념을 좋아했고, 일반적인 그리스 시민의 사고방식을 넓히는 경향이 있었다. 그들은 그리스 안의 한 교육력(教育力)이었다. 그와 동시에 "프로타고라스에 따르면 어

---

24   *Gorgias*, 482 e 이하.

25   Frags. 3 과 4.

26   Alcidamas of Elaea. Aristot., *Rhet.*, III, 3, 1406b 참조; 1406a. Schol. on I 13, 1373 b.

27   *Outlines*, 88쪽.

28   *Rep.*, 338c.

29   Plut., apud Diels 참조. Frag. 44와 87 A 6.

떤 의미에서는 모든 견해가 참이며, 고르기아스에 따르면 모든 견해가 거짓이다"[30]라는 점도 사실이다. 진리의 절대적이고 객관적인 성격을 부정하는 이러한 경향은 소피스트가 어떤 사람을 확신시키려고 하는 대신에 그를 설득하려 하거나 또는 그와 논의하려 할 것이라는 결론을 초래한다. 사실 소피스트 철학은 소인배들에 의해서 곧 하나의 불유쾌한 의미, 즉 "궤변"이라는 의미를 얻었다. 아테네 출신 안티폰의 세계시민주의와 폭넓은 사고방식은 단지 존경될 수 있을 따름인 반면, 한편으로 트라시마코스의 "힘이 정의이다"라는 이론과 다른 한편으로 디오니소도로스의 쓸데없이 따지기와 핑계 대기는 단지 비난될 수 있을 따름이다. 앞서 말한 것처럼 위대한 소피스트들은 그리스 안의 교육력이었다. 그러나 그들이 양성한 그리스 교육의 주요 요소들 가운데 하나는 수사학이었다. 또한 연사(演士)는 주제 그 자체보다도 주제에 대한 수사학적 표현에 더 주의를 기울이게 되기 쉬우므로 수사학은 분명히 위험하다. 게다가 소피스트 철학은 전통적인 제도들, 신념들 그리고 생활방식들의 절대적 기초를 의문시함으로써 —비록 소피스트 철학 속에 내재된 악(惡)은 그것이 문제들을 제기했다는 사실에 있었다기보다는, 스스로가 제기한 문제들에 대해서 만족스러운 어떠한 지적(知的) 해결도 제공할 수 없었다는 사실에 있었기는 하지만— 상대주의적 태도를 조장하는 경향이 있었다. 소크라테스와 플라톤은 이러한 상대주의에 반대하여 참된 지식과 윤리적 판단들의 확실한 기초를 확립하고자 노력했다.

---

30 Ueberweg-Praechter, 122쪽.

제13장

소크라테스

1. 소크라테스의 젊은 시절

소크라테스의 죽음은 기원전 399년의 일인데, 플라톤이 소크라테스의 사망 당시 나이가 70세 또는 그보다 약간 많았을 것이라고 언급한 것으로 미루어 보아, 소크라테스는 기원전 470년경[1]에 태어났음이 틀림없다. 그는 안티오키드 족과 알로페카이 시의 소프로니스코스와 파이나레테의 아들이었다. 어떤 사람들은 그의 아버지가 석공이었다고 말했으나,[2] 테일러와 버넷은 『에우티프론』에서 장난으로 다이달로스를 소크라테스의 선조로 언급한 데서 생긴 오해라고 생각한다.[3] 어쨌든 소크라테스 자신은 그의 아버지의 직업을 —만약 그것이 그의 아버지의 직업이었다면— 따르지 않았던 것으로 보이며, 아크로폴리스 위의 여신상군(女神像群)은 후에 소크라테스의 작품으로 전시되었으나 고고학자들은 그 이전 조각가의 작품으로 추정한다.[4] 그러나 소크

---

1 *Apol.*, 17 d.
2 Diog. Laërt. (따라서 프래흐터는 다음과 같이 완곡하게 말한다. "소크라테스의 아버지는 조각가였다", 132쪽) 참조.
3 *Euthyphro*, 10 c.
4 디오게네스 라에르티오스는 "어떤 사람들은 아크로폴리스의 여신상이 그의 작품이라고 말한다"고 한다.

라테스가 매우 가난한 집안 출신이었을 리는 없다. 왜냐하면 우리는 그가 후일 완전무장한 중장비 보병으로 복무하는 것을 발견하기 때문인데, 그는 그러한 복무를 떠맡게할 수 있을 만큼의 충분한 재산을 물려받았음에 틀림없다. 소크라테스의 어머니인 파이나레테는 『테아이테토스』[5]에 산파라고 기술되어 있으나, 비록 그녀가 산파였다 하더라도, 테일러가 지적하듯이 그녀가 현대적 의미의 전문적인 산파였음을 의미하는 것으로 이해되어서는 안 된다.[6] 소크라테스의 젊은 시절은 이토록 아테네의 영광이 크게 꽃피는 시기였다. 페르시아인들은 479년에 플라타이아에서 패배했고 아이스킬로스는 472년에 『페르시아』(persae)를 지었다. 소포클레스와 에우리피데스는 아직 소년이었다.[7] 그뿐만 아니라 아테네는 이미 해상제국의 기초를 놓았다.

플라톤의 『향연』에서 알키비아데스는 소크라테스를 사티로스나 시레누스처럼 보이도록 기술하며,[8] 아리스토파네스는 그가 물새처럼 점잔을 빼며 걸었다고 말했고 눈동자를 굴리는 그의 버릇을 비웃었다.[9] 그러나 우리는 그가 특별히 강건한 신체와 특별한 인내심을 가지고 있었다는 것 또한 안다. 한 인간으로서 그는 겨울과 여름에 똑같은 옷을 입었으며, 심지어 겨울철 종군에서도 맨발로 다니는 습관을 유지했다. 비록 음식과 술을 매우 절제했으나, 그는 음주로 인한 조그만 어려움도 없이 대단히 많이 마실 수 있었다. 그는 유년기에서부터 줄곧 신비한 "목소리", "신호" 또는 수호신령이 전하는 금언(禁言)이나 경고를 수령했다. 『향연』에서 그에게는 멍청한 상태가 그치지 않고 오랫동안 계속되는데, 어떤 때는 하루 밤낮을 꼬박 계속되기도 하며 종군 중에도 계속되었다고 전한다. 테일러 교수라면 이 멍청한 상태를 무아지경 또는 황홀경으로 해석하고 싶을 것이지만, 그것은 어떤 문제에 관해 정신을 과다하게 집중하여 오랫동안 공상에 빠져 넋을 놓고 다닌 것일 가능성이 더 높은데, 비록 그다지 다수는 아

---

5   *Theaet.*, 149 a.
6   Taylor, *Socrates*, 38쪽.
7   "페리클레스 시대에 아테네를 풍요롭게 만들었던 모든 위대한 건물들과 예술 작품들, 그 도시[아테네]를 피레우스(Peiraeus) 항구와 연결시킨 긴 담들(walls), 파르테논 신전, 폴리그노토스의 프레스코화, 이 모두가 그의 면전에서 시작되고, 완성되었다." *Socr.*, 36쪽.
8   *Sympos.*, 215 b 3 이하.
9   *Clouds*, 362 (*Sympos.*, 221 참조).

니지만 일부 철학자들에게는 어느 정도 알려진 현상이다. 비록 그러한 현상 역시 예외적이겠지만, 『향연』에 언급되어 있는 "무아지경"의 바로 그 길이가 신비적·종교적 의미의 실제 황홀경은 아니라는 생각이 들게 한다.[10]

소크라테스가 20대 초반이었을 때는 사유가 이오니아인들의 사색으로부터 인간 자체로 전향하는 경향이 있었으나, 소크라테스는 아르켈라오스, 아폴로니아의 디오게네스, 엠페도클레스 등등의 철학 속에 들어있는 동·서의 우주론적 이론들에 대한 연구에서 출발했다. 테오프라스토스는 소크라테스가 실제로 아르켈라오스학파의 일원이었으며 아테네의 아낙사고라스 후계자였다고 주장한다.[11] 어쨌든 소크라테스는 확실히 아낙사고라스 때문에 실망을 겪었다. 여러 가지 다양한 철학이론들의 이견(異見)에 당혹해 있던 소크라테스는 마음이 모든 자연법칙과 질서의 원인이라고 말하는 아낙사고라스의 문구에서 갑작스러운 광명을 얻었다. 소크라테스는 그 문구를 기뻐하여, 마음이 만물을 최상의 상태로 배열하면서 우주 속에서 어떻게 활동하는가를 아낙사고라스가 설명해주리라고 희망하면서, 아낙사고라스를 연구하기 시작했다. 그가 실제로 알아낸 것은 아낙사고라스는 단지 회오리 운동을 진행시키기 위해서 마음을 도입했다는 것이었다. 이러한 실망으로 해서 소크라테스는 혼란과 상반된 견해들 이외에는 그 어느 것에도 이르지 못하는 것처럼 보이는 자연철학을 포기하고 그 자신의 연구방향을 개척했다.[12]

테일러는 아르켈라오스가 죽었을 때, 소크라테스는 어느 모로 보나 그의 후계자였다고 추측한다.[13] 그는 아리스토파네스의 희곡 『구름』의 도움으로 이 주장을 지지(支持)하려고 하는데, 거기서 소크라테스와 그의 사고 공장 또는 학파(Φροντιστήριον)의 친구들이 자연과학에 빠져서 아폴로니아의 디오게네스의 공기설(空氣說)을 주장하는 것으로 묘사된다.[14] 그러므로 만약 테일러의 추측이 정확하다면, 소크라테스가 평생

---

10   그러나 신비주의의 역사가 연장된 황홀한 상태의 사례들을 기록하고 있는 것은 사실이다. Poulain, *Grâces d' oraison*, 256쪽 참조.

11   *Phys. Opin.*, fr. 4.

12   *Phaedo*, 97-99.

13   *Socr.*, 67쪽.

14   *Clouds*, 94.

"학생들"[15] 받기를 거부했다는 것은 그가 유료(有料) 학생들을 받지 않았었다는 것을 의미할 것이다. 그는 동료[친구](ἑταῖροι)는 있었으나 제자(μαθηταί)는 없었다. 이것에 반대하여, 소크라테스는 『변론』에서 분명히 이렇게 선언한다고 주장할 수 있다. "오 아테네인들이여, 단지 사실을 말하자면 나는 물리학적 사색과는 관계가 없다는 것이다."[16] 소크라테스가 『변론』에서 말하고 있는 것으로 묘사될 때는 그가 오래전에 우주론적 사색을 포기한 후였으므로 그의 말이 반드시 그가 그러한 사색에 종사한 적이 없다는 것을 의미하지는 않는다는 것은 옳다. 참으로 우리는 그가 그렇게 했다는 것을 사실로 알고 있다. 그러나 본 저자에게는 그 글줄의 전체적인 어조는 소크라테스가 이러한 종류의 사색을 위한 한 학파의 공언된 수장이었다는 생각이 들지 않도록 하는 것처럼 보인다. 『변론』에서 말한 것은 엄밀한 의미에서는 소크라테스가 그의 "전향" 이전에 그러한 학파의 수장이 아니었다는 것을 증명하지 못한다. 하지만 그는 결코 그러한 위치를 차지한 적이 없었다는 것이 자연스러운 해석으로 보인다.

그 반어적인 도덕 철학자 소크라테스에게 명확한 변화를 일으켰던 소크라테스의 "전향"은 그 유명한 델피 신탁의 사건에 기인했던 것으로 보인다. 소크라테스의 헌신적인 친구였던 카이레폰은 살아 있는 사람으로 소크라테스보다 더 현명한 사람이 있는지를 그 신탁에 물었으며, "없다"는 대답을 받았다. 이것이 소크라테스로 하여금 생각하게 했는데, 그는 그가 자신의 무지를 깨달았기 때문에 가장 현명한 사람이라는 것을 신이 의미했다는 결론에 도달했다. 그리고 나서 그는 그의 사명이 안정적이고 확실한 진리와 참된 지혜를 찾는 것이고, 그의 말에 귀를 기울이는 데 동의할 사람들의 도움을 얻는 것이라고 생각했다.[17] 그 신탁의 이야기가 아무리 이상하게 들릴지라도, 플라톤이 그 철학자의 공판에 대한 역사적 설명을 취지로 하는 대화편에서 단순히 지어낸 이야기를 소크라테스로 하여금 말하도록 했을 것 같지는 않기 때문에, ―『변론』은 초기의 작품이고, 그 사실들을 아는 많은 사람들이 아직 살아 있었기 때문에 특히 그러하다― 그것이 실제로 발생했을 가능성이 매우 높다.

---

15 *Apol.*, 19.
16 *Apol.*, 19.
17 *Apol.*, 20 이하.

소크라테스와 크산티페의 결혼 생활은 그녀의 잔소리 심한 성격에 관한 이야기들로 가장 잘 알려져 있는데, 그것은 사실일 수도 있고 아닐 수도 있다. 그 이야기들이 『파이돈』에 기술된, 소크라테스의 아내에 대한 묘사에서 나온 것은 분명히 아니다. 그 결혼은 펠로폰네소스 전쟁 발발 후 10년 내에 이루어졌을 것이다. 이 전쟁에서 소크라테스는 431/430년 포티다이아를 포위공격 했을 때와 424년 보이오티아인들에 의해 아테네인들이 패퇴했을 때 떨친 용맹으로 두드러진다. 그는 또한 422년 암피폴리스 외곽의 전투에도 참전했다.[18]

━━━━ 2. 소크라테스의 문제들

소크라테스의 문제는 그의 철학적 가르침이 무엇이었는지를 결정하는 것이었다. 우리가 마음대로 볼 수 있는 원전들인 크세노폰의 소크라테스 저작들(『회상』과 『향연』), 플라톤의 대화편들, 아리스토텔레스의 다양한 진술들, 아리스토파네스의 『구름』의 성격이 이것을 어려운 문제로 만든다. 예를 들어 크세노폰만을 신뢰한다면, 훌륭한 사람과 시민을 만드는 것이 주요 관심이고, 논리학과 형이상학의 문제에는 관심이 없는 사람, 즉 대중적인 윤리 선생이라는 인상을 가질 것이다. 다른 한편으로, 소크라테스에 대한 개념을 전체적으로 파악된 플라톤의 대화편들에 근거하여 발견한다면, 최고의 형이상학자, 즉 일상적인 행위의 문제들에 만족하지 않고 형상들의 형이상학적 세계에 대한 이설로 뛰어난 초월 철학에 기초를 놓은 사람이라는 인상을 받을 것이다. 반면에, 아리스토텔레스의 진술들은 (그것들에 대한 자연스러운 해석이 주어진다면) 우리에게 소크라테스가 이론에 관심이 없지는 않았지만, 그 자신이 실재하는 형상 또는 이데아의 설(說)을 가르치지는 않았으며, 그것은 플라톤 철학의 특징임을 알게 한다.

비록 크세노폰의 묘사는 주로 크세노폰이 철학적 능력과 관심을 결여한 탓으로 (그럴듯해 보이지는 않지만, 크세노폰이 자신을 변호할 목적으로 소크라테스를 실제보다도, 그리고

---

18   *Apol.*, 28 e. 버넷은 (약 15년 전의) 암피폴리스 건립 당시의 싸움을 가리킬 수도 있다고 말한다.

자신이 그에 대해 아는 것보다도 더 "평범하게" 보이도록 만들려고 했다는 주장이 사실상 있었다) 너무 "평범"하거나 또는 너무 "사소"하지만, 아리스토텔레스의 증언은 거부할 수 없다. 따라서 예를 들어 『변론』 같은 소크라테스의 초기 작품들을 제외하면, 플라톤은 그 자신의 이설들을 소크라테스의 입을 통해서 말했다고 결론을 내리지 않을 수 없다는 것이 보통의 견해였다. 이 견해는 크세노폰의 소크라테스와 플라톤의 소크라테스가 심한 대립과 불일치에 놓이지 않으면서(왜냐하면 크세노폰의 묘사의 단점들은 크세노폰 자신의 성격과 지배적 관심의 결과로 설명될 수 있기 때문이다), 동시에 아리스토텔레스의 증언도 방기(放棄)되지 않는다는 커다란 장점이 있다. 이러한 방식으로 다소 일관적인 소크라테스 묘사가 전개되며, 어떤 원전에 대해서도 부당한 왜곡(그 이론의 옹호자들은 그렇게 주장할 것이다)이 행해지지 않게 된다.

그러나 이 견해는 도전을 받았다. 예를 들어 칼 요엘은 소크라테스에 대한 그의 개념을 아리스토텔레스의 증언에 정초하면서, 소크라테스는 아티카 유형을 대표하는 주지주의자 또는 합리주의자였으며, 크세노폰의 소크라테스는 스파르타 유형을 대표하는 주의적(主意的) 윤리학자로서 비역사적이라고 주장한다. 그러므로 요엘에 따르면 크세노폰은 소크라테스를 도리스식으로 윤색했으며 잘못 이해했다.[19]

반대로 되링은 우리는 소크라테스에 대한 역사적인 기술을 얻기 위해서 크세노폰에 주의해야 한다고 주장했다. 아리스토텔레스의 증언은 단순히 소크라테스의 철학적 중요성에 관한 구(舊)아카데메이아의 요약적 판단을 포함하지만, 반면에 플라톤은 소크라테스를 그 자신의 이설들을 걸어둘 못으로 사용했다.[20] 이 분야에서는 버넷과 테일러에 의해 또 다른 견해가 전파되었다. 그들에 따르면 역사적으로 유명한 소크라테스는 플라톤의 소크라테스이다.[21] 플라톤이 소크라테스의 사상을 마물렀다는 것

---

19 *Der echte und der Xenophontische Sokrates*, Berlin, 1893, 1901.

20 *Die Lehre des Sokrates als sozialesreform system. Neuer Versuch zur Lösung des Problems der sokratischen Philosophie*, München, 1895.

21 "아리스토파네스의 소크라테스와 크세노폰의 소크라테스를 같은 사람으로 간주하는 것은 거의 불가능한 반면, 양자 모두를 우리가 플라톤을 통해서 알고 있는 소크라테스의 왜곡된 모습으로 간주하는 데에는 어려움이 없다. 전자는 희극적 효과를 위하여 정당하게 왜곡되었지만, 후자는 변명의 이유를 위해 왜곡되었기 때문에 그렇게 정당하지는 않다." Burnet, *G.P.,I*, 149쪽.

은 의심할 나위 없는 사실이지만, 동시에 대화편에서 소크라테스의 입을 통하여 나오는 철학적인 가르침은 소크라테스의 실제 가르침을 실질적으로 나타낸다. 만약 이것이 정확하다면, 소크라테스 자신이 형상 또는 이데아에 대한 형이상학적 이론에 책임이 있을 것이며, (소크라테스는 형상들을 개별적 사물들과 "분리하지" 않았다는) 아리스토텔레스의 진술은 무지에 기인한 것으로 배척되어야 하거나 또는 변명되어야 할 것이다. 만약 소크라테스가 그러한 주장을 하지 않았더라면, 소크라테스를 실제로 알며 그가 실제로 가르친 것이 무엇인지를 아는 사람들이 여전히 살아 있는 마당에, 플라톤이 자신의 이론들을 소크라테스의 입을 통하여 말했을 리가 만무하다고 버넷과 테일러는 말한다. 더구나 그들은 플라톤의 후기 대화편들 가운데 어딘가에서 소크라테스는 더 이상 주도적 역할을 하지 못한다는 것과, 동시에 『법률』에서는 그가 완전히 제외되어 있다는 것을 지적하는데, 그들의 추론은 이러하다. 즉, 소크라테스가 주도적인 역할을 하는 곳에서 그가 제공하고 있는 것은 그 자신의 사상이지 단순히 플라톤의 것은 아니라는 것이다. 반면에 후기 대화편에서는 플라톤이 독자적인 견해들(최소한 소크라테스로부터 독립적인)을 전개하고 있고, 따라서 소크라테스가 뒷전으로 물러나는 것이 허용된다는 것이다. 이 마지막 논증은 분명히 설득력이 크며, 소크라테스의 죽음을 다루는 『파이돈』과 같은 "초기" 대화편에서 형상론이 두드러진 위치를 차지한다는 사실 역시 그러하다. 그러나 만약 플라톤의 소크라테스가 역사적으로 유명한 소크라테스라면, 우리는 논리적으로, 예를 들어 『티마이오스』에서 플라톤은 주 화자(主話者)로 하여금 그가 책임지지 않던 견해들을 말하게 하고 있다고 말할 수밖에 없다. 왜냐하면 만약 소크라테스가 플라톤 자신을 의미하지 않는다면, 티마이오스 또한 그렇게 했어야 했던 납득할 만한 이유가 없기 때문이다. 테일러는 이 일관적이기는 하지만 극단적인 입장을 주저하지 않고 수용한다. 그러나 우리가 그렇게 함으로써 플라톤에게 그가 대화편에서 말하는 것 대부분에 대한 책임을 면해줄 수 있다는 것은 사실상 천부당만부당한 것 같다. 그뿐 아니라 『티마이오스』에 관해서도 만약 테일러의 견해가 참이라면, 이 놀라운 사실이 기원후 20세기에 처음으로 명백해졌다는 것을 어떻게 설명할 수 있는

가?[22] 또, 플라톤의 소크라테스라는 버넷과 테일러의 견해를 일관되게 주장하면, 이데
아론에 대한 마무름과 정제와 설명을 소크라테스가 한 것이 되는데, 역사적으로 유명
한 소크라테스가 그것을 실제로 발전시켰다는 것은 개연성이 매우 낮으며 그것은 아
리스토텔레스의 증언을 완전히 무시하는 것이 될 것이다.

　　아리스토텔레스가『형이상학』에서 이데아론에 퍼부은 많은 비판은 아카데메이
아에서 행한 플라톤의 강의들 속에서 플라톤이 주장한 그 이론[형상론]의 수학적 형상
을 겨냥하고 있다는 것과 어떤 세부사항에 있어서는 플라톤이 대화편들에서 말하는
것이 이상하게 무시되고 있다는 것은 사실인데, 그 사실은 아리스토텔레스는 아카데
메이아에서 개발된 출판되지 않은 이론만을 플라톤의 이론으로 인정했음을 나타내는
것으로 보일 것이다. 그러나 아리스토텔레스가 제공하는 (공정하게 하든지 공정하지 않게
하든지 간에) 이론 해석과 대화편들의 이론 전개 사이에 완전한 이분법이 있었다고 말
하는 것은 분명히 적절하지 못하다. 더구나 그 이론이 대화편들 속에서 발전과 수정과
정제를 겪는다는 바로 그 사실은 그것이 최소한 부분적으로는 자신의 입장에 관한 플
라톤 스스로의 반성을 나타냄을 의미할 것이다. 고대의 후기 저술가들은 대화편들을
플라톤 자신의 철학으로 생각할 수 있다고 확실히 믿었다. 그러나 그들은 대화편들과
소크라테스의 가르침과의 관계에 관하여 서로 의견이 달랐는데, 그들 가운데서도 비
교적 초기의 사람들이 플라톤은 자신의 많은 사상을 대화편에 소개했다고 믿었다. 시
리아노스는 아리스토텔레스에 반대하는데, 필드 교수는 "어떤 것이 사제관계에 들어
맞는가에 관한 그 자신의 이해"[23]가 그 이유인 것 같다고 말한다.

　　버넷과 테일러의 가설을 옹호하는 논증은 두 번째 서한의 문구에 의하여 구성되
는데, 거기서 플라톤은 그가 저술로 말한 것이 "미화되고 젊어진"[24] 소크라테스에 불과
하다고 확언한다. 그러나 첫째, 그 문구의 진실성, 심지어 서한 전체의 진실성까지도

22　본서 299-301쪽 참조; 또한 콘포드의『플라톤의 우주론』(Plato's Cosmology)을 보라. 거기서 그는 테일러
　　교수의 이론을 논의하고 있다.

23　Plato and his Contemporaries, Methuen, 1930, 228쪽; 소크라테스의 문제에 관한 전거에 대한 필드의 요
　　약, 61-3쪽 참조.

24　314 c. χαλοῦ χαί νέου γεγονότος.

확실하지 않으며 둘째, 그것은 대화편들이 플라톤이 형이상학적 상부구조 —소크라테스가 실제로 말한 것에 기초하여 자신이 정당하게 마무른 형이상학적 상부구조— 라고 생각한 것을 제공함을 의미하는 것으로, 완벽하게 잘 설명될 수 있을 것이다. (필드는 그 말이 소크라테스의 방법과 정신을 "근대적" 문제들에 적용하는 것을 의미할 것이라는 안을 제시한다.) 왜냐하면 대화편들이 역사적으로 유명한 소크라테스에 관하여 아무것도 포함하지 않는다고 주장할 정도로 어리석은 사람은 없을 것이기 때문이다. 초기 대화편들은 자연히 역사적인 소크라테스의 가르침을 그 출발점으로 삼을 것이 명백하다. 만약 플라톤이 이 가르침에 관한 반성을 통해 후속 대화편들에 대한 인식론적이고 존재론적인 이론들을 완성한다면, 그는 마땅히 도달된 결론들을 소크라테스의 가르침과 방법의 정당한 발전과 적용으로 간주할 수 있을 것이다. 그 서한 속에 담긴 말의 논지는 다음과 같은 확신에서 나온 것이다. 즉 대화편들 속에 다듬어져 있는 대로의 이데아론은 자연스레 소크라테스의 가르침에 대한 연속 및 발전으로 간주될 수 있으나, 아카데메이아에 제시된 이론의 수학적 형식은 그렇지 않을 것이라는 확신이다.

테일러 교수와 버넷 교수 같은 학자들이 보증하는 견해를 가볍게 물리칠 수 있다고 말하면 물론 우스꽝스러울 것이며, 본 저자 또한 그러한 설(說)을 제기할 생각이 추호도 없다. 그리스 철학에 관한 일반적인 책에서 그 문제를 어떻게든 상당히 길게 다루거나, 버넷-테일러 이론을 충분하고 세세하게 고찰하는 것은 불가능하다. 그러나 나는 핵포스 씨가, 이를테면 소크라테스는 형상들을 분리하지 않았다는 아리스토텔레스의 증언이 무시되는 데 대한 정당성의 결여에 관하여 말한 바에[25] 동의를 표하지 않을 수 없다. 아리스토텔레스는 20년 동안 아카데메이아에 있었고 철학의 역사에 관심이 있었기 때문에, 형상론처럼 중요한 플라톤 설(說)의 연원 확인을 소홀히 했을 리가 없다. 게다가 잔존하는 아이스키네스 대화편의 단편들에는 아리스토텔레스의 견해와 달라야 할 이유들이 나오지 않는데, 아이스키네스는 가장 정확한 소크라테스 상(像)을 제공했다고 전해진다. 이러한 이유들로 말미암아 아리스토텔레스의 증언을 수용하는 것과 크세노폰의 소크라테스는 완벽한 소크라테스가 아니라는 것을 인정하면서, 플라

---

25 1933년 7월분『철학』지에 실린 소크라테스에 관한 핵포스(R. Hackforth)의 논문 참조.

톤이 자신의 이론을 존경하는 스승의 입을 빌려 말했다는 전통적인 견해를 주장하는 것이 최선으로 보인다. 따라서 곧 이야기할 소크라테스의 철학활동에 대한 짧은 설명은 전통적인 견해에 기초한 것이다. 물론 버넷과 테일러의 이론을 주장하는 사람들은 그것에 의하여 플라톤이 왜곡된다고 말할 것이다. 하지만 아리스토텔레스를 왜곡함으로써 상황이 호전되는가? 만약 아리스토텔레스가 플라톤 및 그의 제자들과의 개인적인 교분을 오랜 기간 동안 즐기지 않았다면, 우리는 그의 쪽에서 실수를 했을 가능성을 용인했을 것이다. 그러나 그가 아카데메이아에 20년을 머물렀다는 것을 감안하면, 이 실수는 일고의 가치도 없는 것으로 보인다. 그러나 우리가 역사적으로 정확한 소크라테스 기술(記述)에 관하여 절대적인 확실성을 획득할 날이 올 것 같지는 않다. 자신의 것을 제외한 모든 개념들을 고려할 가치가 없는 것으로 물리치는 것은 매우 현명하지 못할 것이다. 우리는 단지 소크라테스에 대한 어느 한 기술을 다른 기술 대신 받아들이는 자신의 이유들만을 진술할 수 있을 뿐이다.

(소크라테스의 가르침에 대한 다음의 짧은 설명에서 크세노폰이 이용된다. 우리는 크세노폰이 바보였거나 또는 거짓말쟁이였다고 믿을 수는 없다. 플라톤과 소크라테스를 구별하는 것이 어려운 것처럼 —때로는 의심할 나위 없이 불가능하다— 때때로, "소크라테스와 크세노폰을 구별하는 것도 거의 그만큼 어렵다는 것"은 완전히 사실이다. "왜냐하면 『회상』은, 비록 그 방식이 크세노폰이 플라톤과 다른 만큼 다르지만, 플라톤의 어떤 대화편에도 뒤지지 않을 만큼 훌륭한 작품이기[26] 때문이다." 그러나 린드세이 씨가 지적하는 것처럼, 크세노폰은 『회상』 이외에도 많은 작품을 썼으며, 그의 작품에 대한 고찰은, 비록 그것이 소크라테스가 어떤 사람인지를 언제나 보여주지는 못하지만, 일반적으로 크세노폰이 어떤 사람인지는 보여줄 수 있다. 『회상』은 소크라테스가 크세노폰에 대하여 가졌던 인상을 우리에게 제공하며, 비록 수용되는 것은 무엇이든지 수용자의 양태에 따라 수용된다(Quidquid recipitur, secundum modum recipientis recipitur)는 스콜라철학의 금언을 상기하는 것도 언제나 좋기는 하지만, 우리는 그것이 대개는 믿을 만하다고 생각한다.)

---

26   A. D. Lindsay in Introd. to *Socratic Discourses* (Everyman), viii쪽.

01. 아리스토텔레스는 과학에는 우리가 소크라테스가 이룩했다고 정당하게 추정할 만한 두 가지 발전이 있다고 선언하는데, 그것은 "그가 귀납논증과 보편적 정의들을 사용했다는 점이다(τούς τ᾽ ἐπακτικούς λόγους καὶ τὸ ὁρίζεσθαι καθόλου)".[27] 후자는 "소크라테스는 '보편적인(universal)'과 '정의(definition)'를 분리된 존재로 보지 않았으나, 그의 후계자는 그것을 분리하여 보았는데, 그것은 그들이 '이데아'라고 부르는 종류의 것이었다."는 진술과 관련하여 이해되어야 한다.

그러므로 소크라테스는 보편적 정의(定義)들, 즉 고정된 개념들의 획득에 골몰했다. 소피스트들은 상대주의적인 교설을 펼치며, 필연적으로 타당하며 보편적으로 타당한 것을 거부했다. 그러나 소크라테스는 보편적 개념은 동일한 것으로 머무른다는 사실에 감명을 받았다. 특수한 사례들은 변할 수 있지만 정의는 불변이다. 이 아이디어는 하나의 예에 의해 분명해질 수 있다. 인간에 대한 아리스토텔레스의 정의는 "이성적 동물"이다. 그런데 개별적 인간들의 재능은 다르다. 어떤 사람들은 커다란 지적 재능을 가지고 있고, 다른 사람들은 그렇지 못하다. 어떤 사람들은 이성에 따라 그들의 삶을 산다. 다른 사람들은 생각 없이 본능과 일시적인 충동에 굴복한다. 어떤 사람들은 그들이 잠들어 있기 때문이건 "정신적으로 결함이 있기" 때문이건, 이성의 자유로운 활용을 즐기지 않는다. 그러나 이성의 재능을 가지고 있는 모든 동물은, 그것을 실제로 사용하고 있는지 여부, 또 자유롭게 사용할 수 있는지 어떤 유기체적 결함의 방해를 받고 있는지 여부를 막론하고 사람이다. 인간에 대한 정의가 그들 안에서 완료되고, 이 정의는 일정하며 모든 사람들에 적용된다. 만약 "사람"이면, "이성적 동물"이다. 만약 "이성적 동물"이면, "사람"이다. 지금 우리가 우리의 유(類)개념과 종(種)개념에 대한 정확한 위상과 객관적 피칭체를 논의할 수는 없다. 우리는 단순히 특수자와 보편자 간의 차이를 설명하고 싶을 뿐이며, 정의의 변함없는 성격을 지적하고 싶을 뿐이다. 어떤 사상가들은 보편적 개념은 순전히 주관적이라고 주장했지만, 만약 사실

---

27 *Metaph.*, M. 1078 b 27-29.

속에 보편적 개념들에 대한 기초가 존재하지 않는다면, 우리가 어떻게 그러한 보편 개념들을 형성할 수 있을 것이며, 왜 우리가 그것들을 형성하도록 강요당해야 하는지를 알기가 매우 어렵다. 보편자의 객관적 피칭체와 형이상학적 위상에 대한 문제는 다음 세대에 돌아가야 할 것이다. 현재로는 보편적 개념 또는 정의는 우리에게 이 성질들을 소유함으로써, 사멸하는 특수자들의 세계보다 돋보이는 변함없고 항존적인 어떤 것을 선사한다는 것을 지적하는 것으로 충분하다고 하자. 비록 모든 사람들이 존재하지 못하게 된다고 하더라도 "이성적 동물"이라는 인간의 정의는 변함없이 존재할 것이다. 또, 우리는 금 한 덩이를 "진짜 금"이라고 말할 수 있을 것인데, 이것은 금에 대한 정의, 표준 또는 보편적 기준이 이 금덩이 속에 실현되어 있다는 것을 의미한다. 이와 유사하게, 우리는 사물들에 대해서 다소 아름답다고 말하는데, 이것은 그 사물들이 아름다움의 표준에 많거나 적은 정도로 접근한다는 것을 의미하며, 그 표준은 우리 경험의 아름다운 대상들처럼 바뀌거나 변화하지 않고 변함없이 존재한다. 말하자면 그것은 모든 특수한 아름다운 대상들을 "지배하는" 표준이다. 물론 우리는 우리가 아름다움의 표준을 안다고 상정하는 데서 실수를 범할 수 있을 것이다. 그러나 우리가 대상들을 다소 아름답다고 말하는 가운데, 표준이 있음을 의미한다. 마지막으로 예를 들면, 수학자들은 직선, 원, 등등에 관하여 말하고 그것들을 정의한다. 그런데 완전한 직선과 완전한 원은 우리 경험의 대상들 가운데서는 발견되지 않는다. 기껏해야 직선이나 원의 정의에 근접한 사물들만이 존재할 뿐이다. 그러므로 우리의 일상적으로 경험하는 불완전하고 가변적인 대상들과 보편적 개념 또는 정의 사이에는 차이가 있다. 그렇다면 어떻게 소크라테스가 보편적 정의(定義)에 그러한 중요성을 부여하게 되었는지를 쉽게 알 수 있다. 윤리적 행위의 문제에 주된 관심을 가지고 있었던 소크라테스는 정의(定義)가 소피스트들의 상대주의적 이설의 바다 위에서 우리를 떠받치는 확고한 반석을 제공한다는 것을 알았다. 상대주의적 윤리설에 따르면 예를 들어 정의(正義)는 도시에 따라서 다르고, 공동체에 따라서 다르다. 우리는 정의(正義)란 이것 또는 저것이라고 결코 말할 수 없고, 이 정의(定義)가 모든 국가에 잘 적용된다라고도 결코 말할 수 없으며, 아테네의 정의(正義)는 이것이고 트라키아의 정의(正義)는 저것이라고만 말할 수 있다. 그러나 만약 우리가 정의(正義)의 보편적 정의(普遍的 定義)에 일단 도달할 수 있다면, 그것은 가장 깊숙한 정의(正義)의 본질을 말해주며 모든 사람들에게 통용될 것이므로, 우리는 의지할 수 있는 확실한 어떤 것을 가지며, 개별적인 행위들을 판단할 수 있을 뿐만이 아니라 여러 나라들의 도덕적 법전들도 그것들이 정의(正義)의 보편적 정의(定義)를 얼마나 구현하는지 또는 그 정의(定義)로부터 얼마나 멀어지는지에 따라서 판단할 수 있다.

02.　　소크라테스는 "귀납 논증들"을 사용했다고 추정하는 것이 옳을 것이라고 아리스토텔레스는 말한다. 그런데, "보편적 정의들"에 몰두할 때, 소크라테스가 보편적인 것의 형이상학적 위상을 논의하는 것에 관심을 가지고 있었다고 상정하는 것이 오류인 것처럼, "귀납적 논증들"에 몰두할 때, 소크라테스가 논리의 문제들에 관심을 가지고 있었다고 상정하는 것도 오류일 것이다. 아리스토텔레스는 소크라테스의 실제 습관과 방법을 되돌아보고, 그것을 논리적 용어들로 요약한다. 그러나 그것이 소크라테스가 논리학자의 입장에서 명백한 귀납이론을 발전시켰다는 것을 의미하는 것으로 해석되어서는 안 된다.

　　소크라테스의 실제 방법은 무엇인가? 그것은 "변증법" 또는 대화의 형식을 취한다. 그는 누군가와 대화를 시작하고 그에게서 어떤 주제에 관한 생각들을 끌어내려고 시도했다. 예를 들면, 그는 용기란 진정 무엇인가에 대한 그의 무지를 공언하고 다른 사람에게 그 주제에 관하여 어떤 생각이 있는지를 물을 것이다. 또는 대화를 그 방향으로 이끌며, 다른 사람이 "용기"라는 말을 사용했을 때, 소크라테스는 자기 자신의 무지와 배우려는 욕구를 공언하고 그에게 용기가 무엇인지를 물을 것이다. 함께 있는 사람이 그 말을 사용했다. 그러므로 그는 그것이 무엇을 의미했는지를 알아야 한다. 어떤 정의 또는 기술이 자신에게 주어졌을 때, 소크라테스는 매우 만족스럽다고 공언하지만, 해결되는 것을 보고 싶은 한두 개의 작은 난제들이 있다고 넌지시 말할 것이다. 따라서 그는 질문을 던지면서 대부분 다른 사람들이 이야기를 하도록 하겠지만, 대화는 그의 통제 아래에서 진행되도록 할 것이고, 그럼으로써 용기에 대한 그 제안된 정의의 불충분성을 드러낼 것이다. 다른 사람은 수정된 새로운 정의를 생각해낼 것이고, 그 과정은 그렇게 계속되어 궁극적으로는 성공하거나 또는 성공하지 못할 것이다.

그러므로 이 변증법은 덜 충분한 정의에서 보다 충분한 정의로 나아가거나, 또는 특수한 예들에 대한 고찰로부터 보편적인 정의로 나아간다. 사실상 때때로 어떤 명확한 결과에도 도달하지 못할 것이다.[28] 그러나 어쨌든 참되고 보편적인 정의에 도달하려는 목적은 동일하다. 그리고 그 논증이 특수자에서 보편자에게로, 또는 덜 완전한 것에서 더 완전한 것으로 나아가기 때문에, 그것을 귀납의 과정이라고 말함은 당연할 것이다. 크세노폰은 소크라테스가 탐구하고자 한 약간의 윤리적 현상들을 언급하는데, 소크라테스는 그것의 본성을 정의(定義) 속에 간직하기를 바랐다. 그 윤리적 현상으로는 경건과 불경, 정의와 불의, 용기와 비겁 등이 있다.[29] (플라톤의 초기 대화편들은 똑같은 윤리적 가치들을 다룬다. 즉『에우티프론』은 경건을 다루고,『카르미데스』는 절제를 다루며,『뤼시스』는 우정을 다룬다. 그러나 세 대화편 모두 결론이 없다.) 예를 들어, 연구가 불의의 본성에 관한 것이라 하자. 기만하기, 감정을 상하게 하기, 노예로 삼기 등등의 예들이 제시된다. 그러면 그들이 정의롭지 못한 것은 오로지 이러한 일들이 친구들에게 행해졌을 때뿐이라는 것이 지적된다. 그러나 만약 예를 들어, 어떤 사람이 한 친구가 일시적인 실망 상태에 있어서 자살을 하고 싶을 때, 그 친구의 칼을 훔친다면 어떠한 불의도 저지른 것이 아니라는 난점이 발생한다. 만약 어떤 아버지가 자신의 병든 아들이 그 아들을 치유할 약을 먹게 하기 위해서 거짓말을 한다면, 그 아버지 쪽에서 그것은 불의가 아니다. 그러므로 행위들은 해칠 의도를 가지고 친구들에 대해서[30] 행해졌을 때만이 불의인 것으로 보인다.

03.   물론 이 변증법은 무지가 노출되고 확신이 붕괴된 사람들을 약간 화나게 하거나 당황케 할 수 있으며 심지어는 모욕적인 것일 수도 있다. 그것은 소크라테스의 주변에 모여서 자신들의 부형들이 "함정에 빠지고" 있는 소리를 듣는 젊은이들의 공상을 자극했을 것이다. 그러나 소크라테스의 목적은 모욕을 주거나 당황케 하는 것이 아니

---

28   그 성격상 "소크라테스적"이라고 생각해도 상관없을 플라톤의 초기 대화편들은 일반적으로, 어떤 확정적이고 긍정적인 결론에 이르지 못하고 끝난다.

29   *Mem.*, 1, 1, 16.

30   *Mem.*, 4, 2, 14 이하.

었다. 그의 목적은 순수한 사색의 문제로서가 아니라, 선한 삶을 위하여 진리를 발견하는 것이었다. 잘 행동하기 위해서는 선한 삶이 무엇인지를 알아야만 한다. 그렇다면 그의 "반어법", 그의 무지의 공언은 진실한 것이다. 그는 알지 못하지만 알아내고 싶었으며, 다른 사람들을 혼자 힘으로 반성하도록 유도하고 싶었고 그들의 영혼을 보살피는 최고로 중요한 일을 진정으로 생각하고 싶었다. 소크라테스는 사유하고 의욕하는 주체라는 의미에서의 영혼의 가치를 깊이 확신하고 있었다. 그리고 그는 영혼을 적절하게 돌보려면 지식, 참된 지혜가 중요하다는 것을 분명히 알았다. 행위 속에서 실현되어야만 하는 인간의 삶의 진정한 가치는 무엇인가? 소크라테스는 그 방법을 "조산술"로 불렀는데, 그것은 단순히 그의 어머니를 장난스럽게 언급하기 위해서가 아니라, 다른 사람들이 올바른 행위를 목표로 마음 속에서 참된 관념들을 생산하도록 하려는 그의 의도를 표현하기 위해서였다. 그렇다면 왜 소크라테스가 정의(定義)에 그렇게 많은 주의를 기울였는지를 쉽게 이해할 수 있다. 그는 현학적이었던 것이 아니라, 진리에 대한 분명한 지식은 삶을 바르게 통제하기 위하여 필수적이라고 확신했던 것이다. 그는 사색적인 목적에서가 아니라 실천적인 목적에서, 참된 관념들을 정의라는 명백한 형태로 생산하기를 원했다.

04. 나는 소크라테스의 관심은 주로 윤리적인 것이었다고 말했다. 아리스토텔레스는 소크라테스는 "윤리적인 문제들에 몰두해 있었다"[31]고 매우 분명하게 말한다. 그리고 다시 "소크라테스는 탁월한 인격이란 문제에 골몰했고, 그 문제와 관련하여 보편적 정의(定義)라는 문제를 제기한 첫 번째 사람이 되었다."[32] 아리스토텔레스의 이 진술은 분명히 크세노폰이 제공한 소크라테스 묘사에서 나온 것이다.

플라톤은 『변론』에서 소크라테스가 법정에서 한 선언(宣言)을 이야기한다. 그 선언은 소크라테스가 "자신을 돌봐야 하며, 자신의 사적인 이익을 돌보기 이전에 덕과 지혜를 찾아야 하고, 국가의 이익을 돌보기 이전에 국가를 돌봐야 한다고 당신들 모

31　　*Metaph.*, A 987 b 1-3.

32　　*Metaph.*, M 1,078 b 17-19.

두를 설득하려고" 노력하면서 누구에게든 최대한 이익이 되는 일을 할 수 있는 곳으로 갔다는 것과, "이것이 그가 그의 모든 행동에서 준수하는 질서"[33]라는 것이다. 지혜와 덕을 획득함으로써 사람들의 가장 고귀한 재산인 영혼을 돌보도록 사람들을 격려하는 것이 소크라테스의 "사명"이었는데, 소크라테스는 이것을 델피의 신이 자기에게 부여한 것으로 간주했다. 그는 단순히 현학적인 논리학자도 단순히 파괴적인 비평가도 아닌, 사명을 지닌 사람이었다. 만약 그가 피상적인 견해들과 마구잡이 식의 가정들을 비판하고 폭로했다면, 그것은 그 자신의 우월한 변증론의 예리함을 과시하려는 경솔한 욕구 때문이 아니라, 그와 대화를 나누는 자의 장점을 장려하고 그 자신이 배우려는 욕구 때문이었다.

윤리적 관심이 정치적 관심으로부터 완전히 분리된다는 것은 그리스 도시국가의 구성원에게서는 물론 기대될 수 없다. 왜냐하면 그리스인은 본질적으로 시민이었고 선한 삶을 도시의 틀 안에서 영위해야 했기 때문이다. 그러므로 크세노폰은 소크라테스가 '국가란 무엇인가(τί πόλις), 시민 생활[정치]이란 무엇인가(τί πολιτικός), 인간의 본질은 무엇인가(τί ἀρχὴ ἀνθρώπων), 인간성의 근원은 무엇인가(τί ἀρχηγὸς ἀνθρώπων)'를 물었다고 이야기하며, 우리는 『변론』 속에 있는 국가의 이익을 돌보기 이전에 국가 자체를 돌보라는 소크라테스의 명제를 보았다.[34] 그러나 그 마지막 말이 함의하는 것처럼 그리고 소크라테스의 일생에서 분명히 드러나는 것처럼, 그는 정당 정치 그 자체에 관심이 있었던 것이 아니라 윤리적 측면에서의 정치적 생활에 관심이 있었다. 국가란 무엇이며 시민이라는 것이 무엇을 의미하는지를 깨닫는 것은 선한 삶을 영위하고 싶어 했던 그리스인들에게는 매우 중요했다. 왜냐하면 우리가 만약 국가의 본질을 알지 못하고 선한 국가란 무엇인지를 알지 못한다면, 국가를 돌볼 수 없기 때문이다. 지식은 윤리적 행위를 위한 수단으로서 추구된다.

---

33   *Apol.*, 36.
34   Xen., *Mem.*, 1, 1, 16; *Apol.*, 36.

05.　　　이 마지막 진술은 약간 전개시킬 가치가 있는데, 왜냐하면 지식과 덕 사이의 관계에 관한 소크라테스의 이론이 소크라테스 윤리학의 특징이기 때문이다. 소크라테스에 따르면 현자(賢者), 즉 옳음이 무엇인지를 아는 사람은 옳은 것을 행할 것이라는 의미에서, 지식과 덕은 하나이다. 달리 말하면, 어떤 사람도 알고서는 그리고 의도적으로는 악을 행하지 않는다. 어떤 사람도 악 그 자체를 선택하지는 않는다.

　　　이 "윤리적 주지주의"는 일견 일상생활의 사실과 뻔히 모순되는 것처럼 보인다. 우리는 나쁜 줄 알면서 고의로 행하는 경우가 종종 있지 않은가? 또 다른 사람들 역시 마찬가지일 것이라고 확신하고 있지 않은가? 우리가 어떤 사람에 대해서 어떤 악한 행위에 대해 책임이 있다고 말할 때, 우리는 그가 그 행위가 나쁘다는 것을 알고서 그 행위를 했다고 생각하고 있지 않은가? 만약 그가 기특하게도 그것이 나쁘다는 것을 몰랐다고 상정할 이유가 있다면, 우리는 그가 도덕적으로 책임이 있다고 생각하지 않는다. 그러므로 우리는, 아리스토텔레스가 소크라테스는 영혼의 비합리적인 부분을 망각하고, 사람들로 하여금 그들이 나쁜 줄 아는 것을 행하도록 하는 도덕적 허약성을 충분히 주목하지 않았기 때문에 지식과 덕을 동일시했다고 비판하는 데[35] 동의한다.

　　　소크라테스 자신이 유일하게 도덕적 행위에 관해 격정의 영향을 받지 않았기 때문에, 그는 다른 사람들도 똑같은 조건을 갖는 것으로 생각하는 경향이 있었으며, 따라서 옳은 것을 행하지 못하는 것은 도덕적 허약성 때문이라기보다는 무지 때문이라는 결론을 내렸다는 설이 있었다. 소크라테스가 덕을 지식이나 또는 지혜와 동일시했을 때, 그는 그 어떤 종류의 지식이 아니라, 진정한 개인의 확신을 염두에 두고 있었다는 설도 또한 있었다. 그러므로 스테이스 교수는 사람들이 교회에 가서 현세의 이로움들은 전혀 가치가 없다고 믿는다고 말하면서, 반면에 그들은 그것들이 그들이 존중하는 유일한 선이기라도 한 듯이 행동할 수 있다는 점을 지적한다. 이것은 소크라테스가 염두에 두었던 종류의 지식이 아니다. 그는 진정한 개인의 확신을 의미했다.[36]

　　　이 모든 것이 참일 수 있다. 그러나 소크라테스가 "옳은"으로 의미했던 것을 마

35　　*Eth. Nic.*, 1145 b.

36　　*Crit. Hist.*, 147-8쪽. 그러나 스테이스(Stace) 교수는 "아리스토텔레스의 소크라테스에 대한 비판은 반박할 수 없다"고 생각한다.

음에 새기는 것이 중요하다. 소크라테스에 따르면 인간의 진정한 행복(εὐδαιμονία)을 증진시킨다는 의미에서 인간의 진정한 유용성에 도움이 되는 행동이 옳은 행동이다. 모든 사람은 자기 자신의 이익을 당연한 일로서 추구한다. 그런데 당장은 즐겁게 보이는 일일지라도 모든 종류의 행동이 인간의 진정한 행복을 증진시키는 것은 아니다. 예를 들어, 끊임없이 술에 취하는 것은 만약 저항할 수 없는 어떤 슬픔을 겪고 있다면 특히나 유쾌할 수 있을 것이다. 그러나 인간에게 진정으로 이익이 되지는 않는다. 그것은 건강을 해치고 습관의 노예로 만들며 인간을 짐승과 구별짓는 인간 최고의 재산인 이성의 행사를 방해한다. 만약 어떤 사람이 술에 취하는 것이 그에게 진실로 좋다고 믿고 늘 술에 취해 있다면, 그는 무엇이 자신의 진정한 선인지를 깨닫지 못하고 무지 때문에 오류를 범하는 것이다. 소크라테스는, 만약 그가 술에 취하지 않는 것이 그 자신의 진정한 이익이 되며 행복에 도움이 된다는 것을 안다면, 그는 술에 취하지 않을 것이라고 주장할 것이다. 물론 우리는 아리스토텔레스와 더불어, 술 취하는 습관에 젖는 것은 궁극적인 건강에 도움이 되지 않는다는 것을 잘 알면서도 사람은 여전히 그 습관에 빠지고 만다고 말할 것이다. 이것은 의심할 나위 없이 참이다. 아리스토텔레스의 비판이 반박될 수 있을 것으로 보이지 않는다. 그러나 우리는 이 시점에서 (스테이스와 더불어) 만약 그 사람에게 술 취하는 습관이 나쁘다는 진정한 개인적 확신이 있었다면, 그는 그 습관에 젖지 않을 것이라고 말할 수 있을 것이다. 이것이 아리스토텔레스의 반대를 없애지는 못하지만, 소크라테스가 자신이 한 일에 대해서 어떻게 말할 수 있을지에 대해 우리의 이해를 돕는다. 그리고 심리학적인 관점에서 보았을 때, 소크라테스가 말하는 것 속에는 사실상 많은 것이 들어 있지 않은가? 사람은 지성적으로는 술에 취하는 것이 자신의 궁극적인 행복과 인간으로서의 위엄에 도움이 되지 않는다는 것을 알지만, 충동이 엄습하면 그는 알고 있는 것으로부터 주의를 돌리고 자신의 불행한 삶의 배경에 비추어서 보여지는 대로의 도취 상태에 빠져서, 이 상태와 그것의 바람직성이 온통 그의 주의를 끌며, 진정한 이익의 성격을 가장할 수 있다. 쾌락이 엷어졌을 때, 그는 술취함이 나쁘다는 것을 생각해내고 이렇게 인정할 것이다. "그것이 잘못이라는 것을 안다. 그래, 내가 잘못했다." 그러나 그가 그 충동에 굴복했을 때 그 지식은, 그의 정신적 주의의 영역에서 빠져나가고 없었다는 사실은 남는다[없어지지 않는다].

물론, 우리는 소크라테스의 공리주의적 입장이 쾌락적인 것은 무엇이든 추종하는 것을 마음에 그리고 있다고 상정해서는 안 된다. 현명한 사람은 스스로를 통제하는 것이 아무런 통제도 없는 것보다 이로우며, 정의롭고 용감한 것이 정의롭지 않고 비겁한 것보다 이롭다는 것을 안다. 이때 "이롭다"는 말은 진정한 건강과 영혼의 조화에 도움이 됨을 의미한다. 소크라테스는 확실히 쾌락은 선이라고 생각했으나, 진정한 쾌락과 지속적인 행복은 부도덕한 사람보다는 도덕적인 사람과 함께하며, 행복은 외적인 재화를 많이 소유하는 데 있지 않다고 생각했다.

우리는 소크라테스의 과도하게 주지주의적인 태도를 인정할 수 없고, 그가 사악한 기질(ἀκρασία) 또는 도덕적 허약성을 간과하는 경향이 있었다는 점에 있어서는 아리스토텔레스에 동의하면서 동시에 소크라테스의 윤리에 기꺼이 경의를 표한다. 왜냐하면 합리적 윤리는 인간의 본성 및 인간 본성의 선에 기초해야만 하기 때문이다. 그래서 히피아스가 쓰여지지 않은 성문법(ἄγραφοι νόμοι)은 인정했지만, 국가에 따라서 다른 법률들은 그것의 수에서 제외시키고, 부모와 자식 간의 성교를 금하는 것은 보편적인 금률(禁律)이 아니라고 말했을 때, 소크라테스가 그러한 성교의 결과로 야기되는 인종적 열등성이 그 금률을 정당화한다[37]고 대답한 것은 옳았다. 이것은 우리가 "자연법"이라고 부를 것에 의지하는 것과 같은데, 자연법은 인간의 본성을 표현하며 그것의 조화로운 발전에 이바지한다. 그러한 윤리는 사실상 불충분하다. 왜냐하면 자연법은, 형이상학적 기초를 갖지 않는 한 그리고 선험적 연원, 즉 자연법 속에 인간에 대한 자신의 의지를 표현해놓은 신에 근거해 있지 않은 한, 양심상의 구속력을 갖는 도덕적 강제력을 ―적어도 근대적 "의무"개념이라는 의미에서― 얻을 수 없기 때문이다. 그러나 그것은 비록 불충분하더라도, 합리적인 도덕철학의 발전에 필수적인 매우 중요하고 가치 있는 진리를 담고 있다. "의무들"은 단순히 무의미하거나 또는 임의적인 명령 내지는 금률이 아니라, 인간의 본성 그 자체와 관련해서 보아야 하는 것이다. 도덕적 법칙은 인간의 진정한 선을 표현한다. 그리스의 윤리학들은 성격상 주로 행복론이다 (아리스토텔레스의 윤리적 체계를 참조). 그리스 윤리학들은 진정한 발전을 이루기 위해 일

37　Xen., Mem., IV, 4, 19 이하.

신론에 의하여 완성되어야 하고 일신론의 배경에 비추어 볼 필요가 있다. 그러나 그리스 윤리학들은 불완전한 상태로 있음에도 불구하고 그리스 철학의 영원한 영광이다. 인간의 본성은 변함이 없고 따라서 윤리적 가치들도 변함이 없다. 그런데 소크라테스의 불멸의 명성은 이 가치들의 불변성을 깨닫고 그것들을 인간 행위의 지침과 규범으로 해석될 수 있을 보편적인 정의들 속에 고정시키고자 한 점에 있다.[38]

06. 지혜와 덕을 동일시하는 데서 덕은 단일하다는 결론이 나온다. 실재로서 오직 하나의 덕만이 존재하는데, 그것은 무엇이 인간에게 참으로 이로운가에 대한 통찰이며, 인간 영혼의 건강과 조화에 진정으로 이바지하는 것이 무엇인가에 대한 통찰이다. 그러나 더 중요한 귀결은 덕을 가르칠 수 있다는 것이다. 물론 소피스트들도 덕의 기술을 가르친다고 공언했으나, 소크라테스는 그가 자신을 배우는 자로 선언했다는 사실에 있어서뿐만이 아니라, 그의 윤리적 물음들이 보편적이고 변함없는 도덕적 규범들의 발견 쪽으로 향해져 있었다는 사실에 있어서도 소피스트들과 달랐다. 그러나 비록 소크라테스의 방법이 변증법적이었고 강의식은 아니었지만, 그가 덕을 지식과 동일시한 것으로부터 필연적으로 덕은 가르칠 수 있다는 결론이 나온다. 우리는 이렇게 구별할 것이다. 덕이 무엇인가에 대한 지성적 지식은 강의에 의해서 전달될 수 있지만, 덕 그 자체는 그렇지 않다. 그러나 진정한 개인적 확신으로서의 지혜가 강조된다면, 이러한 지혜가 가르칠 수 있는 성질이라면 덕도 아마 가르칠 수 있을 것이다. 언급해야 할 주요 논점은 소크라테스에게 있어서 "가르친다는 것"은 단순한 개념적 강의를 의미하는 것이 아니라, 인간을 실재의 통찰로 인도하는 것을 의미했다는 점이다. 그러나 비록 그러한 고려들이 분명히 덕은 가르칠 수 있다는 소크라테스의 이설을 보다 이해 가능하게 만들기는 하지만, 이 이설 속에서 그의 윤리의 과도한 주지주의가 다시금 명백해진다는 것도 사실이다. 그는 예를 들어, 의사가 의학을 배운 사람인 것처럼, 정의로운 사람은 정의가 무엇인지를 배운 사람이라고 주장했다.

---

38 인간의 본성이 항속적이라는 것을 모든 사상가들이 인정하려고 한 것은 아니다. 그러나 "원시"인이 현대인과 본질적으로 달랐다는 것을 보여줄 수 있는 실제 증거는 없다. 더구나 우리는 오늘날의 사람과는 본질적으로 다른 유형의 사람이 미래에 나타날 것이라고 가정할 수 있는 어떠한 정당성도 가지고 있지 않다.

07. 이 주지주의가 소크라테스를 아테네에서 실행되는 대로의 민주주의를 특별히 좋아하도록 만들었던 것 같지는 않다. 만약 의사가 의학을 배운 사람이라면 그리고 어떤 병자도 자신을 의학 지식이 없는 사람이 돌보도록 맡기지 않을 것이라면, 공적인 관리(官吏)를 제비 뽑기로 선택하거나 또는 심지어 경험이 없는 대중들의 투표에 의하여 선택하는 것은 불합리하다.[39] 진정한 통치자는 통치의 방법을 아는 사람이다. 만약 우리가 항해술과 항로에 관한 모든 지식을 갖추지 못한 사람을 한 배의 항해사로 지명하지 않을 것이라면, 어찌하여 통치에 대한 지식도 없고 무엇이 국가의 이익인지도 모르는 사람을 국가의 통치자로 지명할 것인가?

08. 종교에 관해서는, 소크라테스는 일반적으로 복수로 "신들"을 언급했으며, 그렇게 함으로써 전통적인 그리스 신들을 의미했던 것 같다. 그러나 신에 대한 보다 순수한 개념을 지향하는 경향이 감지될 수 있다. 그러므로 소크라테스에 따르면, 신들의 지식은 무제한적인 것인데, 신들은 도처에 있으며 말하는 것과 행동하는 것 모두를 안다. 신들은 무엇이 선인지를 가장 잘 알기 때문에, 인간은 단순히 선을 위해서 빌어야지(祈禱) 금과 같은 특수한 대상들을 위해서 빌면 안 된다.[40] 하나의 신의 존재에 대한 믿음이 가끔 눈에 띄지만,[41] 소크라테스는 일신론과 다신론의 문제에 많은 주의를 기울였던 것 같지는 않다(심지어 플라톤과 아리스토텔레스까지도 그리스 신들이 존재할 여지를 발견한다).

소크라테스는 인간의 육체가 물질계에서 수집된 물질들로 구성되어 있는 것처럼, 인간의 이성은 이 세계의 보편적 이성 또는 마음의 일부라는 설을 제시했다.[42] 이 생각은, 신학에 관한 그의 가르침과 마찬가지로, 다른 사람들에 의해서 인간중심적인 성격으로 발전될 것이었다. 인간으로 하여금 감관들에 상응하는 감각들을 행사하도록 하기 위하여 감관들이 인간에게 주어질 뿐만 아니라, 인간중심적인 목적론이 우주

---

39   *Mem.,* 1, 2, 9; 3, 9, 10.
40   *Mem.,* 1, 3, 2.
41   *Mem.,* 1, 4, 5, 7.
42   *Mem.,* 1, 4, 8.

의 현상으로 확장되기도 한다. 그리하여 신들은 우리에게 그것 없이는 [사물을] 볼 수 없는 빛을 우리에게 주며, 신의 섭리는 대지가 인간에게 만들어주는 양식이라는 선물들 속에서 드러난다. 태양은 인간을 말려 죽이거나 태워버릴 정도로 가깝게 지구에 접근하지도 않으며, 인간이 따뜻함을 느끼지 못할 정도로 멀리 떨어져 놓이지도 않는다. 우주론자들의 학파에서 공부하고 아낙사고라스가 그의 마음의 원리를 거의 사용하지 않은 데 실망한 사람에게 이러한 그리고 이와 유사한 생각들은 자연스러운 것이다. 그러나 소크라테스는 우주론자도 신학자도 아니었다. 비록 그가 "속세를 고려하는 신학의 진정한 창시자"[43]로 불릴 수는 있지만, 그는 우리가 본 바와 같이, 일차적으로 인간의 행위에 관심이 있었다.[44]

09.　　우리는 아리스토파네스가 『구름』에서 제공하는 소크라테스의 묘사에 얽매일 필요가 없다.[45] 소크라테스는 과거 철학자들의 학생이었으며, 주지하는 바와 같이 아낙사고라스의 가르침에 영향을 받았다. 『구름』에서 소크라테스의 성격에 주어진 "소피스트적" 분위기에 관해서라면, 소크라테스는 소피스트들과 마찬가지로 그의 주의를 주관, 즉 인간 자신에게로 집중시켰다는 것을 기억해야 한다. 그는 공적이고 친숙한 인물로, 자신의 변증법적 행동으로 모든 군중들에게 알려졌으며, 어떤 사람들에게는 분명히 "합리적"으로 보였으며, 비판적으로 파괴적이며 반전통주의적 경향을 띠는 것으로 보였다. 비록 아리스토파네스 자신은 소크라테스와 소피스트 사이에 존재했던 차이를 —그 차이는 전혀 분명하지 않다— 알았다고 가정할 수 있다고 하더라도, 그가 이 앎을 공공의 군중들 앞에서 표현했을 것이라는 결론이 필연적으로 나오지는 않을 것이다. 그리고 아리스토파네스는 전통주의자였으며 소피스트들의 적이었던 것으로 알려져 있다.

43　Ueb-Praechter, 145쪽; *der eigentliche Begründer der Teleologie in der Betrachtung der Welt*.

44　예컨대, *Mem.*, I, 1, 10-16 참조.

45　버넷이 말하듯이, 그것은 —논점을 지닌 것이라면, 다른 어떤 풍자도 마찬가지이지만— 사실에 기초한 풍자일 뿐이다.

4. 재판과 소크라테스의 죽음

기원전 406년에 소크라테스는 아르기노사이에서의 과실로 탄핵을 받기로 되어 있던 8인의 지휘관들을 재판에 회부하라는 요구에, 그것은 법에 위배되며 성급한 판결을 유발하기 쉬웠기 때문에, 동의하기를 거절함으로써 그의 도덕적 용기를 보여주었다. 그는 이때 상원위원회(πρυτάνεις)의 위원이었다. 404/3년, 30인의 집정자들이 그들이 살해하려고 했던 살라미스의 레온을 구금하는 데 참여하라고 한 요구에 대해, 그들이 레일의 재산을 몰수할지 모른다는 이유로 거절했을 때, 소크라테스의 도덕적 용기는 또 다시 과시되었다. 그들은 분명히 최후의 심판일에 대비하여, 가능한 한 많은 저명한 시민들을 자신들의 행위의 근거로 삼기를 원했던 것이다. 그러나 소크라테스는 그들의 범죄에 참여하기를 간단히 거절했다. 만약 그 30인 통치가 붕괴되지 않았더라면, 아마도 그는 거절한 대가를 자신의 목숨으로 지불해야 했을 것이다.

400/399년에 소크라테스는 회복된 민주주의의 지도자들에 의해서 기소되었다. 배후에 남아 있던 정치인인 아뉘토스는 소크라테스를 처형하라고 멜레토스를 부추겼다. 아르콘 왕의 법정 앞에 놓인 기소장에는 다음과 같이 기록되어 있다.[46] "밀레투스의 아들인 피트호스 시의 멜레토스가 맹세를 하고 소프로니스코스의 아들인 알로페카이 시의 소크라테스를 다음과 같은 내용으로 기소했다. 소크라테스는 ① 국가가 숭배하는 신(神)을 숭배하지 않고, 새롭고 낯선 종교의식을 소개하는 ② 그리고 더 나아가서 청년들을 부패시키는 죄를 지었다. 기소자는 사형을 요구한다."

첫 번째 죄는 분명하게 규정되어 있지 않았다. 그 이유는 그 기소자가 배심원들이 늙은 이오니아 우주론자들의 명성과 아마도 415년 발생한 신비의식의 신성모독을 회상할 것으로 믿었기 때문으로 보이는데, 그 사건에는 알키비아데스가 연루되어 있었다. 아뉘토스 자신이 주동이 되었던 404/3년의 사면을 고려할 때, 신성모독에 대해서는 어떠한 언급도 있을 수 없었다. 두 번째 죄, 젊은이를 타락시킨 죄는 실제로는 젊은이들에게 아테네 민주주의에 대한 비판정신을 주입시킨 죄이다. 이 모든 것의 이면

---

46   Diog. Laërt., 2, 40.

(裏面)에는 의심할 나위 없이, 소크라테스는 "알키비아데스와 크리티아스를 교육시킨" 책임이 있다는 생각이 깔려 있었는데, 알키비아데스는 한동안 스파르타에 건너 갔다가 아테네를 그러한 곤경에 빠뜨린 사람이었고, 크리티아스는 과두 정치 집정자들 중에서 가장 포악한 사람이었다. 또 이것도 404/3년의 사면 때문에 명백하게 언급될 수 없었지만, 군중들은 무엇을 의미하는지를 충분히 쉽게 이해했을 것이다. 그것이 아이스키네스가 약 50년 후에 이렇게 말할 수 있었던 이유이다. "소크라테스가 크리티아스를 교육한 것으로 밝혀졌기 때문에, 당신들은 소피스트인 그를 처형했다."[47]

소크라테스를 고발한 사람들은 소크라테스가 재판을 기다리지 않고 자의로 망명을 갈 것이라고 생각했으나, 그는 그렇게 하지 않았다. 그는 399년의 재판을 받기 위해 남아 있었고 법정에서 자신을 변호했다. 소크라테스는 재판에서 그의 군 복무와 과두정치 시절 그가 크리티아스에게 도전했던 점을 강조할 수도 있었을 것이다. 그러나 그는 단순히 사실만으로 지휘관들을 기소하는 문제에 있어서 그가 민주주의에 도전한 데 연결시켰다. 그는 500명 내지 501명의 배심원단에서 60표 또는 6표의 차로 사형을 선고받았다.[48] 그때 소크라테스에게는 대안적인 형벌을 제안할 기회가 남아 있었다. 충분히 실속있는 형벌을 제안하는 것이 분명코 가장 현명한 길이었다. 그러므로 만약 소크라테스가 망명을 제안했더라면, 사형에 대한 이 대안은 의심의 여지없이 수용되었을 것이다. 그러나 소크라테스는 그에게 적절한 "보상"으로 통치청사에서의 무료 식사를 했고, 이어서 소액의 벌금 제안에 동의했다. 그러나 이 모든 것에는, 당시에 통상 그랬듯이, 우는 아내와 어린애들을 법정에 들여보냄으로써 배심원들에게 영향을 주려는 시도 같은 것은 일체 없었다. 배심원단은 소크라테스의 호방한 행동이 불쾌했다. 그리하여 그는 이전의 표결에서 그를 유죄로 판결한 사람들의 수보다 더 많은 사람들에 의해서 사형 선고를 받았다.[49] 델로스에서 성선(聖船)이 돌아오는 것

---

47 i, 173.

48 *Apol.*, 36 a(그것에 대한 해석이 절대적으로 확실하지는 않지만), 또 Diog. Laërt., 2, 41. 참조. 플라톤이 소크라테스가 60표차의 다수에 의해 유죄 판결을 받았다고 이야기하고 있는 것으로 이해하고 있는 버넷과 테일러는 그 투표가 500명의 배심원 가운데 280 대 220이었던 것으로 생각한다.

49 디오게네스 라에르티오스(2, 42)는 그 다수가 처음의 다수를 80표 상회했다고 말한다. 그러므로 버넷과 테일러에 따르면, 두 번째 투표는 사형 찬성 360, 반대 140표일 것이다.

을 기다리느라 처형은 약 한 달 동안 연기되어야만 했다(테세우스가 크노소스의 미노스가 부과한 7명의 소년 소녀라는 공물로부터 그 도시를 구제한 것을 기념하기 위하여). 따라서 소크라테스는 도망갈 수 있는 충분한 시간이 있었고, 실제로 그의 친구들이 그가 도망칠 수 있도록 주선했다.

소크라테스는 그러한 방식은 자신의 원칙에 위배된다는 이유로 그들의 친절한 제언들을 이용하기를 거부했다. 소크라테스의 지상에서의 마지막 날이 플라톤에 의해서 『파이돈』에 상세히 서술되어 있는데, 그날은 소크라테스가 그의 테베인 친구 케베스와 심미아스와 함께 영혼의 불멸성을 논의하면서 보낸 날이었다.[50] 독약을 마시고 쓰러져 죽어가면서, 그가 남긴 마지막 말은 이러했다. "크리톤, 우리는 아스클레피오스에게 닭 한 마리를 빚졌네. 그러니 그것을 갚아 주게. 그리고 그것을 가볍게 생각하지 말게." 그 독이 그의 심장에 도달했을 때, 발작적인 움직임이 있었고 그는 죽었다. "그리고 크리톤은 그것을 알고, 그의 입을 닫고 눈을 감겼다. 에케크라테스, 이것이 우리 친구의 최후였는데, 우리는 그가 우리가 아는 그의 시대의 가장 훌륭한 사람이었으며, 뿐만 아니라 가장 현명하고 정의로운 사람이었다고 말해야만 하네."[51]

---

50 이러한 진술이 형상론은 소크라테스의 것일 수 없다는 나의 견해에 손상을 입힌다는 것을 의미하지는 않는다.

51 *Phaedo*, 118.

제14장

소(小)소크라테스학파들

"소(小)소크라테스학파들"이라는 용어가 소크라테스가 어떤 뚜렷한 학파를 창시했음을 가리키는 것으로 해석되어서는 안 된다. 의심할 나위 없이, 그는 인간의 마음을 자극하는 그의 일을 계속할 다른 사람들이 발견되기를 희망했지만, 그의 주변에 비전(秘傳)의 명백한 이설들을 물려줄 제자 무리를 모으지는 않았다. 그러나 소크라테스의 훌륭한 제자였든 그렇지 않든, 그의 제자였던 여러 사상가들이 그의 가르침 중에서 한두 논점을 강조하기도 하고, 그것을 다른 근원에서 나온 요소들과 결합시키면서 학파를 형성했다. 그러므로 프래흐터 박사는 이러한 사상가들이 단지 소크라테스의 어떤 측면들만을 재생산한다는 의미에서가 아니라, 그들 각자가 소크라테스의 사상을 특수한 어느 한 방향으로 계승했고, 동시에 그들이 이전의 철학으로부터 취한 것을 소크라테스의 유산과 조화시키기 위하여 수정했다는 의미에서, 그들을 일면적인 소크라테스주의자라고 부른다.[1] 그렇다면 소(小)소크라테스학파들이라는 보통 명사의 사용은 어떤 의미에서는 불행한 것이지만, 만약 이 사상가들의 일부와 소크라테스와의 관계는 단지 미약할 뿐이라는 점이 이해된다면, 그것이 사용되어도 좋다는 생각이다.

---

1   Ueberweg-Praechter, 155쪽.

메가라(Megara)의 에우클레이데스(수학자 에우클레이데스와 혼동하지 말 것)는, 메가라 시민이 아테네에 들어가는 것이 금지되어 있었음(431/2년)에도 불구하고, 여자로 변복을 하고 그 도시에 들어가서 소크라테스와 교제를 계속했으므로,[2] —만약 이 이야기가 진짜라면— 소크라테스의 초창기 제자들 가운데 한 사람이었던 것으로 보인다. 그는 400/399년 소크라테스가 죽었을 때 나타났으며, 그 사건 이후 플라톤과 다른 소크라테스주의자들은 에우클레이데스와 함께 메가라에 피신했다.

에우클레이데스는 엘레아학파의 이설에 통달했으나 소크라테스 윤리학의 영향을 받아서 일자(一者)를 선으로 생각할 정도로 그 이설을 수정했다. 또한 그는 덕을 단일성으로 간주했다. 디오게네스 라에르티오스에 따르면, 에우클레이데스는 일자는 많은 이름들로 알려져 있다고 주장했으며, 일자를 신과 동일시하고 이성과 동일시했다.[3] 그는 선에 반대되는 원리의 존재를 부인했는데, 왜냐하면 그 원리는 다(多)일 것이고, 다는 엘레아의 견해에 근거하면 환상이기 때문이다. 그는 자신이 입은 소크라테스의 영향에도 불구하고 엘레아적 전통의 고수자로 남아 있었다고 말할 수 있다.

메가라 철학은 특히 에우불리데스의 영향을 받아, 귀류논증을 통하여 어느 한 입장의 부당성을 증명하기 위하여 설계된 여러 가지 교묘한 논증들을 꾸미는 논쟁술로 발전했다. 예를 들면 유명한 난제 "콩 한 개는 한 더미가 아니다. 콩 한 개를 더하여도 아직 한 더미는 거기에 없다. 한 더미[많음]는 언제 시작하는가?"는 제논이 운동이 불가능하다는 것을 보여주기를 원했던 것처럼, 복수성이 불가능하다는 것을 보여주기 위하여 설계되었다. 또 다른 난제는 메가라학파의 또 다른 사람인 디오도로스 크로노스의 것으로 추정되기도 하는 것으로 "당신이 잃어버리지 않은 것을 당신은 여전히 가지고 있다. 그러나 당신은 뿔들을 잃어버리지 않았다. 그러므로 당신은 뿔들을 여전히 가지고 있다" 또는 "엘렉트라는 그녀의 오라비 오레스테스를 알고 있다. 그러나 엘

---

2   Gell, *Noct. Att.*, 6, 10.
3   Diog. Laërt., 2, 106.

렉트라는 (가면을 쓰고 그녀 앞에 서 있는)오레스테스를 알지 못한다. 그러므로 엘렉트라는 그녀가 알고 있는 것을 알지 못한다"[4]이다.

메가라학파의 또 다른 철학자 (위에서 언급한) 디오도로스 크로노스는 현실적인 것과 가능한 것을 동일시했다. 단지 현실적인 것만이 가능하다. 그의 논증은 이러했다. 가능한 것은 불가능한 것이 될 수 없다. 그런데 서로 모순되는 두 가지 중에서 하나가 실제로 실현되면 다른 하나는 불가능하다. 그러므로 만약 그것이 전에 가능했었다면, 그 불가능한 것은 가능한 것으로부터 나왔을 것이다. 그러므로 그것은 전에 가능하지 않았으며, 단지 실제적인 것만이 가능하다. (예를 들어, "이 세계는 존재한다"와 "이 세계는 존재하지 않는다"는 서로 모순되는 명제들이다. 그런데 이 세계는 실제로 존재한다. 그러므로 이 세계가 존재하지 않는다는 것은 불가능하다. 그러나 이 세계가 존재하지 않는다는 것이 가능하다면, 가능성은 불가능성으로 변해버리게 되는데, 이런 일은 있을 수 없다. 그러므로 이 세계가 존재하지 않는다는 것은 [전에도] 불가능했다.) 최근에는 베를린의 니콜라이 하르트만 교수가 이 명제를 채택했는데, 그는 실제로 일어나는 것은 주어진 조건들의 총체에 달려 있으며, 또 그 조건들이 주어지면 그 밖의 것은 아무것도 일어날 수 없을 것임을 근거로, 실제적인 것과 가능한 것을 동일시했다.[5]

메가라의 스틸폰은 그 학파의 유명한 추종자의 한 사람이었는데, 그는 약 320년에 아테네에서 가르쳤으나, 그 후 사라져 버렸다. 그는 주로 윤리학에 전념했는데, 자기충분성의 논점을 "초연(apathy)"의 이론 속에서 개발했다. 메가라의 약탈에서 무엇을 잃었느냐는 질문을 받았을 때, 그는 지혜나 지식을 노략질해가는 사람은 본 적이 없노라고 대답했다.[6] 제논(스토아학파의 사람)은 스틸폰의 학생이었다.

---

4   Diog. Laërt., 2, 108 참조.
5   *Möglichkeit und Wirklichkeit*, Berlin, 1938.
6   Diog. Laërt., 2, 115. Senec., *Ep.*, 9, 3.

2. 엘리스-에레트리아학파

이 학파는 엘리스의 파이돈(플라톤의 대화편의 파이돈)과 에레트리아의 메네데모스의 이름을 딴 것이다. 엘리스의 파이돈은 변증법을 사용하는 데 있어서 메가라학파 사람들을 닮았던 것 같다. 에레트리아의 메네데모스는 주로 윤리학에 관심을 가졌는데, 덕과 지식의 합일성을 주장했다.

3. 초기 키니코스학파

키니코스주의자 또는 견유(犬儒)들은 그 명칭을 그들의 전통파괴적인 생활 양식으로부터 혹은 그 학파의 창시자인 안티스테네스가 키노사르게스로 알려진 체육관에서 가르쳤다는 사실로부터 얻었을 것이다. 아마도 두 요인 모두가 그 별명과 관련이 있었을 것이다.

안티스테네스(기원전 445년~기원전 365년)는 아테네인 아버지와 트라키아인 노예 어머니에서 태어났다.[7] 이것이 그가 왜 키노사르게스 안에서 가르쳤는지를 설명해줄 수 있을 것이다. 왜냐하면 키노사르게스는 순수 아테네 혈통이 아닌 사람들 용(用)으로 남겨진 것이기 때문이다. 그 체육관은 헤라클레스에게 헌납되었는데, 키니코스주의자들은 그 영웅을 일종의 수호신 또는 후원자로 생각했다. 안티스테네스는 한 작품의 제목을 헤라클레스의 이름을 따서 지었다.[8]

안티스테네스는 처음에는 고르기아스의 학생이었으나, 후에는 소크라테스의 추종자가 되어서 그에게 헌신했다. 그가 소크라테스에게서 주로 경모한 것은 어떠한

---

7   Diog. Laërt., 6, 1.

8   키니코스학파 또는 키니코스 "운동"을 창시한 것은 디오게네스였지, 안티스테네스가 아니었다는 설이 있었다. 아리스토텔레스는 안티스테네스의 아류들을 '추종자(Ἀντισθενείοι)'라고 칭한다(Metaph., 1043 b 24). 그러나 "견유자(Cynics)"란 별명은 단지 디오게네스의 시대에서만 받아들여졌던 것으로 보이며, 아리스토텔레스가 추종자(Ἀντισθενείοι)란 용어를 사용했다는 것이 안테스테네스가 키니코스학파의 실제 원조였다는 것에 반하는 어떤 것을 입증하는 것으로 보이지는 않는다.

결과가 초래되더라도 신념에 따라서 행동하도록 하는 소크라테스의 구애되지 않는 성격이었다. 안티스테네스는 소크라테스가 단지 보다 많은 진정한 지혜를 얻기 위해서 세속적인 부와 명예에 초연했다는 점은 등한시하고, 이 초연성과 자족 그 자체를 이상 또는 목표로 설정했다. 그의 눈에 덕이란 단순히 모든 세속적인 소유와 쾌락으로부터 초연하는 것으로 보였다. 사실상 포기, 자족 등은 부정적인 개념이었다. 그러므로 소크라테스 생활의 부정적인 측면이 안티스테네스에 의해서 긍적적인 목표로 바뀌어버린 것이다. 마찬가지로 윤리적 지식에 대한 소크라테스의 주장이 안티스테네스에 의해서 과학적 공부나 기예에 대한 적극적인 경멸로 바뀌어버렸다. 그에 의하면 행복을 위해서는 덕만으로 충분하며, 다른 것은 아무것도 필요하지 않다. 그리고 덕이란 욕망의 부재(不在)이며, 결핍으로부터의 자유이며, 온전한 독립성[초연]이다. 물론 소크라테스도 다른 사람들의 견해에 구애를 받지 않았다. 그러나 그것은 오로지 소크라테스가 깊은 신념과 원리를 가지고 있어서, 여론을 만족시키기 위해서 그것들을 포기하는 것은 진리에 대한 반역이라고 생각했기 때문이었다. 소크라테스는 대중의 신념이나 대중의 견해를 단순히 키니코스주의자들 특히 디오게네스가 했던 것으로 보이는 것처럼, 조롱 자체를 위해서 조롱하지는 않았다. 그러므로 키니코스주의자들의 철학은 소크라테스의 삶과 태도의 어느 한 면을, 그것도 부정적인 면 또는 최소한 훨씬 더 긍정적인 측면의 결과로 나타나는 한 면을 강조한 것이다. 소크라테스는 정의롭지 못한 행위를 하느니, 목숨을 걸고 과두정치에 불복할 각오가 되어 있었다. 그러나 그는 디오게네스처럼 사람들의 방식에 대한 그의 경멸을 나타내기 위하여 통속에서 살지는 않았을 것이다.

안티스테네스는 이데아론에 강하게 반대했으며, 단지 개별자들만이 존재한다고 주장했다. 그는 이렇게 말했다고 한다. "오 플라톤이여, 나는 한 마리의 말(horse)을 보는 것이지, 말성(horseness)을 보는 것이 아닐세."[9] 또 모든 개개의 사물에는 그것 고유의 이름만이 사용되어야만 한다. 예를 들어 우리는 "사람은 사람이다" 또는 "선은 선하다"고 말할 수 있지만, "사람은 선하다"고는 말할 수 없다. 주어 그 자신이 아닌 어

9 Simplic. in Arist., *Categ.*, 208, 29 이하; 211, 17 이하.

떠한 술어도 주어에 속해서는 안 된다.[10] 이렇게 되면 우리는 한 개별자에 대해서 그것은 그것 자신의 개별적 속성을 가진다고밖에는 말할 수 없다는 이설(理說)이 성립한다. 그것이 어떤 집합의 원소 자격이 있다고 말할 수가 없는 것이다. 그러므로 이데아론은 부정된다. 안티스테네스의 또 다른 논리 이론은 자기-모순이 불가능하다는 이론이었다. 왜냐하면 만약 어느 한 사람이 상이한 것들을 말한다면, 그는 상이한 대상들의 존재를 증명하고 있는 것이기 때문이다.[11]

덕은 지혜이다. 그러나 이 지혜는 주로 다수 인간들의 가치들을 "꿰뚫어 보는 데"에 있다. 부(富), 열정 등은 실제로는 선이 아니며, 고통, 가난, 경멸도 실제로는 악이 아니다. 초연함이 진정한 덕이다. 그러면 덕은 지혜이며, 비록 그것을 배우기 위하여 오랜 추론이나 반성을 할 필요는 없지만 가르칠 수는 있다. 현자는 이러한 덕으로 무장되어 있기 때문에 어떠한 소위 생활의 악에 의해서, 심지어는 노예제도에 의해서도 영향을 받을 수가 없다. 그는 법과 규약들을 초월한다. 적어도 진정한 덕을 깨닫지 못하는 국가의 법과 규약들은 초월하는 것이다. 만인이 독립적으로 살며 욕구로부터 자유롭게 사는 이상적인 상태 또는 조건은 전쟁과는 물론 양립 불가능하다.[12]

소크라테스는 사실상 때로는 정부의 권위에 대항했으나, 그에게 제공된 탈옥의 기회를 이용하지 않고 법에 따라 죽음을 겪는 길을 택했을 정도로, 국가 권위 그 자체와 법률의 정당성을 확신했다. 그러나 안티스테네스는 일방적인 과장으로 역사적이며 전통적인 국가와 국가의 법을 무시했다. 그뿐만 아니라 그는 전통적인 종교를 부인했다. 오직 하나의 신만이 존재한다. 그리스의 신전은 관습일 뿐이다. 오직 덕만이 신이 베풀 일이다. 사원, 기도, 제물 등등은 비난된다. "관습에 의하면 많은 신들이 있으나, 자연에 의하면 오직 하나의 신만이 있다."[13] 반면에 안티스테네스는 호메로스의 신화들을 우화적으로 해석하여 도덕적으로 응용하고 또 거기에서 교훈을 얻어내려고 노력했다.

---

10   Plat., *Soph.*, 251 b; Arist., *Metaph.*, Δ 29, 1024 b 32-25 a 1.

11   Arist., *Top.*, A xi, 104 b 20; *Metaph.*, Δ 29, 1024 b 33-4.

12   Vita Antisth., apud Diog. Laërt 참조.

13   Cic., *De Nat.*, 1, 13, 32; Clem. Alex., *Protrep.*, 6, 71, 2; *Strom.*, 5, 14, 108, 4 참조.

시노페의 디오게네스(약 기원전 324년 사망)는 안티스테네스가 그 자신의 이론에 따라 살지 않았다고 생각하고 그를 "자신을 제외하고는 그 어떤 것도 듣지 못하는 나팔"[14]이라고 불렀다. 디오게네스는 그의 나라에서 추방되어, 비록 코린트에서 죽기는 했으나 그의 생애 대부분을 아테네에서 보냈다. 그는 스스로를 "개"라고 불렀으며, 동물들의 삶을 인간의 모델로 제시했다. 그의 과제는 "가치들을 개주(改鑄)하는 것"[15]이었으며, 그는 그리스 중심적 세계의 문명에 동물들과 미개한 국민들의 삶을 대비시켰다.

우리는 그가 부인들과 어린이들의 공동체와 자유로운 사랑을 주장했으며, 반면에 정치적 영역에서는 스스로를 세계 시민이라고 선언했다고[16] 듣고 있다. 디오게네스는 안티스테네스의 문명 외적인 재화에 대한 "초연함"에 만족하지 못하고, 자유를 얻기 위하여 적극적인 금욕주의를 제창했다. 그것에 보통 사적으로 행해야 한다고 생각되는 것을 ─심지어는 사적으로도 행해서는 안 되는 것조차─ 공적으로 행하는 관습에 대한 그의 고의적인 조롱이 연결되어 있다.

디오게네스의 제자는 모니무스, 오네시크리토스와 테베의 필리스코스, 크라테스이다. 후자(後者)는 자신의 상당한 재산을 그 도시에 헌납하고 키니코스주의 식의 거지 생활을 택했으며 그의 부인 히파르키아도 그 뒤를 따랐다.[17]

───────── **4. 키레네학파**

키레네학파의 창시자인 아리스티포스는 기원전 435년경에 태어났다. 그는 416년부터는 아테네에 있었고, 399년부터는 아이기나에 있었고, 389/388년부터는 플라톤과 함께 디오니시우스 1세의 궁전에 있었으며, 그러고 나서 356년 이후에는 다시 아테네에 있었다. 그러나 이 연도와 사건들의 순서에는 다소 논란의 여지가 있

---

14   Dion. Chrys., 8, 2.
15   Diog. Laërt., 6, 20.
16   Diog. Laërt., 6, 72.
17   Diog. Laërt., *Lives of Crates and Hipparchia.*

다.[18] 심지어 아리스티포스는 키레네"학파"를 전혀 창설하지 않았으며, 그의 손자인 후대 아리스티포스와 혼동되었다는 설(說)까지 있었다. 그러나 디오게네스 라에르티 오스와 소티온과 파나이티오스의 진술들(D.L., 2, 84 이하를 참조)에 비추어 보면, 아리스 티포스는 전혀 아무것도 쓰지 않았다는 소시크라테스와 그 밖의 사람들의 진술(D.L.) 을 받아들이기는 불가능해 보이며, 동시에 에우세비우스의 『복음의 준비』(*Praeparatio Evangelica*) 속의 문구는(14, 18, 31) 아리스티포스가 키레네 철학의 기초를 놓은 적이 없 다고 반드시 상정하지 않고도 설명될 수 있다.

아리스티포스는 키레네에서 프로타고라스의 가르침에 접하다가, 후에 아테네 에서 소크라테스와 관계를 맺었던 것 같다. 그 소피스트는 우리에게 확실한 지식을 제 공하는 것은 감각뿐이라는 아리스티포스의 이설(理說)에 책임이 클 것이다.[19] 그러나 감각들은 사물 그 자체에 대해서도 그리고 다른 사람들의 감각에 관해서도 우리에게 어떤 확실한 정보도 제공할 수 없다. 그렇다면 주관적 감각들이 실제 행위의 근거임 에 틀림없다. 그러나 나의 개인적인 감각이 나의 실제 행위의 규범을 형성한다면, 당 연하게 행위의 목적은 즐거운 감각들을 얻는 것이라야 한다는 결론이 나온다고 아리 스티포스는 생각했다.

아리스티포스는 감각은 운동에 있다고 선언했다. 운동이 온화할 때는 감각이 유 쾌하다. 운동이 거칠 때는 고통이 있다. 운동이 미세하거나 또는 운동이 전혀 없을 때 는 쾌락도 고통도 없다. 거친 운동은 윤리적 목표가 될 수 없다. 그러나 그것이 쾌락이 나 또는 고통의 단순한 부재에 있을 수도 없다. 즉 그것은 순전히 소극적인 목표일 수 가 없는 것이다. 그러므로 윤리적 목표는 쾌락, 즉 적극적인 목표임에 틀림없다.[20] 사실 소크라테스는 덕이 행복으로 가는 하나의 길이라고 선언하고, 덕을 실행하는 동기로 서 '행복'을 제안했으나, 쾌락이 인생의 목표라고 주장하지는 않았다. 그러나 아리스티 포스는 소크라테스의 가르침 중에서 한 측면만을 고집하고 나머지는 모두 무시했다.

그렇다면 아리스티포스에 따르면, 쾌락은 인생의 목표이다. 그러나 어떠한 종류

18　Heinrich von Stein's *De Philos. Cyrenaica*, part I, *De Vita Aristippi*, Gött, 1858로 거슬러 올라간다.

19　Sext. Emp. *adv. mathemat.*, 7, 191 이하.

20　Diog. Laërt., 2, 86 이하.

의 쾌락인가? 후일 에피쿠로스에 있어서는 인생의 목표는 차라리 무고통이라는 소극적인 쾌락일 것이다. 그러나 그것은 아리스티포스에게 있어서는 적극적인 현재의 쾌락이다. 그러므로 키레네주의자들은 육체적 쾌락을, 그것이 보다 집중적이고 강력하기 때문에, 정신적 쾌락보다 높게 평가하게 되었다. 그들의 인식론으로부터 쾌락의 질은 고려되지 않는다는 결론이 나올 것이다. 이 원리로부터 나오는 결론은 명백히 성적인 방종이 될 것이다. 그러나 사실상 키레네주의자들은 의심할 나위 없이 소크라테스의 이설 속의 쾌락주의적 요소들을 받아들여, 현자는 쾌락을 선택할 때 미래를 생각할 것이라고 선언했다. 그러므로 현자는 고통을 야기할 무제한적인 과도함을 피할 것이고, 국가로부터의 처벌이나 공공의 비판을 유발할 방종을 피할 것이다. 그러므로 현자는 그로 하여금 인생의 다양한 쾌락들을 평가할 수 있도록 하기 위하여 판단을 필요로 한다. 그뿐만 아니라 현자는 그의 즐김 속에 어느 정도의 초연함을 간직할 것이다. 만약 그가 자신이 쾌락의 노예가 되는 것을 허용한다면, 그는 그러한 만큼 쾌락을 즐길 수 없고 고통에 놓인다. 다시금 현자는 즐거움과 만족을 유지하기 위해서 그의 욕망들을 제한할 것이다. 그러므로 다음의 말은 아리스티포스가 한 것으로 추정된다. 나는 그것[쾌락]의 주인이지 노예가 아니다. 또 쾌락을 포기하지 않으면서 쾌락을 지배하고 결코 그것에 종속되지 않는 것이 가장 좋은 것이다(ἔχω (Λαίδα), καὶ οὐκ ἔχομαι ἐπεὶ τὸ κρατεῖν καὶ μὴ ἡττᾶσθαι ἡδονῶν ἄριστον, οὐ τὸ μὴ χρῆσθαι).[21]

아리스티포스의 가르침 안에 있는 순간적 쾌락의 원리와 판단의 원리 사이의 이 모순은 그의 제자들 사이에 다양한 견해, 또는 그의 이설의 상이한 측면들에 대한 강조를 초래했다. 그러므로 무신론자 테오도로스는 사실상 판단과 정의로움은 선이며 (후자가 선인 것은 오로지 정의로운 삶의 외적인 이로움 때문이다), 마음의 만족이 참된 행복 또는 쾌락이고, 즐거운 개별적 행위들은 중요하지 않다고 선언했으나, 또한 현자는 그의 조국을 위하여 목숨을 바치지 않을 것이며, 만약 상황이 허락한다면 도둑질을 하고 간통 등을 범할 것이라고 주장했다. 그는 또한 그 어떤 신의 존재도 부정했다.[22] 헤게시아스

---

21   Diog. Laërt., 2, 75.
22   Diog. Laërt., 2, 97; Cic., *De Nat, D.*, 1, 1, 12.

또한 즐거운 개별적 행위들에 대하여 관심을 갖지 말 것을 요구했다. 그러나 삶이 고통스럽다는 것과 행복에 도달하기가 불가능하다는 것을 강하게 확신했기 때문에, 그는 삶의 목표에 대한 소극적인 개념, 즉 고통과 슬픔의 부재를 강조했다.[23] 키케로와 다른 원전들은 알렉산드리아에서의 헤게시아스의 강연이 많은 청중들을 자살로 이끌었으므로, 프톨레마이오스 라기는 그 강연을 계속하는 것을 금했다[24]고 전한다. 반면에, 안니케리스는 적극적인 쾌락과 즐거운 개별적 행위들을 삶의 목표로 삼음으로써, 키레네 철학의 적극적인 면을 강조했다. 그러나 그는 가족과 국가에 대한 사랑, 우정 그리고 보은에 커다란 비중을 둠으로써 그러한 견해의 논리적 결론을 제한했는데, 왜냐하면 가족과 국가에 대한 사랑, 우정, 보은은 그것들이 희생을 요구할 때조차 쾌락을 제공하기 때문이다.[25] 우정에 가치를 두는 데 있어서 그는 테오도로스와 달랐다. 테오도로스는 현자는 스스로만으로 충분하며 친구들을 필요로 하지 않는다(디오게네스 라에르티오스)고 선언했기 때문이다.

디오게네스 라에르티오스는 이 철학자들이 그들 자신의 특정 제자들을 두고 있었음을 분명하게 암시한다. 예를 들면 그는 비록 그들을 함께 "키레네주의자들"로 분류하지만, "헤게시아코이"라고 말한다. 그러므로 키레네 철학자 아리스티포스가 "키레네 철학" 또는 쾌락철학(위를 보시오)의 기초를 놓았던 반면에, 그가 테오도로스, 헤게시아스, 안니케리스 등등을 그 구성원으로 포함하는 빈틈없이 조직된 철학적 학파를 창시했다고 말할 수는 없다. 이 철학자들은 선배인 아리스티포스의 부분적 상속인들이었으며, 엄격한 의미에서 하나의 학파라기보다는 하나의 철학적 경향을 나타낸다.

---

23   Diog. Laërt., 2, 94-96.

24   Cic., *Tusc.*, 1, 34, 83.

25   Diog. Laërt., 2, 96 이하; Clem. Alex., *Strom.*, 2, 21, 130, 7 이하.

제 15 장

압데라의 데모크리토스

이 장은 압데라의 데모크리토스의 인식론과 윤리학 이론에 관하여 무엇인가를 말할 수 있는 적소(適所)이다. 데모크리토스는 레우키푸스의 제자로 그의 스승과 함께 원자론의 학파에 속한다. 그러나 그가 특별히 우리의 흥미를 끄는 부분은 그가 프로타고라스가 제기한 지식의 문제와 소피스트들의 상대주의적 이설들이 첨예화한 행위의 문제에 주의를 기울였다는 사실이다. 플라톤은 어디에서도 데모크리토스라는 이름을 말하지 않지만, 아리스토텔레스는 그를 자주 언급한다. 그는 압데라의 한 학파의 우두머리였으며, 플라톤이 아카데메이아를 창설했을 때도 여전히 살아 있었다. 이집트와 아테네로의 그의 여행에 대한 보고서들은 확실한 것으로 받아들여질 수 없다.[1] 그는 많은 기록을 했다고 알려지고 있지만, 그의 저술들은 보존되지 못했다.

01.　감각에 대한 데모크리토스의 설명은 기계적인 것이다. 예를 들어 엠페도클레스는 눈에 도달하는 물체로부터의 유출물을 말했다. 원자론자들은 이 유출물들을 대상이 끊임없이 뿌리는 원자들, 심상(δείχελα, εἴδωλα)들로 이해했다. 이 심상들은 단지 그것들의 통로(πόροι)인 감관을 뚫고 들어가서 영혼에 부딪치는데, 영혼 그 자체도 원

1　Diog. Laёrt., 9, 34 이하; Burnet, *G.P.,I*, 195쪽 참조.

자들로 되어 있다. 공기를 뚫고 지나가는 심상들은 공기에 의해서 쉽게 왜곡된다. 그리고 이것이 멀리 떨어져 있는 대상들이 전혀 보이지 않을 수 있는 이유이다. 색깔의 차이는 심상의 부드러움이나 꺼칠꺼칠함의 차이에 의해서 설명된다. 그리고 들림도 이와 비슷하게 설명된다. 소리를 내는 물체로부터 흘러나오는 원자들의 흐름이 그 물체와 귀 사이의 공기 속에 운동을 유발시킨다는 것이다. 맛보기, 냄새맡기, 만지기 등도 이와 같은 방식으로 설명된다. (그러므로 이차 성질은 객관적이지 않을 것이다.) 우리는 신들에 대한 지식 역시 그러한 심상(εἴδωλα)을 통하여 얻는다. 그러나 데모크리토스에 있어서 신은 비록 인간보다 오래 살기는 하지만 불멸하지는 않는, 상위의 존재를 가리킨다. 그들은 오래 가는 것(δύσφθαρτα)이지, 불멸하는 것(ἄφθαρτα)은 아니다. 물론 엄격하게 말하자면 원자론적 체계는 신(神)을 인정하지 않고, 단지 원자들과 공간만을 인정할 것이다.[2]

그런데 소피스트이자 데모크리토스의 동료 시민인 프로타고라스는 모든 감각은 감각하는 주체에게 똑같이 참이라고 선언했다. 그러므로 하나의 대상이 X에게는 참으로 달고, Y에게는 참으로 쓸 수가 있다. 그러나 데모크리토스는 특수한 감관들의 모든 감각들은 거짓인데, 그 이유는 그 주체밖에 그 감각들에 상응하는 실재적인 것이 아무것도 없기 때문이라고 선언했다. "인위(人爲, νόμῳ)로 달고, 인위로 쓰다. 인위로 따뜻하고, 인위로 차다. 인위로 색깔이 있다. 그러나 실재로(ἐτεῇ) 있는 것은 원자들과 공간이다."[3] 다른 말로 하면, 우리의 감각은 비록 그것이 외부의 객관적인 어떤 것, 즉 원자들에 의해 야기되기는 하지만 주관적이다. 그러나 원자는 특수한 감관들에 의해서 파악될 수 없다. "사실상, 감관에 의해서는 아무것도 확실히는 알지 못한다. 다만 신체의 성질이나 신체에 들어오거나 신체에 저항하는 것들의 성질에 따라 변화하는 그 무엇만을 알 뿐이다."[4] 그렇다면 특수한 감관들은 우리에게 실재에 관한 어떠한 정보도 제공하지 않는 것이다. 이차 성질들은 최소한 객관적이지 않다. "두 가지 형태의 지

---

2 파보리노스(Favorinus)를 인용하는 디오게네스 라에르티오스(9, 35)에 따르면, 데모크리토스는 마음에 관한 아낙사고라스의 주장을 조롱했다.

3 Frag. 9.

4 Frag. 9.

식(γνώμη)이 있는데, 그 하나는 적출(摘出)의 지식 (γυησίη)이고, 다른 하나는 서출(庶出)의 지식(σχοτίη)이다. 서출의 지식에 이 모든 것이 속한다. 보기, 듣기, 맛보기, 느끼기, 냄새맡기. 적출의 지식은 이것들과 전혀 다르다."[5] 그러나 영혼이 원자들로 구성되어 있고, 모든 지식은 주관이 외부에서 나오는 원자들과 직접적으로 접촉함으로써 야기되기 때문에, 감각과 사유 사이에 절대적인 분리가 없다는 의미에서 "적출의" 지식도 "서출의" 지식과 동일한 기반을 가지고 있다는 것은 명백하다. 데모크리토스는 이것을 알았으며, 이렇게 평했다. "가련한 마음이여, 그것[그대의 확신]이 우리에게서(즉 감관들로부터) 나오는데", "그대는 [그것으로] 우리를 공격할 증명들을 얻었도다. 그대의 공격은 [그대의] 파멸이로다."[6]

02. 우리가 단편들로부터 판단할 수 있는 한, 데모크리토스의 행위론은 그의 원자론과 학문적인 연관을 보이지 않는다. 그것에는 행복(εὐδαιμονίη)의 사상이 지배적인데, 행복은 즐거움(εὐθυμίη) 또는 안녕(εὐεστώ)에 있다. 데모크리토스는 즐거움에 관한(Περί εὐθυμίης) 논문을 한 편 썼는데, 그것은 세네카와 플루타르코스에 의해 이용되었다. 그는 행복이 행위의 목적이며, 쾌락과 고통이 행복을 결정한다고 생각한다. "그러나 행복은 가축의 떼 속에 있지도 않고, 금 속에 있지도 않다. 영혼은 '다이몬'이 머무는 곳이다."[7] "인간에게 가장 좋은 것은 가능한 한 즐거움은 많이 갖고, 고통은 적게 갖도록 인생을 보내는 것이다."[8] 그러나 감각지식이 진정한 지식이 아니듯이, 육체적 쾌락도 진정한 쾌락이 아니다. "선한 것과 참인 것은 모든 사람에게 동일하지만, 즐거운 것은 사람마다 다르다."[9] 우리는 영혼의 한 상태인 안녕(εὐεστώ) 또는 즐거움(εὐθυμίη)을 추구해야 하는데, 그것을 획득하기 위해서는 다양한 쾌락들을 평가하고 판단하며 구별해야 한다. 우리는 "균형" 또는 "조화"라는 원리의 인도를 받아야 한다. 이 원리를 사용

---

5   Frag. 11.
6   Frag. 125.
7   Frag. 171. (거의 "행운(fortune)")
8   Frag. 189.
9   Frag. 69.

함으로써 우리는 육체의 평온인 건강과, 영혼의 평온인 즐거움에 도달할 수 있다. 이 평온 또는 고요는 주로 영혼의 재산 속에서 발견될 수 있다. "영혼의 재산을 선택하는 자는 보다 신적인 것을 선택하며, 육체($\sigma\kappa\tilde{\eta}\nu o\varsigma$)의 재산을 선택하는 자는 인간적인 것을 선택한다."[10]

03.　　데모크리토스는 문화의 진화이론을 통하여 후세의 저술가들에게 영향을 행사했던 것으로 보인다.[11] 문명은 필요($\chi\rho\epsilon\iota\alpha$)와 이롭고 유익한($\sigma\acute{u}\mu\varphi\epsilon\rho o\nu$) 것의 수행에서 발생한다. 반면에 인간은 인간의 기술을 자연을 모방한 탓으로 돌리는데, 실을 잣는 것은 거미에게서 배우고, 집을 짓는 것은 제비에게서 배우며, 노래는 새들에게서 배운다. 데모크리토스는 (에피쿠로스와는 달리) 국가와 정치생활의 중요성을 강조하여, 사람들은 국사(國事)를 다른 어떤 것보다 더 중요한 것으로 간주해야 하며, 그것들이 잘 다루어지도록 하여야 한다고 선언했다. 그러나 그의 윤리 사상들은 자유를 가정하는 반면 그의 원자론은 결정론을 수반한다는 것이 데모크리토스에게는 문제의 형태로 부각되지 않았음이 분명하다.

04.　　지금까지 말한 것으로부터, 데모크리토스는 과거 철학자들의 우주론적 사색을 수행하고 있었다는 점에서(철학적 원자론에 있어서 그는 레우키푸스의 추종자였다) 자신의 시대, 즉 소크라테스 시대의 사람이 아니었다. 그러나 그의 지각에 관한 이론과 행위에 관한 이론은, 그가 프로타고라스에 의해서 제기된 난제들에 대한 어떤 대답이 요구된다는 것을 깨닫고 있었음을 보여준다는 점에서 매우 흥미롭다. 그러나 비록 그가 어떤 대답이 요구된다는 것을 알았지만, 그는 개인적으로 만족할 만한 해답을 제공할 수 없었다. 인식론적 문제와 윤리적 문제들을 비교할 수 없을 정도로 더 충분히 다루려는 시도를 보려면, 우리는 플라톤으로 넘어가지 않으면 안 된다.

10　　Frag. 37.
11　　Frag. 154.

제3부

플라톤

PLATO

A HISTORY OF PHILOSOPHY
GREECE AND ROME

제16장

플라톤의 생애

이 세계에서 가장 위대한 철학자들 가운데 한 사람인 플라톤은 아테네(또는 아이기나) 명문가의 후손으로 태어났는데, 그 시기는 아마도 기원전 428/7년일 가능성이 매우 높다. 그의 아버지의 이름은 아리스톤이었고 어머니는 카르미데스의 여동생이자 크리티아스의 질녀인 페릭티오네였는데, 카르미데스와 크리티아스는 기원전 404/3년의 과두체제에서 두각을 나타냈다. 디오게네스의 보고의 진실성에는 마땅히 의심의 여지가 있기는 하지만, 플라톤은 본래 아리스토클레스라고 불리었으나 강건한 풍모를 지녔던 까닭에 후일 플라톤이라는 이름을 갖게 되었다고 한다.[1] 그의 두 형제인 아데이만투스와 글라우콘은 『국가』에도 등장하며 포토네라는 이름의 여동생도 있었다. 페릭티오네는 아리스톤이 사망하자 피릴람페스와 재혼했으며, 그 두 사람의 아들인 안티폰(플라톤의 아버지 다른 동생)은 『파르메니데스』에 등장한다. 플라톤은 계부의 슬하에서 양육되었음이 분명하다. 그러나 비록 그가 귀족의 혈통을 지녔고 귀족의 가정에서 양육되었을지라도 피릴람페스는 페리클레스의 친구였고, 따라서 플라톤은 페리클레스적 정체(政體)의 전통에서 교육을 받았음이 틀림없을 것임을 (페리클레스는 429/8년에 죽었다) 잊지 말아야 한다. 플라톤 후기의 반(反) 민주주의적 편견은 어쨌든 단지 양육과

1　Diog. Laërt., 3, 4.

정에만 기인한 것일리는 없으며, 소크라테스의 영향에 의한 것이었는데, 특히 소크라테스가 민주주의의 지배로부터 받은 대우로부터 기인한 것이었음을 여러 저술가들이 지적했다. 반면에, 플라톤의 민주주의에 대한 불신은 소크라테스의 죽음보다도 훨씬 이른 시기에 비롯되었을지도 모른다. 펠레폰네소스 전쟁이 후기로 접어들면서 (플라톤은 406년 아르기누사 전투에 참전했을 가능성이 매우 높다) 플라톤은 민주주의는 진정으로 능력 있고 책임감 있는 지도자를 결여하며, 지도자라는 자들이 대중을 즐겁게 해줄 필요 때문에 타락한다는 인상을 받았음에 틀림없다. 플라톤의 국내정치에의 궁극적인 불참은 의심할 나위 없이 그의 스승에 대한 재판과 유죄 판결에서 비롯된다. 그러나 국가라는 배는 그것을 인도할 한 사람의 확고한 조타수가 필요하며, 그 조타수는 올바른 항로를 아는 사람이라야만 하고, 그 지식에 따라서 일관되게 행동할 준비가 되어 있는 사람이라야만 한다는 확신은 아테네 정권이 몰락하고 있던 동안에 형성되지 않을 수 없었다.

디오게네스 라에르티오스의 보고에 따르면, 플라톤은 "처음에 그림 연구와 시작(詩作), 바카스 신의 찬송에 열심이다가 후에 서정시와 비극에 골몰했다."[2] 이러한 서술이 어느 정도까지 사실인지는 알 수 없다. 그러나 플라톤은 아테네 문화의 번성기에 살았던 만큼, 교양 교육을 받았을 것임에는 틀림이 없다. 아리스토텔레스는 플라톤이 이미 청년기에 헤라클레이토스학파의 철학자인 크라튈로스와 친교를 맺고 있었다고 전한다.[3] 플라톤은 그로부터 감관지각의 세계는 유전 변화의 세계이므로 참되고 확실한 지식을 위한 올바른 대상이 될 수 없다는 것을 배웠을 것이다. 참되고 확실한 지식은 보편적인 개념의 수준에서 획득될 수 있다는 것은 소크라테스에게서 배웠을 것인데, 플라톤은 그와 일찍부터 교분을 맺어왔음이 분명하다. 디오게네스는 실제로 플라톤이 20세 때에 "소크라테스의 제자가 되었다"[4]고 주장했지만, 외삼촌인 카르미데스가 기원전 431년 소크라테스와 사귀었던 것으로 미루어,[5] 플라톤은 최소한 그가 20세가 되기 이전부터 소크라테스를 알았던 것임에 틀림없다. 어찌되었건 우리는 전적으

---

2   Diog. Laërt., 3, 5.

3   *Metaph.*, A 6, 987 a 32-35.

4   Diog. Laërt., 3, 6.

5   적어도 이것은 포티디아(Potidaea, *Charmides*, 153)에 대한 지시가 함축하는 것이다.

로 그리고 공공연히 철학에 헌신한다는 의미에서, 플라톤이 소크라테스의 '제자'가 되었다고 상정할 어떠한 근거도 가지고 있지 못한다. 왜냐하면 플라톤 자신이 우리에게 원래는 정치에 입문할 작정이었다고 고백하고 있으며, 그것은 그와 같은 경력을 지닌 젊은이에게는 당연한 일이었기 때문이다.[6] 403년에서 404년까지의 과두제에 참여한 그의 친척들은 플라톤에게 그들의 후원 아래 정계에 입문할 것을 종용했으나, 과두정치가 강압적인 정책을 추구하기 시작하고 소크라테스를 그들의 범죄에 연루시키려고 시도했을 때, 플라톤은 그들에게 환멸을 느끼게 되었다. 그러나 결국 민주주의자들이 더 나은 것도 아니었는데, 왜냐하면 소크라테스를 죽인 것이 바로 그들이었기 때문이다. 따라서 플라톤은 정치적으로 입신하려던 생각을 버리고 만다.

플라톤은 소크라테스의 재판법정에 참석했으며, 소크라테스에게 신원 인수를 위해 제공할 것을 제안한 상납금을 1미나에서 30미나로 증액할 것을 권고한 친구들 가운데 한 사람이었다.[7] 그러나 그는 병 때문에 친구의 임종에는 모습을 드러내지 못했다.[8] 소크라테스가 죽은 뒤 플라톤은 메가라로 은신하여 철학자 에우클레이데스에게 의지했으나, 곧이어 아테네로 귀환했던 것으로 보인다. 전기작가들은 플라톤이 키레네와 이탈리아, 이집트로 여행했다고 말하지만, 이러한 이야기들이 사실인지는 확실하지가 않다. 예컨대 플라톤 자신은 이집트 방문에 관해 어떤 것도 말하고 있지 않은 것이다. 이집트의 수학이나 심지어는 어린아이의 놀이까지 알고 있었다는 점에서 이집트를 실제로 여행했을 가능성이 없지는 않다. 다른 한편으로 여행 이야기는 플라톤이 이집트인들에 관하여 말하려고 했던 것으로부터 유추해낸 결론에 불과한 것으로서 지어냈을 수도 있다. 여행담의 일부는 명백히 전설적인 성격을 띠고 있다. 예를 들면, 어떤 것은 이미 406년에 사망한 시인 에우리피데스를 플라톤의 동료로서 묘사하고 있다. 이러한 사실은 여행에 대한 기록 전반을 의심스러운 것으로 만든다. 그러나 그럼에도 불구하고 우리는 마찬가지로 플라톤이 이집트를 방문하지 않았다고도 확실하게 말할 수는 없다. 그가 여행을 했었을 수도 있는 것이다. 만약 그가 실제로 이집트

---

6 *Ep.*, 7, 324 b 8-326 b 4.

7 *Apol.*, 34 a 1, 38 b 6-9.

8 *Phaedo*, 59 b 10.

로 갔었다면, 그는 395년경에 가서 코린트 전쟁이 발발했을 때 아테네로 귀환했을 것이다. 리터 교수는 플라톤이 그 전쟁의 초기 몇 해 동안(395년과 394년)에 아테네 군으로 종군했을 가능성이 매우 높은 것으로 생각하고 있다.

하지만 플라톤이 40세가 되던 해에 이탈리아와 시켈리아를 방문했다는 것만은 분명하다.[9] 아마도 그는 피타고라스학파의 구성원들을 만나서 대화를 나누었으면 하는 희망을 가졌던 것 같다. 어쨌든 그는 박학한 피타고라스주의자인 아르키타스와 사귀게 된다(디오게네스 라에르티오스에 따르면, 플라톤이 여행을 하는 목적은 시켈리아 섬과 화산들을 둘러보려는 데에 있었다). 플라톤은 쉬라쿠사이의 전제군주인 디오니시우스 1세의 궁전에 초빙되어, 그곳에서 국왕의 처남인 디온의 친구가 되었다. 플라톤의 거리낌 없는 논설은 디오니시우스의 진노를 샀고, 디오니시우스는 라케다이몬의 특사인 폴리스에게 그를 노예로 팔도록 넘겨주었다는 소문이 있다. 폴리스는 아이기나(당시 아이기나는 아테네와 교전 중이었다)에서 플라톤을 팔아버렸고, 플라톤은 생명을 잃을 위험에까지 놓였다. 그러나 마침내 키레네 사람인 안니케리스라는 사람이 그의 몸값을 치른 뒤, 그를 아테네로 보냈다.[10] 이 이야기는 플라톤의 『서간』(Episteles)에도 언급이 없기 때문에, 그것을 어떻게 생각해야 할지를 알기가 어렵다. 만약 그것이 실제로 일어났었다면(리터는 그 이야기를 받아들인다), 그것은 기원전 388년의 사건임에 틀림없을 것이다.

아테네로 돌아오자, 플라톤은 영웅 아카데모스 신전 근처에 아카데메이아 학원을 설립했던 것 같다(388/7). 아카데메이아는 연구가 고유한 의미의 철학에만 국한되지 않고, 수학, 천문학, 물리과학과 같은 광범위한 보조학문들에까지 미치고 있었다. 따라서 마땅히 유럽 최초의 대학으로 불릴 만했으며, 학원의 구성원들은 뮤즈 신들을 공동으로 경배하는 데 참여했다. 아테네 자체에서뿐 아니라 해외에서도 젊은이들이 아카데메이아로 몰려왔는데, 유명한 수학자인 에우독소스가 친히 쉬라쿠사이로부터 자신의 학파를 이끌고 아카데메이아로 온 것은 아카데메이아의 과학 정신에 대한 존경이며 아카데메이아가 단순한 "신비주의 철학"의 결사가 아니었다는 증거이다. 플라

---

9   *Ep.*, 7, 324 a 5-6.
10   Diog. Laërt., 3, 19-20.

톤의 아카데메이아가 과학정신을 강조하는 것은 당연하다. 비록 플라톤이 정치가나 통치자들의 양성을 목표로 했다는 것이 틀림없는 사실이긴 하지만, 그의 방법은 (이소크라테스가 그의 학파에서 했던 것처럼) 단순히 수사학과 같은 즉각적으로 현실응용이 가능한 것들을 가르치는 데 있었던 것이 아니라, 과학의 공평무사한 추구를 진작시키는 데 있었기 때문이다. 교과목의 정점에는 철학이 위치하고 있었지만, 그것은 사심 없는 정신으로 순전히 실용성만을 추구하지는 않으며, 예비과목으로서 수학과 천문학의 연구와 당연히 화성학의 연구 또한 포함했다. 플라톤은 공공생활을 준비하는 가장 좋은 수양은 단지 실용적이기만한 "소피스트적" 수양이 아니라, 학문 그 자체를 위한 학문의 추구임을 확신하고 있었다. 물론 수학은 플라톤의 이데아 철학에 대한 중요성 이외에도 사심 없는 연구의 명백한 한 분야를 제공했는데, 그리스인들에게는 이미 높은 수준의 발전이 이루어져 있었다(예를 들어, 논리적 분류의 문제와 관련하여 수행된 식물학적 조사와 같은 생물학적 연구 또한 포함되었던 것 같다). 이렇게 양성된 정치가들은 시류에 편승하는 기회주의자들이 되는 것이 아니라, 불변하는 영원한 진리에 기초한 믿음에 따라서 용기있고 두려움없이 행동할 것이다. 다른 말로 하면 플라톤은 선동가들이 아닌 정치가들의 배출을 목표로 했다.

아카데메이아에서의 연구 활동을 지도하는 일 이외에 플라톤은 스스로 강의를 맡아 했고 강의의 내용은 수강자들의 노트에 채록되었다. 이 강의원고들은 출판되지 않았으며, 대중의 강독을 의도한 출판물인 대화편들과 대조를 이루고 있다는 것에 유의해야 한다. 이러한 사실을 깨달으면, 우리가 플라톤과 아리스토텔레스(367년 아카데메이아 입교) 철학 사이에서 자연스럽게 감지하게 되는 어떤 예리한 차이점들은 최소한 부분적으로나마 사라진다. 우리는 플라톤의 대중적 작품들, 즉 그의 대화편은 가지고 있으나 그의 강의록들은 가지고 있지 못하다. 아리스토텔레스의 경우 상황은 정확하게 반대가 된다. 우리가 가지고 있는 아리스토텔레스의 작품은 그의 강의들을 나타내는 반면, 그의 대중적 작품 또는 대화편들은 우리에게 전해지지 않았으며, 전해지더라도 단지 단편들만이 남아 있다. 그러므로 우리는 더 이상의 증거가 제시되지 않는 한, 단지 플라톤의 대화편과 아리스토텔레스의 강의록을 비교함으로써, 예를 들어 문학적 능력이라는 점에서 또는 감정적이고 미학적이며 신비주의적인 외양이라는 점에서 이 두 철학자 사이의 뚜렷한 차이에 관한 결론을 내릴 수는 없다. 우리는 아리스토텔레스가 선(善)에 관한 플라톤의 강의를 들으러 온 사람들이 산술과 천문학, 그리고 극한과 일자(一者)에 관해서만 듣고는 충격을 받는 일이 적지 않았다고 이야기하곤 했다고 듣는다. 플라톤은 『제7시간』에서 논의 중인 강의에 대하여 몇몇 사람들이 출판한 해설서들을 반박한다. 그는 같은 서간에서 다음과 같이 말한다. "그러므로 나는 최소한 이러한 것들에 관하여 어떠한 논문도 쓴 적이 없고, 앞으로도 아마 그럴 것인데, 왜냐하면 그러한 주제는 여타의 과학들과 마찬가지로 언어를 통한 의미의 전달이 불가능하기 때문이다. 영혼 내부에 불빛이 밝혀지고, 말하자면 튀어 오르는 불꽃에 의해 점화되고, 나아가 불타오르는 것은 물론 일(事) 그 자체와 공동체적 삶 속에서의 오랜 교류가 있고 난 다음에 발생하는 것이다." 또한 『제2서간』에서는 "그러므로 나는 이 문제에 관하여 단 한 자도 서술한 바가 없으며, 현재에도 미래에도 이것들에 관한 플라톤의 논문은 집필되지 않을 것이다. 지금 그 이름을 달고 있는 것 모두는, 비록 미화되고 새로이 활력을 부여받기는 했지만, 소크라테스의 작품들이다."[11] 이러한 문구들로부터 혹자는 플라톤이 진정한 교육을 위한 책의 가치를 높이 평가하지 않았다는 결론을 도출한다. 그것이 사실일 수도 있다. 그러나 플라톤은 결국 대화편들을 출판했기 때문에, 우리는 이 점을 부당하게 강조해서는 안 된다. 그리고 문제의 구절들이 플라톤의 진술이 전혀 아닐 수도 있다는 것 또한 잊어서는 안 된다. 그러나 우리는 아카데메이아 학원에서 교수된 상세한 형태의 이데아론이 일반 대중들에게 저술로 전달되지 않았다는 것을 인정해야만 한다.

교사와 정치고문으로서의 명성 덕분에 플라톤은 367년 두 번째로 쉬라쿠사이를 방문할 수 있게 된다. 그해 디오니시우스 1세가 사망하자, 디온은 당시 약 30세였던 디오니시우스 2세의 교육 담당으로 쉬라쿠사이로 오도록 플라톤을 초대했다. 플라톤은 쉬라쿠사이를 방문했고, 그 왕에게 기하학 수업을 했다. 그러나 얼마 되지 않아 디온에 대한 디오니시우스의 질시가 팽배하였고, 디온이 쉬라쿠사이를 떠나자 그 철학자는 우여곡절 끝에 아테네로 되돌아왔으며, 그 이후로는 서신을 통하여 디오니시

---

11   *Ep.* 7, 341 c 4-d 2; *Ep.* 2, 314 c 1-4.

우스의 교육을 계속했다. 플라톤은 그 왕과 그의 삼촌을 화해시키는 데 성공하지 못했
는데, 디온은 아테네에 거처를 마련하고 그곳에서 플라톤과 어울렸다. 플라톤은 철학
공부를 계속하기를 바라는 디오니시우스 2세의 간곡한 요청을 받아들여 361년 세 번
째로 쉬라쿠사이를 여행한다. 플라톤은 카르타고의 위협에 대응하여 그리스 도시국가
연합체의 정체(政體)를 마련하고자 하였으나, 반대가 너무 강한 것으로 드러났다. 더구
나 그는 자신이 조카에게 재산을 몰수당한 디온의 송환을 보장해줄 수 없음을 깨달았
다. 그러므로 플라톤은 360년 아테네로 돌아왔고, 348/7년 숨을 거둘 때까지 거기서
아카데메이아에서의 활동을 계속했다.[12] (디온은 357년 쉬라쿠사이의 주인이 되는데 성공했으
나, 353년 살해되었는데 이것은 플라톤에게 있어 매우 비통한 일이었다. 왜냐하면 플라톤은 철인 왕이라
는 자신의 꿈이 좌절되었음을 느꼈기 때문이었다.)

---

12 그는 81세에 죽었다고 전한다(Uno et octogesimo anno scribens est mortuus). Cic., *De Senect.*, 5, 13.

제17장

플라톤의 저작

우리는 플라톤의 전집 전체를 가지고 있다고 할 수 있다. 테일러 교수가 말하는 것처럼, "우리는 후기 고대 어디에서도 우리가 아직 확보하고 있지 못한 플라톤의 작품에 대한 언급을 발견할 수 없다."[1] 그러므로 우리는 우리가 출판된 플라톤의 대화편 모두를 가지고 있다고 상정할 수 있다. 그러나 우리는 이미 말한 대로, 그가 아카데메이아에서 강의한 강의록은 가지고 있지 못한데(비록 아리스토텔레스의 저술 속에 다소 모호한 인용구들이 있기는 하지만), 만약 대화편들을 교양을 갖춘 비전문가를 위해 계획된 대중적인 작품으로 전문적인 철학도들에게 전수된 강의록들과는 구별되어야 한다고 생각하는 사람들이 옳다면, 이것은 더욱더 유감스러운 일이다(플라톤은 원고 없이 강의를 했을 것이라는 추측이 있었다. 이것이 사실이건 아니건, 우리는 지금까지 플라톤의 그 어떤 강의 원고도 보유하고 있지 못하다. 마찬가지로 우리는 대화편의 이설(理說)과 아카데메이아 주변에서 전수된 이설 사이의 현격한 차이점을 도출해낼 수 있는 어떠한 권리도 없다. 결국 대화편 전부가 "대중적" 작품이라고 쉽게 단정될 수는 없으며, 그것들 가운데 특히 어떤 것은 플라톤이 그 안에서 자신의 견해의 해명을 모색하고

---

1   *Plato.*, 10쪽.

있다는 명백한 신호들을 보여준다). 그러나 우리가 대화편 전부를 확보하고 있을 가능성이 크다고 말하는 것이 플라톤의 이름이 붙여져 우리에게 전해 내려온 모든 대화편들이 플라톤 자신의 원작이라고 말하는 것과 동일한 것은 아니다. 진서(眞書)와 위서(僞書)를 가려내는 작업이 아직 남아 있다. 가장 오래된 대화편의 필사본은 서력기원이 시작될 무렵 트라쉴루스라는 인물이 정리한 것으로 추정되는 필사본이다. 어쨌든 이 정리는 "4부작"으로 되어 있는데, 기원전 3세기에 비잔티움의 아리스토파네스에 의한 3부작 정리 방식에 기초를 두었던 것으로 보인다. 그렇다면 36편의 대화편들은([8개의] 서간 문들을 하나의 대화편으로 간주하는 경우) 그 시대의 학자들에 의해서 일반적으로 플라톤의 작품으로 인정되었던 것으로 보일 것이다. 그렇다면 문제는 다음과 같은 질문으로 환원될 수 있다. "36개의 대화편들은 모두 원작인가? 아니면 그 가운데 일부가 위작인가? 만약 그렇다면 위서는 어떠한 것들인가?"

이미 고대에서조차 몇몇 대화편에 관한 의문들이 제기되었다. 우리는 아테나이오스로부터 [당시의] 몇몇 학자들은 『알키비아데스 II』를 크세노폰의 작품으로 추측하고 있었다는 것을 알게 된다. 또한 프로클로스는 『에피노미스』와 『서간』을 [위작으로] 거부했을 뿐만 아니라, 『법률』과 『국가』도 [위작으로] 거부하는 데까지 나아간다. 위서의 선별 작업은 19세기에 크게 진전을 보았는데, 위버벡과 샤르슈미트의 주도 하에 연구의 과정이 절정에 달한 독일에서는 특히 그러했다. "고대와 근대에 행해진 비판의 공격을 포함한다면, 트라쉴루스가 4개의 부분으로 구획한 36개의 대화편들 가운데 오직 5개의 대화편만이 어떤 공격도 받지 않고 있었다."[2] 그러나 요즈음 비판은 한층 조심스러운 방향으로 나아가고 있으며, 몇몇 대화편의 원작성 시비가 논쟁거리로 남아 있기는 하지만 중요한 모든 대화편들의 진실성에 관해서는 그리고 보다 덜 중요한 어떤 대화편들의 위서적 성격에 관해서는 일반적인 동의가 이루어져 있다. 비판적인 연구의 결과들은 다음과 같이 요약될 수 있다.

---

2   Ueberweg-Praechter, 195쪽. 물론 프래흐터 박사의 매우 귀중한 작품은 위버벡(Ueberweg) 시대의 혹평 풍조를 나타내지 않는다.

① 일반적으로 [위작으로] 거부되는 대화편들은『알키비아데스 II』,『히파르코스』,『아마토레스』, 또는『리발레스』,『테아게스』,『클리토폰』,『미노스』 등이다. 이것들 가운데『알키비아데스 II』를 제외한 모두는 아마도 동시대인 기원후 4세기의 작품일 것인데, 의도적인 모조품이 아니라 플라톤의 대화편들과 동일한 성격의 가벼운 작품들이다. 그것들은 4세기에 통용되던 소크라테스 인식을 파악하는 데 기여하는 것으로 ―어느 정도는 정당하게― 해석될 수 있다.『알키비아데스 II』는 아마도 그 이후의 작품일 것이다.

② 다음 여섯의 대화편들의 원작성 여부는 논란의 여지가 있다.『알키비아데스 I』,『이온』,『메넥세노스』,『히피아스』,『에피노미스』,『서간』. 테일러 교수는『알키비아데스 I』을 플라톤 직계 제자의 작품이라고 생각하며[3] 프래흐터 박사 역시 그것은 아마도 스승의 진짜 저작이 아닐 것이라고 생각한다.[4] 프래흐터는『이온』을 플라톤의 원작으로 간주하며, 테일러는 그것은 "그것을 거부할 확실한 근거가 산출되지 않는 한, 원작으로 통하도록 인정되는 것이 합리적일 것"[5]이라고 말한다."『메넥세노스』는 아리스토텔레스에 의하여 분명히 플라톤의 원작으로 받아들여졌으며, 현대 비평가들은 이 견해를 수용하는 경향이 있다.[6]『대 히피아스』는 비록 이름이 거명되지는 않았지만, 아리스토텔레스의『변증론』에서 암묵적으로 언급되는 것처럼 보이기 때문에 플라톤의 원작일 가능성이 매우 높다.[7]『에피노미스』에 관하여 말하자면, 비록 예거 교수는 그것을 오푸스의 필리포스의 것으로 추정하지만,[8] 프래흐터와 테일러는 그것을 원작으로 생각한다.『서간』에 대해서는, 서간 제6, 7, 8은 일반적으로 인정되는데, 테일러 교수는 이『서간』들을 인정하게 되면, 제1서간과 어쩌면

---

3   *Plato.*, 13쪽.
4   Ueberweg-Praechter, 199쪽.
5   *Plato.*, 13쪽.
6   Arist., *Rhet.*, 1415 b 30.
7   *Topics* A 5, 102 a 6; E 5, 135 a 13; Z 6, 146 a 22.
8   *Aristotle.*, 예컨대, 132쪽. Diog. Laërt., 3, 37 참조. 테일러(*Plato*, 497쪽)는 디오게네스가 단지 필리포스가 밀랍서판에서『에피노미스』를 베꼈다는 것만을 의미할 뿐이라고 생각한다.

제2서간까지를 제외한 나머지 모든 서간문들을 인정해야만 하는 논리적인 결론에 이르게 된다고 생각한다.『서간』들은 우리에게 플라톤의 전기에 관한 귀중한 정보를 제공해주기 때문에, 사람들은 그것들을 거부하고 싶지 않을 것이다. 그러나 우리는 지극히 자연스러운 이 욕구가 우리가『서간』들을 진본으로 받아들이는 데 부당한 영향력을 행사하지 않도록 주의하여야 한다.[9]

③ 남아 있는 대화편들의 원작성은 인정되어도 좋다. 그러므로 비판의 결과는, 4부분으로 구획된 36편의 대화편들 가운데 6편은 일반적으로 인정되고, 다른 6편은 위작임이 입증될 때까지는 인정될 수 있으며(아마도『알키비아데스 I』과『제1서간』은 예외일 것이다), 반면에 나머지 24편의 대화편들은 확실히 플라톤의 원작이라는 것이다. 그러므로 우리는 플라톤 사상에 대한 우리의 생각을 정초할, 꽤 상당한 분량의 문헌을 확보하고 있는 것이다.

──────── **2. 저작들의 연대(年代)**

01. 저작 연대 결정의 중요성

한 사상가의 사상이 어떻게 발전했고 만약 변화가 있었다고 하면 또 어떻게 변했는지, 시간의 흐름에 따라 어떠한 수정이 가해졌고 어떤 새로운 사상들이 도입되었는지를 살펴보는 것은 매우 중요하다. 이러한 문맥에서 거론되는 흔한 예는 칸트의 문헌 저작의 예이다. 만약 우리가 칸트의 비판철학이 초년기에 나타났고 그가 나중에 "교조적" 입장으로 복귀했다고 생각한다면, 칸트에 대한 우리의 지식은 결코 충분하다고 할 수 없을 것이다. 또한 셸링의 경우도 마찬가지다. 셸링은 일생 동안 여러 철학들을 만들어냈는데, 그의 사상을 이해하기 위해서는 그가 피히테의 입장에서 시작하였으나 노년기에 접어들어서는 종교철학적인 비약을 했음을 아는 것이 매우 바람직하다.

────────

9   리터는『서간』의 3과 8 그리고 7의 본론만을 받아들인다.

02. 저작 연대의 결정 방법[10]

(1) 플라톤 작품들의 저술시기를 결정하는 데 있어 가장 유용성이 크다고 판명된 기준은 '언어'이다. 내용상의 차이점들은 작가의 의도적인 선택이나 목적 때문이라고 생각할 수 있는 반면 언어 스타일의 발전은 대개 무의식적이라는 점에서, 언어를 근거로 한 논변은 그만큼 더 확실하다.

그리하여 디텐베르거는 동의의 형식으로서 '어떤가?(τί μήν;)'의 빈번한 사용과 '물론(γε μήν)' 및 '그러나 물론(ἀλλα μήν)'의 사용 증가의 연원을 플라톤의 첫 번째 시켈리아 여행 때까지로 추정해 올라간다. 『법률』은 명백하게 노년기의 저술에 해당하며,[11] 『국가』는 초기에 속한다. 『법률』에서는 극적인 힘의 원기가 감소하는 것이 눈에 띌 뿐만 아니라, 이소크라테스가 아티카의 산문에 도입한 것으로 『국가』에서는 나타나지 않는 언어적 표현의 특징들 또한 감지할 수 있다. 따라서 우리는 후기의 문체에 근접한 정도에 따라 [『국가』와 『법률』의] 중간에 끼는 대화편들의 시간적 순서를 판정하는 데 도움을 받을 수 있다.

그러나 대화편들의 연대 결정의 기준으로서 언어적 표현을 활용하는 것이 가장 유용한 것으로 입증되었다 하더라도, 물론 그 밖의 기준을 무시할 수는 없다. 다른 기준들은 언어적 증거들이 의심스럽거나 또는 서로 모순적일 때, 종종 문제가 되는 사안을 결정해줄 수 있기 때문이다.

(2) 대화편들의 순서를 판정하는 또 하나의 선명한 기준은, 고전작가들의 직접적인 증언이다. 그러나 이 출처로는 기대한 만큼의 도움을 받을 수 없다. 『법률』이 『국가』 이후에 쓰여졌다는 아리스토텔레스의 주장은 귀중한 정보인 반면, 『파이드루스』가 플라톤의 대화편들 가운데 최초의 것이라는 취지의 디오게네스 라에르티오스의 보고는 받아들일 수 없다. 디오게네스 자신은 그 보고가 옳다고 하겠지만, 그가 주제(사랑 -그

---

10   Ueberweg-Praechter, 199-218쪽 참조.

11   Arist., *Pol.*, B 6, 1264 b 27.

대화편 도입부에 나타나는)와 시적인 문체로부터 논증하고 있다는 점은 명백하다.[12] 플라톤이 사랑을 다루고 있다는 사실로부터 그 대화편은 청년기에 집필되었음에 틀림없다는 결론으로 논증할 수는 없으며, 다른 한편으로 시적인 문체와 신화를 사용한다는 것도 그 자체로는 결정적인 것이 아니다. 테일러가 지적하고 있듯이, 만약 우리가 『파우스트』 2부에서 나타나는 시적이고 신비적인 비상(飛翔)에 근거하여 괴테가 제2부를 제1부보다 앞서 저술했다는 결론으로 논증한다면, 이는 그릇된 비약이 틀림없다.[13] 이와 유사한 예는 셸링의 경우에서도 찾을 수 있을 것인데, 이미 언급했던 바와 같이 그의 종교철학적인 비약은 만년에 발생했다.

(3) 대화편에 등장하는 역사적인 인물이나 사건들에 관해서 말하자면, 그것들은 그다지 많은 수는 아니며, 어떠한 경우라도 그것들은 우리에게 이후에 언제 쓰여졌는가(terminus post quem)만을 알려줄 뿐이다. 예컨대 『파이돈』에서처럼 어떤 작품에 소크라테스의 죽음에 관한 언급이 있다면, 그 작품은 소크라테스의 사후에 지어진 것이 틀림없지만, 그것이 사후 어느 만큼의 시간이 흐른 뒤에 쓰여진 것인지를 말해주지는 않는다. 그러나 비평가들은 이러한 기준으로부터 얼마간의 도움을 얻었다. 예를들면 그들은 『메논』은 아마도 테베의 이스메니아스의 독직사건이 대중들의 기억으로부터 아직 사라지지 않았을 때 집필되었을 것이라고 주장했다.[14] 또한 『고르기아스』가 폴리크라테스의 소크라테스 비난연설(393/2)에 대한 반박문을 포함하고 있다면, 『고르기아스』는 아마도 393년에서 389년 사이에, 즉 첫 번째 시켈리아 방문 이전에 집필되었을 것이다. 대화편에서 추정되는 소크라테스의 나이는 대화편 자체의 저술연대를 가리키는 것이라고 소박하게 상정될 수 있을 것이지만, 이러한 기준을 보편적인 규칙으로 사용하는 것은 분명히 지나친 것이다. 예를 들어 소설가는 그의 첫 번째 작품의 탐정 주인공을 성인 남자이며 이미 경찰 근무 경력을 가진 인물로 설정하고 나서, 다음 번 소설에서는 그의 첫 번째 사건을 다룰 수도 있을 것이다. 더욱이 비록 소크라테스

---

12   Diog. Laërt., 3, 38.

13   *Plato*, 18쪽.

14   *Meno*, 90 a.

의 개인적 운명을 다루고 있는 대화편들은 소크라테스의 사후 얼마 지나지 않아 저술되었을 것이라고 상정하는 것은 정당할 수 있겠지만, 소크라테스의 말년을 다루고 있는 대화편들, 예를 들어『파이돈』및『변론』이 모두 동시에 출판되었음을 당연한 것으로 받아들이는 것은 확실히 과학적이지 못하다.

(4) 한 대화편이 다른 대화편에 관해 언급한다면 대화편들의 순서를 결정하는 데 뚜렷하게 도움이 될 것인데, 왜냐하면 다른 대화편을 언급하는 대화편은 그것이 언급하는 대화편보다 이후에 집필되었을 것이 분명하기 때문이다. 그러나 다른 대화편에 관한 외견상의 언급이 실재 언급인지를 결정하는 것이 언제나 쉬운 일은 아니다. 그러나 예를 들면『티마이오스』에 포함되어 있는『국가』에 관한 언급과 같이, 의심의 여지가 없는 경우도 더러 있다.[15] 이와 유사하게『정치가』는『소피스테스』의 후편임이 분명하므로『소피스테스』보다 뒤에 저술된 작품임에 틀림없다.[16]

(5) 대화편의 실제 내용에 관해서 말하자면, 우리는 이 기준을 사용하는 데 있어서 최대한의 신중함을 발휘하지 않으면 안 된다. 예컨대, 어떤 철학적 이설(理說)이 대화편 X 속에는 짧은 요약문으로 나타나며, 반면에 대화편 Y에서는 자세하게 취급되어 있다고 상정하자. 어떤 비평가는 이렇게 말할 것이다. "그래 이거야, 대화편 X에 제공된 예비적 개요가 대화편 Y에 가서는 상세하게 설명되고 있는 것이지." 그러나 그 철학적 이설(理說)이 대화편 Y에서 이미 자세하게 다루어졌다는 바로 그 이유 때문에, 대화편 X에서는 간결한 요약문이 제공된 것은 아닐까? 어느 한 비평가는[17] 문제에 대한 부정적이고 비판적인 검토가 긍정적이고 건설적인 해설에 선행한다고 주장했다. 만약 이것이 저술시기 결정의 한 기준으로 받아들여진다면『테아이테토스』,『소피스테스』,『정치가』,『파르메니데스』는 저술 시기에 있어『파이돈』과『국가』에 앞서야 하지만, 조사의 결과는 그럴 가능성이 없음을 보여주었다.

---

15 17 이하.

16 *Polit.*, 284 b 7이하., 286 b 10.

17 K. Fr. Hermann.

그러나 대화편의 내용이라는 기준은 신중하게 사용되어야 한다는 것이 그것이 전혀 쓸모가 없다는 의미는 아니다. 예를 들어 이데아설에 대한 플라톤의 태도는『테아이테토스』,『파르메니데스』,『소피스테스』,『정치가』,『필레보스』,『티마이오스』가 하나의 동아리로 분류되어야 함을 암시하며, 다른 한편으로『파르메니데스』,『소피스테스』,『정치가』와 엘레아학파 변증법과의 연관은 이 대화편들이 서로 특별히 긴밀한 관계에 있음을 암시한다.

⑹ 대화편의 예술적 구성상의 차이점들 역시 집필의 순서에 관하여, 상호 간의 관계를 결정하는 데 도움이 될 수 있다. 그러므로 어떤 대화편들에 있어서는 대화의 구성과 대화에 참여한 인물들의 성격묘사가 매우 정성스레 이루어진다. 유머러스하고 유쾌한 인유(引喩)가 있고, 활기에 찬 막간희극 등등이 있다. 이러한 부류의 대화편에는『향연』이 속한다. 그러나 다른 대화편들에서는 예술적 측면은 뒤로 숨고, 작가의 주의는 명백히 온통 철학적 내용에 집중된다. 이 두 번째 부류의 대화편들에서는 ―『티마이오스』와『법률』이 여기에 속할 것인데― 형식은 다소 무시된다. 내용이 전부인 것이다. 아마도 우리가 내릴 수 있는 정당한 결론은, 노년기에 접어들면서 플라톤의 예술적인 열정은 사그라지고 이론철학에 대한 그의 주의가 확대되었기 때문이라는 것이다(이것은 반드시 시적 언어의 사용이 감소한다는 것을 의미하는 것이 아니라, 해가 갈수록 의도적인 예술적 기교가 감소하는 경향이 있다는 것을 의미한다).[18]

03. 앞서 언급한 기준들을 사용함으로써 얻어진 결과들에 대한 학자들의 평가는 서로 다르다. 그러나 다음의 저작 연대표는 대체로 만족스러운 것으로 받아들여질 수 있다(비록 그것이 플라톤은 초기에 아카데메이아를 지도하고 있을 때는 저술을 하지 않았다고 생각하는 사람들에게는 받아들일 수 없겠지만).

18　*역자 주: 예술적 형식에 주의를 기울여 집필된 것일수록 여타에 비하여 보다 일찍이 집필되었을 것이라는 뜻이다.

(1) 소크라테스적 시기

이 시기에 플라톤은 여전히 소크라테스의 주지주의적 결정론의 영향을 받고 있었다. 대부분의 대화편들은 어떠한 명확한 결론에도 도달하지 못한 채 끝난다. 이것이 소크라테스적 "무지"의 특징이다.

① 『변론』: 법정에서 소크라테스의 자기 변론.

② 『크리톤』: 소크라테스는 자신에 대한 부당한 판결에도 불구하고 국법에 복종하여 기꺼이 목숨을 포기하는 훌륭한 시민으로 묘사된다. 크리톤과 다른 사람들이 탈주할 것을 제안하며 돈도 준비했다. 그러나 소크라테스는 자신의 원칙을 준수할 것임을 선언한다.

③ 『에우티프론』: 소크라테스가 불경죄에 대한 자신의 재판을 기다리고 있다. 경신(敬神)의 본질에 관하여 다룬다. 그러나 그 물음에 대한 어떠한 결론도 내리지 않는다.

④ 『라케스』: 용기에 관하여, 결론 없음.

⑤ 『이온』: 시인과 음유시인에 반대하는 내용.

⑥ 『프로타고라스』: 덕은 지식이며, 교수 가능하다는 내용.

⑦ 『카르미데스』: 절제에 관하여, 결론 없음.

⑧ 『뤼시스』: 우정에 관하여, 결론 없음.

⑨ 『국가』 제I권: 정의(正義)에 관하여.

(『변론』과 『크리톤』은 분명히 초기에 쓰여졌음이 틀림없다. 그리고 이 동아리의 다른 작품들도 아마 플라톤이 388/7년에 귀환한 제1차 시켈리아 여행 이전에 집필되었을 것이다.)

(2) 과도기

플라톤이 그 자신의 견해를 모색하고 있다.

⑩ 『고르기아스』: 현실적인 정객, 또는 강자의 권리 대 철인의 권리, 또는 정의(正義)의 절대적 가치.

⑪『메논』: 이데아론의 관점에서 교정된 덕의 교수가능성.

⑫『에우티데모스』: 후기 소피스트들의 논리적 오류를 비판함.

⑬『히피아스 I』: 아름다움에 관하여.

⑭『히피아스 II』: 악을 자발적으로 행하는 것이 더 나은가 또는 비자발적으로 행하는 것이 더 나은가?

⑮『크라튈로스』: 언어이론에 관하여.

⑯『메넥세노스』: 수사학에 대한 풍자.

(비록 프래흐터는『메넥세노스』가 제1차 시켈리아 여행 이후에 집필되었다고 생각하지만, 이 시기의 작품들은 아마도 제1차 시켈리아 여행 이전에 집필되었을 것이다.)

(3) 원숙기

플라톤이 자신의 사상을 가진다.

⑰『향연』: 세속의 모든 아름다움은 에로스에 의해서 영혼이 갈망하는 진정한 아름다움의 그림자에 불과하다는 내용.

⑱『파이돈』: 이데아와 불멸성.

⑲『국가』: 국가. 매우 강조된 이원론, 즉 형이상학적 이원론.

⑳『파이드루스』: 사랑의 본질. 철학적 수사학의 가능성.『국가』에서와 같은 영혼 삼분설(이 대화편들은 아마도 제1차 시켈리아 여행과 제2차 시켈리아 여행 사이에 집필되었을 것이다).

(4) 노년의 작품들

㉑『테아이테토스』: (이 작품의 후반부는『파르메니데스』이후에 집필되었을 것으로 추정.) 지식은 감관지각도 옳은 판단도 아니다.

㉒『파르메니데스』: 이데아론 비판에 대한 반박(이데아론에 대한 옹호).

㉓『소피스테스』: 재고된 이데아론.

㉔『정치가』: 진정한 통치자는 지자(智者)이다. 법치국가는 임시변통물이다.

㉕『필레보스』: 쾌락의 선의(善意)에 대한 관계.

㉖『티마이오스』: 자연과학. 데미우르고스가 등장한다.

㉗『크리티아스』: 제국주의적 해양세력 "아틀란티스(Atlantis)"와 대조된 이상적인 농업국가.

㉘『법률』과『에피노미스』: 플라톤은『국가』에서의 이상주의를 수정함으로써 실제 생활로 양보했음을 보여준다(이 대화편들 가운데 몇 편은 제2차와 제3차의 시켈리아 여행 사이에 집필되었을 것이나,『티마이오스』,『크리티아스』,『법률』과『에피노미스』는 아마도 제3차 여행 이후에 집필되었을 것이다).

㉙ 제7서간과 제8서간은 353년 디온이 사망한 후에 집필되었음이 틀림없다.

주(註) 플라톤은 결코 완전하고 깔끔하게 다듬은, 그리고 완성된 철학적 체계를 출판한 적이 없다. 플라톤의 사상은 참신한 문제들과 숙고해야 할 다른 난제들이 그의 머리 속에 떠오를 때마다, 그의 학설 가운데 강조하거나 공들여 다듬어야 할 새로운 측면들과 새로 도입해야 할 어떤 수정의 내용이 생각날 때마다, 발전을 계속했다.[19] 그러므로 집필의 순서가 확증될 수 있는 한, 여러 대화편들을 연대순으로 다룸으로써 플라톤의 사상을 발생론적으로 취급하는 것이 바람직할 것이다. 이것은 테일러 교수가 그의 탁월한 작품인『플라톤, 그 인물과 저작』에서 채택했던 방법이다. 그러나 이 책에서는 그러한 과정은 실행 가능하지 않기 때문에 플라톤의 사상을 여러 부분으로 나누는 것이 필요하다고 생각했다. 그럼에도 불구하고, 나는 플라톤의 생애의 여러 다른 시기들로부터 자라나온 견해들을 함께 몰아넣는 위험을 가능한 한 피하기 위하여, 플라톤의 학설들이 점진적으로 발생한다는 것을 잊지 않으려고 노력할 것이다. 어찌 되었건, 플라톤의 철학에 대한 나의 논의가 독자들이 플라톤의 실제 대화편으로 주의를 돌리도록 인도한다면, 본 저자는 그동안 행한 어떠한 수고에 대해서도 충분하게 보상을 받은 것으로 생각할 것이다.

---

19 "플라톤은 평생동안 발전하는 사람이었다"라는 프래흐터 박사의 말(Ueberweg- Praechter 260쪽)을 참조.

제18장

인식론

어느 대화편에서도 플라톤의 인식론이 체계적으로 서술되어 있거나 완전하게 다듬어져 있지 않다. 『테아이테토스』는 정말로 지식의 문제를 숙고하는 데 바쳐진 작품이지만, 결론은 부정적이다. 왜냐하면 플라톤은 거기에서 그릇된 인식론을, 특히 지식은 감관지각이라는 이론을 반박하려고 하기 때문이다. 더구나 『테아이테토스』를 집필하게 되었을 무렵에, 플라톤은 이미 『국가』에 등장하는 존재의 위계에 상응하는 "지식"의 등급론을 완결지었다. 그렇다면 우리는 긍정적인 논법이 부정적이고 비판적인 논법을 앞선다거나, 또는 플라톤은 지식이 무엇인지를 마음 속으로 결정하고 난 이후에 그 스스로 그릇된 것으로 믿고 있던 이론들의 난점들에 대한 고찰과 체계적인 반박에 나섰다고 말할 수 있을 것이다.[1] 그러나 이 책에서는 플라톤의 긍정적인 이설(理說)에 대한 고찰로 나아가기 이전에, 먼저 플라톤 인식론의 부정적이고 비판적인 측면을 다루는 것이 최상일 것으로 보인다. 따라서 우리는 계속하여 『국가』의 지식과 관련된 논의를 검토하기에 앞서, 무엇보다도 『테아이테토스』의 논증을 요약할 생각이다.

---

[1] 우리가 그것으로 플라톤이 『테아이테토스』를 쓰기 훨씬 전에 감관지각의 위상에 관해서 마음을 정하지 않았다는 것을 의미하려는 것은 아니다([플라톤이 『테아이테토스』를 쓰기 훨씬 전에 감관지각의 위상에 관해서 마음을 정했다는 것을 알기 위해], 우리는 예를 들어 『국가』를 읽거나 이데아론의 발생과 함축들을 생각해보기만 하면 된다): 오히려 우리는 공표된 저술들을 조직적으로 고찰하라고 말하고 있는 것이다.

이 절차는 논리적으로 다루어야만 할 필요성에 의해서 정당화되며, 마찬가지로『국가』는 일차적으로 인식론적 저작이 전혀 아니라는 사실에 의해서도 역시 정당화된다. 긍정적인 인식론적 이설이 분명히『국가』에 포함되어 있지만, 그 이설의 몇 가지 논리적으로 선행하는 전제들은 보다 뒤늦게 쓰여진『테아이테토스』에 포함되어 있다.

플라톤의 인식론을 그의 존재론으로부터 분리하는 것이 어렵다는 사실은 플라톤의 인식론을 요약하고 그것에 체계적인 형식을 부여하는 작업을 복잡하게 만든다. 플라톤은 임마누엘 칸트와 같은 의미에서의 비판적 사상가는 아니었다. 비록 그의 사상에서 비판철학의 등장을 예견해내는 것이 가능하기는 하지만(아무튼, 이것이 어떤 저술가들이 하려고 애썼던 것이다), 플라톤은 인간이 지식을 소유할 수 있다고 가정하는 경향과 지식의 진정한 대상은 무엇인가라는 물음에 일차적으로 관심을 갖는 경향이 있다. 이것은『국가』에서처럼 존재론적인 논제와 인식론적인 논제들이 빈번히 뒤섞이거나 또는 같은 보조(步調)로(pari passu) 취급되었음을 의미하는 것이다. 우리는 존재론으로부터 인식론을 분리시키려는 시도를 할 것이지만, 그러한 시도는 플라톤 인식론의 바로 이러한 특성 때문에 전적으로 성공적인 결실을 거둘 수는 없다.

───── **1. 지식은 감관지각이 아니다**

소크라테스는 소피스트와 마찬가지로 실제적인 행위에 관심을 가졌지만, 진리는 상대적이며, 지속적인 규범은 없고, 지식의 항구적인 대상도 없다는 생각을 따르기는 거부했다. 그는 윤리적 행위는 지식에 기초하여야 하며, 그 지식은 감관이나 주관적 견해의 변화하는 인상들(impressions)에 종속되지 않고, 모든 사람들과 모든 민족들 그리고 모든 세대에게 똑같은 지식으로 영원한 가치를 지닌 지식이어야 한다고 확신했다. 플라톤은 그의 스승으로부터 객관적이고 보편적으로 타당한 지식이라는 의미의 지식이 존재할 수 있다는 신념을 물려받았다. 그러나 그는 이 사실을 이론적으로 증명해 보이기를 원했으며, 그리하여 그는 지식은 무엇이며 지식의 대상은 어떠한 것인지를 물음으로써 지식의 문제들을 깊이 탐구해 들어가게 되었다.

『테아이테토스』에서 플라톤의 첫 번째 목표는 잘못된 이론들을 논파하는 것이다. 그러므로 그는 지식은 지각이라고 하는, 즉 어느 한 개인에게 진실로 보이는 것은 그 개인에 있어서는 진리라고 하는 프로타고라스의 이론에 도전하는 임무를 떠맡았다. 그의 방법은 헤라클레이토스의 존재론과 프로타고라스의 인식론이 함의한 인식론의 명확한 진술을 대화술로써 이끌어내어, 그것의 귀결들을 드러내고 그렇게 얻어진 "지식"의 개념은 진정한 지식의 요건들을 전혀 충족시키지 못한다는 것을 보여주는 것이었는데, 플라톤이 가정하기에 지식이란 ① 비가류적(非可謬的)이어야 하고 ② 존재자에 대한 것이어야 하기 때문이다. 감관지각은 전자도 아니고 후자도 아니다.

젊은 수학도인 테아이테토스는 소크라테스와 대화를 시작하고, 소크라테스는 그에게 지식을 무엇이라고 생각하는지를 묻는다. 테아이테토스는 기하학, 과학들, 기술들을 언급함으로써 대답하지만, 소크라테스는 자기는 지식의 대상에 관하여 물은 것이 아니라 지식이 무엇인가에 관하여 물었기 때문에 그것은 자기 질문에 대한 대답이 아니라고 지적한다. 그러므로 비록 이미 지적된 바와 같이 플라톤 인식론의 고유한 성격상 존재론적인 고려가 배제될 수 없기는 하지만, 그 논의는 성격상 인식론적인 논의로 의도된 것이다. 더구나 공허한[사실과 무관한](im vacuo) 지식은 없으므로, 어떤 경우에도 인식론적 논의에서 존재론적인 문제들이 어떻게 회피될 수 있는지는 이해하기 힘들다. 지식은 그것이 지식인 한에 있어서 필연적으로 그 무엇에 대한 지식이어야 하며, 어떤 특수한 유형의 대상과 관련되어 있다.

소크라테스에 의하여 고무된 테아이테토스는 제기된 질문에 또 다르게 대답하기를 시도하여 "지식은 단지 지각일 뿐이다"[2]는 답변을 제시한다. 여기서 확실히 그는 지각을 주로 시각으로 생각하는데, 물론 시각 그 자체는 보다 폭넓은 의미를 가지는 것이다. 소크라테스는 지식에 대한 이 생각을 검토해볼 것을 제의하고, 대화의 도중에 테아이테토스로부터, 프로타고라스의 견해는 지각은 외관을 의미하며 외관들은 주관에 따라 달라질 수 있다는 점에 대한 동의를 이끌어낸다. 동시에 소크라테스는 테아이테토스로 하여금 지식은 언제나 존재하는 그 무엇에 관한 것이며, 지식의 자격을

---

2   151 e 2-3.

가지려면 비가류적(非可謬的)이어야만 한다는 것에 동의하도록 만든다.[3] 이러한 것들이 확립되자 소크라테스는 다음으로 지각의 대상들은 헤라클레이토스가 가르쳤던 것처럼, 항상 유전·변화의 상태에 놓여 있다는 것을 보여주려고 한다. 그것들은 결코 존재하지 않으며, 부단하게 전화(轉化)하고 있는 것이다. (비록 플라톤이 감관지각의 대상들에 관해서는 만물이 생성 중에 있다는 헤라클레이토스의 설을 받아들여서, 감관지각은 지식과 동일할 수 없다는 결론을 이끌어내기는 하지만, 물론 그가 그 설을 수용하는 것은 절대로 아니다.) 대상은 한 순간 어떤 사람에게 하얗게 보이다가도 다음 번에는 잿빛으로 보이고, 어떤 때는 뜨겁다가 또 어떤 때는 차게 느껴지기 때문에, "~에게 ~로 보임"은 "~에게 ~로 되어감"을 의미함에 틀림없다. 그 결과 지각이란 언제나 전화의 과정에 놓인 존재에 대한 지각인 것이다. 나의 지각은 나에게는 참이며, 만약 내가 명백히 나에게 보이는 것을 알고 있다면, 나의 지식은 비가류적이다. 그러므로 테아이테토스가 지각이 곧 지식이라고 말한 것은 당연했다.

대화가 이상의 논점에 다다르자, 소크라테스는 그 생각을 보다 면밀하게 검토할 것을 제안한다. 그는 만약 지식을 지각이라고 한다면, 나는 나 자신의 감관지각 그 자체에 대하여 최고의 심판관이기 때문에, 어떤 사람도 다른 사람보다 더 현명할 수가 없다는 반론을 제기한다. 그렇다면 자신이 다른 사람들 위에 올라서서 그들을 가르치며 그 대가로 상당한 보수를 받는 것을 프로타고라스는 어떻게 정당화할까? 또한 우리를 그의 발 아래 꿇어앉게 하는 우리들의 무지는 어디에 있는 것일까? 우리들 각자가 자기 지혜의 척도가 아니란 말인가? 더구나, 만약 지식과 지각이 동일한 것이어서 보는 것과 아는 것 사이에 하등의 차이가 없다고 하면, 과거에 어떤 대상물을 알게 되었고(즉 보았고), 그 대상을 지금도 기억하고 있는 어떤 사람은 그것을 기억하고 있기는 하지만 그것을 보고 있지 않기 때문에 그것을 모른다는 결론이 나온다. 역으로 어떤 사람이 자신이 과거에 인식했던 어떤 것을, 더 이상 그것을 지각하지 못하는 동안에도 기억할 수 있으며 알 수 있다고 가정하면, (지각이 지식의 한 종류일 수는 있을지언정) 지식과 지각이 동등하다고 생각될 수는 없다.

---

3   152 c 5-7.

그리고 나서 소크라테스는 "인간은 만물의 척도이다"를 단지 감관지각에만이 아니라, 모든 진리에 연관시켜서 이해함으로써 프로타고라스의 이설(理說)을 보다 광범위한 기초 위에서 공격한다. 그는 대다수의 사람들은 지식과 무지의 존재를 믿고 있으며, 그들 자신이나 또는 다른 사람들은 사실상 참이 아닌 것을 참이라고 주장할 수 있다고 지적한다. 따라서 프로타고라스의 이설이 틀렸다고 주장하는 그 어떤 사람도, 프로타고라스에 따르면 진리를 주장하고 있는 것이다(다시 말해서 만물의 척도인 인간이 개인이라면).

이러한 비판들을 하고 난 후에, 소크라테스는 ① 지각은 지식의 전부가 아니라는 것과 ② 지각은 그 자신의 영역에서조차 지식이 아니라는 것을 보여줌으로써 지각이 지식이라는 주장을 잠재운다.

① 지각은 지식의 전부가 아니다. 일반적으로 지식이라 인정되는 것이 많은 부분 지각의 대상이 아닌 것들을 포함하는 진리들로 구성되어 있기 때문이다. 우리가 감각적 대상들에 관해서 아는 것은 많다. 그러나 그것은 지적인 반성에 의해서 알려지는 것이지, 직접적인 지각에 의해서 알려지지는 않는다. 플라톤은 존재와 비존재를 예로 든다.[4] 어떤 사람이 신기루를 본다고 생각해보자. 지각된 신기루의 객관적인 존재성이나 비존재성에 관하여 그에게 정보를 제공할 수 있는 것은 즉각적인 감관지각이 아니다. 그에게 이것을 말해줄 수 있는 것은 이성적인 반성뿐이다. 또한 수학에서의 결론이나 논증은 감관에 의하여 파악되지 않는다. 또 어느 한 개인의 성격에 대한 우리의 지식이 순수한 감각 속에 주어질 수 없음은 확실하기 때문에, 어느 한 개인의 성격에 대한 우리의 지식도 "지식은 감각이다"라는 정의에 의해서 설명될 수 있는 것 이상이라는 점도 이에 덧붙일 수 있다.

② 감관지각은 그 자신의 영역에서조차 지식이 아니다. 만약 우리가 어떤 것에 관한 진리에 도달할 수 없다면, 예를 들어 그것의 존재성이나 비존재성에 관

4　185 c 4-e 2.

한 진리, 그것의 다른 사물과의 유사성 또는 상이성에 관한 진리에 도달할 수 없다면, 우리는 그것을 실제로 안다고 말할 수 없다. 그러나 진리는 반성과 판단 속에 주어지는 것이지, 순수한 감각 속에 주어지는 것이 아니다. 순수감 각은, 예를 들어 하나의 흰 표면과 두 번째의 흰 표면을 제공할 수 있으나, 양 자 간의 유사성을 판단하기 위해서는 반드시 우리의 마음이 활동을 해야 한 다. 마찬가지로 서로 합류되는 것처럼 보이는 철도가 실제로는 평행함을 알 게 되는 것은 지적 반성 속에서이다.

그러므로 감관지각은 지식이라고 불릴 만한 가치가 없다. 지식은 존재하는 것에 대한 것이고 불변하는 항구적인 것에 대한 것이다. 반면에 감관의 대상들은 실재로 존 재한다고 말할 수 없고 ―최소한 지각된 것으로서― 단지 전화(轉化)한다고만 말할 수 있기 때문에, 감각대상들은 지식의 적절한 대상이 아니며, 또 적절한 대상이 될 수도 없다는 확신에 플라톤이 얼마나 많은 영향을 받고 있는지에 주목해야만 한다. 물론 감 각대상들은 모종의 파악의 대상들이지만, 그것들은 마음을 너무 많이 벗어나기 때문 에 진정한 지식의 대상들이 될 수 없다. 진정한 지식은 ① 비가류적(非可謬的)이어야만 하고 ② 존재하는 것에 대한 것이라야 한다.

(플라톤이 감각이 지식의 전부라는 주장을 폐기할 때, 특수 감관의 사적이거나 또는 특수한 대상 들, 예를 들면 시각만의 대상인 색을 "만물에 적용되는 보통명사", 그리고 마음의 대상이지 감관의 대상 이 아닌 보통명사에 대비시키는 것은 주목할 만하다. 이 "보통명사"는 존재론적으로 특수자 또는 감각가 능자와 대조를 이루는 불변이고 항구적인 대상인 형상 또는 이데아에 상응한다.)

━━━━━ **2. 지식은 단순히 "옳은 판단"이 아니다**

그릇된 판단도 있을 수 있기 때문에, 테아이테토스는 단순히 판단이 지식이라 고 말할 수 없음을 안다. 그러므로 그는 지식은 단순하게 옳은 판단이라는 안을 검토 함으로써 그것이 옳은지 그른지를 알게 될 때까지 최소한 잠정적인 정의로서 내어 놓

제3부 플라톤

는다. 여기에서 주제를 벗어난 논의가 발생하는데, 그 논의에서 소크라테스는 그릇된 판단이 어떻게 가능하며 어떻게 내려질 수 있는지를 알아내려고 한다. 나는 이 논의를 상세하게 다룰 수는 없으나, 그 논의의 과정에서 제시되는 한두 가지 제안들을 언급하고자 한다. 예를 들면, 하나는 감관지각의 현재 대상이고 다른 하나는 기억-심상인 두 가지 상이한 종류의 대상들을 혼동함으로써 일군의 그릇된 판단들이 발생한다는 설이 제시된다. 어떤 사람은 오해로 인하여 그가 얼마간 떨어져서 자신의 친구를 보고 있다고 판단할 수 있다. 저기 누군가가 있으나, 그의 친구는 아니다. 그 사람은 자신의 친구에 대한 기억-심상을 가지고 있는데, 그가 보고 있는 형체 속에 있는 어떤 것이 그에게 이 기억-심상이 기억나게 한다. 그러면 그는 저 건너에 있는 사람이 자신의 친구라고 그릇되게 판단한다. 그러나, 그릇된 판단의 모든 경우가 기억-심상과 감관지각의 현 대상을 혼동한 예인 것은 분명히 아니다. 수학적 계산상의 착오는 이러한 것으로 환원될 수 없다. 다른 종류의 그릇된 판단들은 어떻게 발생하는지를 보여주려는 시도로 유명한 "새장"의 비유가 소개되지만, 그것은 불만족스러운 것임이 발견된다. 그리고 플라톤은 그릇된 판단의 문제는, 지식의 본질이 확정될 때까지는 잘 다루어질 수 없다는 결론을 내린다(그릇된 판단에 대한 논의는 『소피스테스』에서 다시 계속된다).

　　지식은 옳은 판단이라는 테아이테토스의 제안을 논의하는 가운데, 판단은 그 판단을 내리는 사람 쪽에서 그것이 옳다는 사실을 모르고도 옳을 수 있다는 것이 지적된다. 이 소견의 적절성은 쉽게 이해될 수 있다. 만약 내가 지금 "처칠 씨가 트루만 대통령과 전화 통화를 하고 있다"는 판단을 내릴 경우, 그 판단은 옳을 수 있다. 그러나 그 판단이 나의 지식을 포함하지 않을 수 있다. 비록 그 판단이 객관적으로 옳다고 하더라도, 나에 관한 한 그것은 추측이거나 난발(亂發)의 우연한 적중일 수 있다. 마찬가지로 어떤 사람은 비록 정황 증거는 그에게 매우 불리하여 그가 자신의 결백을 입증할 수 없었다고 하더라도, 실제로는 그가 짓지 않았던 죄로 인하여 재판을 받을 수도 있을 것이다. 그런데 만약 그 결백한 사람을 변호하는 어떤 능숙한 변호사가 논증을 위하여 증거를 조작하거나 배심원들의 감정을 자극한 결과 배심원들이 "무죄"라는 평결을 내렸다면, 그들의 판단은 사실상 올바른 판단일 것이다. 그러나 가정상(ex hypothesi) 증거가 그 죄수에게 불리하기 때문에, 그들이 그 죄수의 결백을 안다고는 말할 수 없을 것이다. 그들의 평결은 옳은 판단일 수 있으나, 그것은 지식에 기초해 있다기보다는 신념에 기초해 있을 것이다. 그렇다면 지식은 단순히 옳은 판단은 아니라는 결론이 나오며, 테아이테토스는 지식의 정의에 관한 또 다른 제안을 하라는 청을 받는다.

─────── 3. 지식은 옳은 판단 더하기 "해설"도 아니다

앞에서 본 바와 같이 옳은 판단은 단지 옳은 신념만을 의미할 수 있는데, 옳은 신념은 지식과 동일하지 않다. 그러므로 테아이테토스는 "해설"이나 설명(λόγος)을 더하면 옳은 신념이 지식으로 바뀔 것이라고 제안한다. 소크라테스는 만약 해설이나 설명의 제공이 기초적인 부분들의 열거를 의미한다면, 이러한 부분들은 알려져 있거나 알려질 수 있어야만 한다는 것을 지적하는 것으로 시작한다. 그렇지 않다면 지식이란 옳은 신념에다 복합체의 알려지지 않았거나 알려질 수 없는 요소들에로의 환원을 더하는 것을 의미한다는 터무니없는 결론이 나올 것이다. 그러나 해설의 제공이란 무엇을 의미하는가?

01.   그것이 옳은 신념이라는 의미에서의 정확한 판단이 단어들로 표현된다는 것을 의미할 수는 없다. 만약 그것을 의미한다면 옳은 신념과 지식 사이에 아무런 차이도 없을 것이기 때문이다. 그런데 우리는 우연히 정확한 판단을 내리는 것과 정확함을 알고 판단을 내리는 것은 다르다는 것을 보았다.

02.   "해설의 제공"이 기초적인 부분들(즉, 알 수 있는 부분들)로 분석해 들어가는 것을 의미할 경우, 이러한 의미의 해설을 추가하는 것이 옳은 신념을 지식으로 바꾸어 놓기에 충분할 것인가? 아니다. 요소들로 분석해 들어가는 단순한 과정은 옳은 신념을 지식으로 바꾸지 못한다. 그렇다고 하면 마차를 구성하게 되는 부분들(바퀴, 축 등등)을 열거할 수 있을 사람이라면 마차에 대한 학문적 지식을 가진 사람이 될 것이고, 어느 한 단어를 구성하게 되는 철자들을 당신에게 말해줄 수 있는 사람이라면 그 단어에

대한 문법학자의 학문적 지식을 가진 사람이 될 것이기 때문이다. (주의: 우리는 플라톤은 부분들의 단순한 열거에 관하여 말하고 있다는 것을 알아야만 한다. 예를 들어, 전제들의 필연성과 연역의 필연적이고 논리적인 귀결을 실제로 이해했던 것이 아니라 단순히 그것들을 책에서 보고 외웠기 때문에, 기하학의 어느 한 결론에 이르는 여러 단계들을 열거할 수 있는 사람이라면 그 정리의 "부분들"을 열거할 수 있을 것이지만, 수학자의 학문적 지식은 가지고 있지 못할 것이다.)

03.   소크라테스는 "더하기 해설"에 대한 세 번째 해석을 제안한다. 그것은 "질문을 받는 사물을 그 밖의 모든 것과 다르도록 하는 어떤 특징의 이름을 댈 수 있음"[5]을 의미한다. 이것이 정확하다면, 어떤 것을 안다는 것은 그것의 두드러진 특징을 기술(記述)할 수 있는 능력을 의미한다. 그러나 이 해석 역시 지식을 정의하기에는 불충분한 것으로 폐기된다.

① 소크라테스는 만약 어느 한 사물에 대한 지식이 그 사물에 대한 정확한 개념에 두드러진 특징을 첨가하는 것이라면, 우리는 터무니없는 입장에 빠진다는 것을 지적한다. 내가 테아이테토스에 대한 정확한 개념을 가지고 있다고 상정하자. 이 정확한 개념을 지식으로 바꾸기 위하여, 나는 어떤 두드러진 특징을 첨가해야만 한다. 그러나 만약 이 두드러진 특징이 나의 정확한 개념 속에 이미 포함되어 있지 않다면, 어떻게 나의 정확한 개념이 정확한 개념이라고 불릴 수가 있겠는가? 만약 이 정확한 개념이 테아이테토스의 두드러진 특징들을 포함하지 않는다면, 내가 테아이테토스에 대한 정확한 개념을 가지고 있다고 말할 수 없다. 만약 이 두드러진 특징들이 포함되어 있지 않다면, 테아이테토스에 대한 나의 "정확한 개념"은 다른 모든 사람들에게도 마찬가지로 잘 적용될 것이다. 그러한 경우, 그것은 테아이테토스에 대한 정확한 개념이 아닐 것이다.

② 만약 다른 한편으로, 테아이테토스에 대한 나의 "정확한 지식"이 그의 두드

---

5   208 c 7-8.

러진 특징들을 포함한다면, 내가 그 차이점(differentia)을 추가함으로써, 이 정확한 개념을 지식으로 바꾼다고 말하는 것 역시 터무니없는 말이 될 것이다. 왜냐하면 이것은 나는 이미 다른 사람들과 구별되어 파악된 테아이테토스에게 테아이테토스를 다른 사람들과 구별시키는 특징을 첨가함으로써, 테아이테토스에 대한 나의 정확한 개념을 지식으로 바꾼다고 말하는 것과 같을 것이기 때문이다.

주의   플라톤은 여기서 종차(種差)에 대해서 말하고 있는 것이 아니라, 그가 드는 예에 —태양과 특수한 한 사람, 테아이테토스[6]— 의해서 명백하게 보여지는 것처럼, 개별적이고 감각적인 대상들에 대하여 말하고 있는 것이다. 도출되어야 할 결론은 차이를 사용한 정의를 통해서는 어떠한 지식도 획득되지 않는다는 것이라기보다는, 개별적이고 감각적인 대상은 정의될 수 없으며 실재로 지식의 적절한 대상이 전혀 아니라는 것이다. 이것이 그 대화편의 실제 결론이다. 즉 감각적 대상들에 대한 참된 지식은 획득할 수 없다는 것, 그리고 함축적으로는 참된 지식은 보편적이고 변함 없는 것에 대한 지식이어야만 한다는 것.

───────── **4. 참된 지식**

01.   플라톤은 처음부터 지식은 획득될 수 있으며, 지식은 반드시 ① 비가류적(非可謬的)이어야 하고 ② 실재하는 것에 관한 것이어야 한다고 가정했다. 참된 지식은 이 특징들을 소유해야만 하며, 이 두 특징들 모두를 자신의 것이라고 주장할 수 없는 어떠한 마음 상태도 참된 지식일 수 없다. 『테아이테토스』에서 플라톤은 감관지각도 그리고 옳은 신념도 이 두 특징을 가지고 있지 않다는 것을 보여준다. 그러면 양자(兩者)가 모두 참된 지식과 동일해질 수 없다. 플라톤은 프로타고라스로부터 감관과 감관지각은 상대적이라는 신념을 받아들이지만, 보편의 상대주의는 받아들이지 않으려 한다. 반대로 지식, 즉 절대적이며 비가류적(非可謬的)인 지식은 획득될 수 있으나, 그것

───────────

6   208 c 7-e 4.

은 감관지각과 같을 수 없는데, 왜냐하면 감관지각은 상대적이고, 파악하기 어려우며, 주체와 객체 양쪽에 대한 모든 종류의 일시적인 영향들의 지배를 받기 때문이다. 플라톤은 또한 헤라클레이토스로부터도 감관지각의 대상들은 개별적이고 감각적인 특수한 대상들이며 언제나 전화(轉化)와 변전(變轉)의 상태에 있어서 참된 지식의 대상이 되기에 적합하지 않다는 견해를 받아들인다. 감관지각의 대상들은 생성되고 소멸되며, 수적으로 무한하고, 정의로 분명하게 파악되지 않으므로 학문적 지식의 대상이 될 수 없다. 그러나 플라톤은 참된 지식의 대상으로 적합한 대상은 없다는 결론을 내린 것이 아니라, 감각적 특수자는 우리가 찾는 대상이 아니라는 결론만을 내렸다. 참된 지식의 대상은 불변적이고 항구적이며 고정되어 있고, 명백하고 학문적인 정의로 파악될 수 있어야 하는데, 명백하고 학문적인 정의는 소크라테스가 보여준 것처럼 보편자를 대상으로 한다. 그러므로 마음의 상이한 상태들에 대한 고려는 마음의 그 상태들의 상이한 대상들에 대한 고려와 불가분하게 결합된다.

만약 우리가 그 안에서 본질적으로 불변이고 항구적인 것에 대한 지식을 획득했다고 생각하는 판단을 검토해보면, 우리는 그것이 보편자들에 관한 판단임을 알게 된다. 만약 예를 들어 우리가 판단 "아테네 헌법은 좋다"를 검토한다면, 우리는 이 판단 안에서 본질적으로 변치 않는 요소는 선의 개념이라는 것을 알게 될 것이다. 결국 아테네의 헌법은 우리가 '좋다'고 표현되는 것이 아니라, '나쁘다'고 표현되도록 변할 수 있다는 것이다. 이것은 선의 개념은 변하지 않는다는 것을 함의한다. 우리가 바뀐 헌법을 '나쁘다'고 말하는 것이 가능한 이유는 우리가 그 헌법을 선의 고정된 개념에 관련해서 판단하기 때문이다. 그뿐만 아니라 비록 아테네의 헌법이 경험적이고 역사적인 사실로서 바뀔 수 있다고 하더라도, 우리가 한때 좋다고 평했던 그 특수한 헌법 형태를 의미한다면(비록 그것이 사실상 그때 이후로 변했다손 치더라도), 여전히 "아테네 헌법은 좋다"고 말할 수 있다는 반론이 제기되더라도, 우리는 그에 대한 대답으로 이 경우 우리의 판단은 하나의 주어진 경험적 사실로서의 아테네 헌법에 관련된다기보다는 헌법의 어떤 한 유형에 관련된다는 것을 지적할 수 있다. 헌법의 이런 유형이 어느 주어진 역사적 순간에 우연히 아테네의 헌법 안에서 구현된다는 사실은 다소 부적절하다. 우리가 실제로 의미하는 것은 헌법의 이러한 보편적 형태는(그것이 아테네에서 발견되든 또는 다른 어떤 곳에서 발견되든 간에) 선의 보편적 속성을 담지하고 있다는 것이다. 우리의 판단은, 그것이 항구적이고 불변적인 것에 도달하는 한, 실재로서 보편자에 관계한다.

다시 말하지만, 학문적 지식은 소크라테스가 (주로 윤리적 평가와 관련하여) 보여주었듯이 정의를 목표로 한다. 즉 분명하고 명료한 정의 안에다 지식을 구체화하고 고정시키는 것을 목표로 한다. 선에 대한 학문적 지식은 예를 들어, "선이란 …"이라는 정의 안에 간직되어야 하는데, 이때 마음은 선의 본질을 표현한다. 그러나 정의는 보편자에 관한 것이다. 그러므로 참된 지식은 보편자에 대한 지식이다. 특수한 헌법들은 변하지만, 선의 개념은 변하지 않으며, 우리가 특수한 헌법들을 선에 관해서 판단하는 것은 바로 이 불변하는 개념에 관련해서이다. 그러므로 지식의 대상이 될 수 있는 요건을 만족시키는 것은 보편자라는 결론이 나온다. 최고의 보편자에 대한 지식은 최고 종류의 지식일 것이며, 반면에 특수자에 대한 "지식"은 최하위 종류의 "지식"일 것이다.

그러나 이 견해는 한편으로 진정한 지식과 다른 한편으로 "실재하는" 세계, 즉 특수자들로 이루어진 세계 사이의 건널 수 없는 간격을 의미하는 것은 아닌가? 그리고 만약 참된 지식이 보편자들에 대한 지식이라면, 결국 참된 지식은 추상적이며 "비실재적"인 것에 대한 지식이라는 말이 아닌가? 두 번째 질문과 관련해서 나는 형상 또는 이데아에 대한 플라톤의 이설(理說)은 간단히 말해서 이렇다는 것을 지적하고자 한다. 보편적 개념은 객관적 내용이나 지시물을 결여한 추상적 형식이라는 것이 아니라, 참된 보편적 개념 하나 하나에 객관적인 실재가 상응한다는 것이다. 플라톤에 대한 아리스토텔레스의 비판이(플라톤은 개념들의 객관적인 실재를 실체로 생각했다는 것) 얼마나 정당화되는가는 그 자체로서 논의되어야 할 문제이다. 그것이 정당화되든 그렇지 않든 간에, 이데아들에 대한 플라톤 이론의 본질은 보편적 실재들이 "분리"되어 존재한다는 생각 속에서가 아니라, 보편적 개념들은 객관적인 지시물을 가지고 있다는 신념과, 보편적 개념들에 상응하는 실재들은 감관지각 그 자체보다 더 상위라는 신념 속에서 찾아져야 한다. 첫 번째 질문(진정한 지식과 "실재하는" 세계 사이의 간격)에 관해서, 우리는 특수자와 보편자 사이의 정확한 관계를 결정하는 것은 플라톤의 영속적인 난제들 가운데 하나였다는 것을 인정하지 않으면 안 된다. 그러나 우리가 이데아론을 존재론적 관점에서 다룰 때는, 이 질문에로 되돌아가야 한다. 하지만 지금 당장은 그 질문을 지나쳐갈 수 있다.

02.　　플라톤의 긍정적인 인식설에서는 지식의 등급 또는 수준이 대상에 따라서 구별되고 있는데, 그 설은 『국가』에 나오는 유명한 글귀 속에 설명되어 있으며, 그 글귀는 우리에게 선의 비유를 제공한다.[7] 나는 여기에 보통의 도표를 제시하고 그것을 설명하려고 해보겠다. 몇 가지 중요한 논점들이 매우 모호하다는 것을 인정해야 하지만, 의심할 나위 없이 플라톤은 그가 진리로 간주했던 것을 향하여 길을 더듬어 나아가고 있었다. 그리고 우리가 아는 한, 그는 자신이 전하고자 하는 정확한 의미를 결코 명료한 용어로 정리하지 않았다. 그러므로 우리는 추측을 완전히 피할 수는 없다.

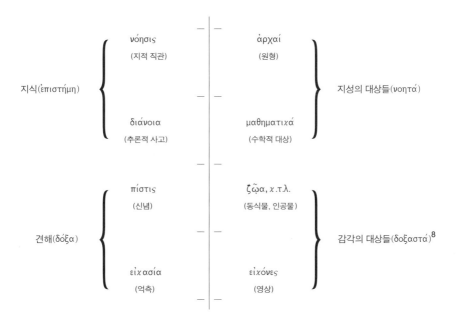

7　　*Rep.*, 509 d 6-511 e 5.
8　　가운데 줄을 기준으로 왼쪽에는 마음의 상태가 있다. 오른쪽에는 그에 상응하는 대상들이 있다. 이 두 경우에 있어서 "최고"는 꼭대기에 있다. 플라톤의 인식론과 그의 존재론 사이의 밀접한 상관관계가 즉시 명백하게 된다.

인간의 마음이 무지로부터 지식으로 발전해 나아가는 데는 두 개의 주요 영역이 관련되는데, 그것은 견해(δόξα)의 영역과 지식(ἐπιστήμη)의 영역이다. 지식이라고 부르는 것이 적절할 수 있는 것은 오직 후자(後者)뿐이다. 마음의 이 두 기능이 어떻게 구별되는가? 그 구별이 대상의 구별에 기초해 있음은 명백해 보인다. 견해는 영상에 관계하며, 반면에 지식(ἐπιστήμη)은 적어도 지적 직관(νόησις)의 형태로는 원물 또는 원형(ἀρχαί)에 관계한다. 어떤 사람이 '정의란 무엇인가?'라는 질문을 받은 후, 절대적 정의의 원리와 규범과 표준이 있다는 것을 알지 못하고 정의의 불완전한 구현체들을, 즉 보편적 이데아에 못 미치는 특수한 사례들을 이를테면 특수한 한 사람의 행위나 특수한 한 헌법을 가리킨다면, 그의 마음 상태는 견해(δόξα)의 상태이다. 그는 영상이나 복사물을 보고 그것을 원물로 오해하는 것이다. 그러나 만약 그가 정의(正義) 그 자체를 파악한다면, 즉 그가 영상을 넘어서 모든 특수한 사례들을 판단하는 준거인 형상, 이데아, 보편자로 뛰어오를 수 있다면, 그의 마음의 상태는 지식의 상태이며, 앎(ἐπιστήμη) 또는 인식(γνῶσις)의 상태이다. 뿐만 아니라, 마음의 한 상태에서 다른 상태로 진보하는 것, 그러니까 말하자면 개종하는 것도 가능하다. 그리고 어떤 사람이 전에 원물로 생각했던 것들이 실재로는 단지 영상들이나 복사물들 즉, 이데아적인 것의 불완전한 구현체들, 규범이나 표준의 불완전한 실현물에 불과하다는 것을 깨닫게 될 때, 즉 그가 어떤 방식으로 원물 그 자체를 파악하게 될 때, 그의 마음 상태는 더 이상 견해의 상태가 아니다. 즉 그는 지식(ἐπιστήμη)의 상태로 바뀌고 만 것이다.

그러나 도표상의 선이 단순하게 두 구역으로만 나뉘어지지는 않는다. 각 구역은 더 세분된다. 그러니까 두 등급의 지식(ἐπιστήμη)과 두 등급의 견해(δόξα)가 있는 것이다. 그것들은 어떻게 해석될 수 있는가? 플라톤은 최하의 등급, 즉 억측(εἰκασία)의 등급은 첫째로는 "영상들"이나 "그림자들"을, 그리고 둘째로는 "물 속과 딱딱하고 부드럽고 밝은 물건 속에 반사된 것들과 그와 유사한 모든 것들"[9]을 그 대상으로 한다고 우리에게 말한다. 최소한 플라톤이 어떤 사람은 그림자나 물속의 반사체를 원물로 오해한다는 것을 의미한다고 해석한다면, 이것은 분명히 다소 별나게 들린다. 그러나 우

---

9   *Rep.*, 509 e 1-510 a 3.

리는 플라톤의 생각을 일반적으로 영상들의 영상, 모방의 모방을 포괄하도록 정당하게 확장할 수 있다. 그러므로 우리는 아테네의 헌법이나 어떤 특수한 사람의 구체화된 불완전한 정의(正義)밖에 모르는 어떤 사람은 일반적으로 견해(δόξα)의 상태에 있다고 말한다. 그러나 만약 말 잘하는 어떤 사람이 나타나서, 사실은 세상이 아테네 헌법과 법률의 경험적인 정의에도 못 미치는 데도, 그럴듯한 말과 추론으로 세상이 정의롭고 올바르게 돌아가고 있다고 그 사람을 설득한다면, 그 사람의 정신의 상태는 억측(εἰκασία)의 상태이다. 그가 정의라고 생각하는 것은, 보편적 형상에 비유한다면, 그 자체가 영상에 불과한 것에 대한 그림자이거나 모방일 뿐이다. 반면에 아테네 법률의 정의나 정의로운 특수한 한 사람의 정의를 정의로 생각하는 사람의 마음 상태는 신념(πίστις)의 상태이다.

플라톤은 신념(πίστις) 구역의 대상들은 도표상의 선의 억측(εἰκασία) 구역의 영상들에 상응하는 실재적 대상들이라고 우리에게 말하며, "우리 주변의 동물들과, 자연과 예술의 전 세계"[10]를 언급한다. 이것은 예를 들어, 특수한 실재의 말(馬)밖에 모르며 특수한 말은 이데아적인 말, 즉 종(種)의 유형, 보편자에 대한 불완전한 "모방품들"이라는 것을 모르는 사람은 신념의 상태에 있다. 그 사람은 말에 대한 지식은 가지고 있지 못하고, 단지 견해만을 가지고 있을 뿐이다. (스피노자라면 그는 상상의 상태, 즉 불충분한 지식의 상태에 있다고 말할 것이다.) 마찬가지로, 외부의 자연을 진정한 실재라고 판단하고, 그것이 다소 비가시적인 세계에 대한 "비실재적" 복사물이라는 것을 알지 못하는 사람(즉 감각적 대상들은 특수 유형에 대한 불완전한 실현물들이라는 것을 알지 못하는 사람)은 오로지 신념만을 가지고 있다. 그는 자신이 보고 있는 영상들이 실재하는 세계라고 생각(억측)하는 몽상가만큼 비참하지는 않지만, 지식(ἐπιστήμη)을 획득하지는 못했다. 그에게는 실재적인 학문적 지식이 결여되어 있다.

위의 인용문에 나오는 예술에 대한 언급은 우리가 문제를 조금 더 분명하게 이해하도록 도와준다. 『국가』의 제10권에서 플라톤은 예술가들은 진리로부터 3단계나 떨어져 있다고 말한다. 예를 들면 인간에 대한 종적(種的) 형상, 즉 그 종(種)의 모든 개

---

10   *Rep.*, 510 a 5-6.

인들이 실현하고자 애쓴 이데아적인 전형이 있으며, 그 종적(種的)인 전형에 대한 복사물들이거나 모방품들이거나 또는 불완전한 실현물들인 특수한 개인들이 있다. 이제 화가가 와서 한 사람을 그리면, 그 그려진 사람은 모방의 모방이다. 그 그려진 사람을 실제의 사람이라고 생각하는 사람(마담 튀소의 입구에 세워진 밀랍으로 만든 경찰관을 실제 경찰관이라고 생각하는 사람이라고 말할 수도 있을 것이다)이라면 모두 억측(εἰκασία)의 상태에 있을 것이며, 반면에 종적인 전형은 실재로 이해하지 못하고, 자신이 보았거나 들었거나 읽었던 특수한 사람들만을 아는 사람이라면, 누구라도 신념(πίστις)의 상태에 있다. 그러나 이데아적인 사람, 즉 이데아적인 전형, 특수한 사람들이 그에 대한 불완전한 실현물들인 종적 형상을 이해하는 사람은 지성[지적 직관](νόησις)을 가지고 있다.[11] 다시 말하거니와, 어떤 정의로운 사람은 불완전할지라도 그가 행동하는 가운데 정의의 이데아를 모방하거나 구현할 수 있다. 그러나 비극 배우는 이 정의로운 사람을 무대 위에서 모방하기 시작하지만, 정의 그 자체에 대해서는 어떤 것도 알지 못한다. 그는 단순히 모방품을 모방하고 있다.

그런데 대상에 관해서는 지성의 대상들(νοητά)에 상응하며, 마음 상태에 관해서는 지식(ἐπιστήμη)에 상응하는 도표의 선상 고위 구역은 어떠한가? 일반적으로 그것은 눈에 보이는 것들(ὁρατά)이나 감각의 대상들(도표 선의 하위 부분)이 아니라, 눈에 보이지 않는 것들(ἀόρατα), 즉 비가시계인 지성의 대상들(νοητά)과 연결된다. 그러나 그것의 세분에 대해서는? 엄밀한 의미에서 지적 직관(νόησις)은 추론적 사고(διάνοια)와 어떻게 다른가? 추론적 사고(διάνοια)의 대상은 영혼이 이전(以前) 부분들의 모방품들의 도움을 받아 연구하도록 강요를 받는 것인데, 영혼은 그 모방품을 영상으로 사용하며, 가설들에서 출발하여 제1원리로 나아가지 않고, 어느 한 결론으로 나아간다고 플라톤은 말한다.[12] 여기서 플라톤은 수학에 대하여 이야기하고 있는 것이다. 예를 들면, 기하학에서 마음은 가시적(可視的)인 도형을 사용하여 가설들로부터 하나의 결론으로 나아간다. 기하학자는 삼각형 등등을 알고 있는 것으로 가정하고 이 "자료들"을 전제

---

11 플라톤의 예술론은 다음 장에서 논의된다.
12 *Rep.*, 510 b 4-6.

들로서 받아들이고 나서, 한 가시적인 도형을 사용하여 결론으로 논증한다. 그러나 이 때 도형 자체(즉 이 또는 저 특수한 삼각형, 또는 특수한 정사각형이나 특수한 원의 직경)에는 관심을 갖지 않는다고 플라톤은 말한다. 그러므로 기하학자들은 도형들을 사용하기는 하지만 "그들은 실제로 사고의 눈으로만 볼 수 있는 대상들을 보려고 노력하고 있다."[13]

혹자는 이러한 종류의 수학적 대상들은 형상이나 원형(ἀρχαί)의 하나로 헤아려질 것이며, 플라톤은 기하학자의 학문적 지식을 지적 직관(νόησις) 그 자체와 동일시했을 것이라고 생각했을 수도 있다. 그러나 그는 그렇게 하기를 명백하게 거절했다. 그리고 (어떤 사람이 했던 것처럼) 플라톤이 자신의 인식론적 이설들을 도표상의 선과 아울러 그 선의 구역들에 의한 비유의 형편에 맞추고 있었다고 상정하기란 불가능하다. 그보다는 차라리 플라톤은 중간자들, 즉 지식(ἐπιστήμη)의 대상이지만 동시에 원형(ἀρχαί)보다는 열등한 것들, 그러므로 추론적 사유(διάνοια)의 대상이지만 지적 직관의 대상은 아닌 것들의 집합이 존재한다고 실제로 주장할 생각이었다.[14] 『국가』의 제6권 끝을 보면,[15] 기하학자는 자신들의 대상에 관하여 이성(νοῦς)이나 지적 직관을 획득하지 못했음이 매우 분명해진다. 그런데 그 이유는 그들이 자신들의 가설적 전제들 —"비록 이 대상들은 그것들을 제1원리와 관련하여 취하면, 순수 이성의 영역 안으로 들어오기는 하지만"[16]— 위로 뛰어넘지 못하기 때문이다. 이 마지막 말들은 도표 상부의 두 부분들 사이의 구별은 대상뿐 아니라 마음 상태의 구별로 간주될 수 있다는 것을 보여준다. 그리고 오성이나 추론적 사고(διάνοια)는 의견(δόξα)과 순수이성(νόησις)의 중간자임이 명백하게 진술되어 있다.

가설에 대한 언급이 이를 뒷받침한다. 네틀쉽은 플라톤의 의미는 수학자가 자신의 공준들과 공리들을 독자적인 진리인 양 받아들인다는 것이라고 생각했다. 수학자는 공리들을 의심하지 않으며, 만약 어떤 사람이 그것들을 의심하면 수학자는 단지 그 문제를 논증할 수 없다고만 말할 수 있을 뿐이다. 플라톤은 "가설"이라는 단어에 대

---

13   *Rep.*, 510 e 2-511 a 1.

14   W.R.F. Hardie, *A Study in Plato*, 52쪽(O.U.P., 1936) 참조.

15   *Rep.*, 510 c.

16   *Rep.*, 511 c 8-d 2.

해 '틀릴 수도 있지만 참이라고 간주되는 판단'이라는 의미로 사용하지 않고, '마치 명백한 것처럼 취급되지만 그것의 배경 속 그리고 그것의 존재와의 필연적인 연관 속에서는 보이지 않는 판단'이라는 의미로 사용했다.[17] 이러한 주장에 반대하여, 『국가』편 510 c에 주어져 있는 "가설들"에 대한 예는 모두 판단이 아니라 존재에 대한 예이다. 또 플라톤은 가설들을 명백하거나 자명한 명제들로 환원하는 것에 대하여 이야기한다기보다는 가설들의 파괴에 대하여 이야기한다는 것을 지적할 수 있을 것이다. 이 문제에 관한 이 이상의 제안은 이 절(節)의 끝에 제시되어 있다.

『형이상학』에서[18] 아리스토텔레스는 플라톤이 수학적 존재들은 "형상들과 감각적인 사물들 사이에" 존재한다고 주장했다고 우리에게 말한다. "나아가 그는 감각적인 사물들과 형상들 이외에 수학의 대상들이 있다고 말하는데, 그것들은 영원하고 불변인 점에서 감각적인 사물들과 다르고 형상 자체는 매 경우마다 독특한 데 반하여, 똑같은 것이 많이 있다는 점에서 형상들과도 다르기 때문에, 중간적 위치를 차지한다." 아리스토텔레스의 이 진술을 고려하면 우리는 도표 상부의 두 부분들 사이의 구별을 마음 상태만의 구별로 간주할 수 없다. 대상 자체의 차이도 마찬가지로 존재하는 것이 틀림없다. (만약 수학적 대상들(τὰ μαθηματικά)은 자신의 능력으로 원형들(αἱ ἀρχαί)과 같은 부분에 속하는 반면, 수학자는 정확하게 수학자로서 행동하면서 자신의 "자료들"을 가설적으로 수용하고서 결론으로 논증한다면, 그 차별은 오로지 마음의 상태들 사이에서만 내려질 것이다. 그는 플라톤이 추론적 사고(διάνοια)라고 부르는 마음 상태일 것이다. 왜냐하면 그는 더 이상의 질문을 하지 않고 그의 공준들을 명백한 것으로 취급하며, 가시적인 도형들을 사용하여 결론으로 논증하기 때문이다. 그러나 그의 추리는 도형들 자체에 관계하지 않고 이데아적인 수학적 대상들에 관계하기 때문에, 그 결과로 그가 가설들을 "제1원리와 관련하여" 취한다면, 비록 그의 추론의 진정한 대상인 이데아적인 수학적 대상들은 같을 것이지만, 그는 추론적 사고(διάνοια)의 상태가 아니라 지적 직관(νόησις)의 상태에 있을 것이다. 이러한 해석, 즉 도표 상부의 두 부분들 사이의 차별을 마음 상태로 국한시키는 해석은, 수학적 문제들은 "제1원리와 관련하여 취하면, 순수 이성의 영역 안으로 들어온다"는 플라톤의 진술의 지지를 받는 것처

---

17   *Lectures on Republic of Plato*(1898) 252쪽 이하.

18   987 b 14이하. 1059 b 2 이하 참조.

럼 보이는 것이 당연할 것이다. 그러나 이 주제에 대한 아리스토텔레스의 소견들은, 만약 그것들이 플라톤의 사상에 대한 정확한 진술이라면 이러한 해석을 명백하게 금할 것인데, 왜냐하면 그는 분명히 플라톤의 수학적 존재들은 원형들과 눈에 보이는 것들(τὰ ὁρατά) 사이의 한 위치를 차지하는 것으로 상정된다고 생각했기 때문이다.)

만약 아리스토텔레스의 말이 맞아서, 플라톤은 수학적 대상들(τὰ μαθηματιχά)이 독자적으로 다른 집합들과는 구별되는 대상들의 집합을 구성한다는 것을 의미했다면, 이 구별점은 어디인가? 수학적 대상들(τὰ μαθηματιχά)과 도표 하부의 대상들, 즉 가시적 대상들(τὰ ὁρατά) 사이의 구별을 숙고할 필요는 없다. 왜냐하면 기하학자들은 이데아적이고 완전한 사고의 대상들에 관계하고, 예를 들어 마차바퀴나 가락지나 낚싯대와 같은 경험적인 원들이나 선들에 관계하지 않으며, 또는 심지어 기하학적 도형에도 그 자체로서, 즉 감각적 특수자로서 관계하는 것이 아님이 매우 분명하기 때문이다. 그러므로 그 질문은 이러한 질문으로 귀착된다. 추론적 사고(διάνοια)의 대상으로서의 수학적 대상들(τὰ μαθηματιχά)과 지적 직관(νόησις)의 대상으로서의 원형들(αἱ ἀρχαί) 사이의 구별점은 어디인가?

『형이상학』에 나오는 아리스토텔레스의 소견들에 대한 자연스러운 해석은, 플라톤에 의하면 수학자는 지성적 특수자에 대해서 이야기하고 있으며, 감각적 특수자나 보편자에 대해서 이야기하고 있지 않다는 것이다. 예를 들어, 기하학자가 교차하는 두 원들에 대하여 이야기할 때 그는 그려진 감각적 원들에 대하여 이야기하고 있는 것도 아니고, 원성(圓性) 그 자체에 관하여 이야기하는 것도 아직 아니다. 왜냐하면 원성(圓性)은 원성에 교차할 수 없기 때문이다. 아리스토텔레스라면 이렇게 말할 것이다. 즉 그는 지성적인 원들에 대하여 말하고 있는데, 그 원들은 많은 닮은꼴들을 가지고 있다. 또 "둘 더하기 둘은 넷이다"라고 말하는 것은 둘임(twoness)이 그 자체에 더해졌을 때 발생할 것을 말하는 것과 —그것은 무의미한 말이다— 똑같지 않다. 이 견해는 플라톤에 있어서는 "첫 번째 2와 3은 있어야만 하며, 수들은 서로 더해질 수 있어서는 안 된다"[19]는 아리스토텔레스의 소견의 지지를 받는다. 플라톤에 있어서, 1을 포함하

---

19 *Metaph.*, 1083 a 33-5.

여 정수들은, 2가 두개의 1들로부터 만들어지는 것이 아니라 고유의 수적(數的) 형상이 되는 방식으로, 하나의 수열을 이룬다. 이것은 대체로 정수 2는 둘임(twoness)이며, 두 개의 "하나임(oneness)"으로 구성되지 않는다고 말하는 것이 된다. 플라톤은 이 정수들을 형상들과 동일시한 것 같다. 그러나 비록 정수 2에 대해서 그와 유사한 것이 많이 있다고 말할 수 없다고 하더라도(우리가 원성(圓性)이 많이 있다고 말할 수 없는 것과 마찬가지로), 궁극적인 형상의 원리로 비약하지 않는 수학자는 사실상 2들의 복수성과 원들의 복수성을 다루는 것이 분명하다. 그런데 기하학자가 교차하는 원들에 대하여 이야기할 때 그는 감각적인 특수자들이 아니라 지성적인 대상들을 다루고 있는 것이다. 그러나 이 지성적 대상들 가운데는 유사한 것들이 많다. 왜냐하면 그것들은 진정한 보편자가 아니고 감각적 특수자들보다는 "높고" 진정한 보편자들보다는 "낮은" 일단의 지성적 특수자들을 구성하기 때문이다. 그러므로 플라톤의 수학적 대상들(τὰ μαθηματιχά)은 일단의 지성적인 특수자들이라고 결론짓는 것이 합리적이다.

그런데 테일러 교수는[20] 내가 그를 정확하게 이해하고 있다면, 수학적 대상들(τὰ μαθηματιχά)의 영역을 이데아적인 공간의 크기들로 국한하고 싶어 한다. 그가 지적하는 것처럼, 예를 들어 곡선들은 수등식(數等式)들을 사용하여 연구될 수 있으나, 그것들 스스로가 수(數)는 아니다. 그 결과, 그것들은 도표 선의 최고위층, 즉 플라톤이 수(數)들과 동일시했던 원형들(αἱ ἀρχαί)이나 형상들의 층에는 속하지 않을 것이다. 다른 한편으로 기하학자가 연구하는 대상들인 이데아적인 공간의 크기들은 감각적인 대상들이 아니라서, 가시적 대상들(τὰ ὁρατά)의 영역에 속할 수 없다. 그러므로 그것들은 수(數)-형상들과 감각적 사물들 사이에 중간적 위치를 차지한다. 이 견해가 기하학자가 다루는 대상들(교차하는 원들 등등)에 대해서는 참이라는 것을 나는 기꺼이 인정한다. 그러나 산수학자들이 다루는 대상들을 수학적 대상들로부터 배제시키는 것이 정당한가? 결국 플라톤은 마음의 상태가 추론적 사고(διάνοια)의 상태인 사람들을 취급할 때, 기하학도들에 대해서뿐만이 아니라, 산수와 그에 유사한 학문들의 학도들에 대해서

---

20 *Forms and Numbers, Mind*, Oct. 1926과 Jan. 1927 참조(Reprinted in *Philosophical studies*).

도 이야기하는 것이다.[21] 이러한 점에서 보면, 플라톤이 수학적 대상들을 이데아적인 공간의 크기들로 국한했다고 주장하는 것은 분명히 정당하게 보이지 않을 것이다. 우리가 플라톤이 수학적 존재들의 영역을 그렇게 국한해야만 했다고 생각하든, 그렇게 생각하지 않든 간에, 우리는 플라톤이 무엇을 말해야만 했는지 뿐 아니라, 무엇을 실제로 말했는지도 고찰하지 않을 수 없다. 그러므로 그는 기하학자의 대상들은 물론이고, 산수학자의 대상들 역시(그리고 "유사한 학문들"에 관한 소견으로부터 추론될 수 있듯이, 이두 대상들만은 아니다) 수학적 대상들(τὰ μαθηματιχά)의 집합 속에 포함되어 있는 것으로 이해했었을 가능성이 매우 높다. 그렇다면 플라톤에게 있어 수(數)들은 더할 수 없다(ἀσυμβλητόι)는 아리스토텔레스의 진술은 어떻게 되는가? 확실히 그것은 수용될 수 있으며, 플라톤은 수(數)들은 그 자체로서 독특하다는 것을 분명히 알았다고 나는 생각한다. 반면에, 우리가 대상들의 집단이나 집합들을 함께 더하며, 집합들의 특징을 수라고 말하는 것도 마찬가지로 분명하다. 이것들을 우리는 더한다. 비록 그것들은 스스로가 감각의 대상이 아니고 지성의 대상이지만, 그것들은 개별적인 대상들의 집합들을 나타낸다. 그러므로 그것들은 지성적 특수자들이라고 말해지며, 그것들도 기하학자의 이데아적인 공간의 크기와 마찬가지로 수학적 대상들(τὰ μαθηματιχά)의 영역에 속한다. 아리스토텔레스 자신의 수론(數論)이 오류였을 수 있으며, 그러므로 그가 플라톤의 이론을 몇 가지 점에서 잘못 묘사했을 수 있다. 그러나 만약 그가 실제로 그러했던 것처럼, 플라톤은 수학적 존재들의 중간 집합을 가정했다고 명확하게 진술했다면, 그가 틀렸다고 상정하기는 어렵다. 플라톤이 실제로 그러한 계층을 가정했을 뿐만 아니라 이 계층을 이데아적인 공간의 크기들로 국한할 작정이 아니었기 때문에, 플라톤 자신의 저술들은 사리가 분명한 의문을 남기지는 않을 것처럼 보일 때는 특히 그러하다.

(수학자들의 가설들은 ―플라톤은 "홀수와 짝수 그리고 도형과 세 종류의 각들[예각, 직각, 둔각] 그리고 몇 가지 학문 영역에서 그와 유사한 것들"[22]을 언급한다― 제1원리와 관련하여 택했을 때, 보다 높은 이성에 의해서 인식될 수 있다는 플라톤의 진술과, 그 보다 높은 이성은 제1원리에 관계하는데 그

---

21   *Rep.*, 510 c 2 이하.
22   *Rep.*, 510 c 4-5.

원리는 자명하다는 플라톤의 진술은, 그가 순수 수학을 그 논리적 기초들에로 환원시키려는 현대의 시도를 환영하리라는 것을 암시한다.)

도표의 최상위 부분에 대한 간략한 고찰이 남아 있다. 문제의 마음 상태, 즉 지적 직관의 상태는 추론적 사고(διάνοια)의 가설들을 출발점으로 사용하지만 그것들을 넘어 제1원리로 뛰어 오르는 사람들의 마음 상태이다. 더구나 그는 이 과정(그것은 변증법의 과정이다)에서 추론적 사고의 부분에서 사용되었던 것과 같은 그런 "상(像)들"은 사용하지 않고, 관념들 자신에 의해서,[23] 즉 엄밀하게 추상적인 추리에 의해서 관념 속으로 나아간다. 정신은 제1원리들을 분명하게 파악한 다음, 다시 감각적 상(像)들이 아니라 추상적 추리만을 사용하여, 그 원리들로부터 나오는 결론으로 내려간다.[24] 지적 직관에 상응하는 대상들은 원형들(αἱ ἀρχάι), 즉 제1원리들 또는 형상들이다. 그것들은 인식론적 원리일 뿐만 아니라, 존재론적 원리이기도 하다. 나는 이후에 그것들을 보다 자세하게 고찰할 것이다. 그러나 다음의 사실은 지적하는 것이 좋다. 만약 그것이 단순하게 추론적 사고층의 가설들에 대한 궁극적인 원리들을 보는 문제에 불과하다면(예를 들어, 순수 수학의 논리적 기초들로의 현대적 환원처럼), 플라톤이 무엇을 의도하고 있었는지를 아는 데 그렇게 큰 어려움은 없을 것이다. 그러나 그는 변증법을 "가설들을 파괴하는 것(ἀναιροῦσα τὰς ὑποθέσεις)[25]"이라고 명백하게 말하는데, 이것은 어려운 말이다. 왜냐하면 비록 변증법이 수학자의 공준들이 정정할 필요가 있다는 것을 잘 보여줄 수 있다고 하더라도, 그것이 어떻게 그 가설들을 파괴한다고 말할 수 있는지를 알기란, 최소한 일견해서는 그렇게 쉽지 않기 때문이다. 그가 언급하는 하나의 특수한 가설을 ─홀수와 짝수라는─ 고찰해보면, 사실상 플라톤의 의미는 보다 분명해진다. 플라톤은 짝수도 아니고 홀수도 아닌 수들, 즉 무리수들이 있다는 것을 알았던 것처럼 보일 것이며, 『에피노미스』[26]에서 그는 정방형의 그리고 입방체의 "무리수들"을 수로 인정할 것을 요구

---

23   *Rep.*, 510 b 6-9.
24   *Rep.*, 511 b 3-c 2.
25   *Rep.*, 533 c 8.
26   *Epin.*, 990 c 5-991 b 4.

하는[27] 것처럼 보일 것이다. 만약 그러하다면, 무리수는 없으며 모든 수는 정수이고 짝수이거나 또는 홀수라는 수학자의 전통적인 가설이 엄밀하게 참은 아니라는 것을 보여주는 것이 변증법의 과제일 것이다. 다시금 플라톤은 피타고라스의 점-단위라는 개념을 수용하기를 거부하고, 점을 "직선의 시작"[28]으로 말했다. 그 결과 점-단위, 즉 자신의 고유한 크기를 가진 점이란 기하학자가 만든 허구, "기하학적 허구"[29]가 될 것인데, 그것은 "파괴될" 필요가 있는 가설이다.

03.   플라톤은 『국가』 제7권[30]에 나오는 유명한 동굴의 비유를 사용하여 그의 인식설을 보다 깊게 설명한다. 만약 더 이상의 어떤 증명이 필요하다면, 이 비유는 마음이 도표의 하부로부터 상부로 올라가는 것이 인식론적 전진이라는 것과, 플라톤은 이 과정을 연속적인 진화의 과정으로 간주한다기보다는, 보다 덜 충분한 인식 상태로부터 보다 더 충분한 인식 상태로의, 일련의 "개종들"로 간주한다는 것을 분명하게 보여주는 것으로서 중요하기 때문에, 나는 이 비유를 간략하게 스케치하려고 한다.

동굴의 입구

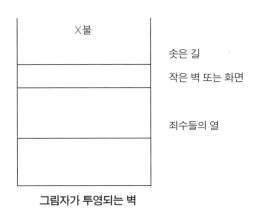

그림자가 투영되는 벽

---

27   *Taylor*, Plato, 501쪽 참조.
28   *Metaph.*, 992 a 20 이하.
29   *Metaph.*, 992 a 20-1.
30   *Rep.*, 514 a 1-518 d 1.

플라톤은 밖의 햇빛 쪽으로 출구가 하나 있는 지하 동굴을 상상해볼 것을 요구한다. 이 동굴에 어렸을 때부터 얼굴이 동굴의 내벽을 향하도록 다리와 목이 사슬에 묶여서 햇빛을 전혀 본적이 없는 사람들이 살고 있다. 그들의 뒤편 윗쪽에, 그러니까 죄수들과 동굴입구 사이에 불이 있고, 죄수들과 불 사이에 솟은 길과 영사막처럼 생긴 낮은 벽이 있다. 이 솟은 길을 따라서 동물들의 조상(彫像)과 그림이나 다른 물건들을 가지고 사람들이, 그들이 운반하는 것들이 위로 낮은 벽 또는 영사막의 꼭대기에 나타나도록, 지나가고 있다. 동굴의 내벽을 향해 있는 죄수들은 서로는 물론이고 그들 뒤에서 운반되는 물건들은 볼 수가 없으나, 그들이 향하고 있는 벽 위에 사출된 자신들과 그 물건들의 그림자는 본다.

이 죄수들은 대부분의 인간들, 즉 오직 실재의 그림자만을 바라보고 진리의 메아리만을 듣기 때문에 평생 동안 억측(εἰκασία)의 상태에 머무르는 많은 사람들을 나타내고 있다. 이 세계에 대한 그들의 견해는 대체로 부적절하며 "그들 자신의 열정과 편견에 의해서, 그리고 언어와 수사(修辭)를 통하여 그들에게 전달된 다른 사람들의 열정과 편견에 의해서"[31] 왜곡된다. 그리고 그들은 어린아이들보다 더 낮지 않은 처지이지만 성인의 모든 고집을 다하여 그들의 왜곡된 견해들을 고수하며, 그들의 감옥으로부터 탈출하려는 소망도 없다. 더구나 만약 그들이 갑자기 석방되어 전에는 그 그림자만을 보았던 실재들을 보라는 명령을 받는다면, 그들은 햇볕에 눈이 멀게 될 것이며, 그림자들이 실재들보다 더 실재적이라는 상상을 할 것이다.

그러나 만약 이 죄수들 가운데 탈출한 한 명이 햇빛에 익숙해진다면, 그는 한참 후에 전에는 단지 그 그림자들만을 보았던 구체적인 감각적 대상들을 볼 수 있게 될 것이다. 이 사람은 불(이 불은 볼 수 있는 태양을 나타낸다)빛에 비추어 자기 동료들을 바라보며, 신념(πίστις)의 상태에 있다. 왜냐하면 그는 영상(εἰκόνες)과 편견과 열정과 궤변의 그림자 세계로부터, 비록 아직은 지성적이고 비감각적 실재들의 세계로 올라서지 못했으나, 동·식물 및 인공물(ζῷα)이 실재하는 세계로 전향했기 때문이다. 그는 죄수들에게서 그들의 모습인 죄수를 본다. 즉 열정과 궤변에 묶인 죄수를 보는 것이다. 더

---

31 Nettleship, *Lectures on the Republic of Plato*, 260쪽.

구나 만약 그가 인내하며 동굴에서 나와서 햇빛 속으로 들어간다면, 그는 태양이 비추는 세계와 분명한 대상들(이것은 지성적인 실재들을 나타낸다)을 볼 것이며, 마지막으로 단지 노력에 의해서만 태양 그 자체를 볼 수 있을 것인데, 여기서 태양은 선의 이데아, 최고의 형상, "모든 옳고 아름다운 것의 보편적 원인, 진리와 이성의 원천"[32]을 나타낸다. 그러면 그는 지적 직관의 상태에 있는 것이다. (나는 다음 장들에서 이 선의 이데아로, 그리고 또한 마찬가지로 플라톤이 『국가』에서 다룬 정치적 논의들로 되돌아 갈 것이다.)

만약 어떤 사람이 햇빛에까지 올라간 후에 다시 그 동굴로 되돌아간다면, 그는 어두움 때문에 제대로 보지 못할 것이고, 그래서 "우스꽝스럽게" 행동할 것이다. 반면에 만약 그가 다른 사람을 석방하려고 하며 햇빛으로 데려가려고 한다면, 어두움을 사랑하며 그림자를 참된 실재로 간주하는 죄수들은 이 침입자를 잡을 수만 있다면 죽일 것이라고 플라톤은 말한다. 여기서 우리는 플라톤이 귀를 기울이려는 모든 사람들을 편견과 궤변에 오도되도록 놓아두지 않고, 계몽시켜 진리와 이성을 파악하도록 노력한 소크라테스에 관해서 언급하고 있음을 알 수 있다.

이 비유는 플라톤이 선의 "상승"을 진보로 —비록 이 진보가 연속적이고 자동적인 과정은 아니지만— 간주한다는 것을 분명히 한다. 여기에는 노력과 정신적인 훈련이 필요하다. 그러므로 플라톤은 교육의 중요성을 강조한다. 젊은이들은 교육에 의하여 점차로 영원하고 절대적인 진리와 가치를 바라보는 데까지 이끌어질 수 있으며, 따라서 그들의 일생을 오류와 허위와 편견과 궤변과 참된 가치에 대한 무지 등등의 그림자–세계에서 보내는 것으로부터 구제될 수 있다. 이러한 교육은 정치가가 되어야 할 사람들의 경우에 최우선적으로 중요하다. 만약 정치나 통치자가 억측(εἰκασία)이나 신념(πίστις)의 영역에서 산다면, 그들은 장님들의 눈먼 지도자가 될 것인데, 국가라는 함선의 난파는 어떤 사람 개인의 돛배 난파보다 더 공포스러운 일이다. 그러므로 인식론적 상승에 대한 플라톤의 관심은 단순히 학문적 관심이거나 편협하게 비판적인 관심이 아니다. 그는 삶의 행위와 영혼의 경향과 국가적 선에 관심을 가졌던 것이다. 인간의 참된 선을 실현하지 않는 사람은 진정으로 선한 인간 생활을 영위하려

---

32   *Rep.*, 517 b 8-c 4.

고 하지 않을 것이요 할 수도 없을 것이며, 국가의 참된 선을 실현하지 않는 정치가는 정치생활을 영원한 원칙들의 불빛에 비추어 보지 않기 때문에 그의 국민에게 파멸을 가져올 것이다.

　　여기에서 도표와 동굴의 비유로 설명된 플라톤의 인식론 속에 종교적 함축이 있는가 없는가 하는 질문이 제기될 수 있을 것이다. 신(新)플라톤주의자들이 플라톤의 개념들을 종교적으로 윤색했으며 그것들을 종교적으로 사용했다는 것은 논의의 여지가 없이 명백하다. 더구나 위(僞)디오니시우스와 같은 기독교 작가가 부정의 길(via nega- tiva)을 이용하여 신비주의자의 신으로의 상승을, 가시적인 피조물들을 넘어 그것들의 비가시적 원천 —그 원천의 빛은 빛의 과잉으로 눈을 멀게 하기 때문에, 말하자면 영혼은 빛나는 어둠의 상태에 놓인다— 에까지 추적할 때, 그는 확실히 플라톤으로부터 신 (新)플라톤주의자들을 거쳐서 나온 논제들을 사용하고 있다. 그러나 반드시 플라톤 자신이 그 상승을 종교적 관점에서 이해했다는 결론이 나오는 것은 아니다. 어쨌든 이 어려운 문제는 플라톤의 선의 이데아의 존재론적 본질과 위상을 고찰하고 난 후에라야 유익하게 논의할 수 있다. 그러나 심지어 그때에도 명확한 확실성에 도달할 수는 없다.

제19장

형상론

이 장에서 나는 형상론 또는 이데아론을 존재론적 측면에서 논의할 생각이다. 우리는 플라톤의 눈으로 보면, 참된 지식의 대상은 감각의 대상이 아니라 지성의 대상으로서 불변이고 항구적이어야 한다는 것과 최고의 인지적 상태, 즉 지적 직관(νόησιs)의 상태에 관한 한, 이러한 요구들은 보편자에 의해서 충족된다는 것을 이미 보았다. 플라톤의 인식론은 우리가 머릿속에서 생각하는 보편자들은 객관적인 지시물을 결여하고 있지 않다는 것을 분명하게 함축하고 있으나, 우리는 아직 '이 객관적인 지시물이 어디에 있는가'라는 그 중요한 문제는 검토하지 않았다.

플라톤이 학문 활동과 저술 활동을 하던 시절 내내 형상론으로부터 발생하는 문제들에 계속하여 전념했다는 전거들은 참으로 많다. 그러나 그가 자신에게 떠오르는 난점들이나 다른 사람들이 제시하는 난점들을 보고, 자신의 이설[형상론]을 아무리 많이 명료화하거나 수정하려 했다 하더라도, 그가 그것을 극단적으로 바꾼적이 있다는 실제 전거는 없으며, 그것을 전적으로 포기했다는 전거는 더더욱 없다. 아리스토텔레스는 플라톤이 형상을 수학화했다고 추정하는데, 형상의 수학화는 플라톤 노년기의 이설(理說)이며 피타고라스주의적 "신비주의"로의 퇴행이라는 주장이 가끔 있었

---

1 Stace, *Critical History*, 191쪽 참조.

다. 그러나 아리스토텔레스는 플라톤이 자신의 이설을 변경했다고 말하지는 않는다. 그러므로 아리스토텔레스의 말들로부터 도출될 수 있는 유일하게 합리적인 결론은, 플라톤은 최소한 아리스토텔레스가 아카데메이아에서 그의 지도하에 연구를 했던 동안에는, 그와 거의 유사한 이설을 주장했으리라는 것으로 여겨진다. (아리스토텔레스가 플라톤을 오해했는가 아닌가는 당연히 다른 문제이다.) 비록 플라톤이 이데아설을 계속 주장했고 자신이 의미한 것과 자기 사상의 존재론적 논리적 함축들을 명료화하려고도 노력했으나, 그렇다고 해서 그가 실제로 의미했던 것을 우리가 언제나 분명하게 이해할 수 있다는 결론이 나오는 것은 아니다. 아카데메이아에서 행한 그의 충분한 강의 기록을 우리가 가지고 있지 못하다는 것은 대단히 유감스러운 일이다. 왜냐하면 그의 강의 기록은 플라톤의 "실재" 견해들, 즉 그가 오로지 구두 강의로만 전달하고 결코 출판하지는 않았던 견해들이 무엇이었는지를 안다는, 헤아릴 수 없이 큰 이익을 우리에게 제공한다는 것 말고도, 대화편들에 제시된 그의 이론들에 대한 해석에 커다란 빛을 분명히 던져줄 것이기 때문이다.

『국가』에는 많은 개별자들이 하나의 같은 이름을 가질 때는 언제나, 거기에 상응하는 이데아 또는 형상 또한 갖는다고 가정되어 있다.[2] 그것은 예컨대 아름다움과 같은 개념 속에서 포착되는 보편자이며 공통적인 본성 또는 속성이다. 아름다운 것들은 많다. 그리고 우리는 아름다움 그 자체에 대한 하나의 보편적 개념을 형성한다. 그런데 플라톤은 이런 보편적 개념들은 단순히 주관적 개념들이 아니며, 그것들 속에서 우리는 객관적인 본질들을 파악할 수 있다고 생각했다. 이것은 처음 들을 때는 아마 소박한 견해로 들릴 것이나, 우리는 플라톤에게 있어서 실재를 포착하는 것은 사유이며 따라서 감각에 대립되는 사유의 대상, 즉 보편자는 실재를 가지고 있어야 한다는 것을 상기하지 않으면 안 된다. 그것들이 실재적이지 않다면 어떻게 그것들이 파악될 수 있으며 사유의 대상이 될 수 있겠는가? 우리는 그것들을 발견한다. 그것들은 우리가 단순히 만들어내는 것이 아니다. 우리가 기억해야 할 또 하나의 논점은 플라톤이 처음엔 주로 도덕적 보편자들과 미적 보편자들에 관심을 가졌던 것 같다는 점인데(또한 마찬가

---

2   *Rep.*, 596 a 6-7; 507 ab 참조.

지로 수학적인 학문의 대상들에도 관심을 가졌다), 이것은 소크라테스의 주요 관심사를 생각해볼 때 당연한 일이며, 그가 절대 선(善)이나 절대 미(美)를 그 자체로서 존재하는 것으로 간주한 것은 말하자면 불합리한 일이 아니다. 우리가 믿고 있는 것처럼, 그가 절대선과 절대미를 동일시했다면 더욱 그러하다. 그러나 플라톤이 이전보다 더 자연적 대상들에 관심을 돌리게 되었을 때나, 말(馬)이나 사람들의 집합처럼 집합 개념을 고려하게 되었을 때는 이런 집합 개념들에 상응하는 보편자들이 객관적인 본질들로서 그 자체로 존재한다고 상정하기는 분명히 다소 어렵다. 절대적 선(善)이나 절대적 미(美)를 동일시할 수는 있을 것이다. 그러나 말의 객관적 본질과 인간의 객관적 본질을 동일시하는 것은 그렇게 쉽지 않다. 사실 그렇게 하려고 시도하는 일 자체가 우스꽝스러울 것이다. 본질들이 서로 고립되지 않으려면 어떤 통일의 원리가 발견되어야 한다. 그래서 플라톤은 모든 종적인 본질들이 하나의 최고의 유적인 본질 아래서 합일되거나 또는 그 본질에 종속될 수 있도록, 이 통일원리에 관심을 기울이게 되었다. 플라톤이 이 문제를 논리적 관점에서 접근하여 논리적 분류의 문제를 탐구해 들어가는 것은 사실이다. 그러나 그가 보편자들이 존재론적 위상을 가지고 있다는 견해를 포기한 적이 있다는 실제 전거는 없으며, 그는 자신이 논리적 분류의 문제를 해결할 때 존재론적 통합의 문제 역시 해결하고 있다고 확신했다.

플라톤은 이런 객관적 본질에다 이데아 또는 형상(ἰδέαι 또는 εἴδη)이라는 이름을 붙였는데, 이 둘은 서로 바꾸어 사용할 수 있는 말이다. 이러한 맥락에서 이데아(εἶδος)라는 말이 『파이돈』에 갑자기 나타난다.[3] 그러나 우리는 용어 "이데아(관념)"를 이렇게 사용하는 데 오도되어서는 안 된다. 우리가 "그것은 관념일 뿐이지 실재가 아니야"라고 말할 때처럼, 일상적인 어조에 있어서 "관념"은 마음속의 주관적인 개념을 의미한다. 그러나 플라톤은 이데아 또는 형상에 관해서 말할 때, 우리의 보편적 개념들의 객관적 내용이나 또는 그 보편적 개념들의 객관적 지시물에 대하여 언급하고 있다. 우리의 보편적 개념들 속에서 우리는 객관적 본질들을 파악하는데, 플라톤이 용어 "이데아"를 적용했던 곳은 바로 이러한 객관적 본질들이었다. 어떤 대화편들, 예를 들면

---

3   *Phaedo*, 102 b 1.

『향연』 같은 대화편에서는 "이데아"라는 말이 사용되지는 않지만, 거기에도 그 의미는 있다. 왜냐하면 그 대화편에서 플라톤은 본질적인 아름다움 또는 절대적인 아름다움(αὐτο ὁ ἔστι χαλόν)에 대하여 이야기하고 있는데, 이것은 플라톤이 미(美)의 이데아로 의미하려고 했던 것이다. 그러므로 그가 절대적 선(善)에 대하여 이야기했는가 또는 선의 이데아에 대하여 이야기했는가는 사소한 문제일 것이다. 양자(兩者) 모두 객관적인 본질을 가리킬 것인데, 그것은 참으로 선한 모든 특수한 사물들 속에 들어 있는 선의 근원이다.

플라톤은 이데아 또는 형상으로 객관적 본질을 의미하기 때문에, 그의 존재론을 이해하는 데는 그가 이 객관적 본질을 어떻게 간주했는지를 가능한 한 정확하게 확정하는 일이 매우 중요하다. 그것들이 특수한 사물들과 별개로 그들 자신의 초월적 존재를 갖는다면, 그것들 상호 간의 관계 그리고 그것들과 이 세계의 구체적인 특수한 대상들 사이의 관계는 무엇인가? 플라톤은 비가시적이고 비물질적인 본질의 초월적 세계를 가정함으로써, 감관경험의 세계를 두 개로 만들고 있는가? 만약 그렇다면 이 본질의 세계는 신과 어떤 관계에 있는가? 플라톤의 표현법이 종종 특수한 대상들과 분리된 초월적인 본질의 세계가 존재함을 함축한다는 것은 부인할 수 없다. 그러나 언어는 일차적으로 우리 감관경험의 대상들을 지칭하도록 고안되었으며, 형이상학적 진리들을 정확하게 표현하기에는 불충분하다는 것이 매우 자주 발견된다는 사실을 잊어서는 안 된다. 그래서 우리는 신(神)이 시간적이지 않고 영원하다는 것을 알지만, 문자 그대로 신이 시간적임을 의미하는 "선견지명이 있는 신"이란 어구를 사용하며 또 사용하지 않을 수 없다. 왜냐하면 우리 스스로는 영원성에 대한 경험을 가지고 있지 못해서 우리의 언어는 그러한 것들을 표현할 수 있도록 설계되어 있지 않기 때문이다. 우리는 인간이며 인간의 언어를 사용하지 않을 수 없다. 우리는 다른 언어를 사용할 수가 없는 것이다. 그리고 이 사실 때문에 우리는 플라톤이 심오한 형이상학적 논점들을 다루는 데 사용한 단순한 언어나 어구에 너무 많은 비중을 두는 데 있어 조심스럽지 않으면 안 된다. 우리는 그러한 어구들 배후에 숨은 의미를 파악하려고 노력해야만 한다. 본 저자는 이러한 말로 플라톤이 보편적 본질의 존재를 믿지 않았다는 것을 의미할 생각은 없다. 다만 만약 우리가 실제로 플라톤이 이 이설(理說)을 견지했음을 발견하더라도, 그가 사용한 어구들을 그 어구들에 부여된 의미에 대한 마땅한 고찰 없이 강조함으로써 그 이설을 우스꽝스럽게 보이게 하려는 유혹을 조심해야 한다는 점을 지적하려는 것뿐이다.

우리가 플라톤의 이데아론에 대한 "통속적인" 소개라고 부를 수 있을 것은 일반적으로 말해서 대체로 다음과 같은 것이다. 플라톤의 견해로는 보편적 개념들 속에서 우리가 파악하는 대상들, 학문이 다루는 대상들, 보편적 서술어에 상응하는 대상들은 감각적 사물들과 격리되어 그들 자신만의 초월적 세계("저기 밖에" 어디엔가)에 존재하는 객관적인 이데아 또는 실재하는 보편자들인데, 여기에서 "격리되어"는 실제로 공간적인 분리를 의미한다. 감각적 사물들은 복사물들이나 또는 이 보편적 실재들에의 참여(participation)이다. 그러나 후자(後者)는 그 자신의 불변하는 하늘의 세계에 존재하며, 반면에 감각적 사물들은 변화하기 쉽고 사실상 언제나 되어가는 중이며 결코 존재한다고는 진정으로 말할 수 없다. 이데아들은 서로 고립된 상태로, 그리고 어떤 사상가의 마음과도 별도로 그것들의 하늘에 존재한다. 플라톤의 형상론이 이렇게 소개되고 나면, 실재하는 보편자들은 존재하거나(이 경우 우리 경험의 실재 세계는 근거없이 두 배가 된다), 또는 존재하지는 않지만 어떤 신비한 방식으로 독자적이고 본질적인 실재를 갖는다(이 경우 실존과 본질 사이에 근거없이 사이를 벌려 놓는다). (스콜라철학자들의 토마스 아퀴나스학파는 본질과 창조된 존재 속에서의 존재행위 사이의 "실재적 차이"를 인정한다. 그러나 그들에게 있어서 그 차이는 피조물 안에 있다. 창조되지 않은 존재는 자기 동일적인 절대적 존재와 절대적 본질이다.) 플라톤의 형상론에 대한 이러한 전통적인 소개를 유발하는 이유들 가운데 세 가지가 열거될 수 있다.

- 플라톤은 이데아들에 관해서 말할 때 그것들이 동떨어진 영역에 존재한다는 것을 분명하게 상정한다. 그러므로 『파이돈』에서 그는 영혼은 육체와 결합하기 이전에는 초월적인 영역에 존재했으며, 그곳에서 그것은 실재하는 지성적 존재들이나 이데아들을 본다고 가르치는데, 이것들은 복수의 "분리된" 본질들을 구성하는 것처럼 보인다. 지식의 과정이나 알게 되는 과정은 본질적으로, 영혼이 그것의 전(前)존재의 상황에서 한때 분명하게 바라본 이데아들을

회상 또는 기억하는 데 있다.

- 아리스토텔레스는 『형이상학』[4]에서 소크라테스는 그렇지 않았는데 플라톤은 이데아들을 "분리시켰다"고 주장한다. 이데아론에 대한 그의 비판에서 아리스토텔레스는 플라톤주의자들에 따르면 이데아들은 감각적 사물들과 별도로 존재한다고 끊임없이 상정한다. 이데아들은 사물들의 실재 또는 "실체"를 구성한다. "그런데 사물의 실체인 이데아들이 어떻게 별도로 존재할 수 있는가?"[5]하고 아리스토텔레스는 묻는다.
- 『티마이오스』에서 플라톤은 신이나 "데미우르고스"가 이 세상의 사물들을 형상들의 모형에 따라 형성했다고 분명히 가르치고 있다. 이것은 형상들 또는 이데아들이 자신들을 본떠 만들어진 감각적 사물들뿐만이 아니라, 자신들을 모델로 택하는 신으로부터도 동떨어져서 존재한다는 것을 함의한다. 그러므로 그것들은, 말하자면 공중에 떠 있다.

플라톤 비판가들에 따르면 플라톤은 이러한 방식으로

① "실재" 세계를 두 개로 만들고,
② 충분한 형이상학적 근거나 기초 없이 많은 실재적 본질들을 가정하며(왜냐하면 그것들은 심지어 신(神)으로부터도 독립적이기 때문이다)
③ 감각적 사물들과 이데아들 사이의 관계를 설명하는 데 실패하고("모방" 또는 "참여"와 같은 은유적 문구를 사용한 것을 제외하고는)
④ 예를 들면 종(種)과 유(類)의 관계와 같은 이데아들 상호 간의 관계를 설명하는 데에나 또는 어떤 진정한 통일의 원리를 발견하는 데에 실패한다. 따라서 플라톤이 일(一)과 다(多)의 문제를 해결하려고 노력하고 있었다면, 그는 유감스럽게도 실패했으며, 보다 무근거한 한 이론으로 단지 이 세계를 늘리기만 했는데, 그 이론은 아리스토텔레스라는 천재에 의하여 논파되었다.

4　　*Metaph.*, A, 987 b 1-10; M, 1078 b 30-32.
5　　*Metaph.*, A, 991 b 2-3.

이데아론에 대한 이러한 소개 속에 어떠한 진리가 들어 있는지를 보여주는 일은 플라톤 사상에 대한 보다 세부적인 조사에 맡겨져야 한다. 그러나 우리는 플라톤에 대한 위의 비판들이 그가 이데아들의 복수성(複數性)이 어떤 통일의 원리를 필요로한다는 것을 분명히 알았다는 점과 이 문제를 해결하기 위해서 노력했다는 점을 무시하는 경향이 있음을 즉시 지적할 것이다. 그것들은 플라톤이 그 문제를 해결하기 위하여 어떻게 노력했는지에 대한 증거, 즉 엘레아학파의 일자론을 새롭게 해석하고 적용함으로써 그 문제를 해결하려고 했다는 증거들이 대화편들 그 자체 속에뿐만 아니라, 플라톤의 이론과 플라톤의 강의록에 대한 아리스토텔레스의 언급 속에도 있다는 사실 역시 무시하는 경향이 있다. 플라톤이 그의 이론에서 발생하는 문제들을 실제로 해결했는지 여부는 논쟁거리이지만, 마치 그가 후일 아리스토텔레스가 그에 대하여 제시한 난점들 가운데 어떤 것도 결코 보지 못했던 것처럼 이야기하는 것은 적당치 못할 것이다. 그와 반대로 플라톤은 아리스토텔레스가 제기했던 반론들 가운데 몇몇을 예견했으며, 자신이 그것들을 대체로 만족스럽게 해결했다고 생각했다. 아리스토텔레스는 분명히 달리 생각했으며, 그가 옳았을 수도 있다. 그러나 마치 아리스토텔레스가 플라톤은 너무도 어리석어서 볼 수 없었던 반론들을 제기했던 것처럼 말하는 것은 역사에 일치하지 않는다. 더구나, 플라톤이 스스로에게 난점을 제기했다는 것이 있는 그대로의 역사적 사실이라면, 그가 터무니없는 견해를 가지고 있었다고 추정하는 데는 ―증거가 분명해서 그가 그러한 견해를 견지했다고 믿지 않을 수 없는 경우는 물론 제외하고― 조심스러워야 한다.

대화편들 안에 소개되어 있는 대로의 이데아론을 계속 고찰하기에 앞서, 플라톤의 이데아론에 대한 전통적인 소개를 지지하여 우리가 열거한 세 가지 이유들에 관해 약간의 예비적 관찰을 할 것이다.

(1) 플라톤이 이데아들에 관해서 말하는 방식이 매우 자주 그것들이 감각적 사물들과 "따로 떨어져서" 존재한다는 것을 함의한다는 것은 부인할 수 없는 사실이다. 나는 플라톤이 실제로 이 이설(理說)을 주장했다고 믿는다. 그러나 조심스럽게 관찰해야 할 것이 두 가지가 있다.

① 이데아들이 감각적 사물들과 따로 떨어져서 존재한다고 하더라도, "따로 떨어져서"는 단지 이데아들은 감각적 사물들과 독립적으로 실재성을 갖는다는 것만을 의미할 뿐이다. 이데아들이 공간적 장소를 차지한다는 것은 말이 안되며, 엄밀하게 말하면 그것들은 감각적 사물들 "안에" 있을 수 없는 것처럼, "밖에"도 있을 수 없다. 왜냐하면 가정상(ex hypothesi) 그것들은 비물질적인 본질들이고, 비물질적인 본질들은 장소를 차지할 수 없기 때문이다. 플라톤은 인간의 언어를 사용해야만 했기 때문에 자연히 본질적 실재와 형상들의 독립성을 공간적인 용어로 표현하고자 했다(그도 달리 어떻게 할 수 없었을 것이다). 그러나 그가 이데아들이 공간적으로 사물들과 떨어져 있음을 의미한 것은 아니다. 이 문맥에서의 초월성이란 이데아들은 감각적 특수자들과 더불어 변화하고, 소멸하지 않는다는 것을 의미한다. 우리에게 신(神)의 초월성이 신(神)이 자신이 창조한 감각적 대상들의 장소나 공간과는 다른 장소에 존재한다는 것을 의미하지 않는 것처럼, 그것도 이데아들이 그들만의 천상의 장소에 존재한다는 것을 의미하지는 않을 것이다. 플라톤의 이론이 길이와 두께와 깊이 등을 가진 사람의 이데아가 천상의 장소에 존재한다는 가정을 포함하기라도 하는 듯이 말하는 것은 터무니없다. 그런 말을 하는 것은 플라톤의 이론을 근거 없이 우스꽝스럽게 만드는 것이다. 이데아들의 초월성이 무엇을 의미해도 좋으나, 그것만은 의미할 수 없을 것이다.

② 우리는 전생설과 회상설과 같은 이설(理說)에 비중을 너무 많이 두지 않도록 조심해야 한다. 잘 알려진 것처럼, 플라톤은 종종 "신화"를 이용하여 "그럴듯한 설명"을 한다. 그러나 다른 사람들이 그것을 그것보다 더 과학적으로 논증된 논지들과 똑같이 정확하고 심각하게 받아들이게 할 생각은 아니었다. 그러므로 『파이돈』에서 "소크라테스"는 영혼의 미래 생활에 대한 설명을 하고 나서 이러한 것들이 정확하게 그가 기술한 그대로라고 단언하는 것은 분별 있는 사람답지 않은 일이라고 분명하게 선언한다.[6] 그러나 영혼의 미래 생활

---

6   *Phaedo*, 114 d 1-2.

에 대한 그 설명이 억측이며 성격상 명백히 "신비적"이라는 것은 충분히 분명한 반면, "신화"의 개념을 모든 불멸론을 포함하도록 확장하는 것은 전혀 정당화할 수 없게 보인다. 왜냐하면 『파이돈』에서 언급된 구절에서 소크라테스는 비록 미래 생활에 대한 묘사는 말 그대로 이해되거나 명확하게 확인될 수 없지만, 영혼은 "확실히 불멸"이라고 선언하고 있기 때문이다. 그리고 플라톤이 사후(死後)의 불멸성을 전생에서의 존재와 연결시키기 때문에, 전생에서의 존재라는 개념 전체를 "신비적"이라고 물리치는 것은 옳다고 보증할 수 없어 보인다. 그것은 플라톤의 눈에는 하나의 가설에 불과했을 가능성이 있다(그러므로 우리는 그것에 너무 많은 비중을 두어서는 안 된다). 그러나 모든 것들을 고려해보면 단순히 그것을 실제 신화라고 주장하는 것은 정당하지 않으며, 그것의 신화적 성격이 만족스럽게 증명될 수 없는 한, 우리는 그것을 심각하게 의도된 이설(理說)로서 받아들여야 한다. 그리고 비록 영혼이 이미 전생에 존재했고, 형상들을 전생에서의 존재의 상태에서 바라본다 하더라도, 은유적이 아니고는 형상들 또는 이데아들이 어떤 장소에 있다는 결론이 나오지 않을 것이다. 게다가 그것들이 "따로 떨어진" 본질들이라는 결론조차 필연적으로 나오지는 않는다. 왜냐하면 그것들은 모두 어떤 존재론적 통일 원리 안에 포함될 수 있기 때문이다.

(2) 『형이상학』에 나오는 아리스토텔레스의 진술에 관하여 말하자면, 아리스토텔레스는 플라톤이 아카데메이아에서 가르친 것들을 완벽하게 알고 있었음에 틀림없다는 것과 아리스토텔레스는 바보가 아니었다는 것을 지적하는 편이 좋다. 마치 아리스토텔레스가 당시 수학의 발전된 단계를 충분히 알지 못했기 때문에 필연적으로 플라톤의 형상론을 본질적으로 왜곡하게 되기라도 했을 것처럼 말하는 것은, 최소한 그것의 비(非)수학적인 측면에 있어서는 터무니없는 짓이다. 그는 플라톤의 수학 이론들을 완전히 이해했을 수도 있고, 완전히 이해하지 못했을 수도 있다. 그러나 단지 그 이유만으로 그가 플라톤의 존재론을 해석하는 데 언어도단의 오류를 범했다는 결론을 내릴 수는 없다. 만약 아리스토텔레스가 플라톤은 형상들을 "분리시켰다"고 선언한다

면, 이 진술을 우리가 단순히 무지한 비판으로 지나쳐버릴 수는 없다. 마찬가지로, 우리는 아리스토텔레스가 "분리"로서 무엇을 의미했는지를 선험적으로 추정하지 않도록 조심해야 하며 둘째, 플라톤의 이론에 대한 아리스토텔레스의 비판이 필연적으로 플라톤 스스로가 아리스토텔레스가 공격하는 결론들을 도출했다는 것을 의미하는지를 조사해보아야 한다. 아리스토텔레스가 공격하는 몇몇 결론들은 플라톤 자신은 도출하지 않았지만, 아리스토텔레스가 플라톤 이론의 논리적 귀결로 간주하는 것들일 수 있다. 만약 이것이 사실이라면, 우리는 그 결론들이 정말로 플라톤 이론의 전제들로부터 나왔는지를 검토해보아야 한다. 그러나 플라톤 스스로가 자신의 출판된 저작에서 이데아에 관하여 무엇이라고 말했는지를 우리가 보고 난 다음까지는 아리스토텔레스의 비판을 논의하는 것은 실행 불가능할 것이고, 플라톤이 그의 강의에서 가르쳤던 것에 대한 지식에 대해서는 주로 아리스토텔레스에게 의존할 수밖에 없기 때문에, 플라톤의 이설(理說)을 해설하는 데 그를 끌어들이지 않을 수 없다. 그렇지만 아리스토텔레스의 비판에 대한 논의는 다음까지 보류하는 것이 최선이다. 그러나 우리가 아리스토텔레스는 자기 스승의 진정한 사상을 이해할 수 없었던 무능한 바보라는 생각[7]을 우리의 머리에서 털어내야만 한다는 점은 중요하다(그리고 그것은 이 사전 논평의 의무이다). 비록 그가 불공정했을지는 모르지만, 바보는 아니었다.

(3) 『티마이오스』에서 플라톤이 마치 데미우르고스, 즉 이 세상 질서의 작용인이 이 세계의 대상들을 범형인(範型因)으로서의 형상들의 모형에 따라 만드는 것처럼 이야기하고 있다는 것은 부인할 수 없다. 그러므로 이것은 형상 또는 이데아들이 데미우르고스로부터 완전히 동떨어져 있다는 것을 함의하기 때문에, 그 결과 우리가 데미우르고스를 "신"으로 부른다면 우리는 형상들이 이 세계 사물들의 "외부에"뿐만이 아니라 신의 "외부에"도 존재한다는 결론을 내리지 않을 수 없다. 그러나 비록 『티마이오스』에서 플라톤이 한 말은 확실히 이러한 해석을 함축하지만, 다음에 이야기 하겠지

---

7 아리스토텔레스가 자신의 이데아론 비판에서 플라톤을 거의 공정하게 취급하지 않는다는 것은 필자의 실제 견해이다. 그러나 필자는 이것을 어떤 상상적 어리석음의 탓으로 돌리기보다는 그 이론에 대해 아리스토텔레스가 채택하게 된 논쟁적 태도의 탓으로 돌릴 것이다.

만, 『티마이오스』의 데미우르고스는 가설이고 플라톤의 "유신론(有神論)"은 너무 강조되면 안 된다고 생각해야 할 몇 가지 이유가 있다. 그뿐만 아니라 그의 강의록에 제시된 대로의 플라톤 이설(理說)은 대화편들에 제시된 대로의 이설과 정확하게 동일하지는 않다는 점은 결코 잊어서는 안 된다. 또는 플라톤은 강의록에서 자신의 이설 가운데 대화편에는 나오지 않는 측면들을 발전시켰다고 말하는 것이 더 나을 것이다. 아리스토크세노스가 기록한 대로라면, 선(善)에 대한 플라톤의 강의에 관한 아리스토텔레스의 비평은 『티마이오스』와 같은 대화편들에서 플라톤은 자신의 몇몇 생각들을 단지 회화적이고 비유적으로만 드러냈음을 지적하는 것으로 보일 것이다. 나는 이 문제를 다음에 다시 다룰 것이다. 지금은 플라톤의 이데아론이 실제로 무엇인지를 가능한 한 심도 있게 규명해보기로 한다.

01.   『파이돈』에서 논의는 불멸성의 문제를 맴도는데, 거기서 진리는 육체적 감관에 의해서는 도달될 수 없고 오직 이성에 의해서만 도달될 수 있으며, 이성은 "실재로서 존재하는" 것들을 포착한다[8]는 설(說)이 제시된다. 그렇다면 "실재로서 있는" 것들, 즉 진정한 존재를 가지는 것들은 무엇인가? 그것들은 사물의 본질인데, 소크라테스는 정의 그 자체, 아름다움 그 자체, 그리고 선(善) 그 자체, 추상적 동등성 등을 예로 들었다. 이 본질들은 언제나 변치 않고 동일한 데 반하여, 감관의 특수한 대상들은 그렇지 않다. 소크라테스는 그러한 본질들이 실재로서 존재한다고 가정했다. 그는 "가설로서 어떤 추상적인 아름다움과 선(善)과 크기가 있다는 것"과 예를 들어, 어떤 한 특수한 아름다운 대상은 그것이 그 추상적인 아름다움을 나누어 가지기 때문에 아름답다고 주장했다.[9] (102 b에서 이데아라는 말은 이러한 본질들에 적용되고 있다. 그것들은 형상(εἴδη)이라고 불린다.) 『파이돈』에서는 이러한 본질들의 존재가 불멸성을 증명하는 보조수단으로 사용된다. 인간이 사물들을 다소 동등하며, 다소 아름답다고 판단할 수 있다는 사실은 표준에 대한 지식, 아름다움이나 동등성의 본질에 대한 지식을 함의한다는 것이다. 그런

---

8   *Phaedo*, 65 c 2 이하.
9   *Phaedo*, 100 b 5-7.

데 인간은 보편적 본질들에 대한 분명한 지식을 가지고 이 세상에 태어나고 성장하지는 않는다. 그렇다면 인간은 어떻게 특수한 사물들을 보편적인 표준에 관련하여 판단할 수 있는가? 그것은 영혼이 육체와 결합하기 이전에 미리 존재했고, 그 이전적 존재의 상태에서 본질에 대한 지식을 가지고 있었기 때문이 아닌가? 그러므로 학습의 과정은 회상의 과정일 것인데, 그 과정에서 본질의 특수한 구현물들은 미리 관찰된 본질들을 생각나게 하는 것들로서 작용한다. 그뿐만 아니라 본질들에 대한 이 생(生)에서의 이성적 지식은 육체적 감각들을 넘어서 지성적 차원으로의 초월을 포함하므로, 철학자의 영혼은 그 철학자가 죽은 이후에 그가 육체에 의해서 더 이상 방해받거나 구속되지 않을 때, 이 본질들을 본다고 상정해야 하지 않을까?

『파이돈』에 제시된 대로의 이데아론에 대한 자연스러운 해석은 이데아들은 실재하는 보편자들이라는 것이다. 그러나 이미 언급한 것처럼, 그 이설(理說)은 잠정적인 "가설"로서 제시된 것임을 잊어서는 안 된다. 다시 말해서 그것은 명백한 제1원리와의 연결에 의해서 정당화되든지, "파괴되든지" 아니면 수정이나 교정될 필요가 있음이 드러날 때까지 가정되는 전제인 것이다. 물론 플라톤이 아직 그 이설을 확신하지 못했기 때문에 단지 잠정적으로 제시했을 가능성을 배제할 수는 없다. 그러나 플라톤은 역사적으로 유명한 소크라테스는 형이상학적인 이데아론에 도달하지 못했었고, 어떤 경우에도 선(善)에 대한 플라톤의 최종 원리에는 도달하지 못했었다는 것을 잘 알았기 때문에, 소크라테스로 하여금 그 이설을 잠정적인 형태로 제시하도록 한다고 상정하는 것이 정당하다. 플라톤이, 소크라테스가 "예언가"가 되었을 때, "백조의 노래"에서[10] 이데아론을 예언하도록 허락하는 것은 의미심장하다. 이는 플라톤이 소크라테스가 그의(즉 플라톤의) 이론의 전부는 아니지만 얼마간을 예언하도록 허락함을 함의한다. 『향연』의 가장 숭고한 부분이 "디오티마"에 해당되는 것과 마찬가지로 『메논』에서 전생설과 회상설은 "남자 성직자들과 여자 성직자들"[11]에 해당된다는 사실에 주목해야 한다. 어떤 사람들은 이러한 문구들은 플라톤이 보기에 명백하게 "신화"였

---

10 *Phaedo*, 84 e 3-85 b 7 참조.
11 *Meno*, 81 a 5 이하.

다는 결론을 내렸다. 그러나 이 가설적 (소크라테스에 대하여 가설적인) 문구들이 소크라테스의 이설과는 구별되는 플라톤 자신의 이설(理說) 가운데 어떤 것을 드러낸다는 것도 마찬가지로 사실임이 당연할 것이다. (어쨌건, 우리는 회상설을 플라톤이 신칸트적 이론을 미리 명백하게 논했다고 추정하는 근거로 사용해서는 안 된다. 신칸트주의자들은 칸트적 의미의 선험성이 플라톤이 말하고자 했던 진리이거나 플라톤의 말들에 기초를 이루는 진리라고 생각할 수 있다. 그러나 그들이 자신들이 제공할 수 있는 것보다 훨씬 더 훌륭한 전거들 없이, 플라톤을 그 명백한 이설의 원조로 삼는 것은 정당화될 수 없다.) 따라서 나는 『파이돈』에 제시된 대로의 이데아론은 플라톤 이설의 단지 한 부분만을 나타낸다고 결론짓는다. 플라톤에게 있어 이데아들이 "따로 떨어져" 실재하는 보편자들이었다고 추리해서는 안 된다. 아리스토텔레스는 플라톤이 일자(一者)를 선(善)과 동일시했다고 분명하게 진술했다. 그러나 플라톤이 『파이돈』을 집필했을 때 이미 그 자신에 의해 주장되었건(그랬을 가능성이 매우 높다) 또는 단지 추후에 다듬어진 것에 불과하건 간에, 이 통일 원리는 확실히 『파이돈』에는 나오지 않는다.

02.　　『향연』에서 소크라테스는 어느 디오티마, 즉 "예언녀"가 자신에게 에로스의 충동을 받아 진정한 아름다움으로 영혼이 상승하는 것에 관하여 이야기한 것을 전하고 있다고 묘사되어 있다. 인간은 아름다운 형태들(즉 신체들)로부터 영혼 속에 있는 아름다움의 관조(觀照)로 상승하며, 거기에서 학문으로 상승하여 지혜의 사랑스러움을 바라볼 수 있으며, "아름다움의 광활한 대양"과 "그것이 포함하고 있는 사랑스럽고 장엄한 형상들" 쪽으로 향하다가 마침내는 "영원하고 생성되지 않았으며 파괴 불가능한 아름다움"에 대한 관조에 이른다. 그것은 "증가하지도 부패하지도 않으며, 일부는 아름답고 일부는 추한 것이 아니며, 한때는 아름답고 다른 때는 아름답지 못한 것이 아니며, 어느 한 사물에 관련해서는 아름답고 다른 사물에 관련해서는 망측한 것이 아니며, 여기에서는 아름답고 저기에서는 추한 것이 아니며, 어떤 사람들의 평가로는 아름답고 다른 사람들의 평가로는 망측한 것이 아니다. 이 최고의 아름다움은 아름다운 얼굴이나 아름다운 손들이나 신체의 다른 어떤 부분, 또는 어떤 담론이나 어떤 학문과도 달리, 심상(心像)으로 생각될 수 없다. 또 그것은 지상에건 천상에건 또는 다른 어떤 장소에건 살아 있거나 또는 존재하는 그 밖의 어떤 것 속에도 존재하지 않는다. 그러나

그것은 영원히 스스로 존재하며 자기 자신과 자기동일적이다. 모든 다른 사물들은 그것에 참여함으로써 아름다운데, 이때 조건은 비록 그 사물들은 생산될 수 있고 부패될 수 있으나 그것은 대체로 결코 전화(轉化)하지 않거나 어떠한 변화도 견디어낸다는 것이다." 이것은 신적(神的)이고 순수하며 자기동일적인 아름다움 그 자체이다.[12] 그것은 분명히 『대 히피아스』의 아름다움인데, "그것으로부터 모든 아름다운 사물들이 자신들의 아름다움을 얻어낸다."[13]

소크라테스는 절대적인 아름다움과 에로스의 충동을 받아 그것으로 상승하는 것에 관한 자신의 논의를 여자 성직자인 디오티마의 입을 통하여 표현한다. 그녀는 소크라테스가 자기를 쫓아 그러한 경지에 오르지 못할 것임을 암시하고 있는 것으로 묘사되어 있다. 그녀는 소크라테스에게 그 주제의 숨은 깊이에 도달하기 위하여 모든 주의를 기울일 것을 강요한다.[14] 테일러 교수는 이것이 소크라테스의 겸손함을 반영한 것이라고 본다. 즉 소크라테스는 그 신비한 봄(見)이 자신의 것이라고 주장하지 못하며(비록 그가 실제로는 그것을 경험했음에도 불구하고), 따라서 단지 디오티마의 말을 전하는 것으로 묘사했다고 해석한다. 테일러는 디오티마의 말이 역사적으로 유명한 소크라테스는 결코 도달한 바 없는 플라톤의 개인적 확신을 나타낸다는 설과는 무관할 것이다. "디오티마가 '충분하고 완벽한 봄(見)'에 대하여 이야기를 계속하면서 소크라테스가 자신을 쫓아올 수 있을지에 대해 표하는 외견상의 회의에 관하여 불행하게도 얼토당토 않은 글들이 많이 쓰여져왔다. 심지어는 플라톤이 여기에서 자신이 '역사적으로 유명한' 소크라테스가 오를 수 없었던 철학적 경지에 도달했음을 공언하는 거만의 죄를 범하고 있다고 주장되기도 했다."[15] 만약 테일러의 확신처럼 신비적 봄(見)의 문제가 있다면, 그러한 행위가 플라톤 쪽에서의 거만을 나타낼 것이라는 견해는 옳을 수도 있다. 그러나 소크라테스의 말 속에 종교적 신비주의의 문제가 있는지 여부는 결코 확실하지 않다. 또 궁극적인 원리에 관하여 소크라테스보다 더 큰 철학적 통찰력이 있다고 주장

---

[12] *Sympos.*, 210 e 1-212 a 7.

[13] *Hippias Maior*, 289 d 2-5.

[14] *Sympos.*, 209 e 5-210 a 4, 210 e 1-2 참조.

[15] *Plato*, 229쪽, 주 1.

할 수 있다고 해서 플라톤이 거만하다는 비난을 받아야만 하는지도 의문이며 그 비난이 정당화될 수 있는 실재적 이유 또한 없다. 게다가 만약 테일러가 상정하는 것처럼 『파이돈』과 『향연』에서 소크라테스의 입으로 말하는 견해들이 역사적으로 유명한 소크라테스의 견해들이라면, 소크라테스가 『향연』에서는 마치 자신이 그 궁극적 원리, 즉 절대 미(美)를 실제로 파악했었던 것처럼 이야기한 반면에 『파이돈』, 즉 소크라테스가 죽기 이전에 그의 대화를 제공한다고 알려져 있는 바로 그 대화편에서 이데아론이 (여기에 추상적 아름다움이 설명되어 있다) 잠정적 가설로 제시되는 일이 어떻게 일어날 수 있는가? 만약 역사상의 소크라테스가 실제로 그 최종적 원리를 확실한 것으로 파악했었다면, 그렇다는 확실한 어떤 표시가 그의 최종적 담론에 주어졌을 것이라는 우리의 예상은 정당화될 수 있지 않을까? 그렇다면 본 저자는 『향연』에서 디오티마가 한 이야기는 역사적으로 유명한 소크라테스의 분명한 확신을 나타내지 않는다는 견해를 더 낫다고 생각한다. 그러나 어쨌건 이것은 학문적인 논점이다. 디오티마가 한 말에 대한 보고(報告)가 역사적으로 유명한 소크라테스나 플라톤 자신의 확신을 나타내건 나타내지 않건 간에, 어떤 절대적인 것이 존재한다는 암시가 거기에 주어져 있다는 것은 (최소한) 명백한 사실이다.

그러면 이 아름다움 그 자체, 즉 아름다움의 본질은 아름다운 사물들과 "분리되어서" 실재하는 본질인가, 아닌가? 학문에 관한 플라톤의 말들은 여러 아름다운 대상들 속에서 여러 등급으로 구체화되는 아름다움의 단순한 보편적 개념에 대한 학문적 이해를 함의하는 것으로 해석될 수도 있을 것이다. 그러나 『향연』에서 소크라테스 담론의 전체적인 논조는 이 본질적 아름다움은 단순한 개념이 아니라, 객관적인 실재성을 갖는다고 생각하도록 한다. 이것은 그것이 "분리되어 있음"을 의미하는가? 아름다움 그 자체나 절대적 아름다움은 그것이 실재적이며 현존한다는 의미에서 분리되어 있는 것이지, 그것이 사물들과 공간적으로 분리된 그 자신만의 세계 속에 있다는 의미에서 분리되어 있는 것은 아니다. 왜냐하면 절대적 아름다움은 가정상 영적(靈的)이기 때문이다. 그리고 시·공간의 범주나 장소적 분리의 범주는 본질적으로 영적(靈的)인 것의 경우에는 적용될 수 없다. 시·공간을 초월하는 것의 경우에는 그것이 어디에 있느냐는 질문을 제기하는 것조차 정당할 수가 없는 것이다. 공간적 현존에 관한 한, 그것은 어디에도 없다(비실재적이라는 의미에서는 어디에도 없는 것이 아니지만). 그러므로 플라톤적인 본질의 경우, 분리(χωρισμός)는 추상적 개념의 주관적인 실재성을 넘어서는 실재성을 의미하는 것처럼 보인다. 그것은 현실적인 실재성이지, 공간적 분리가 아니다. 그러므로 그 본질이 내재적이라고 말하는 것은 그것이 초월적이라고 말하는 것만큼이나 참이다. 요점은 그것은 실재적이며 특수자들로부터 독립적이고, 불변이고 항구적이라는 것이다. 만약 플라톤적 본질이 실재적이라면, 그것은 반드시 어디엔가 있어야 한다고 말하는 것은 어리석은 일이다. 절대적인 아름다움은, 예를 들어 꽃 한 송이가 우리의 외부에 있는 것과 같은 의미에서 우리의 외부에 있는 것이 아니다. 왜냐하면 공간적 범주들이 그것에 적용되지 않으므로, 그것이 우리의 내부에 있다고도 당연히 말할 수 있기 때문이다. 반면에 그것이 순전히 주관적이며, 우리에게 국한되어 있으며, 우리와 함께 생성되고, 우리의 행위에 의해서 또는 우리와 함께 사라진다는 의미에서, 우리의 내부에 있다고 말할 수도 없다. 그것은 내재적이며 동시에 초월적이다. 감관으로는 접근할 수 없고 단지 지성에 의해서만 파악될 수 있을 뿐이다.

절대적 아름다움으로 상승하는 방법과 에로스의 의미 그리고 신비적인 접근이 함의되어 있는가 하는 문제는 다음에 다시 다루어야 한다. 지금 당장은 단지 『향연』에는 절대적 아름다움은 궁극적인 통일의 원리라는 증거들이 부족하지 않다는 것만을 지적하고 싶다. 상이한 학문들로부터 하나의 학문, 즉 보편적 아름다움에 대한 학문으로의 상승에 관한 문구[16]는 "사랑스럽고 장엄한 형상들"을 포함하고 있는 "지성적 아름다움의 대양"이 절대적 아름다움이라는 궁극적 원리에 종속되어 있거나 심지어는 포함되어 있음을 암시한다. 그리고 절대적 아름다움이 최종적이고 통일적인 원리라면, 그것을 『국가』의 절대 선(善)과 동일시하는 것이 필요해진다.

03.　　『국가』에서는 참 철학자는 각 사물의 본질적 성격을 알고자 한다는 것이 분명하게 보여진다. 그는 예를 들어, 다양한 아름다운 사물들이나 다양한 선한 것들을 아는 것보다는 오히려 특수한 아름다운 사물들이나 특수한 선한 사물들 속에 다양한 정도

16　　*Sympos.*, 210 a 4 이하.

로 구현되어 있는 미(美)의 본질과 선(善)의 본질을 식별하는 데 관심이 있다. 비철학자들은 현상들의 다양함에 빠져 있어서 본질적인 속성에 주의를 기울이지 못한다. 예를 들어 아름다움의 본질을 많은 아름다운 현상들과 구별하지 못하기 때문에, 견해(δόξα)만을 가질 뿐, 학문적인 지식은 결여한 것으로 묘사되어 있다. 비존재는 전혀 "지식"의 대상이 될 수 없기 때문이 아니라 완전히 비가지적(非可知的)이기 때문에, 그들이 비존재에 관심을 갖지 않았다는 것은 사실이다. 그러나 그들은 안정적이고 지속적인 참 존재, 즉 실재에 더 이상 관심을 갖지 않는다. 그들은 덧없는 현상들이나 외관들, 즉 전화(轉化)와 끊임없는 생성과 소멸의 상태에 있는 대상들에 관심을 갖는다. 그러므로 그들의 마음 상태는 견해의 상태이며 그 견해의 대상은 존재와 비존재 사이의 중간에 있는 현상이다. 반면에 철학자의 마음 상태는 지식의 상태이며, 그의 지식의 대상은 존재요, 완전히 실재적인 것이며 본질적인 것으로 이데아 또는 형상이다.

정말이지 여기까지는 본질 또는 이데아가 실재하는 것이거나 "따로 떨어진" 것으로 간주되는 징후는 없다(후자의 용어가 비감각적인 실재에 조금이라도 적용될 수 있는 한). 그러나 그것이 그렇게 간주된다는 것은 선(善)의 이데아, 즉 『국가』에 나오는 걸출성이라는 특별한 위치를 점하는 이데아에 관한 플라톤의 이설(理說)에서 볼 수 있다. 거기에서 선(善)은 태양에 비유되는데, 그것은 태양의 빛은 자연적 대상들을 모든 사람들에게 보이게 하며, 그러므로 어떤 의미에서는 그 대상들의 진가와 귀중함과 아름다움의 원천이기 때문이다. 물론 이 비유는 비유에 불과하며, 그 자체로서는 강조할 필요가 없다. 우리는 태양이 다른 대상들 가운데 하나의 대상으로서 존재하는 것처럼, 선(善)도 대상들 가운데 하나의 대상으로서 존재한다고 상정할 수는 없는 것이다. 반면에 플라톤은 선은 지식의 대상들을 존재하게 하므로, 말하자면 본질적 질서의 통일적이고 포괄적인 원리이면서, 동시에 그 자신은 위엄과 힘에 있어서 본질적인 존재조차 능가한다고 명백하게 단언하기 때문에,[17] 선이 단순한 개념이라는 결론을 내릴 수 없다. 또한 심지어 그것이 만물이 지향하지만, 비실재적인 비현존적 목적이나 목적론적 원리라는 결론까지도 내릴 수도 없다. 그것은 인식론적 원리일 뿐이 아니라, ─아직까

---

17 *Rep.*, 509 b 6-10.

지는 분명치 않은 어떤 의미에서— 존재론적인 원리, 즉 존재의 원리이기도 하다. 그러므로 그것은 그 자체로서 실재적이고 현실적이다.

『국가』에 나오는 선(善)의 이데아는 『향연』에 나오는 절대적 아름다움과 동등한 것으로 간주되어야만 할 것처럼 보인다. 양자(兩者)는 모두 지적인 상승의 고봉(高峰)으로 묘사되어 있으며, 반면에 선의 이데아를 태양에 비유한 것은 그것이 사물들의 선(善)에 대한 근원일 뿐만이 아니라 사물들의 미(美)에 대한 근원이기도 하다는 점을 가리키는 것 같다. 선의 이데아는 지적인 질서의 형상들이나 본질들을 탄생시키며, 동시에 학문과 지적 아름다움의 대양(大洋)은 본질적으로 아름다운 것에로 상승하는 단계이다. 확실히 플라톤은 절대적인 것, 절대적으로 완벽한 것, 만물의 전형적인 모형, 그리고 궁극적인 존재론적 원리라는 개념을 추구하고 있다. 이 절대적인 것은 내재적이다. 왜냐하면 현상들이 다양한 정도로 그것을 구현하고 "모사"하고 참여하며, 그것을 명시하기 때문이다. 그러나 그것은 또한 초월적이다. 왜냐하면 참여(μέθεξις)와 모방(μίμησις)[18]이라는 비유가 참여와 참여의 대상 그리고 모방과 모방의 대상이나 전형 사이의 구별을 함의하는 한편, 그 절대적인 것은 심지어 존재 자체도 초월한다고 말할 수 있기 때문이다. 플라톤의 선(善)을 단순한 논리적 원리로 환원시키고 그것이 존재론적 원리라는 증거들을 무시하려는 모든 시도는 필연적으로 플라톤 형이상학의 극치를 부정하게 한다. 게다가 중기 플라톤주의 철학자들과 신(新)플라톤주의 철학자들은 그들 스승의 본질적인 의미를 완전히 오해했다는 결론에 이르게 만든다.

논의의 이 논점에는 말하지 않을 수 없는 두 가지 중요한 소견이 있다.

(1) 아리스토텔레스는 『에우데모스 윤리학』에서[19] 플라톤은 선(善)을 일자(一者)와 동일시한다고 말하고 있다. 반면에 아리스토크세노스는 선에 관한 플라톤의 강의에 대한 아리스토텔레스의 설명을 회상하면서, 우리에게 부(富), 행복 등과 같은 인간에게 이로운 것들에 관한 어떤 것을 듣기를 기대하고 강의를 받으러 온 청중들은 수학,

---

18　이 문구는 *Phaedo*에서 나타난다.
19　1218 a 24.

　　　　　　　제3부 플라톤

천문학, 수(數) 그리고 선과 일자와의 동일성에 관한 논의에 귀를 기울이고 있는 자신들을 발견하고는 놀랐다고 말하고 있다. 『형이상학』에서 아리스토텔레스는 "변화 불가능한 실체들의 존재를 주장하는 사람들 중에서 어떤 사람들은 일자 그 자체는 선 그 자체라고 말하지만, 그들은 그것의 실체는 주로 그것의 단일성 속에 놓여 있다고 생각했다"[20]고 말한다. 이 글귀에서 플라톤의 이름은 언급되지는 않는다. 그러나 다른 곳에서[21] 아리스토텔레스는 플라톤에게 있어 "형상들은 모든 다른 사물들의 본질의 원인이며, 일자는 형상들의 본질의 원인이다"라고 분명하게 말하고 있다. 그런데 『국가』에서[22] 플라톤은 마음이 전체의 제1원리로 상승하는 것을 이야기하며, 선의 이데아는 "이 세계에서는, 아름답고 올바른 모든 사물들의 보편적 창조자이고 빛과 빛의 지배자의 근원이며, 다른 세계에서는 진리와 이성의 근원"이라고 추리된다고 주장한다. 그러므로 플라톤에게 있어서 일자와 선과 본질적인 아름다움은 모두 같은 것이며, 형상들의 지성계가 존재하는 것은 어떤 점에서는 일자 때문이라는 결론을 내리는 것이 유일하게 합리적인 것처럼 보인다. (신(新)플라톤주의자들에게 그렇게 소중한) "유출"이라는 말은 어디에서도 사용되지 않으며, 플라톤이 어떻게 일자로부터 형상들을 끌어내는지에 대하여 정확히 생각하기란 어렵다. 그러나 일자가 통일의 원리라는 것은 충분히 분명하다. 더욱이 일자 그 자체는 비록 형상들 속에 내재해 있지만, 그것이 단일한 형상들과 동일할 수 없다는 점에서는 그 역시 초월적이다. 플라톤은 "선은 본질이 아니라, 위엄과 힘에 있어서 본질을 훨씬 능가하며", 반면에 다른 한편으로 "지식의 모든 대상들 속에 들어 있는 지성성의 근원일 뿐만이 아니라, 그것들의 존재와 본질의 근원이기도 하기"[23] 때문에, 그 결과 선을 향하여 눈을 돌리는 사람은 "존재의 완전한 완성이 있는 곳"[24]으로 눈을 돌린다고 우리에게 말하고 있다. 그것의 의미는 선의 이데아는 그것이 모든 가시적(可視的)이며 지성적인 대상들을 넘어서기 때문에 마땅히 존재를 초월한다

---

20   *Metaph.*, 1091, b 13-15.
21   *Metaph.*, 988 a 10-11.
22   517 b 7-c 4.
23   *Rep.*, 509 b 6-10.
24   *Rep.*, 526 e 3-4.

고 말할 수 있다는 것과, 동시에 다른 한편으로 그것은 최고로 실재적인 것으로서, 진정으로 절대적인 것으로서 만물 속에 있는 존재와 본질의 원리라는 것이다.

『티마이오스』에서 플라톤은 "우주의 창조자이자 아버지를 발견하기란 어려우며, 그를 발견하고 난 다음에도 그에 대하여 만인에게 이야기하는 것은 불가능하다"[25]고 말한다. 『티마이오스』에서 데미우르고스가 차지하는 위치는 이 말들이 그에게 적용되며, 참임을 암시한다. 그러나 우리는 ① 데미우르고스는 아마도 우주에서의 이성의 작용에 대한 상징일 것이라는 점과 ② 플라톤은 자신이 쓰기를 거부한 주제들이 있다고 명백하게 말했는데,[26] 이 주제들 가운데 하나는 의심할 나위 없이 그의 완전한 일자설(一者說)이라는 점을 잊어서는 안 된다. 데미우르고스는 "그럴싸한 설명"[27]에 속한다. 플라톤은 그의 제2서간에서 우리가 알고 있는 술어들 가운데 어떠한 것도 "우주의 왕"[28]에게 적용된다고 상정하는 것은 오류라고 말하고 있으며, 제6서간에서는 그의 친구들에게 "현존하는 그리고 장차 생겨날 모든 사물들의 우두머리인 신(神)의 이름으로, 그리고 그 우두머리와 원인의 아버지의 이름으로"[29] 충성의 선서를 하라고 요구하고 있다. 그런데 만약 그 "우두머리"가 데미우르고스라면, 그 "아버지"도 마찬가지로 데미우르고스일 수는 없으며, 일자라야만 한다. 그리고 나는 플로티노스가 그 아버지를 일자나 『국가』의 선과 동일시한 것은 옳았다고 생각한다.

그러므로 일자(一者)는 플라톤의 궁극적 원리이고 형상계(形象界)의 근원이다. 우리가 보았듯이 플라톤은, 일자는 인간의 술어들을 넘어선다고 생각한다. 이것은 신(新)플라톤주의적 철학자들과 기독교적 철학자들의 부정의 길(via negativa)이 일자로의 적법한 접근이라는 것을 함의하지만, 즉시 그 일자로의 접근이 플로티노스에서처럼, "신비한" 접근이라는 결론이 내려져서는 안 된다. 그 접근은 변증법적이며, 인간은 "순수한 지성"에 의하여 선(善)을 보는 데 도달한다[30]고 『국가』에 명백하게 주장되어 있다.

---

25 *Tim.*, 28 c 3-5.
26 *Ep.* 2, 314 b 7-c 4 참조.
27 *Tim.*, 30 b 6-c 1.
28 *Ep.*, 2, 312 e 이하.
29 *Ep.*, 6, 323 d 2-6.
30 *Rep.*, 532 a 5-b 2.

변증법에 의하여 영혼의 최고 원리가 "존재 속의 최상의 것에 대한 관조로"[31] 상승된다. 이 주제는 차후에 살펴보기로 하자.

(2) 만약 형상들이 어떤 규정되지 않은 방식으로 일자로부터 나아간다면, 특수한 감각적 대상들은 어떠한가? 플라톤이 지성계(知性界)와 가시계(可視界)의 틈을 너무 크게 하여 양자가 더 이상 상호 결합될 수 없는 것은 아닌가? 플라톤은 『국가』에서[32] 경험적인 천문학을 비난하는 것처럼 보인다. 그러나 경험과학의 진보로 그의 견해들은 수정될 수밖에 없었으며, 『티마이오스』에서는 그 자신이 자연과 자연의 문제들을 고찰한다. (또한 플라톤은 불변의 지성계와 비실재적인 변화계(變化界)의 이원론은 만족스럽지 못하다는 것을 알게 되었다. "변화와 생명과 영혼과 지혜는 완전하게 존재하는 것에는 실재하지 않으며, 그것은 살아 있지도 않고, 지성적이지도 않으며, 그 무사유적이고 정적인 불변성 속에 있는 두렵고 신성한 그 무엇이라고 우리가 쉽게 설득될 것인가?"[33] 『소피스테스』와 『필레보스』에서는 추론적 사고(διάνοια)와 지각(αἴσθησις)이 (이것들은 도표의 서로 다른 부분에 속한다) 과학의 지각적 판단에서 서로 결합한다는 것이 함의되어 있다. 존재론적으로 말하자면, 감각적 특수자는 그것이 어떤 특수한 한 형상에 "참여"함으로써, 이데아들 가운데 하나인 그 형상 아래 실재로 포섭되는 한에 있어서만은 판단과 지식의 대상이 될 수 있다. 그것이 하나의 집합-사례인 한, 그것은 실재적이며 알려질 수 있다. 그러나 엄밀하게 그것의 특수성에서 고려된 감각적 특수자 그 자체는 규정할 수 없고 알려질 수 없으며, 진정으로 "실재적"이지 않다. 플라톤은 이러한 확신을 고수했는데, 그것은 명백히 엘레아학파의 유산이다. 감각의 세계는 그러므로 완전한 환상은 아니지만, 비실재성의 요소를 지닌다. 그러나 이러한 입장조차도 그것이 특수자의 형식적인 요소들과 물질적인 요소들을 예리하게 구분하기 때문에, 지성계를 감각계(感覺界)로부터 "분리"하는 문제를 실제로는 미해결로 남겨둘 것임은 부정할 수 없다. 아리스토텔레스가 공격하는 것이 바로 이 "분리"다. 아리스토텔레스는 명확한 형상과 그 속에서 그 형상이 구현되는 바

---

31 *Rep.*, 532 c 5-6.
32 *Rep.*, 529-530.
33 *Sophist*, 248 e 6-249 a 2.

의 질료는 서로 분리될 수 없으며 둘 다 실재의 세계에 속하는데, 플라톤은 이 사실을 무시하고 그 두 요소의 무근거한 분리를 도입했다고 생각했다. 아리스토텔레스에 따르면 실재적인 보편자는 한정된 보편자이며, 한정된 보편자는 실재적인 것의 뗄 수 없는 한 측면이다. 그것은 질료 안의 로고스(λόγος ἔνυλος) 또는 질료 속에서 구체화된 정의(定義)이다. 플라톤은 이것을 알지 못했던 것이다.

(율리우스 슈텐첼 교수는 아리스토텔레스가 플라톤의 "분리"를 비판했을 때, 그는 종(種)과 병립적인 유(類)는 없다는 것을 알지 못했다고 플라톤을 비판하고 있었다는 탁월한 설을[34] 제시했다. 그는 『형이상학』, 1037 b 8 이하를 근거로 드는데, 그곳에서 아리스토텔레스는 플라톤의 논리적 분할 방법이 그 방법에 따른 정의(定義)에서는 중간 구별이 반복되어야 한다고 상정한다는 이유로 공격한다. 예를 들면, 플라톤의 분할 방법은 우리가 인간을 "발이 둘 달린 동물"로 정의하는 것으로 귀착될 것인데, 아리스토텔레스는 "발이 달림"은 "발이 둘임"과 병렬적인 어떤 것이 아니라는 것에 근거하여 이러한 분할에 반대한다. 아리스토텔레스가 이 분할 방법에 반대한 것은 사실이다. 그러나 플라톤의 형상론이 도입하는 분리(Χωρισμός)에 근거하여 그 형상론에 대해 아리스토텔레스가 내리는 비판은 논리적 논점에 대한 비판으로 환원될 수 없다. 왜냐하면 아리스토텔레스는 플라톤을 단순히 하나의 유적(類的) 형상을 하나의 종적(種的) 형상에 병렬시켰다고 비판하고 있는 것이 아니라, 형상 일반을 특수자에 병렬시켰다고 비판하고 있기 때문이다.[35] 그러나 플라톤이 종과 병렬적인 유는 없다는 것, 다시 말해서 단순히 확정가능한 보편자는 없다는 것을 알지 못한 점이 자신이 형상과 개별자 사이에 끼워 넣고 있었던 분리를 스스로에게 숨기는 데 일조했다고 아리스토텔레스가 생각한 것도 당연하다. 슈텐첼의 제안은 이 대목에서 가치가 있다. 그러나 아리스토텔레스가 공격한 분리는 논리적 논점으로 국한될 수는 없다. 그 점은 아리스토텔레스 비판의 전체적인 논조에서 볼 때 분명하다.)

04. 『파이드루스』에서 플라톤은 "무색, 무형이며 만질 수 없고 지성에만 보여질 수 있는 실재적 존재(ἡ ἀχρωματός τε καὶ ἀσχημάτιστος καὶ ἀναφὴς οὐσία ὄντως οὖσα ψυχῆς, κυβερνήτῃ μόνῳ θεατὴ νῷ)"[36]를 바라보는 영혼에 대하여 이야기하는데, 영혼은 "절대적

---

34   *Zahl und Gestalt*, 133쪽 이하.

35   Hardie, *A Study in Plato*, 75쪽 참조.

36   *Phaedrus*, 247 c 6-8.

인 정의, 절대적인 절제, 그리고 절대적인 학문을 뚜렷하게 본다. 그러나 그것들이 창조될 때 나타나는 대로 보지는 않으며, 오늘날 우리가 실재라는 이름을 붙이는 다양한 형상들 아래에 나타나는 대로 보지도 않는다. 영혼은 실재적이고 본질적인 존재인 것 속에 존재하는(τὴν ἐν τῷ ὅ ἐστιν ὂν ὄντως ἐπιστήμην οὖσαν) 정의, 절제, 학문을 본다." 나에게는 이것이 이러한 형상들 또는 이데아들이 존재의 원리인 일자(一者) 안에 포함되어 있음을 의미하거나 또는 최소한 그것들이 자신의 본질을 가지는 것은 일자의 덕이라는 것을 의미하는 것처럼 보일 수 있다. 물론, 만약 우리가 상상력을 사용하여 독자적인 힘으로 하늘나라에 존재하는 절대적 정의나 절제를 우리 스스로 생각해보려고 노력한다면, 틀림없이 우리는 플라톤의 말이 어린애처럼 소박하고 우스꽝스럽다고 생각할 것이다. 그러나 우리는 우리 스스로에게 플라톤이 무엇을 의도했는지를 물어야 하며, 그렇게 이상한 개념이 그가 의도한 것이라고 성급하게 추정하지 않도록 조심해야 한다. 플라톤은 자신의 비유적인 설명으로 정의의 이데아, 절제의 이데아 등등은 가치의 절대 원리인 선(善) 안에 객관적으로 수립되어 있는데, 왜냐하면 그 선은 자신 속에 인성(人性)의 이데아를 "포함하고" 있으며, 따라서 인성의 덕들에 대한 이데아를 포함하고 있기 때문이라는 것을 의미하고자 했을 가능성이 매우 높다. 그러므로 선이나 가치의 절대 원리는 목적(τέλος)의 속성을 가지고 있다. 그러나 그것은 미실현의 목적(τέλος), 즉 현존하지 않는 성취(되어야)할 목표가 아니다. 그것은 현존하는 목적(τέλος)이고 존재론적 원리이며, 최고의 실재이자, 완전한 범형인(範型因)이며, 절대자 또는 일자이다.

05. 『파르메니데스』의 앞머리에서, "소크라테스는 어떤 이데아들을 인정할 준비가 되어 있는가?" 하는 물음이 제기된다[37]는 점에 주목해야 한다. 소크라테스는 파르메니데스에 대한 대답에서 "같음", "일(一)과 다(多)" 그리고 "정의로운 것과 아름다운 것과 선한 것" 등의 이데아들이 있다는 것을 인정한다. 그 이상의 질문에 대답하면서, 그는 인간, 불, 물 등의 이데아들을 포함시켜야 할지 말아야 할지를 결정짓지 못하고

---

[37] 130 a 8 이하.

있을 때가 잦다고 말한다. 반면에 '머리털, 진흙, 먼지 등의 이데아를 인정하는가 인정하지 않는가?' 하는 질문에 "확실히 인정하지 않는다"고 대답한다. 그러나 그는 자신 가끔 혼란에 빠지며, 이데아가 없는 것은 없다고 생각 —비록 그가 이 입장을 취하자마자 그는 밑바닥 없는 헛소리의 함정에 빠져서 사라져버릴까 두려워 "도망쳐"버리지만— 하기 시작한다는 것을 인정한다. 그러므로 그는 "내가 방금 이야기하고 있었던 이데아들로" 되돌아온다.

율리우스 슈텐첼은 형상(εἶδος)이 처음에는 플라톤에게 —소크라테스의 후계자인 그에게는 자연스러울 따름이지만— 명백하게 평가적 의미를 가지고 있었다는 것을 증명하려는 시도에서 이 논의를 이용한다. 그 용어가 모든 집합-개념들을 포괄하도록 확장된 것은 추후의 일이다. 나는 이것이 대부분 정확하다고 믿으며, 『파르메니데스』에서 고찰된 유형의 난점들을 플라톤이 주목하도록 강요한 것은 주로 이데아라는 용어의 바로 이러한 확장(즉 명시적 확장이었는데, 왜냐하면 암묵적 확장은 그 용어가 이미 포함하고 있었기 때문이다)이었다고 믿는다. 형상(εἶδος)이라는 용어가 "도덕적 성질들과 미적 성질들"[38]을 싣고 있는 한, 그리고 그것이 에로스의 충동을 받는다고 사람들을 묘사하는 평가적 목적(τέλος)의 속성을 가지고 있는 한, 그것의 내적 단일성 또는 다양성이라는 문제가 그렇게 명백하게 발생하지 않기 때문이다. 그것은 일(一)속에 있는 선(善)과 미(美)이다. 그러나 일단 인간과 그 밖의 경험적인 특수한 대상들의 이데아들이 명백하게 인정되고 나면, 이데아적 세계는 다(多)가 되어서 이 세계가 배가될 위험이 있다. 이데아들은 서로에 대해 어떤 관계를 가지고 있으며, 특수한 사물들에 대한 이데아들의 관계는 무엇인가? 도대체 실재적 단일성이 존재하기는 하는가? 선의 이데아는 감각적인 특수자들의 반복으로 보이지는 않을 만큼 충분히 감각적 특수자들로부터 떨어져 있다. 그러나 만약 예를 들어 개별적인 사람들과는 "따로 떨어진" 인간의 이데아가 있다면, 그것이 개별적인 사람들에 대한 단순한 되풀이로 보이는 것도 당연한 일일 것이다. 또 그 이데아는 각각의 모든 개별적인 사람들 속에 전체적으로 존재하는가, 아니면 단지 부분적으로만 존재하는가? 또 개별적인 사람들과 인간의 이데아 사

---

38   *Plato's Method of Dialectic*, D. J. Allan 옮김, Oxford, Clarendon Press, 1940, 55쪽.

이의 "닮음"에 대하여 이야기하는 것이 합당하다면, 이 유사성을 설명하기 위하여 제3인간(τρίτος ἄνθρωπος)을 가정하지 말아야 하는데, 그렇게 함으로써 무한 퇴행을 시작하는 것은 아닌가? 아리스토텔레스는 이데아론에 대하여 이러한 유형의 반론을 제기했으나, 그것은 이미 플라톤 자신이 예견했었다. 플라톤은 (우리가 이후에 보게 되듯이) 자신이 반론들에 대해 답변을 했다고 생각한 반면, 아리스토텔레스는 플라톤이 그것들에 대해 대답했다고 생각하지 않은 것이다.

그러므로 『파르메니데스』에서는 개별적인 대상들과 이데아와의 관계가 논의되고, 소크라테스의 설명에 대한 반론이 제기된다. 소크라테스에 따르면 그 관계는 두가지 방식으로 기술된다. ① 특수한 대상의 이데아에의 참여(μέθεξις μετέχειν)로 기술되고 ② 특수한 대상에 의한 이데아의 모방(μίμησις)으로 기술되는데, 특수한 대상들은 이데아를 닮은 것(ὁμοιώματα) 내지 모방한 것(μιμήματα)이고, 이데아는 전형(παράδειγμα) 또는 범형(範型)이다. (그 두 설명이 플라톤의 철학적 발전의 상이한 시기에 ─최소한 어떤 엄격한 방식으로는─ 속하기는 불가능하게 보이는데, 왜냐하면 그 두 설명이 모두 『파르메니데스』에서 발견되며,[39] 두 사상이 모두 『향연』에서 나오기 때문이다.)[40] 이러한 소크라테스의 이론들에 대해 파르메니데스가 제기한 반론들은 분명히 심각한 비판이지, 어떤 이의 주장처럼, 단순한 두뇌의 유희가 아니다. 그 반론들은 실재적 반론들이며, 플라톤은 자신이 『파르메니데스』에서 엘레아학파 사람들의 입을 통해 말하도록 하는 그러한 비판들을 막아내려는 시도 속에서 자신의 이데아론을 발전시키려고 노력했다.

특수한 대상들은 이데아 전체에 참여하는가 아니면 부분에만 참여하는가? 이것이 파르메니데스가 이데아들과 특수한 대상들 간의 관계에 대한 참여-설명의 논리적 귀결로서 계획한 딜레마 논증이다. 만약 그 대안들 중에서 첫 번째 것을 선택한다면, 하나인 이데아가 많은 개별자들 하나하나에 모두 전체적으로 들어 있게 될 것이다. 만약 그 대안들 중에서 두 번째 것을 선택한다면, 형상이나 이데아는 단일하며 동시에 가분적(可分的)또는 다적(多的)이 될 것이다. 그런데 이것은 어떤 경우이든 모순이

---

39 *Parm.*, 132 d 1 이하.

40 *Sympos.*, 211 b 2(참여물(μετέχοντα)). 212 a 4에서, 감관대상들은 환영(幻影, εἴδωλα)으로 이야기되는데, 그것은 "모방"을 의미한다.

다. 또한 만일 동등한 사물들이 어떤 양의 동등성을 지녔기 때문에 동등하다면, 그것들은 동등성 이하의 것에 의해서 동등하다. 또 만약 어떤 것이 큼(bigness)에 참여함으로써 크다면, 그것은 큼 이하의 것을 소유함으로써 큰데, 이것은 모순인 것처럼 보인다. (이런 종류의 반론들은 이데아들은 독자적으로 존재하는 개별적인 대상이 되는 것임을 상정하는데, 그렇기 때문에 그런 반론들은 이데아를 그런 방식으로 간주하는 것은 불가능함을 보여주는 데 이바지한다는 점에 주목해야 한다.)

소크라테스는 특수한 대상들은 스스로가 전형(典型) 또는 범형(範型)인 이데아들의 복사물이라는 모방이론을 제기한다. 특수한 대상의 이데아에의 닮음이 대상의 이데아에의 참여를 만든다. 이것에 반대하여, 파르메니데스는 흰 사물들이 흼과 같다면, 흼 또한 흰 사물들과 같다. 그러므로 만약 흰 사물들 간의 닮음이 흼의 형상을 가정함으로써 설명된다면, 흼과 흰 사물들 간의 닮음도 또한 하나의 원형을 가정함으로써 설명되어야 하고, 이러한 과정은 끝없이 계속된다. 아리스토텔레스도 이와 매우 동일한 방식으로 논증한다. 그러나 그 비판으로부터 실재로 나오는 모든 결론은 이데아가 단순히 또 다른 특수 대상이 아니라는 것과, 특수한 대상들과 이데아 사이의 관계는 특수한 대상들 사이의 관계와 똑같을 수 없다는 것이다.[41] 그렇다면 그 반론은 진정한 관계들을 더 고찰할 필요성을 보여주는 정도이지, 이데아론이 전혀 옹호될 수 없다는 것을 보여주지는 못한다.

소크라테스의 이론에 의하면 이데아들은 알 수 없을 것이라는 반론 또한 제기된다. 인간의 지식은 이 세계의 대상들 그리고 개별적 대상들 사이의 관계들에 관계한다. 우리는 예를 들어, 개별적 주인과 개별적 노예 사이의 관계를 안다. 그러나 이 지식은 우리에게 절대적 주인성(주인성의 이데아)과 절대적인 노예 상태(노예 상태의 이데아) 사이의 관계에 관한 정보를 전달하기에는 불충분하다. 그 목적을 위해서라면 우리는 절대적인 지식을 요구해야 하는데, 그것은 우리가 가지고 있지 않다. 이 반론 역시 이데아적 세계를 이 세계와 단순히 유사하다고 간주할 가망이 없음을 보여준다. 만약 우

---

41 프로클로스는 원본에 대한 복사본의 관계가 닮음의 관계일 뿐만 아니라 '~로부터 유래함'의 관계임을 지적했다. 따라서 그 관계는 대칭적이지 않다. Taylor, *Plato*, 358쪽 참조: "거울 속의 나의 영상은 내 얼굴의 상(像)이지만, 나의 얼굴이 그것의 상(像)은 아니다."

리가 이데아적 세계를 알고자 한다면, 우리로 하여금 그것을 알도록 하는 어떤 객관적인 기초가 이 세계에 있어야 한다. 만약 그 두 세계가 단순히 유사하다면 우리가 이데아계를 알지 못하고도 감성계를 알 수 있듯이, 마찬가지로 신적 지성은 감성계를 모르고도 이데아를 알 것이다.

그 제기된 반론들은 대답되지 않은 채 『파르메니데스』 속에 남겨져 있으나, 파르메니데스가 지성계의 실존을 부정하는 데 관심이 없었다는 점은 유의해야 한다. 그는 만약 절대적인 이데아가 존재한다는 것을 조금이라도 인정하기를 거부한다면 철학적 사유는 파국을 맞는다는 것을 기꺼이 인정한다. 『파르메니데스』에서 플라톤이 자기 자신에 대하여 제기하고 있는 반론들의 결과는 자신으로 하여금 이데아계의 본질과 이데아계와 감성계와의 관계를 정밀하게 고찰하도록 다그치는 것이다. 제기된 난제들로부터 단일성의 원리이면서 동시에 다(多)를 파멸시키지는 않을 어떤 원리가 요구된다는 것이 명백해진다. 이것은 그 대화편에서 —비록 거기서 고찰된 단일성은 형상들의 세계 속에서의 단일성이지만— 인정을 받는다. 왜냐하면 소크라테스는 "그 혼돈을 가시적(可視的) 대상들에 관련해서가 아니라, 오로지 사고와 이데아라고 불릴 수 있는 것에 관련해서만 해결하고 싶었기"[42] 때문이다. 그러므로 그 난제들은 『파르메니데스』에서는 해결되지 않는다. 그러나 그 난제들은 단순히 이데아론이 소크라테스가 지금까지 설명해온 것보다는 더 만족스럽게 설명되어야 한다는 것만을 지적하기 때문에, 그 논의가 이데아론의 파괴로 간주되어서는 안 된다.

그 대화편의 두 번째 부분에서 파르메니데스는 스스로 논의를 이끌어가며 자신의 "방법"에 대한 예증에 착수하는데, 그것은 주어진 가설에서 나오는 결론들과 그 가설을 부정하는 데서 나오는 결론들을 고찰하는 방법이다. 파르메니데스는 일자(一者)의 가설로부터 출발하여 그 가설을 주장하는 데서 나오는 것으로 보이는 결론과 그것을 부정하는 데서 나오는 것으로 보이는 결론을 검토해볼 것을 제안한다. 이어서 하위의 특징들이 소개된다. 논증은 길고 복잡하며 만족할 만한 결론에 이르지 못한다. 이 책에서는 그 논증 속으로 파고들어갈 수는 없으나, 『파르메니데스』의 첫 번째 부분이

---

42   135 e 1-4.

이데아론에 대한 반박이 아니듯이, 『파르메니데스』의 이 두 번째 부분은 일자설(一者 說)에 대한 반박이 아니라는 점을 짚고 넘어가야 한다. 일자설에 대한 실제 반박을 파르메니데스 자신의 입을 통하여 말하게 하지는 않을 것인데, 왜냐하면 플라톤은 그를 대단히 존경했기 때문이다. 『소피스테스』에서 엘레아학파의 그 이방인은 "이버지 파르메니데스"[43]를 모욕한 것을 사과하지만, 하디(W. F. R. Hardie) 씨가 잘 평하고 있듯이, 이 사과는 "다른 대화편에서 아버지 파르메니데스가 스스로를 모독했다면 요구되지 않을 것이다."[44] 게다가 『파르메니데스』의 끝에서는 "만약 일(一)이 없다면, 무(無)가 있다"는 주장에 관한 합의가 이루어진다. 참여자들은 다자(多者)의 위상에 대해서나 다자와 일자(一者)와의 관계에 대해서나 또는 심지어 일자의 정확한 본성에 대해서조차 확신을 가질 수 없을지 모른다. 그러나 그들은 최소한 일(一)이 존재한다는 데에는 의견이 일치한다.

06. 『소피스테스』에서 대화자들 앞에 놓인 목적은 소피스트를 규정하는 것이다. 물론 그들은 소피스트가 무엇인지를 알고 있다. 그러나 그들은 소피스트의 본성을 정의하고 싶어한다. 즉 그것을 명백한 정식(定式) 속에 못박아 두고 싶어하는 것이다. 『테아이테토스』에서 소크라테스는 지식이 '옳은 판단 더하기 해설(λόγος)'이라는 설을 거절했음이 생각날 것이다. 그러나 그 대화편에서는 논의가 특수한 감각적 대상들에 관한 것이었고, 반면에 『소피스테스』에서는 논의가 집합-개념들로 바뀐다. 그러므로 『테아이테토스』의 문제에 대한 대답은 지식이 유(類)와 종차(種差)에 의해서, 즉 정의에 의해서 집합-개념을 파악하는 데에 있다는 것이다. 정의에 도달하는 방법은 분석과 나눔의 방법(διαίρεσις, διαιρεῖν χατ᾽εῖδη)이다. 이때 정의되어야 할 개념이나 이름은 보다 넓은 유(類)나 집합 아래 포섭되며, 그 다음 그 유(類)나 집합은 그것의 자연적 성분들로 나뉜다. 이 자연적 성분들 가운데 하나가 정의되어야 할 개념이 될 것이다. 그러한 분할 이전에 종합 또는 모음의 과정(συνάγειν εἰς ἕν, συναγωγή)이 이루어져야 하는

---

43   241 a.
44   *A Study in Plato*, 106쪽.

데, 그 과정을 통하여 최소한 언뜻 보기에는 상호 관련되어 있는 용어들이, 분할의 과정이 시작되어야 할 유(類)를 확정하기 위하여 함께 분류되고 비교된다. 선택된 더 넓은 집합은 서로 배타적인 어떤 특수한 성질이 있느냐 없느냐에 의해서 서로 구별되는, 두 부분집합으로 나뉜다. 그리고 이 과정은 마침내 피정의항이 나와서 유와 종차에 의해서 정의될 때까지 계속된다. (이와 관련하여 아카데메이아에 있는 호박의 분류를 기술하고 있는 희극 시인 에피크라테스의 재미있는 단편이 있다.)

소피스트를 추적하는 실제 과정에 착수할 필요도 없고, 분할의 방법에 대한 플라톤의 예비적 예(낚시꾼의 정의)로 접어들 필요도 없다. 그러나 그 논의가 이데아들은 일(一)이면서 동시에 다(多)일 수 있다는 것을 분명하게 한다는 점은 반드시 지적되어야 한다. 예를 들어, 집합-개념 "동물"은 일(一)이다. 그러나 동시에 그것은 "말", "여우", "사람" 등의 부분집합을 그 자신 안에 포함한다는 점에서 다(多)이다. 플라톤은 유(類)의 형상은 하위인 종(種)의 형상들 하나 하나와 섞여 "어우러지지"만 그 자신의 단일성은 유지함으로써, 그것들에 가득차 있거나 그것들 구석구석에까지 스며 있는 것처럼 이야기한다. 형상들 사이에는 결합(χοινωνία)이 존재하며, 하나의 형상은 다른 형상에 어울린다("운동이 존재한다"에서 운동이 존재와 조화됨이 의미되는 것처럼). 그러나 우리는 하나의 형상이 개별자가 종적(種的) 형상과 어울리는 것과 같은 의미에서 다른 형상과 어울린다고 상정해서는 안 된다. 왜냐하면 플라톤이 개별자가 종적 형상과 조화된다고 말하지는 않을 것이기 때문이다. 그러므로 형상들은 하나의 위계를 형성하며, 최고의 그리고 모든 것에 스며 있는 형상으로서의 일자(一者)에 복속된다. 그러나 이 점은 잊지 말아야 한다. 즉 플라톤에게 있어 형상은 "높으면" 높을수록 더 풍부하므로, 결과적으로 그의 관점은 아리스토텔레스의 관점에 반대되는데, 왜냐하면 그에게 있어 개념은 "추상적"이면 추상적일수록 빈약하기 때문이다.

주목해야 할 중요한 논점이 하나 있다. 분할의 과정은 (물론 플라톤은 논리적 분할이 실재적 존재의 등급을 찾아낸다고 믿었다) 무한히 연장될 수 없다. 왜냐하면 마침내 더 이상의 분할을 허용하지 않는 형상에 도달할 것이기 때문이다. 이것들이 최저의 종(種)들, 또는 원자적 형상(ἄτομα εἴδη)들이다. 예를 들어, 인간의 형상은 그것이 유(類)와 모든 상대적인 종차(種差)들을 포함한다는 의미에서는 "많지"만, 그것이 분할되어 만들어질 수 있을 하위 종(種) 집합들을 포함한다는 의미에서는 많지 않다. 반대로, 원자적 형상(ἄτομον εἶδος)의 사람 아래에는 개별적인 사람들이 있다. 그러므로 원자적 형상은 형상들의 사다리 또는 위계 중에서 최저의 계단(階段)을 이루며, 플라톤은 자신이 감각적 영역의 끝 부분까지 형상들을 끌어내림으로써 분할의 과정에 의하여 눈에 보이지 않는 것들(τὰ ἀόρατα)과 눈에 보이는 것들(τὰ ὁρατά) 사이의 연결 고리를 제공하고 있다고 생각했을 가능성이 매우 높다. 개별자와 최저의 종 사이의 관계는 『철학자』에 설명될 예정이었는데, 그 대화편은 한때 플라톤이 『정치가』 다음에 내놓을 생각이었다고 추측되지만, 결코 저술되지는 않았다. 그러나 그 간극이 만족스럽게 메워졌다고 말할 수는 없으며, 분리(χωρισμός)의 문제는 남아 있다. (율리우스 슈텐첼은 플라톤이 데모크리토스로부터 원자에 도달할 때까지 분할하는 원리를 받아들였는데, 그 원자가 플라톤의 손에서 지성적인 "원자적 형상"이 되었다는 설을 제시했다. 기하학적인 형체는 데모크리토스의 원자의 특색이며, 동시에 기하학적인 형체들이 『티마이오스』에 나오는 플라톤의 세계 형성관에서 중요한 역할을 한다는 것은 확실히 의미심장한 일이다. 그러나 데모크리토스에 대한 플라톤의 관계는 언제나 추측과 어떤 수수께끼에 머물러야만 할 것으로 보인다.)[45]

　　나는 형상들의 "섞여 어우러짐"을 언급했으나, 예를 들어 운동과 정지처럼, 최소한 그 "특수성"에 있어서는 서로 양립이 불가능하며, 서로 "섞여 어우러지지" 않을 형상들이 있다는 것 또한 주목해야 한다. 만약 내가 "운동은 멈추지 않는다"고 말하면, 그것은 운동과 정지는 양립 불가능하며 서로 섞여 어우러지지 않는다는 사실을 표현하기 때문에, 나의 진술은 참이다. 그러나 만약 내가 "운동은 정지이다"라고 말하면, 그것은 객관적으로 검증되지 않는 연결을 표현하기 때문에 나의 진술은 거짓이다. 그리하여 『테아이테토스』에서 소크라테스를 쩔쩔매게 한 틀린 판단의 본질이 밝혀진다, 비록 『테아이테토스』의 실제 문제에 보다 관련이 있는 것은 『소피스테스』의 262 e 이하에 나오는 거짓인 진술에 대한 논의이긴 하지만 말이다. 플라톤은 참인 진술의 예로는 "테아이테토스가 앉아 있다"를 들며, 거짓인 진술의 예로는 "테아이테토스가 난다"를 든다. 테아이테토스는 현존하는 주체라는 것과 비상(飛翔)은 실재의 형상이라는 것,

---

45　*Plato's Method of Dialectic*의 10장 *Democritus* 참조.

그리고 따라서 거짓인 진술은 무(無)에 관한 진술이 아니라는 것이 지적된다(의미 있는 진술은 모두 존재에 관한 것이며, 존재하지 않는 사실이나 객관적인 허위성을 인정하는 것은 터무니없는 일이다). 그 진술은 의미를 가지고 있으나, 테아이테토스의 실제 "앉아 있음"과 "낢"(飛翔)이라는 다른 형상 사이에 참여하고 있는 관계는 보이지 않는다. 그러니까 그 진술은 의미는 있지만, 전체로서의 진술이 전체로서의 사실에 일치하지는 않는다. 플라톤은, 진술은 의미해야 할 것이 없으므로 거짓인 진술은 있을 수 없다는 반론을 형상론에 근거하여 논박한다(그것은 『테아이테토스』에 나오지 않으며, 그 결과 그 문제는 그 대화편에서 해결될 수 없게 되었다). "우리는 형상들을 함께 엮음으로써만 이야기할 수 있다."[46] 의미 있는 모든 진술들은 순전히 형상들에만 관계해야 한다는 말이 아니라(우리는 테아이테토스와 같은 단일한 사물에 관해서 의미 있는 진술을 할 수 있기 때문에), 모든 의미 있는 진술은 예를 들면 참인 진술 "테아이테토스가 앉아 있다"에서 "앉아 있음"과 같은 최소한 하나의 형상에 대한 사용을 포함한다는 말이다.[47]

　　그러므로 『소피스테스』는 우리에게 그 자신들끼리 결합하여 하나의 연결된 복합체를 이루는 형상들의 위계도(位階圖)를 제시한다. 그러나 그것은 "원자적 형상"에 대한 특수자의 관계라는 문제는 해결하지 못한다. 플라톤은 환영(幻影, εἴδωλα)이나 또는 비(非)존재는 아니면서 동시에 완전히 실재적이지도 않은 사물들이 있다고 주장한다. 그러나 『소피스테스』에서 그는 모든 실재의 완전히 불변적 성격을 주장하는 것은 더 이상 가능하지 않다는 것을 깨닫는다. 여전히 그는 형상들은 불변이라고 주장하지만, 어쨌든 영적인 운동이 실재적인 것 속에 포함됨은 분명하다. "생명, 영혼, 이해"는 완전하게 실재적인 것 안에 한 장소를 차지해야 한다. 왜냐하면 전체로서의 실재가 모든 변화들을 배제한다면, (생명이 포함하는) 지성은 그 어디에서도 실재적 존재를 갖지 못할 것이기 때문이다. 그렇다면 "우리는 변하는 것과 변화 그 자체는 실재적인 것임

46　*Soph.*, 259 e 5-6.

47　"앉아 있음"과 "낢(飛)"의 형상을 가정하는 것은 플라톤의 원리를 논리적으로 적용한 것일 수 있다. 그러나 그것은 분명히 커다란 문제를 일으킨다. 아리스토텔레스는 이데아론의 지지자들이 자연의 실체에 대한 이데아들을 가정하는 것 이상은 하지 않았음을 암시한다(*Met.*, 1079 a). 또한 그는 플라톤주의자들에 따르면, 관계의 이데아가 없다고 주장하며 그들이 부정의 이데아가 존재한다고 믿지 않았다는 것을 암시한다.

을 인정해야 한다"[48]는 것과, "실재 내지 사물들의 총체는 불변하는 모든 것인 동시에 가변적인 모든 것임"[49]을 인정해야 한다는 결론이 나온다. 따라서 실재적인 존재는 생명과 영혼과 지성과 그리고 그것들이 함의하는 변화를 반드시 포함해야 한다. 그러나 순수하게 감각적인 것이며 끊임없이 변화하는 것이고 단순히 전화(轉化)에 불과한 환영(幻影, εἴδωλα)은 어떠한가? 실재적 존재에 대한 이 반(半)실재적 영역의 관계는 무엇인가? 『소피스테스』에는 그 대답이 나와 있지 않다.

07.　　『소피스테스』에서[50] 플라톤은 형상들의 완전한 복합체, 즉 유(類)들과 종(種)들의 위계가 모든 것에 스며있는 형상인 존재의 형상 안에 포함되어 있음을 분명하게 지적한다. 그리고 그는 분할(διαίρεσις)을 사용하여 형상들의 위계의 구조를 그려냄으로써, 자신이 실재적인 것의 논리적 형상들의 구조뿐만이 아니라, 존재론적 형상들의 구조 역시 찾아내고 있다고 확실하게 믿었다. 그러나 유와 종에 대한 그의 분할이 성공적이었건 그렇지 않았건, 그것[유와 종의 분할]이 그가 특수자와 최저의 종 간의 분리(χωρισμός)를 극복하는 데 어떻게든 도움이 되었던가? 『소피스테스』에서 그는 원자적 형상(ἄτομον εἶδος)에 도달할 때까지 분할이 어떻게 계속되는가를 보여주는데, "확정되지 않은" 복수성을 결정하는 것은 오직 로고스(λόγος)뿐이지만, 원자적 형상의 이해에는 견해(δόξα)와 감각(αἴσθησις)이 관련된다. 『필레보스』도 무제한적인 것에 제한을 가하고, 감각특수자들을 그것들이 포함될 수 있는 한, 최하의 집합에 포함시킴으로써 분할을 끝낼 수 있어야 한다는 똑같은 가정을 한다(『필레보스』에서 이데아들은 일자(ἐνάδες)나 단자(單者, μονάδες)로 불린다). 주목해야 할 중요한 논점은 플라톤에게 있어서 감각 특수자들 그 자체는 무제한적인 것이고 미확정적이라는 점이다. 그것들은 스스로가, 원자적 형상에 포섭되는 한에 있어서만 제한되고 결정된다. 이 말은 감각 특수자들은 자신들이 원자적 형상에 포섭되어 있지 않는 한, 그리고 포섭될 수 없는 한, 진정한 대상이 전혀 아니라는 것, 즉 그것들은 완전하게 실재적이 아니라는 것을 의미한다. 원자적

48　　249 b 2-3.

49　　249 d 3-4.

50　　253 b 8 이하 참조.

형상에 이르기까지의 분할(διαίρεσις)을 수행하면서 플라톤은 자신의 눈으로 모든 실재를 파악하고 있었다. 그렇기 때문에 그는 이렇게 말할 수 있다. "그러나 무한자(無限者)의 형상은 그것의 완전수, 즉 일자(一者)와 무한자 사이의 수를 관찰할 때까지는 다(多)의 근처로 끌고 가지 말아야 한다. 이것을 배우고 나면, 각 개별자 몇 개는 잊혀져도 좋고 무한자 속으로 사라져도 좋다."[51] 달리 말하면, 분할은 자신들의 지성적 실재성 속에 있는 특수자들이 원자적 형상 속에 포괄될 수 있을 때까지 계속되어야 한다. 이것이 행해지고 나면 그 나머지, 즉 비(非)지성적 측면 속에 있는 감각 특수자들은 로고스 속으로 파고들지 못하기 때문에 무상하고 단지 반(半)실재적인 것의 영역 속으로 사라져버리는데, 그러한 것들은 진정한 의미에서 존재한다고 말할 수 없는 것들이다. 그러므로 플라톤의 관점에서는 분리의 문제가 해결되었을지 모른다. 그러나 그의 감각 특수자설을 받아들이지 않으려고 하는 사람들의 관점에서 보면, 이 문제는 결코 해결된 것이 아니다.

08.   그러나 비록 플라톤은 자신이 분리(Χωρισμός)의 문제를 해결했다고 생각했을지 모르지만, 도대체 어떻게 감각 특수자들이 생성되는지를 보여주는 문제는 여전히 남아 있다. 비록 모든 것을 포괄하는 일자, 즉 존재의 이데아 또는 선에 포함되어 있는 복합구조인 형상들의 위계전체가 궁극적이고 자기 설명적인 원리이며, 실재적인 것이고 절대적인 것이라고 할지라도, 완전한 존재는 아니지만 그렇다고 단순히 비(非)존재도 아닌 외관(外觀)의 세계가 어떻게 생기(生起)했는지를 보여주는 일은 여전히 필요하지 않은가? 그것은 일자(一者)로부터 진행되는가? 만약 아니라면 그 원인은 무엇인가? 플라톤은 『티마이오스』에서 이 질문에 대답하려는 시도를 했다. 다음에 플라톤의 물리적 이론들을 다룰 때 『티마이오스』로 다시 되돌아갈 것이기 때문에 여기에서는 그의 대답을 간략하게만 살펴보기로 하자.

『티마이오스』에서 데미우르고스는 수용자(Receptacle) 또는 공간 속의 주요 성질들에다 기하학적인 형체들을 제공하여 무질서 속으로 질서를 도입하고 있는데, 형

---

51   *Philebus*, 16 d 7-e 2.

상들의 지성계(知性界)를 이 세계를 건설하는 데 있어 자신의 모델로 삼고 있는 것으로 그려져 있다. "창조"에 대한 플라톤의 설명은 시간상의 창조나 또는 무(無)로부터의 (ex nihilo) 창조에 대한 설명을 하려는 것이 아니었을 가능성이 매우 높다. 그것은 차라리 하나의 분석이라 할 수 있는데, 그 분석에 의하면 물질계(物質界)의 정연한 구조와 이성적인 원인의 작용은 "태고의" 혼돈과 분리된다. 그러나 그렇다고 해서 그것이 그 혼돈이 사실이었던 적이 있다는 것을 반드시 의미하는 것은 아니다. 아마도 그 혼돈은 단지 논리적인 의미에만 태고의 혼돈일 뿐, 시간적 의미나 역사적 의미에 있어서는 아니다. 그러나 만약 그러하다면 물질계(物質界) 가운데 불가지적인 부분이 간단하게 가정된다. 그것은 지성계와 "병립적으로" 존재한다. 그리스인들은 무(無)로부터의 창조 가능성(ex nihilo sui et subiecti)을 결코 실재적으로 보았던 적이 없었던 것처럼 보인다. 분할(διαίρεσις)의 논리적 과정은 원자적 형상(ἄτομον εἶδος)에서 멈추고 플라톤이 『필레보스』에서 단순히 특수한 무한정자(εἰς τὸ ἄπειρον)를 없애는 것과 꼭 마찬가지로, 『티마이오스』에 나오는 자연학적 분석에서도 단순히 특수한 비지성적 요소(논리적으로 고찰할 때, 원자적 형상의 아래 포함될 수 없는 것)는 데미우르고스가 "넘겨받은" 요인인, "불협화(不協和)적이고 무질서한 운동을 하고 있는"[52] 것의 영역 속으로 사라져버린다. 그러므로 플라톤 논리의 관점에서 보면, 감각 특수자들 그 자체가 연역할 수도 없고 충분히 지성적이 되게 할 수도 없는 것과 마찬가지로(헤겔은 크룩 씨의 펜은 연역될 수 없다고 선언하지 않았던가?), 플라톤의 자연학에서도 그 혼돈의 요소, 즉 이성으로부터 질서를 "부여" 받는 것은 설명되지 않는다. 의심할 나위 없이 플라톤은 그것이 설명 불가능하다고 생각했다. 그것은 연역될 수도 없고, 무(無)에서부터 창조되지도 않았다. 그것은 단순히 거기에 있으며(경험적 사실이며), 그 말이 우리가 그것에 관하여 말할 수 있는 전부이다. 따라서 분리(χωρισμός)는 남는다. 왜냐하면 그 혼돈이 아무리 "비실재적"이라 하더라도, 그것이 순전히 비존재는 아니기 때문이다. 그것은 이 세계 속의 한 요인이나, 플라톤이 설명하지 않은 채 남겨 놓는 요인이다.

52　*Tim.*, 30 a 4-5.

09.　　나는 이데아 또는 형상을 전체로서의 다(多) 속의 일(一)을 구성하는 정연하고 지성적인 구조로서 나타냈다. 그것은 자신의 밑에 무한정자(τὸ ἄπειρον)를 두는 원자적 형상(ἄτομον εἶδος)에 도달할 때까지, 각각의 하위 이데아 자신이 다 속의 일이 되는 방식으로 이루어졌다. 이 형상들의 복합체는 논리적·존재론적 절대자이다. 이제 나는 플라톤은 이데아를 신의 이데아로 간주했는가, 아니면 신으로부터 독립적인 이데아로 간주했는가 하는 의문을 제기한다. 신(新)플라톤주의자들에 있어서, 이데아는 신의 생각이었다. 이러한 이론이 얼마만큼이나 플라톤 자신의 이론으로 추정될 수 있는가? 만약 그것을 플라톤의 이론으로 추정할 수 있다면, 그것은 "이데아적 세계"가 어떻게 단일성이면서 동시에 복수성인지를 보여주는 데 분명히 큰 도움이 될 것인데, 여기에서 단일성은 신의 마음이나 지성(nous) 속에 담겨진 대로의 단일성이며 신의 계획에 종속된 대로의 단일성이고, 복수성은 신의 사고-내용의 풍요를 반향하는 복수성이며 현존하는 많은 대상들 안에 있는 자연 속에서만 실현될 수 있는 복수성이다.

　　『국가』의 제10권에서[53] 플라톤은 신이 침상의 이데아의 창조자(Φυτουργός)라고 말한다. 그것 이상으로 신은 그 밖의 모든 것들의 창조자인데, 이 문맥에서 "것들"은 다른 본질들을 의미한다. 이러한 말에서 보면, 신은 침상의 이데아를 사유함으로써, 즉 이 세계의 이데아를 그의 지성 속에 포함시킴으로써, 따라서 인간과 인간에게 필요한 모든 것들의 이데아를 그곳에 포함시킴으로써, 창조했던 것처럼 보일 수 있다(플라톤은 물질적인 침상의 이데아가 있다고는 물론 생각하지 않았다). 뿐만 아니라, 플라톤은 신을 "왕" 및 "진리"로 이야기하며(비극 시인은 왕과 진리의 관점으로부터(ἀπὸ βασιλέως καὶ τῆς ἀληθείας) 3단계 떨어져 있다), 한편으로는 이미 선(善)의 이데아를 진리와 지성을 창조해내는 창조자(κυρία ἀλήθειαν καὶ νοῦν παραχομένη)[54]로 그리고 지성적 대상들(이데아들) 속에 있는 존재와 본질의 창조자로 이야기했기 때문에,[55] 플라톤이 신을 선의 이데아와 동일시하려고[56] 한 것처럼 보이는 것도 당연하다. 이것이 실제로 플라톤의 생각이었다고 믿고 싶

53　　*Rep.*, 597 b 5-7.

54　　*Rep.*, 517 c 4.

55　　*Rep.*, 509 b 6-10.

56　　선(善)의 이데아가 "진리와 이성의 근원"인데, 플라톤이 신(神)을 "왕"과 "진리"로 이야기한다는 사실은 신

은 사람과 계속해서 "신"을 인격신의 의미로 해석하려는 사람은 당연히『필레보스』에 [57] 도움을 청하려 할 것인데, 그곳에는 우주를 정리하는 마음은 영혼을 가지고 있어서 (소크라테스는 지혜와 마음은 영혼 없이는 존재할 수 없다고 확실하게 말한다), 그 결과로 신은 살아 있는 지성적인 존재가 될 것이라는 점이 함의되어 있다. 그러므로 우리는 인격신을 갖지 않을 수 없는데, 그의 마음은 이데아들의 "장소"이며, 그는 우주에 질서를 세우고 우주를 다스리는 "하늘과 땅의 왕"[58]이다.

플라톤의 사상에 대한 이 해석에 대하여 할 말이 많다는 것을 나는 부인하지 않을 것이다. 더구나 플라톤 내부에서의 정돈된 체계와 인격신의 체계를 발견하기를 바라는 모든 사람들에게 그 해석은 당연히 매력적이다. 그러나 보통의 정직한 사람이라면 이 정돈된 해석에 매우 심각한 난점들이 있음을 인정하지 않을 수 없다. 예를 들어『티마이오스』에서 플라톤은 데미우르고스를 이 세계에 질서를 도입하며 자연적 대상들을 이데아들이나 형상들의 모형에 따라 빚어내고 있는 것으로 묘사한다. 데미우르고스는 아마도 플라톤이 이 세계에서 작용하고 있다고 확실하게 믿었던 이성을 대표하는 상징적인 인물일 것이다.『법률』에서 그는 무신론자들을 바로잡고 벌주기 위한 종교회의나 이단심문소(異端審問所)의 설립을 제안한다. 그런데 플라톤에게 있어서 "무신론자"는 무엇보다도 이 세상에서 이성이 작용한다는 것을 부정하는 사람을 의미한다. 플라톤은 영혼과 지성이 실재적인 것에 속한다는 것을 확실하게 인정했으나, 플라톤의 견해로는 신(神)의 이성이 이데아들의 "장소"라고 확실하게 주장하기란 불가능해 보인다. 데미우르고스가 "만물은 가능한 한, 데미우르고스 자신과 비슷하게 되어야 하며", 또 "만물이 선(善)해야 하기"[59]를 바라는 것으로 이야기된다고 주장될 수 있다. 그런데 아마 위의 인용 구절은 데미우르고스를 이데아들과 분리하는 것은 신화이며, 플라톤의 실제 생각으로는 데미우르고스는 선(善)이며 이데아들의 궁극적인 근원이라는 것을 암시하는 것으로 추측된다.『티마이오스』에 데미우르고스가 이데아들

과 이성이 선과 동일시되지 않는다는 것을 암시한다. 신플라톤주의적 해석이 다소 함축되어 있다.

57 *Phil.*, 30 c 2-e 2.
58 *Phil.*, 28 c 6 이하.
59 *Tim.*, 29 e 1-30 a 7.

을 창조했다거나 또는 데미우르고스가 이데아들의 근원이라는 말은 없고, (데미우르고스가 작용인(作用因)으로 그리고 이데아들이 범형인(範型因)으로 각각 묘사되는 가운데) 이데아들이 데미우르고스와 별개로 그려지고 있는 점도 플라톤이 데미우르고스와 이데아를 함께 묶지 않았다는 결정적인 증거로 보이지는 않는다. 그러나 그 이유만으로 플라톤이 그것들을 함께 묶었다고 적극적으로 주장하는 데는 무리가 있다. 만약 그 "우두머리"나 또는 제6서간의 신(神)이 그 데미우르고스나 신의 이성이라면, "아버지"는 무엇인가? 만약 "아버지"가 일자(一者)라면, 일자와 이데아들의 전체 위계(位階)가 데미우르고스의 생각들이라고 설명되지는 못할 것이다.[60]

　　그러나 만약 신의 이성이 궁극적인 것이 아니라면, 일자가 —그것은 본질을 "넘어서"기 때문에 그 스스로 마음과 영혼을 "넘어섬"으로써, 궁극적인 범형인(範型因)으로서뿐만이 아니라, 궁극적인 작인(作因)으로서도— 궁극적인 것일 수 있을까? 만약 그렇다면 우리는 신의 이성은 일자로부터 어떤 방식으로 (물론 무시간적으로) 진행하며, 이 이성은 이데아를 사고로서 포함하거나 이데아들과 "병립적으로" 존재한다(『티마이오스』에 묘사되어 있는 것처럼)고 말할 수 있을까? 달리 말해서, 우리는 플라톤을 신(新)플라톤주의적 계열에서 해석할 수 있을까?[61] 그 "우두머리"에 관한 언급과 제6서간에 나오는 그 "아버지"는 이 해석을 지지하는 것으로 이해될 수 있을 것이지만, 반면에 선(善)의 이데아는 결코 영혼으로 이야기되지 않는다는 사실은 선은 영혼을 넘어선다는 것, 즉 영혼 이하가 아니라 영혼 이상이라는 것을 의미할 수 있을 것이다. 『소피스테스』에서 플라톤이 엘레아학파 이방인의 입을 통해서이기는 하지만, "실재나 사물들의 총체"는 영혼, 지성 그리고 생명을 포함해야 한다[62]고 말하고 있다는 사실은 일자나 완전한 실재(『제6서간』에 나오는 아버지)는 이데아들뿐만이 아니라, 마음까지도 포함한다는 것을 함의한다. 만약 그렇다면 『티마이오스』의 세계영혼에 대한 마음의 관계는 무엇인가? 이 대화편에서 세계영혼과 데미우르고스는 별개이다(왜냐하면 데미우르고스는 세계영혼을 만들고 있는 것으로 묘사되어 있기 때문이다). 그러나 『소피스테스』에는 지성은 반드시

60　비록 *Timaeus.*, 37c에서 "아버지"가 데미우르고스를 의미한다고는 해도 말이다.
61　신플라톤주의자들은 신의 이성이 궁극적이지 않으며 일자(一者)로부터 발생한 것이라고 주장했다.
62　*Soph.*, 248 e 6-249 d 4.

생명을 가져야 하며 이 둘은 "자신들이 거주하는"[63] 영혼을 가져야 한다는 말이 있다. 그러나 데미우르고스가 세계영혼을 만든다는 것이 결코 글자 그대로 이해될 수는 없을 것인데, 특히 『파이돈』에 영혼은 시작이고 창조되지 않았다고 진술되어 있기 때문이다.[64] 그리고 세계영혼과 데미우르고스가 함께 이 세계에 내재해 있는 신의 이성을 나타낼 가능성도 있다. 만약 그러하다면 우리는 일자, 즉 신의 이성(=데미우르고스=세계이성)과 형상들을 포괄하며 어떤 의미에서는 그것들의 근원인(비록 시간상의 창조자는 아니지만) 최고의 실재를 가지고 있어야 한다. 그러면 우리는 신의 이성은 "신의 마음"으로(우리가 신을 일자와 동등시한다면), 그리고 형상은 신의 이데아로 이야기할 수 있을 것이다. 그러나 우리는 그러한 생각은 특별히 기독교 철학보다는 후기의 신(新)플라톤주의를 더 많이 닮았다는 것을 명심해야 한다.

플라톤은 자신이 의도하던 바에 대해 어떤 생각을 가지고 있었음이 분명하지만, 우리가 소지하고 있는 전거에 비추어 그가 의도한 바에 관하여 독단적으로 단언해서는 안된다. 그러므로 비록 본 저자도 두 번째 해석이 플라톤이 실제로 생각했던 것을 약간 닮았다고 생각하는 경향은 있지만, 결코 그것을 확실하게 플라톤 철학 진본으로 제시하지는 않는다.

10. 이제 우리는 이데아론의 수학적 측면이라는 난제를 간략하게 언급해야 한다.[65] 아리스토텔레스에 따르면[66] 플라톤은 이렇게 선언했다.

- 형상은 수(數)이다.
- 사물은 수(數)에 참여함으로써 존재한다.
- 수(數)는 일자(一者)와 더함-덜함이나 또는 "부정의 쌍대성(不定 雙對性, ἀόριστος

---

63 249 a 4-7.

64 245 c 5-246 a 2.

65 내가 그 주제에 대한 테일러 박사의 논의에 빚지고 있다는 것은 *Mind* 지에 실린 그의 논문을 읽어본 사람 모두에게 분명할 것이다(Oct. 1926과 Jan. 1927). *Plato*의 부록 참조.

66 *Metaph.*, A, 6, 9; M과 N.

δυάς)"으로 이루어진다. 피타고라스주의자들이 생각했던 것처럼 무한정자(ἄ
πειρον)와 한정자(πέρας)로 이루어진 것이 아니다.

- 수학적 대상(τὰ μαθηματικά)은 형상과 사물 사이의 중간 위치를 차지한다.

본 저자는 수학적 대상(τὰ μαθηματικά)이나 "중간자"라는 주제를 도표 선을 취급
할 때, 이미 다루었다. 그러므로 다음의 질문들을 고찰하는 것이 남아 있다.

- 왜 플라톤은 형상을 수(數)와 동일시했으며, 그가 의도한 것은 무엇인가?
- 왜 플라톤은 사물이 수(數)에 참여함으로써 존재한다고 말했는가?
- 일자(一者)와 더함-덜함으로 구성되어 있다는 것은 무엇을 의미하는가?

나는 이 질문들을 단지 매우 간략하게만 다룰 수 있을 뿐이다. 그것들을 충분히
다루려면 고대 수학과 근대의 수학에 대해 본 저자가 가지고 있는 것보다 훨씬 더 많은
지식이 요구될 것이다. 만약, 수학적으로 재능이 있는 전문가라 하더라도 우리가 확보
한 그 자료들을 충분하고 명확하게 다룰 수 있을 것인지도 또한 의심스럽다.

(1) 형상을 수(數)와 동일시하는 플라톤의 동기는 신비스럽고 초월적인 형상계
(形象界)를 합리화하거나 또는 지성적으로 만들려는 것으로 보인다. 이 경우 지성적으
로 만든다는 것은 질서의 원리를 발견하는 것을 의미한다.

(2) 자연적인 대상들은 질서의 원리를 어느 정도 구체화한다. 그것들은 논리적
우주의 실례(實例)들로서 자신들의 형상을 실현하는 경향이 있다. 그것들은 지성의 작
품이며 목적을 나타낸다.

① 『티마이오스』에는 이 진리가 물체의 감각적 성질은 물체를 이루는 미립자들
의 기하학적 구조에 의존해 있다는 말로 표현되어 있다. 이 기하학적 구조는
그것들의 면(面)들의 구조에 의하여 결정되며, 그것들의 면들의 구조는 그것

들을 이루는 두 가지 유형의 삼각형들(직각 이등변 삼각형과 직각 부등변 삼각형)의 구조에 의하여 결정된다. 그 삼각형들의 변들 상호 간의 비(比)는 수적(數的)으로 표현될 수 있다.

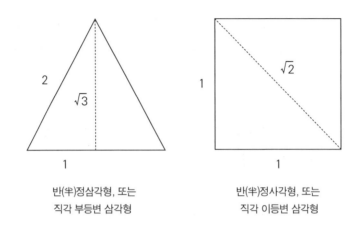

반(半)정삼각형, 또는
직각 부등변 삼각형

반(半)정사각형, 또는
직각 이등변 삼각형

② 이와 동일한 진리에 대한 또 다른 표현이 외관상으로는 미로와 같은 천체들 (공식적인 숭배의 일차 대상들)의 운동이 실제로 수학적 법칙에 들어맞으며 따라서 신(神)의 지혜를 표현한다는 『에피노미스』의 이설(理說)[67]이다.

③ 그러므로 자연적 물체들은 질서의 법칙을 구현하며, 대체로 "수학화될" 수 있다. 그러나 다른 한편으로 완전하게 "수학화될" 수는 없는데(그것들은 수(數)가 아니다.) 왜냐하면 그것들은 우연성이며 비이성적인 요소인 "물질" 또한 구현하기 때문이다. 그러므로 그것들은 수라고 말하지 않고, 수에 참여한다고 말한다.

(3) 자연적 대상들의 이러한 부분적 무리성(無理性)은 우리에게 "더함과 덜함"에 대한 이해의 열쇠를 제공한다.

---

67   990 c 5-991 b 4.

① 변들 상호 간의 비(比)를 나타내는 3쌍의 수(數)들은, 직각 등변 삼각형의 경우에는 1, 1, √2이며, 직각 부등변 삼각형의 경우에는 1, √3, 2이다. 그렇다면 어느 경우에도 자연적 대상들 속에 들어 있는 우연성을 표현하는 무리적(無理的) 요소가 있는 것이다.

② 테일러는 어떤 분수(分數)의 열(列)에서는 ―그것은 요즘엔 "연속 분수"에서 도출되지만, 사실상 플라톤[68]과 스미르나의 테온[69]이 언급한 것이다― 어떤 교호항(交互項)들은 상한의 극한값으로 √2에 수렴하며, 반면에 다른 교호항들은 하한의 극한값으로 √2에 수렴한다는 것을 지적한다. 그러므로 그 원초적 질서 속에 있는 전체 열(列)의 항들은 결과적으로 √2보다 교호적(交互的)으로 "더하고 덜하"며, 동시에 그것들의 고유한 극한값으로서의 √2에 공동으로 수렴한다. 그렇다면 우리는 크고 작다는 성질 또는 부정의 쌍대성을 가지게 된다. 계속되는 분수의 "무한성", 즉 무리성(無理性)이 모든 전화(轉化)하는 것들 속에 있는 물질적 요소, 즉 비존재적 요소와 동일시되는 것처럼 보인다. 그것은 자연적 존재들의 헤라클레이토스적 흐름-성질에 대한 수학적 표현이다.

자연적 물체들에 관해서는 이것이 상당히 분명해 보일 것이다. 그러나 "일자에 참여함으로써 더하고 덜함으로부터 형상들, 즉 수(數)들이 나온다"[70]는 아리스토텔레스의 언명을 우리는 어떻게 생각해야 할까? 달리 말하면, 형상-질료 구성을 정수들 자신에까지 확장하는 것을 우리는 어떻게 설명할 수 있을까?

우리가 수열(數列) $1+\frac{1}{2}+\frac{1}{4}+\frac{1}{8}+\cdots+\frac{1}{2}n+\cdots$을 취한다면, 우리는 수(數) 2에 수렴하는 수열을 갖는다. 그렇다면 유리(有理)분수의 무한수열은 하나의 유리수(有理數)인 극한값에 수렴할 수 있고, 그로써 큼과 작음(μέγα καὶ μικρόν)을 포함하는 예들이 제공될 수 있을 것임이 명백하다. 플라톤은 이 구성을 큼과 작음(μέγα καὶ μικρόν)으로부터 정수

---

68   *Rep.*, 546 c.
69   *Expositio.*, ed. Hiller, 43, 5-45, 8.
70   *Metaph.*, 987 b 21-2.

들 그 자체에까지 확장했으나, 이때 정수들은 급수(級數)들을 형성해내는 수열(數列)로 전제되어 있기 때문에, 수렴의 극한값으로서의 2는 정수 2와 동일시될 수 없다는 사실을 간과했던 것처럼 보일 것이다. 플라톤의 아카데메이아에서 정수들은 무규정적 이(無規定的 二, ἀόριστος δυάς)의 도움을 받아서 일(一)로부터 도출 또는 "추단(推斷)"되었는데, 그것은 정수 2와 동일시되었으며 "배증(倍增)"의 기능을 부여받았던 것으로 보인다. 그 결과는 정수들이 비유리적 수열(非有理的 數列)에서 도출된다는 것이다. 문헌학적으로 정확한 수학사에 의한 관점에서 보면, 일자(一者)자와 더함-덜함에 의한 정수 구성론은 계속하여 플라톤의 이데아론에 근거한 곤혹스러운 무용지물로 보일 것이라고 대체적으로 말할 수 있다.

11.   범수학화의 경향 전반에 관하여 나는 그것을 불행한 것으로 간주할 수밖에 없다. 실재적인 것이 이성적이라는 가정은 모든 독단 철학의 전제이다. 그러나 그렇다고 우리가 실재 전부를 이성화할 수 있다는 결론이 나오는 것은 아니다. 모든 실재를 수학으로 환원시키려는 시도는 모든 실재를 이성화하려는 시도일 ―그것이 철학의 과제라고 말할 수 있지도 모른다― 뿐만 아니라, 우리는 모든 실재를 이성화할 수 있다는 가정을 전제로 하는 것이다. 플라톤이 자연 속에는 수학화할 수 없는, 따라서 이성화할 수 없는 요소가 있다는 것을 인정했다는 것은 완전히 사실이다. 그러나 실재를 이성화하려는 그의 시도와 이 시도의 정신적 영역에까지의 확장에는, 스피노자의 결정론적이고 기계론적인 실재관(그의 『기하학적 질서에 따라 논증된 윤리학』(*Ethica more geometrico demonstrata*)에 표현되어 있는)과, 궁극적인 실재나 신(神)의 내적 본질을 논리의 법식(法式) 안에 포함시키려던 헤겔의 시도를 생각나게 하는 정취가 있다.

에로스의 영향을 받아 절대적인 아름다움으로 상승한다는 내용의 『향연』을 지은 플라톤이 범수학주의로 기울어버렸다는 것이 처음에는 이상하게 보일 수도 있다. 그리고 이 외견상의 차이가 플라톤의 대화편들에 나오는 소크라테스는 플라톤의 의견이 아니라 자기 자신의 의견을 말하며, 소크라테스는 대화편들에 나타나는 그대로의 이데아론을 만들었던 반면, 플라톤은 그것을 "산술화"했다는 견해를 지지하는 것처럼 보일 수도 있을 것이다. 『향연』에 대한 "신비적"이고 주로 종교적인 해석은 결코 확실한 해석으로 입증되지 않았다. 그러나 그 사실과는 별도로 당분간 그 "상승"이 종교적이고 신비스러운 상승이라고 가정한다면, 『향연』과 아리스토텔레스가 우리에게 말하는 바대로 형상에 대한 플라톤의 수학적 해석 사이의 명백한 대조가 플라톤의 소크라테스는 '역사적으로 유명한 소크라테스'라는 견해, 그리고 플라톤이 개인적 의견 대부분은 아카데메이아를 위하여 남겨두었고 대화편에서 소크라테스라는 인물과는 다른 극중인물(dramatis personae)에 의한 표현으로 사용하려고 남겨두었다는 견해를 입증하기 위한 거역하기 어려운 논증으로 보이지는 않을 것이다. 스피노자에게로 눈을 돌리면 우리는 한 사람을 발견하는데, 그 사람은 한편으로는 신(神) 속에 있는 만물의 단일성에 대한 통찰에 사로잡혀 있었으며, 지적인 사랑(amor intellectualis)에 의한 이데아의 직관을 제안했으며, 다른 한편으로는 자연학의 기계적 측면을 모든 실재로 확장하기를 추구했다. 또 파스칼의 예도 우리에게 수학적인 천재성과 심오하며 신비스럽기까지 한 종교적 기질은 전혀 양립 불가능하지 않다는 것을 보여주기에 충분하다.

　　나아가 범수학주의와 관념론은 심지어 각기 서로를 지지한다고까지 주장될 수 있을 것이다. 실재가 더 수학화되면 될수록, 어떤 의미에서 그것은 더욱더 이데아적인 수준으로 이전되며, 동시에 반대로 이데아의 세계에서 참된 실재와 자연의 본성을 발견하기를 원하는 사상가라면 그 과제에서의 도움으로 수학이 내미는 손길을 쉽사리 붙잡을 것이다. 이 말은 특히 플라톤의 경우에 해당될 것이다. 왜냐하면 그는 자신에 앞서 피타고라스주의자들의 예를 보았는데, 그들은 수학에 대한 관심뿐만이 아니라 범수학주의적 경향까지도 종교적이고 심리학적인 관심들과 연결했기 때문이다. 그러므로 우리는 결코 플라톤이 자신의 내부에서 종교적이고 초월주의적 경향을 범수학주의적 경향에 결합시킬 수 없었다고 말할 수 없다. 왜냐하면 추상적인 관점에서 그 두 경향이 양립 불가능하건 가능하건 간에, 그것들이 심리학적 입장에서는 양립 불가능하지 않다는 것을 역사가 보여주었기 때문이다. 만약 피타고라스주의자들이 가능하다면, 그리고 스피노자와 파스칼이 가능하다면, 플라톤이 신비주의적인 책을 쓸 수 없었을 것이며 산수와 천문학을 언급하고 일자(一者)와 선(善)을 동일시하는 선(善) 강의를 할 수 없었을 것이라고 선험적으로 단정해야 할 이유가 없다. 그러나 사실상 플라톤이 『향연』에 나오는 소크라테스의 연설과 같은 문구를 종교적 의미에서 이해되도록 할 의도였는지를 알아보는 일은 여전히 남아있다.

12. 플라톤에 있어, 마음은 어떠한 과정을 거쳐 이데아를 이해하게 되는가? 나는 이미 플라톤의 변증법과 분할(διαίρεσις)의 방법에 대해 간략하게 언급했다. 누구도 플라톤의 이론에 있어서 변증법의 중요성을 부인하지 않을 것이다. 그러나 여기에서 플라톤이 일자(一者)나 선(善)으로의 종교적 접근 및 심지어는 신비적 접근까지도 꾀했는지 여부에 관한 의문이 발생한다. 외견상으로 적어도 『향연』은 신비한 요소들을 포함하며, 우리가 신(新)플라톤주의적 작가들 및 기독교적 작가들이 제공하는 해석으로 마음을 가득 채운 채 그 대화편에 접근하면, 아마도 우리는 그 속에서 우리가 찾는 것을 발견할 것이다. 커다란 응분의 명성을 지녔던 근대의 어떤 학자들이 이 해석을 강력하게 지지했기 때문에 이 해석은 처음부터(ab initio) 방치될 수 없다.

그러므로 테일러 교수는 『향연』에 나오는 소크라테스의 말을 가리키면서 이렇게 평한다. "예컨대 소크라테스가 기술하고 있는 것은 본질상 십자가 위의 성 요한(St. John of the Cross)이 『어두운 밤』에 관한 자신의 논문을 시작하는 유명한 노래 '어느 어두운 날 밤에(En una noche oscura)'에서 기술하는 것과 동일한 영적 항해(靈的 航海)이고, 크래쇼(Crashaw)가 『불 타는 마음』의 글줄들을 통하여 내내 더욱 모호하게 빗대어 말하는 것이며, 보나벤투라가 『신(神)을 향한 정신의 여정』(Itinerarium Mentis in Deum) 속에서 우리에게 정밀하게 도표로 만들어주는 것이다."[71] 그러나 다른 사람들에게는 이런 것이 전혀 없을 것이다. 그들에게 플라톤은 신비주의자가 결코 아니며, 비록 그가 실제로 어떤 신비주의적 경향을 보이더라도, 그들에게 그것은 오로지 노약함 때문이다. 그러므로 스테이스 교수는 이렇게 선언한다. "관념들은 이성적이다. 다시 말해서 그것들은 이성을 통해서 이해된다. 다양한 것 속에서 공동의 요소를 발견하는 것은 귀납적인 이성의 작업이며, 이것만을 통해서도 이데아들에 대한 지식은 가능하다. 플라톤이 모종(某種)의 자비로운 신비주의자였다고 생각하는 사람들은 이 점에 주목해야 한다. 불멸의 일자(一者), 절대적인 실재는 직관이나 어떤 종류의 신비적 무아경에 의

---

[71]   *Plato.*, 225쪽.

해서가 아니라 이성적 인식 및 고된 사유에 의해서 이해된다."[72] 다시금 리터(C. Ritter) 교수는 "최근 자주 반복되고 있는, 플라톤을 신비주의자로 낙인찍으려는 시도들에 대해 비판을 가하고" 싶다고 말한다. "이러한 시도들은 전적으로 『서간』에 나오는 날조된 문구들에 근거하는데, 나는 그것을 단지 비술신봉의 속으로 도피하려는 정신적 빈곤의 조악한 성취로만 간주할 수 있을 뿐이다. 그것들을 계발된 지혜로, 즉 플라톤적 철학함의 마지막 결과라고 부르짖을 수 있는 사람이 있다니 놀랍다."[73] 말할 필요도 없이, 리터 교수는 확실하게 믿을 만한 플라톤의 저작들에 나오는 어떤 문구들은 신비주의적 의미로 해석될 수 있다는 것을 매우 잘 알고 있다. 그러나 그의 견해로는 그러한 문구들은 성격상 시적이고 신비적일 뿐만이 아니라, 플라톤 스스로도 그것들을 그렇게 이해하고 있었다. 자신의 전기(前期) 작품들에서 플라톤은 제안들을 넌지시 내놓는다. 말하자면 자신의 길을 더듬어 가는 것이다. 또 때로는 자신의 반쯤 형성된 생각들에 시적 언어 및 신비적 언어의 옷을 입힌다. 그러나 그가 후기(後期) 대화편들에서 자신의 인식론적 이설(理說)들 및 존재론적 이설들을 보다 과학적으로 다룰 때, 더 이상 그는 여자 성직자를 끌어들이거나 시적 기호를 사용하지 않는다.

우리가 선(善)을 주로 외견상 이데아나 목적(τέλος)으로 간주하면, 에로스가 보다 높은 인간 본성의 선과 덕을 향한 충동으로 이해되는 것도 당연할 것이다(또는 전생설 및 회상설의 언어로 말하면, 보다 높은 인간 본성이 인간이 전생의 상태에서 바라본 이데아적인 것으로 자연스럽게 끌리는 것으로 이해될 것이다). 우리가 보았듯이 플라톤은 단순히 상대주의적인 윤리는 받아들이지 않을 것이다. 절대적인 표준 및 규범과 절대적인 이데아들이 존재한다. 그러므로 정의(正義)의 이데아, 절제(節制)의 이데아, 용기(勇氣)의 이데아가 존재하며, 이 이데아들은 실재적이고 절대적이다. 왜냐하면 그것들은 변화하지 않는 불변의 행위 표준들이기 때문이다. 그것들은 이데아적이기 때문에 "사물들"은 아니다. 그러나 그것들은 인간의 행동을 "지배하기" 때문에 단순히 주관적이지도 않다. 그러나 인생은 사회와 국가를 떠나서 원자론적으로 살아지지도 않고, 인간은 자연과 전적

---

72 *Critical Hist.*, 190-191쪽.
73 *The Essence of Plato's Philosophy*, 11쪽.

으로 분리된 존재도 아니다. 따라서 우리는 모든 것을 포괄하는 이데아 및 목적($\tau \acute{\epsilon} \lambda o s$)에 대한 이해에 도달할 수 있는데, 그것에 모든 특수한 이데아들이 종속되어 있다. 이 보편적인 이데아가 선(善)이다. 그것은 변증법에 의하여 담론적으로 파악된다. 그러나 보다 높은 인간 본성에는 참으로 선하고 아름다운 것에 끌린다. 예컨대 인간이 잘못하여 물리적 아름다움과 같은 감각적인 아름다움과 선을 자신의 참된 선으로 해석한다면, 에로스적 끌림의 충동은 이 열등한 선들 쪽으로 향하게 되고, 우리 인간은 세속적이고 감각적인 인간이 된다. 그러나 인간은 영혼은 육체보다 높다는 것과 영혼의 아름다움이 육체의 아름다움보다 더 가치 있다는 것을 알도록 끌어올려질 수도 있다. 마찬가지로 그는 형식과학 속에 있는 아름다움[74]과 이데아들의 아름다움을 볼 수 있도록 끌어올려질 수 있다. 그렇게 되면 에로스의 힘은 그를 "지성적 아름다움의 광활한 대양"과 "그것이 포함하고 있는 사랑스럽고 장엄한 형상들의 경관을 향하여"[75] 끌어당긴다. 마지막으로 그는 모든 특수한 이데아들이 어떻게 하나의 보편적 이데아 또는 목적, 즉 선 그 자체에 종속되는지를 이해하게 될 수 있으며, 따라서 이러한 보편적 아름다움 및 보편적 선에 대한 "학문"을 즐기게 될 수 있다. 이성적인 영혼은 이데아에 가까우며,[76] 따라서 감각적 욕망이 한 번 억제되고 나면 이데아를 관조할 수 있으며 그 관조를 즐길 수 있다.[77] "사랑으로 감화할 수 없는 또한 그렇게 함으로써 덕(德)의 방향으로 추진할 수 없을 만큼 무가치한 사람은 없다."[78] 그러므로 인간에게 있어 참된 삶은 철학적인 삶이나 지혜의 삶인데, 왜냐하면 참된 보편적 학문에 도달하고 실재의 이성적 성격을 이해하는 사람은 철학자뿐이기 때문이다. 『티마이오스』에서 데미우르고스는 이데아나 범형(範型)에 따라서 이 세계를 형성하며 그것을 자신이 자유로이 사용할 수 있는 억센 질료가 허락할 한도 내에서, 가능한 한 이데아와 많이 닮게 만들려고 노력하는 것으로 묘사되어 있다. 이데아를 이해하고 자신의 삶과 다른 사람들의 삶을 그

---

74   *Philebus.*, 51 b 9-d 1 참조.
75   *Sympos.*, 210 d 3-5.
76   *Phaedo* 참조.
77   *Phaedrus* 참조.
78   *Sympos.*, 179 a 7-8.

전형(典型)에 따라서 빚으려고 노력하는 것은 철학자의 일이다. 그러므로『국가』에 나오는 철인 군주에게 역할이 주어진다.

『향연』[79]에는 에로스나 사랑이 신적(神的)인 것과 인간적(人間的)인 것 사이에 중간적 위치를 차지하는 "하나의 위대한 신(神)"으로 그려져 있다. 에로스, 즉 "빈곤과 풍요의 자식"은 욕구이며, 욕구는 아직 소유하지 못한 것을 대상으로 한다. 그러나 에로스는 비록 빈곤하지만, 즉 소유하지 못하고 있지만 "행복과 선한 것의 소유에 대한 간절한 욕구이다." 종종 용어 "에로스"는 한 가지 종류의 에로스에 국한된다. 그러나 이 "에로스"는 '육체적 욕구'라는 의미보다 더 광범위한 의미를 포함하고 있는데, 이는 일반적으로 "영육(靈肉) 모두에 관하여 아름다운 것을 생산하려는 욕구"이다. 더구나 에로스는 선(善)이 영원히 우리와 함께하기를 바라는 욕구이기 때문에, 불멸성에 대한 욕구이기도 해야 한다.[80] 보다 저급한 에로스에 의하여 인간은 자식들을 생산함으로써, 불멸성을 추구하게 된다. 그러나 호메로스 같은 시인과 솔론 같은 정치가들은 보다 고급한 에로스를 통해 "자신들과 아름다운 것들 사이에 존재하는 그러한 사랑의 결과물로서" 더욱 영속적인 자식을 남긴다. 인간은 아름다움 그 자체와 접촉함으로써 영원하게 되며 참된 덕을 생산한다.

그런데 이 모든 것들은 담론적이라는 의미에서, 순전히 지성적 과정에 대한 것으로 이해될 수 있다. 그럼에도 불구하고 선(善)의 이데아나 미(美)의 이데아가 존재론적 원리임은 사실이며, 따라서 그것은 스스로 에로스의 대상이 아니고, 직관적으로 이해되지 못할 선험적인 이유는 있을 수 없다.『향연』에서는 상승의 정점에 있는 영혼은 아름다움을 "갑자기" 본다고 말한다. 반면에『국가』에서는 약간의 노력만으로 선이 맨 마지막에 보인다고 ―이는 직관적인 이해를 의미할 수 있을 문구들이다― 주장한다. 우리가 "논리적" 대화편들이라고 부를 수 있는 것들은 일자(一者)로의 어떠한 신비적 접근도 나타내지 않을 것이다. 그러나 그것이 반드시 플라톤은 어떤 그러한 접근도 결코 상상해본 적이 없음을 의미하지도 않고, 그가 언제인가 그러한 접근을 생각해보았

79　201 d 8 이하.

80　206 a 7-207 a 4.

다 하더라도 『파르메니데스』와 『테아이테토스』와 『소피스테스』를 저술하게 된 시기 쯤에는 그것을 거부했었다는 것을 의미하지도 않는다. 이러한 대화편들은 한정된 문제들을 다루며, 우리는 플라톤이 자신의 사상의 모든 측면들을 어느 대화편 하나에 제시하리라고 기대할 권리가 없다. 플라톤이 일자나 선을 결코 공식적 종교 의식(儀式)의 대상으로 제안하지 않는다는 사실도 그가 일자로의 직관적이고 신비적인 접근을 인정했을 가능성을 반드시 배제하지는 않는다. 어쨌든 우리는 플라톤이 그리스 대중종교의 극단적인 변형을 제안하리라고 기대할 수 없을 것이다(비록 그가 『법률』에서 그것의 정화를 제안하며, 참된 종교는 덕스러운 삶에 있으며, 우주 안에서의, 예를 들면 천체들의 운동에서의 이성의 작용에 대한 인식에 있다는 것을 암시하지만). 동시에 일자가 존재와 영혼 "너머"에 있다면, 그것이 대중적 의식(儀式)의 대상이 될 수 있다는 생각은 그에게 결코 떠오르지 못했을 것이다. 결국 일자로의 "신비한" 접근을 확실하게 인정했던 신(新)플라톤주의자들은 전통적이고 대중적인 종교를 주저하지 않고 지지했다.

이러한 고찰들에 비추어 보면 우리는 다음과 같은 결론을 내리지 않을 수는 없을 것으로 보인다. ① 우리들은 변증법적 접근에 관해서 확신을 가지고 있으며 ② 그 어떤 신비적 접근에 관해서도 불확실하게 생각하지만, 플라톤 저술의 어떤 문구들은 그러한 접근을 의미하는 것으로 이해될 수 있다는 점과, 그렇게 이해되기를 플라톤이 의도했을 가능성도 있다는 점을 부인하지는 않는다.

13.   플라톤의 형상론이 소크라테스 이전 철학 위에 엄청난 진보를 이룩해 놓았음은 명백하다. 플라톤은 비물질적이고 비가시적인 존재 ―그것은 이 세계의 그림자에 불과한 것이 아니라, 물질적 세계가 실재적이라는 의미보다 훨씬 깊은 의미에서 실재적이다― 의 현존을 주장하면서 소크라테스 이전 철학자들의 사실상의 유물론에서 벗어났다. 그는 감각적인 사물들은 흐름과 전화(轉化)의 상태에 있기 때문에 실재적으로는 결코 존재한다고 말할 수 없다는 헤라클레이토스에 동의하는 한편, 그것은 그림의 한 면에 불과하다는 것도 알았다. 진정한 존재도 역시 있는데, 그것은 불변적이고 항구적인 실재로, 알려질 수 있으며 진정으로 지식의 최고 대상인 것이다. 반면에 플라톤은 우주를 정적(靜的)인 일자(一者)와 동일시함으로써 모든 변화(變化)와 전화(轉化)를

부인할 수밖에 없었던 파르메니데스의 입장에 빠지지도 않았다. 플라톤에게 있어서 일자는 초월적이기 때문에, 변화는 부인되는 것이 아니라 "창조된" 세계 안에서 충분히 인정된다. 게다가 실재 자체는 정신과 생명과 영혼 없이 존재하는 것이 아니기 때문에 실재적인 것 안에는 영적인 운동이 있다. 또한 이 세계의 대상들이 전적으로 단일성(unity)이 없이 존재하지는 않는 것처럼 ―왜냐하면 그것들은 형상에 참여하거나 형상을 모방하고, 따라서 어느 정도까지는 질서에 참여하기 때문이다― 심지어 초월적인 일자(一者)까지도 다자(多者) 없이는 존재하지 않는다. 그것들은 완전하게 실재적이지는 않지만, 그렇다고 단순한 비존재에 불과한 것도 아니다. 그것들은 존재에 ―비록 진정한 존재는 물질적이지 않지만― 한몫 끼는 것이다. 마음과 그것의 영향과 질서가 이 세계 속에 있다. 마음이나 이성이 이 세계에 스며 있으며, 그것은 아낙사고라스의 정신(nous)처럼 단순히 가망 없어 보이는 상황의 해결책(Deus ex machina)은 아니다.

　　플라톤이 소크라테스 이전 철학 위에 이룩된 진보를 나타낸다면, 그는 또한 소피스트들과 소크라테스 자신의 철학 위에 이룩된 진보도 나타낸다. 왜냐하면 플라톤은 소피스트들에 관해서는 순수한 감각(αἴσθησις)적 상대주의를 인정하는 한편, 그에 앞서 소크라테스가 그랬던 것처럼 학문과 도덕적 가치들의 상대성을 받아들이기를 거부했기 때문이다. 그리고 소크라테스에 관해서는 윤리적 표준 및 정의(定義)의 영역을 넘어서 논리학과 존재론의 영역에까지 그[플라톤]의 연구를 확장시켰기 때문이다. 또한 소크라테스가 실재의 체계적인 통합을 시도했다는 명백한 증거는 없는 데 반해, 플라톤은 우리에게 하나의 절대적 실재를 제시했다. 그러므로 소크라테스와 소피스트들은 이전의 우주론 체계 및 일(一)과 다(多)에 관한 사색들에 대한 반동을 나타내는 반면(비록 소크라테스가 한정성[정의]에 몰두한 일이 진정한 의미에서 일자(一者)와 다자(多者)에 관한 것이긴 하지만), 플라톤은 소크라테스가 획득한 입장을 훨씬 높은 차원에서 유지하면서 우주론자들 문제의 연구에 다시 착수했다. 그러므로 그는 소크라테스 이전의 철학과 소크라테스의 철학에서 가치 있는 것들이나 또는 그에게 가치 있어 보이는 것들을 종합하려는 시도를 했었다고 말할 수 있다.

　　플라톤의 형상론이 불만족스럽다는 것도 물론 인정되어야만 한다. 비록 일자나 선(善)이 그에게 다른 모든 형상들을 포함하는 궁극적인 원리를 의미한다고 하더라도,

지성계와 순수 감각계 사이에 분리(χωρισμός)는 남아 있다. 플라톤은 그가 원자적 형상(ἄτομα εἴδη)을 파악하는 데 있어서 이성(λόγος), 견해(δόξα) 그리고 감각(αἴσθησις)의 합일이라는 자신의 이설(理說)로써 분리의 문제를 인식론적 입장에서 해결했다고 생각할지 모른다. 그러나 존재론적으로 말해서 순수 전화(轉化)의 영역은 설명되지 않은 채로 남아 있다(그리스인들이 그것을 "설명했던" 적이 있었는지 의심스럽다). 그러므로 플라톤은 참여(μέθεξις)와 모방(μίμησις)의 의미를 만족스럽게 설명한 것 같지 않다. 『티마이오스』[81]에서 그는 분명히 형상은 결코 "어떤 곳의 다른 어떤 것 안으로도" 들어가지 않는다고 말했는데, 이 진술은 플라톤이 형상이나 이데아를 물리적 대상의 고유한 성분으로 간주하지 않았다는 것을 분명하게 보여준다. 그러므로 플라톤 자신의 진술에 비추어 보면, 그와 아리스토텔레스 사이의 차이를 없애려고 노력하는 것은 의미가 없다. 플라톤이 아리스토텔레스가 정당하게 평가하지 못한 중요한 진리들을 파악했던 것은 당연한 일이다. 그러나 그는 보편자에 대하여 아리스토텔레스가 주장했던 것과 동일한 견해를 주장하지 않았다. 따라서, 플라톤에게 있어서 "참여"가 "영원한 대상"의 "사상(事象)"으로의 "진입"이 있음을 의미하는 것으로 해석되어서는 안 된다. 플라톤에게 있어서, "사건"이나 물리적 대상은 형상에 대한 모방 내지는 거울-이미지에 불과하다. 그리고 감각계는 지성계의 그림자이며 흘러가는 이미지이기 때문에, 감각계가 지성계와 "병립적으로" 존재한다는 결론은 불가피하다. 플라톤의 관념론은 (순전히 감각적 세계는 사실상 유일한 세계도 아니고 가장 높고 가장 "실재적인" 세계도 아니기 때문에) 많은 진리를 포함한 장대하고 탁월한 철학이다. 그러나 플라톤은 감각계가 단순한 환상이며 비존재라고 주장하지 않았으므로 그의 철학은 필연적으로 분리를 포함하는데, 그 사실을 못본 체하고 지나치려는 시도는 무익하다. 결국 플라톤이 자신의 체계로 해서 스스로 "특수성"에 관한 어려움에 빠진 유일한 대 철학자는 아니다. 그리고 아리스토텔레스가 플라톤의 철학에서 분리를 찾아낸 것이 옳았다고 말하는 것이, 보편자에 대한 아리스토텔레스의 견해가 그 자체만을 취했을 때 모든 난점들을 피해간다고 말하는 것은 아니다. 이 두 대 사상가들은 보다 완전한 종합 속에서 조화될 필요가 있는 실재의 상이한 측

---

81   52 a 1~4.

면들을 강조했다(아마도 지나치게 강조했다)는 것이 훨씬 더 그럴듯하다.

  그러나 플라톤이 어떠한 결론에 도달했건, 그리고 그의 이데아론 안에 어떤 불완전성과 오류가 있건, 우리는 플라톤이 확인된 진리를 정립할 생각이었다는 것을 잊어서는 안 된다. 그는 본질들을 사유 속에서 파악할 수 있고 또 실제로 파악한다고 확고하게 주장했으며, 이 본질들은 인간 마음의 순전히 주관적인 창조물들이 아니라고(정의(正義)에 대한 이상은 순전히 인간의 창조물이고, 성격상 상대적이지만) 확고하게 주장했다. 우리는 그것들을 창조하는 것이 아니라 발견한다. 우리는 사물들을 도덕적(道德的) 및 미적(美的) 표준이든 또는 유적(類的) 및 종적(種的) 유형이든 간에, 표준에 따라서 판단한다. 모든 판단은 필연적으로 그러한 표준들을 함의하며, 만약 학적 판단이 객관적이라면 그 표준들은 객관적인 대상을 가지고 있음에 틀림없다. 그러나 그것들은 감각계 그 자체에서는 발견되지도 않고 발견될 수도 없다. 그러므로 그것들은 감각 특수자들의 덧없는 세계를 초월함에 틀림없다. 비록 경험은 그 표준들의 객관적인 존재가 주장되지 않는다면 설명하기 어렵다고 플라톤은 분명하게 믿고 있었으나, 실제로 "비판적 문제"를 제기하지는 않았다. 우리는 플라톤이 신(新)칸트주의적 입장을 가지고 있었다고 추정해서는 안 된다. 왜냐하면 비록 전생설 및 회상설 밑에 깔려있는 진리들이 칸트식으로 선험적이라고 하더라도(우리는 이것을 인정할 생각이 없다), 플라톤 자신이 이 "신화"를 순전히 주관적인 선험성의 이설(理說)에 대한 비유적인 표현으로 사용했다는 증거는 없다. 반대로 모든 증거는 플라톤이 개념들의 참으로 객관적인 지칭물이 존재한다고 믿었다는 것을 보여주는 데 도움이 된다. 실재는 알려질 수 있고 이성적이다. 알려질 수 없는 것은 이성적이지 않으며, 완전하게 실재적이지 않은 것은 완전하게 이성적이지 않다. 이것을 플라톤은 끝까지 주장했으며, 또 그는 만약 우리의 경험(넓은 의미에서)이 설명되거나 또는 조리 있게 된다면, 그것은 오직 자신의 이론의 근거 위에서만 가능하다고 믿었다. 비록 그가 칸트주의자는 아니었지만, 다른 한편으로 단순한 소설가나 신화 작가도 아니었다. 그는 철학자였으며, 형상론은 철학적이고 이성적인 이론으로서 제시되었지(경험을 설명하려는 철학적 "가설"로서), 신화학이나 대중적 민속학의 소고(小考)로서 제시되지도 않았고, 이 세계보다 더 나은 어떤 한 세계에 대한 동경의 단순한 표현으로서 제시되지도 않았다.

그렇다면 비록 그가 단순하게 초물질적인, 즉 이데아적인 세계를 창조하여 그 안에서 일상적인 경험의 조건들로부터 초연하게 살 수 있기를 바랐던 "도피주의자"였다고 하더라도, 플라톤을 시인으로 변화시키는 것은 커다란 오류이다. 만약 플라톤이 말라르메(Mallarmé)와 더불어 "오호라! 육신(肉身)은 보잘것없으나, 나는 모든 책을 다 읽었노라. 사라지다니! 저 밑으로 사라져…"[82]라고 말할 수 있었다면, 그것은 그가 초감성적이며 지성적인 세계의 실재성을 믿었기 때문일 것인데, 그 세계는 철학자가 발견하라고 주어진 것이지, 창조하라고 주어진 것이 아니다. 플라톤은 자신의 고유한 시적(詩的) 세계를 창조함으로써 "실재"를 꿈으로 변형시키고자 한 것이 아니라, 이 열등한 세계에서부터 순수한 원형적(原形的) 이데아들의 상위 세계로 도약하고자 한 것이다. 이러한 이데아들의 현존하는 실재성을 그는 깊이 확신하고 있었다. 말라르메가 "내가 '꽃'이라고 말할 때, 나의 목소리가 모든 윤곽을 몰아내는 망각의 저편에서, 우리가 알고 있는 꽃받침이 아닌 그 무엇으로서, 어떤 꽃다발에도 없는 그윽한 관념 그 자체가 피어 오른다"고 말할 때, 그는 관념적 꽃의 창조를 생각하고 있는 것이지, 플라톤적 의미의 원형적 꽃의 발견을 생각하고 있는 것이 아니다. 교향곡을 연주할 때 악기들이 경치를 음악으로 변형시킬 수 있는 것과 똑같이, 시인은 구체적인 경험의 꽃들을 관념으로, 꿈-관념의 음악으로 변형시킨다. 그뿐만 아니라 사실상의 실천에 있어서 말라르메가 특수한 상황들을 비워내는 것은 관념이나 심상(心像)의 연상적(聯想的)이고 환기적(喚起的)이며 암시적(暗示的)인 범위를 넓힌다는 목적에 오히려 도움이 되었다. (그리고 이런 것들이 너무 개인적이었기 때문에, 그의 시를 이해하는 것은 매우 어렵다.) 그러나 어쨌든, 이 모든 것이 플라톤에게는 생소한데, 왜냐하면 그의 예술적 재능이 어떠했든 그는 일차적으로 철학자이지 시인이 아니기 때문이다.

그러나 플라톤의 목표를 라이너 마리아 릴케의 방식으로 실재를 변형시키는 것으로 간주할 수도 없다. 우리는 이 세계를 표현함으로써 우리 자신의 고유한 세계를 우리 자신의 내부로부터 건설한다는 주장 속에 진리가 들어 있을 수 있으나 ─벽 위에 비친 햇빛은, 우리의 주관적인 인상과 우리가 제공하는 인유(引喩), 연상(聯想), 함축(含

---

82 Stéphane Mallarmé, *Poems.*(Roger Fry 옮김. Chatto & Windus, 1936.)

蓄)과 암유(暗流) 때문에, 그것이 원자와 전자 그리고 광파를 사용하여 "그 자체로서" 의미하는 것 이상을 우리에게 의미할 수 있다— 플라톤의 노력은 주관의 환기(換起)에 의하여 이 세계를 풍요롭게 하고 미화하며 변형시키는 것이 아니라, 감각계(感覺界)를 넘어서 사유와 초월적 실재의 세계로 나아가는 것이다. 물론 플라톤 사상의 심리학적 연원을 논의할 가능성은 마음만 먹는다면 우리에게 여전히 열려 있다(그가 심리학적으로 도피주의자였을 가능성도 있을 수 있을 것이다). 그러나 만약 우리가 그렇게 한다면, 그와 동시에 우리는 그것은 플라톤이 의미했던 바에 대한 해석과 동일하지 않은 것이라는 사실을 잊어서는 안된다. 그가 어떤 "무의식적인" 동기를 가지고 있었건 그렇지 않았건, 그는 분명 심각하고 철학적이며 학문적인 연구를 추구할 생각이었다.

　　니체는 플라톤이 이 세계의 적이었으며, 이 세계에 대한 적개심에서 초월적인 세계를 설정했고, 경험세계와 인간적 삶의 세계를 싫어한 나머지 그리고 도덕적 가정과 관심 때문에 "저기"를 "여기"와 대조시켰다고 플라톤을 비난했다. 플라톤이 아테네 국가의 정치적 행동이나 시켈리아에서의 실망과 같은 실제 생활에서의 좌절에 영향을 받았다는 것은 아마도 사실일 것이다. 그러나 그는 이 세계에 대해 적극적으로 적대적이지는 않았다. 반대로 그는 무질서에 질서를 부여하는, 말하자면 데미우르고스의 역할을 수행할 참된 유형의 정치가들을 훈련시키기를 바랐다. 삶과 이 세계가 무질서하고 미완(未完)이며, 그가 불변의 실재이며 최상위의 가치와 보편적 중요성에 대한 변함없는 규범이라고 믿었던 것과 일치하지 않거나 또는 그것을 표현하지 못하는 한에 있어서만, 그는 삶과 이 세계에 대하여 적대적이었다. 논점은 원인으로건 조건이나 계기로건 간에, '어떤 영향들이 플라톤의 형이상학을 형성하는 데 기여했는가?'라기보다는 "플라톤은 자신의 입장을 입증했는가, 입증하지 못했는가?"라는 질문인데, 니체와 같은 사람은 이 질문에 관심을 갖지 않는다. 그러나 질서 정연하고 지성적으로 이 세계에 존재하는 것은 비가시적이고 초월적인 실재 안에 객관적인 토대를 가지고 있다는 생각을 우리가 미리 거부해버릴 수는 없다. 그리고 나는 플라톤은 자신의 형이상학 안에 상당한 진리를 획득해놓았을 뿐만 아니라, 그것이 진리라는 것을 보여주기 위하여 많은 노력을 했다고 생각한다. 만약 어떤 사람이 무엇인가를 말하려고 한다면 그가 가치 판단을 내릴 것은 분명한데, 그 가치 판단이란 객관적인 규범들과 표준들을 전제로 하며, 통찰력의 정도에 따라서 파악될 수 있는 가치들, 즉 스스로를 "실현시키"는 것이 아니라, 자신을 실현시키기 위하여 신(神)과 협동하여 인간 삶의 가치와 이상을 실현시키는 인간의 의지에 의존하는 가치들을 전제로 한다. 자연적 지식에 관한 한, 물론 우리는 절대자를 직접 직관하지 못하지만(또 플라톤의 이론이 그러한 지식을 함의하는 한, 절대자에 대한 직접적 직관은 허용될 수 없고, 반면에 플라톤의 이론이 참된 지식을 절대자에 대한 직접적인 이해와 동일시하는 한, 그 이론은 부지중에 회의론이 되어버릴 것처럼 보일 것이다), 이성적 반성에 의하여 우리는 확실히 객관적인(그리고 사실상 초월적인 근거를 지닌) 가치와 이상과 목표에 대한 지식에 도달할 수 있는데, 결국은 이것이 플라톤의 주요 논점이다.

제 20 장

플라톤의 심리학

01. 플라톤은 영혼을 공기나 불이나 원자로 환원시키는 과거 우주론 학파의 조야한 심리학의 피해를 조금도 입지 않았다. 그는 유물론자도 아니었고 생리학주의자도 아니었으며, 타협을 모르는 유심론자였다. 분명히 영혼은 육체와 별개의 것이다. 영혼은 인간의 가장 소중한 자산이며, 그것을 돌보는 것이 인간의 가장 주요한 관심사라야 한다. 그러므로 소크라테스는 『파이드루스』의 말미(末尾)에서 이렇게 기도하고 있다. "사랑하는 판 신(Pan 神)과 당신들, 여기에 있는 다른 모든 신들이여, 저의 영혼이 아름답도록 하여 주시옵고, 제가 가진 모든 외적인 것들이 내적인 것들과 일치하도록 하여 주옵소서. 제가 단지 현자(賢者)만을 부유한 자로 여기게 하옵소서. 그리고 제 재산의 양은 오직 절제하는 사람만이 가질 수 있는 만큼만 되게 하옵소서."[1] 영혼의 실재성과 육체에 대한 우월성은 플라톤의 심리학적 이원론 속에 강조되어 있는데, 그 심리학적 이원론은 그의 형이상학적 이원론에 상응한다. 『법률』[2]에서 플라톤은 영혼을 "스스로 움직일 수 있는 운동(τὴν δυναμένην αὐτὴν κινεῖν κίνησιν)" 또는 "운동의 근원"으로 규정한다. 만약 그러하다면 영혼은 그것이 육체보다 우월하다는 의미에서, 그리고 육체를 지배

---

1 279 b 8-c 3.

2 896 a 1-2.

해야 한다는 의미에서 육체에 선행한다(왜냐하면 육체는 운동의 근원이 아니면서 움직여지기 때문이다). 플라톤은 『티마이오스』에서 "지성을 적당하게 소유하고 있는 유일한 현존적 사물은 영혼인데, 이것은 비가시적인 사물이며, 반면에 불, 물, 흙과 공기는 모두 가시적인 물체들이다"[3]라고 말하며, 『파이돈』에서는 영혼이 육체의 단순한 부수현상일 수 없다는 것을 보여준다. 심미아스는 영혼은 단지 육체의 조화에 불과하며, 자신을 조화로 하는 육체가 소멸할 때 함께 소멸해버린다는 것을 암시한다. 그러나 소크라테스는 영혼은 육체와 육체의 욕망을 지배할 수 있으나, 반면에 단순한 조화가 그 조화의 대상을 지배할 수 있다고 상정하는 것은 터무니없는 것임을 지적한다.[4] 또, 만약 영혼이 육체의 조화에 불과하다면, 어느 한 영혼이 다른 영혼보다 더 영혼적이라는 결론이 나오는데(왜냐하면 조화는 증가나 감소를 허용할 것이기 때문이다), 이것은 터무니없는 억측이다.

그러나 플라톤은 영혼과 육체 사이의 본질적인 차이를 주장하면서도, 육체에 의해서나 또는 육체를 통해서 영혼에 영향이 행사될 수 있다는 것을 부정하지는 않는다. 『국가』에서 그는 신체 훈련을 참교육의 일부로 포함시키며, 어떤 종류의 음악은 영혼에 대하여 해로운 영향을 미친다 하여 거절한다. 다시, 『티마이오스』에서 그는 사악한 체육과 육체적인 나쁜 버릇에 의해 악영향이 형성될 수 있음을 (그런 버릇은 영혼이 노예가 되는 치유불능의 상태를 유발할 수 있기 때문에) 인정하며,[5] 『법률』에서는 유전의 영향을 강조한다.[6] 사실상, 대부분 영혼의 병은 부모로부터 물려받은 결함있는 기질 혹은 불완전한 교육이나 환경 탓이다. "누구도 자발적으로 악하지는 않다. 악인은 육체의 그릇된 습관이나 잘못 양육된 까닭에 악하게 되며, 이런 것들은 스스로 선택하지 않아도 누구에게나 발생할 수 있는 반갑지 않은 악(惡)이다."[7] 그러므로 비록 플라톤이 가끔 영혼이 단순하게 육체에 거주하며 육체를 사용하는 것처럼 말하지만, 우리는 그가 영혼과 육체 간의 어떠한 상호작용도 부정하고 있다고 묘사해서는 안 된다. 그가 상호작용을

---

3   46 d 5-7.
4   85 e 3-86 d 4, 93 c 3-95 a 2.
5   *Tim.*, 86 b 이하.
6   Laws, 775 b 이하.
7   *Tim.*, 86 d 7-e 3.

설명하지 못했을 수도 있는데, 어쨌든 이는 매우 어려운 과제이다. 육체와 영혼의 상호작용은 명백한 사실이며, 받아들여져야만 한다. 우리가 이 상호작용을 완전하게 설명할 수 없다는 이유로, 부정한다고 해서 확실히 상황은 개선되지 않는다. 또는 이에 관해 설명할 필요를 없애거나, 설명할 것이 없다고 공언하기 위해 영혼을 육체로 환원하여 생각한다고 하더라도 상황은 개선되지 않는다.

02. 『국가』에서 우리는 영혼의 삼분설(三分說)을 발견하는데,[8] 그것은 피타고라스주의자들에게서 빌려온 학설이라고들 말한다.[9] 그 학설은 『티마이오스』에서 되풀이되며, 따라서 우리가 플라톤이 그것을 포기했었다고 상정하는 것은 정당화될 수 없다.[10] 영혼은 세 "부분"으로 되어 있다. 그것은 이성적 "부분(τὸ λογιστιχόν)", 용기(勇氣)의 또는 기개(氣槪)의 "부분(τὸ θυμοειδές)" 그리고 욕구의 "부분(τὸ ἐπιθυμητιχόν)"이다. 플라톤 자신이 부분(μέρος)이라는 단어를 사용하기 때문에, 이 문맥에서는 "부분"이라는 단어의 사용이 정당화될 수 있다. 그러나 나는 이 "부분"이라는 단어가 비유적인 용어이며, 영혼이 연장적(延長的)이며 물질적이라는 것을 의미하는 것으로 해석되어서는 안 된다는 점을 지적하기 위하여 따옴표 안에 넣었다. 부분(μέρος)이라는 단어는 『국가』제4권의 444 b 3에 나오며, 플라톤은 이 단어를 사용하기 이전에는 형상(εἶδος)이라는 단어를 사용하는데, 그것은 그가 그 세 부분들을 형상이나 기능 또는 행위의 원리로 간주했지, 물질적 의미의 부분들로 간주하지는 않았음을 보여주는 단어이다.

이성적 부분은 인간을 짐승과 구별하는 것이며, 영혼 가운데 최상의 요소 또는 형상성으로서 불멸이며 신적(神的)인 것과 유사하다. 다른 두 형상성, 즉 기개의 부분과 욕구의 부분은 사멸할 수 있다. 이것들 가운데 기개(氣槪)의 부분이 보다 고상한 것이다(사람에 있어서는 도덕적 용기에 보다 가깝다). 비록 그것이 동물들에게서 발견되더라도, 그것은 이성의 자연적 맹우이거나, 또는 맹우이어야 한다. 욕구의 부분은 육체적 욕망

---

8   Bk. 4.
9   Cic., *Tusc. Disp.*, 4, 5, 10 참조. (이 문구에서 키케로는 합리적인 부분과 비합리적인 부분이라는 두 부분을 지적한다.)
10 *Tim.*, 69 d 6-70 a 7.

을 지칭한다. 왜냐하면 영혼의 이성적 부분은, 예를 들어 진리에 —그 에로스는 육체적 에로스에 짝을 이루는 이성적 에로스이다— 대한 열정, 즉 에로스와 같은 그 자신만의 욕망들을 가지고 있기 때문이다. 『티마이오스』[11]에서 플라톤은 영혼의 이성적 부분을 머리에 위치시키고, 기개의 부분을 가슴에 위치시키며, 욕구의 부분을 횡격막 이하에 위치시킨다. 기개의 부분을 심장과 허파에 위치시키는 것은 고대의 전통으로 호메로스에까지 거슬러 올라간다. 그러나 플라톤이 이 위치들을 글자 그대로 이해했는지 아닌지는 말하기 어렵다. 그는 이 위치들은 영혼의 몇 가지 원리들이 육체에 서로 작용하는 점들이라는 것을 의미했을 수도 있다. 데카르트는 (확실히 그는 영혼의 정신성을 믿었다) 상호작용의 점을 송과선(松果腺)에 위치시키지 않았던가? 그러나 다음의 고찰로부터 알게 되겠지만, 플라톤이 자신의 심리학을 체계적으로 논했다고 믿기는 어렵다. 플라톤은 영혼은 불멸이라고 선언했으며, 『티마이오스』는 오직 영혼의 이성적인 부분만이 이 특권을 누린다고 분명하게 가르친다.[12] 그러나 만약 이성의 다른 부분들이 가멸적이고 소멸한다면, 그것들은 어떤 신비한 방식으로 이성적인 부분과 분리되어야만 하거나 다른 영혼이나 영혼들을 형성해야만 한다. 『파이돈』에 나타나는 영혼의 단순성에 관한 명백한 주장은 이성적인 부분에 관한 것으로 간주될 수 있을 것이다. 그러나 신화(예를 들어, 『국가』 및 『파이드루스』에 나오는)에서는 영혼은 그 전체로서 [육체가 죽고 난 다음에] 살아남는다는 것과, 최소한 그것은 기억을 육체로부터의 분리된 상태로 보존한다는 내용이 함축되어 있다. 나는 신화들 속에 포함되어 있는 모든 것이 글자 그대로 해석되어야 한다고 암시할 생각은 없다. 단지 사후의 영혼은 기억을 보유하고 있으며, 육체 속에 들어 있는 그것의 전생(前生)에 의하여 좋게든 나쁘게든 영향을 받고 있다는 그 신화들의 명백한 가정은, 영혼이 전체로서 살아남을 가능성과, 최소한 기개적(氣槪的)이고 욕구적인 기능들을 수행할 —비록 영혼이 그 기능들을 실제로 육체로부터 분리된 상태에서 수행할 수는 없다고 하더라도— 미미한 잠재력이나마 보유할 가능성을 의미한다는 것만을 지적할 생각이다. 그러나 이것은 해석에 불과하며, 플라톤

11　*Tim., Ibid.*

12　*Tim.,* 69 c 2-e 4.

자신의 명백한 진술들과 그의 일반적인 이원론적 입장에 비추어 보면, 그에게 있어서는 오직 이성적 부분(τὸ λογιστικόν)만이 살아남으며, 영혼의 다른 부분들은 완전히 소멸한다는 것이 그럴듯하게 보일 것이다. 만약 세 개의 부분들(μέρη)로서 영혼의 세 요소들이라는 개념이 세 개의 형상들(εἴδη)이라는 개념과 상충한다면, 그것은 단지 플라톤이 자신의 심리학을 결코 완전하게 마무르지 않았다거나 그가 한 진술들의 의미를 철저하게 논하지 않았다는 증거일 뿐이다.

03.　　플라톤은 왜 영혼의 삼분성(三分性)을 주장했는가? 주로 영혼 내부의 갈등이라는 명백한 사실 때문이다.『파이드루스』에는 이성적인 요소가 마부에 비유되고, 기개적(氣槪的) 요소와 욕구적 요소는 두 마리의 말에 비유되는 유명한 비유가 나온다.[13] 그 한 마리의 말은 선하고(그것은 기개(氣槪)의 요소로서 이성의 자연적 맹우(盟友)이며 "절제 및 겸손과 아울러 명예를 사랑한다"), 다른 말은 악하다(그것은 욕구의 요소로서 "모든 소란과 무례의 친구이다"). 선한 말은 마부의 지시에 따라서 쉽게 몰리는데 반하여, 악한 말은 규칙에 따르지 않고 감각적 격정의 목소리에 복종하는 경향이 있기 때문에 채찍으로써 제지를 당해야 한다. 그러므로 플라톤은 인간의 내부에는 종종 경쟁적인 활동의 원동력들이 있다는 경험적 사실을 자신의 출발점으로 삼는다. 그러나 그는 이 사실이 어떻게 의식의 단일성과 조화를 이룰 수 있는지를 실제로는 결코 논의하지 않는다. 그리고 "영혼이 무엇인지를 설명하는 것은 오래 걸릴 것이고 신(神)의 일임이 지극히 분명하지만, 반면에 그것이 무엇을 닮았는지를 말하는 것은 보다 더 짧으며 인간의 과제이다."[14] 그러면, 우리는 행위의 세 원칙들을 하나의 단일한 영혼의 원리들로 간주하는 경향과 그것들을 떼어낼 수 있는 부분들(μέρη)로 간주하는 경향은 서로 조화를 이루지 못한 채 플라톤의 심리학 속에 남아 있다는 결론을 내릴 수 있다.

　　그러나 플라톤의 주요 관심은 명백하게 이성적인 요소가 지배하며 마부로서 행동할 권리를 주장하는 윤리적 관심이다.『티마이오스』에서 영혼의 이성적 부분, 즉 불

13　　246 a 6 이하.
14　　246 a 4-6.

멸이고 "신적(神的)인" 요소는 데미우르고스가 세계영혼과 똑같은 성분들로 만들었으며, 반면에 영혼의 가멸적 부분들은 천상의 신들이 육체와 함께 만들었다는 말이 있다.[15] 이것은 의심할 나위없이, 영혼의 이성적 요소는 신적인 것에 보다 가깝기 때문에 최고이고, 다스리기 위하여 탄생했으며 다스릴 수 있는 자연적 권리를 가지고 있다는 사실에 대한 신화적 표현이다. 그것은 비가시적이고 지성적인 세계와 자연적인 유사성을 가지고 있다. 왜냐하면 영혼의 다른 요소들은 본질적으로 육체, 즉 현상적 세계와 결합하며, 이성과 이성적 행위 속에 직접적으로 관여하지 않고 형상들의 세계를 바라볼 수 없는 반면, 영혼의 이성적 부분은 관조할 수가 있기 때문이다.

이 이원론적 개념은 신(新)플라톤주의와, 성 아우구스티누스와 데카르트 등에서 다시 나타난다.[16] 그뿐만 아니라 성 토마스 아퀴나스와 그의 학파가 영혼에 대한 소요학파의 이설(理說)을 받아들였음에도 불구하고, 기독교인들 사이에는 플라톤적 화법이 "인기 있는" 화법으로 남아 있고, 또 언제나 그렇게 남아 있어야 한다. 왜냐하면 플라톤의 사상에 영향을 미치는 사실, 즉 인간 내부의 내적 갈등에 대한 사실은 기독교 윤리를 지지하는 모든 사람들의 마음속에서는 당연히 중요하게 여겨지기 때문이다. 그러나 우리가 이 갈등을 우리 스스로의 내부에서 느낀다는 사실은 플라톤의 심리학이 제공하는 것보다 더 통일된 영혼관을 요구한다는 점에 주목해야 한다. 왜냐하면, 만약 인간의 내부에 여러 개의 영혼(이성적 영혼, 비이성적 영혼 등)이 있다면 우리 스스로의 내부에서 발생하는 대로의 갈등에 대한 의식과 도덕적 책임감에 대한 의식은 설명될 수 없을 것이기 때문이다. 나는 플라톤이 진리를 전혀 보지 못했다는 것을 암시할 생각이라기보다는, 진리의 어느 한 측면을 강조하여 다른 측면을 무시하는 경향이 있었고 따라서 실제로 만족스러운 어떤 합리적인 심리학을 제공하는 데 실패했다는 것을 암시할 생각이다.

15　41 c 6-42 e 4, 69 b 8-c 8.

16　St. Aug.: 인간은 가멸적이고 이 땅에 속하는 육체를 사용하는 지적인 영혼이다(Homo anima rationalis est mortali atque terreno utens corpore). *De moribus Ecc. cath.*, I, 27 참조.

04. 플라톤이 영혼의 불멸성을 주장했음은 지극히 명백하다. 그의 명백한 주장들에 근거하면, 합리적인 심리학은 영혼의 한 부분, 즉 (비록 영혼이 육체와 분리된 상황에서는 그것의 하위 기능들조차 행사할 수 없지만, [육체가 죽은 다음에] 영혼이 전체로서 살아남는 것도 물론 가능하다.) 이성적 부분(τὸ λογιστικόν)에 국한되는 것처럼 보일 것이다. 그러나 육체와 분리된 상황에서는 영혼이 하위 기능들조차 행사할 수 없다는 입장은, 영혼은 육체와 분리된 상황에서는 이승의 가멸적 삶 속에 있을 때보다 더 불완전하고 군색하다는 결론에 도달하는 것처럼 보일 수 있다. 그러나 플라톤은 분명히 이 결론을 받아들이기를 거부할 것이다.

플라톤의 신화에 대한 완전한 거부는, 마치 상벌설이 도덕성에 무관하기라도 한 듯이 또 심지어는 도덕성에 반대되기라도 한 듯이, 어떤 사후 제재(死後 制裁) 개념도 제거하려는 욕구에 의하여 최소한 어느 정도까지는 조장되는 것처럼 보일 것이다. 그러나 플라톤을 이러한 태도의 원조로 보는 것이 공평하거나 또는 역사적 비판의 원리에 일치하는 것인가? 신화의 세부적인 내용들을 심각하게 고려할 생각이 없음을 인정하는 것과(이것은 모두가 인정한다) 그 성격이 이 생(生)에서의 행동에 의하여 결정되는 미래의 생이라는 개념 그 자체가 "신화적"이라고 말하는 것은 전혀 다르다. 플라톤 스스로가 신화를 전체적으로 단순한 헛소리로 간주했다는 실제 증거는 없다. 만약 그가 그랬다면, 왜 이에 관해 전혀 진술하지 않았겠는가? 플라톤은 결코 제재론(制裁論)에 무관심하지 않았으며, 필자에게는 이 사실이 불멸성을 가정한 이유들 가운데 하나였던 것으로 보인다. "인류의 희망을 충족시키기 위해서는, 만물을 주재하시는 신(神)은 정의롭고 현명하시다는 것과, 신은 어떤 것도 보상과 처벌 없이 놓아두지 않으실 것임이 증명되어야 한다. 이것이 윤리학의 거대한 기초이다."[17]라는 라이프니츠의 말에 그는 동의했을 것이다.

불멸성을 증명하기 위하여 플라톤은 어떠한 시도를 했는가?

---

17 1680년경 알려지지 않은 수신인에게 쓴 편지. Duncan, *Philosophical Works of Leibniz*, 9쪽.

(1)『파이돈』[18]에서 소크라테스는 "더 강한 것에서 더 약한 것"이 생산되거나 "잠에서 깨어남이 그리고 깨어남에서 잠"이 생산되는 것처럼, 대립자들은 대립자들로부터 생산된다고 주장한다. 삶과 죽음은 대립자이며, 삶으로부터 죽음이 생산된다. 그러므로 우리는 죽음으로부터 삶이 생산된다고 상정하지 않을 수 없다.

이 논증은 영원한 순환의 과정이라는 증명되지 않은 가정에 근거한다. 대립자는 그것이 진행하거나 또는 만들어지는 물질로서의 대립자로부터 생산된다는 점 또한 상정한다. 그 논증은 우리를 만족시키지 못할 것이다. 게다가 그것은 육체와 분리된 상태에 있는 영혼의 조건에 대해서는 아무것도 말하지 않으며, 그 자체로만 보면 재생의 윤회설을 유발할 것이다. 지상에서의 어느 한 "기간"에 존재하는 영혼은 지상에서의 그 이전 기간을 의식적으로 기억하지 못할 것이며, 따라서 "입증된" 것은 영혼이 살아남는다는 것뿐이지 개인이 개인으로서 살아남는다는 것은 아니다.

(2)『파이돈』[19]에 제시되어 있는 그 다음 논증은 지식 속의 선험적 요인으로부터의 논증이다. 인간은 가치에 대한 인간의 비교 판단에 함의되어 있는 표준 및 절대 규범에 대한 지식을 가지고 있다. 그러나 이러한 절대자들은 감각세계에는 존재하지 않는다. 그러므로 인간은 그것들을 전생에 존재하는 상태로 바라보았음이 분명하다. 마찬가지로, 감관지각은 우리에게 필연적이고 보편적인 것에 대한 지식을 제공할 수 없다. 그러나 심지어 수학적 교육을 받지 못했던 젊은이까지도, 일방적으로 가르치지 않고 질문하는 과정만을 통해서, 수학적 진리들을 "말하"도록 유도할 수 있다. 그는 그것들을 그 누구로부터도 배우지도 않았고 감관지각으로부터 얻을 수도 없기 때문에, 그것이 의미하는 바는 그가 그것들을 전생에 존재하는 상태로 이해했으며, "배움"의 과정은 단순히 회상의 과정이라는 것이다(『메논』, 84면 이하).

사실상 『메논』에서 소크라테스가 사용한 질문의 과정은 실제로 하나의 교수 방식이며, 어쨌든 어느 정도의 수학적 지식이 암묵적으로 전제되어 있다. 그러나, 비록

---

18   70 d 7-72 e 2.
19   72 e 3-77 d 5.

수학적 학문은 "추상"에 의하여 설명될 수 없다 하더라도, 수학은 우리가 전생에서의 존재를 가정하도록 강요당하지 않고도, 여전히 선험적인 학문일 수 있을 것이다. 수학이 『메논』에 나오는 노예 소년에 의하여, 최소한 이론적으로는, 전적으로 선험적으로 상론(詳論)될 수 있다고 상정하는 것, 그것이 그 소년이 전생에 존재했음을 불가피하게 하지는 않을 것이다. 칸트 계열의 대안[20]은 언제나 존재한다.

심미아스는 이 논증은 단지 영혼이 육체와 결합하기 이전에 이미 존재했다는 것만을 입증한다고 지적한다.[21] 그것이 사후(死後)에도 영혼이 살아남는다는 것을 증명하지는 못한다. 따라서 소크라테스는 회상을 근거로 하는 논증은 이전의 논증과 연결되어 이해되어야 한다고 말한다.

(3) 『파이돈』에 나오는 세 번째 논증(또는 두 번째 논증, 만약 이전의 두 논증이 서로 합쳐진다면)은 영혼의 비혼성적이고 신성한 성질에 근거한 것이다. 또는 영혼의 정신성에 근거했다고 말할 수도 있다.[22] 가시적인 사물들은 혼성적이고 분해되고 사멸하기 쉽고, 육체는 그것들의 수(數)로 되어 있다. 그런데 영혼은 비가시적이고 변화하지 않으며 사멸하지 않는 형상들을 개관할 수 있다. 그리고 영혼은 그렇게 형상들과 접촉함으로써, 자신이 가시적이고 물질적인 사물들(이러한 사물들은 가멸적이다)보다는 형상들과 더 비슷하다는 것을 입증한다. 나아가 영혼은 자연적으로 육체를 지배하도록 운명지어졌다는 사실에서 보면, 그것은 가멸적인 것보다는 신적인 것을 더 닮은 것처럼 보인다. 우리가 생각할 수 있는 것처럼 영혼은 "신적(神的)"인데, 그것은 그리스인들에게는 불멸과 불변을 의미했다.

(이 논증은 영혼의 보다 높은 활동들과 개념의 정신성으로부터 영혼의 정신적이고 비혼성적 성질로 추론하는 논증으로 발전했다.)

---

20 나는 칸트적 비판의 수용을 의미하려는 것이 아니라, 비록 플라톤의 가정에 근거하더라도 그의 결론이 유일하게 가능한 대안이 아니라는 것을 지적하려는 것이다.

21   77.

22   78 b 4-80 e 1.

(4) 『파이돈』에 나오는 또 다른 논증은 케베스의 반론에 대한 소크라테스의 대답에서 나타난다. (앞서 나는 심미아스가 제시한 "부수현상주의"에 대한 소크라테스의 반박을 언급한 바 있다.) 케베스는 연속적인 육체적 생활에서 영혼이 겪는 에너지의 소비는 "영혼을 지치게 할" 것이며, 그 결과 마침내 영혼은 "죽음들 가운데 어느 한 죽음에서 완전히 소멸할" 것이라고 말한다.[23] 이에 대해 소크라테스는 불멸성에 대한 또 다른 증명으로 대답한다.[24] 형상들의 존재는 인정되어 있다. 그런데, 한 형상의 현존은 그와 반대인 형상의 현존을 용인하지 않을 것이며, 또 어느 한 형상에 참여한 덕으로 지금의 자신이 되는 사물도 (예컨대, 비록 우리가 불이 따뜻함이라고 말할 수는 없지만, 그것은 우리에게 따뜻함을 느끼게 하며, 반대 술어 "차가움"을 불에 대응하는 것을 용인하기 힘든 것처럼) 반대 형상의 동시적 현존을 용인하지 않을 것이다. 영혼은 삶의 형상에 참여한 덕으로 지금의 자신이 되어 있다. 따라서 그것은 반대되는 형상인 "죽음"의 현존을 용인하지 않을 것이다. 그러므로 죽음이 다가올 때, 영혼은 소멸하거나 또는 물러나야만 한다. 그것이 소멸하지 않는다는 것은 가정되어 있다. 그렇다면 영혼의 정신성이 일단 인정되었기 때문에, 이 논증은 엄격하게 말해서 영혼의 불멸성을 입증하는 논증이라고 말해서는 안 된다. 소크라테스는 케베스가 영혼의 정신성을 받아들이지만, 영혼은 닳아 없어질 수 있을 것이라고 주장하고 있는 것으로 이해한다. 사실상 소크라테스의 대답은 정신의 원리는 닳아 없어질 수 없다는 것이 된다.

(5) 『국가』에서[25] 소크라테스는 사물은 자신 속에 내재한 어떤 악(惡)을 통하지 않고서는 파괴되거나 소멸될 수 없다는 원리를 가정한다. 그런데 영혼의 악들은 "부당성", "무절제", "비겁", "무지"이다. 하지만 완전히 불의한 자가 의로운 자만큼 오래 살거나 또는 더 오래 사는 것으로 보아, 이것들은 영혼을 파괴하지 못한다. 그러나 영혼이 자신의 내부 부패에 의하여 파괴되지 않는다고 해서, 그것이 어떤 외적인 악에 의하여 파괴될 수 있다고 상정하는 것은 불합리하다. (그 논증은 명백하게 이원론을 상정한다.)

---

23   86 e 6-88 b 8.
24   103 c 10-107 a 1.
25   608 d 3-611 a 2.

(6) 『파이드루스』[26]에서는, 다른 사물을 움직이는 사물 및 다른 사물들에 의해서 움직여지는 사물은 운동을 멈출 때 삶을 멈춘다고 주장된다. 그러나 영혼은 스스로 움직이는 원리이며,[27] 운동의 근원이고 시작이다. 그런데 시작인 것은 창조된 것이 아니라야 한다. 만약 그것이 창조된 것이라면, 그것은 시작일 수가 없기 때문이다. 그러나 창조된 것이 아니라면 파괴될 수 없는데, 만약 영혼이, 즉 운동의 시작이 파괴된다면 모든 우주와 창조는 "무너지고 정지될" 것이기 때문이다.

그런데 영혼이 운동의 원리라는 것이 한 번 인정되고 나면, 영혼은 언제나 존재해 있었어야 하는데(만약 운동이 시작에서부터 출발한다면), 분명히 이것은 개인적 불멸성을 증명하는 데 충분하지 않다. 왜냐하면 개별적인 영혼은 세계영혼으로부터의 유출일 것이며, 개별적 영혼은 육체가 죽었을 때 그 세계영혼으로 되돌아간다는 것이 이 논증이 보여주는 전부이기 때문이다. 그러나 『파이돈』 전반(全般)과 『파이돈』에 나오는 신화들과 『고르기아스』와 『국가』를 읽을 때, 우리는 플라톤이 실재적인 개인적 불멸성이 존재한다고 믿었다는 인상을 피할 수 없다. 또한 이승에서의 삶이 영원을 위한 준비라고 소크라테스가 이야기하는 문구와 같은 문구들[28]과 여기에서 삶은 실재로 죽음이며 죽음은 실재로 삶이라는 에우리피데스의 말은 옳을 것이라고 『고르기아스』에서 소크라테스가 한 논평(論評)[29](그것은 오르페우스 투의 논평이다)과 같은 논평들을 보면, 플라톤은 불멸성을 가르칠 때, 이성적 부분(τὸ λογιστιχόν)이 어떤 개인적 의식이나 지속된 자기동일성도 없이 단순하게 지속한다고 단언할 생각이었다고 상정하게 될 수는 없다. 그는 다음과 같이 묻고 있는 라이프니츠에 동의했을 것이라고 상정하는 것이 훨씬 더 합리적이다. "선생님, 당신이 무엇이었는지를 잊어버리는 조건에서 중국의 황제가 되는 것이 당신에게 무슨 소용이 있겠습니까? 그것은 마치 신(神)이 당신을 파괴하는 동시에, 중국에 황제 한 명을 창조하는 것과 똑같지 않겠습니까?"[30]

---

26   245 c 5 이하.

27   *Laws*, 896 a 1-b 3 참조.

28   *Rep*., 498 b 3-d 6.

29   492 e 8-11.

30   Duncan, 9쪽.

그 신화들은 플라톤이 전달하고 싶었던 진리, 즉 영혼은 사후(死後)에도 지속되며, 장차 영혼의 삶은 현세에서 한 행동에 따라 정해지리라는 점에 대한 비유적인 표현이기 때문에, 그 신화들을 상세하게 고찰할 필요는 없다. 플라톤이 그 신화들 속에 제시되어 있는 연속적 영혼 재생설을 얼마나 진지하게 의도했는지는 확실하지 않다. 어쨌든, 철학적 영혼에게는 재생의 순환으로부터 탈출할 희망이 있는 것처럼 보일 것이며, 반면에 또한 영원히 타르타로스[지옥]에 빠져 있는 치유불능의 죄인들이 있을 것처럼 보이기도 할 것이다. 이미 언급했듯이, 내세의 삶에 대해 신화들 속에 소개된 내용은 단지 이성적 부분만이 살아남는다는 플라톤의 주장과 일치하지 않으며, 이러한 의미에서 나는 다음과 같이 말하는 리터에 동의하지 않을 수 없다. "플라톤이 『고르기아스』와, 『파이돈』과 『국가』에서 가르치고 있는 그대로의 영혼불멸성을 확신하고 있었다고는 확실하게 주장될 수 없다."[31]

그러므로 플라톤의 심리학설은 체계적으로 다듬어지고 일관성 있는 "교리적" 진술군(陳述群)이 아니다. 의심할 나위 없이, 그의 관심은 성격상 주로 윤리적인 것이었다. 그러나 이것이 플라톤은 날카로운 심리학적 관찰들을 많이 하지 않았다고 말하는 것은 아니다. 그러한 관찰들이 전 대화편들에 흩어져 있는 것을 발견할 수 있다. 이 점을 확인하려면 그가 『테아이테토스』에서 제공하고 있는 망각과 상기의 과정에 대한 설명이나 『필레보스』에 나오는 기억과 회상의 구별[32]을 생각하기만 하면 된다.

---

31   *Essence*, 282쪽.
32   *Theat.*, 191 c 8과 그 이하; *Phil.*, 33 c 8-34 c 2.

제21장

도덕론

1. 최고선

참된 행복은 인간의 최고선(善)을 소유하는 데 있는데, 플라톤의 윤리학은 그 최고선의 획득을 지향한다는 의미에서 행복론이다. 인간의 이러한 최고선(The Summum Bonum)은 이성적이고 도덕적인 존재로서의 인격의 참다운 발전이요, 인간 영혼의 올바른 수양이며, 삶의 일반적이고 균형 잡힌 행복이다. 인간의 영혼이 자신이 있어야 할 상태에 있을 때, 인간은 행복하다. 『필레보스』의 앞부분에서 프로타르코스(Protarchus)와 소크라테스는 논증을 위해(causa argumenti) 두 개의 극단적인 입장을 취한다. 비록 그들 모두가 선은 영혼의 상태임이 틀림없다는 데 동의하지만, 프로타르코스는 선은 쾌락에 있다고 주장할 준비가 되어 있으며, 반면에 소크라테스는 선은 지혜에 있다고 주장하려 한다. 소크라테스는 순수한 쾌락의 삶은(육체적 쾌락이라고 생각된다) 정신도, 기억도, 지식도, 참된 견해도 나누어 가지고 있지 않아서, "인간의 삶이 아니라, 해양 허파생물이나 굴의 삶일 것"[1]이기 때문에, 쾌락은 그 자체로는 참되고 유일한 인간의 선일 수 없다는 것을 계속 보여준다. 프로타르코스조차도 그러한 삶이 인간에게 바람직

---

1   21 c 1-8.

하다고 생각할 리 없다. 다른 한편으로, 쾌락이 없는 "순수한 정신"의 삶도 인간의 유일한 선이 될 수 없을 것이다. 비록 지성이 인간의 최고 부분이며 지성의 행위(특히 형상들을 관조하는 것)는 인간의 최고 기능이라고 하지만, 인간은 순수한 지성이 아니다. 그러므로 인간에게 좋은 삶이란 "혼합된" 삶이라야 하며, 순전히 정신적인 삶도 아니고, 그렇다고 순전히 감각-쾌락의 삶도 아니다. 그러므로 플라톤은, 예를 들어 지성적 쾌락과 같이 고통을 수반하지 않는 쾌락[2]뿐만 아니라, 무해한 쾌락을 절제 속에서 즐긴다면, 욕망의 만족인 쾌락들도 인정할 준비가 되어 있다. 만족스러운 음료를 만들기 위해서는 꿀과 물이 적당한 비율로 섞여야만 하는 것처럼, 인간의 훌륭한 삶을 만들기 위해서는 즐거운 느낌과 지성의 행위가 적당한 비율로 섞여야만 한다.[3]

플라톤은 무엇보다도 먼저, 좋은 삶은 참된 유형의 모든 지식과 무시간적인 대상들에 대한 정확한 지식을 포함해야만 한다고 말한다. 그러나 기하학의 정확하고 완벽한 곡선들과 직선들만을 알고, 우리가 일상 생활에서 마주치는 그것들의 대강 근사체(近似體)들은 전혀 모르는 사람이라면, 심지어는 자신의 집으로 가는 길도 어떻게 찾아갈지 모를 것이다. 그러므로 일류급들만이 아니라, 이류의 지식들도 섞일 수 있도록 허용되어야 한다. 이류의 대상들을 이류로 알아보고, 대강의 근사체(近似體)들을 정확한 진리로 오인하지 않는다면, 그러한 섞임은 인간에게 아무런 해도 되지 않을 것이다. 다른 말로 하면, 인간은 참으로 좋은 삶을 영위하기 위하여, 이러한 가멸적 삶과 물질적 세계에 완전히 등을 돌릴 필요는 없으나, 이 세계가 유일한 세계도 아니고 최상의 세계도 아니며 이데아적인 세계에 대한 빈약한 복사물이라는 것을 인지하지 않으면 안 된다. (소크라테스에 따르면, 인간의 삶은 "추측과 모방으로 가득 차" 있으며 "순수성이 결여되어"[4] 있다. 이러한 사실에도 불구하고 "인간의 삶이 도대체 삶이라면", 음악이 인정되어야 한다고 프로타르코스는 말한다.)

"물"이 전부 그렇게 섞임 그릇에 넣도록 허용되고 나면, 얼마나 많은 "꿀"을 넣어야 하는가라는 문제가 제기된다. 얼마나 많은 쾌락을 허용할 것인가라는 이 문제에

---

2   51 참조.
3   61 b 4 이하.
4   62 c 1-4.

있어서 결정권은 지식에 있다. 그런데 지식은 "참되"고 "순수한" 쾌락군(快樂群)과의 유사성을 주장할 것이라고 플라톤은 말한다. 그러나 그 나머지에 관해서 말하자면, 지식은 건강과 건전한 마음과 모든 형태의 선(善)을 수반하는 것들만을 받아들일 것이다. "우매함과 악함"의 쾌락은 그 혼합물 안에서 자리를 차지하기에는 너무 부적합하다.

그러므로 좋은 삶을 형성하는 혼합의 비밀은 양 또는 비율이다. 이것이 무시되는 곳에는 진정한 혼합이 아니라 단순한 혼잡만이 존재한다. 그러므로 선(善)은 아름다운 것의 형상이며, 양과 비율에 의하여 구성되며, 균형(συμμετρία), 아름다움(χαλόν) 그리고 진리(ἀλήθεια)는 선 속에서 발견된 세 개의 형상 또는 특징일 것이다. 첫째 단계는 "계절에 맞음(τὸ χαίριον)"이고, 둘째 단계는 비율 또는 아름다움 또는 완전성 또는 자족성(τὸ σύμμετρον χαὶ χαλόν χαὶ τὸ τέλεον χαὶ ἱχανόν)이고, 셋째 단계는 이성 및 지혜(νοῦς χαὶ φρόνησις)이며, 넷째 단계는 지식, 기술 및 올바른 견해(ἐπιστήμαι χαὶ τέχναι χαὶ δόξαι ὀρθαί)이고, 다섯째 단계는 고통이 섞이지 않은 쾌락이며, 여섯째 단계는(실제 감각을 포함하건 포함하지 않건 간에), 욕망, 물론 무해한 욕망의 절제된 만족이다. 그렇다면 그러한 것은 인간의 참된 선이고 훌륭한 삶, 즉 행복(εὐδαιμονία)인데, 그것을 추구하는 강력한 동기는 에로스, 즉 선이나 행복에 대한 욕망이거나 동경이다.

물론 인간의 최고선(Summum Bonum)이나 행복은 신(神)에 대한 지식을 포함하는데, 만약 그 형상들이 신의 이데아들이라면 분명히 그러하다. 비록 『티마이오스』가 글자 그대로 이해되고 신은 형상들과 분리되어 형상들을 관조한다고 상정된다고 하더라도, 형상들에 대한 인간 자신의 관조는 인간 행복의 필수적인 성분으로서 인간을 신과 유사하게 만들 것이다. 그뿐만 아니라 이 세계에서 신이 작용한다는 것을 인정하지 않았던 사람은 누구도 행복하지 않을 것이다. 그러므로 플라톤은 신의 행복은 인간의 행복의 원형이라고 말한다.[5]

행복은 덕(德)을 추구함으로써 획득되어야만 하는 것이고, 그 덕의 추구란 인간이 [신(神)이] 될 가능성이 있는 만큼 신에 가까운 전화(轉化)를 의미한다. 우리는 "우리가 할 수 있는 한, 신적(神的)인 것과 닮아"야 하며, "다시 그것은 지혜의 도움을 받아

---

5   *Theaet.*, 176 a 5-e 4.

제21장 도덕론   293

정당해지는 것이다."[6] "신들은 인간이 덕을 추구함으로써 신에 가까워질 수 있는 한, 정의로워지고 신처럼 되려는 욕구를 가지고 있는 그 어떤 사람도 돌보아주신다."[7] 『법률』에서 플라톤은 "신(神)은 만물의 척도이며, 어떤 의미에서는 그들이 말하는 것처럼, 그 누가 [고귀하기를] 희망할 수 있는 것보다도 훨씬 더 고귀하다." (그는 이렇게 프로타고라스에게 대답한다.) "그리고 신이 소중하게 여길 사람은 가능한 한 신과 닮아야 하며 신과 같은 자라야 한다. 그러므로 절도 있는 사람은, 신을 닮았기 때문에 신의 친구이다. (…)" 계속해서 그는 신들에게 제물(祭物)을 바치고 기도를 드리는 것은 "모든 것들 가운데 가장 고귀하고 가장 좋은 것이며 행복한 생활에 가장 도움이 되는 것이다"라고 말하지만, 사악한 자 및 불경스러운 자의 제물은 신들께 용납될 수 없음을 지적한다.[8] 그러므로 숭배와 덕은 행복에 속하며, 따라서 비록 덕의 추구와 덕스러운 삶의 영위가 행복에 도달하는 수단이긴 하지만, 덕 그 자체는 행복에 우유적인 것이 아니라 필수적인 것이다. 인간의 선(善)은 일차적으로 영혼의 조건이며, 참으로 선하고 참으로 행복한 사람은 오로지 참으로 덕스러운 사람뿐이다.

======= **2. 덕(德)**

01.　　　일반적으로 플라톤은 덕과 지식의 소크라테스적 동일성(同一性)을 받아들였다고 말할 수 있다. 『프로타고라스』[9]에서 소크라테스는 소피스트들과는 반대로, 정의가 불경스러울 수 있거나 경건이 부당할 수 있다는 제안은 터무니없으므로 결과적으로 여러 덕들이 서로 이질적일 수 없음을 보여준다. 더구나 절도 없는 사람은 인간에게 실제로 해로운 것을 추구하는 사람이며, 반면에 절도 있는 사람은 참으로 좋고 유익한 것을 추구한다. 그런데 참으로 좋고 유익한 것을 추구하는 것은 현명하며, 반면

6　　　*Theaet.*, 176 b 1-3.
7　　　*Rep.*, 613 a 7-b 1.
8　　　*Laws*, 715 e 7-717 a 3.
9　　　*Protag.*, 330 c 3 이하.

에 해로운 것을 추구하는 것은 어리석다. 그러므로 절제와 지혜는 완전하게 별개일 수 없다. 또 참된 용맹이나 용기는, 예를 들면 당신이 노출되어 있는 위험을 알고 있으면서도 싸움에서 완강하게 버티는 것을 의미한다. 그것은 단순한 무모함을 의미하지는 않는다. 그러므로 용기는, 절제가 지혜와 분리될 수 없는 것과 마찬가지로, 지혜와 분리될 수 없다. 물론 플라톤은 서로 별개인 덕들, 즉 그 대상[덕의 대상]에 따라서 구별되거나 자신이 덕의 습관인 영혼의 부분에 따라서 구별되는 덕들이 있다는 것을 부인하지 않는다. 그러나 이 모든 별개의 덕들은, 그것들이 선과 악에 대한 동일한 지식의 표현들이기 때문에, 하나의 단일성을 형성한다. 그러므로 별개의 덕들은 신중성 속에서 통일되거나 무엇이 인간에게 참으로 좋은지에 대한 지식 및 그 선(善)에 도달하기 위한 수단에 대한 지식 속에서 통일된다. 『메논』에서는 만약 덕이 지식이거나 신중함이라면, 덕은 교수(敎授)될 수 있다는 것을 분명히 하며, 『국가』에서는 인간을 위한 선에 대한 참된 지식을 가지고 있는 사람은 철학자뿐이라는 것을 보여준다. 덕을 교수할 수 있는 사람은 덕에 대한 "대중적" 개념에 만족하는 소피스트가 아니라, 오직 정확한 지식을 가진 사람, 즉 철학자뿐이다. 덕이 지식이라는 교설은 실제로, 좋음은 상대적인 용어에 불과한 것이 아니라 절대적이고 불변인 어떤 것을 지칭한다는 사실의 표현이다. 그렇지 않다면 그것은 지식의 대상일 수가 없을 것이다.

플라톤은 덕은 지식이며 교수 가능(可能)하다는 생각과 또한 어떤 사람도 악(惡)을 고의적으로 그리고 기꺼이 행하지는 않는다는 생각을 고수했던 것 같다. 어떤 사람이 실제로(de facto)로 악한 것을 선택할 때, 그는 그것을 선의 측면에서(sub specie boni) 선택한다. 그는 자신이 좋다고 생각하는 어떤 것을 원하지만, 그것은 사실상 악하다. 플라톤은 욕망의 완고한 성격을 확실히 인정했는데, 그것은 자신 앞의 모든 것들을 끌고 가려고 애쓰며 자신에게 좋게 보이는 것을 획득하기 위한 발광적인 돌진 속으로 마부(馬夫)를 몰아붙인다. 그러나 만약 나쁜 말(馬)이 마부의 저항을 압도한다면, (플라톤의 원리들에 근거하면) 오로지 마부가 참된 선에 대한 지식이 없거나 또는 선에 대한 그의 지식이 격정의 강습으로 잠시 동안 흐려져 있기 때문이다. 소크라테스에게서 물려받은 그러한 교설이, 플라톤이 도덕적 책임을 명백하게 인정하는 것과 상충되게 보이는 것도 당연할 것이다. 그러나 참으로 좋은 것이 무엇인지를 아는 사람도 자신의 판단을, 적어도 일시적으로는 격정에 의해 흐려지도록 하며, 그 결과 비록 그가 격정으로 하여금 그렇게 이성을 어둡게 한 책임이 있지만, 그에게는 그 외견상의 선이 참된 선처럼 보인다고 대답할 가능성은 플라톤에게 열려 있다. 만약 어떤 사람이 악을 그것이 악이기 때문에 고의로 선택할 수 있다고 반대한다면, 플라톤은 오직 그 사람이 이렇게 말했다고만 대답할 수 있을 것이다. "악, 그대는 나의 선이다." 만약 그가 실제로 악하거나 해로운 것을, 그것이 궁극적으로 그렇다는 것을 알고서 선택한다면, 그것은 오로지 자신에게 좋게 보이는 측면에 주의를 고정시키기 때문에 그럴 수 있다. 사실상 그에게 자신의 주의를 그렇게 고정시킨 책임이 있을 수 있으나, 만약 그가 선택한다면 그는 오직 선이라는 이유 하에서만(sub ratione boni) 선택할 수 있다. 자신의 적을 죽이는 일은 궁극적으로 자신에게 해롭다는 것을 당연히 알면서도 어떤 사람은 그렇게 하기를 선택한다. 왜냐하면 그는 자신의 복수욕을 만족시키거나 또는 자신의 적을 제거함으로써 어떤 이익을 얻는다는 것, 즉 당장은 선으로 보이는 것에 주의를 고정시키기 때문이다. (그리스인들은 선과 정의(正義)와 그 상호 간의 관계에 대한 명백한 견해를 필요로 했다고 말할 수 있을 것이다. 그 살인자는 살인이 나쁘다는 것을 매우 잘 알 것이나, 그것이 어떤 점에서는 좋기 때문에 그 범행을 선택한다. 살인이 나쁘다는 것을 알았던 그 살인자는 물론 "나쁜"과 "궁극적으로 해롭거나 악한"은 서로 분리될 수 없다는 것도 또한 알 수 있을 것이다. 그러나 그것이 그 행위에 속하는 "선성(善性)"(즉 유용성 또는 바람직함)의 측면을 없애지는 못할 것이다. 우리가 단어 "악"을 사용할 때 그것은 종종 "나쁜"을 의미한다. 그러나 플라톤이 누구도 자신이 악이라고 아는 것을 행하기를 기꺼이 선택하지는 않는다고 말한 것은 누구도 스스로가 나쁘다고 알고 있는 것을 행하기를 선택하지는 않는다는 것을 의미하는 것이 아니라, 스스로가 모든 점에서 자신에게 해롭다고 알고 있는 것을 행하기를 일부러 선택하지는 않는다는 것을 의미한다.)

『국가』[10]에서 플라톤은 4개의 주요하고도 기본적인 덕인 지혜(Σοφία), 용기나 꿋꿋함('Ανδρεία), 절제(Σωφροσύνη)와 정의(Διχαιοσύνη)를 고찰한다. 지혜는 영혼의 이성적 부분의 덕이고, 용기는 기개(氣槪)의 부분의 덕이며, 반면에 절제(節制)는 기개의 부분과 이성의 지배를 받는 욕구의 부분과의 합일에 있다. 정의는 영혼의 모든 부분이 적

---

10 *Rep.*, Bk. 4.

당한 조화를 이루면서 각자 자신의 당연한 과제를 수행하는 것 속에 있는 일반적인
덕이다.

02.　　『고르기아스』에서 플라톤은 선과 악을 쾌락과 고통으로 동일시하는 것과, 칼
리클레스가 제안한 "초인" 도덕성에 반대하여 논증한다. 폴로스에 반대하여 소크라테
스는, 불의를 행하는 것이 영혼을 나빠지게 하는데, 이것은 인간이 겪을 수 있는 최대
의 악이기 때문에, 불의를 행하는 것, 예를 들어 폭군 노릇을 하는 것은 불의를 당하는
것보다 더 나쁘다는 것을 보여주려고 노력했다. 그뿐만 아니라 불의를 행하고 처벌을
면하게 되는 것은 모든 것 중에서 가장 나쁜 것이다. 왜냐하면 그것은 단지 영혼 속에
있는 악을 공고하게 할 뿐인데, 반면에 처벌은 교정(矯正)을 불러올 수 있기 때문이다.
칼리클레스는 논의에 끼어들어, 소크라테스가 "대중적이고 비천한 정의 개념들[11]에
호소하고 있는데, 그것들은 자연적인 것들이 아니라 관습적인 것들"이라고 항변한다.
관습적인 관점에서 보면, 악을 행하는 것은 불명예스러운 일일 것이나, 이것은 단순히
중우(衆愚)의 도덕성일 뿐이다. 다수(多數)를 이루는 약자들은 "보다 강한 종류의 사람
들"을 억압하기 위하여 서로 협력하며 자신들, 즉 중우(愚衆)의 구성원들에게 맞는 행
위들은 옳다고 선언하고 자신들에게 해로운 행위들은 그르다고 선언한다.[12] 그러나 자
연은 "정의는 우월한 사람이 열등한 사람을 지배하고 열등한 사람보다 더 많은 것을
소유하는 데 있음"[13]을 인간 및 동물들에게 보여준다.

　　소크라테스는 칼리클레스가 힘이 정의라는 견해를 솔직하게 진술한 데 대하여
감사한다. 그러나 그는 만약 약한 다수가 "강자"에 대해 사실상 독재를 한다면 실제로
는 그들이 더 강한 자들이며, 칼리클레스 자신이 인정한 바에 근거하면 정당하기도 하
다. 이것은 단순한 말장난이 아니다. 왜냐하면 만약 칼리클레스가 관습적 도덕성의 거
부를 계속 주장한다면, 이제 그는 강하고 무자비하고 파렴치한 개인주의자가 질적으

11　　*Gorgias*, 482 e 3-5.
12　　비록 니체의 생각이 정치적이고 방자한 독재자의 생각은 결코 아니라고는 해도 니체의 견해와의 유사성은
　　　명백하다.
13　　483 d 5-6.

로 우중(愚衆)의 사람보다 어떻게 더 "낫"고, 따라서 지배할 수 있는 권리를 가지고 있는지를 보여주어야만 한다. 칼리클레스는 그 개인주의자가 "노예와 정체불명의 오합지졸들"보다 더 현명하며, 따라서 자신의 신민(臣民)들을 다스리고 그들보다 더 많이 소유해야 한다고 주장함으로써 그것을 보여주려고 노력한다. 칼리클레스는 내과의사는 그 밖의 사람들보다 먹고 마실 것을 더 많이 가져야 하며, 구두 수선공은 어떤 사람보다도 많은 신발을 가져야 하리라는 소크라테스의 말에 약이 올라서, 그가 의미하는 것은 국가의 경영에 있어서 현명하고 용기 있는 자들이 국가를 다스려야 한다는 것과 정의는 그들이 자신들의 신민들보다 더 많이 가지는 데 있다는 것이라고 단언한다. 지배자가 자기 자신도 마찬가지로 다스려야만 하는지 어떤지에 대한 소크라테스의 질문에 자극을 받아 칼리클레스는 강자는 자신의 욕구와 격정이 마음껏 활동하도록 허락해야 한다고 단호하게 주장한다. 이것이 소크라테스에게 기회를 주었다. 소크라테스는 칼리클레스의 이상적 인간을 물이 새는 통에 비유한다. 그는 항상 자신을 쾌락으로 채우고 있으나 결코 충분하게 가지고 있지는 못하다. 그의 삶은 가마우지(욕심꾸러기)의 삶이지 인간의 삶이 아니다. 칼리클레스는 끊임없이 자신의 가려움을 없애고 있는 긁는 사람은 행복한 삶을 영위하고 있음을 인정할 준비가 되어 있다. 그러나 그는 연동(戀童)의 삶을 정당화하고 있음을 깨닫고 움찔하며, 마침내 쾌락의 질적인 차이를 인정하도록 내몰린다. 이것은 쾌락은 선에 종속되어 있으며, 따라서 이성은 쾌락들의 심판관이어야 하며 [쾌락들이] 건강과 조화와 영혼과 육체의 질서와 일치하는 한에 있어서만, 쾌락들을 인정해야만 한다는 결론을 유발한다. 그러므로 참으로 선하고 행복한 사람은 무절제한 사람이 아니라, 절도 있는 사람이다. 무절제한 사람은 자신에게 악을 행하는데, 소크라테스는 사후에 판단을 피하기란 불가능하다는 "신화"를 사용하여 자신의 논점을 납득시킨다.[14]

03. 플라톤은 '인간이 자신의 친구에게는 선을 베풀어야 하며, 자신의 적에게는 악을 행해야 한다'는 격언을 명백하게 거절한다. 악을 행하는 것은 결코 선일 수 없다.

---

14 *Gorgias*, 523 이하.

『국가』의 제1권에서 폴레마르쿠스(Polemarchus)는 "만약 우리의 친구가 선한 사람이라면 그에게 선을 베푸는 것이 정의로우며, 만약 우리의 적이 악한 사람이라면 그를 해치는 것이 정의롭다"[15]는 이론을 제시한다. 소크라테스는 ("해치는 것"을 단순하게 처벌하는 것으로 —그는 그것을 교정하기 위한 것으로 간주했다— 이해하지 않고, 실제로 해롭게하는 것으로 이해했다.) 해치는 것은 더 나쁘게 만드는 것인데, 인간의 탁월성에 관해서 그것은 보다 덜 정의로움을 의미하기 때문에, 폴레마르쿠스에 따르면 정의롭지 못한 사람을 더 나쁘게 만드는 것이 정의로운 사람의 일이 된다고 [그 이론에] 반대한다. 이것은 분명히 정의로운 사람의 일이라기보다는 정의롭지 못한 사람의 일이다.

---

15 *Rep.*, 335 a 7-8.

제22장

국가

플라톤의 정치론은 그의 윤리학과 밀접한 관계 속에서 전개된다. 그리스인들의 생활은 본질적으로 공동 생활이었으며, 도시국가에서 계속 영위되었고 도시와 분리해서는 생각될 수 없다. 인간의 선한 삶은 오로지 사회 안에서, 사회를 통해서 가능하다. (사회는 도시국가를 의미한다.) 그러므로 누군가가 국가와 완전히 동떨어져 있다면, 어떤 순수 그리스도인도 그가 완전하게 선한 사람이 될 수 있다고는 생각할 수 없을 것이다. 이 실험적 사실을 이성적으로 분석한 결과, 조직된 사회는 "자연적인" 제도이며, 인간은 본질적으로 사회적 동물이라는 이설이 제기되는데, 이것은 플라톤과 아리스토텔레스 모두에게 공통적인 이설이다. 사회는 필요악(必要惡)이며 인간의 자유로운 발전과 성장을 저해하는 결과를 낳는다는 이론은 순수 그리스인에게는 완전히 생소할 것이다. (개인주의가 성숙했는데, 이것은 도시국가들 사이의 피비린내 나는 전쟁에서와 아울러, 예를 들면, 자신을 전제군주로 세우려는 어느 한 개인의 시도와 같은 도시 자체의 내분에서도 드러났기 때문에, 그리스인의 의식을 개미 떼나 꿀벌 떼의 비유에 따라서 묘사하는 것은 물론 어리석을 것이다. 그러나 이 개인주의는 사회 그 자체에 대한 반항이 아니었다. 오히려 그것은 사회를 하나의 인정된 사실로 전제하는 것이었다.) 따라서 인간의 행복과 인간에게 참으로 선한 삶에 관심을 가졌던 플라톤 같은 철학자에게는 국가의 참 본질과 기능을 규정하는 것은 꼭 필요한 일이었다. 만약 시민들이 도덕적으로 악한 사람들이라면, 선한 국가를 확보하는 것은 사실상 불가능

제3부 플라톤

할 것이다. 그러나 거꾸로, 만약 국가가 악한 국가라면 개별적인 시민들은 영위되어야 하는 대로의 선한 삶을 영위할 수 없는 자신들을 발견할 것이다.

플라톤은 개인을 위한 어떤 도덕성이 있고 국가를 위한 또 다른 도덕성이 있다는 생각을 용인한 사람이 아니었다. 국가는 개인들로 구성되어 있으며 선한 삶을 영위하기 위하여 존재한다. 모든 사람들과 국가들을 다스리는 절대적인 도덕률이 존재한다. 편의주의는 정의에 무릎을 꿇어야만 한다. 플라톤은 국가를 억제 없이, 즉 도덕 법칙에 어떠한 주의를 기울이지 않고도, 스스로 발전할 수 있거나 또는 발전해야 하는 개성이나 유기체로 간주하지 않았다. 그것은 시비(是非)의 심판관이 아니며, 그 자신의 도덕률의 원천도 아니고, 자신의 행위에 대한 (그것이 무엇이건 간에) 절대적 정당성도 아니다. 이 진리는 『국가』에 분명하게 표현되어 있다. 대담자가 정의의 본질을 규정하기로 작정했지만, 소크라테스는 제1권의 끝에서 "나는 정의가 무엇인지 모른다"[1]고 선언한다. 그리고 나서 그는 제2권[2]에서, 만약 그들이 국가를 고찰한다면, 그들은 똑같은 글씨들이 "더 크게 그리고 더 대규모로 쓰여 있는 것"을 보게될 것인데, 왜냐하면 국가에 있어서 정의는 "규모가 더 크며 또 분간하기도 더 쉬울 것"이기 때문이라고 말한다. 그러므로 그는 "우리 먼저, 국가에 나타나는 대로의 정의와 비정의의 본질을 탐구해보세, 그런 다음에 두 번째로, 더 큰 것으로부터 출발하여 더 작은 것으로 나아가며 그것들을 비교해봄으로써, 개개인에 나타나는 정의를 마찬가지로 탐구해보세"라고 제안한다. 이 제안에 함축된 명백한 의미는 정의의 원리들은 개개인에게나 국가에게나 똑같다는 것이다. 개인이 국가의 구성원으로서 자신의 삶을 영위한다면, 그리고 어느 한 사람의 정의가 다른 사람의 정의와 마찬가지로 정의의 이데아에 의하여 결정된다면, 분명히 개인도 국가도 영원한 정의율에서 벗어날 수 없는 것이다.

그런데 현실의 모든 정체(政體)나 정부가 정의의 이상적 원리를 구현하지는 못한다는 점은 매우 분명하다. 그러나 플라톤은 경험적 국가들은 무엇인가를 결정하는 데 보다는 국가란 무엇이어야 하는가에 관심이 있었고, 따라서 『국가』에서 그는 이상국

---

1   354 c 1.

2   368 e 2-369 a 3.

가, 즉 현실의 모든 국가들이 할 수 있는 한 그것에 일치하여야 하는 전형을 발견하려고 노력한다. 자신의 노년기 작품인 『법률』에서 그가 실용성에 얼마간 양보를 하는 것은 사실이다. 그러나 일반적으로 그의 의도는 규범이나 이상의 윤곽을 그리려는 의도였다. 만약 경험적 국가들이 그 이상에 들어맞지 않는다면, 그 경험적 국가들은 그만큼 더 나쁘다. 플라톤은 정치술은 학문이라고 또는 학문이어야 한다고 깊이 확신하고 있었다. 정치가는, 만약 그가 참으로 정치가라면 국가란 무엇이고 국가 생활이란 어떠해야 하는지를 알아야만 한다. 그렇지 않다면 그는 국가와 국가의 시민들을 난파로 몰고가는 위험을 무릅쓰게 될 것이고, 자신이 정치가가 아니라, 어설픈 "정객"임을 입증하게 될 것이다. 플라톤은 경험을 통하여 현실의 국가들이 결함이 있다는 것을 알았고, 따라서 비록 자신의 보살핌에 스스로를 맡긴 사람들에게 진정한 정치가 정신의 씨앗을 뿌렸을 가능성은 없지 않지만, 실제 정치 생활에는 등을 돌렸다. 제7의 서간에서 플라톤은 자신의 슬픈 경험을 이야기하는데, 맨 먼저 404년의 과두정치에 대하여 이야기하고 그 다음으로 복원된 민주주의에 대하여 이야기하며 이런 말들을 덧붙인다. "그 결과는 이러하오. 처음에 공직 경력을 쌓아보고 싶은 열망으로 충만해 있던 나였으나, 공적 생활(公的 生活)의 소용돌이를 응시하고 시류의 변화무쌍함을 보고서는, 마침내 현기증을 느꼈소 … 그러나 마침내 지금 현존하는 모든 국가들을 두고 볼 때, 그것들의 정부 체계가 예외없이 악(惡)하다는 것을 분명하게 깨달았소. 그것들의 정체(政體)는 행운이 따르는 어떤 기적같은 계획에 의하지 않고서는 거의 구제불능이오. 그러므로 나는 올바른 철학을 찬양하여, 그것이 모든 경우에 있어서 공동체에는 무엇이 정의로우며 개개인에는 무엇이 정의로운지를 분간할 수 있게 하는 이점을 제공한다고 말하지 않을 수 없게 되었으며, 따라서 올바르고 참되게 철학하는 사람들의 부류가 정치 권력을 잡거나, 아니면 국가 안에서 집권해 있는 사람들이 어떤 섭리의 시혜를 받아 실제로 철학자들이 되도록 인도될 때까지는, 인류는 악들로부터 벗어나지 못할 것이라고 말하지 않을 수 없게 되었소."[3]

　　나는 플라톤의 정치론을 먼저 『국가』에 나오는 대로, 그리고 그 다음에는 『정치

3　　*Ep.*, 7, 325 d 6-326 b 4.

가』와 『법률』에 나오는 대로 개관할 것이다.

──────── 1. 『국가』

01. 국가는 인간의 욕망을 충족시키기 위하여 존재한다. 인간은 서로 독립적인 존재가 아니라, 생활에 필수적인 것들을 생산함에 있어서 다른 사람들의 도움과 협동이 필요한 존재다. 그러므로 그들은 동료들과 협력자들을 하나의 거주지에 모아들인다. "그리고 이 공동 생활체에 국가라는 이름을 붙인다."[4] 그러니까 국가는 원래 경제적인 목적에서 출발했으며, 여기에서부터 분업과 전문화의 원리가 나온다. 사람들은 저마다 서로 다른 천부적 재주와 재능을 가지고 있으며 상이한 방식으로 공동체에 봉사하도록 되어 있다. 사람은 자신의 천부적 재능에 따라 하나의 직업을 갖고 일한다면, 그 일이 질에 있어서 그리고 또한 양에 있어서도 우수해질 것이다. 농부들이 스스로 사용할 쟁기와 곡괭이를 생산하는 것이 아니라, 전문적으로 농기구를 생산하는 사람들이 그들 자신을 위하여 생산할 것이다. 그러므로 국가의 존재는 당장 경제적인 관점에서 고찰하더라도, 장차 농부들, 직공(織工)들, 구두수선공들, 목수들, 대장장이들, 목자들, 상인들, 소매 상인들, 고용 인부들 등등의 존재를 요구할 것이다. 그러나 이러한 사람들이 영위하는 것은 매우 검소한 종류의 삶일 것이다. "호화로운" 국가가 존재하려면, 그 이상의 어떤 것이 요구될 것이고, 음악가들, 시인들, 교사들, 간호원들, 이발사들, 요리사들, 과자장수들이 나타날 것이다. 그러나 국가가 점차 풍요로워지고 인구가 증가하면서, 국가의 필요에 비해 영토가 불충분해질 것이고, 따라서 이웃의 영토가 얼마간 병합되어야만 할 것이다. 그러므로 플라톤은 전쟁의 기원이 경제적인 원인에 있다고 생각한다. (말할 필요도 없이, 플라톤의 말이 공격적인 전쟁을 정당화하고 있다고 이해되어서는 안 된다. 그가 이 주제에 관해 『법률』이란 제목의 전쟁에 관한 절(節)에서 언급하는 것을 보면 알 수 있다.)

---

4   *Rep.*, 369 c 1-4.

02. 　그러나 만약 전쟁이 수행되어야 한다면, 분업과 전문화의 원리에 근거하여 국가의 수호자들이라는 특수한 계급이 있어야만 할 것이고, 그들은 전적으로 전쟁의 수행에만 전념할 것이다. 이 수호자들은 기개가 있어야만 하며, 기개(θυμοειδές)의 요소를 타고나야만 한다. 그러나 누가 국가의 진정한 적인지를 알고 행해야 한다는 의미에서, 그들도 또한 철학적이라야 한다. 또한 만약 그들의 수호 임무 수행이 지식에 기초해 있다면, 그들은 어떠한 교육과정을 겪지 않으면 안 된다. 이 교육과정은 음악으로 시작할 것이며, 화술을 포함한다. 그러나 국가의 어린이들이 감수성이 가장 예민한 나이에, 그들이 남자로 성장했을 때 가져야만 할 견해들에 반대되는 견해들을 자신들의 마음속으로 받아들이는 일이 허락되지 않을 것이라고 플라톤은 말한다.[5] 그렇다면 헤시오도스나 호메로스가 자세하게 전했던 대로의 신(神)들에 관한 전설들은 어린이들에게 교수(敎授)되지 않거나 또는 사실상 국가 안으로 들이도록 허락되지 않을 것이라는 결론이 나온다. 왜냐하면 그 전설들은 신들을 다양한 형태의 커다란 부도덕한 행위 등에 탐닉해 있는 것으로 묘사하기 때문이다. 마찬가지로, 신에 의해 맹세와 협약의 위반이 발생했다고 주장하는 것은 견딜 수 없으며, 허용될 수 없다. 신은 선악을 불문한 만물(萬物)의 창조자로서 묘사되어서는 안되고, 오로지 선한 것들의 창조자로서만 묘사되어야 한다.[6]

　이 모든 것 가운데 주목해야 할 점은 소크라테스가 국가의 기원이 인간의 다양한 자연적 욕망들을 충족시킬 필요에 있다고 생각함으로써 논의를 시작하며 국가의 기원이 경제적 필요에 있음을 주장함에도 불구하고, 어떻게 관심이 곧 교육의 문제로 전환하는가 하는 점이다. 인간은 단순하게 "경제적인 인간"이 아니기 때문에, 국가는 단순히 인간의 경제적 필수품들을 증산하기 위하여 존재하는 것이 아니라, 인간의 행복을 위하여, 선한 삶 속에서 정의의 원리들에 따라서 인간을 발전시키기 위하여 존재한다. 국가의 구성원들은 이성적인 존재들이기 때문에, 이것이 교육을 필요하게 만든다. 그러나 어떠한 종류의 교육이든 모두가 다 충분하지는 않을 것이고, 오직 참된 것

5　377 a 12-c 5.
6　380 a 5-c 3.

과 선한 것에 대한 교육만이 충분할 것이다. 국가의 생활을 계획하고, 교육의 원리들을 결정하며, 국가 안에서의 다양한 임무들을 국가의 상이한 구성원들에게 배당하는 사람들은 무엇이 실제로 참이고 선인지를 알아야만 한다. 달리 말해서, 그들은 철학자들이어야 하는 것이다. 플라톤으로 하여금, 서사시인들과 희곡작가들을 이상 국가에서 추방하라는, 우리가 보기로는 다소 이상한 제안을 하도록 하는 것은, 진리에 대한 이러한 강조이다. 그것은 플라톤이 호메로스나 소포클레스의 아름다움을 보지 못한다는 것이 아니다. 반대로, 시인들을 플라톤의 눈에 그토록 위험하게 보이도록 하는 것은 그들이 아름다운 언어와 비유들을 사용한다는 바로 그 사실이다. 그들이 하는 말들의 아름다움과 매력은, 말하자면, 단순한 자들이 빨아마신 독을 가리는 설탕이다. 플라톤의 관심은 1차적으로는 윤리적인 것이다. 그는 시인들이 신(神)들에 관하여 이야기하는 방식과, 그들이 부도덕한 인물들을 묘사하는 방식 등에 반대한다. 시인들이 조금이라도 이상국가 안으로 들어오도록 허용되는 한, 그들은 훌륭한 도덕적 인물의 본보기를 만들어내려고 노력해야 한다. 그리고 일반적으로 서사시와 희곡적 시류(詩類)는 국가로부터 추방당할 것이며, 반면에 서정시류(敍情詩類)는 오로지 국가 당국의 엄격한 감독 하에서만 허용될 것이다. 어떤 조화들(이오니아적인 것과 리디아적인 것의 조화)은 무기력하고 환락적인 것으로서 배제될 것이다. (우리는 플라톤이 그리스 문학의 위대한 작품들을 인정함으로써 유발될 나쁜 결과들을 과장했다고 생각할 수도 있다. 그러나 도덕 법칙이 존재한다고 믿는 사람들은 모두 플라톤에게 활기를 주는 그 원리를 — 비록 그들이, 플라톤에 의한 그 원리의 특수한 적용들에는 반대하더라도 — 인정해야 한다. 왜냐하면 영혼과 절대적인 도덕률의 존재가 인정되고 나면, 국가 구성원들의 도덕성의 파멸을 가능한 한 막는 것은 — 그것을 막는 데 사용된 특수한 행위들이 그보다 더 큰 해악을 만들어내지 않을 것인 한 — 공적(公的)인 당국의 임무이기 때문이다. 예술의 절대적 권리를 이야기하는 것은 단지 헛소리이며, 플라톤이 자신을 그러한 그 어떤 쓸모없는 생각들에 의해서도 방해받지 않도록 한 것은 매우 정당했다.)

음악 이외에, 체육도 국가의 젊은 시민들을 교육하는 데 하나의 역할을 할 것이다. 이렇게 몸을 돌보는 일은 국가의 수호자이자 전쟁의 선수가 되어야 하는 사람들에게는 수도적 성격의 것이다. 그것은 "한 평생을 잠으로 보내고, 만약 아주 조금이라도 통상적인 섭생법(攝生法)에서 벗어나면, 매우 위험한 병에 걸리기 쉬운" 나태한 선수들을 생산하는 데라기보다는, "방심하지 않는 개들과 같아야 하며, 극도로 예리하게 보고 들어야 하는 무사 선수들"[7]을 생산하는 데 맞도록 계산된 하나의 "검소한 절제 체계"이다. (젊은이들의 육체적이고 정신적인 국가교육에 대한 이러한 제안들에서 플라톤은 우리가 대규모로 실현된 적이 있음을 보았던 것을 예견하고 있는데, 그것이 선한 목적을 위해서는 물론이고 악한 목적을 위해서도 사용될 수 있음을 우리는 인정한다. 그러나 그러한 제안들이 국가의 이익을 위하여, 즉 국가의 진정한 이익을 위하여 사용될 수도 있는 반면, 남용되어 오로지 국가에 해를 끼칠 수 있는 방식으로만 사용될 수도 있다는 것은 결국 정치 영역에서 이루어지는 대부분의 실행 제안들의 운명이다. 플라톤은 이것을 매우 잘 알았으며, 국가 통치자의 선출은 그에게 커다란 관심사였다.)

03.   그렇다면 우리는 국가 안에 두 개의 커다란 계급을 가지고 있는 것인데, 제작자들이라는 보다 열등한 계급과 수호자들이라는 보다 우월한 계급이 그것이다. '어떤 사람들이 국가의 통치자들이 되어야 하는가?'라는 질문이 제기된다. 플라톤은 통치자들이 수호자 계급으로부터 조심스럽게 선출될 것이라고 말한다. 국가 통치자들은 젊어서는 안 된다. 그들은 그들의 계급에서 최고의 사람들이라야 하고, 지적이고 강력해야 하며, 국가를 소중히 여겨야 하고, 국가를 사랑해야 하며, 말할 필요도 없이 자신들의 개인적인 유·불리를 생각하지 않고 국가의 진정한 이익을 추구한다는 의미에서 국가의 이익을 자신들 스스로의 이익과 동일한 것으로 간주해야 한다.[8] 그렇다면 유년기부터 국가에 최선인 것을 행했고 결코 이 행동 방침을 저버린 적이 없었다는 사실이 명백한 사람들이 국가의 통치자들로 선출될 것이다. 그들은 완벽한 수호자들일 것이며, 사실상 "수호자"라는 이름을 당당하게 붙일 수 있는 유일한 사람들일 것이다. 지금까지 수호자들이라고 불려 온 다른 사람들은 통치자들의 결정을 지지하는 것을 자신들의 직무로 하는 "보조자들"이라고 불릴 것이다.[9] (나는 통치자들의 교육에 대해서는 간략하게 다룰 것이다.)

    그러므로 결론은 이상국가는 기층(基層)에는 제작자들이 있고, 그들 위에는 보조

---

7   403 e 11-404 b 8.
8   412 c 9-413 c 7.
9   414 b 1-6.

자들 또는 군인들의 계급이 있으며, 정상(頂上)에는 수호자 또는 수호자들이 있는, 3개의 거대한 계급으로 구성되리라는 것이다(노예 계급은 배제되는데, 이후에는 그들도 구성원이 된다). 비록 보조자들이 제작자들보다 더 영예로운 위치를 차지하지만, 그들은 자신보다 약한 것들을 잡아먹는 야수들이 아니라, 자신들의 동료 시민들보다 강하기는 하지만 그 동료 시민들의 친절한 맹우들이 될 것이다. 따라서 그들이 올바른 교육을 받고 올바른 생활양식을 습득하도록 보장하는 것이 매우 필요하다. 플라톤은 그들은 자신들만의 사유재산을 가져서는 안 되며, 모든 필수품들을 그들의 동료 시민들로부터 제공받아야 한다고 말한다. 그들은 공동 급식을 받아야 하고 군인들처럼 병영에서 함께 살아야 한다. 금과 은은 거래해서도 안 되고 만져서도 안 된다. "이렇게 함으로써 그들 자신을 보존하게 될뿐더러 국가도 보존하게 될 것이다."[10] 그러나 그들은 만약 재산을 축적하기 시작한다면, 매우 빠르게 폭군들로 변할 것이다.

04. 플라톤은 대화편의 첫머리에서 정의의 본질을 규정하기 시작했으며, 그 일이 어렵다는 것을 알고 나서, 만약 국가에서 존재하는 대로의 정의를 조사한다면 정의가 무엇인지를 보다 더 분명하게 알 수 있을 것이라는 제언이 이루어졌음을 [독자들은] 기억할 것이다. 국가의 여러 상이한 계급들의 윤곽을 그리고 난 논의의 현시점에서는 국가 안에서의 정의를 바라보는 것이 가능해진다. 국가의 지혜는 얼마 안 되는 통치자 또는 수호자 계급에게 있고, 국가의 용기는 보조자 계급에 그리고 국가의 절제는 피지배층이 지배층에 당연히 복종하는 데에 있으며, 국가의 정의는 모든 사람이 다른 사람의 일에 간섭하지 않고 자기 자신의 일에 종사하는 데 있다. 영혼의 모든 요소들이, 낮은 것이 높은 것에 마땅히 복종함으로써 조화를 이루며 적절하게 기능할 때 개인이 올바른 것처럼, 국가도 모든 계급과 그 계급들을 구성하고 있는 개인들이 그들의 당연한 기능들을 적절하게 수행할 때 올바르거나 또는 정당하다. 반면에 정치적 부정의는 간섭하는 불안한 마음에 있는데, 그 마음은 어느 한 계급이 다른 계급의 일에 간섭하는

---

10   417 a 5-6.

결과를 초래한다.[11]

05. 『국가』 제5권에서 플라톤은 여자들과 어린이들의 "공유"에 관한 그 유명한 제안을 다룬다. 여자들은 남자들처럼 훈련되어야 한다. 이상국가에서 그들은 단순히 집에 머물러서 아이만 돌보는 것이 아니라, 남자들처럼 음악훈련과 체육훈련 그리고 군사훈련도 받을 것이다. 이것의 정당성은 남자와 여자는 단지 종족 번식에 있어서 그들이 맡은 역할에 관해서만 다르다는 사실에 있다. 여자가 남자보다 약하다는 것은 사실이다. 그러나 타고난 재능은 양성(兩性) 모두에서 똑같이 발견될 수 있으며, 여자의 본질에 관한 한, 여자에게는 남자에게 가능한 모든 일을 ─심지어는 전쟁까지도─ 시킬 수 있다. 제대로 자격을 갖춘 여자들은 국가 수호자의 생활과 공적 임무에 참여하도록 선출될 것이다. 우생학적 원리에 근거하여 플라톤은 시민들의 결혼 관계는, 특히 국가 상위 계급의 결혼 관계는 국가의 통제 하에 두어야만 한다고 생각한다. 그러므로 수호자들이나 보조자들의 결혼은, 그들이 자신들의 공적인 임무를 효율적으로 수행한다는 것만이 아니라 가능한 최선의 자식을 얻는 일 또한 기대되기에, 집정관들의 통제 하에 있어야만 하는데, 그 자식은 국가 보육원에서 양육될 것이다. 그러나 플라톤은 난교(亂交)의 자유애(自由愛)라는 의미의 그 어떤 철저한 여성 공유도 제안하지 않는다는 것을 명심하라. 제조인 계급은 사유재산과 가족을 보유한다. 사유재산과 가족 생활이 폐기되어야 하는 것은 오로지 상위 두 계급에서만이며, 그것도 국가의 선(善)을 위해서이다. 수호자들과 보조자들의 결혼은 매우 엄격하게 주선해야 한다. 그들은 당해의 집정관들이 그들을 위하여 지정한 여자들과 결혼할 것이고, 지정된 시간에 합궁을 하고 자식들을 낳을 것이나, 그 시간 이외에는 그리하지 못할 것이다. 그들이 지정된 한계 밖에 있는 여자들과 관계를 가져서 아이가 생길 경우, 그러한 아이들은 살해되어야 한다는 것이 적어도 암시된다.[12] 상위 계급의 자식들로 그 계급의 생활에 적합하지는 않지만 "적법하게" 태어난 아이들은 제조인들의 계급으로 내쫓길 것이다.

---

11 433 a 1과 그 이하.
12 461 c 4-7.

(이 문제에 대한 플라톤의 제안들은 모든 참된 기독교인들에게 혐오감을 준다. 그가 인류의 가능한 최대의 개량을 바란 것을 보면, 물론 그의 의도는 탁월하다. 그러나 그는 자신의 선한 의도 때문에 인간의 인격과 인간 삶의 고귀함의 가치에 관하여 기독교적 원리를 고수하는 사람들이 받아들일 수 없으며 반감을 갖는 방법들을 제안하게 된다. 뿐만 아니라, 동물들을 번식시키는 데 성공적인 것으로 판명된 것이 인류에 적용되었을 때도 또한 성공적인 것으로 입증되리라는 결론은 결코 나오지 않는다. 왜냐하면 인간은 본질적으로 물질에 의존해 있지 않고, 전능한 신에 의하여 직접 창조되는 이성적인 영혼을 가지고 있기 때문이다. 아름다운 영혼이 언제나 아름다운 육체와 함께하거나 또는 선한 성격이 언제나 강한 육체와 함께하는가? 또, 만약 그러한 방법들이 성공적이라면, "성공적"은 이 문맥에서 무엇을 의미하는가? 인류의 경우에는 정부가 그러한 방법들을 사용할 권리가 있다는 결론이 나오지 않는다. 오늘날, 플라톤의 발자취를 따르거나 또는 따르고 싶어 하여, 예를 들어 부적당한 사람들의 강제 단종(斷種)을 옹호하는 사람들은, 자신은 기독교적 이상과 원리가 소개되기 이전의 시기에 살았다는 플라톤의 변명을 할 수 없다는 것을 잊어서는 안 된다.)

06.   실제로 어떤 도시도 제안된 계획들에 따라 조직될 수 없다는 반론에 대한 답변으로 "소크라테스"는 어떤 하나의 이상이 실제로 완전히 정확하게 실현된다는 것은 기대될 수 없다고 대답한다. 그럼에도 불구하고 그는 '국가로 하여금 이러한 정체(政體)의 형태를 취하게 할 최소의 변화는 무엇인가?'라고 묻고, 계속해서 하나의 변화를 언급하는데, 그것은 작은 것도 아니고 쉽지도 않은 것이다. 즉 그것은 권력을 철인(哲人) 왕의 손에 쥐어주는 것이다. 플라톤에 따르면, 정부의 민주적 원리는 터무니없는 것이다. 통치자는 반드시 지식을 기반으로 다스려야 하며, 그 지식은 진리에 대한 지식이라야 한다. 진리에 대한 지식을 가지고 있는 사람은 진정한 철학자이다. 플라톤은 배와 배의 선장과 승무원의 비유로 자신의 논점을 잘 인식시킨다.[13] 우리는 "다른 사람들보다 더 크고 힘도 세지만, 약간 귀가 먹었고 근시이며 항해에 대한 지식도 [다른 선원들보다] 많이 나을 것이 없는 선장이 타고 있는" 배를 상상해보라는 요구를 받는다. 승무원들이 반란을 일으켜서 배를 떠맡으며, "술을 마시고 잔치를 벌이면서

---

13   488 a 1–489 a 2.

그들에게 예상될 수 있을 정도의 성공을 거두며 항해를 계속한다." 그러나 그들은 조타수의 기술이나 참다운 조타수란 어떠해야 하는지를 알지 못한다. 그러므로 아테네 유형의 민주주의에 대해 플라톤이 반대하는 것은, 정치인들이 실제로 자신의 일을 전혀 모른다는 것과, 국민들은 마음이 내키면, 마치 정치인들을 그 직책에서 제기하거나 국가라는 배를 올바르게 인도하기 위해서는 어떤 특별한 지식도 필요하지 않은 것처럼, 모든 돛을 활짝 펴고 항해한다는 것이다. 그는 지식이 불충분하며 될대로 되라는 식의 이러한 국가경영 방식을 철인 왕, 즉 국가라는 배가 택해야 할 항로에 대한 실재적 지식을 가지고 있는 그리고 폭풍우를 이겨내고 항해 도중 만나는 어려움들을 극복하도록 도와줄 수 있는 사람에 의한 통치로 바꿀 것을 제안한다. 철학자는 국가가 제공하는 교육의 최고 열매일 것이다. 그만이 이상국가의 구체적인 개요에 대한 윤곽을 그릴 수 있고 그 윤곽을 채울 수 있는데, 그 이유는 그는 형상들의 세계를 알고 있어서 그것들을 현실의 국가를 형성하는 데 있어 자신의 모형으로 삼을 수 있기 때문이다.[14]

통치 후보자나 또는 잠재적 통치자로 선출된 사람들은 음악적 조화와 뿐만이 아니라, 수학과 천문학에 관한 교육을 받을 것이다. 그러나 그들이 모든 사람들이 배워야만 하는 운산(運算)을 할 수 있도록 할 목적에서라기보다는, 그들이 지성적 대상들을 파악할 수 있도록 할 목적으로 수학적 훈련을 받을 것이다. 그것은 "사거나 팔 목적으로 상인이나 무역업자적인 정신에서"도 아니며, 단순히 당해의 군사적 용도만을 위해서도 아니고, 주로 그들이 "전화(轉化)에서 진리와 존재에로"[15] 이동하기 때문이며, 그들이 진리의 방향으로 이끌려서 철학의 정신을 획득할 수 있기 때문이다.[16] 그러나 이 모든 것들은 단지 변증법을 향한 서막에 불과할 것인데, 그 변증법에 의하면 인간은 오로지 이성의 빛만으로 절대 존재에 대한 발견을 시작하며, "지성적 시각에 의하여 마침내 절대 선에 도달하여 그 안에서 지성적 세계의 절정에 도달할 때"[17]까지 감각의

---

14 플라톤은 소크라테스와 마찬가지로, 수사적 능력이나 추첨에 의해 통치자나 장군 따위를 선택하는 "민주적" 관습을 비합리적이고 터무니없는 것으로 생각했다.

15 525 b 11-c 6.

16 527 b 9-11.

17 532 a 7-b 2.

어떠한 도움도 받지 않는다. 그러므로 인간은 "도표 선"의 모든 단계들을 뛰어넘어서 있게 될 것이다. 그러므로 선출된 국가의 통치자들 또는 그보다는 수호자의 지위를 위한 후보자로 선출된 사람들, "사지와 마음이 건전한" 그리고 덕(德)을 타고난 사람들은 이 교육과정을 점차적으로 받게 할 것인데, 30세가 되었을 때 [이 교육과정에서] 만족스럽다고 입증된 사람들은 변증법의 훈련을 받도록 특별히 선택된다. 이 공부를 5년 동안 하고 나서, 그들은 "동굴 속으로 내려가게 될 것이며, 그 젊은이들의 자질에 적합한 군사적인 공직이나 또는 그 밖의 공직을 강제로 맡게 될 것"인데, 그것은 삶의 필요한 경험을 얻게 되고, 여러 가지 유혹에 직면했을 때, "그들이 단호하게 행동할 것인지 아니면 흔들릴 것인지"[18]를 확실히 파악할 수 있도록 하기 위해서이다.

그러한 시험을 15년 동안 치르고 나면 [그 시험 기간 중] 두드러졌던 사람들은(그러면 그들은 50세가 될 것이다) "만물을 밝히는 보편적 빛 쪽으로 영혼의 눈을 돌려 절대 선을 바라볼 때를 맞이했을 것이다. 왜냐하면 절대 선은, 그들이 그에 따라서 국가와 개개인의 삶을 다스리고, 철학이 주요 일과인 그 자신들의 남은 삶도 역시 다스려야 할 전형이기 때문이다. 그러나 그들은 자신들의 차례가 오면, 정치에도 수고를 아끼지 않으며 공익(公益)을 위하여 통치하는데, 그들은 이것을 마치 어떤 위대한 일을 하는 것처럼 행하는 것이 아니라, 불가피한 것으로 여기고 행하는 것이다. 또한 그들은 자신들과 같은 다른 사람들을 교육시켜서 나라의 통치자들로서 자기들을 대신할 사람들로 남긴 다음, 축복받은 자들의 섬으로 떠나서 살게 될 것이다. 그리고 국가는 그들을 위하여 공적(公的)으로 기념물을 만들고 제물을 올리며 숭배할 것이다. 만약 피티아가 동의의 신탁을 내린다면 이들을 신인들(神人, demi-gods)로 모실 것인데, 어쨌든 복되고 신과 같은 분들로 모실 것이다."[19]

07. 『국가』 제8권과 제9권에서 플라톤은 일종의 역사철학을 전개한다. 완벽한 국가는 귀족정치의 국가이다. 그러나 두 상위 계급이 결합하여 다른 시민들의 재산을 나

---

18 539 e 2-540 a 2.

19 540 a 7-c 2.

누어 가지며 그들을 사실상 노예 상태로 전락시킬 때, 귀족정치는 금권정치로 변하는데, 이것은 기개적(氣槪的) 요소의 우세를 나타낸다. 다음으로, 금권정치가 과두정치로 변할 때까지 배금(拜金)의 경향이 증가하며, 정치권력은 재력에 의존하게 된다. 그러므로 가난으로 고통받는 계급은 과두정치 하에서 발전하며, 마침내 가난한 사람들은 부유한 사람들을 내쫓고 민주주의를 설립한다. 그러나 민주주의의 특징인 자유에 대한 엄청난 사랑은 반동으로 참주정치를 부른다. 처음에는 보통 사람들의 전사가 허울 좋은 핑계로 호위자가 된다. 그러고 나면 그는 핑계를 벗어던지고 쿠테타를 감행하여 폭군으로 변한다. 이성이 지배하는 철학자가 사람들 가운데 가장 행복한 사람인 것과 똑같이, 귀족주의적 국가가 국가들 가운데 가장 훌륭하고 가장 행복한 국가이다. 그리고 야심과 격정의 노예인 전제적인 폭군이 사람들 가운데 가장 나쁘고 불행한 것과 똑같이, 전제군주가 지배하는 국가가 국가들 가운데 가장 나쁘고 불행한 국가이다.

━━━━━━━ **2. 『정치가』**

01.　　『정치가』(Politicus)의 말미(末尾)에서 플라톤은 제왕의 학문인 정치학은, 예를 들어 장군술(將軍術)이나 판사술(判事術)과 동일할 수 없음을 보여준다. 그 이유는 이러한 기술들은 장관급의 기술로서, 장군은 통치자에 대하여 대리인으로 행동하고, 판사는 입법자가 제정한 법률에 따라 결정을 내리기 때문이라는 것이다. 그러니까 제왕의 학문은 이 모든 특수한 기술들과 학문들보다 우위에 있어야만 하며, "그것들 모두의 위에 있으며, 법을 지키고 국가 안에 있는 모든 것들을 지키며, 그것 모두를 엮어서 하나로 만드는 공공의 학문"[20]으로 정의될 수 있다.

　　그는 참주정치는 단순히 강제에 기초해 있으나, 반면에 진정한 군주 및 정치가의 지배는 "자유의지를 가진의 두 발 달린 동물(biped)에 대한 자발적인 경영"[21]이라는

20　　305 e 2-4.
21　　276 e 10-12.

점에서, 이러한 군주 또는 통치자의 학문을 참주정치와 구별한다.

02. "그들이 누구이건 간에, 어떤 다수의 사람들도 정치적 지식을 가지거나 국가를 현명하게 다스릴 수 없고," "참된 정부는 작은 집단이나 개인에게서 발견될 수 있으며,"[22] 이상적인 것은 통치자(또는 통치자들)가 개별적인 사례에 대하여 법률을 제정하는 것이다. 플라톤은 법률들은 상황이 요구함에 따라 변화되고 수정되어야 한다고 주장하며, 전통에 대한 어떤 미신적인 고려도 법률들을 변화된 조건과 새로운 필요에 계몽적으로 적용하는 것을 방해해서는 안 된다고 주장한다. 새로운 상황에 직면하여 시대에 뒤떨어진 법률들을 고수하는 것은, 자신의 환자의 건강 조건이 변화함에 따라 새로운 규정식이 요구되는데도 의사가 그 환자에게 동일한 규정식을 지킬 것을 강요하는 것과 똑같이 터무니없을 것이다. 그러나 이것은 인간의 지식과 능력이 아니라 신의 지식과 능력이 요구되기 때문에, 우리는 차선에, 즉 법에 의한 지배에 만족해야만 한다. 통치자는 고정된 법에 따라 국가를 관리하기 마련이다. 법은 반드시 절대적으로 최고의 권력을 가져야 하며, 법을 어긴 공인은 사형에 처해져야 한다.[23]

03. 정부는 한 사람에 의한 정부일 수도 있고, 소수에 의한 정부일 수도 있으며, 또는 다수에 의한 정부일 수도 있다. 만약 우리가 잘 정비된 정부를 이야기하고 있는 것이라면, 한 사람의 군주에 의한 정부가 최선이고(군주가 개별적 사안에 대하여 법률을 제정하는 이상적 형태는 고려에 넣지 않는다면), 소수에 의한 정부가 차선이며, 다수에 의한 정부는 최악이다. 그러나 만약 우리가 무법(無法)의 정부를 이야기하고 있는 것이라면, 최악의 정부는 한 사람에 의한 정부, 즉 전제정부이고(왜냐하면, 그것이 가장 많은 해악을 끼칠 수 있기 때문이다), 차악(次惡)의 정부는 소수에 의한 정부이며, 가장 덜 악한 정부는 다수에 의한 정부이다. 그러므로 플라톤에 의하면, 민주주의는 "법적인 정부들 가운데 최악의 정부이며, 모든 무법의 정부들 가운데 최선의 정부이다," 왜냐하면 "다수에 의한

---

22   297 b 7-c 2.
23   297 e 1-5.

정부는, 그러한 국가에서는 관직이 많은 사람들 사이에서 분할되기 때문에, 모든 점에서 약하며 다른 정부들과 비교했을 때, 어떤 거대한 선이나 어떤 거대한 악도 행할 수 없기 때문이다."[24]

04. 플라톤이 선동적인 독재자를 어떻게 생각할 것인지는 폭군들에 관한 그의 비평으로부터는 물론이고, 지식을 결여하고 있는 "열성 당원들"이라고 불려야 할 정객들에 관한 그의 소견으로부터도 분명하게 알 수 있다. 이러한 사람들은 "가장 거대한 우상들의 지지자들이며, 그들 자신이 우상이다. 그리고 가장 위대한 모방자이며 마술사이기 때문에, 그들은 또한 뛰어난 소피스트들이기도 하다."[25]

━━━━ 3.『법률』

01. 『법률』을 저술할 때 플라톤은 개인적 경험의 영향을 받았던 것처럼 보인다. 그래서 그는 군주는 제안된 개혁을 실천할 능력이 있을 것이기 때문에, 소망하던 정체(政體)를 건설하는 최선의 조건은 아마도 계몽된 정치가가 계몽되고 자비로운 군주나 통치자를 만났을 때 주어질 것이라고 말한다.[26]

쉬라쿠사이에서의 (불행한) 경험으로 인하여 플라톤은 최소한, 소망하던 체제 개혁을 실현할 희망은 아테네와 같은 민주주의에서보다는 한 사람이 지배하는 도시국가에서 더 많다는 것을 알았을 것이다. 게다가 플라톤은 아테네의 역사, 즉 아테네의 상업 및 해상 제국으로의 흥기(興起), 그리고 펠로폰네소스 전쟁에서의 몰락에 분명히 영향을 받았다. 왜냐하면『법률』제4권에서 그는 그 도시는 바다로부터 80스타디움[27]

---

24   303 a 2-8.
25   303 b 8-c 5.
26   709 d 10-710 b 9.
27   *역자 주: 스타디움(stadium)이란 고대에 사용했던 길이의 단위로 올림피아 경기장의 길이인 약 200m에 해당한다.

—비록 이것조차 너무 가깝기는 하지만— 떨어트려놓겠다고, 즉 그 국가는 농업국이라야지 상업국이어서는 안 되며, 생산 공동체라야지 수입 공동체여서는 안 된다고 명기하고 있기 때문이다. 무역과 상업에 대한 그리스인들의 편견이 "바다는 일상의 반려로는 충분히 유쾌하지만, 고약하고 불쾌한 성질이 있다. 왜냐하면 그것은 거리를 장사치들과 가게주인들로 가득 메우며, 백성들의 영혼 속에 불성실과 불안의 풍조들을 조성함으로써, 국가로 하여금 자신의 백성들에게뿐만이 아니라 이방인들에 대해서도 신뢰(信賴)와 우의(友誼)를 상실하도록 하기 때문이다."[28]라는 그의 말 속에서 드러난다.

02.　　　국가는 참된 국가조직이어야 한다. 민주주의, 과두정치 그리고 참주정치는 모두 바람직스럽지 못하다. 왜냐하면 그것들은 계급국가이고, 그것들의 법률은 특수한 계급들의 이익을 위하여 가결된 것이지 국가 전체의 이익을 위하여 가결된 것이 아니기 때문이다. 그러한 법률들을 가지고 있는 국가들은 진정한 국가조직이 아니라 붕당이며, 그것들의 정의 개념은 단순히 무의미할 뿐이다.[29] 정부는 출생이나 재산이 아닌, 개인의 성격과 지배에 대한 적합성에 따라서 맡겨져야 하며, 지배자들은 반드시 법에 복종해야 한다. "법률이 지배자들보다 위에 있고 지배자들은 법률보다 낮은 국가는 신이 내려주실 수 있는 모든 구원과 축복을 가진다." 여기에서 플라톤은 『법률』에서 자신이 이미 말한 것을 다시 강조하고 있다.

　　　그렇다면 국가는 어느 한 계급의 사람들의 이익을 위하여 존재하는 것이 아니라, 선한 삶을 살기 위하여 존재하는 것이다. 그리고 『법률』에서 플라톤은 영혼과 영혼 돌보기의 중요성에 관한 자신의 신념을 명료한 말로 다시 주장한다. "인간이 가지고 있는 모든 것들 중에서 영혼은 신(神)들 다음으로 가장 신성하고, 또 참으로 그 자신의 소유이다," 그리고 "땅속에 또는 땅 위에 있는 모든 금도 덕(德)과 바꾸기로는 충분하지 않다."[30]

28　　705 a 2-7.
29　　715 a 8-b 6.
30　　726 a 2-3, 728 a 4-5.

03.　플라톤은 거대한 국가의 필요성을 느끼지 못했다. 그는 시민들의 수(數)를 5,040으로 고정시켰는데, 그 수(數)는 "정확하게 59개의 관구로 나뉠 수 있으며" "전시와 평화시에 적당한 인원과, 세금과 배급을 포함하여 모든 계약과 거래에 필요한 인원을 공급할 것이다."[31] 여기에서 5,040은 시민들의 수를 말하지만, 5,040채의 가옥들을 이야기하기도 하는데, 그것은 5,040명의 개인들로 구성된 도시라기보다는 5,040개의 가족들로 구성된 도시를 의미할 것이다. 그것이야 어찌되었건, 시민들은 집과 땅을 소유할 것이다. 왜냐하면 비록 플라톤이 분명히 하나의 이상으로서 공산주의를 고수하지만, 『법률』에서는 보다 실용적인 차선을 위하여 법률들을 제정하고 있기 때문이다. 동시에, 그는 부유하고 상업적인 국가의 성장을 제어하기 위한 대책들을 고찰한다. 예를 들면, 시민들은 오로지 그들 자신들 사이에서만 통용될 뿐, 그 밖의 사람들에 의해서는 받아들여지지 않는 통화(通貨)를 가지고 있어야만 한다.[32]

04.　플라톤은 여러 집정관들의 임명과 기능을 상세하게 논의한다. 나는 한두 가지 논점들을 언급하는 것으로 만족할 것이다. 예를 들면, 37명의 법률 수호자들(νομοφύλαχες)이 있을 것인데, 그들은 선출되었을 때 50세 이상일 것이며 최장 70세까지 공직에 있을 것이다. "기병이거나 보병인 모든 사람들, 또는 군에 복무할 나이 동안 전쟁에 참여했던 사람들은 집정관 선출에 참여할 것이다."[33]

　　또한 각각의 성분계급에서 90명씩 선출된 360명의 회원으로 구성된 평의회가 있을 것인데, 그 선거는 분명히 극단적인 견해를 가진 열성당원들의 선출가능성을 희박하게 하는 방식으로 짜여질 것이다. 음악과 체육을 관장할 장관들(각각에 대하여 두 명인데, 한 명은 교육을 담당하고 다른 한 명은 경연을 담당한다) 등 많은 장관들이 있을 것이다. 그러나 장관들 가운데 가장 중요한 장관은 교육을 담당하는 장관일 것인데, 그는 남녀 젊은이들을 돌볼 것이고 최소한 50세는 되어야 하며, "적법하게 탄생한, 양성(兩性)이나 또는 어쨌든 한 성(性)의 어린이들의 아버지이어야 한다. 선출되는 사람들 및 선출

31　737 e 1-738 b 1.

32　742 a 5-6.

33　753 b 4-7.

하는 사람들은 이것이 국가의 모든 커다란 직책들 가운데 가장 큰 직책이라는 점에 유의해야 한다." 입법자는 어린이들의 교육이 종속적인 일이나 부수적인 일이 되도록 용인해서는 안 된다.[34]

05. 결혼한 부부들을 결혼 후 10년 동안 감독할 여성 위원회가 있을 것이다. 만약 어느 한 부부가 10년 동안 자식을 갖지 못한다면, 그들은 이혼을 해야 한다. 남자들은 30세와 35세 사이에 16세와 20세(나중에는 18세) 사이의 소녀들과 결혼해야 한다. 부부 간의 정절을 어기면 처벌해야 할 것이다. 남자들은 20세에서 60세 사이에 군복무를 할 것이다. 여자들은 아이를 낳은 후, 50세가 되기 이전에 군복무를 할 것이다. 남자는 30세 이전에는 공직을 가질 수 없고 여자는 40세가 될 때까지 공직을 가질 수 없다. 국가가 결혼 관계를 감독하는 것에 관한 조항들은 우리가 받아들이기 어렵다. 그러나 플라톤은 그 조항들을 "신랑과 신부는 국가를 위해서 자신들이 생산할 수 있는 가장 훌륭하고 가장 순수한 표본적 아이들을 생산해야만 한다고 생각해야 한다"[35]는 자신의 신념의 논리적 귀결로 간주했음이 틀림없다.

06. 제7권에서 플라톤은 교육과 그 방법이라는 주제에 관해 이야기한다. 그는 그것을 심지어 유아들에게까지 적용하는데, 흔들어주는 것이 영혼 속의 감정을 누르고 "영혼 내부에 평화와 고요"[36]를 낳기 때문에, 유아들은 흔들어주어야 한다. 3세부터 6세까지의 남녀 아이들은 사원에서 숙녀들의 감독을 받으며 함께 놀 것이지만, 6세가 되면 그들은 분리될 것이고, 비록 플라톤이 소녀들도 소년들과 다소 같은 교육을 받아야 한다는 자신의 견해를 버리지는 않지만, 그 두 성(性)들의 교육은 격리되어 실시될 것이다. 그들은 체육과 음악을 교육받을 것이나, 음악은 조심스럽게 감시될 것이고, 국가 시선집이 간행될 것이다. 학교들이 지어져야 할 것이고, 유급 교사들(외국인들)이 공급될 것이다. 어린이들은 매일 학교에 등교할 것인데, 거기에서 그들은 체육과 음악

---

34   765 d 5-766 a 6.
35   783 d 8-e 1.
36   790 c 5-791 b 2.

뿐만이 아니라, 초급 산수와 천문학 등도 배울 것이다.

07.　　플라톤은 국가의 종교적 축제들을 위하여 법률을 제정한다. "최소한 한 명의 집정관이 도시와 시민들과 그들의 재산을 위하여 어떤 신(神)이나 신인(神人)에게 제물을 올리는"[37] 날(日)이 매번 있을 것이다. 플라톤은 농업 및 형법의 문제에 관해서도 법률을 제정한다. 형법에 관해서 플라톤은 죄수의 심리적 조건을 고려해야 한다고 주장한다. 플라톤의 손해(βλαβή)와 불의(ἀδιχία)의 구별[38]은 우리의 민사 소송과 형사 소송의 구별에 꽤 잘 들어맞는다.

08.　　제10권에서 플라톤은 무신론(無神論)과 이교(異敎)의 처벌에 대한 그의 유명한 제안들을 제시한다. 우주는 물질적 요소들의 산물로서 지성을 부여받지 못했다고 말하는 것은 무신론이다. 이 입장에 반대하여 플라톤은 운동의 근원이 있음에 틀림이 없으며, 궁극적으로 우리는 스스로 운동하는 원리를 인정해야만 하는데, 그것이 영혼 또는 마음이라고 주장한다. 그러므로 영혼이나 마음은 우주적 운동의 근원이다. (우주에 책임을 지고 있는 영혼이 하나 이상임은 분명한데 질서는 물론이고 무질서와 불규칙도 있으므로, 둘 이상이 있을 수도 있다고 플라톤은 선언한다.)
　　신들은 인간에게 무관심하다는 해로운 한 이단이 있는데,[39] 이것에 반대하여 플라톤은 다음과 같이 주장한다.

① 신들에게는 사소한 것들에 주의를 기울일 수 있는 능력이 없을 수 없다.
② 신은 세세한 것들에 주의를 기울일 수 없을 만큼 나태하거나 괴팍할 수가 없다. 심지어 인간인 장인(匠人)조차 세세한 것들에 주의를 기울인다.
③ 섭리는 법률의 "간섭"을 포함하지 않는다. 신의 정의는 어쨌든 삶의 연속 속에서 실현될 것이다.

37　　828 b 2-3.
38　　861 e 6 이하.
39　　899 d 5-905 d 3.

더 유해한 이단(異端)은 신들이 매수되기 쉽다는 견해, 즉 신이 뇌물에 넘어가서 불의를 눈감아주게 될 수 있다는 견해이다.[40] 이것에 반대하여 플라톤은 우리는 신(神)들이 포도주에 넘어가서 자신들의 임무를 소홀히 하여 선박과 선원들을 파멸로 몰아넣을 수 있는 조타수들이나, 또는 마차 경주의 승리를 다른 마부에게 넘기도록 매수될 수 있는 마부들이나 또는 약탈품을 나누어 가지는 조건으로 가축 떼가 강탈당하도록 허락하는 목자들과 같다고 상정할 수는 없다고 주장한다. 어떤 것이든 이러한 것들을 상정하는 것은 신성 모독의 죄를 짓는 것이다.

플라톤은 이러한 무신론이나 이단을 행하는, 입증된 죄에 벌을 내릴 것을 제안한다. 도덕적으로 해롭지 않은 이단자는 최소한 5년 동안 교화소(House of Correction)에 구류하는 처벌을 받을 것인데, 그는 그 교화소에서 야회(Noctural Council) 구성원들의 방문을 받을 것이며, 그들은 그의 방식이 범하는 오류에 관하여 그와 함께 토론할 것이다. (두 개의 보다 심각한 이단을 행하는 죄는 아마도 형기가 더 긴 구류의 처벌을 받을 것이다.) 재범은 사형에 처해질 것이다. 그러나 스스로의 이익을 목적으로 다른 사람들에게 미신까지 이용하는 이단자들이나 부도덕한 종파를 창시하는 이단자들은 황량한 지역에서 종신 구류를 당할 것이며 사후 매장하지 않고 버려질 것이고, 그들의 가족들은 국가의 감호대상자로 취급될 것이다. 플라톤은 보안법으로서, 개인적인 사당이나 개인적인 종파는 허락하지 않을 것을 법률화한다.[41] 플라톤은 법의 수호자들은 범법자를 불경죄로 처형하기 전에 "그 행위가 진심에서 행해졌는지 아니면 단순히 치기어린 경솔함에서 행해졌는지"를 판가름해야 한다고 말한다.

09.　　우리는 책 제11권과 12권에서 숙고되는 법률의 요점들 가운데 다음의 것들을 흥미있는 것으로 언급할 수 있다.

40　905 d 3-907 d 1.
41　909 d 7-8.

① 만약 처신이 올바른 그 어떤 노예나 자유인이 "상당히 잘 질서잡힌 도시나 정부에서" 극도의 빈곤에 빠진다면, 그것은 이상한 일일 것이라고 플라톤은 말한다. 그러므로 거지들을 방지하는 법령이 있을 것이며, "우리나라에서는 이러한 종류의 동물들이 일소될 수 있도록",[42] 전문적인 기지들은 국토 밖으로 추방될 것이다.

② 소송을 즐기는 것이나 이익을 목적으로 소송 행위를 일삼고, 따라서 법정을 불의에 가담시키려고 노력하는 것은 사형으로 처벌될 수 있을 것이다.[43]

③ 공적인 자금 및 재산의 착복은, 그 범법자가 시민일 경우는 사형으로 처벌될 것이다. 왜냐하면, 국가 교육의 전적인 은혜를 입었던 자가 이렇게 행동한다면, 그는 치유불능이기 때문이다. 그러나 그 범법자가 외국인이거나 노예일 경우는, 법정은 아마도 그는 치유불능이 아닐지도 모른다는 점을 염두에 두고 처벌을 결정할 것이다.[44]

④ 직무 임기 말에 집정관들의 계정을 감사하기 위하여 감사관(εὔθυνοι) 위원회가 지명될 것이다.[45]

⑤ 야회는 (이것은 하루의 업무가 시작되기 전에 아침 일찍 만나는 것이다) 10명의 원로 법률 수호자들(νομοφύλαχες)과 전·현직 교육장관과 30세에서 40세 사이의 호선(互選) 위원 10명으로 짜여질 것이다. 그것은 다(多) 속에서 일(一)을 볼 수 있도록 훈련을 받은 사람들로 구성될 것인데, 그들은 덕(德)은 하나임을 아는 사람들이며(다시 말해서, 그들은 변증법의 훈련을 받은 사람들이다), 수학과 천문학의 훈련도 겪었기 때문에, 이 세계에서 신적(神的) 이성이 작용한다는 것에 관하여 근거가 견고한 확신을 가질 수 있는 사람들이다. 그러므로 신에 대한 지식 및 선성(善性)의 이상적 범형에 대한 지식을 가지고 있는 사람들로 구성된

---

42 936 c 1-7.
43 937 d 6-938 c 5.
44 941 c 4-942 a 4.
45 945 b 3-948 b 2.

이 회의는 정체(政體)를 감독할 수 있으며 "우리 정부와 법률의 구제 수단"[46]이 될 수 있을 것이다.

⑥ 혼란과 새로움과 불안을 피하기 위해서, 어떤 사람도 국가의 제재를 받지 않고는, 그리고 40세가 넘지 않고는 해외여행을 하도록 허락되지 않을 것이다 (군대 원정의 경우는 물론 예외이다). 해외로 나가는 자는 귀국했을 때, "젊은이들에게 다른 나라의 제도들이 그들 자신들의 제도들보다 열등하다는 것을 가르친다."[47] 그러나 국가는 조국에 받아들여서 이익이 될 만한 뛰어난 어떤 것이 해외에 있는지를 알아보기 위하여 "정탐꾼들"을 해외로 파견할 것이다. 이러한 사람들은 50세 이하이거나 60세 이상은 아닐 것이며, 귀국했을 때 야회에 보고를 해야만 한다. 시민들의 외국 방문뿐만이 아니라, 해외로부터 들어오는 여행객들의 방문도 국가의 감독을 받을 것이다. 순수하게 상업적인 이유로 들어오는 사람들은 시민들과 교제하는 것을 장려하지 않을 것이나, 반면에 정부가 승인한 목적으로 들어오는 사람들은 국빈으로서 영예로운 대접을 받을 것이다.[48]

10.　　노예제도. 『법률』을 보면 플라톤이 노예제도를 수용했다는 것과, 노예를 주인의 재산으로, 즉 양도될 수 있는 재산으로 간주했음이 매우 명백하다.[49] 또한 당시 아테네에서는 노예 여인과 자유인 남자 사이의 결혼생활에서 태어나는 자식들은 자유인으로 간주되었던 것처럼 보이는 반면, 플라톤은 그 노예 여인이 자유인과 결혼했건 또는 해방 노예와 결혼했건 간에, 그 자식들은 항상 그 노예 여인의 주인에게 귀속되는 것으로 정한다.[50] 플라톤은 몇 가지 다른 점들에 있어서도 역시 당시 아테네의 관습보다 더 엄격한 것으로 드러나며, 노예에게 아테네 법률이 허여(許與)했던 보호를 베풀어

46　　960 e 9 이하.

47　　951 a 2-4.

48　　949 e 3 이하.

49　　776 b 5-c 3 참조.

50　　930 d 1-e 2.

주지 못한다.[51] 그가 자신의 공적 능력 안에서 노예의 보호를 지원하며(예를 들면, 노예가 범법에 관한 정보를 제공하는 것을 막기 위하여 노예를 죽이는 사람은 누구든지 시민을 죽였던 것처럼 취급되어야 한다),[52] 살인 사건에서 노예로 하여금 고문을 당하지 않고 제보하도록 허락하는 것은 사실이다. 그러나 자신의 노예에 대하여 학대(ὕβρις)의 죄를 지은 사람을 공개 처형하도록 허락하는 명백한 언급은 하지 않는데, 아티카의 법은 그러한 공개 처형을 허락했다. 플라톤은 노예들이 민주적인 아테네에서 행동했던, 구애받지 않는 행동방식을 싫어했다는 것이 『국가』에 나오지만,[53] 분명히 그는 노예를 잔인하게 다루는 것을 옹호하고 싶어 하지는 않았다. 그러므로 『법률』에서 비록 그가 "노예들은 그들에게 합당하도록 처벌해야만 하며, 마치 그들이 자유인인 것처럼 훈계해서는 안 되는데, 그 이유는 그것은 다만 그들을 우쭐하게 만들게 될 뿐이기 때문이다"라고 선언하고, "하인에게 사용되는 언어는 언제나 명령어이어야 하며, 우리는 그들이 남자건 여자건 간에, 그들과 농담을 해서는 안 된다"고 선언하지만, 그는 다음과 같이 명백하게 말한다. "우리는 그들에 대한 고려 때문만이 아니라, 우리 스스로에 대한 존경심 때문에 더욱 그들을 조심스럽게 돌봐야 한다. 그리고 노예들을 올바로 다루는 것은 그들을 학대하는 것이 아니라, 가능하다면 그들을 우리와 동등한 사람들보다도 더 정의롭게 대하는 것이다. 왜냐하면 정의를 실제로 그리고 자연스럽게 숭배하며 불의를 미워하는 사람은 자신이 쉽게 부당하게 대할 수 있는 계급의 사람을 다루는 데서 알아볼 수 있기 때문이다"[54] 그러므로 우리는, 플라톤은 단순히 노예제도를 받아들였으며, 노예의 대접에 관해서는 한편으로는 아테네의 느슨함을 싫어했고, 다른 한편으로는 스파르타의 잔인함을 싫어했다는 결론을 내리지 않을 수 없다.

11. 전쟁. 『법률』 제1권에서 크레타 사람인 크레이니아스는 입법자는 전쟁을 염두에 두고 크레타의 법규들을 입안했다고 말한다. 모든 도시가 다른 모든 도시와 자연적

---

51 "Plato and Greek Slavery", Glenn R. Morrow, in Mind, April 1939, N. S. vol. 48, No. 190 참조.

52 872 c 2-6.

53 *Rep.*, 563.

54 776 d 2-718 a 5.

인 전쟁 상태에 있는데, 그 전쟁은 "사실상 전령관이 포고하는 것이 아니라, 영구히 계속되는 것이다."[55] 라케다이몬 사람인 메길로스가 그의 말에 동의한다. 그러나 그 아테네의 이방인은 ① 외적과의 전쟁이나 또는 국가 간의 전쟁에 관하여 말하자면, 최상의 입법자는 전쟁이 자신의 국가에서 발발하는 것을 억제하거나, 또는 만약 전쟁이 일어나면 서로 싸우는 무리들을 변치않는 우정 속에서 화해시키려고 노력할 것이며, ② 내란이나 내전에 관하여 말하자면, 참된 정치가는 최상의 것을 목표로 할 것임을 지적한다. 그런데 평화(平和)와 선의(善意) 속에 확보된 국가의 행복이 최상의 것이다. 그러므로 사리 분별이 있는 어떠한 입법자도 결코 전쟁을 위하여 평화를 명하지는 않을 것이며, 만약 그가 전쟁을 명한다면, 그것은 평화를 위한 것이다.[56] 그러므로 플라톤은 결코 국가조직이 전쟁을 위하여 존재한다는 견해를 가지고 있지 않으며, 적개심 가득한 현대의 군국주의자들에 공감하지 않을 것이다. 그는 "많은 승리가 승리자들에게 자멸적이었으며 장차 자멸적일 것이나, 교육은 결코 자멸적이지 않다"[57]는 것을 지적한다.

12.   인간이 (플라톤이 했던 것처럼) 인간의 삶, 즉 인간의 선과 선한 삶에 관하여 반성할 때, 분명히 인간은 인간의 사회적 관계들을 그냥 지나칠 수 없다. 인간은 사회 안으로 태어나 들어오는데, 단순히 가족 사회 안으로만이 아니라, 보다 넓은 공동체 안으로도 또한 들어온다. 그리고 그가 선한 삶을 살아야 하고 자신의 목표를 성취해야 하는 것은 그 사회 안에서 이다. 그는 마치 홀로 사는 고립된 단위이기라도 한 것처럼 취급될 수 없다. 그러나 비록 인간주의적 관점과 인간의 위치와 운명을 중시하는 사상가는 모두 스스로 인간의 사회적 관계들에 대한 어떤 이론을 세워야 하지만, 그 이전에 다소 진보된 정치 의식이 작동하지 않았다면, 당연히 어떠한 국가론도 나오지 않을 것이다. 인간이 자신을, 예를 들어 페르시아 제국처럼, 납세자나 군인으로서의 역할을 제외하고는 자신에게 어떤 적극적인 역할도 행하도록 요구하지 않는 어떤 거대한 전제강국의 수동적인 구성원이라고 느끼면, 그의 정치 의식은 일깨워지지 않는다. 이 군주

---

55   626 a 2-5.
56   628 c 9-e 1.
57   641 c 2-7.

이든 또는 저 군주이든, 이 제국이든 또는 저 제국이든, 페르시아 제국이든 바빌로나아 제국이든, 그에게는 별로 차이가 없을 것이다. 그러나 사람이, 책임의 짐을 짊어질 것을 자신에게 요구하는, 그리고 의무만을 가지는 것이 아니라 권리와 활동도 가지는 정치 공동체에 속할 때는, 정치적으로 의식 있는 사람이 될 것이다. 정치적으로 무의식적인 사람에게 국가는 자신을 감독하는 어떤 것으로 여겨질 것이고, 비록 압제적이지는 않더라도 생소한 것으로 여겨질 것이다. 그리고 그는 구원의 방법이 개개인의 활동과, 아마도 통치하는 관료제도의 사회와는 다른 사회들 안에서의 협동에 있다고 생각하는 경향을 가지게 될 것이다. 그가 국가론을 세우도록 즉각 고무되지는 않을 것이다. 다른 한편으로, 정치적으로 의식 있는 사람에게는 국가가 자신이 그 한 부분을 가지고 있는 조직으로 여겨지고, 어느 정도는 자기 자신의 연장으로 여겨지며, 따라서 말하자면 반성적인 사상가로서 국가론을 세우도록 고무될 것이다.

그리스인들의 이러한 정치적 의식은 매우 발전되어 있었다. 그들에게 폴리스(국가, Πόλις)로부터 분리된 선한 삶은 생각할 수 없는 것이었다. 그렇다면 플라톤이 선한 삶 일반, 즉 인간의 선한 삶 그 자체에 관하여 반성하면서 국가 그 자체, 즉 폴리스에 관해서 역시 반성했다는 것보다 더 자연스러운 것이 무엇이겠는가? 그는 철학자였으며 이상적인 아테네나 이상적인 스파르타에 관심이 있었다기보다는, 이상적인 도시국가에, 즉 경험적인 국가들이 그 근사치를 이루는 형상에 관심이 있었다. 이것이 플라톤의 폴리스 개념이 당시 그리스의 도시국가의 관행에 의하여 크게 영향을 받았다는 것을 부인하는 것은 물론 아니다. 그것은 달리 어쩔 수가 없었을 것이다. 그러나 그는 정치생활의 밑바닥에 놓여 있는 원리들을 발견했으며, 따라서 철학적 국가론의 기초를 놓았다고 진정으로 말할 수 있다. 나는 그것을 "철학적" 국가론이라고 말하는데, 그 이유는 즉각적인 개혁에 대한 이론은 일반적이고 보편적이지 못하나, 반면에 플라톤이 국가를 다루는 것은 국가 그 자체의 본질에 기초해 있으며, 따라서 그것은 보편적이도록 짜여져 있고, 그 보편성이 철학적 국가론의 핵심이기 때문이다. 플라톤은, 자신이 생각하기에 그리스 국가들의 현실적인 조건들 때문에 불가피하게 되었던 개혁들을 다루었다는 것과, 그의 이론이 그리스의 폴리스라는 배경 위에서 스케치되었다는 것은 전적으로 사실이다. 그러나 그는 그것이 보편적이며, 정치생활의 본질 바로 그것에 대한 대답이 되기를 의도했으므로, 그가 철학적인 국가론을 스케치했다는 점은 인정되어야만 한다.

플라톤과 아리스토텔레스의 정치론은 진정으로, 국가의 특징과 본질에 관한 이후의 유익한 사색에 대한 기초를 형성했다. 플라톤의 『국가』의 많은 세부사항들은 사실상 실현 불가능할 것이고, 비록 실천 가능하다 하더라도 바람직하지 않을 것이나, 그의 사상은 국가가 인간의 선한 삶을 가능하게 하고, 또 진흥한다고 생각하는 사상이며, 국가가 인간의 세속적 목적과 안녕에 기여한다고 생각하는 사상이라는 점에서 위대하다. 이러한 그리스 국가관은 성 토마스의 국가관이기도 한데, 그것은 국가에 대한 자유주의적 사상으로 알려져 있을 수 있는 견해, 즉 제도로서의 국가라는 견해보다 우수하다. 거기에서 그 제도의 기능이란 사유 재산을 보존하는 것이며, 일반적으로는 국가의 구성원들에 대해 소극적인 태도를 나타내는 것이다. 물론, 사실상 국가에 대한 이 견해의 지지자들조차도 완전히 자유방임적인 정책을 포기하지 않을 수 없었으나, 그들의 이론은 그리스인들의 이론과 비교하면 빈약하고, 공허하며 소극적이다.

그러나 심지어 헤겔까지 언급하고 있듯이, 그리스인들은 개성을 충분하게 강조하지 못했을 수 있다. ("플라톤은 자신의 『국가』에서 지배자들이 개인들을 그들의 고유한 계급에 임명하고 그들에게 그들의 고유한 과제들을 할당하도록 허용하고 있다. 이 모든 이야기에는 주관적 자유의 원리가 결여되어 있다." 또 플라톤에서 "주관적 자유의 원리는 공평하게 다루어지지 않는다.")[58] 이것은 사회계약론을 강조했던 근대 시대의 이론가들에 의하여 크게 조명을 받았다. 그들에게 있어서 인간은, 비록 상호 대립적이지는 않을지라도, 분리 · 해체되어 있는 원자들이고, 국가는 단순히 그들을 그 조건 안에서 가능한 한 보존하며 또 그와 동시에 평화의 유지와 사유재산의 보장을 가능하게 하는 고안품에 불과하다. 그들의 견해는 확실히 진리와 가치를 담고 있기 때문에 로크와 같은 사상가들의 개인주의는 위대한 그리스 철학자들이 지지한, 보다 집합적인 국가론과 결합되어야 한다. 나아가 인간 삶의 양측면을 결합하는 국가는 초자연적인 사회, 즉 교회의 위치와 권리도 또한 인정해야 한다. 그러나 우리는 교회의 권리와 인간의 초자연적 목표의 중요성을 주장하는 나머지

---

58 Hegel, *The Philosophy of Right*, sect. 299와 sect. 185, S. W. Dyde 교수 옮김 (George Bell & Sons, 1896).

국가의 성격을 가볍게 평가하거나 불완전하게 만들지 않도록 주의해야 하는데, 그것은 국가 역시 인간의 세속적 안녕을 자신의 목표로 하는 "완전한 사회"이기 때문이다.

제3부 플라톤

제23장

플라톤의 자연학

01. 플라톤의 자연학 이론들은 플라톤의 유일한 "과학적" 대화편인 『티마이오스』에 들어 있다. 그것은 아마도 플라톤이 약 70세였을 때 쓰여졌을 것으로, 『티마이오스』, 『크리티아스』, 『헤르모크라테스』 삼부작의 첫 번째 작품이 되도록 꾸려졌다.[1] 『티마이오스』는 물질계의 형성과 인간 및 동물들의 탄생을 이야기한다. 『크리티아스』는 어떻게 최초의 아테네인들이 신화적인 아틀란티스 섬에서 건너온 침입자들을 격퇴했는지를 이야기하고, 그 다음에는 어떻게 그 섬 자체가 홍수와 지진으로 침몰되었는지를 이야기한다. 그리고 『헤르모크라테스』는 그리스에서의 문화의 재탄생을 다루도록 되어 있었으며, 미래의 개혁을 위한 플라톤의 제안들로 끝을 맺는다고 추정된다. 그러므로 이상국가나 소크라테스의 국가[2]가 『크리티아스』에서는 과거에 실현되었던 어떤 것으로 묘사되어 있을 것이고, 반면에 미래를 위한 실제 개혁은 『헤르모크라테스』에 제안되어 있을 것이다. 『티마이오스』는 실제로 쓰였고, 『크리티아스』는 미완성으로 남겨졌으나, 『헤르모크라테스』는 전혀 쓰여지지 않았다. 이에 대해 매우 합리적으로 제기되었던 설(說)은 플라톤은 자신이 나이가 드는 것을 의식하고, 자신의 정교한

---

1   *Tim.*, 27 ab 참조.

2   26 c 7–e 5.

역사소설을 완성하려던 생각을 포기하고 자신이 『헤르모크라테스』에서 말하고 싶어 했었던 많은 것들을 『법률』(제3권 이하) 속에 집어넣었다는 것이었다.[3]

그러니까 『티마이오스』는 두 권의 정치 · 윤리적 대화편들에 대한 서문으로서 쓰여졌고, 따라서 플라톤을 말년에 갑자기 자연과학에 대한 강렬한 관심을 가졌던 것으로 묘사하는 것은 정확하지 않을 것이다. 그가 아카데메이아에서 점증하는 과학적 관심에 의해 영향을 받았다는 것은 아마 사실일 것이며, 그가 물질계의 형상들에 대한 관계를 설명하기 위하여 물질계에 관해 무엇인가를 말해야 할 필요를 느꼈음에는 의심의 여지가 없다. 그러나 플라톤의 주된 관심이 윤리적, 정치적 그리고 형이상학적 논제에서 자연과학의 문제로 극단적인 탈바꿈을 했다고 상정할 실제 근거는 없다. 사실상, 그는 『티마이오스』에서 물질계에 대한 설명은 "개연적인" 설명 이상일 수 없다는 것과, 우리는 물질계가 정확하거나 또는 심지어 완전히 시종일관하리라고도 기대해서는 안 된다고 명백하게 말하는데,[4] 이것은 플라톤의 눈에 자연학은 결코 엄밀한 학문, 즉 진정한 의미에서의 학문일 수 없었음을 분명하게 지적하는 문구이다. 그럼에도 불구하고 플라톤의 이데아론의 특별한 성격은 물질적 우주에 대한 어떤 설명을 요구했다. 피타고라스주의자들은 사물은 수(數)라고 주장했던 반면, 플라톤은 사물이 수에 참여한다고 주장했기(자신의 이원론을 간직하고서) 때문에, 그는 이러한 참여가 어떻게 존재하게 되는지에 대한 어떤 설명을 자연학적인 입장에서 제공했던 것으로 생각하는 것이 정당할 것이다.

틀림없이 플라톤은 『티마이오스』를 저술한 또 다른 중요한 이유가 있었는데, 그것은 지성의 작품으로서 조직된 우주를 나타내는 것과, 인간은 지성적인 세계와 감성적인 세계라는 두 세계 모두에 관여한다는 것을 보여주는 것이었다. 그는 "마음은 만물에 질서를 세운다"고 확신하고 있었으며, "재주 있는 한 개인(데모크리토스)이 만물은 무질서하다라고 선언할 때",[5] 그 말에 동의하지 않을 것이다. 반대로, 영혼은 "만물 가

---

3   콘포드(Cornford) 교수가 편집한 *Timaeus*의 서론을 보라.
4   27 d 5-28 a 4와 29 b 3-d 3 참조. 이것은 플라톤이 결코 포기하지 않은 인식론적 · 존재론적 이원론의 결과였다.
5   *Philebus*, 28 c 6-29 a 5.

운데 가장 오래되고 가장 신적인 것이며", "우주에 질서를 세우는 것은 마음"[6]이다. 그러므로 『티마이오스』에서 플라톤은 마음이 만물에 지성적인 질서를 세우는 것을 묘사하며, 불멸적 인간 영혼의 신성한 기원을 보여준다. (전 우주가, 한편으로 지성적이고 영원한 것이고, 다른 한편으로 감각적이고 덧없는 것이라는 이원성을 포함하는 것과 똑같이, 소우주인 인간은 실재의 영역에 속하는 영원한 영혼과 사라지고 소멸하는 육체라는 이원성을 포함한다.) 이 세계를 이렇게 이상적인 전형에 따라 물질계를 형성하는 마음의 작품으로 나타내는 것은, 국가를 확장하여 다루자는 제안의 적절한 서막이 되는데, 그 이유는 국가는 이성적으로 형성되어야 하며 이상적인 전형에 따라 조직되어야지 비이성적이고 "우연적인" 원인들의 장난에 맡겨져서는 안 되기 때문이다.

02.   만약 플라톤이 자신의 자연학 이론들을 "개연적 설명"(εἰχότες λόγοι)으로 생각했다면, 그렇기 때문에 우리는 그 전 작품을 "신화"로 취급할 수밖에 없는가? 무엇보다도 먼저 티마이오스의 이론은 그것이 신화이건 아니건 간에 플라톤의 이론으로 이해되어야 한다. 『티마이오스』는 플라톤 쪽에서 만들어낸 "모조품"이고, "15세기 피타고라스주의의 진술"이며, "피타고라스의 종교와 수학을 엠페도클레스의 생물학과 결합시키려는 교묘한 시도"[7]이기 때문에, "플라톤은 자신이 등장시킨 인물의 이론들 가운데 어떤 것의 세부 내용에 대해서도 그 자신이 책임이 있다고 느꼈을 것 같지 않다"는 테일러(A. E. Taylor) 교수의 생각을 콘포드 교수는 거부하는데, 필자는 이에 동의한다. 이미 나이가 많은 위대하고 독창적인 철학자 쪽에서 본성상 그러한 모조품을 만들었을 것 같지는 않다는 점은 차치하고라도, 아리스토텔레스와 테오프라스토스, 그리고 다른 고대인들이, 콘포드가 지적하는 것처럼, 그 작품의 위조적 성격에 관하여 우리에게 어떠한 암시도 남기지 않았다는 것이 어떻게 가능한가? 만약 이것이 『티마이오스』의 실제 성격이었다면, 그들 모두가 그 사실을 몰랐을 리는 없다. 그리고 우리는 그들이 그러한 흥미로운 사실을 알았는데도, 그들 모두가 그 점에 관하여 절대적으로 침묵

---

6   *Laws*, 966 d 9-e 4.
7   *A Commentary on Plato's Timaeus*, 18-19쪽.

했으리라고 상정할 수 있을까? 『티마이오스』의 진정한 성격이 20세기에 처음으로 세상에 드러났다는 것을 우리에게 믿으라고 요구하는 것은 참으로 너무하는 것이다. 플라톤은 분명히 다른 철학자들(특히 피타고라스주의자들)에게서 빌려 왔다. 그러나 티마이오스의 이론들은 그것이 빌려온 것이건 아니건 간에 플라톤 자신의 것이다.

둘째, 그 이론들은 비록 티마이오스의 입을 통하여 말하지만 플라톤 자신의 이론들이고, 그것들은 우리가 보았듯이 "개연적 설명"을 이룬다. 따라서 엄밀하고 과학적인 설명을 의도하는 것으로 이해되어서는 안 된다. 그것은 플라톤은 그러한 정확한 과학적 설명이 가능하다고 생각하지 않았다는 매우 단순한 사실 때문이다. 그는 우리는 우리가 "단지 인간일 뿐이다"라는 점을 기억해야 하며, 따라서 "개연적인 이야기"를 받아들여야 하며 "그 이상의 것은 아무것도 찾지 말아야"[8] 한다고 말할 뿐만 아니라 ─이 말은 참인 자연과학을 불가능하게 만드는 것은 바로 인간의 약점임을 함축하는 말이다.─ 그러한 말 이상의 것을 주장하기도 하는데, 그것은 그가 엄밀한 자연과학의 이러한 불가능성을 명백하게 "주관의 본질" 탓으로 돌리는 것을 보면 알 수 있다. 단지 개연성에 불과한 것에 대한 설명은 "그것 자체가 단지 개연적인 것일 뿐일 것이다.", "전화(轉化)의 존재에 대한 관계는 신념의 진리에 대한 관계이다."[9] 그러므로 이론들은 "개연적"이거나 있음직한 것으로서 제시된다. 그러나 그것이, 플라톤이 이런저런 이유로 알려주고 싶지 않은, 보다 엄밀한 어느 한 이론을 상징화하기 위하여 이론들이 의식적으로 짜여졌다는 의미에서, "신화적"임을 의미하지는 않는다. 『티마이오스』의 이런저런 측면이 의식적인 상징주의일 수는 있다. 그러나 우리는 각 경우를 그것에 고유한 장점에 근거하여 주장해야만 하며, 우리가 플라톤 자연학 전체를 단순하게 신화로 물리치는 것은 정당화되지 못한다. "나는 물질계에 대한 엄밀한 설명이 가능하다고 생각하지 않지만, 다음의 설명은 다른 어떤 설명만큼 그럴듯하거나 또는 다른 어떤 설명보다도 더 그럴듯하다"고 말하는 것과, "나는 다음의 설명을 내가 남에게 알리지 않으려고 하는 어떤 엄밀한 설명에 대한 신화적이고 상징적이며 비유적인 표현으로서 제

---

8   *Tim.*, 29 d 1-3.
9   *Tim.*, 29 c 1-3.

시한다"고 말하는 것은 다르다. 물론, 만약 우리가 공인된 상태에서 "그럼직한" 설명을 "신화"로 부르고자 한다면, 『티마이오스』는 확실히 신화이다. 그러나 만일 당신이 "신화"로 저자가 명백하게 인식했으나 자신만이 간직하고 있는 진리에 대한 상징적이고 비유적인 표현을 의미한다면, 그것은 신화가 아니다(적어도 전체적으로는). 플라톤은 자신이 할 수 있는 최선을 다할 생각이며, [또 실제로] 그렇게 말한다.

03.　　플라톤은 이 세계의 생성에 대하여 설명하기 시작한다. 감성계는 전화(轉化)이고, "전화하는 것은 필연적으로 어떤 원인의 작용을 통하여 전화해야만 한다."[10] 문제의 작용인(作用因)은 신적인 장인(匠人) 또는 데미우르고스이다. 그는 조화롭지 못하고 무질서한 운동을 하는 모든 것들을 "접수"[11]하여 그것들에게 질서를 부여하고, 영원하고 이상적인 전형에 따라 물질계를 형성하며, 그것을 "영혼과 이성을 가진 생물"[12]로 만드는데, 이상적인 생물의 유형에 맞추어서, 즉 "신들이라는 천상족과 대기를 가로질러 나르는 날개 달린 것들과, 물속에 사는 모든 것들과, 메마른 땅 위를 걸어다니는 모든 것들"[13]의 형상들을 자신의 내부에 포함하고 있는 형상에 맞추어서 그렇게 만드는 것이다. 오직 하나의 이상적인 생물만이 존재하기 때문에, 데미우르고스는 단 하나의 세계만을 만들었다.[14]

04.　　데미우르고스가 그렇게 활동하는 동기는 무엇인가? 데미우르고스는 선하며, "만물이 가능한 한, 자기 자신처럼 되게 되기를 원했고", 질서가 무질서보다 낫다고 판단했으며, 모든 것을 최상의 것으로 만들었다.[15] 그는 자신이 가용할 수 있는 물질적인 것에 의하여 제한을 받고 있었으나, 그것을 가지고 그가 할 수 있던 최선을 다하여 그것을 "가능한 한 훌륭하고 완전한 것으로" 만들었다.

10　　28 c 2-3.
11　　30 a 3-4.
12　　30 b 1-c 1.
13　　39 e 3-40 a 2.
14　　31 a 2-b 3.
15　　29 e 3-30 a 6.

05.　우리는 데미우르고스라는 인물을 어떻게 생각해야 하는가? 데미우르고스는 최소한 이 세계 안에서 작용하고 있는 신(神)의 이성을 나타냄에 틀림없다. 그러나 그는 창조주 신은 아니다. 『티마이오스』를 보면, 데미우르고스는 이미 존재하고 있는 물질을 "접수"하여 그것을 가지고 최선을 다했음이 분명하다. 확실히, 그가 그것을 무(無)에서부터 창조했다고는 말할 수 없다. "이 우주의 생성은 필연과 이성이 결합한 혼합된 결과였는"[16]데, [여기서] 필연은 또한 잘못된 원인이라고도 불린다. 당연히 단어 "필연"은 우리에게 정해진 법의 지배를 암시하지만, 이것이 정확하게 플라톤이 의미했던 것은 아니다. 만약 우리가 이 세계는 지성의 도움이 없이 원자들로 만들어져 있다는 데모크리토스적이거나 에피쿠로스적인 우주관을 취하면, 우리는 플라톤이 필연으로 의미했던 것, 즉 무목적적인 것으로서 지성에 의하여 형성되지 않은 것에 대한 하나의 예를 가지는 것이다. 만약 우리가 원자론적 체계에서는 이 세계의 기원이 원자들의 "우연한" 충돌의 탓으로 여겨진다는 사실도 또한 염두에 둔다면, 우리는 플라톤이 어떻게 필연을 우연이나 잘못된 원인과 관련시킬 수 있었는지를 보다 쉽게 알 수 있다. 우리들에게 이것들은 대립되는 개념들로 보일 수 있으나, 플라톤에게 있어 그것들은 서로 유사하다. 왜냐하면 그것들은 둘 다 지성과 의식적인 목적이 관여하지 않는 것을 가리키기 때문이다. 그리하여 플라톤은 『법률』에서 이 세계가 "마음이나 어떤 신(神)의 활동에 의해서이거나 또는 작위(作爲)로부터가 아니라, 자연과 우연에 의해서 (φύσει καὶ τύχη)", 또는 필연적으로(ἐξ ἀνάγκης) 발원했다고 선언하는 사람들이라는 말을 할 수 있는 것이다.[17] 운동은 다른 원자의 이전 운동에 기인하기 때문에, 우주는 필연의 탓이라고도 말할 수 있을 것이지만, [위의] 그러한 우주관의 특징을 아리스토텔레스[18]는 이 세계를 자발성(τὸ αὐτόματον)의 탓으로 돌리는 것이라고 단정한다. 그러므로 "자발적으로"와 "우연하게"와 "필연적으로"의 세 개념들은 동류적 개념들이다. 요소들은 그것들이 스스로에게 맡겨진 것으로 간주되면, 취해진 관점에 따라서 자발적으로 또는 우연히 또는 필연적으로 진행한다. 그러나 이성의 작용이 도입되지 않는다

16　47 e 5-48 a 2.
17　*Laws*, 889 c 4-6.
18　*Physics*, B. 4, 196 a 25.

면, 그것들은 목적에 이바지하지 않는다. 그러므로 물질적인 것이 부분적으로 다루기 어렵고 이성의 작용에 완전하게 복종할 수 없음에도 불구하고, 플라톤은 이성이 필연을 "설득한다"고, 즉 "맹목적인" 원소들을 계획과 의식적인 목적에 이바지하도록 만든다고 말할 수 있는 것이다.

그렇다면 데미우르고스는 창조주 신은 아니었다. 게다가 플라톤은 이 세계가 단순히 무질서한 혼돈이었던 역사적 시기가 있었다는 의미에서, "혼돈"을 실제 사실 속에 언제고 존재하는 것으로는 결코 생각하지 않았을 가능성이 매우 크다. 아주 소수의 반대 목소리들(플루타르코스와 아티쿠스)이 있기는 했으나, 어쨌든 이것이 아카데메이아의 전통이었다. 아리스토텔레스가 『티마이오스』에 나오는 이 세계 형성에 대한 설명을 시간 속에서의 형성에 대한 설명으로 해석하는 것(또는 적어도 그렇게 해석될 수 있다고 그것을 비판하는 것)은 사실이다. 그러나 그는, 아카데메이아의 구성원들은 세계 형성을 설명할 때 혼돈이 언제든 실제로 존재하리라고 상정하지 않고, 우주를 이해하기 위하여 해설의 목적상 단순히 그렇게 하고 있는 것이라고 공언했다고 분명하게 말한다.[19] 신(新)플라톤주의자들 가운데 프로클로스가 이러한 해석을 내리며[20] 심플리키우스도 그러하다.[21] 만약 이 해석이 정확하다면, 데미우르고스는 창조주 신(神)을 더욱 덜 닮았다. 그는 이 세계에서 작용하는 지성의 상징이며, 『필레보스』에 나오는 천지의 왕[22]이다. 더구나, 『티마이오스』 자체 내에서 플라톤이 "우주의 창조자와 아버지를 발견하기란 어려우며, 그를 발견하고 난 다음에도 그에 대하여 만인에게 이야기하는 것은 불가능하다"[23]고 주장한다는 사실을 명심해야 한다. 그러나 만약 데미우르고스가 상징적인 인물이라면, 『티마이오스』에서 행해지는 데미우르고스와 형상들의 예리한 구별은 단지 비유적인 표현에 불과할 수도 있다. 형상들을 취급함에 있어 나는 마음과 형상들과 일자(一者) 사이의 관계에 대한 신(新)플라톤주의적 해석이라고 불릴 수 있는 것 쪽

---

19   *De Caelo*, 279 b 33.
20   i, 382; iii, 273.
21   *Phys.*, 1122, 3.
22   28 c 7-8.
23   28 c 3-5.

으로 기울어져 있었으나, 형상은 마음이나 지성의 관념일 수 있을 것이라는 점을 인정했다. 어쨌든, 이 세계 밖에 있는 신적(神的)이며, 형상들과 전적으로 분리된 장인(匠人)으로서의 데미우르고스 묘사를 글자 그대로 받아들여야 한다고 상정할 필요는 없다.

06. 데미우르고스는 무엇을 "인계"받았는가? 플라톤은 "모든 전화(轉化)의 수용자, 말하자면 양성소"[24]라고 말한다.

후에 그는 이것을 "영원히 존재하며, 파괴는 허용되지 않는 공간"으로 기술한다. 그것은 "존재하는 만물을 위하여 어떤 상황을 제공하지만, 그것 자신은 감각 없이 일종의 의사(擬似) 추론에 의해서 파악되며, 신념의 대상은 아니다."[25] 그러므로 공간은 주된 원소들을 만들어내는 재료가 아니라, 그것들이 나타나는 곳이다. 플라톤이 그것을 형체를 주조해내는 금에 비유하는 것은 사실이다.[26] 그러나 그는 공간은 "자신의 고유한 특성으로부터 결코 일탈하지 않는다"고 계속하여 말한다. "왜냐하면 그것은 언제나 만물을 받아들이고 있으며, 그 어떤 방식으로도 결코 그것 안으로 들어오는 사물들과 유사한 그 어떤 성격을 띠지 않기 때문이다."[27] 그렇다면 공간이나 수용자는 주요한 성질들이 만들어지는 질료가 아니라, 그것들이 나타나는 장소임 직하다.

플라톤은 4원소들(흙, 공기, 불 그리고 물)은, 끊임없이 변화하기 때문에 실체라고 말할 수 없다고 말한다. "왜냐하면 그것들은 미끄러져 나아가서 '저것'이나 '이것' 또는 그것들을 영원한 존재를 가지고 있는 것으로 기술될 수 있도록 멈추어주지 않기 때문이다."[28] 그것들은 차라리 속성이라고 불려야 할 것인데, 왜냐하면 수용자 속에서 나타나며, "그 안에서(ἐν ᾧ) 그것들 모두가, 나타나고 다시 그 밖으로 사라져버리고 함으로써, 언제나 생성되고 있기"[29] 때문이다. 그러므로 데미우르고스는 ① 수용자를 "인계"받았는데, 그 수용자는 "비가시적이고 특징이 없으며 모든 것을 수용하고, 매우 혼란

---

24 49 a 5-6.
25 52 a 8-b 2.
26 50 a 5-b 5.
27 50 b 7-c 2.
28 49 e 2-4.
29 49 e 7-50 a 1.

스러운 어떤 방식으로 지성적인 것에 참여하며 이해하기가 매우 어려운 일종의 사물이다."[30] 그리고 그것은 ② 주요한 속성들을 "인계"받았는데, 그것들은 그 수용자 속에 나타나며 데미우르고스는 형상들을 본따서 그것들을 빚거나 짓는다.

07.　　계속해서 데미우르고스는 4개의 주요한 원소들에 기하학적 형체들을 부여한다. 플라톤은 입체들의 정사각면들과 직사각면들이 만들어지는 직각 이등변 삼각형들(반(半)직사각형)과 직각 부등변 삼각형이나 반직사각형을 골라냄으로써, 사물들을 오로지 삼각형들로만 되돌려서 다룬다.[31] (누군가가 플라톤이 왜 삼각형에서 시작하는지를 물으면, 플라톤은 "신(神)은 더 요원한 원리들과 자신이 좋아하는 사람들을 아신다"고 대답한다.[32] 『법률』[33] 에서 그는 사물들이 "감관에 지각될 수 있게" 되는 것은 오직 3차원에 도달되었을 때뿐임을 지적한다. 그러므로 평면이나 2차원에서 출발하고, 보다 요원한 원리들은 그냥 두어도 해설의 목적을 위해서는 충분하다.) 그러면 입체들은 건설되는데, 정육면체는 흙에(가장 부동적인 또는 움직이기 어려운 것으로서) 배정되고, 피라미드는 불에("가장 동적"이며 "사방에 가장 날카로운 단면(斷面)들과 가장 뾰족한 점들을" 가진 것으로서), 8면체는 공기에, 그리고 20면체는 물에 각각 배정된다.[34] 이러한 물체들은 너무 작아서, 우리는 비록 집적된 덩어리는 지각할 수 있지만 그것들 가운데 단일한 어느 하나도 지각할 수 없다.

　　예를 들어, 물이 불의 작용 하에서 스스로를 구성하고 있는 삼각형들로 파괴되고, 이 삼각형들은 공간 안에서 똑같은 형체나 또는 다른 형체들로 다시 결합할 수 있는 것을 보면, 기본적인 입체들이나 입자들은 다른 입자로 변형될 수 있고 또 변형된다. 그러나 흙은 예외인데, 왜냐하면 비록 그것이 파괴되더라도, 그것을 구성하고 있는 삼각형들(정육면체를 생성시키는 직각 이등변 삼각형들 또는 반직사각형들)은 그것에만 고유한 것이라서, 흙-입자들은 "그 어떤 다른 종류로도 결코 변할 수가 없기"[35] 때문이다. 아

30　　51 a 7-b 1.
31　　53 c 4 이하 참조.
32　　53 d 6-7.
33　　894 a 2-5.
34　　55 d 6 이하.
35　　56 d 5-6.

리스토텔레스는 비이성적이고 관찰에 의하여 지지되지 않는다는 이유로 흙을 편들어 만들어진 이 예외에 반대한다.[36] (입자들은 "운동이나 힘(力)"[37]으로 이야기되며, 분리된 상태에서는 "그것들 자신에 고유한 성질의 어떤 흔적"[38]을 가지고 있다. 그러므로 리터는 "질료는 공간에서 활동하는 것으로 정의될 수 있다"[39]고 말한다.) 주요한 원소들로부터 우리가 알고 있는 물질들이 나온다. 예를 들면, 구리는 "물의 밝고 견고한 종류들 가운데 하나"이며, 흙의 입자를 포함하고 있는데, "그것은 그 두 물질이 시간의 작용에 의하여 분리되기 시작할 때", 스스로 표면 위에 녹청의 결정으로서 나타난다.[40] 그러나 플라톤은 물질들의 유(類)와 성질을 열거하는 것은 "레크리에이션"을, 즉 순수한 즐거움을 제공하는 "진지하고 분별 있는 유희"를 크게 넘어서는 것이 아니라고 말한다.[41]

08.   데미우르고스는 세계영혼을 창조하는 것으로 묘사되어 있는데(『파이드루스』에는 영혼은 창조되지 않는다고 진술되어 있기 때문에, 플라톤이 이것이 글자 그대로 받아들여지기를 의도했다는 것은 그럴듯해 보이지 않지만),[42] 그 세계영혼은 ① 중간적 존재(즉 형상이라는 비가분적 존재와 순수하게 감각적인 사물들이라는 가분적 존재 또는 전화(轉化) 사이에 중간적인), ② 중간적 동일성, 그리고 ③ 중간적 상이성으로 구성된 혼합체이다.[43] 불멸의 영혼들 또한 데미우르고스에 의하여 세계영혼과 같은 성분으로 빚어지기 때문에,[44] 세계영혼과 모든 불멸의 영혼들은 두 세계 모두에 참여한다는 결론이 나온다. 불변의 세계에는 그것이 불멸이고 지성적이기 때문에, 참여하고, 변화하는 세계에는 그것이 스스로 살아가고 변화하고 있기 때문에, 참여하는 것이다. 항성들과 행성들은 천상(天上)의 신(神)들인 지

---

36   *De Caelo*, 306 a 2.
37   56 c 4.
38   53 b 2.
39   *Essence*, 261쪽.
40   59 c 1-5.
41   59 c 5-d 2.
42   246 a 1-2.
43   35 a 1 이하. *Proclus*, ii, 155 콘포드판 *Timaeus* 59쪽 이하 참조.
44   41 d 4 이하.

성적 영혼들을 가지고 있으며,[45] 데미우르고스가 만들어서 그 지성적 영혼들에게 인간의 영혼과 인간의 육체 가운데 가멸적 부분들을 빚어내는 역할을 맡겼다.[46] 『파이드루스』를 보면, 인간의 영혼은 실제로 시작이 전혀 없었던 것처럼 보일 것인데, 『법률』에서는 그 문제가 미해결로 남아 있는 것으로 여겨지는 것이 비록 사실이지만, 프로클로스는 플라톤을 그러한 의미로 해석한다.[47]

시인들이 그 계보를 이야기했던 전통적인 그리스 신인(神人)들에 관하여, 플라톤은 "그들의 발생을 알고 밝히는 것은 우리에게는 너무도 과한 일이다"라고 말한다. "확립되어 있는 관례를 따르는 것"[48]이 최선이다. 플라톤은 신인동형론적(神人同形論的)인 신인들의 존재에 관해서는 불가지론적이었던 것으로 보이지만,[49] 신인들을 노골적으로 배척하지는 않으며, 『에피노미스』에서는[50] 천상의 신들의 존재뿐만이 아니라, 보이지 않는 영혼들(그들은 아리스토텔레스 이후의 그리스 철학에서 커다란 역할을 하도록 되어 있었다)의 존재도 그려져 있다. 그러므로 플라톤은 비록 그리스 신인들의 발생과 계보에 대한 이야기들을 신뢰하지 않고, 그들이 실제로 그리스인들이 대중적으로 생각했던 형태로 존재했는지에 대해 아마도 의심을 품고 있었을 것이나, 그들에 대한 전통적인 숭배를 지지한다.

09.   데미우르고스는 우주를 건설하고 난 이후에, 그것을 그것의 전형인 생물이나 존재에 보다 유사하도록 만들기를 추구했다. 그런데 존재는 영원하지만, "생성된 사물들에게 이 성격을 완전하게 부여하는 것은 불가능했다. 그러나 그는 영원성에 대해 운동하는 초상화를 그린다는 생각을 했다. 그리고 그는 하늘에 질서를 세움과 동시에, 단일성 속에 거주하는 영원성에 대한, 수(數)에 따라 항구적으로 운동하는 초상화를 만

---

45   39 e 10-42 a 1.
46   41 a 7-d 3, 42 d 5-e 4 참조.
47   781 e 6-782 a 3.
48   *Tim.*, 40 d 6-41 a 3.
49   *Phaedrus*, 246 c 6-d 3 참조.
50   984 d 8-e 3.

들었는데, 그것은 우리가 시간이라고 이름 붙인 것이다."⁵¹

시간은 구(球)의 운동이며, 데미우르고스는 인간에게 시간의 단위를 제공할 수 있는 밝은 태양을 주었다. 다른 천체들의 밝음에 비해, 태양의 밝음은 인간으로 하여금 낮과 밤을 구별할 수 있게 한다.

10. 인간의 신체와 능력이나 동물들의 신체나 능력 등의 형성에 관한 세부 사항으로 파고들어가는 것은 불가능하다. 플라톤이, "신들은 얼굴이 등보다 더 영예롭고 이끌기에 알맞다고 생각하시고, 대부분 그 방향으로 우리에게 운동을 주셨다"⁵²는 그의 재미있는 말에서 그랬던 것처럼, 목적성을 강조한다는 것을 지적하는 것으로 충분할 것이다.

이 세계 형성에 대한 전체 설명의 결론은, "생물들에 대한 가멸적 및 불멸적 보완물들을 완전히 받아들이고 나자, 이 세계는 그 결과로 가시적인 모든 사물들을 포괄하는 가시적인 생물이 되었는데, 그것은 지성의 이미지, 즉 위대성, 탁월성 그리고 아름다움과 완전성에 있어서 최고인 지각가능한 신(神)의 이미지이며, 종류가 하나이고 단일한 이 하늘의 이미지이다"라는 것이다.⁵³

---

51   *Tim.*, 37 d 3-7.
52   *Tim.*, 45 a 3-5.
53   *Tim.*, 92 c 5-9.

제24장

예술

1. 아름다움

01. 플라톤은 자연의 아름다움을 이해하고 있었을까? 이 질문에 대한 의견을 형성할 근거자료는 많지 않다. 그러나 『파이드루스』의 시작 부분에 자연경관에 대한 기술이 있으며,[1] 『법률』의 시작 부분에도 약간의 유사한 언급이 있다.[2] 비록 그 두 경우 모두, 경치의 아름다움이 다소 실용적인 관점에서, 한적한 장소로서 또는 철학적 논의의 배경으로서 감상되기는 하지만 말이다. 플라톤은 물론 인간의 아름다움도 알고 있었다.

02. 플라톤은 예술을 실제로 이해하고 있었을까? (이 질문이 제기되는 것은 오로지 그가 극작가들과 서사시인들을 도덕적인 근거에서, 이상국가로부터 추방시켰기 때문인데, 그러한 추방에 대한 그의 주장은 결과적으로 그가 문학과 예술에 대한 어떠한 실제적 이해도 없었다는 것을 의미할 것이기 때문이다.) 플라톤은 형이상학적인 고려와 무엇보다도 도덕적인 고려 때문에 대부분

---

[1] 230 b 2 이하.
[2] 625 b 1–c 2.

의 시인들을 국가로부터 추방시켰다. 그러나 확실히 플라톤은 그들 작품의 매력을 잘 알고 있었다는 증거들이 적지않게 있다.『국가』398 시작 부분에 나오는 말들은 전적으로 비꼬는 것으로 보이지는 않는다. 그리고 똑같은 대화편 383에서는 소크라테스가 "비록 우리가 호메로스에 나오는 많은 것을 찬양하지만, 제우스가 터무니없는 한 바탕 꿈을 아가멤논에게 보내는 것인 이것을 우리는 찬양하지 않을 것이다"라고 단언한다. 그와 유사하게, 플라톤은 소크라테스를 이렇게 말하도록 만든다. "나는, 내가 유년기 때부터 품고 있는 호메로스에 대한 사랑과 외경이 내가 말하는 것을 방해함에도 불구하고, 말하지 않을 수 없다. 그는 이 멋진 비극 극단(悲劇 劇團)의 최고 스승이며 지도자로 보이지만, 진리에 앞서서 존경되어서는 안 되는 사람이며, 나는 필요한 것들을 털어놓지 않을 수 없다."[3] 다시, "우리는 호메로스는 시인들 가운데 가장 위대한 시인이며 비극작가들 가운데 최초의 작가라는 것을 인정할 준비가 되어 있다. 그러나 우리는 신(神)들에 대한 찬송과 선(善)에 대한 찬미만이 우리의 국가 안으로 허용해 들여야 할 유일한 시(詩)라는 것을 인정해야만 한다."[4] 플라톤은, 시와 다른 예술들이, 자신들의 제목이 잘 정비된 국가 안으로 허용되어 들여짐을 입증할 경우에만, "우리는, 우리 스스로가 그것의 매력을 크게 인정하고 있다는 것을 알고, 그것을 받아들이게 되어 기쁠 것이다. 그러나 우리는 그것 때문에 진리를 배반하지는 않을 것이다"라고 분명히 말한다.[5]

이러한 논점들을 염두에 둔다면, 플라톤을 예술과 문학에 관한 무식쟁이로 기록할 수는 없다. 그리고 만약 시인들에 대한 그의 이해의 찬사는 본의 아닌 의례적 찬사에 불과하다는 설이 제기된다면, 우리는 플라톤 자신의 예술적 성취를 지적할 수 있다. 만약 플라톤 스스로가 그 어떤 정도로도 예술가의 정신을 보여준 적이 없었다면, 시인들의 매력에 관한 그의 말들은 단순히 관습 때문이었거나 또는 심지어 어조상 비꼬는 것이었다고 생각할 수 있을 것이다. 그러나 말하고 있는 사람이『향연』과『파이돈』의 저자라는 것을 고려할 때, 예술과 문학에 대한 플라톤의 비난이나 또는 적어도

---

3   595 b 9-c 3.
4   607 a 2-5.
5   607 c 3-8.

엄격한 제한이 미적(美的)인 무감각에 기인했다고 믿는 사람이 있으리라고 기대하는 것은 정말이지 너무 심한 것이다.

03. 　　플라톤의 미학(美學)은 무엇인가? 플라톤이 아름다움을 객관적으로 실재적인 것으로 간주했다는 것에는 의문의 여지가 없다. 『대 히피아스』와 『향연』 모두에는 모든 아름다운 것들은 그것들이 보편적인 아름다움, 즉 아름다움 그 자체에 참여하는 덕택에 아름답다고 가정되어 있다. 그러므로 소크라테스가 "그렇다면, 아름다움 역시 실재적인 어떤 것이다"라고 말할 때, 히피아스는 "왜 실재적이라고 묻는가?"[6]라고 대답한다.

　　그러한 이설(理說)의 명백한 결론은 아름다움에 등급이 있다는 것이다. 왜냐하면 만약 실재하는 아름다움이 있다면, 아름다운 사물들은 많게든 적게든 이 객관적인 규범에 근접할 것이기 때문이다. 그러므로 『대 히피아스』에서는 상대성이라는 개념이 도입된다. 가장 아름다운 원숭이라고 할지라도 아름다운 인간에 비교하면 추할 것이고, 아름다운 냄비도 아름다운 여자에 비교하면 보기 싫을 것이다. 또 아름다운 여자도 신과 비교하면 추할 것이다. 그러나 아름다움 그 자체는, 모든 아름다운 것들이 아름답게 되는 참여 때문에 "아름답다고 불리는 것만큼이나 당연하게 추하다고도 불릴 수 있는"[7] 그 어떤 것으로 상정될 수 없다. 오히려 그것은 "어떤 데서는 아름답고, 어떤 데서는 추한 그런 것이 아니요, 때로는 아름답고 때로는 아름답지 않은 것도 아니요, 어느 한 사물에 대해서는 아름답고 다른 사물에 대해서는 보기 흉한 것이 아니라, 여기는 아름답고 저기는 추한 것이 아니라, 어떤 사람들의 평가로는 아름답고 다른 사람들의 평가로는 보기 흉한 것이 아니라, (…) 그러나 (…) 영원히 그 스스로 실재하며 그 스스로에 있어서 단일형상적인 것이다."[8]

　　이 최고의 아름다움은, 절대적이며 모든 참여해 있는 아름다움의 근원이기 때문에 아름다운 사물일 수는 없으며, 따라서 물질적일 수도 없다는 결론 역시 도출된다.

6　　*H.M.*, 287 c 8-d 2.

7　　*H.M.*, 289 c 3-5.

8　　*Sympos.*, 211 a 2-b 2.

그것은 초감성적이고 비물질적이어야 한다. 그렇다면 우리는, 참된 아름다움이 초감성적이라면, 아름다운 예술작품들이나 문학작품들은, 그 어떤 다른 고려는 차치하더라도, 아름다움 그 자체는 비물질적인데 반하여 그것들은 물질적이기 때문에 아름다움의 사다리에서 필연적으로 비교적 낮은 단계를 차지할 것임을 곧 알 수 있다. 그것들은 감관들에 호소하지만, 반면에 절대적인 아름다움은 지성에 호소한다(그리고 만약 우리가 플라톤의 에로스 개념을 고려한다면, 사실상 이성의 의지에 호소한다). 이제 아무도 감성적인 사물들로부터 "신성하고 순수하며 단일형상적인 아름다움 그 자체"에로의 상승이라는 플라톤의 개념에 대하여 의문을 제기하려고 하지는 않을 것이다. 그러나 초감성적 아름다움에 대한 이설(理說)은 (그것이 순수하게 비유적인 것이 아니라면) 아름다움이 현현하는 모든 경우에 아름다운 것에 적용될 아름다움에 대한 어떠한 정의도 형성하는 것을 불가능하게 만든다.

『대 히피아스』에서는[9] "유용한 것은 무엇이든 아름답다"는 제안이 제시된다. 그러므로 능률이 아름다움일 것이다. 능률적인 트리에레스선(trireme)이나 능률적인 제도는 그것이 능률적인 덕택으로 아름다울 것이다. 그러나 그렇다면 최고의 아름다움은 어떤 의미에서 유용하거나 능률적이라고 생각될 수 있는가? 만약 그 이론이 일관적이라면, 최고의 아름다움은 절대적인 유용성이거나 능률이라야 하는데, 사람들은 그것은 받아들이기 어려운 생각이라고 여길 것이다. 그러나 소크라테스는 하나의 제약(制約)을 도입한다. 아름다운 것이 유용하거나 능률적이라면, 그것은 선한 목적을 위해서 유용한가 또는 악한 목적을 위해서 유용한가 또는 두 가지 목적 모두를 위해서 유용한가? 그는 악한 목적을 위하여 능률적인 것이 아름답다는 생각은 받아들이지 않을 것이고 따라서 그것은 선한 목적을 위하여 유용한 것, 즉 참으로 유익한 것이 아름다움이라는 것이라야만 한다. 그러나 아름다운 것이 유익한 것, 즉 좋은 어떤 것을 생산하는 것이라면, 원인(原因)과 그 산물(産物)이 동일한 것일 수 없듯이 아름다움과 선함은 동일한 것일 수 없다. 그러나 소크라테스는 아름다운 것이 동시에 선하지 않다는 결론을 받아들일 수 없기 때문에, 아름다운 것은, 예를 들면 아름다운 사람과 색무

---

9 295 c 1 이하.

늭 그리고 그림과 조상(彫像), 아름다운 목소리와 음악과 시가(詩歌)와 산문처럼 눈이나 귀에 즐거움을 주는 것이라는 설을 제기한다. 물론 이 정의가 최고의 아름다움을 비물질적이라고 단정짓는 것과는 잘 일치하지 않지만, 그것은 그 사실과는 전혀 별도로 또 다른 어려움에 빠져든다. 보기를 통해서 쾌락을 주는 것은, 단순히 그것이 보기를 통하여 발생한다는 이유만으로, 아름다울 수 없다. 왜냐하면 그렇다면 아름다운 음조는 아름답지 않을 것이기 때문이다. 또 음조 역시 그것이 듣는 감관에 쾌락을 준다는 바로 그 이유로 아름다울 수는 없다. 왜냐하면 그 경우 보이기는 하지만 들리지는 않는 조상(彫像)은 아름답지 않을 것이기 때문이다. 그러므로 보기나 듣기의 미적 쾌락을 일으키는 대상들은 그것들을 아름답게 만들며 보기와 듣기 모두에 속하는 어떤 공통적인 특성을 공유하고 있음이 틀림없다. 이 공통적 특성은 무엇인가? 보기와 듣기의 쾌락은 "쾌락들 가운데 가장 무해한 쾌락이고 최선의 쾌락"이므로, "유익한 쾌락"일까? 만약 그렇다면, 우리는 아름다움은 선할 수 없으며 선한 것도 아름다울 수 없다는 과거의 입장으로 되돌아와 있는 것이라고 소크라테스는 말한다.

만약 아름다움에 대한 앞의 정의와 같은 어떤 것이 주장된다면, 그것은 플라톤의 일반적인 형이상학적 입장과 모순될 것이다. 만약 아름다움이 초월적인 형상이라면, 그것이 도대체 어떻게 보고 듣는 감관들에 쾌락을 주는 것일 수 있는가?『파이드루스』에서[10] 플라톤은 지혜와는 달리, 오직 아름다움만이 스스로를 감관들에 현시하는 특권을 가지고 있다고 선언한다. 그러나 그것은 그 자체로서 아름다운 것을 통해서 자신을 현시하는가 또는 그렇지 않은가? 만약 그렇지 않다면, 실재적인 현시가 어떻게 존재할 수 있는가? 또 만약 그렇다면, 아름다움을 현시하는 감성적인 것과 초감성적인 현시되는 아름다움은 하나의 공통적인 정의(定義)로 합일되는가? 만약 합일된다면, 어떤 정의로 합일되는가? 플라톤은 두 유형의 아름다움을 모두 포괄할 어떤 정의도 실제로 제공하지 않는다.『필레보스』에서 그는 참된 쾌락을 아름다운 형체들과 색깔들과 소리들로부터 발생하는 것으로 이야기하며, 계속해서 자신이 "직선들과 곡선들" 그리고 "순수하고 부드러우며 단일한 순수 음색을 내는 그런 소리들"을 언급하고 있다고

---

10   250 d 6-8.

설명한다. 이것들은 "그 밖의 어떤 것에 상대적으로 아름다운 것이 아니라, 자신의 본래 특질상 아름답다."[11] 문제의 구절에서 플라톤은 아름다움에 대한 지각에 속하는 쾌락과 아름다움 그 자체를 구별하며, 그의 말들은 "박자와 균형은 어디에서나 아름다움과 덕(德)으로 변한다"는 그의 진술[12]과 연결하여 읽혀야 하는데, 그 진술은 아름다움은 분량과 균형(μετριότης χαὶ συμμετρία)에 있다는 것을 의미한다. 아마도 이것이 감성적 아름다움 및 초감성적 아름다움에 적용될 아름다움에 대해 플라톤이 제공하는 정의에 가장 근접할 것이다(그는 두 가지의 아름다움이 모두 존재하며, 그 하나는 다른 하나의 복사물이라고 가정했음이 분명하다). 그러나 대화편들 속에 흩어져 있는 아름다움에 관한 논평들을 고려한다면, 비록 『필레보스』에 제시된 정의가 가장 유력한 것으로 여겨지겠지만, 플라톤은 "미(美)와 선(善)의 동일시가 인정된다고 말하는 것이 전적으로 가능할 개념들이 섞여 있는 그 많은 개념들 사이에서"[13] 방황하고 있다는 것을 인정해야 할 것 같다.

2. 플라톤의 예술론

01. 플라톤은 예술의 기원은 자연적 표현 본능 속에서 찾아야 한다고 암시한다.[14]

02. 그 형이상학적 측면이나 그 본질에 있어, 예술은 모방이다. 형상은 범형(範型)적이고 원형적이다. 자연적 대상은 모방(μίμησις)의 예이다. 그런데, 예를 들어 어느 한 사람에 대한 그림은 자연적인 특수한 한 사람에 대한 복사 또는 모방이다. 그러므로 그것은 모방의 모방이다. 그러나 진리는 형상에서 찾아져야 적절하다. 따라서 예술가의 작품은 진리에서 두 단계나 떨어져 있다. 그러므로 무엇보다도 진리에 관심이 있었던 플라톤은, 그가 조상(彫像)과 그림과 문학의 아름다움과 매력을 아무리 많이 느꼈다

---

11   51 b 9-c 7.
12   *Phil.*, 64 e 6-7.
13   *Aesthetic*, by Benedetto Croce, 165-6쪽(Douglas Ainslie 옮김, 제2판, Macmillan, 1929).
14   *Laws*, 653-4, 672 b 8-c 6 참조.

344   제3부 플라톤

고 하더라도, 예술을 비난하지 않을 수 없었다. 예술에 대한 이러한 비판적 견해는『국가』에서 강하게 나타나는데, 그는 그곳에서 그 견해를 화가와 비극 시인 등에 적용한다.[15] 그가 화가는 외양을 모방하는 자이지 사실을 모방하는 자가 아니기 때문에, 화가는 대상들을 정확하게 복사조차 하지 못한다고 말할 때처럼,[16] 그의 평들은 때때로 약간 희극적이다. 침대를 그리는 화가는 그것이 감관에 직접적으로 나타나는 대로, 오직 하나의 관점에서 그것을 그린다. 시인은 자신이 이야기하고 있는 사물들에 대한 그 어떤 실재적 지식도 없이, 치료, 전쟁 등등을 묘사한다. 결론은 "모방적인 예술은 진리로부터 멀리 떨어져 있음이 틀림없다."[17]는 것이다. 그것은 "실재보다 두 단계 아래에" 있으며 "단순한 외양이지 실재가 아니기 때문에, 진리에 대한 아무런 지식이 없이도 생산하기가 매우 쉽다."[18] 실재에 대한 이러한 그림자를 생산하기 위하여 자신의 생애를 바치는 사람은 크게 손해보는 장사를 한 것이다.

　　비록 플라톤이 자신의 형이상학적 입장을 바꾸지는 않았지만,『법률』에는 예술에 관하여 아마도 다소 더 호의적인 듯한 판단이 나타난다. 음악의 탁월성은 단순히 그것이 불러일으키는 감각적 쾌락의 양에 의해서 평가되어서는 안 된다고 말할 때, 플라톤은 실재적인 탁월성을 지닌 유일한 음악은 "선(善)의 모방인"[19] 음악유(音樂類)라는 말을 덧붙인다. 다시금 "가장 좋은 종류의 노래와 음악을 추구하는 사람들은 쾌락적인 것을 추구해서는 안 되고, 참된 것을 추구해야 한다. 그리고 모방의 진리는, 우리가 말하던 대로 사물이 양과 질에 따라서 모방되도록 하는 데 있다."[20] 그러므로 그는 여전히 모방적인 것으로서의 음악이라는 개념을 고수하고 있지만("모든 사람이 음악 작품들은 모두 모방적이고 표현적이라는 것을 인정할 것이다"), 모방도 사물을 그 스스로의 방법으로 할 수 있는 한 최선으로 모방되도록 한다면 "참"일 수 있다는 것을 인정한다. 그는 교육적인 목적을 위해서뿐만이 아니라, "악의 없는 쾌락"을 위해서도 음악과 미술을 국가 안

15　　*Rep.*, 597 c 11과 그 이하.

16　　*Rep.*, 597 e 10 이하.

17　　*Rep.*, 598 b 6.

18　　*Rep.*, 598 e 6-599 a 3.

19　　*Laws*, 668 a 9-b 2.

20　　*Laws*, 668 b 4-7.

으로 허용해 들일 준비가 되어 있다.[21] 그러나 그는 여전히 예술 모방론을 주장하는데, 플라톤의 모방 개념은 다소 좁고 축어적(逐語的)이었다는 것은 『법률』 제2권을 읽는 사람 누구에게나 분명할 것임이 틀림없다(그러나 음악을 모방적이도록 만든다는 것은 —내가 생각하기로는— 모방을 상징적 표현을 포함하도록 확장하는 것을 의미한다는 것이 인정되어야 한다. 음악이 모방적이라는 것은 물론 『국가』와 『법률』 모두에 공통적인 이설이다). 플라톤이 훌륭한 비평가의 자질에 도달하는 것은 이 모방 개념을 통해서인데, 훌륭한 비평가란 ① 무엇을 모방으로 여기는지 알아야 하고, ② 그것이 "참"인지 아닌지 알아야 하며, ③ 그것이 말과 가락과 박자로 잘 실행되었는지 알아야 한다.[22]

모방(μίμησις)설(說)이 플라톤에게 있어서 예술은 명백하게 스스로의 고유한 영역을 가지고 있음을 지적하리라는 것을 명심해야 한다. 지식(ἐπιστήμη)은 이데아적 질서에 관계하고, 견해(δόξα)는 자연적 대상들의 지각적인 질서에 관계하는 반면, 억측(εἰκασία)은 상상적 질서에 관계한다. 예술작품은 상상의 산물이며 인간 내부의 감정적 요소들에 말을 건다. "참된" 모방에 관한 플라톤의 말들은 예술의 모방적 성격이 그가 종종 생각하고 있었던 것임을 나타낸다는 사실(事實)에도 불구하고, 플라톤이 주장하는 예술의 모방적 성격이, 단순한 사실적(寫實的) 재생산을 가리킨다고 상정할 필요는 없다. 우선 첫째, 자연적 대상은 이데아에 대한 사실적 복사물이 아니다. 왜냐하면 이데아가 속하는 질서와 지각 가능한 자연적 대상이 속하는 질서는 서로 달라서, 우리는 유추에 의해서, 예술작품이 자연적 대상의 단순한 재생산일 필요는 없다고 결론을 내릴 수 있기 때문이다. 그것은 상상으로 만들어낸 작품이다. 그리고 또 음악의 모방적 성격에 관한 플라톤의 주장은, 내가 언급했듯이, 모방이 본질적으로 단순한 사실적 재생산을 의미했다고 상정하는 것을 매우 어렵게 만든다. 그것은 다소 상징적인 표현인데, 그 이유는 그것이 참이나 거짓을 주장하는 것이 아니라, 상상적이고 상징적이며 아름다움의 매력을 띠고 있다는 바로 그 사실, 즉 그것이 인간 내부의 감정적 요소들에 말을 건다는 바로 그 사실 때문이다.

---

21   *Laws*, 670 d 6-7.
22   *Laws*, 669 a 7-b 3.

인간의 감정은 가지각색으로, 어떤 것은 유익하고 어떤 것은 유해하다. 그러므로 이성은 어떤 예술은 인정되어야 하고 어떤 예술은 배제되어야 하는지를 결정해야 한다. 그리고 플라톤이『법률』에서 여러 형태의 예술을 명백하게 국가 안으로 허용해 들인다는 사실은 예술이 그 밖의 어떤 것으로도 환원될 수 없는 인간 활동의 특별한 영역을 차지한다는 것을 보여준다. 그것은 높은 영역은 아닐지 모르지만, 하나의 영역이다. 이 영역은, 플라톤이 이집트 예술의 틀에 박힌 성격을 언급한 다음, "만약 어떤 사람이 어떤 방식으로든 자연의 가락들을 발견할 수만 있다면, 그는 그것들을 고정된 적법한 형식 안에서 대담하게 구현해야 한다."[23]고 말하는 문구에 의해서 탄생된다. 그러나 플라톤이 미적(美的) 관조의 본래 특별하게 공평무사한 성격을 알지 못한다는 것은, 또는 비록 그가 알더라도 충분하게 드러내지 않는다는 것은 인정되어야 한다. 그는 예술의 교육적이고 도덕적인 영향에 보다 많은 관심이 있는데, 그러한 영향은 분명히 미적 관조 그 자체에는 관련이 없으나, 그럼에도 불구하고 실재적이며, 플라톤처럼 미적인 감수성보다 도덕적 탁월성에 더 가치를 두는 사람이라면 누구든 고려해야 할 영향이다.[24]

03.　　　플라톤은, 미술과 음악에 대한 대중적인 견해는 미술과 음악이 쾌락을 주기 위하여 존재한다는 것임을 인정하지만, 그 견해는 그가 동의하지 않을 견해이다. 사물은 그것이 어떠한 유용성이나 진리나 "유사성"(모방 참조)도 제공하지 못할 경우, 오직 쾌락의 표준에 의해서만 판단될 수 있으나, 전적으로 그것에 동반하는 매력을 위하여 존재한다.[25] 그런데, 예를 들어 음악은 묘사적이고 모방적이며, 훌륭한 음악은 "모방의 진리"[26]를 가질 것이다. 그러므로 음악 또는 최소한 훌륭한 음악은 모종의 "진리"를 제공하며, 따라서 전적으로 그것에 동반하는 매력을 위하여 존재하거나 감각-쾌락만의

23　　657 b 2-3.

24　　플라톤의 예술철학에 대한 보다 깊은 논의를 위해서는, 예컨대 1925년, 4월분『마인드』(*Mind*) 지에 게재된 (R. G. Collingwood) 박사의 논문 "Plato's Philosophy of Art"를 보라.

25　　*Laws*, 667 d 9-e 4.

26　　668 b 4-7.

기준에 의하여 판단될 수는 없다. 그것은 다른 예술들도 마찬가지이다. 자신들의 고유한 영역을 벗어나지 않고 그 교육적 기능 아래 놓이며, 그 기능이 유익한 쾌락을 제공하는 기능이라면, 다양한 예술들이 국가 안으로 허용될 수 있다는 것이 결론이다. 플라톤은 예술은 쾌락을 제공하지 못한다거나 쾌락을 제공해서는 안 된다는 것을 주장할 생각은 결코 없다. 그는 도시에는 "뮤즈 신이 내리시는 가르침과 즐거움에 대한 마땅한 고려"[27]가 있어야 한다는 것을 인정하며, 심지어는 "모든 어른과 아이, 자유인과 노예, 남자와 여자, 그리고 전 시민은 우리가 읊조린 선율에 끊임없이 매료되어야 하고, 가인(歌人)들이 자신의 찬가들에 대해 욕구를 가지고 그것들로부터 쾌락을 얻을 수 있도록, 단조로움 효과를 제거하기 위하여 선율들에 대한 모든 종류의 변화와 변주가 있어야 한다고"[28]까지 선언한다.

그러나 비록 플라톤이 『법률』에서 예술의 쾌락 및 오락 제공적인 기능들과, 예술이 제공하는 "악의 없는"[29] 쾌락을 고려하고는 있지만, 그는 예술의 교육적이고 도덕적인 기능과 유익한 쾌락들을 제공하는 성격을 매우 확실하게 강조한다. 예술에 대하여 『법률』에서 보여준 태도는 『국가』에서 보여준 태도보다 더 자유주의적이라고 할 수 있지만, 플라톤의 기본적인 태도는 변하지 않았다. 우리가 국가를 다룰 때 보았던 것처럼, 예술에 대한 엄격한 감독과 검열은 두 대화편 모두에서 언급된다. 뮤즈 신이 내리신 교육과 즐거움에 대해 마땅한 고려가 있어야 한다고 말하는 바로 그 문구에서, 그는 시인이 "자기의 합창단을 덕(德)이나 악덕(惡德)에 상관없이 자기 마음대로 훈련시켜도,"[30] 좋은지를 묻는다. 달리 말하면, 국가 안으로 들이도록 허용된 예술은 형상에 대하여, 상상의 창조물들에서 가능한 그런 먼 관계(자연적 대상을 통한 "모방의 진리")를 가져야 한다. 만약 그 예술이 그 관계를 갖지 못했다면, 그 예술은 유익하지 못할 뿐만이 아니라, 나쁜 예술이기도 할 것이다. 왜냐하면 플라톤에 따르면, 좋은 예술은 이 "모방의 진리"를 가지고 있어야 하기 때문이다. 그렇다면, 예술은 자신만의 고유한 기능을 (비

---

27   656 c 1-3.
28   665 c 2-7.
29   670 d 7.
30   656 c 5-7.

록 그것이 숭고한 것은 아닐지라도) 가지고 있다는 것이 다시 한번 분명해진다. 왜냐하면 예술은 교육의 사다리의 한 계단을 이루고 있으며, 인간 활동의 한가지 명확한 형식, 즉 창조적 상상의 형식에 대한 표현이 됨으로써(비록 "창조적"은 모방설과의 연관 속에서 이해되어야 하지만), 인간의 한 가지 필요(표현)를 충족시키고 오락과 악의 없는 즐거움을 제공하기 때문이다. 플라톤의 예술론은 의심할 나위 없이 개략적이었고 불만족스러웠다. 그러나 그가 어떤 이론도 전혀 가지고 있지 않았다고 주장하는 것은 정당화될 수 없다.

──────── **플라톤의 영향에 관한 메모**

01. 플라톤의 예는 그 자체가 하나의 감화이다. 그의 삶은 진리에, 즉 변함없고 영원하며 절대적인 진리를 얻는 데 헌신한 삶이었는데, 그는 그 진리의 존재를 확고하게 끊임없이 믿었으며, 소크라테스가 그랬던 것처럼 이성이 인도하는 곳이면 어디든 따라갈 준비가 되어 있었다. 그는 이 정신을 아카데메이아에 심고자 노력하여, 한 사람의 위대한 스승의 지도 하에, 진리(眞理)와 선(善)을 얻는 데 헌신할 사람들의 집단을 창건했다. 그러나 플라톤은 비록 지성적 영역에서 진리를 얻는 데 헌신한 위대한 사변적 철학자였으나, 우리가 본 바와 같이 단순한 이론가는 아니었다. 그는 강렬한 도덕적 진지함을 가지고 절대적인 도덕적 가치와 규범이 실재한다는 확신에 차서, 자신들의 가장 소중한 재산인 스스로의 불멸적 영혼을 생각하고, 참다운 덕의 배양에 (그것만이 사람들을 행복하게 만들어줄 것이기 때문에) 힘쓰라고 사람들에게 권고했다. 영원하고 절대적인 범형(範型)에 기초한 선한 삶은 사적으로도 영위되어야 하고 공적으로도 영위되어야 하며, 개인에 있어서도 실현되어야 하고 국가에 있어서도 실현되어야 한다. 상대주의적인 개인 도덕이 거부되었던 것과 마찬가지로, 소피스트적 "정객"이나 "힘이 정의이다"라는 이론의 기회주의적이고 피상적이며 자기 본위적인 태도도 거부되었다.

인간의 삶이 이성의 범위 안에서 이데아적인 범형에 따라서 영위되어야 한다면, 우리는 전체 세계 안에 마음이 실제로 작용하고 있다는 것을 인정해야만 한다. 무신론은 전적으로 거부되며, 이 세계 내의 질서는 이데아적 범형과 계획에 따라서 이 우주에 질서를 세우는 신적(神的) 이성에 속하는 것으로 생각된다. 그러므로, 예를 들어 천체들의 운동처럼 대우주에서 실현되는 것은 인간, 즉 소우주에서 역시 실현되어야 한다. 인간이 이성을 따르고 자신의 삶과 행위의 이상을 실현하려고 노력하면, 인간은 신과 비슷해지며 이 생(生) 및 금후의 생에서 행복을 얻는다. 플라톤의 "내세성(來世性)"은 이 생에 대한 혐오에서 나온 것이라기보다는, 초월자 및 절대자의 실재에 대한 그의 확신에 찬 믿음의 결과였다.

02.　　플라톤의 개인적 영향은 그가 자신의 위대한 제자인 아리스토텔레스에게 남긴 인상에서 알 수 있다. 그를 추모하는 아리스토텔레스의 이 시를 보라.

> 그 유별난 사람을
> 그의 이름은 악한들의 입술에서는 나올 수 없네.
> 그들의 입술은 그를 칭송하기에 온당한 것이 아니기 때문이지.
> 맨처음으로 분명하게 드러내 보인 그를 말일세
> 말과 행동으로
> 덕스러운 자가 행복하다는 것을
> 오호라, 우리들 가운데 어느 한 사람도 그에 필적할 수 없네.[31]

아리스토텔레스는 점차로 처음에 자신이 지지했던 플라톤의 이설(理說)들로부터 독립했다. 그러나 경험과학에 대한 자신의 관심이 점증함에도 불구하고, 그는 형이상학이나 참된 지혜 속에서 절정을 이루는 선한 삶의 존재에 대한 자신의 믿음을 결코 포기한 적이 없다. 달리 말해서, 그는 플라톤의 유산을 완전히 포기한 적이 결코 없으며, 그의 철학은 그의 위대한 선배의 작품을 떠나서는 생각할 수 없을 것이다.

03.　　아카데메이아 및 신플라톤학파에서 강의된 플라톤주의의 교과에 대해서는

31　　*Arist.*, Frag. 623(Rose. 1870).

후에 이야기할 것이다. 플라톤주의는, 스스로가 성 아우구스티누스와 중세 사상의 형성기에 끼친 영향을, 신플라톤주의자들을 통하여 [우리에게] 느껴지도록 했다. 사실상, 비록 가장 위대한 스콜라 철학자들 가운데 한 사람인 성 토마스 아퀴나스는 아리스토텔레스를 "철학자(the philosopher)"로 받아들이긴 했지만, 그의 체계 속에는 궁극적으로 아리스토텔레스보다는 플라톤에로 소급될 수 있는 것들이 많다. 또한 르네상스 시대에는 플로렌스에 있던 플라톤의 아카데메이아는 플라톤의 전통을 재개하려고 노력했으며, 또한 성 토마스 모어의 『유토피아』 및 캄파넬라의 『태양의 도시』에서는 플라톤적인 국가의 영향을 볼 수 있다.

04. 근대에 관하여 말하자면, 플라톤의 영향이 처음에 일견하기로는 고대 및 중세에서만큼 분명하지 않을 수도 있다. 그러나 실제로 플라톤은 모든 유심론적 철학 및 객관적 관념론의 아버지 또는 할아버지이고, 그의 인식론, 형이상학 그리고 정치·윤리학은 그 이후의 사상가들에게 긍정적으로든 부정적으로든, 깊은 영향을 행사했다. 현대 세계에 있어서는, 화이트헤드 교수와 베를린의 니콜라이 하르트만 교수와 같은 사상가들에게 플라톤이 제공했던 영감(靈感)만을 생각해보기만 하면 된다.

05. 유럽 철학의 정상에 있는 플라톤은 우리에게 어떤 완성된 체계도 남기지 않았다. 우리는 플라톤 이후로 주석자들을 괴롭혀온 많은 문제들에 대한 해답을 알고 싶어 하기 때문에, 아카데메이아에서의 그의 강의록과 그의 가르침에 대한 완전한 기록을 보유하고 있지 못한 것을 당연히 유감스럽게 생각한다. 그러나 다른 한 편으로 우리는, 어떤 실재적인 의미에서는 미리 정해진 어떤 플라톤 체계도(만약 그런 것이 있었다면) ―그것은 전체로서 받아들여지거나 거부되어야 하는 체계이다― 우리에게 전승되어 내려오지 않았다는 것에 감사할 수도 있다. 왜냐하면 이 사실이 우리로 하여금 플라톤의 내부에서, 사실이 그렇지 않을 경우[어떤 정해진 체계가 전승될 경우]보다 더 쉽게 철학적 정신의 최고 범형(範型)을 발견할 수 있도록 했기 때문이다. 비록 플라톤이 우리에게 완전한 체계는 남기지 않았지만, 진정으로 그는 우리에게 철학하는 방식의 범형과, 진리와 선(善)의 추구에 헌신한 삶의 범형을 남겨주었다.

제 25 장

구(舊)아카데메이아

플라톤 철학은 고대 내내 계속해서 심대한 영향을 행사했다. 그러나 우리는 플라톤학파 발전의 여러 단계들을 구별해야만 한다. 플라톤 자신의 제자들과 동료들로 구성되었던 구(舊)아카데메이아는 (비록 특별히 주목을 받았던 것은 플라톤 사상 속에 있는 "피타고라스주의적" 요소들이었다는 것이 이목을 끄는 점이기는 하지만) 그 스승의 철학의 다소 독단적인 내용을 고수했다. 중기 및 신(新)아카데메이아에서는 처음에는 반(反)독단주의적인 회의적 경향이 우세했으나, 나중에는 무너지고 절충적 유형의 독단론으로 회귀한다. 이 절충주의는 중기 플라톤 철학에서 매우 명백하게 나타난다. 중기 플라톤 철학은 고대 철학 말기에 신(新)플라톤주의가 계승했는데, 그것은 플라톤 철학의 원래 내용을 여러 시대에 도입되었던 요소들과 완전하게 종합하려는 시도이고, 그 종합은 시대의 일반 정신과 대체로 조화를 이루고 있는 특징들이 강조되어 있는 종합이다.

구(舊)아카데메이아는 오푸스의 필리포스, 헤라클레이데스 폰티코스, 크니도스의 에우독소스와 같은 사람들과 더불어, 다음과 같은 플라톤의 아테네 학교 교장직 승계자들을 포함한다. 스페우시포스(기원전 348/7-339/8), 크세노크라테스(기원전 339/8-315/4), 폴레몬(기원전 315/ 4-270/69) 그리고 크라테스(기원전 270/69-265/4).

플라톤의 조카이자 바로 다음의 교장 후계자인 스페우시포스는 이데아를 포기하여 수학적 대상들(τὰ μαθηματικά)과 구별되게 하고 실재를 수학의 수(數)에 있는 것으로 만듦으로써 플라톤의 이원론을 수정했다.[1] 그러므로 플라톤의 수(數)-이데아들은 폐기되었으나, 본질적인 분리(χωρισμός)는 남았다. 스페우시포스는 학문적 지각(ἐπιστημονικὴ αἴσθησις)을 인정했기 때문에, 지식과 지각의 플라톤적 이원론을 포기했다는 말을 종종 듣지만,[2] 플라톤은 이성(λόγος)과 감각(αἴσθησις)이 원자적 이데아를 파악하는 데 서로 협조하도록 허용했기 때문에, 플라톤 자신이 이원론의 포기를 인정하는 쪽으로 얼마간 나아갔다는 점을 잊어서는 안 된다.

구(舊)아카데메이아의 구성원들이 무엇을 가르쳤는지를 정확하게 말하기는 어렵다. 왜냐하면 (만약 오푸스의 필리포스가 『에피노미스』를 쓰지 않았다면) 그들의 작품은 어떤 것도 온전하게 우리에게 전해 내려오지 않아서, 우리에게 신뢰할 것이라곤 단지 아리스토텔레스의 말과 다른 고대 작가들의 증언뿐이기 때문이다. 그러나 스페우시포스는 실체는 일자(一者)와 절대적인 다자(多者)로부터 진행한다고 명백하게 주장했고, 동·식물의 성장을 근거로 논증하면서, 선(善) 또는 완전한 상태(τελεία ἕξις)를 전화(轉化)의 진행과정의 시작이 아니라 끝에 놓았다. 일자로부터 진행된 살아 있는 존재들 중에는 보이지 않는 이성 또는 신이 있는데,[3] 그는 그것을 아마도 세계영혼과 동일시했을 것이다. (이것은 어쩌면 플라톤에 대한 신플라톤주의적 해석에 유리한 논증을 제공할 수 있을 것이다.) 인간의 영혼들에 관하여 말하자면, 그것들은 모두 가멸적이다. 우리는 스페우시포스가 『티마이오스』에 나오는 "창조"에 대한 설명을 단순한 해설의 형태로 해석했지 시간 속에서의 사실적 창조에 대한 설명을 의도한 것으로는 해석하지 않았다는 점을 언급할 수 있다. 이 세계에는 시간상의 시작은 없다. 그는 전통적 신(神)들을 물리적 힘들로 해석했으며, 그리하여 자신에게 무신론의 책임을 지웠다.[4]

스페우시포스의 교장직을 계승했던 칼케돈의 크세노크라테스는 이데아들을 수학의 수들과 동일시했으며, 그것들을 일자(一者)와 매개적인 이원성에서 도출해냈다 (전자(前者)는 Νοῦς나 또는 신들의 아버지인 제우스이고, 후자(後者)는 신들의 어머니인 여성의 원리

---

1   Frag. 42, a-g.
2   Praechter가 그렇다. 343쪽
3   Frag. 38-9.
4   Cic., *De Nat. D.*, 1,13,32.

이다).[5] 자아와 타자를 수에 더함으로써 생산되는 세계영혼은 스스로 움직여지는 수이다. 크세노크라테스는 3개의 세계, 즉 지상의 세계, 천상의 세계, 초 천상의 세계를 구별하고, 3가지 세계 모두를 선하고 악한 "정령(精靈)"들로 가득 채웠다. 이 악한 정령설(精靈說)은, 그로 하여금 악한 행위들은 악한 정령들의 행위이며, 부도덕한 종파들은 이러한 정령들을 향한 것이지 신들을 향한 것이 아니라고 말함으로써,[6] 모든 악한 행위들을 "신들"의 탓으로 돌리는 대중적인 신화들과 부도덕한 종파들의 존재를 설명할 수 있도록 해주었다. 크세노크라테스는 자신의 선배들과 함께, 영혼의 비이성적인 부분들(그것들은 시간 속에서 창조되지 않았다)까지도 사후에 살아남는다고 주장했으며, 자신의 후배인 폴레몬과 함께, 육고기의 소비를 그것이 비이성적인 것의 이성적인 것에 대한 지배를 초래할지 모른다는 이유로 반대했다. 스페우시포스와 크란톨처럼(그리고 아리스토텔레스와는 반대로), 크세노크라테스는 『티마이오스』에 나오는, 단순한 것의 복합적인 것에 대한 우선성을 시간적 우성성이 아니라 논리적 우선성으로 이해했다.[7] (아리스토텔레스의 것으로 추정되는 '원자적 선(線)들에 관하여(Περὶ ἀτόμων γραμμῶν)'라는 가설은 미세한 비가시적 선(線)들이라는 크세노크라테스의 가설에 반대되는 것인데, 그는 수(數)들로부터 차원들을 연역해내는 데 있어서 하나의 보조수단으로 그 가설을 이용했다.)

혜라클레이데스 폰티코스는 피타고라스주의자인 에크판토스로부터, 이 세계는 그가 '흩어져 있는 입자들(ἄναρμοι ὄγχοι)'이라고 부른 입자들로 구성되어 있다는 이론을 취했는데, 그것은 아마도 그 입자들이 공간에 의하여 서로 분리되어 있다는 것을 의미했을 것이다. 이 세계는 신(神)의 작용에 의하여 이러한 물질적 입자들로 구성되었다. 그러므로 영혼은 물질적이다(그것은 크세노크라테스가 다른 요소들에 첨가한 한 요소인 에테르로 구성되어 있다). 헤라클레이데스는 지구가 그 축을 중심으로 매일 회전한다고 주장하는 한편, 수성과 금성이 태양의 둘레를 회전한다고도 주장했는데, 그는 지구도 그와 같이 회전할 것임을 암시했던 것으로 보인다.

에우독소스(기원전 약 497-355)는 고대의 가장 유명한 수학자들과 천문학자들 가

---

5   Frag. 34 이하.

6   Frag. 24 이하.

7   Frag. 54.

운데 한 사람이다. 철학적으로 말하면, 그는 ① 이데아들은 사물들과 "혼합되어" 있다는 것[8]과, ② 쾌락이 최고의 선이라는 것[9]을 주장했기 때문에, 주목할 만하다.

플라톤의 『티마이오스』에 관한 첫 번째 주석서는 크란톨(약 330-270)에 의하여 쓰여졌는데, 거기에서 그는 "창조"에 대한 설명을 시간적 사건이 아니라 무시간적 사건으로 해석했다. 그것은 단순히 논리적 도식화의 목적 때문에 시간 속에서 발생하는 것으로 묘사된다. 이 해석에 있어서 크란톨은, 우리가 보았던 바와 같이 스페우시포스와 크세노크라테스 모두와 일치한다. 크란톨은 자신의 『비애론』(Περὶ πένθους)에서, 초연(apathy)이라는 스토아주의의 이상에 반대하여 격정완화(metriopathy)설을 지지했다.[10]

---

8   *Metaph.*, A 9, 991 a 8-19.
9   *Eth. Nic.*, 1101 b 27 이하; 1172 b 9 이하.
10   Cic., *Acad.*, 2, 44, 135; *Tusc.*, 3, 6, 12.

제4부

아리스토텔레스

ARISTOTLE

A HISTORY OF PHILOSOPHY
GREECE AND ROME

제26장

아리스토텔레스의 생애와 저작

1. 아리스토텔레스의 생애

아리스토텔레스는 마케도니아의 아민타스 2세의 궁정주치의였던 니코마코스의 아들로, 기원전 384/3년 트라키아의 스타게이로스에서 태어났다. 약 열일곱 살 무렵 아리스토텔레스는 공부할 목적으로 아테네로 가서 기원전 368/7년에 아카데메이아의 구성원이 되었다. 거기에서 그는 플라톤이 사망한 해인 기원전 348/7년까지 20년 이상 플라톤과의 접촉을 끊임없이 계속했다. 그러니까 그는 플라톤이 자신의 후기 대화편을 전개해나가고 있었고 종교적인 성향이 그 위대한 철학자[플라톤]의 마음속에 자리를 잡아가고 있던 시기에 아카데메이아에 들어왔던 것이다. 아마도 아리스토텔레스는 이때(플라톤이 죽었을 때) 이미 경험과학에 관심을 두고 있었던 것 같다. 그리고 이미 그는 많은 논점에 관하여 스승의 가르침과 의견을 달리했던 것으로 보인다. 그러나 플라톤이 살아 있을 때에는 제자와 스승 사이에 어떠한 극단적인 괴리의 문제도 존재할 수 없었다. 만약 아리스토텔레스가 그 당시에 이미 자신의 스승과 극단적으로 다른 철학적 입장을 취했더라면 그가 그 기간 내내 아카데메이아에 머무를 수 있었으리라고 상정할 수 없을 것이다. 더구나 플라톤의 사후에도 아리스토텔레스는 플라톤 이데아설의 대변자들에 대해 여전히 일인칭 복수[우리]를 사용하며, 플라톤이 죽은 직후 아리스토텔레스는 플라톤을 "악인들은 감히 칭송할 권리조차 없는 사람이며, 자신의 삶과 가르침을 통하여 어떻게 행복하면서 동시에 선할 수 있는지를 보여준 사람"[1]이라고 찬양한다. 그 어떤 실제적 의미에서도 아리스토텔레스가 아카데메이아에서 플라톤의 적대자였다거나 플라톤의 눈엣가시였다는 견해는 이치에 맞지 않다. 아리스토텔레스에게 플라톤은 가장 존경한 인도자이자 벗이었다. 그래서 비록 아리스토텔레스는 말년에 그 자신만의 과학적 관심이 보다 크게 부상하는 경향이 있지만, 플라톤의 형이상학적, 종교적 가르침은 그에게 지속적인 영향을 주었다. 사실상, 경험적 연구에 대한 자신의 편향성을 상쇄시켜주는 것으로서 아마도 아리스토텔레스에게 특별한 가치를 지니고 있었을 것이 플라톤의 가르침의 이러한 면이었다. "사실상, 환상 및 경험이나 또는 역사가 없는, 냉철하고 정적이며, 불변적이고 전적으로 비판적인 아리스토텔레스라는 신화는, 그 신화를 위해 지금까지 인위적으로 억제되어왔던 사실들의 무게로 인해 붕괴되고 있다."[2] 아리스토텔레스의 저작들을 살펴볼 때, 내가 간략하게 지적하겠지만, 그 철학자[아리스토텔레스]는 자신의 고유한 관점을 단지 점진적으로 발전시켰을 뿐이다. 그리고 결국 이러한 것이 우리가 자연스럽게 기대할 유일한 것이다.

플라톤이 죽자 아리스토텔레스는 크세노크라테스와 함께 아테네를 떠났다. (플라톤의 조카인 스페우시포스가 아카데메이아의 새 원장이 되었는데, 아리스토텔레스는 그와 직접 대면하지 않았다. 어쨌든 그는 새 원장 밑에서 하위 직으로 아카데메이아에 남아 있기를 원하지 않았을 것이다.) 그리고 트로아드의 아소스에서 아카데메이아의 분교를 설립했다. 여기서 그는 아타르네우스의 통치자였던 헤르미아스에게 감화를 주어 그의 조카이자 양녀인 피티아스와 결혼한다. 아소스에서 활동하는 동안 아리스토텔레스는 자신의 독자적 견해를 발전시키기 시작했던 것이 분명하다. 3년 후 그는 레스보스 섬의 미티레네로 갔는데, 아마도 그가 그 섬의 에레소스 지방 토박이이자 나중에 자신의 가장 유명한 제자가 된 테오프라스토스와 교제했을 듯하다. (헤르미아스는 그리스의 페르시아 격퇴를 생각하고 있었던 마케도니아의 필리포스 왕과 협상에 들어갔다. 그러나 페르시아의 장군인 멘토르는 헤르미아스를 반역

---

1   Frag. 623. (Rose, *Aristotelis Fragmenta*, Berlin, 1870 edit.)

2   Werner Jaeger, *Aristotle. Fundamentals of the History of His Development*, 34쪽. (R. Robinson 옮김, Clarendon Press, 1934.)

          제4부 아리스토텔레스

죄로 체포하여 수사(Susa)로 압송했는데, 거기서 그는 고문을 받았으나 침묵을 지켰다. 그의 마지막 전언은 "내 친구들과 동료들에게 나는 우둔하거나 철학적 가치가 없는 일은 하지 않았다고 전해달라"는 것이었고, 아리스토텔레스는 그에게 헌사하는 시를 남겼다.[3]

기원전 343/2년 아리스토텔레스는 마케도니아의 필리포스 왕에 의하여 펠라(Pella)로 초빙되어 당시 열세 살이던 그의 아들 알렉산드로스의 교육을 맡게 된다. 마케도니아의 궁중에 머물던 이 기간과 후에 정치 무대에서 두드러진 업적을 남기고 알렉산드로스 대왕으로 후세에 전해지게 될 어린 왕자에게 실제로 도덕적 영향을 행사하려던 노력은 아리스토텔레스의 시야를 넓히고 그를 보통의 그리스인들이 지닌 협소한 생각으로부터 벗어나게 하는 데 크게 기여했어야 할 것이나, 그 결과가 기대했던 것만큼 크지는 않았던 것 같다. 아리스토텔레스는 도시국가를 생활의 중심으로 보는 그리스의 세계관을 여전히 견지했던 것이다. 기원전 336/5년 알렉산드로스가 왕위를 이어받았을 때 아리스토텔레스는 마케도니아를 떠났는데, 이는 아마도 그 즈음에 그의 교육 활동이 끝났기 때문인 것 같다. 그러고 나서 그는 알렉산드로스가 자신을 가르쳐준 데 대한 대가로 재건해준 그의 고향 도시 스타게이로스에 잠시 들렀던 것 같다. 얼마 후 아리스토텔레스와 그의 제자 사이의 관계는 소원해졌다. 아리스토텔레스는 마케도니아의 정책들을 어느 정도까지는 지지했지만, 그리스인과 "야만인들"을 같은 지위로 간주하려는 알렉산드로스의 경향은 용인하지 않았다. 게다가 기원전 327년에는 아리스토텔레스의 조카로서 그의 추천에 의해 알렉산드로스의 휘하로 들어간 칼리스테네스가 역모에 가담했다는 혐의를 받고 처형당했던 것이다.

기원전 335/4년 아리스토텔레스는 아테네로 돌아와 그 자신의 학원을 설립한다. 그가 수년 동안 아테네를 떠나 있었다는 사실은 차치하더라도, 그는 틀림없이 자신의 고유한 생각들을 발전시켰기 때문에 어떤 식으로든 아테네의 아카데메이아로 복귀할 수 없었다. 그의 새로운 학원은 아테네의 동북방, 아폴론 신전의 경내인 뤼케이온에 있었다. 이 학원은 소요학파(페리파토스학파, Περίπατος)라고도 알려졌으며, 이 학원의 구성원들은 소요하는 사람들(οἱ Περιπατητικοί)로 알려졌는데, 이 별칭은 그들이

---

3   Diog. Laërt. 5, 7과 8.

지붕이 덮인 산책로를 오르내리며 토론을 벌이는 습관, 그리고 많은 강의들이 이 산책로에서 행해졌기 때문에 붙여진 것이다. 이 학교는 뮤즈 신에게 헌정되었다. 뤼케이온은 교육 업무 및 교수 업무 이외에도 성숙한 사상가들이 자신들의 연구 및 조사를 수행하는 단체나 공동체의 성격을 띠었는데, 이 짐에 있어서 아카데메이아보다 훨씬 탁월했다. 이는 장서관과 교수진을 갖춘 사실상의 대학 또는 연구소로, 그곳에서 정규적으로 강의가 진행되었다.

기원전 323년 알렉산드로스 대왕이 죽자 그리스에서는 마케도니아의 종주권에 대한 반발이 일어났으며, 이로 말미암아 알렉산드로스 대왕이 어린 시절 긴밀한 관계를 맺었던 아리스토텔레스가 불경죄(ἀσέβεια)로 기소당했다. 이에 아리스토텔레스는 아테네를 떠나 (전해지는 바로는, 아테네인들이 철학에 두 번째로 죄를 짓지 않게 하기 위해서라고 그가 말했다고 한다) 에우보이아의 칼키스로 가서 고인이 된 어머니의 소유지에서 살았다. 그리고 얼마 지나지 않아 기원전 322/1년에 병으로 사망했다.

────────── **2. 아리스토텔레스의 저작**

아리스토텔레스의 저작은 다음의 세 시기로 구분된다. 플라톤과 교류하던 시기, 아소스와 미티레네에서 활동하던 시기, 아테네에서 뤼케이온의 교장으로 있던 시기이다. 저작들은 또한 두 부류 또는 두 종류로 나뉘는데, ① 대중적인 작품들, 즉 대중서(ἐξωτερικοί), 대외용 강론(ἐκδεδομένοι λόγοι)은 대부분 대화 형식으로 쓰여 있고 일반 출판을 목적으로 한 것이며, ② 교육을 위한 작품들, 즉 구두강론(ἀκροαματικοὶ λόγοι), 회상집(ὑπομνήματα), 논문(πραγματεῖα)은 그가 뤼케이온에서 행한 강의의 기초를 이루는 것이다. 전자는 단지 단편들로만 남아 있으나, 후자의 종류는 방대한 분량이 우리에게 남아 있다. 이러한 교육적 저작들은 로데스의 안드로니코스가 편찬한 판본으로(기원전 60-50년경) 일반 대중들에게 처음 알려졌는데, 아리스토텔레스에게 문학적 아름다움으로 윤색되지 않은 과감한 문체를 구사한다는 평판을 가져다준 것이 이 작품들이었다. 아리스토텔레스는 철학적 용어들을 고안해내는 데 탁월했다. 그러나 그의 철학에 대한 관심이 너무도 진지한 나머지 스스로 명석한 이성 대신에 은유를 사용하거나 또는 신화에 빠져버리는 것을 허용할 수 없었기에, 문체 및 언어의 아름다움을 소홀히 했다는 지적을 받아왔다. 문학적 아름다움이 결여되어 있다는 이러한 지적은 그의 교육적 저작에 대해서는 옳다. 그러나 아리스토텔레스 스스로가 출간했고, 우리에게는 단편적으로밖에 남아 있지 않은 작품들은 문학적 아름다움을 무시하지 않았다는 것 또한 사실이다. 이 작품들의 우아한 문체는 키케로가 찬양하기도 했고[4] 때때로 신화들까지 소개되어 있다. 그러나 그것들은 그가 플라톤의 직접적인 영향 하에 있었던, 또는 그가 자신의 독자적인 입장을 향해 연구해가고 있었던 초기의 작품들을 대표하고 있다.

(1) 아리스토텔레스 제1저작시기에서는, 아리스토텔레스가 자신의 대화편에서 스스로 대화의 진행자로 등장한 것으로 보인다. 하지만 그는 그 내용에 있어서나 적어도 일반적으로는 형식에 있어서나, 자신의 스승인 플라톤을 고지식하게 고수했다고 말할 수 있다. "이야기는 그 자신이 주인공이 되는 그러한 방식으로 이끌어진다(… sermo ita inducitur ceterorum, ut penes ipsum sit principatus, So Cic. Ad Att. 13, 19, 4)". 아리스토텔레스가 대화편에서는 플라톤의 철학을 고수하다가 나중에 가서야 생각을 바꾸었을 가능성이 매우 높다. 플루타르코스는 아리스토텔레스가 생각을 바꾼(μετατίθεσθαι) 것으로 말하고 있다.[5] 나아가 이소크라테스의 제자인 케피소도로스는 예컨대 이데아론과 같은 플라톤의 이론들을 아리스토텔레스의 것인 양 말하고 있기도 하다.[6]

① 대화편『에우데모스』나『영혼론』은 이 시기에 속한다. 이 대화편에서 아리스토텔레스는 상기설과 전생에서의 존재 상태인 이데아에 대한 인식이라는 플라톤의 이설(理說)에 의견을 같이하고 있으며, 전반적으로 스승인 플라톤의 영향의 지배를 받고 있다. 아리스토텔레스는『파이돈』에서 제시된 논의 선상

---

4   *De Orat.*, I, xi, 49 참조.
5   *De virt. mor.*, c. 7.
6   Euseb. Prep. *Evang.*, XIV, 6, 누메니우스(Numenius)를 쫓아서.

에서 영혼의 불멸성을 옹호하여, 영혼은 육체와의 단순한 조화가 아니라고 논증한다. 조화는 소위 부조화라는 대립자를 지닌다. 그런데 영혼은 대립자가 없으므로 조화가 아니다.[7] 아리스토텔레스는 영혼의, 그리고 또한 형상들의 전생 존재 및 실체성을 상정한다. 마치 병에 걸린 사람들이 기억을 잃어버리듯이, 영혼도 마찬가지로 이 생(生)에 들어옴으로써 그 전생에서의 존재 상태를 잊어버린다. 그러나 병이 끝나고 건강을 회복한 사람들이 자신들의 고통을 기억해내듯이, 영혼은 사후에 이 생을 기억한다. 육체로부터 벗어난 삶이 영혼의 정상적인 상태($\chi\alpha\tau\grave{\alpha}$ $\varphi\acute{\upsilon}\sigma\iota\nu$)이다. 영혼이 육체에 머무르는 것은 그야말로 심각한 질병이다.[8] 이것은 후에 아리스토텔레스가 그 자신의 독자적인 입장을 견지했을 때 제시한 견해와는 매우 다르다.

② 『설득술』 역시 아리스토텔레스의 제1저작시기에 속한다. 이것은 키프러스의 테미손에게 보내는 서신이었지 대화편은 아니었던 것으로 여겨진다. 이 작품에서는 플라톤의 형상론이 주장되고 있으며, 철학자란 형상들 또는 이데아들을 관조(觀照)하지만 그것들의 모방품들은 관조하지 않는 자로 묘사되어 있다($\alpha\grave{\upsilon}\tau\hat{\omega}\nu$ $\gamma\grave{\alpha}\varrho$ $\grave{\epsilon}\sigma\tau\iota$ $\theta\epsilon\alpha\tau\acute{\eta}\varsigma$, $\grave{\alpha}\lambda\lambda'$ $o\grave{\upsilon}$ $\mu\iota\mu\eta\mu\acute{\alpha}\tau\omega\nu$).[9] 또 도덕적 통찰력(Phronesis)은 형이상학적 사변을 나타내는 플라톤적 의미를 지니고 있다. 따라서 이론적 의미를 지니는 것이지, 『니코마코스 윤리학』에서의 순수 실천적인 의미를 지니는 것이 아니다. 『설득술』에서 아리스토텔레스는 속세 재물의 무가치함을 역시 강조하면서, 이 세상에서의 삶을 육체의 죽음을 통해서만 참되고 고귀한 삶에 들어가는 영혼의 무덤 또는 죽음으로 묘사하고 있다. 이러한 견해는 플라톤의 직접적인 영향을 보여준다. 왜냐하면 『니코마코스 윤리학』에서 아리스토텔레스는 진정으로 행복한 삶을 위해서는 철학자에게 있어서조차 최소한 어느 정도는 속세의 재물이 필요하다고 주장하기 때문이다.

---

7   Frag. 41. (Rose.)
8   Frag. 35. (Rose.)
9   Iambl., *Protr.*, 이암블리코스의 저작 가운데 6장에서 12장까지는 아리스토텔레스의 『설득술』에서 발췌한 문구로 이루어져 있다고 추정된다. (Jaeger, *Aristotle*, 60쪽 이하 참조)

③ 논리적인 저작들과 『자연학』 가운데 가장 오래전에 쓰여진 부분들, 그리고 아마도 『영혼론』의 그러한 부분(제4장)도 이 시기로 거슬러 올라갈 가능성이 있다. 그러니까 만약 『형이상학』에 대한 예비적 소묘(1권을 포함한)가 아리스토텔레스의 제2기로 소급된다면, 『자연학』(2권)은 제1기로 소급된다고 추정할 수 있을 것이다. 『형이상학』 1권에 『자연학』에 대한 언급이 있기 때문이기도 하지만, 거기에는 적어도 원인설(原因說)의 기획이 전제되어 있기 때문이다.[10] 『자연학』은 두 개의 전공논문 군(群)으로 나뉠 수 있을 것인데, 처음의 두 권과 제7권은 아리스토텔레스의 저작활동의 초기에 속한다고 볼 수 있다.

(2) 제2저작시기에 아리스토텔레스는 그 이전의 지배적이었던 플라톤주의적 입장에서 벗어나기 시작했고, 아카데메이아의 가르침에 대해 보다 비판적인 자세를 취하기 시작했다. 그는 아직도 명백히 자신을 아카데메이아학파의 일원으로 간주했지만, 이 시기는 그가 플라톤주의에 대해 비판적인, 또는 점차 비판을 강화하는 시기이다. 이 시기는 『철학론』(Περὶ φιλοσοφίας)이라는 대화편으로 대표되는데, 이것은 플라톤에게서 받은 명백한 영향과 몇 가지 플라톤의 매우 특징적인 이론들에 대한 비판을 결합한 작품이다. 그러므로 아리스토텔레스는 플라톤을 자신 이전의 철학 중에 최고로 묘사하고는 있지만 (실제로 아리스토텔레스는 자신 이전의 철학에 관해서는 항상 이렇게 생각했다), 플라톤의 형상론 또는 이데아론을, 적어도 플라톤 자신에 의한 후기 사상에 입각해서 비판하고 있다. "만약 이데아들이 수학적인 수(數)가 아니라 다른 종류의 수라면, 우리는 그것을 전혀 이해할 수 없을 것이다. 어찌되었건, 우리들 대다수 가운데 그 누가 또 다른 종류의 수를 이해할 것인가?"[11] 마찬가지로 아리스토텔레스는 플라톤의 천체 신학을 어느 정도 수용하고 있지만, 그리고 그의 후기 형이상학에 나오는 다수의 원동자를 아직 채택하지는 않았지만, 이때 이미 부동의 원동자라는 개념이 그 모습을 보이고 있다.[12] 그는 보이는 신(τοσοῦτον ὁρατὸν θεόν)이라는 용어를 우주 또는 하늘에 적용하고

---

10   *Metaph.*, A, 983 a 33-4.

11   Frag. 11. (Rose.)

12   Frag. 21. (Rose.) 이 단편이 아직 아리스토텔레스가 제1운동자의 존재를 단정적으로 언급하지 않았거나

있는데, 이 용어는 플라톤으로부터 비롯된 것이다.

완전성을 등급화함으로써 도출된 신적인 것의 존재 증명이 이 대화편에서 발견된다는 것은 흥미로운 일이다. "일반적으로, 더 좋은 것이 있는 곳에는 어디든지 최상의 것도 있게 마련이다. 그런데 존재하는 사물들 가운데 어떤 것은 다른 것보다 낮기 때문에 최상의 것 또한 있는데, 이것이 신적(神的)인 것일 것이다." 아리스토텔레스는 분명히 실재적 형상들의 등급을 상정하고 있다.[13] 신의 실존에 대한 주관적 믿음을 아리스토텔레스는 영혼의 황홀경 체험이나, 예컨대 수면 상태에서의 예언, 또는 별이 총총히 떠 있는 하늘을 바라보는 것에서 이끌어낸다. 비록 신비한 현상들에 대한 그러한 인식은 아리스토텔레스의 후기 단계에는 정말로 생소하지만 말이다.[14] 그렇다면, 이 대화편에서는 아리스토텔레스가 플라톤의 이데아론을 비판할 때나 또는 이 세계의 영원성을 주장하면서 『티마이오스』에 주어진 "우주발생설"을 비판할 때처럼, 플라톤 및 플라톤의 학파 이외에 다른 곳에서 빌려왔다고 할 수 없는 요소들과 플라톤 철학에 대한 비판적 요소들을 결합하고 있는 것이다.[15]

『형이상학』의 초고는 전환기인, 아리스토텔레스 발전 과정의 이러한 제2기로 거슬러 올라가는 것으로 보인다. 이 시기에는 제1권('우리'라는 말의 사용이 전환기임을 가리킨다), 제2권, 제11권의 1장에서 8장까지, 제12권(8장 제외), 제13권의 9-10장, 그리고 제14권이 속할 것이다. 예거(Jaeger)에 따르면 본래의 『형이상학』에 들어 있던 공격은 주로 스페우시포스에 대한 것이었다.[16]

『에우데미아 윤리학』도 때로는 이 시기에 속하는 것으로 여겨지는데, 아리스토텔레스가 아소스에 체류하던 때에 시작된 것이라고 생각된다. [이 책에서] 그의 철학적 관조의 대상이 더 이상 플라톤의 이데아계가 아니라 『형이상학』에 나오는 초월적 신이기는 하지만, 여전히 그는 플라톤의 프로네시스(Phronesis) 개념을 사용하고 있다.[17]

자신의 이전 생각으로부터 벗어나지 못했다는 것을 함축한다는 것을 인정해야 한다.

13   Frag. 15. (Rose.) 예거 교수는 이 대화편이 운동과 인과율로부터의 증명 또한 포함하고 있다고 생각한다.

14   Frags. 12와 14. (Rose.) *Laws*, 966 d 9-967 a 5 참조.

15   Frag. 17. (Rose.) 참조.

16   Jaeger, *Aristotle*, 192쪽.

17   *Eud. Eth.*, 1249 b 참조.

본래의 『정치학』 역시 이상 국가를 다루고 있는 2, 3, 7, 8권을 포함하고 있는 것으로 보아, 이 두 번째 시기로 거슬러 올라감 직하다. 아리스토텔레스는 플라톤적 국가의 형태에 근거한 이상향들을 비판하고 있다.

『천체론』(Περὶ οὐρανοῦ)과 『생성소멸론』(Περὶ γενέσεως καὶ φθορᾶς)도 역시 이 시기에 속한다고 생각할 수 있다.

(3) 아리스토텔레스의 제3기(기원전 335-322년)는 그가 뤼케이온에서 활동하던 시기이다. 아리스토텔레스가 경험주의적 관찰자이자 과학자로서의 면모를 보이는 때가 이 시기이다. 그는 여전히 대지에 깊숙이 뿌리박힌 확고한 토대 위에 튼튼한 철학적 건축물을 세우는 데 관심을 가지고 있었다. 우리는 그의 생애의 이 마지막 시기에 그가 보여주는, 자연 및 역사 분야에서의 세부적인 연구들을 조직화하는 능력에 놀라움을 금하지 않을 수 없다. 사실상 아카데메이아에서도 (주로 논리적 목적을 위해서이기는 하지만,) 상당량의 경험적 관찰을 포함하는 분류 작업이 실행되었지만, 아리스토텔레스의 지도 하에 뤼케이온에서 이루어졌던 것처럼, 자연과 역사의 세부사항에 대한 지속적이고 체계적인 탐구는 이루어지지 않았다. 자연과 역사의 현상을 정확하게 탐구하려는 이러한 정신은 그리스 세계에서는 참으로 생소한 것이다. 따라서 그에 대한 공로는 당연히 아리스토텔레스에게 돌아가야 한다. 그러나 간혹 그러하듯이, 아리스토텔레스를 그 생애의 마지막 국면에서 단순한 실증주의자로 그리는 것으로는 적절하지 못하다. 왜냐하면 엄밀하고 과학적인 탐구에 대한 그의 관심에도 불구하고 그가 형이상학을 포기했음을 보여줄 증거는 실제로 없기 때문이다.

학원에서의 아리스토텔레스 강의록들이 그의 "교육적" 저작들의 기초를 이루었는데, 그것들은 학생들 사이에 유포되다가, 로데스의 안드로니코스에 의하여 처음으로 출간되었다. 대부분의 교육적 저작들은 이 시기에 속하는데, 물론 그 이전의 단계에 속하리라고 추정되는 저작들은 제외된다. 이 교육적 저작들은, 예를 들면 책들 사이의 연관성이 만족스럽지 못하다든지, 사유의 논리적 연속성을 파괴하는 듯 보이는 부분들이 있다는 등의 이유로 학자들에게 많은 어려움을 안겨주었다. 이 작품들은 강의로 주어짐으로써, 학원에 관한 한 강의된 그대로 출간된 것들이므로 아리스토텔레스의 강의록일 것으로 여겨진다. 그러나 이러한 사실이 각각의 저작이 어느 하나의 강의나 또는 일련의 연속적인 강의에 상당하는 것을 의미하지는 않는다. 오히려 그것들은 서로 상이한 강의들이나 부분들이되 나중에 함께 묶여, 하나의 공통된 제목에 의하여 외적 통일성을 부여받은 것들이다. 이러한 편집 작업은 단지 일부분만이 아리스토텔레스 자신에 의해 이루어졌을 것이다. 이 작업은 그 학원의 다음 세대들로 이어져 계속되다가 로데스의 안드로니코스에 의해 (그 이후가 아니라면) 처음으로 완결되었다.

아리스토텔레스의 세 번째 시기의 이러한 저작들은 다음과 같이 분류될 수 있다.

① 논리적 저작들(비잔틴 시기에 오르가논이라는 이름으로 묶여진다)

『범주론』(χατηγορίαι, 최소한 내용상으로는 아리스토텔레스적), 『명제론』(Περὶ ἑρμενείας, 명제와 판단에 관한 글), 『분석론 전서』(Ἀναλυτιχὰ Πρότερα, 추론에 관한 2권의 글), 『분석론 후서』(Ἀναλυτιχὰ ὕστερα, 증명과 지식의 원리 등등에 관한 2권의 글), 『변증론』(Τοπιχά, 변증적 또는 개연적 증명에 관한 8권의 글), 『소피스트 논박』(Περὶ σοφιστιχῶν ἐλέγχων).

② 형이상학적 저작들

『형이상학』, 이것은 서로 다른 날에 행해진 강의의 모음집이며, 아리스토텔레스 전집 안에서 차지하는 위치에 따라 그렇게[meta-physics: 자연학 다음으로] 불렸는데, 이 위치는 아마도 안드로니코스 이전에 페리파테토스학파에 속하는 누군가에 의해 정해진 것 같다.

③ 자연철학, 자연과학, 심리학 등에 관한 저작들

『자연학』(φυσιχὴ ἀχρόασις 또는 φυσιχά 또는 τὰ περὶ φύσεως), 이 작품은 8권으로 이루어져 있는데, 이 가운데 첫 두 권은 아리스토텔레스의 플라톤적 시기에 쓰여진 것이 틀림없다. 『형이상학』 1권 983 a 32-3에서는 『자연학』을 언급하거나, 좀 더 정확하게 말하면 『자연학』 2권에 나오는 원인론의 기획을 명백하게 전제하고 있다. 『자연학』의 7권 역시 아리스토텔레스의 초기 저작에 속할 것이나, 8권은 실제로 자연학의 일부가 결코 아니다. 왜냐하면 그것은 "우리가 이전에 『자연학』에서 보여준 바와 같이"라는 언급과 함께 『자연학』을 인용하고 있기 때문이다.[18] 그러므로 이 작품 전체는 원래 서로 관계가 없는 여러 편의 연구 논문들로 이루어져 있는 것으로 생각할 수 있는데, 이는 『형이 상학』에서 두 작품 『천체론』과 『생성소멸론』을 '자연학'이라고 인용하고 있다는 사실에 근거한 가정이다.[19]

『기상론』(Μετεωρολογιχά 또는 Περὶ μετεώρων, 전 4권)

『동물지』(Περὶ τὰ ζῷα ἱστορίαι, 비교 해부학과 생리학에 관한 10권으로 이루어진 저서로, 마지막 부분은 아리스토텔레스 이후에 쓰인 것으로 보인다).

『해부학』('Ανατομαί): 7권으로 이루어진 저술인데 소실되었다.

『동물 보행론』(Περὶ ζῴων πορείας, 전 1권)

『동물 운동론』(Περὶ ζῴων κινήσεως, 전 1권)

『동물 발생론』(Περὶ ζῴων γενέσεως, 전 5권)

『영혼론』(Περὶ ψυχῆς): 3권으로 이루어진 아리스토텔레스의 심리학 저서.

『동물 국부론』: 지각과 지각 대상(Περὶ αἰσθήσεως χαὶ αἰσθητῶν), 기억과 상기 (Περὶ μνήμης χαὶ ἀναμνήσεως), 잠과 깸(Περὶ ὕπνου χαὶ ἐγρηγόρσεως), 꿈(Περὶ ἐνυπνί ων), 장수와 단명(Περὶ μαχροβιότητος χαὶ βραχυβιότητος), 삶과 죽음(Περὶ ζωῆς χαὶ θανάτου), 호흡(Περὶ ἀναπνοῆς), 꿈의 예지력(Περὶ τῆς χαθ ὕπνον μαντιχῆς) 등 의 주제를 다루고 있는 여러 편의 짧은 논문들.

『문제집』(Προβλήματα)은 아리스토텔레스의 메모들 가운데 핵심적인 것을 중 심으로 발전하여 점차적으로 형성된 문제들의 모음집으로 보인다.

④ 윤리학와 정치학에 관한 저작들

『대윤리학』('Ηθιχὰ μεγάλα), 두 권으로 이루어져 있는데, 적어도 내용에 관한 한은 아리스토텔레스의 진짜 저작으로 보일 것이다.[20] 일부는 아리스토텔레 스가 다소나마 여전히 플라톤과 견해를 같이하고 있었던 시기에 쓰여진 듯 하다.

---

18   *Physics*, VIII, 251 a 9, 253 b 8, 267 b 21.

19   *Metaph.*, 989 a 24.

20   H. von Arnim, *Die drei arist. Ethiken.* (Sitz. Wien, Ak, Abl., 1924) 참조.

『니코마코스 윤리학』('Hθικὰ Nικομάχεια), 10권으로 이루어진 것으로 아리스토 텔레스의 아들인 니코마코스에 의하여 그의 사후에 편집된 작품이다.

『정치학』(Πολιτικά), 이 가운데 2, 3, 7, 8권은 아리스토텔레스의 제2저작시기에 저술된 것으로 보인다. 제4권에서 제3권을 이 저작의 첫부분이라고 —이 첫부분에서(ἐν τοῖς πρώτοις λόγοις)— 말하고 있는 것으로 보아, 4권에서 6권에 이르는 부분은 제1권이 이 저서 전체에 붙여지기 이전에 삽입된 것이라고 예거(Jaeger)는 생각하고 있다. "2권의 내용은 단지 부정적일 뿐이다."[21]

『158 도시국가의 법령 모음집』, 아테네의 법령은 1891년 파피루스에 쓰여진 것이 발견되었다.

⑤ 미학, 역사와 문학에 대한 저작들

『수사학』(Τέχνη ῥητορική), 3권으로 이루어짐.

『시학』(Περὶ ποιητικῆς), 일부가 유실되어 완전하지 않음.

[이 밖에도] 아테네 연극공연 기록, 디다스칼리아 전집, 올림픽 경기 및 피시아 경기의 우승자 목록 등이 있다. 아리스토텔레스는 호메로스의 문제에 관한 저서와 국가들의 영토권에 관한 논문(Περὶ τῶν τόπων δικαιώματα πόλεων) 등의 저술에 종사했다.

이 모든 저작들이, 예를 들어 『158개의 법령 모음집』 같은 저작이, 아리스토텔 레스에 의해 쓰여졌다고 생각할 필요는 없지만, 그것들은 그에 의해서 착수되었고 그의 감수 하에 수행되었을 것이다. 그는 다른 사람들에게 자연철학의 역사(테오프라스토스), 수학 및 천문학의 역사(로데스의 에우데모스), 의학(메논)의 역사에 대한 편찬을 맡겼다. 누구라도 그의 관심 및 목표 영역의 방대함에 놀라지 않을 수 없다.

단순히 아리스토텔레스의 저작 목록만 보더라도 그가 플라톤과는 다소 다른 기풍을 가지고 있었음을 알 수 있다. 왜냐하면 아리스토텔레스는 경험적이고 과학적인

---

21   Jaeger, *Aristotle*, 273쪽.

것에 경도되어 있었다는 것과, 이 세계의 대상들을 반(牛)허구적인 것이거나 지식의 대상에 합당하지 않는 것으로 취급하려 하지 않았다는 것이 명백하기 때문이다. 그러나 시간이 지남에 따라 더욱더 강화되었음이 분명한 이러한 양자(兩者) 사이의 경향성 차이는, 그것이 아리스토텔레스가 플라톤의 이데아론이나 이원론적 심리학을 반대했다는 사실에 대한 고찰과 결부되었을 때, 이 두 위대한 철학자들 사이의 극단적인 상반성이라는 통념을 유발했다. 물론 이러한 견해가 전혀 잘못된 것은 아니다. 왜냐하면 그들의 교설 사이에는 분명하게 대립되는 것들이 있으며, 또한 (적어도 플라톤의 대중적인 저작 —이러한 저작들 외에 전해진 것이 없다— 과 아리스토텔레스의 학술적 저작을 비교해볼 때) 분위기에 있어서도 일반적인 차이가 있기 때문이다. 그러나 그것은 과장되기 쉽다. 역사적으로 말하자면 아리스토텔레스주의는 플라톤주의에 대한 반대가 아니라 그것의 발전이다. 즉 플라톤의 이데아론이나 이원론적 심리학 등과 같은 이론들의 일면성을 교정하고 (또는 교정하려고 노력하고) 물리적 사실 속에 들어 있는 보다 확실한 근거를 제공하는 것이다. 그런 가운데 귀중한 어떤 것이 빠져버리는 것도 사실이지만, 그것은 단순히 이 두 철학이 완전히 반대되는 두 체계로 간주되어야 하는 것이 아니라, 두 개의 상호 보완적인 철학적 정신이자 이론군(理論群)으로 간주되어야 한다는 것을 보여줄 뿐이다. 후에 신플라톤주의에서 이 양자의 종합이 시도되었으며, 중세철학도 똑같은 종합의 정신을 보여준다. 예를 들어, 성 토마스는 아리스토텔레스를 "철학자"로 불렀지만, 플라톤적 전통에서 완전히 벗어날 수 없었으며 또 그러기를 바라지도 않았다. 한편 프란치스코학파에서는 플라톤을 찬양했던 성 보나벤투라조차도 아리스토텔레스의 이설(理說)들을 사용하는 것을 가치 없다고 생각하지 않았으며, 둔스 스코투스는 프란치스코학파의 정신에 아리스토텔레스적 요소를 한층 더 주입시켰다.

아리스토텔레스가 사실들에 열중했으며 확고한 경험·과학적 근거를 세우기 원했다고 해서 그가 체계화하는 능력을 결여하고 있었다거나 자신의 형이상학적 관심을 포기했을 것이라고 상정해서는 안 된다. 플라톤주의와 아리스토텔레스주의 모두가 형이상학에서 정점에 이르는 철학이다. 그래서 괴테는 아리스토텔레스의 철학을 지상에 드넓은 기반으로부터 균형 잡힌 형태로 높게 쌓아올린 피라미드에 비유했고, 플라톤의 철학을 오벨리스크나 또는 하늘을 향하는 쏘아올린 날름거리는 불꽃에 비유했다. 그럼에도 불구하고 나는 다음과 같은 사실을 인정하지 않을 수 없다. 나의 견해로는, 아리스토텔레스의 사유 방향은 자신이 최초에 고수하고 있었던 플라톤의 입장으로부터 점점 더 멀어져갔으며, 자신의 새로운 사유 방향에 따른 결과들이 그가 끝까지 유지했다고 여겨지는 플라톤의 유산과 항상 조화롭게 결합되는 것은 아니었다.

제27장

아리스토텔레스의 논리학

01.   비록 아리스토텔레스가 매번 상이한 방식을 통해[1] 철학을 체계적으로 분류하고 있기는 하지만, 우리는 다음의 것이 그 문제에 대한 그의 신중한 견해라고 말할 수 있다.[2] (1) 지식 그 자체가 바라는 목표이며 그 어떤 실천적 목적도 지니고 있지 않은 이론철학[3]이 그 첫째인데, 이는 ① 운동하지 않을 수 없는 물질적 대상을 다루는 자연학 또는 자연철학과 ② 운동하지 않지만 (질료로부터) 분리되지는 않은 대상을 다루는 수학, 그리고 ③ [질료로부터] 분리되었을 뿐 아니라 (초월적) 운동도 하지 않는 대상을 다루는 형이상학으로 나뉜다. (그러므로 형이상학은 우리가 자연신학으로 알고 있는 것을 포함할 것이다.[4]) (2) 실천철학(πραχτιχή)은 주로 정치학을 다루는 것이지만, 군사학과 경제학 및 수사학을 하위 학문으로 거느린다. 왜냐하면 이러한 학문들이 품고 있는 목적이 정치학에 종속적이고 또 그것에 의존하기 때문이다.[5] (3) 제작철학(ποιητιχή)은 (보다 넓은 의미에서의 또는 정치적 의미에서의 인륜적 행위를 포함하는) 실천철학의 경우에서처럼, 행위의 산

---

1   *Top.*, A 14, 105 b 19 이하 참조.

2   *Top.*, Z 6, 145 a 15 이하. *Metaph.*, E I, 1025 b 25 참조.

3   *Metaph.*, K 7, 1064 b 1 이하 참조.

4   *Metaph.*, E I, 1026 a 10 이하 참조.

5   *Eth.* Nic., A I, 1094 a 18 이하 참조.

물을 다루지, 행위 그 자체를 다루지는 않으며 그 모든 관심과 목적에 있어서 기술론 (Theory of Art)이다.[6]

02. 아리스토텔레스의 논리학은 흔히 "형식" 논리학이라고 일컬어진다. 아리스토텔레스의 논리학은 사고의 형식들에 대한 분석이기 때문에(따라서 분석이라는 용어가 사용된다), 이것은 적절한 성격 규정이다. 그러나 아리스토텔레스에게 있어서, 논리학이 외부 실재와 아무런 연관성도 없이 순전히 인간의 사유 형식에만 관계한다고 상정한다면 그것은 매우 커다란 오류일 것이다. 그는 주로 증명의 형식들에 관심을 가지고 있으며, 학문적 증명의 결론이 실재에 관한 어떤 지식을 제공한다고 가정한다. 예를 들어 "모든 사람은 죽는다. 소크라테스는 사람이다. 그러므로 소크라테스는 죽는다"라는 삼단논법에서, 그 결론은 단순히 논리의 형식적 법칙에 따라서 올바르게 연역된 것만은 아니다. 아리스토텔레스는 그 결론이 실재세계에서 검증된다고 생각했다. 따라서 그는 실재론적 인식론을 전제하고 있으며, 그에게 있어서 논리란 사고의 형식에 대한 분석이기는 하되, 실재를 사유하고 사고 안에서 실재를 개념적으로 재생산하는 사고에 대한 분석이며, 참된 판단을 내림으로써 외부세계에서 검증되는, 실재에 관한 진술을 하는 사고에 대한 분석이다. 비록 아리스토텔레스가 사물들이 언제나, 그것들이 마음에 의하여 파악된 것과 똑같이, 마음 밖의 실재 속에, 예를 들어 보편자로서 존재하는 것은 아니라는 점을 분명히 인정하고 있지만, [그에게 있어서] 논리는 실재에 관해 사유하는 인간의 사고를 분석하는 것이다.

이러한 점은 그의 범주설에서 분명히 드러난다. 논리적 관점에서 본다면, 범주들은 우리가 사물들에 관해 생각하는 방식을 의미하지만 (예를 들어 실체들의 성질을 단정하는 것) 동시에 범주들은 사물들이 현실적으로 존재하는 방식이다. 사물이란 실체이나 현실적으로는 우유성(偶有性)을 가지고 있다. 그러므로 범주들은 논리적으로뿐만이 아

---

6   그 대상의 지위에 따라 분과 철학의 지위를 결정할 때, 아리스토텔레스는 "신학"에 최우위를 둔다. *Metaph.*, K 7, 1064 b 1 이하 참조. 이렇게 셋으로 나누는 학문 분류를 아리스토텔레스가 직접 밝혔다는 충분한 근거는 없으며 따라서 그는 시학을 철학적 미학 이론이 아니라 단순히 실질적인 제작법으로 여겼다는 주장도 있었다.

니라 형이상학적으로도 다루어져야 한다. 그렇다면 아리스토텔레스의 논리는 칸트의 선험적 논리와 유사한 것으로 간주되어서는 안 된다. 왜냐하면 그의 논리는 지식을 이루어내는 능동적 과정에서 오직 마음에 의해서만 부여되는 사유의 선험적 형식을 격리시키는 일에 종사하지 않기 때문이다. 아리스토텔레스는 "비판적 문제"를 제기하지 않는다. 그는 실재론자의 인식론을 취하고 있으며, 우리의 언어로 표현되는 사고의 범주가 동시에 마음 밖의 실재에 대한 객관적 범주이기도 하다고 상정한다.

03.　　『범주론』과 『변증론』에는 범주 또는 술어의 수(數)가 10가지로 주어진다. 실체(οὐσία 또는 τί ἐστι: [예를 들어] 인간, 말 따위), 양(ποσόν: 3야드의 길이), 질(ποιόν: 흰색), 관계(πρός τι: 두배), 장소(ποῦ: 시장에서), 시간(πότε: 작년에), 자세(χεῖσθαι: 눕다, 앉다), 상태(ἔχειν: 무장한, 신발을 신은), 능동(ποιεῖν: 자르다), 수동(πάσχειν: 잘리다, 데다). 그러나 『분석론 후서』에서는 자세(χεῖσθαι 또는 Situs)와 상태(ἔχειν 또는 Habitus)가 다른 범주 속에 포섭되어 여덟 개로 나타난다.[7] 그러므로 아리스토텔레스가 범주들의 연역을 확고하다고 여겼을 리 없다. 그러나 비록 아리스토텔레스가 10개의 범주를 확고한 것으로 간주하지는 않았으나, 그가 범주 목록을 체계적인 구성없이 아무렇게나 만들어진 것으로 간주했다고 생각할 근거는 없다. 그 반대로 범주 목록은 질서정연한 배열을 이루고 있으며, 개념들의 분류이며, 우리의 학적(學的) 지식을 지배하는 개념들의 근본 유형들을 구성하고 있다. [범주의 그리스어 어원인] χατηγορεῖν이라는 말은 [어떤 특질을 ~의 속성이라고] 단정한다는 의미이며, 아리스토텔레스는 『변증론』에서 범주들을 술어들에 대한 분류, 즉 존재가 실현되어 있을 것으로 생각되는 방식으로 간주한다. 이를테면, 우리는 대상을 실체나 또는 실체에 대한 확정으로 간주한다. 즉 우리는 대상을 실체가 확정된다고 우리가 생각하는 방식을 표현하는 9개의 범주 가운데 하나에 속하는 것으로 간주하는 것이다. 그런데 『범주론』에서 아리스토텔레스는 범주들을 최상의 종(summa genera)으로부터 개체들에게 이르기까지의 유(類, genus), 종(種, species) 및 개별자들에 대한 분류로 간주하고 있다. 사물을 정신적으로 표상하는 방식인 우리의 개념들을 살펴볼 경우,

---

7　　예를 들어, *Anal. Post.*, A 22, 83 a 21 이하, b 15 이하 참조.

우리는 우리가, 예를 들어 유기체, 동물(유기체 아래의 유(genus)), 양(sheep, 동물의 종) 등의 개념들을 가지고 있음을 알게 될 것이다. 그런데 이러한 유기체, 동물, 양 모두는 실체라는 범주에 포함된다. 마찬가지로 우리는 색깔 일반, 파랑색 일반, 연파랑색 등에 대해서 생각할 수 있다. 그런데 색깔, 파랑, 연파랑 모두는 성질이라는 범주에 속한다.

그러나 아리스토텔레스가 생각하기에 범주는 단순히 정신적 표상의 양태, 즉 개념의 틀만은 아니다. 이 범주들은 마음 밖의 세계에 있는 존재의 현실적 양태를 나타내며, 논리와 (실체를 주요 주제로 하는) 형이상학 사이에 가교를 형성한다.[8] 그러므로 범주들은 논리적인 측면뿐만 아니라 존재론적인 측면도 지니는 것이다. 이들의 질서정연하고 체계적인 배열이 가장 분명하게 드러나는 것은 아마도 이들의 존재론적인 측면에서일 것이다. 따라서 어떤 존재자가 존재하기 위해서는 반드시 실체가 존재해야만 한다. 실체는 말하자면 출발점이다. 단지 개별자들만이 우리의 마음 밖에 현실적으로 존재하며, 개별자가 독립적으로 이렇게 존재하기 위해서는 그것이 실체여야만 한다. 그러나 개별자는 단순히 실체로서만 존재할 수 없다. 개별자는 우연적 형상들도 지녀야만 한다. 예를 들어, 색깔 없는 백조는 있을 수 없으며, 반면에 양(量)과 연장이 없이는 색깔을 가질 수 없다. 그렇다면 우리는 즉시 대상의 내적 결정 요소인 첫 세 가지 범주들, 즉 실체와 성질 그리고 양을 지니게 된다. 그런데 백조는 다른 백조들과 종적 본질은 같지만 그 크기는 다른 실체들과 같거나 다르다. 다른 말로 하면, 이 백조는 다른 백조들과 어떤 관계를 맺고 있다. 또한 물질적 실체로서의 백조는 어떤 장소와 어떤 기간에 존재해야 하며, 어떤 자세를 취하고 있어야 한다. 또한 물질적 실체들은 우주적 질서에 속하는 것으로서 영향을 주기도 하고 영향을 받기도 한다. 그러므로 범주들 가운데 어떤 것은 대상의 내적 결정 요소로서 그 자체로서 고찰된 대상에 속하며, 반면에 다른 범주들은 대상을 다른 물질적 대상들과 일정한 관계에 있도록 하는 외적 결정 요소로서 대상에 속한다. 그러므로 비록 어떤 범주들이 다른 범주들에 포섭됨으로써 범주들의 수가 줄어들 수 있다 하더라도, 범주들이 도출되는 원리는 우연적이거

8　*Metaph.*, 1017 a 23-24. 존재는 서술되는 방식만큼이나 많은 의미를 지니기 때문이다(ὁσαχῶς γὰρ λέγεται, τοσαταυχῶς τὸ εἶναι σημαίνει).

나 임의적인 것이 결코 아니다.

(정의와 관련된) 『분석론 후서』와 『변증론』에서 아리스토텔레스는 빈사(賓辭)들에 대해, 또는 보편적 용어들이 자신들이 그 속성으로 단정되는 주어와 맺는 다양한 관계들에 대해 논의하고 있다. 그것들은 유(γένος), 종(εἶδος), 종차(διαφορά), 본질적 특성(ἴδιον), 우연자(συμβεβηχός)이다. 『변증론』(I, c. 8)에서 아리스토텔레스는 빈사(賓辭)들에 대한 자신의 분류를 주어와 술어 사이의 관계 위에 정초한다. 그래서 만약 술어가 주어와 동연적(co-extensive)일 경우, 그 술어는 주어의 본질이나 본질적 특성을 우리에게 알려준다. 반면에 술어가 주어와 동연적이 아니라면, 그 술어는 주어의 정의에 포함되어 있는 속성들의 부분을 이루거나(술어가 유나 종차가 될 경우), 아니면 그 부분을 이루지 않는다(이 경우 그 술어는 우연자가 될 것이다).

본질적 정의란 유와 종차에 의한 엄밀한 정의이며, 아리스토텔레스는 정의를 최하위의 종들(infimae species)에까지 이르는 구분 과정이라고 생각했다(플라톤 참고).[9] 그러나 아리스토텔레스는, 비록 그가 본질적 정의를 진정으로 정의라고 이름 붙일 수 있는 유일한 정의 유형으로 간주하면서 명목적 정의들을 높게 평가하지 않았지만, 우리가 항상 본질적 정의나 실재적 정의를 얻을 수 있는 것은 아니라는 점을 인식하고 명목적 또는 기술적 정의를 용인했다는 점을 기억해야 한다.[10] 그 구별은 매우 중요하다. 왜냐하면 사실상 우리는 자연학이 연구하는 자연적 대상들에 관해서는 그것들을 구별하거나 특징짓는 정의들에 만족할 수밖에 없기 때문이다. 그러한 정의들은 아리스토텔레스가 말하는 명목적 또는 기술적 정의보다 좀 더 가깝게 본질적 정의의 이상(理想)에 접근할 수는 있어도, 실제로 그것을 획득하지는 못한다.

(몇몇 작가들은 언어가 철학에 미치는 영향을 강조해왔다. 예를 들어 우리는 장미를 빨갛다고 말하기 때문에 —이렇게 하는 것이 사회생활과 의사소통이라는 목적을 위해서 필수적이다— 우리는 자연스럽게 현실의 객관적 질서 안에는 사물 또는 실체인 장미 속에 내재하는 "빨강"이라는 성질 또는 우유자가 있다고 생각하게 된다. 그러므로 실체와 우유라는 철학적 범주는 단어 또는 언어의 영향에 의해 생

---

9   *Anal. Post.*, B 13.
10   *Anal. Post.*, B 8과 10.

거난다고 할 수 있을 것이다. 그러나 언어란 사유를 따른다는 점, 사유의 표현으로서 만들어진 것이라는 점, 그리고 철학적 용어의 경우에는 더더욱 그렇다는 점은 명심해야 한다. 아리스토텔레스가 마음이 사물에 관하여 사유하는 방식을 설정할 때, 그가 사유의 매개자로서의 언어에서부터 완전히 벗어날 수 없었다는 것은 사실이다. 하지만 언어는 사유를 따르고, 사유는 사물을 따른다. 언어는 선험적인 구조물이 아닌 것이다.)

04.　　아리스토텔레스에게 있어서, 탁월한 학적(學的) 지식이란 보편적인 것에서 개별적인 것을 이끌어내거나 또는 원인으로부터 그것에 의해 조건지어진 것을 이끌어냄으로써, 사실이 의존해 있는 원인뿐 아니라, 사실과 그 원인 사이의 필연적 관계도 아는 것을 의미한다. 달리 말해서, 사실이 의존해 있는 원인을 다른 어떤 것의 원인이 아니라 그 사실의 원인으로서 알 뿐만 아니라, 나아가 그 사실은 그렇게 이외에는 다르게 될 수 없었다는 것을 알 때, 우리는 학적 지식을 가진다.[11]

　　그러나 비록 논리적인 관점에서는 전제가 결론에 선행하지만, 아리스토텔레스는 논리적 선행성이나 또는 그 자체로서의 선행성(priority *in se*)과 '우리에게'의 인식론적 선행성(epistemological priority *quoad nos*)의 차이를 분명하게 알고 있다. "'선행적'과 '더 잘 알려진'은 모호한 용어들인데, 왜냐하면 존재의 질서에 있어서 선행적이고 잘 알려진 것과 인간에게 선행적이고 잘 알려진 것 사이에는 차이가 있기 때문이다. 내가 의미하는 바는, 감각에 가까운 대상들은 인간에게 선행적이고 더 잘 알려져 있으나, 아무런 제한이 없이 선행적이고 잘 알려져 있는 대상들은 감각으로부터 멀리 떨어져 있는 대상들이라는 것이다"[12]라고 아리스토텔레스는 분명하게 진술하고 있다. 다른 말로 하면, 우리의 지식은 감각으로부터, 즉 특수한 것으로부터 출발하여 일반적인 것 또는 보편적인 것으로 향한다. "그러므로 우리가 주요한 전제들을 귀납에 의해 알게 될 수밖에 없다는 것은 분명하다. 왜냐하면 심지어 감관지각조차 보편적인 것을 마음에 주입시키는 방법은 귀납적이기 때문이다."[13] 그러므로 아리스토텔레스는 연역법뿐만

11　　*Anal. Post.*, I 2, 71 b.
12　　*Anal. Post.*, 71 b-72 a.
13　　*Anal. Post.*, II 19, 100 b.

이 아니라 귀납법까지도 다루어야만 하게 된다. 예를 들어, 앞에서 언급한 삼단논법에서 대전제 "모든 인간은 죽는다"는 감관지각에 근거해 있으며, 여기에는 감관지각과 기억이 모두 관련되기 때문에 아리스토텔레스는 양자 모두를 정당화해야만 한다. 그러므로 우리는 감각 그 자체는 결코 오류를 범하지 않는다는 이설(理說)을 갖는다. 참 또는 거짓으로 가려지는 것은 오직 판단뿐이다.

그러므로 어떤 섬망증 환자가 분홍색 쥐를 "본다"고 해도, 그 감각 자체는 잘못된 것이 아니다. 오류는 그 환자가 분홍색 쥐를 "저기에" 있는 것으로, 즉 마음 밖에 실재하는 대상으로 판단할 때 발생한다. 마찬가지로 태양은 지구보다 작게 보이지만, 이것은 감관 쪽에서의 오류가 아니다. 정말로 태양이 지구보다 더 크게 보인다면, 감관이 망가진 것일 것이다. 오류는 어떤 사람이, 천문학적 지식이 부족하기 때문에, 태양이 지구보다 객관적으로 작다고 판단할 때 발생한다.

05. 그러므로 『분석론』에서 아리스토텔레스는 학적(學的) 입증이나 증명 또는 연역법뿐 아니라 귀납법(ἐπαγωγή)도 다루고 있다. 그에게 있어서 학적 귀납법이란 완전한 귀납법을 의미한다. 그는 "귀납법은 모든 경우를 열거함으로써 진행된다"[14]고 명백하게 진술한다. 불완전한 귀납법은 특히 웅변가들에게 소용되는 것이다. 아리스토텔레스는 실험을 사용했지만, 학적 방법론으로서의 귀납법과 가설의 사용에 대해서는 자세하게 언급하지 않았다. 그는 비록 "귀납을 통한 삼단논법이 우리에게 더 명증하다"[15]고 인정하고는 있지만, 그의 이상(理想)은 여전히 연역적 방법, 즉 삼단논법적 증명의 방법이다. 아리스토텔레스는 연역적 과정에 대한 분석을 매우 높은 수준까지 매우 완전하게 수행했다. 그러나 그가 귀납법에 대해서도 그렇게 했다고는 말할 수 없다. 수학이 자연학보다 그토록 훨씬 더 고도로 발달해 있었던 고대 세계에 있어서 이것은 단지 자연스러운 일이었음에 틀림없다. 그럼에도 불구하고 아리스토텔레스는 감관지각 자체만으로 보편자를 획득할 수는 없다고 말한 다음, 우리는 개별자들의 집단을 관

---

[14] *Anal. Priora*, II 23, 68 b.
[15] *Anal. Priora*, II, 23, 68 b.

찰하거나 사건들의 반복적인 발생을 볼 수 있으며, 따라서 추상하는 이성을 사용하여 보편적 본질이나 원리에 대한 지식을 획득할 수 있다는 점을 지적한다.[16]

06.　　『분석론 전서』에서 아리스토텔레스는 추론의 형식들을 탐구하고 있다. 그는 삼단논법을 "어떤 것들이 진술되고 있는데, 그것들이 그렇게 진술되는 것으로부터 진술되어 있는 것과 다른 그 무엇이 필연적으로 따라나오게 되는 담론"[17]이라고 정의한다. 그는 삼단논법의 세 가지 격(格)을 논한다.

> ① 매개념이 어느 한 전제에서는 주어이고 다른 전제에서는 술어인 경우. 따라서 다음과 같은 형식이 된다. 'M은 P이다. S는 M이다. 그러므로 S는 P이다.' 모든 동물은 실체이다. 모든 인간은 동물이다. 그러므로 모든 인간은 실체이다.
>
> ② 매개념이 두 전제 모두에서 술어인 경우. 'P는 M이다. S는 M이 아니다. 그러므로 S는 P가 아니다.' '모든 인간은 웃을 수 있다. 어떤 말도 웃을 수 없다. 그러므로 어떤 말도 인간이 아니다.'
>
> ③ 매개념이 두 전제 모두에서 주어인 경우. 따라서, 'M은 P이다. M은 S이다. 그러므로 S는 P이다.' '모든 인간은 웃을 수 있다. 그런데 모든 인간은 동물이다. 그러므로 어떤 동물들은 웃을 수 있다.'

『변증론』에서[18] 아리스토텔레스는 논증적 추론(즉 "추론이 시작되는 전제들이 참이고 근본적인 경우, 또는 그 전제들이 그것들에 대한 우리의 지식이 본래, 근본적이고 참인 전제들을 통하여 나온 그런 전제들인 경우")과 변증법적 추론(즉 "일반적으로 수용되는 견해들로부터", 즉 "모든 사람 또는 대다수 또는 그들 가운데 가장 탁월하고 저명한 사람들에 의해 수용되는 견해들로부터"의 추론)을 구별한다. 그는 여기에 세 번째 추론 종류인 "논쟁적" 추론("일반적으로 수용되고 있는 듯이

16　*Anal. Post.*, I, 31.

17　*Anal. Priora*, I, 1, 24 b.

18　I, 100 a b.

보이지만 사실은 그렇지 않은 견해들에서 출발하는" 추론)을 추가한다. 이 세 번째 종류의 추론은 『소피스트적 논박』에서 상세하게 다루어지는데, 거기서 아리스토텔레스는 다양한 유형의 오류들을 검토하고, 분류하며, 해결한다.

07. 아리스토텔레스는, 연역에서의 전제들 자체가 증명될 필요가 있지만, 그러나 다른 한편으로 만약 모든 원리들이 증명되어야 한다면, 우리는 무한소급에 빠지게 될 것이며 아무것도 증명될 수 없다는 것을 분명하게 알고 있었다. 그래서 그는 증명 없이 직관적이고 즉각적으로 알려지는 원리들이 있다고 주장했다.[19] 이러한 원리들 가운데 최고의 것은 모순율이다. 이러한 원리들에 대해서는 어떤 증명도 주어질 수 없다. 예를 들어, 모순율의 논리적 형식("어떤 것을 긍정하는 명제와 바로 그것을 부정하는 두 명제 가운데, 그 하나는 참이고 다른 하나는 거짓이라야 한다")은 그 원리의 형이상학적 형식(예를 들어 "동일한 것이 하나의 동일한 기체의 속성이면서, 동시에 같은 방식으로 속성이 아닐 수는 없다")에 대한 증명이 아니다. 그것은 단순히 어떠한 사상가도 모든 사유의 근저에 놓여 있는 것이자 모든 사유에 전제되는 원리에 관해서는 의문을 제기할 수 없다는 사실을 드러낼 뿐이다.[20]

그러므로 우리는 ① 이성($\nu o \tilde{u} \varsigma$)에 의해 인식되는 제1원리들과, ② 제1원리들로부터 필연적으로 도출되는 것으로 학적 인식($\dot{\epsilon} \pi \iota \sigma \tau \dot{\eta} \mu \eta$)에 의해 인식되는 것, 그리고 ③ 견해($\delta \delta \xi \alpha$)의 주제로 우연적이어서 달리 될 수 있는 것을 가진다. 그런데 아리스토텔레스는 예를 들어 "모든 인간은 죽는다"와 같은 삼단논법의 대전제가 제1원리들로부터 직접 도출될 수 없다는 것을 알았다. 그것은 귀납에 의존하는 것이다. 이것은 보편자에 대한 실재론적 이론을 포함하는 것이며, 아리스토텔레스는 귀납법은 보편자를 명백하게 알려져 있는 특수자 안에 암시되어 있는 것으로 드러낸다고 선언한다.[21]

08. 이러한 성격의 책에서 아리스토텔레스 논리학에 대한 상세한 설명과 논의에 손을 대는 것은 바람직하지 못할 것이다. 그러나 아리스토텔레스가 이 학문 분야에서,

---

19   *Anal. Post.*, I 3, 72 b 참조.
20   *Metaph.*, 1005 b 35 이하 참조.
21   *Anal. Post.*, A 1, 71 a.

특히 삼단논법과 관련해서 인간 사고에 기여한 지대한 공헌을 강조할 필요는 있다. 논리적 분석과 분류가 아카데메이아에서 형상론과의 관계 속에서 추구되었다는 것은 분명한 사실이다(그것은 『소피스테스』에 나오는 논의만 생각해보아도 알 것이다). 그러나 최초로 논리학("분석학")을 독립된 학(學)으로서 성립시킨 사람은 아리스토텔레스였으며, 추론의 기본적 형식, 즉 삼단논법을 발견하고 이를 분리해내어 분석한 사람도 아리스토텔레스였다. 이것은 길이 남을 그의 업적 가운데 하나이다. 설사 이것만이 그의 유일한 긍정적 업적이라고 할지라도, 여전히 이것은 그의 이름을 영원히 우리의 기억 속에 간직하게 하기에 충분한 업적일 것이다. 아리스토텔레스가 모든 연역의 과정을 완벽하게 분석했다는 주장은 정당화될 수 없다. 왜냐하면 고전적 삼단논법은 (1) 각각 주어와 술어의 형식으로 된 세 개의 명제와, (2) 각 명제들이 주어와 술어로 취하는 세 개의 항(term)을 상정하며, 이러한 상황이 주어지면 명제들 가운데 두 개가 제3의 명제를 ① 오로지 논리적 형식에 의해서만 야기하는 경우나, 또는 ② 『다랍티』(*Darapti*)의 경우와 같이 연결된 존재 언명에 의해서 야기하는 경우를 결정하기 때문이다. 예를 들어 아리스토텔레스는 뉴먼 추기경이 자신의 저작 『동의의 문법』에서 논하고 있는 다른 추론형식, 즉 마음이 결론을 명제들로부터가 아니라 구체적 사실들로부터 이끌어낼 때의 추론형식을 고려하지 않았다. 마음은 이런 사실들을 고려하며, 그것들에 대하여 비판적인 평가를 내린 후에 결론을 추론해내는데, 이것은 (온전한 귀납법에서와 같은) 일반적 명제가 아니라, 이를테면 "그 죄수는 결백하다"와 같은 특수한 결론이다. [이 결론에] 일반적인 명제들이 함의되어 있음은 확실히 사실이다(가령, 어떤 유형의 증거는 피고인의 결백과 부합하거나 또는 부합하지 않는다는 것). 그러나 실제로 마음은 전제된 명제들 안에 함축된 의미를 끌어내는 데 종사한다기보다는 다수의 구체적 사실들에 함축된 의미를 끌어내는 데 종사한다. 성 토마스 아퀴나스는 이러한 유형의 추론이 있다는 것을 인정하고, 그것을 인지력(vis cogitativa) —또는 특수이성(ratio particularis)이라고도 불림— 에 속하는 것으로 간주했다.[22] 또한 그는 심지어 아리스토텔레스가 분석한 추론의 형식에 관해서도, 추론들의 출발점인 이 일반적 원리들이 단순히 형식적인 원리들

22　Ia, 78, 4. IIa, IIae, 2, 1 참조.

인가 아니면 존재론적인 함축을 지닌 것들인가 하는 문제를 실제로 고찰하지 않았다. 대체로 후자의 견해가 취해졌던 것으로 보인다.

그러나 역으로, 추론의 모든 형식들에 대한 완벽한 탐구를 행하지 못했으며, 인간 사고의 형식들과 관련하여 제기될 수 있는 모든 문제들을 명백하게 제기하고 그것들을 해결하지 못했다고, 아리스토텔레스를 비판하는 것은 불합리할 것이다. 자신이 성취하고자 한 일을 그는 매우 훌륭하게 성취했으며, 그의 논리학 논문집(후에 오르가 논이라 칭해진)은 인간의 정신에 대한 걸작으로 자리잡는다. 아리스토텔레스가 스스로를 논리적 분석과 체계화의 선구자로 묘사하는 것이 이유가 없는 것이 아니라는 것을 우리는 확신할 수 있다. 『소피스트적 논박』의 말미에서 그는, 예를 들어 수사학이라는 주제에 대해서는 자기 이전의 다른 사람들에 의해 많은 것이 언급되었으나, 추론이라는 주제에 관해서는 그가 기반으로 사용할 수 있는, 언급할 만한 기존의 작품이 없어서, 사실상 새로운 분야를 개척하지 않을 수 없었다고 말하고 있다. 추론과정에 대한 체계적 분석이 부분적으로는 이미 완성되어 있었다는 것은 사실이 아니었다. 이러한 방면으로는 도대체가 아무것도 없었다. 수사학 선생들은 학생들에게 "논쟁적 논증술"에 관해 경험적 훈련을 베풀었으나, 그 주제에 관한 학적(學的) 방법론이나 체계적 설명을 이루어내지는 못했다. 아리스토텔레스는 혼자만의 힘으로 처음부터 시작해야만 했다. 삼단논법 일반의 발견과 분석에 관하여 말한다면, 『소피스트적 논박』이라는 특수한 주제에 관한 아리스토텔레스의 [위의] 주장은 의심의 여지없이 충분히 타당하다.

사람들이 현대의 논리학 연구로 인하여 전통적인 아리스토텔레스 논리학은 마치 모든 가치를 상실한 듯이 이제 전통적 논리학은 단지 철학적 골동품 수집가들에게만 흥미거리가 되는 박물관 진열품들의 보관소로 추방될 수 있는 것인 양 말하는 것을 심심치 않게 듣는다. 반대로, 아리스토텔레스적 전통에 따라 교육된 사람들은 예컨대 현대의 기호논리학을 공격함으로써, 그 전통에 대한 잘못된 충성심을 보이고 싶어질지도 모른다. 사실 이 양극단은 모두 근거가 없다. 아리스토텔레스 논리학의 불충분성과 현대 논리학의 가치를 진정으로 인식하면서, 동시에 아리스토텔레스의 논리학이 논리학의 전 영역을 포괄하지 못한다는 이유로 불신하는 것은 거부하는 그러한 건전하고 균형 잡힌 입장을 취할 필요가 있다. 이러한 건전하고 균형 잡힌 입장이 논리학을 깊이 연구한 사람들이 주장하는 입장이다. 이것은 오늘날 아리스토텔레스의 논리학에 어떤 가치를 부여하는 사람들은 자신의 입장을 옹호 중인 스콜라 철학자들뿐이라고 생각되지 않도록 하기 위해서, 강조할 필요가 있는 논점이다. 그러므로 수잔 스테빙(Susan Stebbing)은 "전통적 삼단논법이 연역의 전 주제를 이루고 있다고 간주하는 것은 더 이상 가능하지 않다"고 단언하면서도, (이것은 올바른 단정이다) "고전적 삼단논법은 자신의 가치를 보존하고 있다"는 것을 인정하고 있으며,[23] 또 하인리히 숄츠(Heinrich Scholz)는 "아리스토텔레스의 오르가논은 오늘날에도 여전히 인간에 의해 쓰여진 모든 논리학 입문서 가운데 가장 아름답고 교육적인 것이다"라고 선언한다.[24] 현대의 기호논리학은 아리스토텔레스의 논리학에 대한 보완물, 그것도 매우 가치 있는 보완물일 수는 있지만, 그에 전적으로 대립되는 것으로 간주되어서는 안 된다. 그것은, 예를 들어 명제 함수성 개념과 같은 높은 형식화의 정도가 비(非)기호논리학과 다르다.

09.　　『오르가논』에서 논의된 몇 가지 특징적인 논제들을 요약함으로써 아리스토텔레스의 논리학에 대한 (간략하고 생략된 것일 수밖에 없는) 논의에 결론을 내리는 것이 유용할 것인데, 이 요약에서 아리스토텔레스의 논리 분석이 미치는 광범한 범위가 뚜렷해질 것이다. 『범주론』에서 아리스토텔레스는 주어 및 술어의 변용 범위를 다룬다. 『명제론』에서는 형태적 및 단언자적 명제들의 대립을 다루는데, 이것이 그로 하여금 제7장과 제10장에서 배중율에 대해 흥미로운 논의를 하도록 한다. 『분석론 전서』 제1권에서 아리스토텔레스는 순수 명제들 및 필연명제들과 우연명제들의 환위에 대하여 논하고, 삼단논법을 세 가지 형태로 분석한다. 예를 들면, 바르지 못한 추론(36장)과, 부정(46장), 그리고 불가능성을 통한 증명과 가설로부터의 증명(23장과 44장)을 다루는 삼단논법을 구성하거나 발견하기 위한 규칙들을 제공한다. 제2권에서 아리스토텔레스는 전제와 결론 사이에 참 거짓의 배분, 삼단논법에서의 결함, 좁은 의미에서의 귀납법, 즉 "모든 사례들의 열거"를 통한 귀납법(23장), 그리고 생략추리법 등을 논한다.

23　　Susan Stebbing, *A Modern Introd. to Logic*, 102쪽. (London, 1933.)

24　　*Geschichte der Logik*, 27쪽. (Berlin, 1931.)

『분석론 후서』의 제1권에서는 연역적 학문의 구조와 그 논리적 출발점, 학문들의 통일성과 다양성, 학문의 구분 및 논리적 위계, 그리고 무지와 오류와 부당성 등이 다루어진다. 그리고 제2권은 본질적 정의와 명목적 정의, 정의와 증명의 차이점, 본질적 속성의 증명 불가능성, 기초적 진리가 알려지게 되는 방식 등에 관계한다.『변증론』은 빈사(賓辭)들, 정의, 증명 기술이나 변증술의 연습에 관계하며,『소피스트적 논박』은 오류들의 분류 및 해결에 관계한다.

제28장

아리스토텔레스의 형이상학

01.   "모든 인간은 본성적으로 알기를 원한다."[1] 이렇게 아리스토텔레스는 낙관적으로 자신의 『형이상학』을 시작한다. 『형이상학』은 한 권의 책이라기보다는 강의 모음집에 더 가까운데, 읽기가 매우 어렵지만(아랍의 철학자 아비셴나는 그것을 40번이나 읽었으나 이해하지 못했다고 말했다), 아리스토텔레스의 철학을 이해하는 데 가장 중요하며, 그 이후의 유럽 사상에 막대한 영향을 미쳤던 자료이다.[2] 모든 사람이 '앎'을 원한다. 그러나 앎에는 여러 등급이 있다. 예를 들어, 단순히 경험만을 가진 (아리스토텔레스는 그렇게 부른다) 사람은 X가 아팠을 때, 어떤 약이 그에게 잘 들었다는 것은 알 것이지만, 왜 그런지는 모를 것이다. 반면에 기예가는 그 이유를 안다. 예를 들면, 그는 X가 열로 고통을 받고 있었다는 것과, 문제의 그 약은 열을 내리는 어떤 속성을 지녔다는 것을 안다. [이 때] 그는 보편자를 아는 것이다. 왜냐하면 그는 그 약이 그러한 병을 앓는 모든 사

---

1   *Metaph.*, A, 980 a 1.
2   '형이상학(Metaphysics)'이라는 이름은 단순히 아리스토텔레스의 저작 전체 중에서 『형이상학』이 차지하는 순서, 즉 『자연학』(*Physics*) 다음에 오는 것임을 의미한다. 하지만 그 책은 최상의 제1원리들과 원인들에 관계하며, 따라서 운동하는 특수한 유형의 존재자들을 주로 다루는 『자연학』보다 고도의 추상을 포함하고 있다는 의미에서 형이상학적이라고 할 수 있다. 그러나 우리가 오늘날 '형이상학'이라는 이름으로 다루는 주제들에 관한 아리스토텔레스의 이설(理說)을 알고자 한다면, 『형이상학』뿐만 아니라 『자연학』까지도 찾아보아야 한다는 말은 옳다.

람들을 치유하는 데 도움이 되리라는 것을 알기 때문이다. 그렇다면 기예(技藝)는 모종의 지식 산출을 목표로 하는 것이다. 그러나 그것은 아리스토텔레스의 견해로는 지혜가 아닌데, 왜냐하면 최상의 지혜란 어떤 것을 산출하거나 어떤 결과를 보증하는 것을 목표로 하는 것이 아니라(그것은 공리적(公利的)인 것이 아니다), 실재의 제1원리들에 대한 이해, 즉 지식 자체를 위한 지식을 목표로 하기 때문이다. 아리스토텔레스는 지식 자체를 위하여 지식을 추구하는 사람을 어떤 실제적 효과를 얻기 위해 어떤 특수한 종류의 지식을 추구하는 사람보다 상위에 위치시킨다. 다른 말로 하면, 단순히 그 결과들을 위해서가 아니라 그 자체를 위해서 바람직한 학문이 보다 상위의 학문이다.

그 자체를 위해서 바람직한 이 학문은 제1원리들 또는 제1원인들에 대한 학문이며, 경이에서 비롯되는 학문이다. 사람들은 사물에 대해 경이로움을 느끼기 시작하며, 그들이 본 사물들에 대한 설명을 알고 싶어 하기 시작한다. 따라서 철학은 이해하려는 욕구에서 비롯되는 것이지, 그 지식이 가지고 있을 수 있는 그 어떤 유용성 때문에 생기는 것이 아니다. 그렇다면 모든 학문들 중에서 이 학문은 자유로운 또는 구애받지 않는 학문이라고 불릴 수 있다. 왜냐하면 그것은 자유인과 마찬가지로 그 자체만을 위해서 존재하지 다른 그 누구를 위해서 존재하지 않기 때문이다. 그러므로 아리스토텔레스에 의하면 형이상학은 탁월한 지혜이며, 철학자 또는 애지자(愛知者)란 실재의 궁극적 원인 및 본성에 대한 지식을 갈구하며, 그러한 지식을 오직 그 자체로서 갈구하는 자이다. 그러므로 아리스토텔레스는 그러한 지식이 획득 가능하다고 상정한다는 의미에서는 "독단주의자"이다. 물론 그가 이론들을, 증명하려는 그 어떤 시도도 없이 제시한다는 의미에서의 독단주의자는 물론 아니지만 말이다.

그러므로 지혜는 사물들의 제1원리들과 원인들을 다루며, 따라서 최고도의 보편적 지식이다. 이것은 그것이 감각들로부터 가장 멀리 떨어진 학문이라는 것, 즉 가장 추상적인 학문이라는 것을 의미하며, 따라서 가장 커다란 사유의 노력을 포함하는 것으로 학문들 가운데 가장 어려운 학문이라는 것을 의미한다. "감관지각은 모두에게 공통적이고 따라서 쉽지만, 지혜의 지표는 아니다."[3] 그러나 비록 그것이 학문들 가운

---

3   *Metaph.*, 982 a 11-12.

데 가장 추상적인 학문이지만, 그것은 (아리스토텔레스의 견해로는) 학문들 가운데 가장 엄밀한 학문이다. "왜냐하면 가령, 산술이 기하학보다 더 엄밀한 것처럼, 보다 적은 원리들을 포함하는 학문들이 추가적인 원리들을 포함하는 학문들보다 더 엄밀하기 때문이다."[4] 또한 이 학문은 본질적으로 가장 가지적(可知的)이다. 왜냐하면 그것은 모든 사물들의 제1원리들을 다루는데, 이 원리들은 본질적으로 그것들을 응용한 원리들보다 당연히 더 가지적이기 (모든 응용된 원리들은 제1원리들에 의존하지만 그 역은 성립하지 않기 때문에) 때문이다. 그러나 그렇다고 해서 제1원리들이 우리에게 있어서 가장 가지적이라는 결론이 나오지는 않는다. 왜냐하면 우리는 필연적으로 감각되는 사물들에서 출발하는데, 우리에게 직접 알려지는 것, 즉 감각의 대상들로부터 그것들의 궁극적인 원리들로 나아가는 것은 이성에 의한 추상이라는 상당한 노력을 요구하기 때문이다.

02.　　지혜 또는 철학이 다루는 원인들은 총 네 가지로『자연학』에 열거되어 있다. ① 사물의 실체(substance) 또는 본질(essence), ② 질료(matter) 또는 기체(subject), ③ 운동의 근원 또는 작용인(effeicient cause), ④ 목적인(final cause) 또는 선(good).『형이상학』제 1권에서 아리스토텔레스는 이전의 철학자들이 그가 열거한 그 네 가지 이외의 어떤 다른 원인을 논했는지를 알아보기 위한 것이라고 말하면서, 이전 철학자들의 견해를 조사한다. 그는 이러한 방식에 의해 자신의 시대에까지 이르는 그리스 철학사에 대한 간략한 개관을 제공하게 된다. 그러나 그는 그 네 원인들의 개념이 전개되어온 자취를 더듬기를 원하기 때문에, 자신의 목적과 관련이 있건 없건 상관없이 이전 철학자들의 모든 견해들의 목록을 만드는 데는 관심을 두지 않는다. 그는 궁극적인 조사 결과, 어떠한 철학자도 그 어떤 다른 종류의 원인을 발견하지 못했을 뿐만 아니라, 자신 이전의 어떠한 철학자도 그 네 가지 원인들을 만족스럽게 열거하지 못했다는 결론에 도달한다. 아리스토텔레스는 헤겔과 마찬가지로 이전의 철학을 자기 자신의 입장에 이르는 것으로 간주했다. 물론 아리스토텔레스에게 변증법이라는 장치는 전혀 없지만, 자기 자신의 철학을 자신의 선배들의 사상을 보다 높은 차원에서 종합한 것으로 간주하

4　　*Metaph.*, 982 a 26-8.

는, 동일한 경향이 있다. 아리스토텔레스의 주장에는 확실히 얼마간 일리가 있으나, 그것이 완전히 옳은 것은 결코 아니다. 그는 자신의 선배들을 정당하게 다루지 않을 때가 종종 있다.

탈레스와 초기 그리스 철학자들은 그 자체로서는 생성되지도 않고 소멸되지도 않는 원리이며, 특수한 대상들이 모두 그것으로부터 발생하고 그것에게로 돌아가는, 사물의 가장 궁극적 기체(基體)를 발견하려고 노력하는 가운데 질료인에 몰두했다. 그리하여, 예컨대 하나의 질료적 원인을 가정한 탈레스, 아낙시메네스, 헤라클레이토스의 철학이나, 또는 4원소를 전제한 엠페도클레스의 철학이 일어났다. 그러나 비록 원소들은 하나의 질료인으로부터 생성된다 하더라도, 왜 이러한 생성이 일어나는가? 대상들이 생성되고 소멸되게 하는 운동의 원천은 무엇인가? 이 세상에는 전화(轉化)의 어떤 원인이 있음이 분명하다. 결국은 심지어 사실들 자체까지도 사상가에게 질료인과는 다른 유형의 원인을 탐구하도록 강요하는 것이 틀림없다. 이러한 난제에 대해 시도된 대답을 우리는 엠페도클레스와 아낙사고라스의 철학에서 발견한다. 아낙사고라스는 어떠한 질료적 원소도 사물들이 아름다움과 선함을 나타내는 이유가 될 수 없다는 것을 간파하고, 물질세계 안에서 정신이 활동한다고 주장했는데, 자신의 선배들이 되는 대로 말했던 것과 대조해보면, 그는 신중한 사람처럼 돋보인다.[5] 그럼에도 불구하고 그는 정신을 단지 이 세상의 형성을 설명하기 위한 가망 없어 보이는 상황의 해결책(deus ex machina)으로서만 사용한다. 그는 다른 어떤 설명도 할 수 없어서 난처할 때는 정신을 끌어들이다가, 다른 설명을 손에 넣게 되자 정신을 간단히 빼버린다.[6] 다른 말로 하면, 아리스토텔레스는 아낙사고라스를 단순히 무지를 은폐하기 위하여 정신을 이용한다고 비판했다. 엠페도클레스는 실제로 사랑과 투쟁이라는 두 개의 능동적 원리들을 가정했지만, 그것들을 충분히 사용하지도 않았고 일관되게 사용하지도 않았다.[7] 그러므로 이 철학자들은 아리스토텔레스의 네 원인들 가운데 질료인과 운동의 근원이라는 두 원인들을 구별하는 데는 성공했지만, 자신들의 개념들을 체계적으로 만

---

5   *Metaph.*, 984 b 15-18.
6   *Metaph.*, 985 a 18-21.
7   *Metaph.*, 985 a 21-23.

들어내지도 못했고 일관성 있는 학적(學的) 철학으로 다듬어내지도 못했다.

[이 문제에 관한 한] 매우 많은 기여를 했다고 말할 수 없는 피타고라스주의자들의 철학 이후에, 형상론을 전개한 플라톤의 철학이 등장한다. 그러나 그는 사물의 본질의 원인인 형상을(따라서 어떤 의미에서는 원인을) 그 형상을 본질로 지니는 사물과 분리시켰다. 그러므로 아리스토텔레스에 따르면 플라톤은 "본질의 원인과 질료인"[8]이라는 오직 두 원인만을 사용했다. 목적인에 관해서 말하자면, 그것은 그 이전 철학자들에 의해 분명하게 다루어지지 않았거나 또는 적어도 만족스럽게는 다루어지지 않았으며, 오직 우회적으로 또는 부수적으로만 다루어졌다.[9] 사실상 아리스토텔레스가 플라톤을 전적으로 공정하게 다루고 있는 것은 아니다. 왜냐하면 플라톤은『티마이오스』에서 작용인의 역할을 하는 데미우르고스의 개념을 도입하고 있으며, 전화(轉化)의 목적인은 선(善)의 실현(모방한다는 의미에서)이라는 점에서 목적론을 주장하는 이외에, 별신들(星神, stargods) 역시 이용하고 있기 때문이다. 그럼에도 불구하고, 플라톤은 분리(chorismos) 사상 때문에 구체적 실체의 내적 형상이나 본질의 실현을 그 실체의 목적인으로 만드는 데 방해를 받았다는 것은 사실이다.

03.   『형이상학』제3권(B)에서 철학의 몇몇 주요 문제들을 언급한 후, 아리스토텔레스는 제4권(Γ)에서 형이상학이라는 학문은 존재 그 자체에 관계하며, 존재로서의 존재에 대한 연구라고 선언한다. 특수 학문들은 존재의 특정 영역을 격리시키고 그 영역 내의 존재의 특성을 고찰한다. 그러나 형이상학자는 이런 특수 성격 또는 저런 특수 성격의 존재를, 예를 들어 생명이 있는 또는 양적인 존재로 간주하는 것이 아니라, 오히려 존재 그 자체 및 그것의 본질적 속성들을 존재로 간주한다. 그런데, 어떤 것이 존재한다고 말하는 것은 곧 그것이 일(一)이라고 말하는 것이기도 하다. 그러므로 단일성은 존재의 본질적 속성이다. 그리고 존재 그 자체가 모든 범주에서 발견되는 것과 똑같이 단일성 역시 모든 범주에서 발견된다. 선(善)에 관해서 말하자면, 아리스토

---

8   *Metaph.*, 988 a 8-10.
9   *Metaph.*, 988 b 6-16.

텔레스는 『니코마코스 윤리학』(*E.N.* 1096)에서 선 역시 모든 범주에 적용될 수 있다고 말한다. 그러므로 스콜라 철학자들의 어투를 사용하여 말하자면, 단일성과 선은 모든 범주에 적용될 수 있으며 그 어떤 하나의 범주에 제한되지도 않고 유(類)를 구성하지도 않기 때문에, 존재의 범주초월적 속성이다. 인간의 정의가 "이성적 동물"이라면, '동물'은 유이며, '이성적'은 종차이다. 그러나 비록 일(一)은 이성성(理性性)과 동물성(動物性) 모두의 속성으로 단정할 수 있지만, 동물성을 이성성의 속성으로, 즉 유를 종차의 속성으로 단정할 수는 없다. 그러므로 존재는 어느 한 유일 수 없으며, 단일성과 선 역시 마찬가지이다.

그러나 용어 "존재"가 정확하게 동일한 의미로 존재하는 모든 것들의 속성으로 단정되는 것은 아니다. 왜냐하면 실체가 존재하는 방식, 즉 존재를 소유하는 방식은 예컨대 실체의 성질인 질(quality)이 존재한다고 말할 수 있는 방식과 다르기 때문이다. 그렇다면 형이상학은 존재의 어떤 범주에 특별히 관계하는가? 그것은 가장 우선적 범주인 실체의 범주이다. 왜냐하면 모든 사물들은 실체이거나 실체의 성질이기 때문이다. 그러나 제1철학 또는 형이상학은 상이한 여러 종류의 실체들 가운데 어떤 종류를 다루는가? 형이상학은 존재로서의 존재를 다루며, 존재의 진정한 본성은 변화하기 쉬운 것들에서보다는 불변적이며 스스로 존재하는 것들에서 보여지기 때문에, 만약 불변의 실체가 있다면 형이상학은 불변적 실체를 연구한다고 아리스토텔레스는 대답한다. 운동의 원인이면서 그 자체는 부동(不動)인 불변의 존재가 적어도 하나는 있다는 것은, 운동의 현존하는 근원이 무한히 계속되기란 불가능하다는 사실로부터 알 수 있다. 존재의 전(全) 본성을 포괄하는 이러한 부동의 실체는 신(神)의 특성을 지닐 것이기 때문에, 제1철학은 신학이라고 불리어 마땅하다. 수학은 실제로 이론적 학문이며 부동의 대상들을 다룬다. 그러나, 이 대상들은 비록 질료와 분리되어 고찰되기는 하지만, 질료와 분리되어 존재하지는 않는다. 자연학은 질료로부터 분리될 수도 없고 또 변화하기도 쉬운 대상들을 다룬다. 질료와 분리되어 존재할 뿐 아니라 부동이기도 한 것을 다루는 것은 오직 형이상학뿐이다.[10]

---

10   *Metaph.*, 1026 a 6-32, 1064 a 28-b 6 참조.

(『형이상학』 제16권(E)에서 아리스토텔레스는 실체를 단순히 가변적 실체와 불변적 실체로 구분하고 있지만, 제12권(Λ)에서는 다음과 같은 세 종류의 실체를 구별하고 있다. ① 감각적이고 소멸하는 실체, ② 감각적이고 영원한 실체, 즉 천체들, ③ 비감각적이고 영원한 실체.)

그러므로 형이상학이라는 학문은 존재에 관계한다. 그런데 그것[형이상학이라는 학문]이 연구하는 존재는 주로 실체의 범주 안에 있는 존재이지, "우연적 존재"가 아니다. 왜냐하면 그것[우연적 존재]은 학문의 대상이 아니기 때문이다.[11] 또 진리로서의 존재 역시 연구하지 않는데, 그 이유는 진리와 허위는 판단 속에 있는 것이지, 사물 속에 있는 것이 아니기 때문이다.[12] (또한 형이상학은 제1원리들 또는 공리들을, 특히 연역될 수는 물론 없지만 모든 존재와 모든 지식을 지배하는 궁극적 원리인, 모순율을 설정한다.[13]) 그러나 형이상학이 실체, 즉 비감각적 실체를 연구한다면, 어떠한 비감각적 실체들이 있는가를 확정하는 것은 분명히 매우 중요하다. 수학적 대상들이나 또는 보편자나 존재와 단일성이라는 초월적 관념들은 실체인가? 아리스토텔레스는 그것들은 실체가 아니라고 대답한다. 그러니까 그는 플라톤적 이데아론에 대해 논박하는 것이다. 다음에 제시되는 내용은 그 논박에 대한 요약이다.

04.

(1) 보편자가 학적(學的)인 지식을 가능케 하고 설명한다는, 플라톤의 이론을 지지하는 논증은 보편자는 실재적이며 단순한 정신적 허구가 아니라는 것을 증명한다. 그러나 그 논증이 보편자가 개별적 사물들과 분리되어 자립적으로 존재한다는 것을 증명하는 것은 아니라고 아리스토텔레스는 말한다. 그리고 사실, 엄격히 적용된 플라톤의 이론에 근거하면, 부정(否定)과 관계의 이데아가 있어야만 한다. 왜냐하면 만약 다수의 대상들에 관련된 공동의 개념을 생각할 때마다 하나의 형상을 상정하는 것이 필요하다면, 부정들과 관계들에 대해서조차 형상이 있어야만 한다는 결론이 나오기

11　*Metaph.*, VI (*E*) 2. 예를 들어, 제과업자는 즐거움을 주는 것을 목적으로 한다. 만약 그가 만들어낸 것이 건강을 증진시킨다면, 그것은 "우연적"인 것이다.

12　*Metaph.*, VI (*E*), 4.

13　*Metaph.*, IV (*Γ*), 3 이하.

때문이다. "우리가 형상이 존재한다는 것을 증명하는 방법들 가운데에는 어떤 것도 설득력이 없다. 왜냐하면 어떤 방법으로는 아무런 결론도 필연적으로 나오지는 않는가 하면, 어떤 방법으로는 우리가 형상이 없다고 생각하는 사물들에 대한 형상이 있다는 결론이 나오기도 하기 때문이다."[14]

(2) 이데아론 또는 형상론은 쓸모가 없다.

① 아리스토텔레스에 따르면, 형상들은 가시적 사물들을 무의미하게 겹쳐낸 것에 불과하다. 그것들은 이 세상에 다수의 사물들이 존재하는 이유를 설명하기 위하여 상정된다. 그러나 플라톤이 하고 있는 것처럼, 단순히 또 다른 다수 사물들의 존재를 상정하는 것은 아무런 도움이 되지 못한다. 플라톤은 마치 적은 수들을 셈하지 못하면서, 그 수를 두 배로 늘린다면, 셈하기가 더 쉽다는 것을 알게 되리라고 생각하는 사람과 같다.[15]

② 형상들은 우리가 사물들을 아는 데 소용되지 않는다. "그것들은 다른 사물들을 아는 데 어떤 방식으로도 도움이 되지 않는다(왜냐하면 그것들은 이러한 사물들의 실체조차 아니기 때문인데, 그렇지 않다면 그것들은 사물들 안에 있었을 것이다[16])." 이것은 가시적 우주에 대한 아리스토텔레스의 관심의 표현인 것 같다. 반면에 플라톤은 실제로 이 세계의 사물들 그 자체를 위하여 그 사물들에 관심을 가졌던 것이 아니라, 형상들에 이르기 위한 단계들로서 관심을 가졌던 것이다. 그렇긴 하지만 현상들이 지향하고 있거나 또는 실현하려고 노력하는 유형들을 알게됨으로써, 우리는 스스로가 작용인이기 때문에 이러한 근접한 실현에 공헌할 수 있다. 플라톤은 이러한 생각에 매우 큰 중요성을 부여한다. 예를 들어 현실의 국가들이 정도의 차이는 있을지언정, 그 근사치들인 국가의 이상적 유형에 대해 알게 됨으로써, 우리는 현실의 국가를 향상시키는 데 공헌할 수 있다. 왜냐하면 우리는 목표를 알기 때문이다.

---

14   *Metaph.*, 990 b 8-11.

15   *Metaph.*, 990 a 34-b 8.

16   *Metaph.*, 991 a 12-13.

③ 형상들은 사물들의 운동을 설명하게 될 때는 무용지물이다. 설령 사물들이 형상들 덕분에 존재한다 하더라도, 형상이 어떻게 사물들의 운동과 생성 및 소멸을 설명하겠는가? "무엇보다도, 영원한 사물들이건 생성·소멸하는 사물들이긴 간에 감각적 사물들에 대해 형상이 도대체 무엇을 기여하는가 하는 문제가 논의될 수 있을 것이다."[17] 형상들은 부동(不動)이다. 이 세계의 사물들이 형상들의 복사물이라면 그것들 역시 부동이라야 한다. 또는 만약 그것들이 운동한다면, 그리고 그것들은 실제로 운동하는데, 그것들의 운동은 어디에서 오는가?

플라톤은 [분리된] 형상들은 운동인이 아니라는 것을 충분히 알고 있었다. 그가 데미우르고스라는 개념을 도입하는 것도 이것 때문이었으므로, 아리스토텔레스가 이런 방향으로 비판하는 것은 플라톤을 전적으로 공정하게 평가하는 것으로 생각되지 않을 것이다. 데미우르고스는 어느 정도 신화상의 인물일 수 있다. 그러나 어찌되었건 그것은 플라톤은 결코 [분리된] 형상을 운동의 원리로 간주하지 않았다는 것과, 이 세계의 역동성을 [형상에 의해서가 아닌] 다른 방향에서 설명하려 시도했다는 것은 분명하다.

④ 형상들은 감각적 대상들을 설명하기 위한 것이다. 그러나 그것들 자신이 감각적이다. 예를 들어 이상적 인간은 소크라테스와 마찬가지로 감각적일 것이다. 형상들은 의인화된 신들을 닮을 것이다. 그러나 그 신들은 단지 영원한 인간들일 뿐이다, 따라서 분리된 형상들은 단지 "영원한 감각적 사물들"에 불과하다.[18]

이것은 그다지 유효한 비판은 아니다. 이상적 인간이, "이상적"이란 말의 상식적 의미에서의 이상적 차원에서, 구체적인 인간에 대한 모사(模寫)라고, 즉 발전의 최고 단계로 끌어올려진 실제 인간이라고 생각될 경우, 이상적 인간은 당연히 감각적일 것이다. 그러나 도대체 플라톤 자신이 이러한 종류의 어

---

17 *Metaph.*, 991 a 8-10.
18 *Metaph.*, 997 b 5-12.

떤 것을 의도했을까? 설사 그가 간혹 사용한 구절들이 이러한 것을 암시했다 하더라도, 그런 엉뚱한 개념이 결코 플라톤의 형상론에 본질적인 것은 아니다. 형상들은 자립적으로 존재하는 개념들이나 또는 이상적 유형들이다. 따라서, 예를 들어 자립적으로 존재하는 인간의 개념은 육체성의 개념을 포함할 것이지만, 그것 자체가 육체적이어야 할 이유는 없다. 이상적 인간이 이데아를 의미한다고 가정할 경우, 사실상 육체성과 감각가능성은 [그 실체성으로부터] 가정상(ex hypothesi) 배제된다. 후기 플라톤주의자들이 인간의 이데아를 신의 마음 안에 놓았을 때, 그들이 신의 마음 안에 있는 실제의 구체적 인간을 가정하고 있었다고 그 누가 상정하겠는가? 아리스토텔레스 쪽에서는, 다시 말해서 플라톤을 개인적으로 논하는 한에 있어서는, 이 반론이 실제 쟁점으로 여겨지지만, 그나마 썩 공평한 반론은 아니다. 그 반론은 형상론에 대한 매우 조야한 표현에 대한 반론으로는 결정적일 것이다. 그러나 플라톤을 가능한 한 가장 조야하고 가장 미숙한 번역의 뜻으로 읽는 것은 소용없는 짓이다.

(3) 이데아론 또는 형상론은 불가능한 이론이다.

① "실체와 그것을 실체이게 하는 것이 분리되어 존재한다는 것은 불가능하다고 생각해야 한다. 그러니까, 사물들의 실체인 이데아가 어떻게 분리되어 존재할 수 있겠는가?"[19] 형상들은 감각적 대상들의 본질과 내적 실재성을 포함한다. 그런데 감각적 사물들과 분리되어 존재하는 것들이 어떻게 그 감각적 사물들의 본질일 수 있는가? 어쨌든 그 양자 사이의 관계는 무엇인가? 플라톤은 "참여"와 "모방"이라는 용어를 사용하여 그 관계를 설명하려 하지만, 아리스토텔레스는 "그것들(즉 감각적 대상들)은 범형들이며, 다른 사물들은 그것들을 분유한다고 말하는 것은 공허한 말일 뿐이며 시적 은유에 불과하다"[20]고 응수한다.

---

19   *Metaph.*, 991 b 1-3.
20   *Metaph.*, M, 1079 b 24-26; A, 991 a 20-22.

이 비판은 분리의 의미가 공간적 분리를 의미할 경우 분명히 매우 심각한 것이다. 그런데 형상들의 경우에, 분리가 의미하는 것이 자립적 공간적 분리인가? 오히려 독립성을 의미하는 것이 아닌가? 형상들이 자립적 개념들이나 이데아들로 간주될 경우, 문자적 의미 그대로의 장소적 분리란 불가능할 것이다. 아리스토텔레스는 자신의 이론에 입각하여 논증하고 있는 듯이 보이는데, 그 이론에 따르면 형상은 감각적 대상들의 내적 본질이다. 그는 참여는 만약 그것이 질료와 더불어 대상을 공동으로 구성하는 실재적인 내적 형상이 있다는 것을 의미하지 않는다면 아무것도 의미할 수 없다고 주장하는데, 이러한 개념은 플라톤이 인정하지 않았던 것이다. 아리스토텔레스는 플라톤 이론의 부적절성을 올바로 지적하고는 있다, 그러나 플라톤의 범형론을 거부하는 가운데, 본질의 불변성에 대해 그 어떤 실재적인 초월적 근거도 제시하지 못하고 있다는 점에서, 그 역시 자신(아리스토텔레스)의 이론의 부적절성을 드러내고 있다.

② "그런데, 더 나아가 모든 사물들은, '~로부터(from)'의 일상적 의미들 가운데 그 어떤 의미로도, 형상들로부터 나올 수 없다."[21] 여기서 아리스토텔레스는 다시 한번 형상들과 그것들을 형상으로 한다고 이야기되는 사물들 사이의 관계 문제를 논하고 있다. 플라톤이 사용한 설명 문구가 단순한 시적 은유에 불과하다 하여 그가 반대하는 것이 이것과 관련된 것이다. 물론 이것은 플라톤 이론의 중대한 논점들 가운데 하나이며, 플라톤 스스로도 자신이 시도한 설명이 부적절하다고 느꼈던 것처럼 보인다. 그가 자신이 사용한 은유들로 실제로 무엇을 의미했는지, 그리고 감각적 사물들의 형상들에 대한 관계가 실재로 어떤 것인지를 만족스럽게 해명했다고는 말할 수 없다. 그러나 아리스토텔레스가 『형이상학』에서 플라톤의 이론을 다루면서 데미우르고스를 완전히 무시하는 것은 이상하다. 이러한 무시에 대한 이유로서, 아리스토텔레스에게 있어서 이 세계에 존재하는 운동의 궁극적 원인은 목적인이었다는 점

---

21   *Metaph.*, A, 991 a 19-20.

이 제시될 수 있을 것이다. 그에게 있어 초지상적(超地上的) 작용인이라는 개념은 받아들일 수 없는 것이었다.

③ 형상들은 개별자가 아니라 보편자여야만 하는 데 반해, 실제로 형상들은 그것들을 형상으로 하는 대상들과 마찬가지로 개별적 대상들이 될 것이다. 예를 들어 이상적 인간은 소크라테스와 마찬가지로 개별자일 것이다. 더구나, 공통된 이름을 지니는 다수의 대상들이 있을 경우, 영원한 범형 또는 형상이 존재해야만 한다는 가정 하에서, 우리는 소크라테스뿐만이 아니라 이상적 인간 역시 모방하고 있는 제3의 인간(τρίτος ἄνθρωπος)을 상정해야만 할 것이다. 그 이유는 소크라테스와 이상적 인간이 공통된 하나의 본성을 지니고 있고, 그러므로 그들 너머에 자립적 보편자가 존재해야만 하기 때문이다. 그런데 이럴 경우, 그 어려움이 항상 되풀이될 것이며 우리는 그 과정을 무한히 계속해 나가야 할 것이다.[22]

만약 플라톤이 형상이 사물이라고 주장했다면, 아리스토텔레스의 이러한 비판은 타당할 것이다. 그러나 플라톤이 그렇게 주장했던가? 만약 그가 형상들을 자립적으로 존재하는 개념들로 간주했다면, 그것들은 소크라테스가 개별적 대상이라는 것과 같은 의미에서의 개별적 대상들이 되지는 않는다. 물론 그것들은 개별적 개념들이다. 그러나 플라톤이 개념들 또는 이데아들의 전체 세계를 체계화하려 시도하고 있었다는 흔적들이 있다. 또 그는 그것들을 하나의 명료한 체계를 형성하는 것으로 보았다는 흔적들이 있다. 즉 그것들이, 은유적으로 말하자면, 이 세계는 언제나 구현하려고 애쓰지만 모든 물질적 사물들에게 불가피한 우연성으로 말미암아 완전히 구현할 수는 없다고 말할 수 있을, 이 세계의 합리적 구조를 형성하는 것으로 간주했다는 것이다. (자연의 우연적 대상들과 관련하여 우리는 헤겔의 보편적 범주들에 관한 이론을 떠올릴 수 있다.)

---

22 *Metaph.*, A, 990 b 15-17; K, 1059 b 8-9.

(4) 형상들은 수(數)라는 이론에 대한 반박

① [이에 관한] 아리스토텔레스의 반박과 비판을 상세히 다루는 것은 별로 필요치 않아 보인다. 왜냐하면 형상-수(Form-Number) 이론은 아마 플라톤 쪽에서 행한 불행한 모험이었을 것이기 때문이다. 아리스토텔레스가 평하듯이, "오늘날의 사상가들은 수학은 다른 것들을 위해서 탐구되어야 한다고 말하고 있음에도 불구하고, 수학이 그들에게 철학 전체가 되어버렸다"[23]

수와 그에 관련된 문제들에 대한 아리스토텔레스의 일반적 논의에 관해서는 『형이상학』제1권(*A*), 991 b 9에서 993 a 10, 그리고 제13권(*M*)과 제14권(*N*)을 보아야 한다.

② 만약 형상들이 수라면, 어떻게 그것들이 원인일 수 있는가?[24] 존재하는 사물들이 또 다른 수들이기 때문에 그렇다면(예를 들어, "하나의 수는 인간이고 다른 수는 소크라테스, 또 다른 수는 칼리아스"), 어찌하여 "한 수집합이 다른 집합의 원인인가?" 만약 칼리아스는 자신을 이루는 요소들의 수적(數的) 비율이라는 것을 의미한다면, 그의 이데아 역시 그 요소들의 수적 비율일 것이고, 따라서 적절하게 말하자면, 하나의 수는 아닐 것이다. (물론 플라톤에게 있어서 형상들은 범형인이지 작용인은 아니다.)

③ 어떻게 두 종류의 수들이 있을 수 있는가?[25] 만약 형상-수들 이외에 또 다른 종류의 수들, 즉 수학적 대상인 수들을 가정하는 것이 필요하다면, 이 두 종류의 수들을 구별하는 근거는 무엇인가? 우리는 오직 한 종류의 수만을 아는데, 그것은 수학자들이 다루는 종류의 수라고 아리스토텔레스는 생각한다.

④ 그러나 수의 집합이 두 가지, 즉 형상과 수학적 대상이든(플라톤) 또는 단지 한 가지, 즉 수학적인 수이되 감각적 대상들과 분리해서 존재하는 것이든(스페우시포스), 아리스토텔레스는 (i) 만약 형상들이 수라면, 그것들을 이루는 요소들은 동일할 것이기 때문에, 그것들은 유일한(unique) 것일 수 없다고 반박한

---

23 *Metaph.*, 992 a 32-b 1.

24 *Metaph.*, 991 b 9 이하.

25 *Metaph.*, 예를 들면, 991 b 27-31.

다(사실상, 형상들은 그것들 상호간에 내적 관계가 없다는 의미에서 유일하다고 생각되는 않는다). 그리고 (ii) 수학의 대상들이 "어떤 식으로든 분리되어 존재할 수 없다"[26]고 반박한다. 후자의 주장에 대한 한 가지 이유는 수학적 대상들이 분리되어 존재한다는 것을 받아들일 경우, 무한퇴행이 불가피할 것이라는 점이다. 예를 들면, 감각적 입방체들에 대응하는 분리된 입방체들이 존재해야 하며, 감각적 평면들과 선들에 대응하는 분리된 평면들과 선들이 존재해야 한다. 그리고 분리된 입방체의 평면과 선들에 대응하는 또 다른 분리된 평면들과 선들도 존재해야만 한다. 그런데 "그러한 누적은 불합리하게 된다. 왜냐하면 우리는 우리들 자신이 감각적 입방체로부터 분리된 한 무리의 입방체들과 함께 있다는 것을 깨닫기 때문이다. 감각적 평면으로부터 분리된 세 무리의 평면, 즉 감각적 평면들로부터 분리된 평면들과 수학적 입방체 안에 있는 평면들, 그리고 수학적 입방체들 안에 있는 평면로부터 분리되어 존재하는 평면들, 네 무리의 선들, 그리고 다섯 무리의 점들. 수학은 이것들 가운데 어느 것을 다룰 것인가?"[27]

⑤ 만약 사물들의 실체가 수학적이라면, 운동의 근원은 무엇인가? "만약 큼과 작음이 운동이라면, 형상은 분명 움직여질 것이다. 그러나 그것들이 운동이 아니라면, 운동은 어디에서 연원하는가? 만약 우리가 이 질문에 대답할 수 없다면, 자연에 대한 연구 전체가 무효로 되고 만 것이다."[28] (이미 언급했듯이, 플라톤은 부동의 형상들 스스로와는 다른 것을 운동의 근원으로 제시하려고 노력했다.)

(5) 플라톤의 수학적 대상들과 형상-수들에 대한 주제에 관하여 아리스토텔레스가 말한 것들 가운데 일부는 플라톤의 이설(理說)에 대한 다소 조야한 해석을 내포하고 있다. 예를 들면, 플라톤이 수학적 대상이나 형상을 마치 사물인 것처럼 생각하거나 했던 것같이 해석하고 있는 것이다. 게다가 아리스토텔레스 스스로도 수학에 대한 추

---

26   *Metaph.*, b 1077-1214.
27   *Metaph.*, 1076 b 28-34.
28   *Metaph.*, A, 992 b 7-9.

상이론에 반(反)하는 커다란 난점을 해결해야 하는데(아리스토텔레스에 있어서는, 예를 들어 기하학자는 분리된 수학적 대상들을 고찰하는 것이 아니라, 감각적 대상들을 추상적으로, 즉 특정한 하나의 관점에 따라 고찰한다), 그 난점인 즉슨 자연계 내에 우리가 추상할 수 있는 완전한 원이 존재하지 않기 때문에, 우리는 자연계로부터 완전한 원 따위를 추상해 낼 수 없으며, 또 다른 한편으로는 우리가 완전한 원이 무엇인지를 미리 알고 있지 않았다면, 자연계의 원들이 불완전했다는 것을 알 수 없었을 텐데, 어떻게 자연계의 불완전한 원들을 "수정함(correcting)"으로써 완전한 원의 관념을 형성할 수 있는지를 알기가 어렵다는 것이다. 이것에 대해서 아리스토텔레스는 비록 완전한 원이 실재로, 즉 측량에 관한 한 자연에 주어져 있지 않지만, 보여질 수 있는 만큼은(quoad visum) 주어져 있으며, 이것만으로도 완전한 원의 관념을 추상하기에는 충분하다고 대답할 것이다. 아니면 수학의 도식과 공리는 다소 임의적인 가설이므로 수학에서 주요한 요건은 일관성과 논리성일 뿐이며, 가령 모든 유형의 기하학이 "실재" 세계에 부합한다고 상정하거나, 또는 이와 반대로 모든 유형의 기하학은 자신에 상응하는 관념의 세계를 가지고 있으며, 그 세계에 대한 정신적 반성이거나 지각이라고 상정할 필요는 없다고 대답할 것이다.

일반적으로, 우리는 플라톤도 아리스토텔레스도 모두 없어선 안 되며, 그들 양자에 포함된 진리가 결합되어야만 한다는 점을 지적하려 한다. 신플라톤주의자들이 그러한 시도를 한 바 있다. 한 예로, 후대의 플라톤 주의자들은 플라톤이 범형인(Exemplary Causes)으로 가정한 형상들을 신(神) 안에 위치시켰다. 적당한 제한만 가한다면, 이것은 올바른 견해이다. 신의 본질은 모든 피조물들의 궁극적인 범례이기 때문이다.[29] 다른 한편으로, 플라톤은 우리가 형상들에 대한 직접적 지식을 가지고 있거나 또는 가질 수 있다고 가정한다. 그런데 우리는 분명 말브랑슈의 기대와는 달리, 신성의 이데아에 대한 직접적인 지식을 획득하지 못했다. 우리는 오직 밖으로 드러난 보편자들에

---

29 성 토마스 아퀴나스는 신(神)의 관념에 관해 성 아우구스티누스를 인용하면서, 다수의 이데아들이 신의 지성 밖에 있다는 플라톤의 견해를 거부하고(S.T., I, 15, 1, ad 1 참조), 그것들이 신의 지성 속에 있다고 가르쳤다(S.T., I, 15, 2). 이 의미는 신 안에 다수의 우연적인 종(種)들[형상들]이 있다는 것이 아니라, 자신의 본질을 완전히 아는 신은 자신의 본질이 다수의 피조물들에 의해 모방될 수 있는(또는 참여될 수 있는, participabilis) 것으로 안다는 의미라고 토마스 아퀴나스는 설명을 덧붙인다.

대해서만 직접적인 지식을 가지고 있는데, 이 드러난 보편자는 외적으로, 즉 오직 특수자들 안에서만 보편자로서 존재한다. 그러므로 우리는 신 안에는 외부로 드러난 범형적 이데아를, 특수자 안에는 그것의 근거, 즉 그것의 종적 본질을 그리고 우리의 마음 속에는 추상적 보편자들을 가지고 있다. 이러한 관점에서 볼 때 플라톤에 대한 아리스토텔레스의 비판은 정당화된 것처럼 보인다. 왜냐하면 우리가 직접적으로 아는 보편자는 단순히 개별적 사물들의 본성이기 때문이다. 그러므로 완전한 철학적 견해 같은 것을 형성하기 위해 플라톤과 아리스토텔레스 모두가 요구되는 듯이 보일 것이다. 플라톤의 데미우르고스는 아리스토텔레스주의의 스스로를 사유하는 사유(νόησις νοήσεως)와 동일시되어야 하고, 영원한 형상들이란 신(神)을 지칭해야 한다. 그리고 구체적 보편자에 대한 아리스토텔레스의 학설은 그의 추상설과 함께 수용되어야 한다. 이 두 위대한 사상가들 가운데 누구도 정확히 그 자체로는 받아들여질 수 없다. 플라톤의 형상론에 대한 아리스토텔레스의 비판을 존중하는 것은 옳지만, 그 이론이 조악한 모순 덩어리이라거나, 전적으로 배제될 수 있다고 생각하는 것은 커다란 오류이다. 아우구스티누스주의 철학에는 신플라톤주의를 통해서 플라톤 사상이 강하게 주입되었다.

플라톤의 형상론은 분리(chorismos)를 내포하고 있다는 아리스토텔레스의 근본적 비판이 정당화된다는 점과, 플라톤의 이론은 그 자체로서 유지될 수 있는 것이 아니라 아리스토텔레스의 (우리가 내적 형상을 추상적으로 그것의 보편성 속에서 고찰하는) 내재적 형상론에 의해 보충되어야 한다는 점이 인정되었음에도 불구하고, 우리는 아리스토텔레스의 비판을 전혀 공감적으로 다루지 않았다. "그렇다면, 왜 플라톤이 가르친 것에 관한 아리스토텔레스의 진술이 진지하게 받아들여져야만 하는가?라는 질문에 제기될 수 있을 것이다. 만약 플라톤의 가르침에 대한 아리스토텔레스의 설명이 옳다면, 플라톤의 이론에 대한 그의 비판은 완전히 정당화될 것이다. 반면에 만약 그의 비판이 플라톤의 이론을 잘못 해석하고 있는 것이라면, 그는 그 이론을 고의로 왜곡했거나 아니면 그것을 전혀 이해하지 못한 것이다."

무엇보다도 먼저, 아리스토텔레스는 (적어도 자기 생각으로는) 플라톤 자신의 이론을 공격하고 있었던 것이지, 고작 플라톤과 거리가 있는 어떤 플라톤주의자들의 이론을 공격하고 있었던 것이 아니라는 점이 반드시 인정되어야 한다. 『형이상학』을 주의

깊게 읽어보면 이외에 다른 어떤 해석도 허용되지 않는다. 둘째, 아리스토텔레스가 주로 아카데메이아에서 강의된 플라톤 이론의 형태를 공격하고 있었기는 하지만, 출간된 대화편들의 내용에도 정통했고, 자신의 비판 가운데 일부는 이미 『파르메니데스』에서 제기되었다는 점도 알고 있었다는 것이 반드시 인정되어야 한다. 셋째, 아카데메이아에서 가르친 대로의 플라톤 이론이 플라톤의 출간된 저작들에서 전개된 이론에 대한 철회나 거부를 수반한다고 상정할 아무런 실재적 이유가 없다. 만약 그러한 일이 사실이었다면, 아리스토텔레스가 그 사실에 관해 어떤 언급을 했으리라고 기대하는 것이 합당할 것이다. 반면에 만약 아리스토텔레스가 플라톤 쪽에서의 견해의 변화를 언급하지 않을 경우, 우리는 어떤 증거를 제공하더라도 그러한 변화를 단정할 아무런 권리가 없다. 그 이론의 수학적 형태는 아마도 그 이론에 대한 보충을 의도한 것이거나, 아니면 오히려 그 이론에 대한 사변적 정당화와 명료화를 의도한 것으로, 그 이론에 대한 '비전적(秘傳的, esoteric)' 버전(version)일 것이다(만약 어느 한 낱말이, 다소 잘못된 연상(聯想)을 불러일으키도록 사용되기는 하지만, 동시에 수학적 버전이 또 하나의 이론 및 다른 이론을 의미하기를 바라지 않고 사용된다면). 그러므로 아리스토텔레스는 그가 플라톤의 이데아론으로 간주했던 것을, 그것의 두 측면 모두에서 공격하고 있있다. (그러나 『형이상학』은 연속성이 있는 책도 아니고, 출판을 위해 쓰여진 것도 아니며, 플라톤의 이론에 대하여 아리스토텔레스의 강의들에서 제기된 모든 반론들을 아리스토텔레스 자신이 똑같이 진지하게 고려했다고 쉽사리 가정할 수는 없다는 점을 명심해야 한다. 사람은 누구나 출판을 의도한 책에서는 말하지 않을 것들을 —적어도 똑같은 형태로는— 강의에는 말할 수 있는 것이다.)

그렇다면 우리는 거북한 딜레마에 봉착한 듯이 보인다. 플라톤은 스스로가 직시하고 『파르메니데스』에서 제시했던 난점들에도 불구하고, 아리스토텔레스의 공격을 받던 형태 그대로의 이론을 고수하고 있었거나(이 경우 플라톤은 어리석게 보인다), 아니면 아리스토텔레스가 플라톤의 이론을 크게 오해했을 것이다(이 경우 아리스토텔레스가 어리석게 보인다). 그런데 우리는 플라톤이나 또는 아리스토텔레스가 바보였음을 기꺼이 인정하려 들지는 않는다. 그렇기에 우리의 생각으로는 양단 간의 한 가정을 필연적으로 수반하는 문제 처리방식이 배제된다. 한편으로 플라톤이 분리의 문제를 실제로 결코 만족스럽게 해결하지 못했으며, 다른 한편으로 아리스토텔레스가 당시의 고등수학에 완전히 익숙하지 않았다는 것은 그들 모두가 바보임을 보여준다고 할 수 없으므로 쉽게 인정될 수 있다. 그러나 이것을 인정한다고 해서, 플라톤의 이론을 과도하게 소박한 것으로 묘사하고 있고 대화편들에 대해 거의 언급하지 않고 있으며 데미우르고스에 관해서는 침묵하고 있는, 아리스토텔레스의 비판에 포함된 난점이 없어지는 것은 분명 아니다. 그러나 아마도 이러한 난점을 벗어날 수 있는 길이 발견될 수 있을 것이다. 플라톤이 분리의 문제를 만족스럽게 해명하지 못했다는 것을 잘 알고 있었던 아리스토텔레스가 스승의 이론을 박차고 나와 완전히 다른 관점을 취했다. 아리스토텔레스가 그 이론을 그 관점에서 보았을 때, 그것은 어떤 형태를 취하고 있건 간에, 그에게 엉뚱하고도 기상천외한 것으로 보일 수밖에 없었을 것이다. 그러므로 그는 논박의 목적을 위해 그 이론이 지니는 기묘한 특성을 과장되게 조명하는 자신의 시도가 정당화될 수 있으리라고 쉽사리 생각했을 것이다. 이와 유사한 것으로서 헤겔의 경우를 들 수 있다. 헤겔의 체계가 단순한 지적(知的) 묘기나 또는 광시문(狂詩文)에 불과하다고 믿는 사람에게는 그 체계를 논박할 목적으로는 그 체계가 지니는 명백한 취약점을 과장하거나 심지어 허위진술하는 것보다 더 쉬운 것은 없다. 비록 비평가들은 그 체계가 근본적으로 잘못이라고 믿기 때문에, 그들이 고의적인 허위진술을 했다고 비난받는 것은 정당하지 않을 수도 있음에도 불구하고 말이다. 우리는 비평가들이 역사적 정확성이라는 관심에서 다른 식으로 행위했었으면 하고 바랄 수는 있을 것이나, 그들을 우둔한 자들로 칭할 수는 없을 것이다. 그들은 비평의 역할을 과장하기로 선택했었기 때문이다. 나는 아리스토텔레스가 플라톤에 대해, 셸링과 쇼펜하우어가 헤겔에 대해 느꼈던 그런 어떤 적의를 느꼈다고 믿기를 거부하는 한편, 아리스토텔레스는 비판의 역할을 과장했으며 자신이 잘못된 것이라고 여겼던 그 이론의 취약점을 지나치게 강조했다고 말하고 싶다. 데미우르고스에 관한 그의 침묵에 관해서 말하자면, 그것은, 우리가 아리스토텔레스는 플라톤을 자신(아리스토텔레스)의 관점에서 비판하고 있으며, 그에게 데미우르고스라는 개념은 받아들일 수 없는 것이었다는 점을 상기하면, 적어도 부분적으로는 설명될 수 있다. 그는 그것을 심각하게 여기지 않았다. 덧붙여 말하건대, 만약 아리스토텔레스가 『티마이오스』의 현실적 데미우르고스가 대체적으로 상징적 인물이라고 믿을 만한 이유가 있었다면, 그리고 만약 플라톤이 심지어 아카데메이아에서조차, 정신 또는 영혼의 정확한 본성이나 위상을 철저하게 설명하지 않았다면, 이 세계가 어떤 식으로든 은밀하게(a tergo) 형성되었다고는 믿지 않았던 아리스토텔레스가 이데아론을 비판하면서 어떻게 데미우르고스라는 인물을 전적으로 무시할 수 있었는가를 이해하는 것이 그다지 어렵지는 않을 것이다. 그가 그것을 자기가 실제로 무시했던 것만큼, 소홀히 했던 점은 정당화될 수 없겠으나 그가 어떻게 해서 그럴 수 있었는가 하는 것은 이제까지의 논의로 인해 보다 쉽게 이해될 수 있다. 우리가 제시한 이러한 설들이 모든 이들에게 전적으로 만족스러운 것도 아니고, 또 진지한 비판을 받아야할 것임이 분명하지만, 최소한 다음과 같은 이점은 가지고 있다. 이 설들은 우리가 플라톤이나 아리스토텔레스 가운데 하나가 바보였다고 주장해야만 하는 딜레마로부터 탈출하는 것을 가능하게 한다. 결국 플라톤의 이론에 대한 아리스토텔레스 비판의 근본적 측면은 온전히 정당하다. 왜냐하면 플라톤은 "모방"과 "참여"라는 용어를 사용함으로써, 물질적 사물들 안에 어떤 형상적 요소, 즉 비교적 안정성을 주는 어떤 원리가 있음을 분명하게 함축하고 있지만, 실체적 형상론을 제공하는 데 실패함으로써 이 내재적인 형상적 요소를 설명하는 데는 실패했기 때문이다. 아리스토텔레스가 이 요소를 제시한 것은 올바른 것이었다. 그러나 그는 플라톤의 형상들은 "분리되어" 있기 때문에, 이 요소를 설명할 수 없다는 것을 알고(이것 또한 올바른 것이었다)는, 불행하게도 플라톤의 범형주의를 전적으로 거부하는 극단으로 치닫게 된 것이다. 아리스토텔레스는 우선적으로는 생물학자의 관점에서 (즉 생명력이 내재적이라는 생물학자의 주장을 가지고) 그리고 『형이상학』(xii)에서 보여진 신학적 관점에서 플라톤의 이론을 바라보기 때문에, 그에게 플라톤의 범형론, 플라톤의 수학주의 그리고 플라톤의 데미우르고스는 아무런 소용이 없었다. 그러므로 플라톤의 이론에 대한 아리스토텔레스의 태도는 아리스토텔레스 자신의 체계에 비추어 볼 때, 충분히 이해할 수 있는 것이다.

05.　　그러나 비록 아리스토텔레스가 플라톤의 분리된 이데아의 이론 또는 분리된 형상의 이론에 반대하는 비판을 가하고 있지만, 그는 보편자가 단순히 주관적 개념이나 언어적 표현 양식(universale post rem)이 아니라는 점에 관해서는 플라톤에 완전히 동의한다. 왜냐하면 마음속의 보편자에는 대상 속의 종적(種的) 본질이 (비록 이 본질은 정

신 외부에서(extra mentem) 그 어떤 분리된 상태로도 존재하지 않지만) 대응하기 때문이다. 그것은 오직 마음속에서만 그리고 마음의 활동을 통해서만 분리된다. 아리스토텔레스는 플라톤과 마찬가지로 보편자가 학문의 대상이라고 확신했다. 그렇다면, 만약 보편자가 결코 실재적이 아니라면, 즉 그것이 어떠한 객관적 실재성도 갖지 않는다면, 학적(學的) 지식은 존재하지 않는다는 결론이 나온다. 왜냐하면 학문은 개별자를 그 자체로서 다루지 않기 때문이다. 보편자는 실재적이다, 그것은 마음속 뿐만이 아니라, 사물 속에도 실재성을 가지고 있다. 비록 사물 속에 존재하는 보편자는 그것이 마음속에 존재할 경우 지니게 되는 형상적 보편성을 수반하지는 않지만 말이다. 동일한 종(種)에 속하는 개별자들은 실재적 실체들이지만, 그것들이 그 집합의 모든 구성원들 속에서 수적(數的)으로 동일한 객관적 보편자에 참여하지는 않는다. 이 종적(種的) 본질은 한 집합에 속하는 각각의 개별자들에 있어 수적으로는 서로 다르지만, 다른 한편으로, 종적으로는 그 집합의 모든 개별자들에 있어 동일하다(즉 모든 개체들은 종적으로 유사하다). 그리고 이러한 객관적 유사성이 추상적 보편자의 실재 근거인데, 그 추상적 보편자는 마음속에 수적 동일성을 가지고 있으며 집합의 모든 구성원들의 무차별적인 속성으로 단정될 수 있다. 그렇다면 플라톤과 아리스토텔레스는 진정한 학문의 성격에 관해서, 즉 진정한 학문은 사물들 속에 있는 보편적 요소, 다시 말해 종적 유사성을 지향한다는 데에 의견이 일치한다고 볼 수 있다. 과학자는 개별자로서의 개별적인 금 조각에 관심을 가지는 것이 아니라, 금의 본질에, 즉 금이 종(種)이라는 가정 하에서 모든 개별적인 금 조각들 속에서 발견되는 종적 유사성에 관심을 가진다. "소크라테스는 정의(定義)를 사용하여 이 이론(즉 플라톤의 이론)에 자극을 주었다, 그러나 그는 정의들(즉 보편자들)을 특수자들로부터 분리하지는 않았다. 그리고 그가 그것들을 분리하지 않았다는 점에서 그의 사유는 올바른 것이었다. 이것은 그로 인한 결과들로 볼 때 분명하다. 왜냐하면 보편자가 없이는 지식을 얻기가 불가능하지만, 분리는 이데아에 관하여 발생하는 반론들의 원인이기 때문이다."[30] 그러므로 엄격하게 말하면, 아리스토텔레스

---

[30]   *Metaph.*, M, 1086 b 2-7. 우리는 K, 1059 b 25-6("모든 정식과 학문은 보편자에 대한 것이다")과 Z 1036 a 28-29("정의는 보편자와 형상에 대한 것이다")를 비교해 볼 수 있다.

에게는 객관적 보편자란 없고, 마음속에 있는 주관적 보편자에 대한 객관적 근거가 사물 속에 있을 뿐이다. "말(horse)"이라는 보편자는 주관적 개념이지만, 개별적인 말들을 알려주는 실체적 형상들 속에 그 객관적 근거를 가지고 있다.

개별자들이야말로 진정한 실체(οὐσία)이다. 보편자들은 실체인가? 다시 말해, 종적(種的)인 요소는, 형상적 원리는, 개별자들을 종적 집합에 포함시키는 것은 실체라고 불릴 수 있는가? 아리스토텔레스는 2차적이고 파생적인 의미로서가 아니라면, 그것들은 실체가 아니라고 대답한다. 술어의 주어이면서 그 자신은 다른 것들의 술어가 되지 않는 것은 오직 개별자뿐이다. 그러나 종(種)들도 2차적인 의미에서는 실체라고 불릴 수 있으며 또 그렇게 불릴 수 있는 권리가 있다. 왜냐하면 본질적 요소는 개별적인 것으로서의 개별자보다 더 높은 실재성을 가지고 있으며 학문의 대상이기 때문이다. 그러므로 아리스토텔레스는 개별자들을 제1실체(πρῶται οὐσίαι)라고 부르고 종을 제2실체(δεύτεραι οὐσίαι)라고 부른다.[31] 이런 방식때문에 아리스토텔레스는 모순을 범했다는 비난을 받았다. 모순이라 주장되는 그것은, 만약 개별자만이 진정한 실체이고, 학문은 실체(οὐσία)에 관계하는 것이라면, 필연적으로 개별자가 학문의 진정한 대상이라는 결론이 나오지만, 반면에 아리스토텔레스는 사실상 이와 정반대의 것, 즉 학문이란 개별자 그 자체에 관한 것이 아니라 보편자에 관한 것이라고 가르친다는 데에 있다. 다른 말로 하면, 아리스토텔레스는 학문이란 실체에 관한 것이고, 개별자는 1차적인 의미에서의 실체라고 가르치면서, 동시에 다른 한편으로는 보편자가 보다 우월한 성질의 것이며 학문의 진정한 대상이라고 가르치는데, 이것은 그가 자신의 전제에 근거해서 가르쳐야 할 것과는 정반대의 것처럼 보인다.

자기모순을 범하고 있다는 비난에 대해서 우리는 두 가지로 답변할 수 있을 것이다. ① 아리스토텔레스가 의미하는 바를 고려한다면, 어떤 실재적 모순도 없다. 그가 개별자가 진정한 실체이자 유일하게 진정한 실체라고 말할 때, 그는 보편자가 그 자체

---

31 Categ. 5. 이 점에 있어서 '제1'과 '제2'라는 용어는 가치평가가 아니라 '우리에게 대해서'(πρὸς ἡμᾶς)' 제1 또는 제2를 의미한다는 것에 주목해야 한다. 우리는 먼저 개별자를 알게 되고 보편자는 추상에 의해 2차적으로만 알게 되는 것이다. 그러나 아리스토텔레스는 보편자가 학문의 대상이며, 개별자 그 자체보다는 보편자가 상위의 실재성을 지닌다는 자신의 견해로부터 결코 벗어나지 않는다.

로서 분리된 실체라는 플라톤의 이설(理說)을 거부하는 것이지, 사물 안에 있는 형상적 또는 종적 요소라는 의미에서의 보편자가 실재적이라는 것을 부정하려는 것이 아니다. 개별자는 진정한 실체이지만, 그것을 이런 또는 저런 종류의 실체로 만드는 것은, 또 사물 속의 주된 요소이자 학문의 대상인 것은 마음이 형상적 보편성으로 추상하고 인식하는 보편적 요소, 즉 사물의 형상이다. 그러므로 그가 보편자가 학문의 대상이라고 말할 때, 그는 모순을 범하는 것이 아니다. 왜냐하면 그는 보편자가 어떤 객관적 실재성을 지닌다는 것을 부정한 것이 아니라, 그것이 분리되어 존재한다는 것을 부인했기 때문이다. 보편자는 개별자 속에서 실재적이다. 그것은 그것의 객관적 실재성에서 고찰되면, 초월적이지 않고 내재적이며 구체적인 보편자이다. 개별자만이 진정한 의미에서의 실체이지만, 그 개별적인 감각적 사물은 복합적이며, 학적(學的) 지식에 있어 지성은 보편적 요소로 직진해 나아가는데, 그 보편적 요소는 비록 [개별자 안에서] 구체적으로만 존재하고 있지만, 개별자의 요소로서 거기에 실제로 있는 것이다. 아리스토텔레스가 개별자는 소멸하지만 종(種)은 지속한다는 사실에 영향을 받았다는 것은 의심의 여지가 없다. 그러므로 개별적인 말(馬)들은 사라지는 반면, 말의 본성은 말들이 계속 이어지는 가운데 (수적(數的)으로는 아니지만) 종적(種的)으로 동일하게 남는다. 학자들이 고려하는 것은 말의 본성이지, 단순히 적토마나 그 외의 어떤 개별적 말이 아니다. ② 아리스토텔레스는 용어에 있어서조차 실질적인 모순을 범하고 있지 않다. 왜냐하면 그는 실체(οὐσία)의 두 가지 의미를 명백하게 구별하기 때문이다. 1차적 의미의 실체는 질료와 형상으로 구성된 개별적 실체이며, 2차적 의미의 실체는 보편 개념에 상응하는 형상적 요소 또는 종적 본질이다. 제1실체(πρῶται οὐσίαι)는 다른 것의 속성으로 단정되는 것이 아니라, 다른 어떤 것(즉 우유성(τὸ συμβεβηκός))이 그 속성으로 단정되는 것이다. 제2실체(δεύτεραι οὐσίαι)는 종적 본질이라는 의미에서의 본성으로, 보편 개념에 상응하는 것(ἡ κατὰ τὸν λόγον οὐσία)이다. 또한 아리스토텔레스가 제1실체와 제2실체에 대해서 말할 때, 그는 본성이나 위계 또는 시간에 있어서의 1차적과 2차적을 의미하는 것이 아니라, 우리에 관해서 1차적과 2차적을 의미한다.[32]

---

32   [이에 대해] 젤러(Zeller) 교수는 이렇게 논평한다. "물론 질료와 형상의 복합체인 것에 비해 항상 보편자

개별적 실체(οὐσία αἰσθητή)는 기체(基體, ὑποχείμενον) 또는 질료(ὕλη)와 형상이라는 본질과의 복합체(σύνολον)이다. 개별적 실체에는 상황들(πάθη)과 관계들(πρός τι)이 속하는데, 이것들은 9개의 우유적(偶有的) 범주들에 따라서 구별된다. 보편자는 본질적 요소이며 따라서 단순히 개별적인 것보다 높은 의미의 실재성을 지니기 때문에 탁월하게 학문의 대상이 된다. 보편자는 분명히 오직 특수자 안에서만 존재한다. 그러나 이것으로부터, 우리는 보편자를 보편적인 학문의 대상으로 만들 수 없다는 결론이 아니라, 개별자에 대한 이해를 통하지 않고서는 보편자를 이해할 수 없다는 결론이 나온다.

아리스토텔레스가 생각하는 것처럼, 보편자들이 학문에 필수적이라는 것이 사실인가? ① 만약 학문이 보편자에 대한 지식을 의미한다면, 그 대답은 명백하다. ② 만약 학문이 아리스토텔레스적 의미의 지혜를 의미한다면, 철학자는 특수한 것으로서의 특수자에 관계하지 않는다는 말은 완벽한 진리이다. 예를 들어, 철학자가 우연적인 존재자에 관해 논증하고 있을 때, 비록 그가 특수한 우연적 존재자들을 실례로 사용하지만, 그는 이 또는 저 특수한 우연적 존재자를 그 자체로서 생각하고 있는 것이 아니라, 그 본질적 성격상 우연적 존재를 가지고 있는 것으로서 생각하고 있다. 만약 그가 그 자신에 의해서나 또는 그가 증언을 신뢰할 수 있을 다른 사람에 의해서 실제로 경험된 특수한 우연적 존재자들에 국한한다면, 그의 결론은 그러한 특수한 존재자들에게만 적용되는 것으로 제한될 것임에 반하여, 철학자로서 그는 모든 가능한 우유적 존재자들에게 적용될 보편적 결론에 도달하기를 바란다. ③ 만약 학문이 오늘날 우리가 그 용어를 일반적으로 사용하는 의미의 "과학"을 의미한다면, 우리는 비록 한 부류의 존재자들의 진정한 보편적 본질에 대한 지식은 분명히 바람직한 것이고 이상적인 것이겠지만 필연적이지는 않다고 말해야 한다. 예를 들어 식물학자는 문제의 식물에 대한 본질적 정의를 알지 못하고도, 그 식물들의 분류를 매우 잘 해나갈 수 있다. 그들에게는 한 종(種)의 범위를 규정하고 정의하기에 충분한 현상을 발견할 수 있는가 하는

로 남아 있는 형상에게 보다 우월한 실재성을 부여하는 것은 분명 모순이며, 그러면서 동시에 오직 보편자만이 그 자체로서 우선적이고 보다 잘 알려진 지식의 대상이라고 주장하는 것 역시 모순이다. 이 모순의 결과들이 아리스토텔레스의 전 체계에 걸쳐 있는 것을 볼 수 있다."(*Outlines*, 274쪽) 이것은 지칭된 모순에 대한 상서로운 진술이 아니다.

것만으로 충분할 뿐, 그로 인해 실재의 종적 본질이 정의될 수 있는가의 여부는 아무런 상관이 없다. 스콜라 철학자들이 전형적인 정의를 제공하기 원할 때, 그토록 자주 "인간은 이성적 동물이다"라고 말한다는 것은 중요한 의미를 지닌다. 그들은 암소나 미나리아재비에 대한 본질적 정의를 내리는 일을 하지 않을 것이다. 때때로 우리는 실재적 본질에 대비되는 것으로서의 "명목적(nominal)" 본질에 만족해야만 한다. 그러나 심지어 이러한 경우에 있어서도 약간의 보편적 특성들에 대한 지식이 필요하다. 왜냐하면 비록 어떤 종(種)의 종차(種差)를 규정할 수는 없지만, 어쨌든 그것을 정의한다면 그 집합 전체가 소유하고 있는 어떤 보편적 특성들의 기능으로 그것을 정의해야만 하기 때문이다. "이성적 동물"이 인간에 대한 실재 정의라고 상정하자. 그런데 비록 당신이 이 정의를 획득할 수는 없고, 인간을 날개가 없고 의미 있는 말을 하는 두 발 달린 것으로 기술할 수밖에 없다고 하더라도, 당신은 "날개 없음"과 "의미 있는 말을 함"이라는 보편자에 대한 지식을 함축한다. 따라서 비록 우연적 특성에 의한 분류나 기술이라 할지라도 어떤 식으로든 보편자의 식별을 함의하는 것처럼 보일 것이다. 왜냐하면 비록 어떤 유형을 충분하게 정의할 수 없더라도, 그것을 식별은 하기 때문이다. 그것은 마치 보편자를 희미하게 깨닫기는 하되 그것을 충분하게 정의하거나 분명하게 파악하지는 못하는 것과 같다. 그러므로 실재적인 본질적 정의라는 의미로서의 보편적 정의는 이상적인 것으로 남는다. 비록 사실상 경험과학은 그러한 이상을 획득하지 않고서도 잘 되어간다 하더라도 말이다. 그리고 물론 아리스토텔레스는 이상적 유형의 학문에 대하여 말하고 있는 것이다. 비록 그가 우리는 종종 진정한 정의를 얻는 대신 기술하는 것으로 만족해야만 한다는 점을 의심할 나위없이 인정할 것이지만, 가령 밀(J. S. Mill)의 경험주의적 및 유명론적 견해에는 결코 동의하지 않을 것이다.

06.　　　그러므로 아리스토텔레스는 수학의 대상들 또는 보편자들이 실체라는 것을 인정하기를 거부한다. 아리스토텔레스는 우리가 살펴본 바와 같이 『범주론』에서 보편자들을 제2실체 또는 2차적이고 파생적인 의미의 실체들이라고 불렀음에도 불구하고, 그가 플라톤의 이론을 거부하고 싶어 하는 『형이상학』에서는 그것들이 실체들임을 단호하게 부정한다. 어쨌든 진정한 실체는 개별자들이고, 오직 개별자들뿐이다. 그

러나 이러한 그 다음 논점을 주목해야 한다. 즉 아리스토텔레스에 따르면[33] 감각적 개별자들은 그것들 안의 물질적 요소 때문에 정의될 수가 없으며, 그 물질적 요소 때문에 그것들은 소멸하고 우리의 지식에 명확하게 드러나지 않는다. 반면에, 실체는 우선적으로는 정의될 수 있는 사물의 본질이나 형상이다. 즉 그것은 물질적 요소를 어떤 뚜렷하고 구체적인 대상이 되도록 하는 원리이다.[34] 이것으로부터, 실체는 그 자체가 비물질적인 1차적 형상이며, 비록 아리스토텔레스가 개별적인 감각적 대상들이 실체라는 주장으로 시작하기는 하지만, 그의 사상적 노선은 그를 순수 형상만이 진정하고 1차적인 실체라는 견해로 이끌어간다는 결론이 나온다. 그러나 실제로 질료로부터 독립적인 형상들은 오직 신(神)과 천체의 천사들 그리고 인간 내부의 능동지성뿐이며, 따라서 1차적으로 실체인 것은 이 형상들이다. 형이상학이 이러한 실체를 연구하는 것이라면, "신학(神學)"과 동일하다는 것을 쉽게 알 수 있다. 여기서 플라톤의 영향을 식별해내는 것은 분명 불합리한 일이 아니다. 왜냐하면 아리스토텔레스는 플라톤의 이데아론을 거부했음에도 불구하고, 계속해서 물질을 사유가 파고들어갈 수 없는 요소로 간주했고, 순수 형상을 지성에 의해서만 알 수 있는 것으로 간주했기 때문이다. 아리스토텔레스가 이렇게 생각하는 것이 틀렸다는 것을 말하려는 것은 아니다. 옳건 그르건 간에, 그것은 분명 플라톤주의의 유산이라는 것을 말하려는 것이다.

07.   이미 살펴본 바와 같이, 아리스토텔레스는 네 원리들, 즉 질료(ἡ ὕλη), 형상(τὸ εἶδος), 운동의 근원 또는 작용인(τὸ ὅθεν ἡ κίνησις), 그리고 목적인(τὸ οὗ ἕνεχα)을 제공한다. 변화 또는 운동(즉 일반적 의미에서의 운동을 의미하는데, 이것은 예를 들어 나뭇잎의 색이 녹색에서 갈색으로 변화는 것과 같은 기점(terminus a quo)에서 종점(terminus ad quem)으로의 모든 이행을 포함한다)은 파르메니데스가 환영에 불과한 것으로 추방해버렸음에도 불구하고 이 세상에 존재하는 엄연한 사실이며, 아리스토텔레스는 이러한 변화의 사실을 고찰했다. 그는 이러한 변화에 각기 그 진가가 올바로 인정되어야 하는 몇몇 요소들이 포함

---

33   *Metaph.*, VII (Z), 15.
34   *Ibid.*, 17.

되어 있음을 발견했다. 예를 들어 변화를 받는 기체(substratum)가 있어야만 하는데, 왜 냐하면 우리가 관찰하는 변화의 모든 경우에는 변화하는 무엇인가가 있기 때문이다. 도토리나무는 도토리에서 생기고 침대는 목재에서 생긴다. 변하는 무엇인가가 있어서 그것이 새로운 규정을 받는다. 무엇보다도 먼저, 그것은 이 새로운 규정에 대해 가능 태(δύναμις)로 있다. 그리고 어떤 작용인(τὸ ὅθεν ἡ χίνησις)의 작용 하에서 새로운 현실화 (ἐντελέχεια)를 수용한다. 조작가가 그 위에 작업하는 대리석 덩어리는 그 조각가가 부 여하는 새로운 형상 또는 규정, 즉 조각상의 형태를 받아들일 가능태로 존재한다.

　　이제 대리석 덩어리가 조각상의 형태를 받으면, 그것은 실제로 변화된 것이다. 그러나 이 변화는 그 형태나 모양은 다르되 그 실체가 여전히 대리석 덩어리라는 의미 에서 우연적일 뿐이다. 그러나 어떤 경우에는 실체가 결코 동일하게 남아 있지 않는다. 소가 풀을 먹으면 그 풀은 소화과정을 통해 동화되어 새로운 실체적 형상을 갖게 된 다. 그리고 절대적으로 말해서, 어떤 것이 다른 어떤 것으로 완전히 변할 수도 있다고 생각할 수 있기 때문에, 그 자체로는 그 어떤 규정된 성질을 지니지 않은 단지 가능태 그 자체이기만 한 궁극적 기체(基體)가 있는 듯이 보인다. 이것이 바로 아리스토텔레스 가 개체의 기저에 놓여 있는 1차 질료(ἡ πρώτη ἑκάστω ὑποχειμένη ὕλη)[35]라는 말로 의미하 는 것이며, 스콜라주의자들의 제1질료(meteria prima)인데, 이것은 모든 물질적 사물들 에서 발견되는 것이며 변화의 궁극적인 기초이다. 물론 아리스토텔레스는 제1질료 그 자체에 직접 작용하는 작용자란 없다는 것을 완전히 알고 있다. 작용을 받는 것은 항 상 어떤 일정한 사물, 즉 이미 현실화된 기체(基體)이다. 예를 들어 조각가는 대리석 덩 어리 위에 작업을 하는데, 이것이 그의 질료, 즉 그가 야기하는 변화의 기체이다. 그는 제1질료 그 자체 위에 작업을 하는 것이 아니다. 마찬가지로 암소로 되는 것은 풀이지

---

35 *Physics*, 193 a 29, 191 a 31-32 참조. "나는 질료를 개체의 밑바탕에 놓여 있는 1차적인 것이라고 부르는 데, 그것으로부터 본질적으로 현전하는 어떤 것이 발생하게 된다.(λέγω γάρ ὕλην τὸ πρῶτον ὑποχεί μενον ἑχάστω, ἐξ οὗ γίγνεταί τι ἐνυπάρχοντος μὴ χατὰ συμβεβηχός)"
다음과 같은 관점에서 제1질료에 접근할 수도 있다. 어떤 물질적 실체를 하나 택해서, 그것의 모든 규정된 성질들, 즉 색이나 모양 등과 같이 그것이 다른 실체들과 공유하는 모든 성질들을 사상(捨象)시켜보자. 그 러면 종국에는 완전히 아무런 형태도 없고 성질도 없는 그런 기체(基體)만이 남는다. 이것은 그 자체로서 존재할 수는 없고 단지 논리적으로 가정될 수만 있을 뿐이다. 이것이 제1질료이다. Stace, *Critical History*, 276쪽 참조.

제1질료 그 자체가 아니다. 이것은 제1질료는 결코 그 자체로서, 말하자면 순수한 제1원료로서 존재하지 않고, 항상 형태나 특징을 부여하는 요소인 형상과 결합하여 존재한다는 것을 의미한다. 제1질료는, 그것이 모든 형상과 분리된 채 그 자체로서 존재할 수는 없다는 의미에서, 오직 논리적으로만 형상과 구별될 수 있다. 그러나 그것이 물질적 대상 안에 있는 실재적 요소라는 의미에서, 그리고 그 대상이 겪는 실재적 변화의 궁극적 기초라는 의미에서는, 형상과 실재적으로 구별된다. 그러므로 우리는 제1질료가 물질적 세계 안에 있는 가장 단순한 물체라고 말해서는 안 된다. 왜냐하면 그것은 결코 물체가 아니라, 가장 단순한 물체의 요소일망정 물체의 요소이기 때문이다. 아리스토텔레스는 『자연학』[36]에서 물질적 지상계에서 명백하게 가장 단순한 물체들은 그들 스스로 대립적 성질을 포함하고 서로 전이(轉移)될 수 있는 흙, 공기, 불, 물의 4원소라고 가르치고 있다. 그런데 만약 그것들이 변할 수 있다면, 그것들은 가능태와 현실태의 복합을 전제해야 한다. 예를 들어, 공기는 현재 공기이지만 불이 될 수 있다. 그것은 공기의 형상 또는 현실태를 지니고 있지만, 불이 될 수 있는 가능성도 지니고 있는 것이다. 그러나 불이나 또는 그 어떤 다른 특수하고 일정한 사물들이 될 수 있는 가능성에 앞서, 변화 가능성 자체, 즉 순수한 가능성을 논리상 필연적으로 전제해야 한다.

이제 변화란 정확하게 그 물체로서가 아니라 아직 다른 어떤 것이 되지는 않았지만 그 다른 어떤 것으로 될 수 있는 물체로서, 이미 존재하고 있는 물체의 발전이다. 그것[이러한 변화]은 가능성의 실현이다. 그런데 가능성이란 현실적 존재를 포함하며, 그 현실적 존재는 자신이 될 수 있는 것으로 아직 되지 못한 것이다. 예를 들어 증기는 무(無)에서 생기는 것이 아니라 물에서 생긴다. 그러나 그것이 정확하게 물로서의 물에서 생기는 것은 아니다. 정확하게 물로서의 물은 그저 물일 뿐 다른 어떤 것도 아니다. 증기는 물에서 생기는데, 그 물은 증기가 될 수 있을 것이고 일정 온도로 가열된 다음에는 증기가 되어야 하지만 아직은 증기가 아니다, 즉 그 물은 (단순히 그것이 증기의 형상을 가지고 있지 않다는 의미에서뿐만이 아니라, 증기의 형상을 가질 수 있고 또 가져야만 하지만 아직 그것을 지니지 않았다는 의미에서) 증기의 형상을 "결여하고" 있다. 그렇다면, 이제 변화에

36　예컨대, *Physics*, I, 6; Ⅲ, 5 참조.

는 3가지 요소들이 있는 것이지, 단지 2가지 요소들만 있는 것이 아니다. 왜냐하면 변화의 산물은 두 가지 적극적인 요소, 즉 질료와 형상을 포함하고 있으며, 제3의 요소, 즉 결여(στέρησις)를 전제하고 있기 때문이다. 결여는 질료와 형상이 적극적인 요소인 것과 똑같은 의미에서 적극적인 요소는 아니지만, 그럼에도 불구하고 변화가 필연적으로 전제하는 것이다. 따라서 아리스토텔레스는 변화의 세 가지 전제로 질료와 형상 그리고 결여 또는 결함을 제시한다.[37]

08.　　　그러므로 구체적인 감각적 실체는 질료와 형상으로 이루어진 개별적 존재자이다. 그러나 그러한 존재자 안에 있는 형상적인 요소로 그 존재자를 이 일정한 사물로 만드는 것은 최하위의 종(infima species)의 모든 구성원들에 있어서 종적으로 동일하다. 예를 들어 인간의 종적(種的) 본성이나 본질은 소크라테스와 플라톤에 있어서 동일하다(물론 수적(數的)으로 동일한 것은 아니지만). 그렇기 때문에 그 형상적 요소가 구체적인 감각적 실체를 바로 이 개별자로 만들 수는 없다. 즉 형상은 감각적 대상들로의 개별화 원리일 수 없는 것이다. 그렇다면 아리스토텔레스에 따르면, 무엇이 개별화의 원리인가? 그것은 질료이다. 그러므로 칼리아스와 소크라테스는 형상(즉 인간적 형상 또는 인간적 본성)에 있어서는 동일하지만, 그 형상에 채워넣어지는 질료가 각기 다르기 때문에 서로 다르다.[38] 토마스 아퀴나스는 개별화의 원리에 관한 이 견해를 수용했다. 그러나 완전하게 무특징적인 제1질료가 개별화의 원리라고 주장하는 데 포함되어 있는 난점을 간파하고, 그는 형상과 결합한 덕으로 자신이 장차 실제로 가지게 될 양(量)에 대한 예측된 요구를 가지고 있는 것으로 간주되는 질료를 개별화하는 것은 양적으로 규정된 질료(materia signata quantitate)라고 말했다. 개별화하는 것이 질료라고 하는 이 이론은 형상이 보편자라고 하는 플라톤주의의 결과나 또는 유산으로 보인다.

　　　이 이론으로부터 논리적으로, 각각의 순수 형상은 그 종(種)의 유일한 구성원이어야 하며, 그 종의 가능성들을 고갈시켜야 한다는 결론이 나온다. 왜냐하면 개별화의

37　　*Physics*, I, 7 이하.

38　　*Metaph.*, 1034 a 5-8.

원리로 작용할 수 있는 질료는 종 안에 없기 때문이다. 토마스 아퀴나스는 이러한 결론을 이끌어냈으며, 순수한 지성들 또는 천사들은 너무 많은 종들을 이루기 때문에, 하나의 종에 속하는 다수의 천사들이나 비물질적 형상들은 있을 수 없다고 말하기를 주저하지 않았다(이 점이 그가 성 보나벤투라와 다른 점이다). 이 결론은 이미 아리스토텔레스 자신이 생각했던 것이있다. 왜냐하면 그는 다수성이 질료에 의존한다는 것을 간파한 후, 계속해서 부동의 제1원동자는 질료가 없기 때문에, 표현상으로나 정의상으로만이 아니라 수적(數的)로도 하나여야 한다고 평했기 때문이다.[39] 지금 다루고 있는 구절이 부동의 원동자들이 다수 존재한다는 아리스토텔레스의 이론에 대한 반론을 위한 것으로 보이는 것이 사실이지만, 적어도 그가 종 안에 있는 개별화 원리로서의 질료라는 자신의 이설(理說)로부터 나오는 결과를 모르고 있지 않았다는 것은 분명하다.

이러한 이설로부터 나오는 것으로 여겨질 보다 심각한 결론이 또 있다. 아리스토텔레스에 따르면, 질료는 개별화의 원리임과 동시에 그 자체로서는 알려질 수 없는 것이다. 이제 이것으로부터 구체적인 개별적 사물들은 완전하게 알려질 수 있는 것이 아니라는 결론이 나오는 것처럼 보인다. 더욱이 이미 언급한 것처럼, 아리스토텔레스는 개별자는 정의될 수 없는 반면 학문은 정의나 본질에 관계한다고 명백히 진술하고 있다. 그러므로 개별자 그 자체는 학문의 대상도 아니고 완전하게 알려질 수도 없다. 실제로 아리스토텔레스는 언급하기를,[40] 개별적인 지성적 원(수학적 원 등) 및 감각적 원(청동이나 나무로 된 원)에 관해 비록 그것들은 정의될 수 없지만, 직관(μετὰ νοήσεως)이나 지각(αἰσθήσεως)에 의해 이해된다고 했다. 그러나 그는 이러한 단초를 상세하게 설명하지도 않았고, 개별자에 대한 그 어떤 직관론을 충분하게 논하지도 않았다. 그러나 이러한 이론은 틀림없이 필요한 것이다. 예를 들어, 우리는 어느 한 개인의 특징을 알 수 있고 또 실제로 알고 있다고 충분히 확신하고 있지만, 담론적이고 학문적인 추론에 의해 [그것에 관한] 지식에 도달하지는 못한다. 사실상, 아리스토텔레스가 학문적 정의 및 종적(種的) 본질이라는 의미에서의 실체에 대한 지식을 찬양한 것, 그리고 감각적 개별

---

39 *Metaph.*, 1074 a 33-38.
40 *Metaph.*, 1036 a 2-6.

자들에 대한 지식을 경시한 것은 그가 플라톤으로부터 받은 교육의 유산에 불과하다는 인상을 피하기 어렵다.

09.　　『형이상학』의 아홉째 권에서 아리스토텔레스는 가능태와 현실태 개념을 논하고 있다. 이 구별은 아리스토텔레스로 하여금 실재의 발전설을 인정할 수 있도록 하기 때문에, 매우 중요한 구별이다. 메가라학파는 가능태를 부정했지만, 아리스토텔레스가 평하는 것처럼 실제로 건축하고 있지 않은 건축가는 건축을 할 수 없다고 말하는 것은 불합리하다. 물론 그 말은, 그가 실제로 건축하고 있지 않을 때 그는 건축할 수 없다는 의미에서는, 즉 "건축할 수 없다"가 "실제로 건축하고 있는 중일 수 없다"로 이해되는 경우에는 참일 수 있다(이것은 모순율의 명백한 적용이다). 그러나 건축가는 그가 건축하는 능력을 실제로 사용하고 있지 않을 때라 하더라도, 건축을 할 수 있는 가능성, 즉 건축할 수 있는 능력을 가지고 있다. 가능태가 단순히 현실태에 대한 부정이 아니라는 것은 [다음의] 간단한 예에서 볼 수 있다. 깊은 잠이나 또는 혼수상태에 빠져있는 사람은 실제로 사유하고 있지 않다. 그러나 바위 덩어리는 실제로 사유하고 있지 않지만 사유할 수 있는 가능성도 없는데 반해, 그는 인간이기 때문에 사유할 수 있는 가능성이 있다. 예를 들어 도토리나 묘목이 완전한 성장에 관하여 가능태로 있는 것처럼, 자연적 대상은 자신의 형상을 완전히 실현하는 데 관한 한 가능태로 있다. 이 가능태는 다른 것 안에서 변화를 일으킬 수 있는 능력일 수도 있고, 또는 스스로를 실현하는 능력일 수도 있다. 두 경우 모두에 있어서 그것은 실재적인 어떤 것, 즉 비존재와 현실성 사이의 그 무엇이다.

　　현실태는 가능태에 앞선다고 아리스토텔레스는 말한다.[41] 현실적인 것은 항상 잠재적인 것으로부터 산출되며, 인간이 인간에 의해 탄생되듯이, 잠재적인 것은 항상 이미 운동 중인 현실적인 것에 의해 현실태로 변형된다. 이러한 의미에서, 현실적인 것은 잠재적인 것에 시간적으로 앞선다. 또 현실적인 것은 원리상 잠재적인 것에 논리적으로도 앞선다. 왜냐하면 현실태는 가능태가 그것을 위하여 존재하거나 얻어지는

41　　*Metaph.*, 1049 b 5.

바의 목적이기 때문이다. 그러므로 비록 시간적으로는 소년이 자신의 실현인 성년 남자에 앞서지만, 아동기는 성년기를 위해 있는 것이기 때문에, 논리적으로는 성년기가 앞선다. 또한 실체에 있어서 영원한 것이 가멸적인 것보다 앞서며, 영원한 것, 즉 불멸하는 것은 최고로 현실적인 것이다. 예를 들면 신(神)은 필연적으로 존재하는데, 필연적으로 존재하는 것은 완전히 현실적이라야 한다. 운동의 영원한 원천, 즉 가능태에서 현실태로의 변형의 영원한 원천으로서 신은 충만하고 완전한 현실태, 즉 부동의 제1원동자여야 한다. 영원한 것들은 선함이 분명하다고 아리스토텔레스는 말한다.[42] 그것들에게는 어떠한 결함이나 나쁨 또는 타락도 있을 수 없다. 나쁨이란 모종의 결함이나 타락을 의미하는데, 완전히 현실적인 것에는 아무런 결함도 있을 수 없다. [여기에서] 분리된 나쁜 원리는 있을 수 없다는 결론이 나온다. 왜냐하면 질료가 없는 것은 순수한 형상이기 때문이다. "나쁨은 나쁜 것들과 분리되어 존재하지 않는다."[43] 이것으로 보아, 아리스토텔레스의 사상 속에서 신은 플라톤의 선(善)의 이데아가 지닌 특성 같은 어떤 것을 띠고 있었음이 분명한데, 실제로 그는 모든 선한 것들의 원인은 선 자체라고 말하고 있다.[44] 모든 운동의 원천인 부동의 제1원동자는 목적인으로서 잠재성이 현실화하는, 즉 선이 실현되는 궁극적 이유이다.

　　가능태와 현실태의 구별을 통하여 아리스토텔레스는 파르메니데스에게 대답한다. 파르메니데스는, 존재는 비존재에서 생길 수 없는(무(無)에서는 아무것도 생길 수 없다) 한편, 마찬가지로 존재에서 생길 수도 없기 때문에(존재는 이미 존재하기 때문에) 변화는 불가능하다고 말했다. 그러므로 불은 공기로부터 생겨날 수 없을 것이다. 왜냐하면 공기는 공기일 뿐 불이 아니기 때문이다. 이것에 대해 아리스토텔레스는 불은 공기로서의 공기로부터 생기는 것이 아니라 불이 될 수 있되 아직은 불이 아닌 공기, 즉 불이 될 수 있는 가능성을 지닌 공기로부터 생긴다고 대답할 것이다. 추상적으로 말하면, 사물은 그것이 지닌 결여로부터 생성된다. 만약 파르메니데스가 그것은 사물이 비존재에서 생긴다고 말하는 것과 마찬가지라고 반박한다면, 아리스토텔레스는 이것

42　　*Metaph.*, 1051 a 20-21.

43　　*Metaph.*, 1051 a 17-18.

44　　*Metaph.*, 985 a 9-10.

은 단순히 결여(즉 순수한 결여)에서 생기는 것이 아니라 기체상의 결여로부터 생기는 것이라고 대답할 것이다. 또 파르메니데스가 이 경우, 사물이 존재에서 생기는데, 이 것은 모순이라고 반박한다면, 아리스토텔레스는 그것은 정확하게 그 자체로서의 존 재로부터 생기는 것이 아니라, 동시에 비존재이기도 한 존재, 즉 그것이 되려는 것이 아직 아닌 존재로부터 생기는 것이라고 대답할 수 있을 것이다. 그러므로 아리스토텔 레스는 형상과 질료 그리고 결여 사이의 구별을 통해서, 또는 (보다 낮게 그리고 일반적으로 말하면) 가능태와 현실태 그리고 결여 사이의 구별을 통해서 파르메니데스적 난점 에 대답하고 있는 것이다.[45]

10. 가능태와 현실태의 구별은 존재의 단계설 또는 위계설로 연결된다. 왜냐하면 자신의 출발점(terminus a quo)에 관해서는 현실태로 있는 것이 또 다른 종점(terminus ad quem)에 관해서는 가능태로 있을 수 있음이 분명하기 때문이다. 진부한 예를 들자면, 가공된 돌은 가공되지 않은 돌에 관해 (후자(後者)가 지닌 가공될 수 있는 가능성에 관하여) 현 실태로 있지만, 건물에 관해서는, 즉 아직 지어져야 하는 건물에서 그것이 하게 될 역 할에 관해서는, 가능태로 있는 것이다. 마찬가지로, 영혼(ψυχή), 즉 감각적 측면과 기능 에 있어서의 영혼은 육체에 관해 현실태로 있지만, 지성(νοῦς)이라는 그보다 상위 기 능에 관해서는 가능태로 있다. 말하자면 그 사다리의 맨 밑에는 그 자체로서는 알려 질 수 없고 형상과 분리되어서는 결코 현실적으로 존재할 수 없는 제1질료가 있다. 그 것은 온기와 냉기, 건조함과 습함의 대립자들과 결합하여 흙, 공기, 물, 불의 네 가지 물체를 이룬다. 절대적으로는 아니지만 상대적으로 단순한 이 물체들은 이어서 금덩 이와 같은 무기물과 생명체의 단순한 세포조직들(이들은 함께 균질체(均質體)라 불린다)을 이룬다. 혼질적(混質的) 존재들, 즉 유기체들은 이러한 균질체들을 재료로 하여 형성된 다. 그러므로 사다리의 발판은 질료와 혼합되지 않은 인간의 능동지성, 천체의 분리된 지성, 그리고 종국에는 신(神)에 이르기까지 점진적으로 상승한다. (물론 존재의 단계설이 "진화"를 포함하는 것으로 이해되어서는 안 된다. 순수 형상들은 질료로부터 진화해 나오는 것이 아니다.

---

45   가능태와 현실태의 논의에 관해서는 *Metaph.*, *Δ*12와 *θ* 참조.

더욱이 아리스토텔레스는 비록 개별적인 감각적 대상들은 소멸하지만, 종(種)은 영원하다고 주장했다.)

11. 변화는 어떻게 시작되는가? 가공되지 않은 돌은 그 돌 자체에 관한 한 가공되지 않은 채 남는다. 돌은 스스로를 가공하지 않는다. 또한 가공된 돌이 스스로를 건물로 건축하는 것 역시 아니다. 두 경우 모두에, 변화 또는 운동의 원천인 외부의 작용자가 요구된다. 다른 말로 하면, 형상인과 질료인 이외에 작용인(τò ὅθεν ἡ κίνησις)이 필요하다. 그러나 이것이 반드시 변화를 겪는 사물에 대해 외재적(外在的)일 필요는 없다. 예를 들어, 아리스토텔레스에 따르면, 4원소 각각은 우주에서 자기 자신의 본래 장소를 향하는 자연운동을 하며(예를 들어 불은 "위로" 향해간다), 문제의 그 원소는 방해를 받지 않는 한 자신의 자연운동에 맞게 움직일 것이다. 그 원소가 자신의 자연적 영역으로 향하는 이 경향성은 그 요소의 형상에 속한다.[46] 그러므로 형상인과 작용인이 일치한다. 그러나 작용인이 언제나 형상인과 일치한다는 것을 의미하지는 않는다. 유기체의 형상적 원리인 영혼의 경우는 그것이 운동의 기동자로 간주되기 때문에 일치하지만, 건물의 건축가의 경우는 일치하지 않는다. 한편 예를 들면 인간 출생의 경우, 작용인인 아버지는 어린애의 형상인과 오직 종적(種的)으로만 동일할 뿐, 수적(數的)으로는 동일하지 않다.

12. 아리스토텔레스가 자신을 목적인(τò οὗ ἕνεκα)에 대해 진정으로 고찰한 최초의 사상가로 간주했다는 사실을 [독자들은] 기억할 것이다. 그러나 그가 목적성을 매우 강조한다 해도, 아리스토텔레스에게 있어서 목적성이 (마치 우리가 풀은 양이 먹이를 얻을 수 있도록 하기 위하여 자란다고 말하기라도 하는 듯이) 외적 목적성과 동등하다고 생각하는 것은 잘못일 것이다. 오히려, 아리스토텔레스는 내적 또는 내재적 목적성을 더 크게 강조한다. (그러므로 사과나무는 자신의 목표나 목적을, 그 열매가 인간에게 건강하고 맛있는 음식이 되거나 또는 사이다로 만들어질 때 달성한 것이 아니라, 그 사과나무가 자신이 할 수 있는 발전의 완성, 즉 자신의 형상의 완성을 이룩했을 때 달성한 것이다.) 왜냐하면 그가 보기에 사물의 형상인은 통상

---

46   *De Caelo*, 311 a 1-6.

그것의 목적인이기도 하기 때문이다.[47] 그러므로 말(馬)의 형상인은 말의 종적 형상이지만, 또한 목적인이기도 하다. 왜냐하면 한 종(種)에 속하는 개별자는 그 종의 종적(種的) 형상을 가능한 한 완벽하게 구현하려고 본성적으로 노력하기 때문이다. 형상에 대한 이 본성적 갈망은 목적인과 형상인 그리고 작용인이 종종 동일하다는 것을 의미한다. 예를 들어, 유기체적 실체에서 영혼(ψυχή)은 복합물에서 형상인 또는 결정요소이지만, 한편으로 동시에 운동의 원천으로서 작용인이기도 하며, 유기체의 내적(內的) 목적은 개별자가 종적 형상을 구현하는 것이기 때문에 목적인이기도 하다. 그러므로 도토리는 그것이 완전히 자란 나무로 발전하는 전 과정을 통해서 그 목적인의 완전한 실현을 지향하고 있다. 아리스토텔레스의 견해로는, 인력에 의해 [사물을] 움직이는 것은 목적인 자체이다. 도토리나무의 경우, 그것의 형상인이기도 한 목적인은 도토리를 그 전개과정의 종점을 향하여, 말하자면 끌어올림으로써 도토리를 도토리나무로 발전시킨다. 물론 목적인, 즉 도토리의 완성된 형상은 아직 존재하지 않으며, 따라서 그러한 것을 야기할 수 없다. 그러나 반면에 도토리는 마음을 지니지도 않았고 반성능력도 없기 때문에, 그것은 마음속에서 생각된 대로 원인이 될 (미술가의 마음속에 있는 그림에 대한 관념이 인과적 행위를 가져오는 것과 같이) 수도 없다고 반박할 수 있을 것이다. 이에 대해 그는 틀림없이, 도토리의 형상은 싹의 상태에 있는 도토리나무의 형상이라는 점을 상기시킴으로써, 도토리는 자신의 완전한 발전을 향한 내적이고 자연적인 경향성을 지니고 있다고 대답할 것이다. 그러나 만약 누군가가 질문을 계속한다면 아리스토텔레스에게도 어려움이 생길지 모른다.

　　(물론 원인들을 혼합하려는 경향에도 불구하고, 아리스토텔레스는 원인들이 물리적으로 서로 구별될 수 있다는 것을 부인하지는 않는다. 예컨대 건물을 짓는 데 있어서 건물의 형상인은 —건물의 형상인을 말할 수 있는 한에 있어서— 건축가의 마음속에 있는 건물의 관념 또는 설계인 목적인과, 또한 마찬가지로 작용인이나 원인들과도 개념적으로뿐만 아니라 물리적으로도 구별된다. 그러나 일반적으로 작용인과 목적인, 형상인, 질료인은 용해되어 두 원인이 되는 경향이 있으며, 아리스토텔레스는 이 네 원인들을 두 원인으로, 즉 형상인과 질료인으로 환원시키려 한다고 말할 수 있다. 비록 우리가 용어 "원인"

---

[47]　　*Metaph.*, H, 1044 a 36-b 11. *Physics*, B, 7, 198 a 24 이하 참조.

에 대한 오늘날의 용법에서는 자연스럽게 우선적으로 작용인을, 그러고 나서 아마도 목적인을 생각하지만 말이다.)

이처럼 목적성을 강조한다고 해서 아리스토텔레스가 모든 기계론적 인과성을 배제하는 것은 아니다. 이것은 그가, "자연은 헛되이 하는 것도 없고, 과도하게 하는 것도 없다"[48]는 자신의 유명한 말에서처럼, 자연에 있어서의 목적론에 관하여 의인화된 언어, 즉 최소한 『형이상학』에서 다루는 신학과는 일치하지 않는 언어를 사용함에도 불구하고 사실이다. 빛은 우리가 걸을 때 비틀거리지 않도록 하는 데 돕는 것[목적]도 있지만, 빛의 입자가 [호롱을 구성하고 있는] 뿔의 입자보다 더 미세하기 때문에, 호롱을 통과하여 나가지 않을 수 없다는 사실처럼, 때로는 목적성과 기계론이 결합하기도 한다.[49] 그러나 그가 생각하기에, 오직 기계적 인과성만이 작용하는 경우들도 있을 수도 있다(동물의 눈이 색깔을 지니는 것은 아무런 목적도 없고, 단순히 출생 시의 여건에 기인한다는 사실에서처럼).[50] 또한 아리스토텔레스는 어떤 사물들은 오직 질료인이나 작용인에 의해서만 설명되어야 하기 때문에, 어느 경우에나 목적인을 찾아서는 안 된다고 명백히 말하기도 한다.[51]

13. 모든 운동, 즉 가능태로부터 현실태로의 모든 이행은 현실태로 있는 어떤 원리를 필요로 한다. 그런데 만약 모든 전화(轉化)와 운동 중에 있는 모든 대상들이 현실적인 운동인을 요구한다면, 세계 일반, 즉 우주는 제1원동자를 필요로 한다.[52] 그러나 단어 "제1"을 시간적으로 이해해서는 안 된다. 아리스토텔레스에 따르면, 운동은 필연적으로 영원한 것이기 때문이다(운동을 시작하게 하거나 사라지게 하는 것 그 자체가 운동을 필요로 할 것이다). 오히려 그것은 최상(Supreme)의 의미로 이해해야 한다. 제1원동자는 영원한 운동의 영원한 근원이다. 게다가 제1원동자는 창조자 신(神)이 아니다. 이 세계는

48   *De Caelo*, A 4, 271 a 33.

49   *Anal. Post.*, 94 b 27-31. *De Gen. An.*, 743 b 16 이하 참조.

50   *De Gen. An.*, 778 a 16-b 19; 789 b 19 이하. *De Part. An.*, 642 a 2; 677 a 17-10.

51   *Metaph.*, 1049 b 24 이하.

52   제1원동자에 관해서는 *Metaph.*, *Δ* Phycics, *θ*, 6, 258 b 10 이하를 볼 것.

영겁의 세월 이전부터 창조되지 않고 존재했다. 신은 이 세상을 형성한다. 그러나 창조하지는 않았다. 신은 이 세계를 형성하고, 또 이 세계를 이끌어줌으로써, 즉 목적인으로 작용함으로써 운동의 원천이 된다. 아리스토텔레스의 견해로는, 만약 신이 능동적인 물리적 인과성에 의해, 말하자면, 이 세계를 '밀어서' 운동을 야기한다면, 신 자신이 변화될 것이다. 움직여지는 자의 반응이 움직이게 하는 자에게 미칠 것이다. 그러므로 신은 목적인으로서 욕구의 대상이 됨으로써 운동을 일으킨다. 이 점에 관해서는 잠시 후에 다시 거론하기로 하겠다.

『형이상학』제12권(Λ) 6절 이후에서 아리스토텔레스는 이러한 운동의 원리가 가능태가 없는 순수 현실태(ἐνέργεια)와 같은 종류의 것이어야만 한다는 것을 보여주고 있다. 그는 이 세계의 영원성을 전제하고(만약 시간이 생겨날 수 있다면 시간이 존재하기 이전의 시간이 있을 것이다. 그런데 이것은 모순이다. 그리고 시간이란 본질적으로 변화와 연관된 것이기에, 변화 역시 영원해야만 한다고 그는 생각한다), 다음과 같이 선언한다. 즉 변화를 야기하되 그 스스로는 아무런 가능태도 지니지 않음으로써 변화되지 않는 제1원동자가 반드시 있어야 한다. 왜냐하면 만약 제1원동자가 운동의 야기를 중단할 수 있다면, 운동이나 변화가 반드시 영원하지는 않을 것이나, 실제로는 그렇기 때문이다. 따라서 순수 현실태인 제1원동자가 있어야만 하며, 그것은 순수 현실태인 한 비물질적이어야 한다. 왜냐하면 물질성이란 피동과 가변의 가능성을 포함하기 때문이다. 더욱이 천체들의 간단없는 원순환적 운동이 있음을 보여주는 경험은 이 논증을 확증한다. 왜냐하면 그 천체들을 움직이기 위해서는 제1원동자가 있어야만 하기 때문이다.

살펴본 바와 같이 신(神)은 목적인으로서, 즉 욕구의 대상이 됨으로써 우주를 움직인다. 분명히 신은 별들이 매일 지구 주위를 돌게 함으로써 제1천체를 직접 움직이는 것으로 생각된다. 그는 사랑과 욕구를 불어넣음으로써 움직이게 하며(비물질적 영역에서는 바람직한 것과 지성적인 것이 동일하다), 따라서 제1천구에는 제1천구의 지성(Intelligence)이 있어야 하고, 다른 천구들에는 그곳의 지성들이 따로 있어야 한다. 각 천구의 지성은 정신적이며, 천구는 자신의 지성의 삶을 가능한 한 가깝게 모방하기를 바란다. 그러나 그 정신성을 모방할 수는 없기 때문에 천구는 원순환 운동이라는 차선책을 수행한다. 『철학론』(Περὶ φιλοσοφίας)에서 별들 스스로가 영혼을 소유하며 스스로 움직이는 것을 보면, 아리스토텔레스는 초기에 별의 영혼이라는 플라톤적 개념을 유지하고 있었다. 그러나 그는 천구들의 지성이라는 개념을 위해 그 개념을 버렸다.

부동의 원동자들의 수에 관해 아리스토텔레스가 명확한 확신을 가지고 있지 않았던 듯한데, 이것은 흥미로운 사실이다. 그래서 『자연학』에는 부동의 원동자들이 다수임을 의미하는 문구가 세 군데 있으며,[53] 『형이상학』에서도 그들의 다수성이 나타난다.[54] 예거(Jaeger)에 따르면, 『형이상학』 제12권의 8장은 아리스토텔레스가 나중에 덧붙인 것이다. (『형이상학』 원본의 일부를 이루는 연속된 부분인) 7장과 9장에서 아리스토텔레스는 하나의 부동의 원동자에 대해 말하고 있으나, 8장에서는 55개의 초월적 원동자들이 모습을 드러낸다. 후에 플로티노스는 이들과 제1원동자의 관계가 전적으로 모호하게 남아 있다는 반론을 폈다. 또한 그는 아리스토텔레스가 주장하듯이 질료가 개별화의 원리라면, 어떻게 다수의 부동의 원동자들이 있을 수 있느냐고 묻는다. 그런데 이 마지막 반론은 아리스토텔레스 스스로 알고 있었다. 왜냐하면 그는 이에 대한 해명을 제시하지는 않은 채이긴 하지만, 그 반론을 8장 중간에 끼워넣고 있기 때문이다.[55] 심지어 테오프라스토스(Theophrastus)의 시대에서도 몇몇 아리스토텔레스주의자들은 하나의 부동의 원동자를 고수했는데, 그것은 다수의 원동자들에 의해 야기되는 독자적 운동들이 어떻게 조화될 수 있을지를 알지 못했기 때문이다.

중세의 철학자들이 천체들을 움직이는 지성체 또는 천사들이 있다고 상정했던 것은 궁극적으로 이러한 다수의 원동자들이라는 개념 때문이었다. 그들은 다수의 원동자들을 제1원동자나 또는 신에 종속적이고 의존적인 것으로 만들었는데, 이것은 그들이 취할 수 있는 유일한 입장이었다. 왜냐하면 어떤 식으로든 조화가 이루어져야 한다면, 다른 원동자들은 제1원동자에 종속되어 운동해야 하며, 지성과 욕구에 의해 제1원동자와 직접적이든 간접적이든 간에, 계층적으로 관계를 맺어야만 하기 때문이다.

---

53 *Physics*, 258 b 11; 259 a 6-13; 259 b 28-31. 예거는 이 세 문구들이 후에 덧붙여진 것이라고 생각한다. 그러나 아리스토텔레스가 다수의 부동의 원동자들이 실제로 존재한다고 상정하는 것은 오직 세 번째 문구에서뿐이기 때문에, 로스(*Physics*, 101-2쪽)는 이 [세 번째] 문구만이 『형이상학』 제12권(*Metaph., Δ*)이 완성된 후 덧붙여진 것이라는 합리적인 결론을 내린다.

54 *Metaph., Δ* 8.

55 *Metaph.*, 1074 a 31-38.

이것을 신플라톤주의자들은 간파했다.

제1원동자는 비물질적이기 때문에, 그 어떤 육체적 행위도 수행할 수 없다. 그의 행위는 순수하게 영적인 것이어야만 하며 따라서 지적(知的)인 것이어야만 한다. 다른 말로 하면, 신의 행위는 사고 행위이다. 그런데 그의 사고 대상은 무엇인가? 지식이란 대상에 대한 지적 참여이다. 그런데 신의 지식의 대상은 가능한 모든 대상들 가운데 가장 탁월한 것이어야만 하며, 신이 누리는 지식은 그 어떤 경우에 있어서도 변화나 감각 또는 새로움을 포함하는 지식일 수 없다. 그러므로 신은 영원한 직관이나 자기의식의 행위 속에서 자기 자신을 안다. 그래서 아리스토텔레스는 신을 "스스로를 사유하는 사유(νόησις νοήσεως)"로 정의한다.[56] 신은 자존하는 사고인데, 그것은 영원히 자기 자신을 생각하는 것이다. 또한 신은 신 자신 이외의 그 어떤 사유 대상도 가질 수 없다. 왜냐하면 신이 자신 이외의 다른 사유 대상을 가진다는 것은 신이 자신의 외부에 어떤 목적을 가지고 있음을 의미하기 때문이다. 그러므로 신은 오직 자기 자신만을 안다. 성 토마스와[57] 그 밖에 브렌타노 같은 사람들은 세상에 대한 지식과 신의 섭리의 행사를 배제하지 않는 방식으로 아리스토텔레스를 해석하려고 노력했다. 그러나 비록 성 토마스가 신에 대한 참된 견해라는 점에서는 옳더라도, 그것이 아리스토텔레스의 견해라는 결론은 나오지 않는다. "아리스토텔레스는 신의 창조론도 신의 섭리론도 가지고 있지 않다."[58] 사실상 그는 신을 군대에서 명령을 내리는 군의 대장처럼 이야기하거나, 또는 신은 별들과는 달리 영구히 존재할 수 없는 존재자들의 경우에는 생성의 존속을 지원한다고 말할 때처럼, 이따금씩 다소 다른 어투로 이야기하고 있다. 그러나 제1원동자에 대한 그의 논의에 비추어 보면, 이러한 말들은 강조하지 말아야 한다.[59]

아리스토텔레스의 신은 인격신인가? 아리스토텔레스는 때로 신을 부동의 제

---

56   *Metaph.*, Λ 9, 1074 b 33-35.

57   In Met., xii, lect. xi. 그럼에도 불구하고 그가 다른 모든 것들에 대해 알지 못한다는 것은 아니다. 왜냐하면 그는 자기 자신을 앎으로써 다른 모든 것들을 알기 때문이다(Nec tamen sequitur quod omnia alia a se ei sunt ignota; nam intelligendo se intelligit omnia alia).

58   Ross, *Aristotle*, 184쪽.

59   In *De Caelo*, A 4, 271 a 33. 신(神)과 자연은 헛되이 행하는 것이 없다고 아리스토텔레스는 말하고 있으나, 그는 아직 부동의 원동자 이론을 완성하지 않은 상태였다.

1원동자(τὸ πρῶτον κινοῦν ἀκίνητον)라고 말하고 있으며, 때로는 인간의 형상을 한 신(ὁ θεός)[60]이라고 말하며, 반면에 『니코마코스 윤리학』에서는 인간의 형상을 한 신들(οἱ θεοί)에 관해 말하기도 한다.[61] 대부분의 그리스인들처럼 아리스토텔레스도 신들의 숫자에 관해 많이 걱정했던 것 같지는 않다. 그러나 만약 우리가 그는 틀림없이, 그리고 오로지 일신론자였다고 말한다면, 우리는 그의 신은 인격적이라고 말해야만 할 것이다. 아리스토텔레스는 제1원동자를 인격적이라고 말하지 않았는지도 모르며, 그것에 신인동형적(神人同形的)인격성을 부여하는 것은 분명 그의 생각과는 실제로 거리가 멀 것이다. 그러나 제1원동자는 지성 또는 사고이기 때문에, 철학적 의미에서는 그것이 인격적이라는 결론이 나온다. 아리스토텔레스의 신은 그 명칭상(secundum nomen) 인격적이 아닐 수 있지만, 내용상(secundum rem)으로는 인격적이다. 그러나 아리스토텔레스가 제1원동자를 숭배의 대상으로 간주했다는 징표는 없으며, 기도를 드려서 득을 볼 수 있는 존재로 간주한 징표는 더더욱 없다는 점이 첨언되어야만 할 것이다. 그리고 아리스토텔레스의 신이 완전히 자기중심적이라면, 인간이 그와 인격적 교류를 시도하는 것은 전적으로 불가능할 것이다(본 저자 또한 이 생각에 동의한다). 『대 윤리학』(Magna Moralia)에서 아리스토텔레스는 신에 대한 친구관계가 있을 수 있다고 생각하는 사람들은 틀렸다고 분명히 말하고 있다. 왜냐하면 ① 신은 우리의 사랑에 응답할 수 없을 것이고, ② 어떤 경우에도 우리가 신을 사랑한다고 말할 수 없을 것이기 때문이다.[62]

14.   신의 존재를 증명하는 다른 논증들도 아리스토텔레스의 저작 속에서 미숙한 형태로 발견된다. 그는 『철학론』의 단편들에서 난생 처음으로 아름다운 대지와 바다, 그리고 장엄한 하늘을 바라보며 그것들이 신들의 작품이라고 결론을 내리는 사람들을 묘사하고 있다. 이것은 목적론적 논증의 윤곽을 어렴풋이 나타낸다.[63] 같은 저작에서 아리스토텔레스는 (물론 여러 단계를 거쳐서이기는 하지만) 후에 성 토마스 아퀴나스의

---

60   *Metaph.*, Δ 7.

61   *Eth. Nic.*, 예를 들어 1170 b 8 이하와 1179a 24-5. *Eth. Nic.*, 1179 a 24-25 참조.

62   *M.M.*, 1208 b 26-32.

63   Frag. 14. (Rose.)

'네 번째 길'로 발전되는 논증을 적어도 일부 내비치고 있다. 거기에서 아리스토텔레스는 "보다 좋은 것(better)이 있는 곳에는, 가장 좋은 것(best)이 있다. 그런데 존재하는 사물들 가운데 어떤 것은 다른 것보다 좋다. 그러므로 가장 좋은 것도 있는데, 그것은 신적(神的)인 것임에 틀림없다"[64]라고 논증한다. 이러한 논증의 방향은 상대적으로 최선인 것에로만 향한다. 절대적 최선이나 완전자에 도달하기 위해서는, 인과성이라는 개념을 도입하여 모든 유한한 완전성들은 궁극적으로 절대적인 완전성으로부터 나오거나 또는 그것에 참여하는 것인데, 그 절대적 완전성은 모든 유한한 완전성들의 원천이라고 논증하는 것이 필요하다. 성 토마스는『형이상학』에[65] 나오는 한 문구를 언급하면서, 그리고 심지어는 다른 모든 것들이 지닌 열(熱)의 원인이기 때문에 모든 것들 중에서 가장 뜨거운 것이라고 말하는 아리스토텔레스의 불(火)의 예증을 사용하면서까지 그러한 논증을 하고 있다.[66] 아리스토텔레스 자신에 관한 한, 신의 존재를 증명하기 위해 완전성의 등급들을 사용하는 것은 그가 아직 플라톤의 영향을 강하게 받고 있었던 초기 사상에 국한되는 것 같다. 그는『형이상학』에서는 신적인 것의 존재와 관련하여 이 논법(論法)을 사용하고 있지 않다. 일반적으로, 우리는 아리스토텔레스는 그가 『형이상학』을 저술하게 되었을 때, 예를 들어『철학론』의 단편들에서 나타나는 대중적이고 종교적인 개념으로부터 많이 멀어졌다고 말해야만 한다. 이따금씩 그는『형이상학』제12권에 나오는 개념들에는 적합하지 않은 표현을 계속 사용하고 있다. 그러나 어쨌든 우리는 아리스토텔레스가 완전하고 엄격하게 일관성을 유지함으로써 모든 대중적 언어와 표현들 및 개념들을 피하리라고 기대하지는 않는다. 게다가 그는 실제로 신에 관한 자신의 이설(理說)을 어떻게든 궁극적으로 체계화하려고 시도한 적도, 자신이 이 세상에서의 신의 섭리 및 활동을 함축하는 데 때때로 사용하는 표현들을『형이상학』의 사변들과 조화하려고 시도한 적도 결코 없었을 듯싶다.

---

64   Frag. 15. (Rose.)
65   *Metaph.*, 993 b 23-31. 1008 b 31-1009 a 5 참조.
66   St. Thomas, *Summa Theologica*, Ia, x q .,2, art. 3, in corp.

15.   아리스토텔레스의 신 개념이 결코 만족스러운 것이 아니었음은 지금까지 우리가 이야기한 것들을 살펴보면 명백하다. 궁극적 신성에 대해 그가 플라톤보다 더 선명한 이해를 보여주고 있는 것이 사실이지만, 적어도 『형이상학』 제12권에서 아리스토텔레스는 플라톤이 그토록 주장했던, 그리고 모든 만족스러운 합리적 신학 속에 들어 있는 본질적 요소인 '이 세계 내에서의 신의 활동'을 계산에 넣지 않고 있다. 아리스토텔레스의 신이 작용인인 까닭은 오로지 그것이 목적인이기 때문이다. 그 신은 이 세상을 모른다. 신의 어떠한 계획도 이 세상에서 수행되지 않는다. 자연의 목적론은 무의식적 목적론 이상의 어떤 것일 수 없다(적어도 이것은 『형이상학』에 주어진 신의 묘사에 진정으로 어울릴 유일한 결론이다). 그러므로 이러한 점에서, 아리스토텔레스의 형이상학은 플라톤의 형이상학보다 열등하다. 반면에, 적지 않은 아리스토텔레스의 이설들은 그 기원이 플라톤에까지 거슬러올라가야 하지만, 그는 분명 자신의 내재적 목적론설, 즉 모든 구체적인 감각적 대상들은 자신들이 지닌 가능성들을 완전하게 실현하는 쪽으로 움직인다는 이설에 의해, 감각적 세계의 실재성을 자신의 위대한 선배에게 가능했던 것보다 더 굳건한 기초위에 세우는데 성공했으며, 동시에 그는 전화(轉化) 및 변화에 실재적인 의미와 목적을 부여했다. 비록 그 과정에서 플라톤 사상의 가치 있는 요소들을 포기하기는 했지만.

제29장

자연철학과 심리철학

01.　자연이란 질료적이고 가변적인 대상들의 총체이다. 사실상, 아리스토텔레스는 자신이 말하는 자연의 의미가 무엇인지를 확실하게 정의하지 않는다. 그러나 그가 『자연학』에 적어놓은 것[1]으로 볼 때, 그는 자연을 자연물들의 총체로, 즉 변화를 유발시키거나 종식시킬 수 있는 대상들, 변화하려는 내적 경향성을 지닌 대상들의 총체로 간주하고 있음이 분명하다. 예를 들어, 침대와 같은 인조물들은 스스로 운동하는 능력을 지니고 있지 않다. 침대를 구성하는 '단순한' 물체들은 변화나 운동을 시작하는 이러한 능력을 지니고 있지만, 그것들은 침대 자체의 구성요소로서가 아니라 자연적 물체로서 그러한 것이다. 물론, 이 입장은 생명이 없는 물체들의 정지 상태에서 운동 상태로의 이행(移行)은 외적 작용자에 의해서 시작되어야 한다는 이설(理說)에 의하여 제약을 받아야만 한다. 그러나 우리가 살펴본 바와 같이 작용자가 방해물을 제거할 때, 예를 들어 [물이 아래로 흐르지 못하고 고여있도록 하는] 냄비의 밑바닥에 구멍을 냈을 때 물은 스스로의 운동, 즉 본성에 따라 아래로 흐르는 운동으로 응답한다. 그러나 이것은, 즉 자연물들이 자기의 내부에 운동의 원리를 가지고 있다고 말하는 것은 모순처럼 보일 것이다. 왜냐하면 동시에 아리스토텔레스는 다른 한편으로 '움직여지는 것은 외적

1　*Physics*, B 1, 192 b 13 이하.

작용자의 행위에 의해 움직여진다'는 공리를 사용하고 있기 때문이다.[2] 그러나 아리스토텔레스는, 예를 들어 동물이 먹이를 찾아갈 때, 동물에 의한 외관상의 운동 시작은, 그 먹이가 [동물을] 유인하는 외부 작용자가 아니라면 운동은 없을 것이기 때문에, 절대적인 운동 시작은 아니라고 주장한다. 마찬가지로, 물이 냄비에 뚫린 구멍을 통해 떨어질 때, 사실상 이 하향운동은 마치 그것이 원소의 자연 운동인 것처럼 말할 수 있을지 모른다. 하지만 그것은 그 구멍을 만들고, 그럼으로써 물의 자연 운동에 대한 방해를 제거하는 외부의 작용자에 의해 부수적으로 야기되며, 직접적으로는 물을 생성시켰고 그것을 무겁게 만든 것, 추측컨대 뜨거움과 차가움이라는 원초적 대립자들에 의해 야기되는 것이다. 아리스토텔레스는 생명이 없는 물체들은 그 자체 안에 "운동을 일으키는 시초"를 지녔다고 말하지 않고 "움직여지는 시초"를 지녔다고 말함으로써 이 문제를 표현하고 있다.[3]

02.   넓은 의미에서의 운동은 한편으로는 생성과 소멸, 그리고 다른 한편으로는 보다 좁은 의미에서의 운동(χίνησις)으로 나뉜다. 이 후자(χίνησις)는 다시금 질적 운동(χίνησις χατὰ τὸ ποιόν 또는 χατὰ πάθος), 양적 운동(χατὰ τὸ ποσόν 또는 χατὰ μέγεθος), 그리고 장소 이동(χίνησις χατὰ τὸ ποῦ 또는 χατὰ τόπον)의 세 종류로 나눌 수 있다. 첫 번째 것은 개조(ἀλλοίωσις) 또는 질적 변화이고, 두 번째 것은 성장 및 소멸(αὔξησις χαὶ φθίσις) 또는 양적 변화이며, 세 번째 것은 이동(φορά) 또는 일상적 의미에서의 운동이다.[4]

---

2   『자연학』, H 1, 241 b 39 이하와 θ 4, 254 b 7 이하에 나오는 아리스토텔레스의 말은 다소 모호하게 보일 수 있다. 그는 움직여지는 것은 자기 자신에 의해서거나 또는 다른 무엇인가에 의해서건 간에 어떤 것에 의해 움직여진다고 말하고 있지, 움직이는 것은 모두 다른 무엇인가에 의해 움직여진다고 말하고 있는 것은 아니다. 그러나 현실태가 가능태에 앞선다고 하는 그의 원리와 부동의 원동자가 존재한다는 그의 논증에 비추어 생각해볼 때, 이 말에 뒤따르는 그의 논의들은 그의 눈에는 움직이는 그 어떤 것도 운동의 절대적인 시동자가 될 수 없는 것으로 비쳤음을 매우 분명하게 보여주고 있다. 절대적으로 운동을 시작하게 하는 것은 무엇이든 간에 스스로는 움직여지지 않는 것이어야 한다. 부동의 원동자가 숫자가 다수이냐 아니냐 하는 것은 또 다른 문제이다. 어쨌든, 이 원리는 명백하다.

3   *Physics*, 254 b 33-256 a 3. *De Caelo*, 311 a 9-12 참조.

4   *Physics*, E 2 226 a 24 이하, θ 7, 260 a 26 이하.

03. 장소 이동의 전제이자, 사실상 모든 운동의 전제가 공간과 시간이다. 공간(τό
πος)이 존재한다는 것은 ① 전치(轉置)의 사실, 예를 들어 물이 있는 곳에 공기가 생길
수 있다는 사실에 의해서, 그리고 ② 4원소들은 자신들의 자연적 공간을 지닌다는 사
실에 의해서 증명된다.[5] 자연적 공간의 이러한 구별은 단순히 우리에 대해 상대적인
것이 아니라, 독립적으로 존재하는 것이다. 예를 들어 "위(up)"는 불이 움직여가는 장
소이며, "아래(down)"는 흙이 움직여가는 장소이다. 그러므로 공간은 존재하는데, 그것
은 아리스토텔레스에 의해 물체들을 둘러싸고 있는 맨 안쪽의 고정된 경계(τὸ τοῦ περιέ
χοντος πέρας ἀκίνητον πρῶτον)라고 정의되는[6] 것이요, 스콜라 철학자들이 말하는 연속적
인 것들의 움직이지 않는 제1한계(Terminus continentis immobilis primus)이다. 그렇다면
아리스토텔레스의 공간(τόπος)이란 물체가 그 안에 존재하는 한계이자, 부동(不動)의
것으로 간주된 한계이다. 만약 이러한 정의가 채택된다면, 공간이란 물체를 담고 있는
내적 한계이기 때문에, 빈 공간 또는 우주나 세계 밖의 공간이란 있을 수 없다는 것은
분명하다. 그런데 아리스토텔레스는 물체를 담지하는 용기(容器) 또는 수용자와 그것
의 공간을 구별한다. 물살에 의해 아래로 떠내려가는 배의 경우, 스스로 움직이고 있는
물살은 그 배의 공간이라기보다는 수용자이다. 그렇다면, 공간은 밖으로 계산하면 수
용자에 대한 제1의 부동적(不動的) 한계이다. 문제의 실제 경우에 있어서, 강 전체는 아
리스토텔레스에 따르면, 그 강 전체가 정지해 있다는 근거에서(ὅτι ἀκίνητον ὁ πᾶς),[7] 그
배와 그 배에 탄 모든 사람들의 공간이다. 그러므로 물리적 우주 안의 모든 것들은 공간
안에 있는 반면, 우주 그 자체는 그렇지 않다. 그러므로 운동은 위치의 변화를 통해 발
생하기 때문에, 우주 자체는 전방으로 운동할 수 없고 단지 회전함으로써만 운동한다.

04. 아리스토텔레스에 따르면, 물체는 피동자와 접촉하는 현재의 원동자에 의해
서만 움직여질 수 있다. 그렇다면 투사체들에 대해서는 무어라고 말할 수 있는가?[8] 원

---

5   *Physics*, ⊿ 1, 208 a 27 이하.

6   *Physics*, ⊿ 4, 212 a 20 이하.

7   *Physics*, ⊿ 4, 212 a 19-20.

8   *Physics*, 215 a 14 이하; 266 b 27 이하.

래의 원동자는 예컨대 공기나 물과 같은 매개물에, 운동뿐만 아니라 운동할 수 있는 능력도 전해준다. 움직여진 공기의 최초 입자들은 다른 입자들을 움직이게 하고 또 [그렇게 함으로써] 투사체들을 움직이게 한다. 그러나 이 동력(動力)은 거리에 비례하여 감소하며, 따라서 결국 그 투사체는 그에 반대되는 힘과는 상관없이 정지하게 된다. 그러므로 아리스토텔레스는 관성의 법칙의 신봉자가 아니다. 그는 "자연" 운동이 가속화하는 경향이 있는 데 반해, 강제 운동은 감속하는 경향이 있다고 생각했다(『자연학』230 a 18 이하 참조). 이 점에 있어서, 예컨대 성 토마스는 아리스토텔레스를 따르고 있는데, 성 토마스는 필로포누스와 알 비트로기(Al Bitrogi), 그리고 올리비(Olivi) 등의 임페투스 이론(impetus theory)을 거부했다.

05. 시간에 관해서 아리스토텔레스는, 운동은 다수인데 반해 시간은 하나이기 때문에 시간은 운동이나 변화와 단순하게 동일시될 수 없다고 지적한다.[9] 그러나 시간은 분명 운동 및 변화와 관련되어 있다. 만약 우리가 변화를 감지하지 못한다면, 우리는 시간 또한 감지하지 못한다. 아리스토텔레스가 제공한 시간의 정의는 선후관계에 의해 측정된 운동의 수(ὁ χρόνος ἀριθμός ἐστι κινήσεως κατὰ τὸ πρότερον καὶ ὕστερον)이다.[10] 이 정의에서 그는 순수한 수(數)가 아니라 세어진다는 의미에서의 수, 즉 운동의 가산적 (可算的) 측면을 언급하고 있다. 그러나 시간은 공간이 연속체인 것과 마찬가지로 연속체이다. 시간은 분리된 낱낱의 점들로 이루어져 있지 않다.

오로지 운동 중에 있거나 아니면 운동을 할 수 있는 방식으로 정지해 있는 사물들만이 시간 안에 있다. 영원하고 부동(不動)인 것은 시간 안에 있지 않다. (운동은 영원하지만 부동은 분명히 아니다. 그러므로 그것은 시간 안에 있다. 그리고 시간은 결코 처음에 시작하지도 않고 장차 끝나지도 않을 것이라는 의미에서, 영원하다는 결론이 필연적으로 나온다.) 언급되는 그 운동이 반드시 장소 이동일 필요는 없다는 점이 주목되어야 한다. 왜냐하면 아리스토텔레스는 심지어 우리가 우리 자신의 심적 상태 변화를 인식함으로써도 시간의 경과를

---

9   *Physics*, Δ 10-11, 218 a 30 이하.
10   *Physics*, Δ 11, 219 b 1-2 이하; 220 a 24-5 이하.

인식할 수 있다는 점을 분명하게 인정하고 있기 때문이다. 시간이란 운동 안에 있는 세어지는 것이라는 아리스토텔레스의 주장에 관해 말하자면, 그 주장은 마치 우리가 변화에 포함된 지금들(nows)을 셀 수 있기라도 한 듯이, 변화의 시간이 낱낱의 시점들로 이루어져 있기라도 한 듯이 이해되도록 의도된 것이 아니다. 아리스토텔레스가 의미하는 것은 누군가가 시간을 의식할 때, 그는 다수성을, 즉 국면들의 다수성을 인지하고 있다는 것이다. 그렇다면 시간은 마음이 다양한 변화의 국면들을 인식하는 것을 가능하게 하는, 변화 요소나 운동 요소의 측면이다.[11]

만약 우리가 시간을 측정해야 한다면, 우리는 측정의 표준을 가지고 있어야만 한다. 아리스토텔레스에 따르면, 일직선 상에서의 운동은 한결같은 것이 아니기 때문에 이 목적에 충분치 못하다. 만약 그 직선적 운동이 자연 운동이라면 가속할 것이고, 비자연 운동이라면 감속할 것이다. 그렇다면 어떤 운동이 자연 운동이면서 동시에 균일한 운동인가? 아리스토텔레스의 견해로는, 원운동은 본성적으로 균일하며, 천구들의 회전은 자연 운동이다. 그러므로 이러한 운동이 우리의 목적에 가장 적합하며, 태양을 기준으로 시간을 말하는 것이 정당할 것이다.[12]

아리스토텔레스는 만약 마음이 없다면, 시간은 존재할 것인가 하는 문제를 (비록 그 문제를 상세하게 다루는 것은 아니지만) 제기한다.[13] 달리 말하면, 시간은 운동의 측정이거나 셀 수 있는 것으로서의 운동인데, [그것을] 세는 마음이 없다면 그 어떤 시간이 존재할 것인가? 그는, 비록 시간의 기체(基體)는 존재할 것이지만, 정확하게 말해서, 시간은 존재하지 않을 것이라고 대답한다. 이 입장은 연속체에 대한 아리스토텔레스의 일반적인 설명과 일치한다고 로스 교수는 평한다.[14] 연속체에는 실제적 부분은 없고, 다만 잠재적 부분만이 있다. 이 잠재적 부분들은 어떤 사건이 그 연속체를 파괴할 때, 현실적 존재로 된다. 시간 또는 지속의 경우도 마찬가지이다. 지속의 안에 있는 "지금(nows)"들은 그 지속 안에 있는 "지금(nows)"을 구별하는 마음에 의해서 현실적 존재가

---

11   Ross, *Physics*, 65쪽 참조.

12   *Physics*, 223 a 29-224 a 2.

13   *Physics*, 223 a 21-29.

14   Ross, *Physics*, 68쪽.

된다. 그 어떤 마음도 아직 존재하지 않았을 때에도 시간은 존재했을 것이라는 난점은, 언뜻 보기에 아리스토텔레스에게 난제는 아니다. 왜냐하면 그는 동물들과 인간들을 항상 존재해왔던 것으로 간주했기 때문이다. 그런데 이보다 더 타당한 난점은, 셈이란 부분들을 창조하는 것이 아니라 이미 거기에 있는 부분들을 파악하는 것이라는 점이다.[15] 어쨌든, 만약 시간이 없다면 어떻게 변화가 있을 수 있을 것인가? 우리는 그에 대한 대답으로 이렇게 말할 수 있을 것이다. 아리스토텔레스에 따르면, 시간은 운동의 이전(prius) 및 이후(posterius)와 구별되어 있지 않기 때문에 마음과 독립적으로 존재한다. 왜냐하면 운동이 마음으로부터 보충을 받기는 하지만, 마음과 독립적으로 존재하기 때문이다. 시간의 "부분들"은 그것들이 그것을 "셈하는" 마음에 의해서 구별되는 것을 제외하면, 형식적으로 서로 구별되지 않는다는 의미에서 잠재적이다. 그러나 그것들이 마음과 분리되어서는 실재하지 않는다는 의미에서는 잠재적이지 않다. 아리스토텔레스의 입장은 칸트의 입장과 같지 않으며, 또 그것이 저절로 칸트의 입장이 되어버리는 것도 아니다.

06.   아리스토텔레스는 무한자의 가능성에 대한 문제를 제기한다.

① 무한한 물체란 불가능하다고 그는 말한다.[16] 왜냐하면 모든 물체는 표면으로 둘러싸여 있는데, 표면에 의해 둘러싸인 물체는 어떤 것도 무한할 수 없기 때문이다. 그는 또한 실제로 무한한 현존적 물체는 복합물일 수도 없고 단순한 것일 수도 없다는 것을 보여줌으로써, 그러한 물체가 불가능하다는 것을 증명한다. 예를 들어 그것이 복합적인 것으로 상정될 경우, 그것을 이루고 있는 요소들은 그 자체로서 무한하거나 유한하다. 그런데 하나의 요소는 무한하고 다른 요소 또는 요소들은 유한하다면, 후자는 전자에 의해 삭제된다. 게다가 두 요소 모두가 무한할 수도 없는데, 왜냐하면 [그럴 경우] 무한한 하나의

---

15   Ross, *Physics*, 69쪽.

16   *Physics*, 5, 204 a 34-206 a 7.

요소가 전체 물체와 같게 될 것이기 때문이다. 그리고 요소들이 [모두] 유한한 경우에 관하여 말하자면, 그러한 요소들의 복합은 분명히 하나의, 실제로 무한한 물체를 이룰 수 없을 것이다. 아리스토텔레스는 또한, 무한한 물체의 경우, "위(up)"와 "아래(down)" 등의 구별들이 무의미해질 것이기 때문에, 자신이 인정한 절대적인 "위"와 "아래" 등의 존재는, 실제로 무한한 현존적 물체는 존재할 수 없다는 것을 보여준다고도 생각했다. 또 실제로 무한한 수(數) 역시 있을 수 없다. 왜냐하면 수란 셀 수 있는 것인데 반하여, 무한수(無限數)는 셀 수 없을 것이기 때문이다.[17]

② 다른 한편으로, 아리스토텔레스는 비록 실제로 무한한 현존적 물체나 수를 인정하지 않았지만, 다른 의미에서의 무한은 인정했다.[18] 무한자는 잠재적으로 존재한다. 예를 들어 그 어떤 공간적 연장성도 실제로는 무한하지 않지만, 그것이 무한히 분할 가능하다는 의미에서, 잠재적으로는 무한하다. 직선은 연속체이기 때문에, 무한한 실제의 점들로 이루어져 있지는 않지만(아리스토텔레스는 이런 방식으로 『자연학』에서 엘레아학파의 제논이 제기한 난점을 해결하려고 시도했다), 무한히 분할될 수는 (비록 이러한 잠재적으로 무한한 분할이 현실에서는 결코 완전하게 실현되지 않을 것이기는 하지만) 있다. 시간 역시, 무한적으로 더해질 수 있기 때문에 잠재적으로 무한하다. 그러나 시간은 계속되는 연속체이며 그 부분들은 결코 공존하지 않기 때문에, 결코 실제적 무한자로서 존재하지 않는다. 그러므로 시간은 (비록 실제적 무한성은 실현되지 않지만) 무한히 분할된다는 점에서 공간적 연장성과 유사하지만, 또한 더함(addition)에 의해 잠재적으로 무한하기도 한데, 이 점에서는 연장성과 다르다. 왜냐하면 아리스토텔레스에 의하면 연장성에 최소는 없어도 최대는 있기 때문이다. 세 번째 잠재적 무한은 수(數)의 무한인데, 이것은, 그 이상으로 더하거나 그 이상을 셈하는 것이 불가능한 수까지 셀 수는 없기 때문에, 더함에 의해 잠재적으로 무한하다는

---

17 *Physics*, 204 b 7-10.
18 *Physics*, 206 a 9 이하.

점에서 시간과 유사하다. 그러나 수는 단위라는 최소점을 가지고 있기 때문에 무한히 분할될 수 없다는 점에서는, 시간과 연장성 모두와 다르다.

07. 아리스토텔레스에 따르면, 모든 자연 운동은 하나의 목적을 지향하게 되어 있다.[19] 자연 속에서 추구되는 목적은 무엇인가? 그것은 가능태의 상태에서 현실태의 상태로 발전하는 것, 즉 질료 안에 있는 형상을 구현하는 것이다. 비록 아리스토텔레스가 어떻게 자연 일반에 관한 어떤 의식적 목적론을 논리적으로 인정할 수 있었는지를 이해하기는 어렵지만, 플라톤에게서와 마찬가지로 아리스토텔레스에게서도 목적론적 자연관이 기계론적 자연관보다 우세하다. 그러나 질료는 때때로 목적론적 행위를 방해하기 때문에 (예를 들면 괴물들이 생겨나는 경우가 그러한데, 이것은 질료의 결함에 기인하는 것으로 보아야만 한다[20]), 목적론이 전적으로 완전히 지배하는 것은 아니다. 그러므로 어떤 특수한 사례에서의 목적론의 작용은 최소한 그 경우의 목적에 도움이 되지 않는 사건의 발생으로 인한 방해를 받을 수 있는데, 그러한 사건의 발생은 어떤 환경들 때문에 불가피하다. 이것은 예를 들어 생식에 의한 괴물의 생산처럼, "본성에 따른(according to nature)" 것은 아니지만 "본성에 의한(by nature)" 사건들로 이루어져 있는 자동적인 것 (τὸ αὐτόματον) 또는 "우연적인" 것이다. 이러한 사건의 발생은 바람직하지 않은 것으로, 아리스토텔레스는 이것을 행운(τύχη)과 구별한다. 행운은 바람직한 사건들의 발생을 의미하는 것으로, 예를 들면 들판에서 보물을 발견하는 경우에서처럼, 목적을 가진 행위자가 원하는 목표일 수도 있다.[21]

아리스토텔레스는 어떠한 근거에서 "자연"이 목적을 가지고 있다고 말하는가? 플라톤은 세계 영혼과 데미우르고스라는 개념을 사용함으로써 자연 속에 있는 목적에 대해 말할 수 있었지만, 아리스토텔레스는 마치 자연 자체에 어떤 목적론적 활동이 내재해 있기라도 한 것처럼 말한다. 사실 그는 가끔 신에 대하여(ὁ θεός) 이야기하지만,

---

19 *De Caelo*, A 4, 217 a 33: 신과 자연은 목적 없이는 아무 것도 만들지 않는다(ὁ θεός χαὶ ἡ φύσις οὐδὲν μάτην ποιοῦσιν).

20 *De Gen. An.*, 767 b 13-23.

21 *Physics*, B, 4-6. *Metaph.*, E, 2-3참조.

자연과 신의 관계를 어떤 식으로도 결코 만족스럽게 다루고 있지 못하며, 그가 신에 관해『형이상학』에서 말하고 있는 것은 신 쪽에서 자연 내에서 행하는 그 어떤 의도적 행위도 배제하는 것으로 여겨질 것이다. 경험적인 학문에 대한 관심이 증가함에 따라, 아리스토텔레스는 자신의 입장을 어떻게든 실재적으로 체계화하는 데 무관심해졌으며, 심지어 자신의 형이상학적 전제들과 일관성을 유지하지 못한다는 정당한 비난에 노출되기까지 한다는 것은 아마도 사실일 것이다. 자연에는 목적이 있다는 아리스토텔레스의 견해를 거부하거나 또는 의문시하려는 마음은 없지만, 다음의 사실을 인정하지 않을 수 없을 것 같다. 아리스토텔레스의 신학인 형이상학 체계는, 그가 자연을 마치 의식적으로 작용하는 유기적 원리인 양 말하는 데 대한 정당성을 제공하지 못한다는 것이다. 이러한 표현은 어김없이 플라톤적 분위기를 지니고 있다.

08.   아리스토텔레스에 따르면, 우주는 서로 별개인 두 세계, 즉 천상의 세계와 지상의 세계로 이루어져 있다. 천상의 세계에는 별들이 있는데, 그것들은 4원소의 자연 운동이 그러하듯이, 소멸하지 않는다. 또, 운동이 순환적이고 직선적이지 않기 때문에, 그것들은 장소 이동 이외의 어떤 변화도 겪지 않는다. 아리스토텔레스는 별들이 다른 물질적 원소, 즉 에테르로 구성되어 있다고 결론짓는데, 에테르는 순환 운동 속에서 장소의 이동 이외의 어떤 변화도 할 수 없는, 보다 우월한 제5의 요소이다.

　　아리스토텔레스는 형체가 구형인 지구가 우주의 중심에 정지해 있고, 그 주위에 물, 공기, 불, 열(ὑπέκχαυμα)로 된 동심적이고 구형인 층들이 놓여 있다고 주장했다. 이것들 너머에 하늘의 영역이 있는데, 그것의 최외곽, 즉 항성들의 최외곽의 운동은 제1 원동자에 기인한다. 칼리푸스로부터 33이란 수(數)를 행성들의 실제 운동을 설명하기 위해 전제되어야 하는 영역들의 수로 받아들임으로써, 아리스토텔레스는 한 영역이, 다음에 둘러싸인 영역에 있는 행성들의 운동을 방해하는 경향을 없애기 위하여, 다른 영역들 사이에 낀 22개의 뒤로 움직이는 영역들을 또한 가정했다. 그리하여 그는 최외곽의 영역을 빼고 55개의 영역을 얻었다. 그리고 이것은 최외곽의 영역을 움직이는 제1운동자에 더하여, 55개의 부동(不動)의 동자(動者)들이 있다는『형이상학』안의 그의 설(說)에 대한 설명이다. (그는 칼리푸스의 계산 대신에 에우독소스의 계산이 받아들여진다면,

그 수는 49가 될 것이라고 말한다.)[22]

09.　　이 세계 내의 개별적 사물들은 생성하고 소멸하지만, 종(種)과 유(類)는 영원하다. 그러므로 아리스토텔레스의 체계에서 근대적 의미에서의 진화는 발견될 수 없다. 그러나 비록 아리스토텔레스는 시간적인 진화 및 종의 진화에 대한 그 어떤 이론도 개발할 수 없지만, "관념적" 진화라고 불릴 수 있는 이론은 개발할 수 있고 또 실제로 그렇게 하고 있다. 그것은 곧 우주의 구조에 관한 이론이며 존재의 단계론으로서, 존재의 단계가 상승함에 따라 형상이 보다 지배적으로 된다는 이론이다. 존재 단계의 최하위에 비유기적 물질이 있고, 그 위에 유기적 물질이 있으며, 그 위에 동물들보다는 불완전한 식물들이 있다. 그럼에도 불구하고, 식물들조차 영혼을 가지고 있는데, 영혼은 생명의 원리이며, 아리스토텔레스가 "잠재적 생명을 가진 자연물의 제1현실태(ψυχή ἐστιν ἐντελέχεια ἡ πρώτη σώματος φυσικοῦ δυνάμει ζωὴν ἔχονος τοιοῦτο δέ, ὃ ἂν ᾖ ὀργανικόν)" 또는 "자연적인 유기체의 제1현실태(ἐντελέχεια ἡ πρώτη σώματος φυσικοῦ ὀργανικοῦ)"라고 정의하는 것이다(『영혼론』 B 1, 412 a 27-b 4에 그렇게 적혀 있다). 영혼은 육체의 현실태이면서 동시에 형상이고 운동의 원리이자 목적이다. 육체는 영혼을 위해 있으며, 모든 기관은 자신의 목적을 가지고 있는데, 그 목적이 곧 활동이다.

　　아리스토텔레스는 『영혼론』의 서두에서 영혼에 관한 연구의 중요성을 지적하는데, 그 이유는 영혼이 생명체들의 생명원리이기 때문이다.[23] 그러나 그 연구에 사용되어야 할 올바른 방법을 확정하기가 쉽지 않기 때문에, 이는 어려운 문제라고 그는 말한다. 그러나 그는 매우 현명하게도, 사변철학자와 자연학자는 상이한 관점을 가지고 있어서 서로 다르게 정의를 내린다고 주장한다. 서로 다른 학문들은 서로 다른 각각의 방법을 가지고 있다는 점, 그리고 어떤 특수한 학문이 화학자나 자연과학자의 방법을 사용할 수는 없기 때문에, 그 학문의 모든 결론이 반드시 손상당해야 한다는 결론이 나오지는 않는다는 점[24]을 모든 사상가가 알아차렸던 것은 아니다.

22　　*Metaph.*, Δ, 8 참조.

23　　*De An.*, 402 a 1-9.

24　　*De An.*, 402 a 10 이하.

복합실체란 생명을 부여받은 자연물이며, 이 생명의 원리는 영혼(ψυχή)이라고 불린다고 아리스토텔레스는 말한다.[25] 육체는 생명이 아니라 생명을 가지고 있는 것이기 때문에, 영혼이 아니다. (심리학의 역사를 제시하고 있는 『영혼론』 제1권에서, 그는 영혼에 관한 여러 철학자들의 견해에 대하여, "가장 광범위한 차이는 요소들을 물질적인 것으로 간주하는 철학자들과 비물질적인 것으로 간주하는 철학자들 사이의 차이이다"라고 평한다. 아리스토텔레스는 레우키푸스와 데모크리토스의 추종자들에 반대해서 플라톤주의자들을 편든다.) 그렇다면 육체는 영혼에 대해 질료와 같은 것임이 분명하며, 반면에 영혼은 육체에 대해 형상이나 현실태와 같은 것이다. 그러므로 아리스토텔레스는 영혼을 정의하는 가운데, 그것을 잠재적으로 생명을 지닌 육체의 현실태라고 이야기하는데, 여기서 "생명의 가능성"이란 아리스토텔레스가 말하듯이, 영혼을 상실한 사물을 가리키는 것이 아니라 그것을 소유하고 있는 사물을 가리키는 것이다. 그러므로 영혼은 육체의 실현이며, (비록 아리스토텔레스가 여기저기에서 주장했던 것처럼, 엄밀하게 말해서 육체의 실현이 아니기 때문에 분리될 수 있는 부분들이 있다 하더라도) 육체와 분리될 수 없다. 그러므로 영혼은 ① 운동의 원천으로서,[26] ② 목적인으로서 그리고 ③ 살아 있는 육체의 진정한 실체(즉 형상인)로서 생명체의 원인 또는 원리이다.

영혼의 상이한 유형들은, 상위의 것은 하위의 것을 전제하지만 그 반대는 아닌 [즉 하위의 것은 상위의 것을 전제하지 않는] 그런 종류의 계열을 형성한다. 영혼의 최하위 형태는 영양적 또는 식물적 영혼(τὸ θρεπτικόν)인데, 그것은 소화 및 생식 활동을 한다. 그것은 식물들에게서뿐 아니라 동물에게서도 발견된다. 그러나 이 영혼은 (그것이 식물에서 그러한 것처럼) 그것만으로 존재할 수 있다. 그 어떤 생명체라도 생존을 계속하기 위해서는 이러한 기능들이 필수적이다. 그러므로 그 기능들은 모든 생명체에서 발견되는데, 식물에는 영혼의 그 이상의 상위 활동은 없고, 그 기능들만이 존재한다. 식물들에게 감각기능은 필요하지 않은데, 왜냐하면 그것들은 움직이지 않고 영양분을 자동

---

25 *De An.*, 412 a.

26 아리스토텔레스는 운동을 영혼의 특성으로 단정한다면 그것은 영혼을 잘못 정의하는 것이라고 주장한다. 영혼은 능동적인 원동자이지만 그 자체는 움직이지 않는다. 이는 영혼이 스스로 움직이는 실체라고 하는 플라톤의 이론과 상반된다. *De An.*, A. 3 참조.

적으로 빨아들이기 때문이다. (사실상 운동을 하지 않는 동물들에게도 똑같은 말을 할 수 있다.) 그러나 운동의 능력이 부여된 동물들은 감각기능을 지녀야만 한다. 왜냐하면 만약 그것들이 먹이를 발견하고도 그것을 알아차리지 못한다면, 그것들이 먹이를 찾아 움직이는 것은 쓸모 없는 일이 되기 때문이다.

그렇다면, 동물들은 보다 상위의 영혼, 즉 감각적 영혼을 소유하는데, 그것은 감관지각(τὸ αἰσθητικόν), 욕구(τὸ ὀρεκτικόν) 그리고 공간의 이동(τὸ κινητικόν κατὰ τόπον)의 세 가지 능력을 행사한다.[27] 상상(φαντασία)은 감각적 기능에서 나오며, 기억은 이것이 보다 발전된 것이다.[28] 아리스토텔레스는 생명 자체의 보존을 위해 영양섭취가 필수적임을 지적한 것과 꼭 마찬가지로, 적어도 동물이 자신의 먹이를 접하게 되었을 때 그것을 구별할 수 있기 위해서는 촉감이 필수적임을 보여주고 있다.[29] 동물들로 하여금 먹이는 끌어당기고 먹이가 아닌 것은 배척하게 하는 미각 역시 필수적이다. 다른 감각들은 엄밀한 의미에서 필수적인 것은 아니지만 동물의 안녕을 위한 것이다.

10. 단순한 동물적 영혼보다 등급이 높은 것이 바로 인간의 영혼이다. 이 영혼은 그 자체 안에 하위 영혼들의 능력들, 즉 식물적 기능(τὸ θρεπτικόν), 감관지각(τὸ αἰσθητικόν), 욕구(τὸ ὀρεκτικόν), 공간적 이동(τὸ κινητικόν κατὰ τόπον)의 능력들을 통합하고 있는 데다가 지성(νοῦς) 및 추리력(τὸ διανοητικόν)을 지니는 특별한 장점이 있다. 후자의 능력은 두 가지 방식으로, 즉 학문적 사유능력(λόγος, νοῦς θεωρητικός = τὸ ἐπιστημονικόν)과 숙고능력(διάνοια πρακτική = λογιστικόν)으로서 능동적이다. 전자의 능력은 진리를 대상으로 하는, 즉 진리 자체를 위한 것이고, 반면에 후자는 진리를 목표로 하되 진리 자체를 위해서가 아니라 실천적이고 신중을 기하려는 목적을 위한 것이다. 지성(νοῦς)을 제외한 영혼의 모든 능력은 육체와 분리될 수 없으며 가멸적이다. 그러나 지성은 육체에 앞서 이미 존재하며 불멸적이다. 지성만이 외부적인 것으로부터 생겨나지 않으

---

27 *De An.*, B 3.
28 *De An.*, 3, 427 b 29 이하.; *Rhet.*, A 11, 1370 a 28-31; *De Mem.*, 1; *Anal. Post.*, B 19, 99 b 36 이하.
29 *De An.*, 3, 12. *De Sensu*, 1 참조.

며, 또 그것만이 신적이다(λείπεται δὲ τὸν νοῦν μόνον θύραθεν ἐπεισιέναι καὶ θεῖον εἶναι μόνον).[30] 그런데 육체 안에 들어간 이 지성은 잠재적 원리 즉, 형상이 그 위에 각인될 수 있는 백지상태를 필요로 한다. 따라서 능동지성(νοῦς ποιητικός)과 수동지성(νοῦς παθητικός)의 구별이 생긴다. (아리스토텔레스 자신은 능동적 작용(τὸ ποιοῦν)이라고 말한다. 능동지성(νοῦς ποιητικός)이라는 용어는 서기 220년경에 아프로디시아스의 알렉산드로스에게서 처음 발견된다). 능동지성은 감각상(phantasmata)에서 형상들을 추상해내는데, 이것들은 수동지성 안으로 받아들여졌을 때, 실제로 개념들이 된다. (아리스토텔레스는 모든 사유작용에는 심상(imagery)의 사용이 포함된다고 생각한다.) "단지 능동지성만이 불멸적이다. 이 지성은 그 본질상 현실태이기 때문에 분리될 수 있고, 무감각하며, 비복합적인, 항상 능동적 작용이 수동적 작용에 대해 그리고 질료에 대해 근원이 더 탁월하므로, …바로 이 하나만이 불멸하며 영원하다…. 수동적인 정신은 소멸될 수 있다.(οὗτος ὁ νοῦς χωριστὸς καὶ ἀπαθὴς καὶ ἀμιχὴς τῇ οὐσίᾳ ὢν ἐνέργεια, ἀεὶ γὰρ τιμιώτερον τὸ ποιοῦν τοῦ πάσχοντος καὶ ἡ ἀρχὴ τῆς ὕλης … καὶ τοῦτο μόνον ἀθάνατον καὶ ἀΐδιον, … ὁ δὲ παθητικὸς νοῦς φθαρτός)"[31] 이 점에 대해 잠시 후에 다시 논하겠다.

11.   능동지성의 문제를 무시한다면, 아리스토텔레스가 영혼을 육체의 현실태로 만듦으로써 영혼과 육체가 하나의 실체를 이루도록 하는 것을 보아, 그는 『영혼론』에 나오는 플라톤의 이원론을 지지하지 않고 있음이 분명하다. 요컨대 아리스토텔레스는 플라톤주의자들이 인정했던 것보다 훨씬 밀접한 영혼·육체의 합일관계를 인정하고 있다. 육체를 영혼의 무덤으로 보려는 경향은 아리스토텔레스의 경향이 아니다. 육체와 결합해 있는 것은 오히려 영혼을 위한 것이다. 왜냐하면 오직 그렇게 함으로써만 영혼은 자신의 기능을 수행할 수 있기 때문이다. 비록 많은 위대한 기독교 사상가들이 플라톤적 전통을 매우 상기시키는 언어로 말했고 또 계속 말하고 있음(단지 성 아우구스티누스를 생각해보기만 하면 알 수 있을 것이지만)에도 불구하고, 이 견해는 토마스 아퀴나스

---

30   *De Gen. et Corrupt.,* B 3, 738 b 27 이하.
31   *De An.,* 3, 5, 430 a 17 이하.

와 같은 중세의 아리스토텔레스주의자들에 의하여 받아들여졌다. 아리스토텔레스는 플라톤학파가 영혼과 육체의 합일에 대한 만족스러운 설명을 제공하지 못했다고 주장했다. 아리스토텔레스는 그들은 어떤 영혼도 스스로를 아무 육체에나 맞출 수 있다고 상성하는 듯하다고 말한다. 그러나 이것은 사실일 수 없다. 왜냐하면 모든 육체는 각기 독특한 형상과 특징을 가지고 있는 듯 보이기 때문이다.[32] "영혼의 존재는 1차적으로 확실한 것이며 물질의 존재는 그 이후에 추론되는 것이라는 데카르트의 생각 같은 것은 아리스토텔레스에게 불합리하다는 인상을 주었을 것이다. 자아 전체는 (영혼과 육체와 마찬가지로) 주어진 어떤 것이며 의심할 수 없는 어떤 것이다."[33] 만약 아리스토텔레스가 데카르트적 견해에 반대했다면, 비록 실제로 발전해나갔던 그대로의 아리스토텔레스 심리학의 방향이 부수현상주의자들의 입장과 아주 유사한 입장을 향했던 것처럼 보일 것임에도 (특히 인간의 능동지성은 아리스토텔레스가 보기에, 예를 들어 소크라테스나 칼리아스 등의 개별적 마음으로서 사후에도 지속하는 개별화된 원리가 아니었다는 추정이 만약 옳다면 더욱 그렇게 보일 것임에도) 불구하고, 아리스토텔레스는 또한 인간의 영혼 전체와 그것의 모든 활동들을 육체적 부수현상의 조건으로 환원하려는, 그럼으로써 사유라는 인간의 최고 활동을 뇌의 단순한 융성(隆盛)으로 만들어버리는 사람들의 입장에도 반대했을 것임은 두말할 필요가 없다. 그러나 역사적인 유기체 진화설이 부재했기 때문에, 당연히 아리스토텔레스는 근대적 의미의 부수현상론을 수용하지 않았을 것이다.

12.   "능동지성에 관한 아리스토텔레스의 정확한 이설(理說)은 무엇인가?"라는 진부한 문제가 발생한다. 아리스토텔레스의 정확한 이설은 제공될 수 없다. 그것은 해석의 문제이며, 고대와 근대 세계 모두에서 상이한 해석들이 발전되어왔다. 아리스토텔레스가 『영혼론』에서 말하는 것은 다음과 같다. "이 지성(Nous)은 분리될 수 있고 무감각하고 비복합적이며, 본질적으로 현실태이다. 왜냐하면 언제나, 수동적인 것보다 능동적인 것이, 그리고 질료보다는 그것을 일으키는 원리가 상위의 가치를 가지기 때문

---

32   *De An.*, 414 a 19 이하.
33   Ross, *Aristotle*, 132쪽.

이다. 현실적 지식은 그 대상과 동등하다. 잠재적 지식은 개별자 안에서는 시간적으로 앞서지만, 일반적으로는 시간적으로 앞서지 않는다. 그러나 지성(Nous)은 어떤 때는 작용하고 어떤 때는 작용하지 않는다. 그것이 분리되었을 때 그것은 유일하게 본질적으로 그것인 것이며, 그것만이 불멸적이고 영원하다. 그러나 우리는 능동지성(active reason)이 무감각하기 때문이 아니라, 수동지성(passive reason)이 가멸적이기 때문에 기억하지 못하며, 능동지성 없이는 어떤 것도 사유하지 못한다."[34]

논란의 여지가 많은 이 구절에 대해 다양한 해석들이 있다. 아프로디시아스의 알렉산드로스(220년경 활동)는 '지성', 즉 능동지성을 신(神)과 동일시했다. 이 입장은 자바렐라(Zabarella, 16세기 말에서 17세기 초)가 계승했는데, 그는 영혼 안에서의 신의 기능을 (마치 태양 빛이 가시적인 것을 실제로 보이도록 하는 것과 마찬가지로) 잠재적으로 알려진 것을 조명하는 것으로 만들려고 했다. 그런데 비록 데이비드 로스 경이 지적하듯이,[35] 『영혼론』에서는 신의 내재를 말하는 반면, 『형이상학』에서는 신의 초월성을 말하는 것이 반드시 일관성이 없는 것만은 아니다. 게다가 다른 한편으로, 그 두 저서가 각기 신에 대한 상이한 견해를 대변할 수도 있는 것이라 할지라도, 아프로디시아스의 알렉산드로스와 자바렐라의 해석은, 로스가 인정하듯이 전혀 그럴 법하지 않다. 왜냐하면 신을 그 인과적 행위가 일종의 견인(牽引)인 부동의 원동자로, 즉 목적인으로, 오직 자기 자신만을 아는 것으로 기술한 아리스토텔레스가 다른 저서에서는 신을 인간에게 실제로 지식을 전해주는 방식으로 인간 안에 내재하는 것으로 묘사한다는 것은 그럴 듯하지 않기 때문이다.

만약 능동지성이 신과 동일시될 수 없다면, 그것은 각각의 개별적 인간들 안에 있는 개별적이고 특수한 것으로 간주되어야 하는가 아니면 모든 인간들 안에 있는 하나의 동일한 원리로 간주되어야 하는가? "우리는 기억하지 않는다"는 아리스토텔레스의 말은, 기억과 사랑과 미움은 "사라지지 않는" 지성에 속하는 것이 아니라 인간 전체에 속하는 것으로서 죽을 때는 사라진다는 그의 주장[36]과 함께 생각하면, 분리되어

34　　*De An.*, 3, 5, 430 a 17 이하.

35　　*Aristotle*, 153쪽.

36　　*De An.*, 408 b 24-30.

존재하는 능동지성은 기억을 가지고 있지 않는다는 점을 지적하는 듯하다. 비록 이것이 각 인간의 능동지성이 분리의 상태에서 개별적이지 않다는 것을 확실하게 증명하지는 않지만, 그러한 해석의 수용을 어렵게 하는 것으로 보인다. 또한 "잠재적 지식은 개별자 안에서는 시간적으로 앞서지만, 절대적으로는 시간적으로도 앞서지 않으며, 지성은 어떤 때는 작용하고 어떤 때는 작용하지 않는 것이 아니다"라고 아리스토텔레스가 주장할 때, 그는 어떤 때는 알고, 어떤 때는 모르는 개별자와 본질적으로 작용하는 원리인 능동지성을 구별하는 것 같다. 그렇다면 아마도 아리스토텔레스는 능동지성을 모든 사람들에 있어서 동일한 하나의 원리로, 즉 자신의 위에 다른 분리된 지성체들이 위계를 이루고 있는 하나의 지성체로, 인간 안에 들어가서 인간 안에서 작용하는, 그리고 개별자가 죽은 후에도 살아남는 지성체로 간주했을 것이다. 만약 이것이 옳다면, 개별화된 인간 영혼은 자신을 형상으로 하는 질료와 더불어 소멸한다는 결론이 필연적으로 나온다.[37] (그러나 비록 그러한 해석을 선호하더라도, 아리스토텔레스의 견해로는 플라톤의 능동지성과 소크라테스의 능동지성이 수적(數的)으로 동일했다고 상정하는 데에는 매우 큰 어려움이 있다는 점을 인정해야만 한다. 그럼에도 불구하고, 만약 아리스토텔레스가 능동지성의 개별적 성격이 각 개인 안에 존재한다고 믿었다면, 능동지성이 "외부로부터" 왔다고 그가 말했을 때, 그는 무엇을 의미했던가? 그것은 단순히 플라톤주의의 잔재였나?)

---

[37] 토마스 아퀴나스는 아리스토텔레스의 『영혼론』에 대한 자신의 주석(3, lect. 10)에서 아리스토텔레스를 아베로에스적 의미, 즉 개별자의 불멸성을 부정하는 것으로 해석하지 않는다. 능동지성은 본질적으로 능동적 원리이며, 오직 능동적이기만 한 원리이기 때문에 열정이나 감정에 의해 영향받지 않으며, 또한 종(species)을 담지하고 있지 않다. 그러므로 분리된 인간지성은 육체와 결합된 상태에서처럼 기능할 수는 없다. 그리고 사후에 그것이 작용하는 방식은 아리스토텔레스의 『영혼론』에서 다루어지지 않는다. 그러나 그것을 다루지 않았다는 것이 아리스토텔레스가 개별자의 불멸성을 부인했다거나 분리된 지성을 어쩔 수 없이 완전한 불활동성의 상태에 있는 것으로 간주했다는 것을 의미하지는 않는다.

제30장

아리스토텔레스의 윤리학

01. 아리스토텔레스의 윤리학은 솔직히 목적론적이다. 그는 다른 모든 고려 사항들에 상관없이 그 자체로서 올바른 행위가 아니라, 인간의 선에 기여하는 것으로서 행위에 관심을 가진다. 인간의 선(善) 또는 목적의 달성을 가져오는 행위는 인간 쪽에서는 "올바른" 행위가, 인간의 진정한 선의 달성에 반대되는 것은 "잘못된" 행위가 될 것이다.

"모든 기예와 탐구, 모든 행위와 선택은 어떤 선을 목표로 하는 듯하다. 그러므로 선이 모든 것들의 목표로 정의되어온 것은 옳다."[1] 그런데 서로 다른 기예 또는 학문들에 상응하는 서로 다른 선들이 있다. 의사의 기술은 건강을 목표로 하고, 선원은 안전한 항해를, 경제는 부를 목표로 한다. 더욱이 어떤 목적들은 그와 다른 더 궁극적 목적들에 종속되어 있다. 어떤 약을 주는 목적은 잠을 잘 수 있도록 하는 것일 수 있지만, 이 직접적 목적은 건강이라는 목적에 종속된다. 마찬가지로, 기사의 말에 고삐를 채우고 재갈을 물리는 것은 어떤 기술의 목적이지만, 그것은 전쟁행위의 능률적 수행이라는 보다 폭넓고 포괄적인 목적에 종속된다. 그러므로 이러한 목적들은 더 나아간 목적이나 선들을 목표로 하는 것이다. 그런데 만약 우리가 그 자체를 위하여 갈망하고, 그

---

1 *E.N.*, 1094 a 1-3.

것을 위해 다른 모든 종속적 목적이나 선들을 욕구하는 그러한 목적이 있다면, 이 궁극적 선은 최고의 선이며, 사실상 선 자체일 것이다. 아리스토텔레스는 무엇이 그 선인가, 그리고 그것에 상응하는 학문은 어떤 것인가를 발견하려고 노력한다.

두 번째 문제에 대해 아리스토텔레스는 인간을 위한 선을 탐구하는 것은 정치학 또는 사회학이라고 주장한다. 비록 국가에서 발견되는 선이 보다 위대하고 고상한 것임에도 불구하고, 국가와 개인은 동일한 선을 갖는다.[2] (여기서 우리는 이상국가에서는 정의가 강조됨을 볼 수 있다고 하는 『국가』의 반향을 본다.) 그렇다면 윤리학은 아리스토텔레스에 의하여 사회 · 정치학의 한 분과로 간주되는 것이다. 『정치학』에서 그는 먼저 개인의 윤리학을 다루고 나서 정치의 윤리학을 다루고 있다고 말할 수 있다.

무엇이 인간을 위한 선(善)인가 하는 문제에 대해서 아리스토텔레스는 그것이 수학적 문제에 대한 답만큼 정확하게 대답될 수는 없다는 점을 지적하고 그 이유로 [윤리학이 다루는] 주제의 본성 때문이라는 점을 든다. 왜냐하면 윤리학의 주제는 인간의 행위이며, 인간의 행위는 수학처럼 정확하게 규정될 수 없기 때문이다.[3] 수학과 윤리학 사이에는 또 다른 커다란 차이점이 있다. 수학은 일반적 원리들에서 출발하여 결론으로 논증해나가는데 반해, 윤리학은 결론에서 출발한다. 다른 말로 하면, 윤리학에서는 우리가 인간의 실제 도덕적 판단에서 출발하여 그 판단들을 비교하고 대조하며 면밀히 조사함으로써 일반적 원리를 형성하게 된다는 것이다.[4] 이러한 견해는 인간의 내부에 심어져 있는 자연적 경향성들이 있다는 것, 그리고 일관된 조화와 균형의 일반적 태도, 즉 상대적으로 중요함과 중요하지 않음을 인정하는 일반적인 태도로 그러한 경향성을 따르는 것이 인간에게 윤리적인 삶이라는 것을 전제하고 있다. 이 견해는 인위적 윤리에 반대되는 자연적 윤리에 어떤 기초를 제공해주지만 도덕적 의무의 이론적 확립에 관해서는 상당한 난점들을 발생시키는데, 특히 아리스토텔레스의 체계에서는

---

2   *E.N.*, 1094 a 27-b 11. *M.M.*, 1181a 와 b 참조.
3   *E.N.*, 1094 b 11-27. *E.E.*, I, 6 참조.
4   『에우데모스 윤리학』에서 아리스토텔레스는 "참되지만 모호한 판단들"(1216 b 32 이하) 또는 "처음의 혼동된 판단들"(1217 a 18 이하)에서 출발하여 명백한 윤리적 판단들을 형성하게 된다고 말하고 있다. 다시 말해, 아리스토텔레스는 사람들의 일상적인 도덕적 판단을 논증의 기초로 삼아 출발하고 있다.

더욱 그렇다. 왜냐하면 그는 자신으로부터 그토록 많은 것들을 받아들인 중세 기독교 철학자들이 시도했던 것과는 달리, 인간 행위에 대한 자신의 윤리학을 신(神)의 영원 법과 연결시키지 못하기 때문이다. 그러나 그러한 결함에도 불구하고, 아리스토텔레스의 윤리학은 대부분 현저하게 상식적인 것이다. 또한 실제로는 일반적으로 선하고 덕스럽다고 간주되는 사람들의 도덕적 판단에 근거해 있다. 아리스토텔레스는 자신의 윤리학을 그러한 사람들의 자연적 판단을 정당화하고 보충할 수 있도록 의도했는데, 그는 그러한 사람들이 이러한 종류의 문제들에 있어 판단을 내리기에 가장 적합한 사람들이라고 말한다.[5] 그가 그리고 있는 이상적 삶의 모습에서 지식인들과 선생들의 기호가 강하게 배어나온다고 생각할 수는 있지만, 그가 순수하게 선험적이고 연역적인 윤리학 또는 기하학적으로 증명된 윤리학을 시도하고 있다고 그를 비난할 수는 없다. 물론 도덕적 덕들에 대한 아리스토텔레스의 설명에서 인간 행위의 문제들에 관한 그 당시 그리스적 취향에 대한 증거를 발견할 수 있다. 그러나 아리스토텔레스는 자기가 인간의 본성 그 자체를 다루고 있으며, "야만인"에 대한 자신의 견해에도 불구하고 자신의 윤리를 인간 본성의 보편적 성격에 정초해 있다고 생각했음이 분명하다. 만약 그가 오늘날까지 살아 있어 니체에게 대답을 해야 한다면, 그는 분명히 인간 본성의 근본적 보편성과 항구성을 주장할 것이며, 상대적인 것이 아니라 본성에 근거해 있는 항구적 가치의 필요성을 주장할 것이다.

사람들은 일반적으로 무엇을 인생의 목적으로 간주하는가? 아리스토텔레스는 행복이라고 말한다. 그리고 그는 참된 그리스인답게 이 견해를 받아들인다. 그러나 분명히 이것은 그 자체로는 우리에게 별로 알려주는 것이 없다. 왜냐하면 사람들은 행복의 의미를 서로 다르게 이해하기 때문이다. 행복을 즐거움과 동일시하는 사람도 있고, 부와 동일시하는 사람, 그리고 명예 등과 동일시하는 사람들도 있다. 그뿐만이 아니라, 동일한 사람이 시기에 따라서 행복이 무엇인가에 대해 다른 평가를 내릴 수도 있다. 그러므로 병들었을 때는 건강을, 궁핍할 때에는 부(富)를 행복으로 간주할 수 있는 것이다. 그러나 즐거움은 자유인들보다는 노예들을 위한 목적이며, 또 명예는 그것

---

5 *E.N.*, 1094 b 27 이하.

을 부여하는 자에게 의존하는 것이지 진정으로 우리 자신의 것이 아니기 때문에, 인생의 목적이 될 수 없다. 게다가 명예는 우리에게 덕이 있음을 보증해주는 것을 목표로 하는 것처럼 보인다(아마도 이 때문에 빅토리아 여왕 시대의 사람들은 "존경받을 만함"이라는 칭호에 집착했을 것이다). 그렇다면 도덕적 덕은 아마도 인생의 목표일 것이다. 그러나 아리스토텔레스는 그렇지 않다고 말한다. 도덕적 덕은 무위(無爲)나 비참함을 동반할 수 있기 때문이다. 행복은 인생의 목적이자 모든 사람들이 목표로 하기 때문에, 행위라야 하며 불행을 배제한다.[6]

이제 행복이 하나의 행위이고 게다가 인간의 행위라면, 우리는 어떤 행위가 인간에게 고유한지를 알아야만 한다. 그것은 성장이나 생식의 행위일 수 없고, 감각의 행위일 수도 없다. 왜냐하면 이러한 것들은 인간보다 하위의 존재자들과 공유되기 때문이다. 그것[우리가 찾는 것]은 자연적 존재자들 가운데 인간에게만 고유한 행위, 즉 이성의 행위 또는 이성에 따르는 행위이다. 이것이야말로 진정한 덕의 행위이다. 왜냐하면 아리스토텔레스는 도덕적 덕들 외에도 지적 덕들을 구별해내고 있기 때문이다. 그러나 그 '지적 덕'은 사람들이 '행복은 덕스럽게 되는 데 있다'라고 말할 때, 즉 일상적으로 말하는 덕의 의미와는 다르다. 왜냐하면 그들은 일반적으로 정의, 절제 등으로 말할 수 있는 도덕적 덕들을 생각하고 있기 때문이다. 어쨌든 윤리적 목적으로서의 행복은 단순히 덕 그 자체에 있을 수는 없다. 오히려 그것은 덕에 따르는 행위나 또는 덕스러운 행위에 있는데, 이때 덕은 지적 덕과 도덕적 덕 모두를 의미한다. 나아가 아리스토텔레스는 그것이 진정으로 행복이라는 이름으로 불릴 만하다면, 그것은 전 생애에 걸쳐 나타나야지, 단순히 짧은 기간 동안에만 나타나서는 안 된다고 말한다.[7]

그러나 비록 행복이 본질적으로 덕에 따르는 행위라고 해도, 아리스토텔레스가 이러한 주장을 통해 행복에 관한 모든 통속적 개념들을 배제하려는 것은 아니다. 예를 들어 덕이 지향하는 행위는 필연적으로 쾌락을 동반하는데, 쾌락은 방해받지 않은 자유로운 행위에 자연적으로 수반되는 것이기 때문이다. 또한 사람은 어느 정도의 외적

---

6 *E.N.*, A 4와 그 이하.
7 *E.N.*, 1100 a 4 이하; 1101 a 14-20.

재화 없이는 그 행위를 잘 수행할 수 없다. 이것은 키니코스주의자들이 적어도 대체로 이의를 제기하는 아리스토텔레스의 견해다.[8] 그러므로 행위로서의 행복, 그리고 인간의 고유한 행위로서의 행복의 특징은 쾌락과 외적인 부유함을 동시에 희생시키거나 배제할 필요 없이도 유지된다. 아리스토텔레스는 [여기서] 다시 한번 자기 사상의 상식적 성격을 보여주고 있으며, 그가 "과도하게 초월적"이라거나 이 지상에 대해 적대적인 것은 아님을 보여주고 있다.

이것이 확립되자 아리스토텔레스는 계속해서 먼저 좋은 성격과 좋은 행위의 일반적 본성을 고찰하고, 다음으로 주요한 도덕적 덕, 즉 이성에 의해 세워진 계획을 따를 수 있는 인간의 부분에 관한 덕을 고찰하고, 그 다음에는 지성의 덕을 고찰한다. 『니코마코스 윤리학』의 끝에서 그는 이상적 삶, 또는 덕에 따라 활동하는 이상적 삶을 고찰하는데, 그러한 삶은 인간에게 진정으로 행복한 삶이 될 것이다.

02. 성격의 선 일반에 관해 아리스토텔레스는 우리가 그러한 선에 대한 능력을 가지고 출발하지만, 그것은 연습을 통해 개발되어야 한다고 말한다. 그렇다면 그것은 어떻게 개발되는가? 덕스러운 행위들을 함으로써 가능하다. 얼핏 보기에 이것은 순환논증인 것처럼 보인다. 아리스토텔레스는 우리는 덕스러운 행위를 함으로써 덕스럽게 된다고 말하지만, 만약 우리가 이미 덕스럽지 않다면, 어떻게 우리가 덕스러운 행위를 할 수 있는가? 아리스토텔레스는 우리는 행위들을 반성적으로 알지도 못하고 행위들을 좋은 것으로 신중하게 선택하지도 않은 채, 즉 습관적 경향성에서 유래하는 선택을 하지 않고 객관적으로 덕스러운 행위들을 함으로써 시작한다고 대답한다.[9] 예를 들어 어떤 어린애는 부모에게 거짓말을 하지 말라는 말을 들을 수 있다. 그 아이는 진실을 말하는 것에 내재한 선(善)을 깨닫지 못한 채, 그리고 아직 진실을 말하는 습관을 형성하지 못한 채, 그에 복종한다. 그러나 진실을 말하는 행위는 점차 습관을 형성하고, 교

---

8 아리스토텔레스는 참으로 행복한 사람이기 위해서는 반드시 외적 재화들을 충분히 지녀야 한다고 말한다. 그러므로 그는 극단적인 키니코스주의를 배척한다. 그러나 그는 우리에게 행복을 위해 필요불가결한 조건들을 행복의 본질적 요소들로 오인하지 말라고 경고한다(*E.E.*, 1214 b 25 이하 참조).

9 *E.N.*, B 1, 1103 a 14-b 26; B 4, 1105 a 17-b 18.

육과정이 계속됨에 따라 그 아이는 진실을 말하는 것이 그 자체로서 올바른 것임을 깨닫게 된다. 나아가 진실을 말하는 것을 그것 자체를 위해 해야 할 올바른 일로서 선택하게 된다. 그렇다면 이 점에서 그것은 덕스럽다. 그러므로 순환논증이라는 비난은 좋은 기질을 형성하는 행위와 일단 형성된 좋은 기질로부터 흘러나오는 행위를 구별함으로써 대답된다. 덕 그 자체는 어떤 능력을 적절히 훈련함으로써 그 능력으로부터 개발된 기질이다. (물론 도덕적 가치판단의 발전과 사회환경의 영향, 부모와 교사들의 제안 등등 사이의 관계에 관한 보다 어려운 문제들이 생길 수 있지만, 아리스토텔레스는 이런 문제들을 다루지 않는다.[10])

03.　　덕은 악덕에 대해 어떤 관계에 있는가? 모든 선한 행위의 공통적인 특징은 그것들이 어떤 질서나 비율을 지녔다는 것이다. 그리고 덕은 아리스토텔레스의 눈에는 악덕의 두 극단 사이의 중용인데, 그 두 극단의 한쪽은 과도에 의한 악덕이고, 다른 한쪽은 결핍에 의한 악덕이다.[11] 그런데 무엇의 과도나 결핍인가? 그것은 느낌에 관해서거나 또는 행위에 관해서이다. 그러므로 확신감에 관하여 말하면, 이 감정의 과도는 경솔함을 낳는 (최소한, 그 느낌은 행위로 귀결되고, 윤리학이 관계하는 것은 인간의 행위일 때) 반면, 결핍은 소심함이 된다. 그렇다면 중용은 한편으로 경솔함과 다른 한편으로 소심함 사이의 중용일 것이다. 이 중용은 용기이며 확신감에 관한 덕이다. 또 돈을 쓰는 행위를 예로 든다면, 이 행위에 관하여 과도는 방탕이고(이것은 악덕이다), 반면에 이 행위에 관한 결핍은 인색함이다. 관대함이라는 덕은 과도와 결핍의 두 악덕들 사이의 중용이다. 그러므로 아리스토텔레스는 도덕적 덕을 "본질적으로는 어떤 규칙, 즉 실제로 현명한 사람이 중용을 결정할 경우 사용하는 그런 규칙에 의해 결정된, 우리들에 대해 상대적인 중용에 있는 것으로 선택하는 기질"[12]이라고 정의 또는 기술한다. 그렇다면 덕은 어떤 규칙, 즉 도덕적 직관력을 지닌 참으로 덕스러운 사람이 선택을 할 경우 사용하는

10　　그러므로 아리스토텔레스는 완전히 올바른 행위이기 위해서는 [주어진] 환경 내에서 행해야 하는 "외적으로" 올바른 것이어야 할 뿐 아니라, 정확하게 작인(作因)으로 작용하는 도덕적 작인(道德的 作因)에서 나온 올바른 동기에서 행해지는 것이기도 해야 한다고 주장한다(*E.N.*, 1105 b 5 이하 참조).

11　　*E.N.*, B, 6 이하.

12　　*E.N.*, 1106 b 36-1107 a 2.

규칙에 따라 선택하는 기질이다. 아리스토텔레스는 상황들 속에서 해야 할 올바른 일을 파악해내는 능력인 실천적인 지혜를 소유하는 것을 진정으로 덕스러운 사람에게 본질적인 것으로 간주한다. 또한 선험적이고 단순히 이론적인 결론들보다는 견식있는 양심의 도덕적 판단들에 훨씬 더 많은 가치를 부여한다. 이것은 다소 소박하게 보일지도 모르지만, 아리스토텔레스에게 분별 있는 사람이란 그 어떤 상황에서도 인간에게 진정으로 좋은 것이 무엇인가를 알아보는 사람일 것임을 잊지 말아야 한다. 그러한 사람에게는 어떤 학문적 영역으로 들어가는 것이 아니라, 그러한 상황들 속에서 무엇이 인간 본성에 참으로 적합한지를 알아내는 일이 요구된다.

아리스토텔레스가 덕을 중용이라고 말할 때, 그가 산술적으로 계산되어야 하는 중용을 생각하고 있지는 않다. 이것이 그가 자신의 정의에서 "상대적으로 우리에 대한"이라고 말하는 이유이다. 무엇이 과도이고 무엇이 중용인지 또 무엇이 결핍인지를 우리가 확정된 수학적 규칙에 의해 결정할 수는 없다. 그러므로 많은 것이 문제의 느낌이나 행위의 성격에 의존한다. 어떤 경우에는 결핍보다 과도에 치우치는 것이 더 나은데 반해, 다른 경우에는 그 반대가 옳을 것이다. 물론 아리스토텔레스의 중용설이 도덕적 삶에서의 평범함을 칭송하는 것과 동일시되어서는 안 된다. 왜냐하면 탁월성에 관한 한, 덕은 극단적인 것이기 때문이다. 덕이 중용이라는 것은 그것의 본질과 정의에 관해서이다. 이와 같은 중요한 점은 베를린의 니콜라이 하르트만 교수가 쓴 『윤리학』에 주어진 도식[13]에 의해 설명될 수 있는데, 그 도식에서 그림 밑의 가로선은 존재론의 차원을, 세로선은 가치의 차원을 나타낸다.

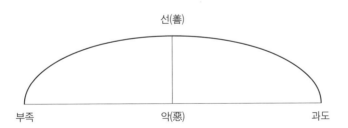

13   Nicolai Hartmann, *Ethics*, vol. 2, 256쪽. (Stanton Coit 박사 옮김, George Allen & Unwin, Ltd.)

이 도식은 덕(ἀρετή)이 이중적 위치를 지닌다는 중요한 점을 예증하고 있다. 존재론적 차원에 관해서 덕은 중용(μεσότης)이며, 가치론적 차원에서 관해서 그것은 탁월함 또는 극단(ἀκρότης)이다. 가치의 관점에서 볼 때, 덕이 두 악덕들 모두의 반대편에 있다고 해서 마치 악덕들의 복합물인 것처럼 보이지는 않는다. 그러나 그럼에도 불구하고 존재론적 관점에서는, 과도하게 되면 악덕을 이루게 될 좋은 두 점들 모두를 그 자체 안에 결합하고 있기 때문에 중용이다. 예를 들어, 용기는 대담함이나 냉정한 조심성 가운데 어느 한쪽만을 의미하는 것이 아니라, 그 둘의 종합이다. 종합이라는 이 성격으로 인해 용기는, 한편으로는 무모한 자의 대담무쌍함에 빠지지도 않고, 다른 한편으로 겁쟁이의 신중함에 빠지지도 않게 된다. "아리스토텔레스가 보다 낮은 도덕적 가치들에서 강하게 느끼기는 했지만 성언화(成言化)할 수는 없었던 것, 그것은 바로 모든 가치적 요소들은 그것들만을 따로 떼어서 보면, 그 자신 안에 넘어서면 위험하게 되는 어떤 한 지점을 가지고 있다는 것과, 그것들은 압제적이라는 것, 그리고 그것들의 실재적인 담지자 안에서 그것들의 의미를 참되게 실현하는 데에는 언제나 대항세력이 있다는 것이었다. 이러한 깊이 정당화된 느낌 때문에, 그는 덕을 이러한 가치요소들 가운데 그 어느 하나가 아니라, 그것들의 종합에 귀속시켰다. 가치들 속에 내재한 위험이 경감되고 의식 안에 있는 그것들의 압제가 무력하게 되는 것은 바로 이러한 종합 안에서이다. 이 문제에 있어서 아리스토텔레스의 절차는 대립자들의 문제에 대한 보다 깊은 모든 논의에 본보기가 된다."[14]

그러나 아리스토텔레스가 덕을 이런 식으로 다루는 것은 그가 인간의 행위에 대한 그리스인들의 현저하게 심미적인 태도에 영향을 받고 있었다는 사실(이것은 "위대한 영혼을 지닌" 인간에 대한 그의 논의에서 분명하게 드러나는 사실이다)을 드러낸다는 점을 인정해야만 한다. 십자가에 못박힌 신이라는 개념은 그에게 용납될 수 없었을 것이다. 그것은 그의 눈에 틀림없이 비심미적이고 비합리적으로 보였을 것이다.

---

14 Hartmann, *Ethics*, 2, 424쪽.

04.　　인간이 책임을 져야 하는 것은 오직 자발적인, 즉 넓은 의미에서 자발적인 행위들에 대해서뿐이기 때문에, 도덕적 행위의 전제는 자유이다. 만약 어떤 사람이 외부의 물리적 강제 하에서 행위하거나 또는 모르고 행위할 경우, 그에게 책임이 있다고 생각할 수 없다. 두려움은 행위의 자발적 성격을 감소시킬 수도 있지만, 폭풍우 속에서 짐을 배 밖으로 던져버리는 것과 같은 행위는 (정상적 상황에서라면 미친 사람이 아닌 다음에야 그렇게 하지 않을 것이지만) 행위자 자신으로부터 발원하기 때문에 여전히 자발적이다.[15]

　　무지에 관해서 아리스토텔레스는 분명히 매우 적절한 관찰들을 행하고 있는데, 예를 들어 그가 격노한 상태나 취기의 영향 하에서 행동하는 사람은 모르고 행동한다고 말할 수는 있는 반면, 그 무지 자체가 분노나 취기에 기인한 것이기 때문에, 무지 때문에 행동한다고는 말할 수 없다는 것을 지적할 때 그러하다.[16] 그러나 무지로 인하여 행한 행위는, 행위자가 그 후 그것을 후회할 경우에는 무의도적인 행위가 되며, 그것을 후회하지 않을 경우에는 비자발적인 행위가 된다는 그의 주장은 받아들일 수 없다. 왜냐하면 비록 행위자의 추후 태도가 그의 일반적 성격을, 즉 그가 전체적으로 보아 좋은 사람인가 나쁜 사람인가를 드러내줄 수는 있지만, 원래 의도와는 다른 행위와 단순히 무의도적인 행위를 구별하는 데에는 기여할 수 없기 때문이다.[17]

　　누구도 자신의 지식에 반(反)하여 행동하지 않는다는 소크라테스의 입장에 관해 말하면, 아리스토텔레스는 이따금 그가 도덕적 투쟁이 실재함을 잘 알고 있다는 것을 보여주지만[18](그는 매우 탁월한 심리학자였기 때문에 이 점을 무시할 수 없었다), 그가 절제 및 무절제에 관하여 그 문제를 정식으로 다루고 있을 때는[19] 이것을 간과하고, 잘못된 행위를 하는 사람은 행위의 순간에는 그것이 잘못이라는 것을 모른다는 견해를 강조하는 경향이 있다. 이러한 일은, 예를 들어 열정에 쫓기어 행한 행동들의 경우에서처럼 분명히 종종 발생할 수 있다. 그러나 아리스토텔레스는 사람은 잘못임을 자신이 알고 있

15　　*E.N., Γ* 1, 1100 a 8-19.
16　　*E.N., Γ* 1, 1110 b 24-7.
17　　*E.N., Γ* 1110 b 18 이하.
18　　*E.N.,* 예를 들어, 1102 b 14 이하.
19　　*E.N., H*.

는 것을, 더구나 그것을 행하는 순간에 그것이 잘못임을 알고 있는 것을 고의로 행할 수 있다는 사실을 충분히 참작하지 않는다. "옳음"이 "좋음"에 의해 설명되는, 아리스토텔레스 윤리학의 엄격하게 인간적인 특징이라고 불릴 수 있을 것 때문에, 그는 심지어 무절제한 사람조차 선의 관점 하에서(sub ratione boni) [선이기 때문에] 행동한다고 대답할 수 있었다고 말할 수 있을 것이다. 이것은 사실이지만, 그럼에도 불구하고 그 무절제한 사람은 자신이 행하는 행위가 도덕적으로 잘못임을 충분히 잘 알고 있을 수 있다. 사실상 아리스토텔레스는 소크라테스의 이론을 공공연히 거부하고 있음에도 불구하고, 어느 정도는 그 이론의 지배를 받았다. 그는 적절한 의미에서의 의무 개념을 결여하고 있었으며, 이 점에서 스토아주의자들이 대두하기 이전의 다른 그리스 이론가들과 (플라톤의 경우에는 어떤 제한을 두어야 하지만) 견해가 일치했던 것 같다. 어느 한 행위는 선하거나 또는 선함에 기여하면서도, 그로 인하여 엄격하게 의무적이거나 의무가 되지는 않을 수 있는데, 아리스토텔레스의 윤리론은 이 구별을 설명하지 못한다.

05.　　아리스토텔레스는 자기 이전의 플라톤과 마찬가지로, 실재적으로 뚜렷이 구별되는 의지 개념을 가지고 있지 않았다. 그러나 "욕구하는 이성" 또는 "이성적인 욕구"[20] 또는 "우리의 능력 안에 있는 사물들에 대한 신중한 욕구"[21]라는 선택에 대한 그의 정의나 기술은 그가 의지에 대해 어떤 생각을 가지고 있었음을 보여준다. 왜냐하면 그는 차별적 선택(προαίρεσις)을 욕구 자체나 이성 자체와 동일시하지 않기 때문이다. 그것에 대한 그의 기술은 그가 그것을 실체적으로 고유한 것(sui generis)으로 간주했음을 의미하는 것으로 여겨질 것이다. (실제로 아리스토텔레스는 차별적 선택이 수단에 관계되는 것이지 목적에 관계되는 것이 아니라고 선언하지만, 『윤리학』 자체에서나 다른 저작들에서나, 그의 언어 사용은 일관적이지 않다.[22])

　　도덕적 행위의 과정에 대한 아리스토텔레스의 분석은 다음과 같다. ① 행위자가 어떤 목적을 갈망한다. ② 행위자가 숙고하여, B가 (획득되어야 할 목적인) A의 수단이

20　　*E.N.*, 1139 b 4-5.

21　　*E.N.*, 1113 a 9-11.

22　　*E.N.*, 예를 들어 1111 b 26 이하. 그리고 예를 들어 1144 a 20 이하 참조.

라는 것, C는 B의 수단이라는 것 등등을 알아내서, 마침내 ③ 그는 그때그때의 경우에 따라서 목적에 가깝거나 먼 어떤 특수한 수단이 그가 지금 여기에서 행할 수 있는 어떤 것임을 인식한다. ④ 행위자가 지금 현재(hic et nunc) 수행할 수 있는 것으로 나타나는 이 수단을 선택한다. ⑤ 문제의 행위를 행한다. 인간은 이와 같이 행복을 갈망할지도 모른다(사실상 아리스토텔레스는 인간은 항상 행복을 갈망한다고 생각했다). 그렇다면 인간은 건강이 행복을 위한 수단이며, 운동이 건강을 위한 수단이라는 것을 알아차린다. 그 다음에 그는 산책을 하는 것이 그가 지금 여기에서 할 수 있는 어떤 것임을 인식한다. 그는 이 행위를 선택하여 그것을 수행한다. 즉 산책을 하는 것이다. 이 분석은 어떤 목적에 비추어 행위를 결정하는 방식에 대한 매우 훌륭한 진술일 것이다. 난점은 후대의 철학자들이 보충해넣은 그 어떤 논의도 빼고, 적어도 그 자체로서만 고려될 경우 아리스토텔레스의 체계 내부에서 그 어떤 실재적인 도덕적 의무를 고려하는 데 있다.

덕스러운 행위는 자발적이며 선택과 일치한다는 이설(理說)로부터 덕과 악덕은 우리의 능력 안에 있다는 결론과 소크라테스의 이론은 잘못된 것이라는 결론이 나온다. 누군가가 어떤 나쁜 습관에 매우 강하게 젖어서, 그 습관으로부터 자연스럽게 흘러나오는 본질적으로 나쁜 행위를 멈출 수 없을 수도 있다는 것은 사실이지만, 그가 애초에 그러한 나쁜 습관에 물들지 않았을 수도 있을 것이다. 어떤 사람은 자신의 양심을 계속해서 외면해왔기 때문에, 이제는 올바른 것을 구별해내지 못할 수도 있다. 그러나 그가 [양심을] 외면하고, 무지를 야기한 데 대해서는 그 스스로가 책임이 있다. 비록 이미 살펴본 바와 같이 아리스토텔레스는 소크라테스의 입장을 정식으로 다루는 데 있어서, 도덕적 유약성과 단순한 사악함을 충분히 정당하게 다루고 있지는 않지만, 이상(以上)의 것이 그의 일반적 견해라고 말할 수 있다.

06.　도덕적 덕에 대한 아리스토텔레스의 논의는 종종 계몽적이며, 상식적인 온건함과 명료한 판단을 보여주고 있다. 예를 들어 용기는 성급함 또는 무모함과 비겁함 사이의 중용이라는 그의 단정은, 발전되었을 경우 용기의 진정한 본성을 뚜렷하게 하고 그것을 사이비 용기의 형태들과 구별하는 것처럼 보인다. 마찬가지로 절제의 덕은 방탕과 "무감각" 사이의 중용이라는 그의 기술(記述)은 촉감의 즐거움에 관한 절제 또

는 자기통제가 감각 및 감각의 즐거움에 대한 청교도적 자세를 저절로 수반하지는 않는다는 진리를 드러내는 데 기여한다. 또, 중용은 "우리들에 대해 상대적인" 중용이지 산술적으로 결정될 수는 없다는 그의 주장은 그의 실용적이고 경험적이며 상식적인 사고방식을 보여준다. 예를 들어 그는 다음과 같이 적절하게 말하고 있다. "만약 10파운드의 음식은 사람에게 너무 많고 2파운드는 너무 적다면, [그렇다고 해서] 체육지도자가 6파운드의 음식만을 먹으라고 지시하지는 않을 것이다. 왜냐하면 특별한 경우에는 이것도 너무 많거나 너무 적을 수 있기 때문이다. 예를 들어 마일로와 같은 장사(壯士)에게는 이것이 너무 적을 것이지만, 훈련을 시작하고 있는 사람에게는 이것이 너무 많을 수도 있다."[23]

그러나 덕에 대한 그의 논의가 어느 정도는 그 당시의 그리스적 취향에 의해 결정된다는 점을 부인할 수 없을 것이다(그 누가 그렇지 않기를 기대할 것인가?).[24] 그러므로 "위대한 영혼을 지닌", 자존심 있는 인간이라면 수혜를 받음으로써 스스로가 낮은 위치에 서게 되는 것을 수치스럽게 생각할 것이며, 반대로 친구를 채무자로 만들기 위해, 자기가 받은 수혜를 언제나 그보다 큰 것으로 되갚을 것이라는 아리스토텔레스의 견해가 그리스적 취향(또는 니체적 취향)에 일치할지는 모르지만, 어디에서나 받아들여질 수 있는 것은 아니다. 또 아리스토텔레스가 "위대한 영혼을 지닌" 인간을 느릿느릿 걸으며, 깊게 울리는 목소리로 말하고, 침착하게 연설하는 모습으로 그리는 것은 대체로 미적 취향의 문제이다.[25]

07.　　『윤리학』 제5권에서 아리스토텔레스는 정의를 다루고 있다. 그가 이해하는 정의란 ① 합법적인 것과 ② 공정하고 공평한 것이다. 정의로운 것은 적법하고 공평하

23　　*E.N.*, 1106 a 36-b 4.

24　　자신의 "덕(virtue)"과 기품에 대한 응당의 대가로서 다른 사람들로부터의 명예를 요구하는 인간이라는 개념은 오늘날 우리들에게 그리 기꺼운 것이 아니지만, 그것은 자신의 덕(ἀρετή)에 대한 대가로서 명예를 기대하는 호메로스의 영웅관을 그대로 계승하고 있는 것이었다.

25　　*E.N.*, 1124 b 9-1125 a 16.
　　데이비드 로스 경은 아리스토텔레스가 다루는 도덕적 덕들을 다음과 같은 표로 제시하고 있다(Aristotle, 203쪽).

지만, 부정의는 위법적이고 불공평하다(τὸ μὲν δίκαιον ἄρα τὸ νόμιμον καὶ τὸ ἴσον, τὸ δ ἄδικον τὸ παράνομον καὶ τὸ ἄνισον (E.N., 1129 a 34)). 첫 번째 종류의 정의는 "보편적" 정의로서, 실제로는 법에 복종하는 것과 같다. 그러나 아리스토텔레스는 국가의 법을, 최소한 이상적으로는, 인생 전체에 걸쳐 미치는 것이며 질료적으로 덕스러운 행위라는 의미에서의 덕스러운 행위들을 (왜냐하면 법은 형상적으로 덕스러운 행위나 주관적으로 덕스러운 행위를 강요할 수 없기 때문이다) 강요하는 것으로 보기 때문에, 보편적 정의는 사회적 측면에서 고찰된 덕과 어느 정도 일치한다. 아리스토텔레스는 플라톤과 마찬가지로, 국가에 긍정적이고 교육적인 기능이 있음을 굳게 확신하고 있다. 이러한 견해는 국가의 긍정적 기능들을 부인하고 법의 기능을 오직 개인의 권리, 특히 그 무엇보다도 사유재산의 방어를 위한 것으로 제한한 영국의 허버트 스펜서나 독일의 쇼펜하우어의 국가론들 같은 국가론들과는 완전히 상반된다.

"특수한" 정의는 다음과 같이 나뉜다. (1) 국가가 그 시민들에게 기하학적 비례에 따라, 즉 공적에 따라 재화를 나누어주는 분배적 정의(버넷이 말하는 것처럼, 그리스 시민들은 자신들을 납세자로 간주하기보다는 국가의 주주로 간주했다). (2) 교정적 정의. 이것은 다시 두 가지 유형, 즉 ① 자발적인 거래를 다루는 유형(민법)과 ② 비자발적인 거래를 다루는 유형(형법)으로 나뉜다. 교정적 정의는 산술적 비례에 따라서 진행한다. 아리스토텔레스는 특수한 정의의 이러한 두 가지 주요 구분에 상업적 정의와 교환적 정의

느낌	행위	과도	중용	부족
⎡ 두려움 ⎣ 자신감		⎡ 비겁 ⎢ 성급 ⎣ 방탕	용기 용기 절제	이름 없음 비겁 무감각
접촉의 어떤 즐거움 (그러한 즐거움에 대한 욕구로부터 발생하는 고통)	돈을 주는 것 ⎤ 돈을 받는 것 ⎦ 돈을 크게 주는 것 명예를 크게 요구하는 것 명예를 크게 추구하는 것	⎡ 낭비 ⎣ 쩨쩨함 비속(卑俗) 허영 야망	관후 관후 장려(壯麗) 자존(심) 이름 없음	쩨쩨함 낭비 인색 (자기)비하 야망 결핍
분노 사회적 교제		성을 잘 냄 허풍 익살 아첨	점잖음 정직 재치 친절	성을 못 냄 자기경시 촌스러움 부루퉁함
부끄러움 타인의 행운 또는 불행을 보고 느끼는 고통	⎡ 자신에 관하여 진실을 말함 ⎣ 즐거움의 선사: 일반적으로 삶의 유희를 통하여	숫기 없음 시기(猜忌)	겸손 의분(義憤)	후안무치 악의(惡意)

를 첨가한다.

아리스토텔레스에 따르면, 정의란 부당하게 행위하는 것과 부당하게 취급되는 것 사이의 중용이다.[26] 그러나 이러한 견해는 받아들이기 어려우며, 분명히 이것은 단순히 정의를 이미 논의된 다른 덕들과 일치시키기 위하여 주장된 것이다. 왜냐하면, 예를 들어 막 거래를 하고 있는 사업가란 다른 사람에게 마땅히 주어야 할 것보다 적은 것을 주거나 자신에게 돌아오는 것보다 많은 것을 자신의 몫으로 챙기는 것을 선택하는 것이 아니라, 다른 동료에게는 그의 정당한 몫을 주며 정확하게 자신의 몫을 받고 그 이상의 부당한 강탈은 하지 않기를 선택하는 사람이기 때문이다. 동료에게 그의 몫보다 많은 것을 주거나, 자기 자신에게는 자신이 마땅히 받아야 할 것보다 적게 받는 것을 인정하는 것이 악덕도 아니거니와 심지어 부당하게 취급되는 것도 아니다. 그러나 계속해서 아리스토텔레스는 정의는 실제로 다른 덕들이 중용인 것처럼 중용이 아니라, A가 너무 많은 것을 지니게 되는 상태와 B가 너무 많은 것을 지니게 되는 상태 사이의 중간적인 상태들을 낳게 된다는 의미에서 중용이라고 기꺼이 말한다.[27]

마지막으로[28] 아리스토텔레스는, 예견되거나 의도한 것은 아니지만, 결과적으로 다른 사람에게 해를 끼치는 행위를 하는 것은 (만약 그 피해가 일상적으로는 행위로부터 생기지 않을 것이라면 더더욱) 당연히 타인에게 해를 끼치게 될 행위를 하는 것과는 (특히 그러한 피해가 예견 및 의도되었던 경우) 전혀 다르다는 점을 지적하면서, 실질적으로 부정의한 여러 유형의 행위들에 대해 아주 중요한 구별을 짓는다. 그 구별은 법적 정의보다 상위인 정의 유형으로서의 공평성을 위한 여지를 마련해주는데, 법적 정의는 너무 일반적이라서 모든 특수한 경우들에 적용할 수는 없다. 이것이 공평한 것들의 본성인데, 그것은 법이 너무 일반적이어서 결함이 있는 곳에서 법을 수정하기도 한다(καὶ ἔστιν αὕτη ἡ φύσις ἡ τοῦ ἐπιεικοῦς, ἐπανόρθωμα νόμου, ᾗ ἐλλείπει διὰ τὸ καθόλου).[29]

26　*E.N.*, 1133 b 30-32.
27　*E.N.*, 1133 b 32 이하.
28　*E.N.*, E, 8, 1135 a 15-36 a 9. *Rhet.*, 1374 a 26-b 22 참조.
29　*E.N.*, 1137 b 26-7.

08. 지적인 덕들을 논의하면서 아리스토텔레스는 이성의 두 가지 기능, ① 필연적인 대상을 관조하며 우연성을 허용하지 않는 학문적 기능(τὸ ἐπιστημονικόν)과 ② 우연적인 대상들에 관계하는 계산적 기능(τὸ λογιστικόν) 또는 견해의 기능에 따라 그 덕들을 구분한다. 학문적 기능의 지적 덕들은 학적 인식(ἐπιστήμη)이며 "우리로 하여금 증명하게 하는 기질"[30]인데, 그것은 증명 그리고 우리가 일정 수의 특수한 사례들을 경험한 후에 보편적 진리를 파악하고 이 진리나 원리가 자명한 것임을 알게 하는 지성(νοῦς) 또는 직관적 이성을 존중한다.[31] 지성(νοῦς)과 학적 인식(ἐπιστήμη)이 결합된 것이 이론적 지혜 또는 소피아(σοφία)인데, 이것은 (아마도 형이상학의 대상들뿐 아니라 수학과 자연학의 대상들까지도 포함하여) 가장 최고의 대상들로 정향되어 있다. 이러한 대상들을 관조하는 것은 인간의 이상적 삶에 속한다. "지혜 또는 철학은 직관적 이성과 학문의 결합이라고 정의되거나 또는 말하자면, 완전성이라는 왕관을 머리에 쓴, 가장 고귀한 사물들에 대한 학적 지식이라고 정의될 수 있다." 지식은 그것의 대상에 의해 위엄이 갖추어진다. 그래서 아리스토텔레스는, 만약 인간이 모든 존재들 가운데 실제로 가장 최고의 존재가 아니라면 (그는 그렇다고 믿지 않았다) 정치학을 지식의 최고 유형이라고 부르는 것은 불합리하다고 평한다.[32] "자연계에는, 예를 들어 우주를 구성하는 별이 총총한 하늘처럼, 인간보다 훨씬 더 신적(神的)인 다른 것들이 있다. 이 모든 것으로부터, 지혜란 학문과 사변적 이성의 결합이며, 창조된 것들 가운데 가장 고상한 대상들로 향하는 것임이 분명하다."[33]

계산적 기능(τὸ λογιστικόν)의 덕들은 테크네(τέχνη) 또는 기술 즉, "참다운 규칙의 도움을 받아 사물들을 제작하는 기질"[34]과 도덕적 통찰력 또는 프로네시스(φρόνησις), 즉 "인간에게 좋거나 나쁜 사물들에 관하여, 규칙의 도움을 받아, 행위하려는 참된 기질"이다.[35] 프로네시스는 그것이 관계하는 대상에 따라 다음과 같이 세분된다. (1) 개인

---

30 E.N., 1139 b 31-32.
31 E.N., Z, 6, 1140 b 31-1141 a 8.
32 E.N., 1141 a 9-2.
33 E.N., 1141 a 33-b 3.
34 E.N., 1140 a 9-10, 20-21.
35 E.N., 1140 b 4-6.

의 선과 관련될 때, 그것은 좁은 의미에서의 프로네시스이다. (2) 가정과 가사의 경영에 관련될 때, 그것은 경제학(οἰκονομία)이라 불린다. (3) 국가에 관련될 때, 그것은 넓은 의미에서의 정치학이라고 불린다. 이 후자, 즉 넓은 의미에서의 정치학은 다시 ① 좁은 의미에서의 정치학인, 구성적 또는 입법적 기능과 ② 종속적 또는 행정적 기능으로 세분된다. 이 마지막 것은 다시 ⓐ 토의적인 것과 ⓑ 사법적인 것으로 세분된다. (이러한 구분에도 불구하고, 개인에 관련된 도덕적 통찰력이라고 불리는 것과 국가의 선에 관련된 정치학이 동일한 덕이라는 점을 주지하는 것이 중요하다.)

도덕적 통찰력은, 예를 들어 'A는 목적이고 B는 수단이므로 B가 행해져야 한다'는 것과 같은 실천적 삼단논법과 관련된다고 아리스토텔레스는 말한다. (만약 아리스토텔레스가 이것은 우리에게 가언적 명령만을 줄 뿐이고 정언적 명령은 주지 않는다는 난점에 직면하게 된다면, 그는 이렇게 대답할 것이다. 윤리적 문제에 있어서 목적은 행복이고, 행복은 만인이 추구하고 또 추구하지 않을 수 없으며, 만인이 본성적으로 추구하는 목적이기 때문에, 이러한 목적을 위한 수단의 선택에 관련되는 명령은 자유로이 선택된 목적을 위한 수단에 관계되는 명령들과 다르다. 즉 후자는 가언적인 반면에 전자는 정언적인 명령이다.) 그러나 아리스토텔레스는 그 자신이 관습적인 분별력을 가지고 있어서, 어떤 사람들은 일반적 원리들을 분명히 알지 못함에도 불구하고, 삶의 경험을 통해서 행해야 할 올바른 행위를 알 수 있다는 것을 분명하게 인정한다. 그러므로 실천적 추론의 결론은 모르고 대전제를 아는 것보다는, 대전제는 모르고 결론만 아는 것이 더 낫다.[36]

모든 덕은 분별의 한 형태라는 소크라테스의 견해에 관하여, 아리스토텔레스는 소크라테스가 부분적으로는 옳고 부분적으로는 그르다고 선언한다. "그가 모든 덕이 분별의 한 형태라고 주장한 것은 잘못이지만, 분별이 없이는 덕이 있을 수 없다고 주장한 것은 옳다."[37] 소크라테스는 모든 덕들이 (지식의 형태로 되기 때문에) 이성의 형태들이라고 주장하지만, 아리스토텔레스는 그것들을 이치에 닿는(reasonable) 것이라고 하는 것이 오히려 진리라고 주장한다. "덕은 올바르고 이치에 닿는 태도일 뿐만이 아니

---

36   *E.N.*, 1141 b 14-22.
37   *E.N.*, 1144 b 19-21.

라, 올바르고 이치에 닿는 선택으로 이끄는 태도이기도 하다. 이러한 문제들에 있어서 올바르고 이치에 닿는 선택이 우리가 분별로서 의미하는 것이다."[38] 그러므로 분별은 ① "우리 본성의 본질적 부분의 탁월성"이기 때문에, ② "덕은 올바른 목적의 선택을 보증하고, 분별은 그 목적의 달성을 위한 올바른 수단의 선택을 보증하는 것을 보면, 분별과 덕 모두가 없다면 올바른 선택이 있을 수 없기"[39] 때문에, 분별은 참으로 덕스러운 자이기 위해서 필수적인 것이다. 그러나 분별 또는 도덕적 통찰력은 영리함(δείνοτης)과 똑같은 것은 아니다. 영리함이란 어떤 특수한 목적에 대한 적당한 수단을 발견할 수 있는 능력이며, 악한 자라 할지라도 자신의 비열한 목적을 달성하기 위한 적당한 목적을 발견하는 데 있어서는 매우 영리할 수 있다. 그렇다면 단순한 영리함은 분별과는 다른데, 왜냐하면 분별은 덕을 전제하며 도덕적 통찰과 동등하기 때문이다.[40] 영리함이 없이는 분별도 있을 수 없지만, 그러나 분별은 도덕적 덕이기 때문에, 영리함으로 환원될 수 없다. 다른 말로 하면, 분별은 어떠한 목적이든 간에 그것을 달성하도록 해주는 수단을 다루는 영리함이 아니라, 인간에게 최상의 것인 참다운 목적을 달성하도록 해주는 수단을 다루는 영리함이며, 우리로 하여금 올바른 목적을 선택하도록 해주는 도덕적 덕이다. 따라서 분별은 도덕적 덕을 전제한다. 아리스토텔레스는 인간은 선한 사람이 아니라도, 올바른 것과 해야만 하는 것을 행하는 것이 가능하다는 점을 매우 잘 알고 있다. 인간은 오직 도덕적 선택으로부터 행위하기 시작하고, 또 그 행위를 수행하는 이유가 선이기 때문일 경우에만, 선한 사람이다.[41] 이것을 위해서 분별이 필요한 것이다.

아리스토텔레스는 "자연적" 덕들을 서로 분리하여 소유할 수 있지만(예를 들어 어떤 어린이는 자연적으로 용감할 수 있지만, 동시에 친절하지는 않을 수 있다), 이성적인 기질로서, 완전한 의미의 도덕적 덕을 소유하기 위해서는 분별이 필요하다는 것을 인정한다. 또한 "분별이라는 독자적인 덕들이 주어지면, 다른 모든 덕들은 그것으로부터 필연적으

---

38   *E.N.*, 1144 b 26-28.

39   *E.N.*, 1145 a 2-6.

40   *E.N.*, 1144 a 23 이하.

41   *E.N.*, 1144 a 13 이하.

로 나온다."[42] 그렇다면 소크라테스는 모든 덕들이 분별의 형태들이라고 상정한 점에서는 잘못되었지만, 분별이 없이는 그 어떤 덕도 존재할 수 없다고 주장한 점에서는 옳았다. 『에우데모니아 윤리학』에서[43] 아리스토텔레스는 소크라테스에게 있어서, 모든 덕들은 지식의 형태들이기 때문에, 기하학을 배우는 순간 기하학자가 되는 것과 마찬가지로, 예를 들어 정의가 무엇인가를 아는 것과 정의롭게 되는 것은 동시발생적일 것이라고 평하고 있다. 그리고 그것에 대한 대답으로 아리스토텔레스는 이론학과 제작학을 구별할 필요가 있다고 말한다. "우리는 용감이 무엇인가를 아는 것이 아니라 용감하게 되기를 바라며, 정의가 무엇인가를 아는 것이 아니라 정의롭게 되기를 바란다." 마찬가지로 그는 『대윤리학』(*Magna Moralia*)에서[44] "정의의 본질을 아는 사람이면 누구든 곧바로 정의로운 것은 아니다"라고 말하며, 게다가 『니코마코스 윤리학』에서는 단순한 이론적 지식에 의해 선하게 될 것이라고 생각하는 사람들을 의사의 말에 주의깊게 귀를 기울이되 그의 처방을 하나도 실행하지 않는 환자에 비유하고 있다.[45]

09.　　아리스토텔레스는 쾌락 그 자체가 나쁘다는 것을 인정하기를 거부한다. 쾌락이 에우독소스의 생각처럼 진정한 선일 리도 없다. 쾌락은 방해받지 않은 행위에 자연스레 수반되는 (마치 어떤 행위에 착색된 일종의 색깔처럼) 것이기 때문이다. 또 목표로 해야 할 것은 행위이지 수반되는 쾌락은 아니다. 어떤 행위들은 설령 그에 수반되는 쾌락이 없다 하더라도 선택되어야만 하는 것이다.[46] 그리고 어떤 쾌락들을 달고 다니는 행위들은 수치스러운 것이기 때문에, 모든 쾌락이 바람직하다고 말하는 것도 옳지 않다.

　　그러나 비록 쾌락은 선(善)이 아니지만, 우리는 그와 반대의 극단에 빠져서 어떤 쾌락은 수치스러운 것이기 때문에 모든 쾌락은 잘못된 것이라고 말해서는 안 된다. 사실상 시력이 나쁜 사람에게 흰색으로 보이는 것이 실제로는 흰색이 아닐 수 있는 것과

42　　*E.N.*, 1144 b 32-45 a 2.
43　　*E.E.*, 1216 b 3-26.
44　　*M.M.*, 1183 b 15-16.
45　　*E.N.*, 1105 b 12-18.
46　　*E.N.*, 1174 a 7-8.

똑같이, 수치스러운 쾌락은 실제로는 쾌락이 아니라고 말할 수 있을 것이라고 아리스토텔레스는 말한다. 썩 설득력 있는 말은 아니다. 쾌락 그 자체는 바람직할지 모르지만, 그러한 방식으로 [즉 수치스러운 행위를 통해] 얻어질 경우는 바람직하지 않다는 것이 보다 설득력 있고, 쾌락들은 그것들을 유발하는 행위에 따라서 종적(種的)으로 서로 다르다는 그의 제안은 그것보다 더더욱 설득력 있다.[47]

아리스토텔레스는 쾌락이 단순히 보충이라는 것, 즉 고통이란 자연적 상태에서의 어떤 결핍을 나타낸다는 것과 쾌락은 이러한 결핍에 대한 보충이라는 것을 인정하지 않을 것이다. 보충이 있는 곳에 쾌락이 있고, 고갈이 있는 곳에 고통이 있다는 것은 실제로 사실이지만, 쾌락을 선행하는 고통에 뒤따르는 보충이라고 보편적으로 말할 수는 없다. "수학(數學)의 즐거움, 감각적 쾌락들 가운데 시·청각의 쾌락은 물론이고 후각의 쾌락, 그리고 마지막으로 희망과 기억의 쾌락들이 선행하는 고통이 없는 쾌락의 예들이다."[48]

그렇다면 쾌락이란 긍정적인 것이며, 그것의 효과는 어떤 기능의 수행을 완성하는 것이다. 쾌락들은 자신들이 붙어다니는 행위들의 특성에 따라 서로 종적(種的)으로 다르다. 선한 사람이 무엇이 진정으로 유쾌하고 무엇이 진정으로 불쾌한지에 대한 우리의 표준이 되어야 한다. (아리스토텔레스는 어린이들을 기뻐해야 할 것을 기뻐하고 혐오해야 할 것을 혐오하도록 교육하는 것이 중요하며, 그러한 목적을 위해 교수자는 쾌락과 고통을 "일종의 지침으로서"[49] 사용한다고 평한다.) 오로지 본성이 타락한 사람들에게만 즐거움이 되는 쾌락이 있다. 그러나 인간에게 진정한 쾌락은 인간에게 고유한 행위에 수반되는 쾌락이다. "다른 모든 쾌락들은, 그 쾌락들을 수반하는 행위가 그런 것처럼 오로지 부분적이고 2차적인 의미에서만 쾌락이다."[50]

쾌락에 대한 이 모든 논의에서 아리스토텔레스의 분별력과 심리학적 통찰력을 분명히 볼 수 있다. 혹자는 그가 이론적이고 순수하게 지적인 활동에 따르는 쾌락들

---

47   *E.N.*, 1173 b 20-31.
48   *E.N.*, 1173 b 16-19.
49   *E.N.*, 1172 a 19-25.
50   *E.N.*, 1176 a 22-29.

을 지나치게 강조한다고 생각할지 모른다. 그러나 그는 한편으로는 쾌락이 곧 선이라는 에우독소스의 입장과, 다른 한편으로는 모든 쾌락은 나쁜 것이라는 스페우시포스의 입장 모두에 동의하기를 거부함으로써, 용의주도하게 모든 극단적 입장들을 피하고 있다.

10.   아리스토텔레스는 『윤리학』 제8권과 제9권을 우정이라는 주제에 바친다. 우정은 "덕들 가운데 하나이거나 아니면 어떤 식으로든 덕을 함의한다. 게다가 그것은 삶의 가장 필수적인 것들 가운데 하나이다"[51]라고 아리스토텔레스는 말한다. 아리스토텔레스는 우정을 어느 정도 자기중심적인 것으로 묘사하는 경향이 있다. 그러므로 그는 우리는 인생의 서로 다른 여러 시기에 있어서 친구들이 필요하다는 점을 강조하며, 인간은 우정 안에서 자기 자신을 사랑하고 있다고 말하는데, 이것은 처음 듣기에는 다소 이기주의적인 관점인 것 같다. 그러나 그는 "자기애"라는 용어의 사용을 구별할 필요가 있다는 점을 지적함으로써 이기주의와 이타주의의 조화를 시도한다. 어떤 사람들은 자기 자신을 위해서 돈, 명예 또는 육체의 쾌락을 가능한 한 많이 얻으려 하는데, 우리는 이러한 것들을 비난할 목적으로 자기애라고 부른다. 다른 사람들, 즉 착한 사람들은 덕과 고귀한 행위에 있어서 탁월해지기를 열망하는데, 이러한 것들은 비록 "자기애"이기는 하지만, 우리는 그 자체를 비난하지 않는다. 후자의 유형의 인간은 "자기의 친구가 더 많은 돈을 가질 수 있도록 돈을 줄 것이다. 왜냐하면 돈은 친구에게 가지만 그 고상한 행위는 자기 자신에게 가며, 이런 식으로 그는 보다 커다란 이익을 얻기 때문이다. 명예나 지위에 관해서도 마찬가지이다."[52] 자기 자신이 보다 고상한 행위를 했다는 영예를 얻기 위해서 돈이나 직위를 친구에게 양보하는 사람의 모습이 전적으로 유쾌한 것은 아니다. 그러나 나쁜 유형의 자기애뿐만 아니라 좋은 유형의 자기애가 있을 수 있다는 아리스토텔레스의 말은 의심의 여지없이 옳다. (사실상 우리는 우리 자신을 사랑하고 또 우리 자신을 가능한 한 이롭게 하도록 되어 있다.) 보다 나은 묘안은 친구란 제

---

51   *E.N.*, 1155 a 3-5.
52   *E.N.*, 1169 a 27-30.

2의 자아이기 때문에, 인간의 친구에 대한 관계는 곧 자기 자신과의 관계와 동일한 것이라는 아리스토텔레스의 말이다.[53] 다른 말로 하면, 자아의 개념은 확장될 수 있어서 그들의 행복이나 불행, 성공이나 실패가 우리 자신의 것으로 되는 그러한 친구들까지 포함하도록 확장될 수 있다. 또한 "우정이란 사랑받는 것이라기보다는 사랑하는 것이다"[54] 또는 "사람들은 친구들 자신을 위해 그들이 잘되기를 바란다"[55]와 같은 부수적인 말들은 우정에 대한 아리스토텔레스의 견해가, 그 자신의 말들 때문에 가끔씩 [우리가 이기적이라고] 추측하게 될 만큼 그렇게 이기적이지는 않았음을 보여준다.

아리스토텔레스의 우정 개념이 매우 폭넓은 개념이었다는 것은 그가 구별하는 여러 상이한 유형의 우정을 보면 알 수 있다. ① 최하의 수준에는 유용성의 우정이 있는데, 이것은 친구들을 그 자체로서 사랑하는 것이 아니라, 오로지 그들로부터 받는 이익 때문에 사랑하는 것이다.[56] 인간은 경제적으로 자족적이 아니기 때문에 이러한 우정도 인간에게 필요하다. 사업상의 우정이 이 유형일 것이다. ② 즐거움의 우정들. 이것들은 인간이 동료 인간들과 교제하는 가운데 취하는 자연적인 기쁨에 근거한 것으로, 젊은이들에게 특징적인 것이다. 왜냐하면 "젊은이들은 느낌에 의해 살며, 자기들 자신의 즐거움과 현재의 순간을 전력을 다하여 돌보기"[57] 때문이다. 그러나 이러한 두 유형의 우정은 모두 변하기 쉽다. 왜냐하면 그 우정의 동기, 즉 유용성이나 즐거움이 사라지면 그 우정도 파괴되기 때문이다. ③ 선(善)의 우정. 이런 유형의 우정은 완전한 우정이며, 양자 모두가 자신의 성격을 유지하는 한 지속된다. "그리고 덕이란 지속적인 것이다"라고 아리스토텔레스는 말한다.

우리가 기대할 것처럼, 아리스토텔레스는 우정이라는 주제에 대해 적지 않은 견해들을 피력하는데, 이것들은 심오하지는 않더라도 빈틈없고 적절하며, 자연적인 우정뿐 아니라 우리 주 그리스도와의 초자연적 우정에까지 적용될 수 있다. 예를 들어

---

53 *E.N.*, 1166 a 30-32.
54 *E.N.*, 1159 a 27-28.
55 *E.N.*, 1157 b 31-32.
56 *E.N.*, 1156 a 10-12.
57 *E.N.*, 1156 a 31-33.

그는 애정은 느낌이고 우정은 훈련된 정신의 습관이라는 점에서,[58] 그리고 "우정에 대한 바람은 급속하게 커지지만, 우정 자체는 그렇지 않다"[59]는 점에서 우정은 애정과 다르다고 평한다.

11.   "만약 행복이 덕에 따른 행위라면, 그것이 최상의 덕에 따르는 것이 합리적인데, 그 최상의 덕은 우리 내부의 최고의 것에 대한 덕일 것이다."[60] 행사되어 완전한 행복을 이루는 기능은, 아리스토텔레스에 따르면 관조적 기능이다. 그는 이것으로 지성적 또는 철학적 활동의 기능을 의미하며, 이로써 그가 플라톤과 공유하던 주지주의적 관점을 보여준다. 도덕적 행위와 인간 행복의 최고 유형 사이의 정확한 관계는 모호한 채로 남아 있지만, 아리스토텔레스는 『윤리학』에서 도덕적 덕이 없이는 진정한 행복이 불가능하다는 점을 매우 분명하게 하고 있다.

아리스토텔레스는 인간의 최고 행복은 관조하는 활동(τὸ θεωρῆσαι)에 있다고 말하는 몇 가지 이유들을 제시한다.[61] ① 이성은 인간의 최고 능력이며, 이론적 관조가 이성의 최고 활동이다. ② 우리는 이러한 형태의 활동을 그 어떤 다른 활동보다, 예를 들어 신체의 운동보다 더 오래 유지할 수 있다. ③ 쾌락은 행복의 요소들 가운데 하나인데, "철학은 분명히 인간의 탁월함이 드러나는 활동들 가운데 가장 즐거운 것이다." (이 마지막 말은 아리스토텔레스 자신에게조차 약간 유별나게 보였을 수도 있다. 왜냐하면 그는 "철학의 즐거움은 최소한 놀랄 만큼 순수하고 확실한 것 같으며, 사실상 이미 알고 있는 자의 삶이 배우고 있는 자의 삶보다 더 즐겁다고 해서 하나도 놀랄 일이 못된다"고 첨언하고 있기 때문이다). ④ 철학자는 다른 어떤 사람보다도 더욱 자족적이다. 사실상 그도 다른 사람들과 마찬가지로 생필품이 없이는 살 수 없다(그리고 아리스토텔레스는, 철학자는 적당한 외적 재화들과 친구들을 필요

---

58   *E.N.*, 1157 b 28-31.
59   *E.N.*, 1156 b 31-32.
　　　"신성은 곧 신 자신의 안녕이기" 때문에 신은 친구를 필요로 하지 않지만, "우리의 경우, 안녕이란 우리 자신을 넘어서는 무엇을 포함하기" 때문에 우리들은 친구 또는 친구들을 필요로 한다고 아리스토텔레스는 말한다. (*E.E.*, 1245 b 14-19.)
60   *E.N.*, 1177 a 12-13.
61   *E.N.*, K, 7.

로 한다고 생각했다). 그러나 그럼에도 불구하고 "철학자는 고립된 상태에서 자신의 탐구를 추구할 수 있으며, 보다 탁월한 사상가일수록 더욱더 그렇게 할 수 있다." 다른 사람들의 협조는 그에게 커다란 도움이지만, 그러한 협조가 부족하다고 할지라도 사상가는 그것 없이도 다른 사람들보다 더 잘 해나갈 수 있다. ⑤ 철학은 그 자체 때문에 사랑을 받는 것이지, 그것으로부터 생기는 어떤 결과들 때문에 사랑을 받는 것이 아니다. 실천적 활동의 영역에서는 바람직한 것은 행위 그 자체가 아니라, 그 행위로 인해 얻을 수 있는 어떤 결과이다. 철학은 그 이상의 목적을 위한 단순한 수단은 아니다. ⑥ 행복은 여가를 함의하는 듯이 여겨질 것이다. 그러나 "실천적 덕들은 전쟁이나 정치를 자신의 활동무대로 삼지만, 그것들은 여가로 하는 일이라고 말할 수 없는데, 전쟁은 특히 그렇다."

인간의 완전한 행복이 발견되는 곳은, 그것이 "전 기간에" 걸쳐 있는 것이라면 이성이 발휘되는 곳이며, 그렇다면 가장 고귀한 대상들에 대하여 그 이성이 발휘되는 곳이다. 그러한 삶은 인간 안에 있는 신적(神的) 요소를 표현한다. 그러나 우리는 사멸하는 존재인 우리 인간에게 인간적이고 가멸적인 일들에 마음을 쓰라고 충고하는 자들에게 귀기울이기를 거절할 것이다. 반대로 우리는 가능한 한 우리의 죽음을 연기하고 우리들 내부에 있는 최고의 요소가 지향하는 삶을 살기 위하여 우리가 할 수 있는 모든 것들을 하도록 노력해야만 한다. 왜냐하면 비록 그것은 우리들의 작은 부분에 불과하지만, 그 능력과 가치에 있어서는 [우리들이 지닌] 그 모든 다른 것들을 훨씬 능가하기 때문이다. 게다가 그것은 다른 모든 것들을 지배하고 그것들보다 낫기 때문에, 우리들 각자 안에 있는 진정한 자아로 보일 것이다. 따라서 우리가 우리 자신의 진정한 자아의 삶을 선택하지 않고 우리 자신이 아닌 다른 어떤 것의 삶을 선택한다면, 그것은 이상한 일일 것이다.[62]

아리스토텔레스는 어떤 대상들을 이론적 관조의 대상에 포함시키는가? 그는 형이상학과 수학의 변치 않는 대상들을 포함시키고 있음이 분명하다. 그런데 그는 자연학의 대상들도 포함시키는가? 그는 아마도 그것들이 우연적이지 않은 한에서만 포함

---

62   *E.N.*, 1177 b 26-1178 a 8.

시킬 것이다. 왜냐하면 우리가 이미 살펴본 바와 같이, 인간의 최고 행위는 우연적이지 않는 대상들에 관계하기 때문이다. 『형이상학』에서[63] 아리스토텔레스는 자연학을 이론적 지혜의 한 영역으로 (비록 『형이상학』의 다른 부분에서는[64] 자연학이 우연적 사건들에 대한 탐구이기도 하다는 것을 암시하고 있지만) 설정한다. 그러므로 자연학은 그것이 그것의 대상을 이루는 우연적 사건들 안에 있는 불변적이거나 필연적인 요소들을 탐구하는 한에 있어서만 "관조"에 속할 수 있다.

형이상학의 최고 대상은 신(神)이다. 그러나 아리스토텔레스는 『에우데모니아 윤리학』에 포함된 이상적 삶에 대한 정의 속에 표현되어 있는 종교적 태도, 즉 "신에 대한 경배와 관조"[65]를 『니코마코스 윤리학』에는 분명하게 포함시키지 않는다. 아리스토텔레스가 이러한 종교적 숭배의 태도를 『니코마코스 윤리학』 안에 그려진 이상적 삶의 모습 속에서 이해되도록 할 작정이었는지, 아니면 그가 이러한 초기의 종교적 태도를 잊어버리게 된 것인지는 명확하게 단정할 수는 없다. 어떤 경우이건 간에, 관조에 대한 그의 논의는 후대에, 그중에서도 특히 그것이 자신들의 목적에 당연히 잘 들어맞다는 것을 발견한 기독교 철학자들에게 지대한 영향을 행사했다. 지성은 우리가 대상을 소유하는 기능이며, 의지란 지성에 의해 이미 소유된 대상을 향유하는 기능이라는 이유에서, 지복직관의 본질은 의지의 작용보다는 지성의 작용에 있다는 성 토마스 아퀴나스의 가르침[66]에서 아리스토텔레스의 주지주의적 태도는 그대로 다시 울려퍼지고 있다.

---

63 *Metaph.*, 1005 b 1-2, 1026 a 18-19.

64 *Metaph.*, 1069 a 30 이하. 여기서 아리스토텔레스는 자연학이 영원한 대상들뿐만이 아니라 가멸적인 감각적 대상들에도 관계한다고 말하고 있다.

65 *E.E.*, 1249 b 20. 비록 우리가 신을 사랑하는 것이 가능하다 할지라도, 신은 우리의 사랑에 응답할 수 없기 때문에, 신에 대한 우정의 문제는 있을 수 없다는 『대 윤리학』(1208 b 26-32)에 나오는 그 철학자[아리스토텔레스]의 격언은 아리스토텔레스의 형이상학을 다룰 때 이미 언급한 바 있다.

66 *Summa Theologica*, Ia, q. 26, art. 2 참조.

제 31 장

정치학

01.　국가는 (아리스토텔레스가 생각하는 국가는 그리스의 도시국가이다) 모든 다른 공동체와 마찬가지로 어떤 목적을 위해 존재한다. 국가의 경우, 이 목적은 인간의 최고선인 인간의 도덕적·지적(知的) 삶이다. 가족이란 삶을 위해, 즉 인간이 매일 필요로 하는 것들을 공급하기 위하여 존재하는 1차적 공동체이다.[1] 여러 가족들이 결합하고 일상적 필수품들의 단순한 공급 이상의 무엇인가를 지향하게 될 때 촌락이 존재하게 된다. 그러나 여러 촌락이 함께 결합하여 "거의 자족적이거나 아니면 완전히 자족적인"[2] 큰 공동체를 형성할 때, 국가가 존재하게 된다. 국가는 그저 삶이라는 목적을 위해 존재하게 되지만, 그 존속은 좋은 삶을 목적으로 이루어진다. 아리스토텔레스는 국가는 가족 및 촌락과 단순히 양적으로뿐만 아니라 질적 및 종적(種的)으로도 다르다고 주장한다.[3] 인간이 온전한 의미에서 좋은 삶을 영위할 수 있는 것은 오직 국가 안에서뿐이며, 좋은 삶이라는 것은 인간의 자연적 목적이기 때문에, 국가는 자연적 사회로 불려야만 한다. (그러므로 소피스트들은 국가는 단순히 관습의 산물에 불과하다고 생각했다는 점에서 잘못이었다.) "국가가 자연의 산물이라는 것과, 인간은 본성적으로 정치적 동물이라는 것은 분

1　*Pol.,* 1252 b 13-14.
2　*Pol.,* 1252 b 28 이하.
3　*Pol.,* 1252 a 8-23.

명하다. 그리고 단순히 우연적으로가 아니라 본성적으로 국가를 갖지 않는 자는 인간보다 상위에 있거나 하위에 있는 자이다."[4] 인간의 말하는 재능은 자연이 인간을 사회생활을 하도록 운명지었음을 분명하게 보여주며, 종적으로 완벽한 형태의 사회생활은 아리스토텔레스가 보기에 국가라는 사회생활이다. 국가는 자족적인 전체인데 반해, 개인도 가족도 자족적이지 않다는 의미에서 국가는 가족 및 개인에 우선한다. "사회 안에서 살 수 없는 자, 또는 스스로 자족적이기 때문에 그럴 필요가 없는 자, 이런 자들은 짐승이거나 신(神)임에 틀림없다."[5]

국가를, 좋은 삶의 영위 또는 행복의 획득이라는 인간의 목적에 기여하는 긍정적 기능을 행사하며, 개인 및 가족에 대해 본성적으로 앞선다(natura prior, 시간적으로 앞서는(tempore prior) 것과 구별되도록)고 보는 플라톤-아리스토텔레스적 국가관은 그 이후의 철학에 막대한 영향을 미쳤다. 중세의 기독교 철학자들 사이에서는 그들이 정당하게 개인과 가족에 부여한 중요성과, 그들이 국가보다 더 높은 목적을 지닌 교회라는 또하나의 "완전한 사회"를 받아들였다는 사실로 해서(또한 중세기에는 국민국가가 상대적으로 발전되지 못했다는 사실로 인해서도) 그것[플라톤-아리스토텔레스적 국가관의 영향]은 자연스럽게 경감되었다. 그러나 독일의 헤겔이나 영국의 브래들리(Bradley)와 보상케(Bosanquet)를 생각해보기만 하면, 그리스적 국가 개념이 그리스적 자유 개념과 더불어 소멸해버린 것이 아님을 깨닫게 된다. 나아가 그것은 과장될 수 있고 또 (특히 기독교적 진리가 부재하여 일면적인 과장에 대한 교정책으로서 역할을 할 수 없었던 곳에서) 실제로 과장되어 오기도 한 개념이지만, 예를 들어 허버트 스펜서의 국가 개념보다는 훨씬 풍부하고 참다운 국가 개념이다. 왜냐하면 국가는 그 시민들의 현세적 복지를 위해 존재하기 때문이다. 즉 국가는 단순히 소극적인 목적을 위해서가 아니라 적극적인 목적을 위해 존재하며, 이러한 적극적 국가 개념은 전체주의적 국가라는 신화의 과장에 의해 오염되지 않고 매우 잘 유지될 수 있기 때문이다. 아리스토텔레스의 지평은 (그가 알렉산드로스와 접촉했음에도 불구하고) 어느 정도 그리스적 도시국가의 한계에 의해 제한되어 있었으며, 주권국

---

4   *Pol.*, 1253 a 1-4.
5   *Pol.*, 1253 a 27-29.

가 및 제국의 개념은 가지고 있지 못했다. 그럼에도 불구하고 그의 마음은 자유방임주의 이론가들이나 로크에서 스펜서에 이르는 영국학파의 사람들보다도 국가의 본질과 기능을 더 잘 꿰뚫어보았다.

02.   우리가 보유하고 있는 대로의 『정치학』에서 다루어지는 가족에 대한 아리스토텔레스의 논의는 사실상 주인-노예의 관계에 대한 논의와 부의 획득에 대한 논의에 국한되어 있다. 노예제도는 (아리스토텔레스에 따르면, 노예는 살아 있는 활동의 도구, 즉 주인의 삶을 보조하는 수단이다) 자연에 기초해 있다. "탄생하는 시간에서부터, 어떤 사람은 복종하도록 낙인되어 있고, 어떤 사람은 지배하도록 되어 있다."[6] "어떤 사람들은 본성상 자유롭고, 다른 사람들은 노예라는 것과, 이 사람들을 위해 노예제도는 편리하기도 하고 정당하기도 하다는 것은 분명하다."[7] 이러한 견해가 우리들에게 터무니없게 보이는 것은 당연하지만, 아리스토텔레스 설(說)의 본질은 사람들은 지적 능력과 물리적 능력에서 차이가 나며, 그로 인해 사회 내에서 상이한 직책에 적합하다는 것임을 잊어서는 안 된다. 아리스토텔레스가 그 당시의 노예제도를 인정하고 있다는 것은 유감스러운 일이지만, 그것은 대체로 역사적 우연이다. 그것의 역사적 및 당시대적 우유성(偶有性)들을 제거해놓고 보면, 그것에서 비난할 수 있는 것은 인간들이 그 능력과 적응력에 있어서 서로 다르다는 것을 인정한 점이라기보다는(이것이 사실임은 너무나 분명해서 상세히 설명할 필요가 없다), 인간의 두 유형을 너무나 완고하게 양분했다는 것과 "노예적 본성"을 거의 인간 이하의 그 무엇으로 간주하는 경향이다. 그러나 아리스토텔레스는 주인과 노예의 이익은 같기 때문에[8] 주인이 자신의 권위를 남용해서는 안 된다고 주장함으로써, 그리고 모든 노예들은 해방의 희망을 가져야 한다고 말함으로써[9] 노예제도에 대한 자신의 승인과 합리화를 누그러뜨리고 있다. 게다가 그는 타고난 노예의 자식은

---

6   *Pol.*, 1254 a 23-24.
7   *Pol.*, 1255 a 1-3.
8   *Pol.*, 1255 b 9-15, 1278 b 33-38 참조. 1260 b 5-7에서 아리스토텔레스는 주인이 자신의 노예와 더불어 대화해서는 안 된다는 플라톤의 생각을 비판하고 있다.
9   *Pol.*, 1330 a 32-33.

그 자신이 타고난 노예일 필요는 없다는 것을 인정했으며, 정복의 권리에 의한 노예제도를 반대했다. 그 근거는 힘의 우월함과 탁월성의 우월함은 동등하지 않으며, 게다가 다른 한편으로는 그 전쟁이 정당한 전쟁이 아닐 수도 있다는 것이었다.[10] 그럼에도 불구하고 노예제도의 이러한 합리화는 그 자체로서 고려될 때, 유감스러우며, 그 철학자 [아리스토텔레스]의 사고방식의 한계를 드러낸다. 사실상, 아리스토텔레스는 노예제도의 역사적 기원(정복)의 정당성을 거부하고 나서, 계속해서 노예제도에 대한 철학적 합리화 및 정당화를 제공했던 것이다!

03.　　일반적으로, 부(富)를 획득하는 두 가지 상이한 방식과 그 중간적 방식이 있다.[11]

① "자연적" 방식은, 예를 들면 목축과 사냥 그리고 농경에 의하여 생활에 필요한 사물들을 축적하는 것이다. 그러나 그러한 축적은 인간에게 필요한 사물들에 의하여 자연적으로 제한된다.

② 중간적 방식은 물물교환이다. 물물교환에서 사물은 그것의 "적절한 사용"과는 동떨어져서 사용되지만, 생필품을 획득을 위하여 사용되는 한 물물교환은 부(富)를 획득하는 자연적 방식으로 불릴 수 있다.

③ 두 번째 방식인 부를 획득하는 "비자연적" 방식은 돈을 상품교환의 수단으로 사용하는 것이다. 아리스토텔레스가 소매적 교역을 비난하는 것이 우리에게는 매우 이상하게 보인다. 그러나 이러한 그의 편견은 대체로 상업에 대한 그리스인들의 일반적인 태도에 의하여 영향을 받았는데, 상업은 자유인에게는 상스럽고 부적절하다고 간주되었다. 중요한 것은 아리스토텔레스가 자신이 그렇게 부르듯이, 돈에서 돈을 낳는 것인 "고리대금업"을 비난하는 점이다. "돈이란 교환에 사용되기 위한 것이지 이자로 불리기 위한 것이 아니다." 이 말은, 문자 그대로 받아들이면 돈에 근거하여 이자를 받는 것을 모두 비난하

---

10 Pol., 1254 b 32-34, 1255 a 3-28.
11 Pol., 1256 a 이하. (A, 8-11).

470　　　　　　　　　　　　　　　　　　　제4부 아리스토텔레스

는 것이 될 것이나, 아리스토텔레스는 아마도 금전대부업자들이나 또는 가난하고 남을 쉽사리 믿으며 무지한 사람들을 희생시키는 현대적 의미의 고리대금업자들의 행태를 생각하고 있었을 것이다. 그러나 그는 돈의 "자연적" 목적에 관한 자신의 이설(理說)에서 자신의 태도에 대한 합리화를 발견했음이 확실하다. 소나 양들은 과실수들과 마찬가지로 자연적으로 증가하지만, 돈은 그처럼 자연적으로 증가하지 않는다. 그것은 다른 어떤 것도 아니고 단지 교환의 수단만 되도록 되어 있는 것이다. 교환의 수단으로 봉사하는 것이 돈의 자연적 목적이다. 그런데 만약 돈으로 상품을 교환하지도 않고, 또 돈을 빌려주는 사람 쪽에서 그 어떤 수고도 없이 단순히 돈을 빌려주는 과정에 의해서 더 많은 부(富)를 취득하도록 사용된다면, 그 돈은 부자연스러운 방식으로 사용되고 있는 것이다. 말할 필요도 없이, 아리스토텔레스는 현대 재정학을 생각하지 못했다. 만약 그가 오늘날 살아 있다면, 그가 우리의 금융제도에 어떻게 반응할지 자신의 이전 견해를 거부할 것인지 아니면 수정하거나 뒤집을 것인지 우리는 말할 수 없다.

04.　　누구나 예상할 수 있는 일이지만, 아리스토텔레스는 플라톤이 그린 이상국가상에 도취되기를 거부했다. 그는 플라톤이 제안했던 것과 같은 급진적인 변화가 필요하다고는 생각하지 않았다. 설사 그러한 변화가 실행 가능하다 하더라도, 그것이 바람직하다고는 생각하지 않았다. 예를 들어 그는 모든 사람들의 자식이란 그 누구의 자식도 아니라는 이유에서 수호자 계급의 아이들을 위한 탁아소가 있어야 한다는 플라톤의 생각을 거부했다. 플라톤적 의미의 아들이 되느니 차라리 실질적인 조카가 되는 것이 더 낫다![12] 마찬가지로 그는 공산제도의 개념을 논쟁들과 비효율성 등을 초래할 것이라는 이유에서 비판한다. 재산의 향유는 즐거움의 원천이다. 그런데 플라톤이 만약 수호자계급이 이러한 행복의 원천을 박탈당한다면 국가가 행복하게 될 것이라고 말하는 것은 아무런 쓸모가 없다. 행복이란 개인들이 누리거나 아니면 전혀 누릴 수 없는

12　*Pol.,* 1262 a 13-14.

것이기 때문이다.[13] 대체로 플라톤은 지나친 단일화를 지향했다. 아리스토텔레스는 부(富)의 축적 그 자체에 찬성하지 않았다. 그러나 그는 모든 재산을 균등하게 할 필요보다는 부를 과하게 탐하지 않도록 시민들을 교육시킬 필요와, 만약 그러한 교육을 받을 능력이 없는 사람들이 있다면, 그들이 과도한 부를 소유하지 못하도록 할 필요가 있다고 보았다.

05.   아리스토텔레스는 시민의 자격요건을 아테네 민주주의의 관례로부터 받아들이고 있는데, 아테네 민주주의는 대표조직을 갖춘 현대의 민주주의와 똑같지는 않았다. 그의 견해로는, 모든 시민이 순서에 의해 통치하는 일과 통치받는 일에 참여해야만 하며,[14] 최소한의 시민권이란 의회 및 법 집행에 참여하는 권리이다. 그러므로 시민이란 심의 또는 사법적 관직에 참여할 수 있는 권리를 지닌 자(ᾧ ἐξουσία κοινωνεῖν ἀρχῆς βουλευτικῆς καὶ κριτικῆς)[15]이다.

아리스토텔레스는 의회와 법정에 참여하는 것이 시민에게 본질적이라고 생각했기 때문에, 기계공들과 장인들의 계급을 시민의 범주에서 제외하게 되었다. 그들은 [그러한 일을 하는데] 필요한 여유가 없었기 때문이다. 그에 대한 또 다른 이유는 손으로 하는 일은 영혼을 제한하며 영혼을 진정한 덕에 적합하지 않도록 만든다는 것이다.[16]

06.   다양한 유형의 정체(政體)에 관해 논의하면서 아리스토텔레스는 정부를 공공의 이익을 목표로 하는 정부와 자신들의 개인적 이익을 목표로하는 정부로 나눈다.[17] 이렇게 넓게 나뉜 것들 각각은 다시금 세 가지로 세분된다. 그래서 세 가지의 좋은 유형의 정체와 세 가지의 나쁜 또는 일탈된 유형의 정체가 있게 된다. 올바른 정체인 왕정에는 일탈된 유형인 참주정치가 대응되고, 귀족정치에는 과두정치가, 그리고 법치

---

13   *Pol.*, 1264 b 15-23.

14   *Pol.*, 1277 b 참조.

15   *Pol.*, 1275 b 18-19.

16   *Pol.*, 1277 a 33-as78 a 15, 1328 b 33-1329 a 21 참조.

17   *Pol.*, 1279 a 17-21.

체제에는 민주정치가 대응되는데, 이렇게 다양한 정체들의 상대적인 장점을 논하는 가운데 아리스토텔레스의 정치감각이 나타난다. 그에게 있어서 이상적인 것은 어느 한 사람이 탁월성에 있어서 다른 모든 사람 한 사람 한 사람을 능가하고, 통틀어서도 능가해서 자연적인 군주 및 통치자가 되는 것이다. 그러나 실제로는 그처럼 완전한 사람은 나타나지 않으며, 일반적으로 탁월한 영웅들이란 원시적인 사람들 사이에서만 발견된다. 그렇기 때문에 귀족정치, 즉 다수의 선한 사람들에 의한 통치가 일인 군주제보다 낫다. 귀족정치는 탁월성으로 인해 정치적인 지휘를 할 수 있는 사람들에 의하여 자유인으로서 지배를 받을 수 있는 일군(一群)의 사람들에게 가장 좋은 형태의 정치제도이다. 그러나 아리스토텔레스는 귀족정치마저도 그 당시의 국가체제로서는 너무 높은 이상일 것이라는 점을 인지하고 "법치체제"를 옹호하는데, 그 체제에서는 "부유한 사람들에게 그들의 공적에 따라 관직을 부여하는 법에 의해 번갈아가며 복종하고 통치할 수 있는, 다수의 전사(戰士)들이 자연스럽게 존재한다."[18] 이것은 사실상 중간계급에 의한 통치와 동일하며, 어느 정도는 과두정치와 민주정치의 중간적인 성격을 띤다. 왜냐하면 이러한 법치체제에서는 통치를 하는 것은 다수이지만 (이 점에서 과두정치와 구별된다) 이들은 전사로서, 즉 중무장한 중장비 보병으로서 봉사할 수 있는 능력은 어느 정도의 재산을 전제한다는 점으로 보아, 민주정치의 경우와는 달리 재산이 없는 대중은 아니기 때문이다. 아리스토텔레스는 아마도 (그가 그것에 대해 언급하고 있지는 않지만) 중무장을 갖춘 5,000명의 사람들에게 권력이 있고 회의 참석을 위하여 돈을 지불하는 제도가 폐지된 기원전 411년의 아테네 정체(政體)를 생각하고 있을 것이다. 이것은 테라메네스의 정체였다.[19] 아리스토텔레스는 이런 유형의 정체를 칭찬했지만, 부유층과 빈곤층은 서로를 믿기보다는 중간계층을 믿을 것 같기 때문에 (그 결과 중간계층은 그들을 반대하는 [부유층과 빈곤층의] 어떤 제휴도 두려워할 필요가 없다) 중간계층이 가장 안정적이라는 그의 주장은, 그 견해에 분명히 약간의 진리가 들어 있음에도 불구하고, 우리에게는 그가 생각했던 것만큼 설득력 있게 들리지 않을 수 있다.[20]

---

18   *Pol.*, 1288 a 12-15.
19   *Athen. Polit.*, 28과 33 참조.
20   *Pol.*, 1295 b 1-1296 a 21.

07. 아리스토텔레스는 각각의 체제 하에서 발생하기 쉬운 혁명의 다양한 종류와 등급, 그리고 그 원인과 방지 수단을 예리하게 다루고 있다. 그리고 그는 방대한 역사적 지식을 지니고 있었기 때문에, 자신이 주장하려는 것에 대한 적절한 역사적 예증을 제시할 수 있었다.[21] 예를 들어 그는 혁명적인 마음 상태는 주로 일면적인 정의 개념에서 비롯된다는 점을 지적한다. 민주주의자들은 동등한 자유를 누리는 자들은 모든 것에 있어서 동등해야 한다고 생각하고 있고, 과두정치가들은 인간은 부(富)에 있어서 동등하지 않기 때문에 모든 것에 있어서 동등해서는 안 된다고 생각하고 있다는 것이다. 그는 통치자들이 자신들이 가지고 있는 관직을 이용해서 자신을 위해 돈을 벌 기회를 가져서는 안 된다는 사실을 강조하고 있으며, 국가의 고위직에 요구되는 필수요건, 즉 통치체제에 대한 충성과 행정능력 그리고 성실성을 강조한다. 어떤 유형의 통치체제이건 간에 극단으로 흐르지 않도록 조심해야만 한다. 왜냐하면 만약 민주정치나 과두정치가 극단으로 밀리면, 그 결과로서 발생하는 불만 도당들의 봉기가 종국에는 반드시 혁명으로 이어질 것이기 때문이다.

08. 『정치학』 7권과 8권에서 아리스토텔레스는 국가가 어떤 것이어야 하는가에 대한 자신의 긍정적 견해들을 논한다.

① 국가는 자족적일 수 있을 만큼 충분히 거대해야 한다(물론 자족적인 공동체가 실제로 어떤 것인가에 대한 아리스토텔레스의 생각이 현시대에는 전혀 적합하지 않을 것이다). 그러나 질서와 좋은 정부를 실행 불가능하게 만들 정도로 거대해서는 안 된다. 다른 말로 하면, 국가의 목적을 완수하기에 충분할 만큼은 거대해야 하지만, 더 이상 그렇게 할 수 없을 정도로 거대해서는 안 되는 것이다. 이러한 목적을 위해 필요한 시민들의 수(數)가 미리 산술적으로 산정(算定)될 수는 물론 없다.[22]

---

21 *Pol.*, Bk. 5.
22 *Pol.*, 1325 b 33-1326 b 24.

② 국가 영토의 크기에 대해서도 마찬가지이다. 국가의 영토는 여유 있는 생활이 불가능할 정도로 작아서는 (즉 문화가 성립할 수 없을 정도로) 안 된다. 그러나 사치가 조장될 정도로 커서도 안 된다. [도시]국가는 단지 부(富)만을 목표로 해서는 안 되고, 필요한 것의 수입과 남는 것의 수출을 목표로 해야 한다.[23]

③ 시민들. 농업 노동자들과 장인들은 필요하지만, 그들은 시민의 권리를 누리지 못할 것이다. 오직 세 번째 계급인 전사계급만이 온전한 의미에서의 시민일 것이다. 그들은 젊었을 때 전사가 되고, 중년에는 통치자나 행정가가 되며, 노년에는 성직자가 될 것이다. 시민들은 각자 도시 근처와 변방 근처에 각각 한 구역씩의 땅을 소유하게 될 것이다(그 결과 모두가 국가를 수호하는 데 대해 관심을 가질 수 있다). 이 땅은 비시민인 노동자들에 의해 경작될 것이다.[24]

④ 교육. 아리스토텔레스는 플라톤과 마찬가지로 교육에 커다란 중요성을 부여했으며, 다시 한번 플라톤과 마찬가지로 교육을 국가가 해야 할 일이라고 생각했다. 교육은 육체에서 시작해야 한다. 왜냐하면 육체와 육체의 욕구는 영혼과 영혼의 기능들보다 일찍 발달하기 때문이다. 그러나 육체는 영혼을 위해 훈련되어야 하며, 욕구는 이성을 위해 훈련되어야 한다. 그러므로 교육이란 그 무엇보다도 우선적으로 도덕교육이다. 시민들은 농사꾼이나 장인들처럼 일을 함으로써 생계를 꾸려가야 할 필요가 전혀 없을 것이고, 우선 훌륭한 군인이 되도록, 그리고는 훌륭한 통치자 및 행정가가 되도록 훈련될 것이기 때문에 더더욱 그렇다.[25] 도덕교육에 대한 이러한 강조는 태교와 어린이들의 놀이에 관한 아리스토텔레스의 견해에서도 나타나고 있다. 교육지도자는 이러한 모든 문제들을 매우 신중하게 생각해야 하며, 어린이들의 놀이나 그들에게 들려주는 이야기들을 자신들이 정성을 들이기에는 너무 사소한 것으로 간주해서는 안 된다. (음악교육에 관해 아리스토텔레스는 "딸랑이는 유아의 정신

---

23 *Pol.*, 1326 b 25-1327 b 18.
24 *Pol.*, 1328 b 2-1331 b 23.
25 *Pol.*, 1332 b-1333 a 16.

에 적합한 장난감이고, 음악교육은 좀 더 자란 아이들을 위한 딸랑이 또는 장난감이다"[26]라는 재미있는 말을 하고 있다.)

『정치학』은 유감스럽게도 미완의 작품이기 때문에 (과학교육 및 철학교육을 다루는 부분이 빠져있다) 우리는 아리스토텔레스가 시민들에 대한 고등교육에 관하여 정확히 어떤 방향을 설정할 것인지에 대해서는 말할 수는 없다. 그러나 한 가지 분명한 것은 플라톤과 아리스토텔레스 모두가 교육 및 시민의 이상에 대해 드높고 고결한 생각을 가지고 있었다는 것이다. 그들은 기술적 훈련 및 실리적 훈련을 강조하는 그 어떤 교육 기획에도 그다지 공감하지 않을 것이다. 왜냐하면 그러한 기획은 영혼의 보다 고차적인 능력들을 등한시한 채 내버려두어서, 개인을 자신의 적당한 목표를 달성하도록 준비시키는 것이 교육의 목적임에도, 그렇게 하지 못하기 때문이다. 비록 때때로 아리스토텔레스가 마치 사람들을 단순히 국가라는 거대한 기계 속 톱니바퀴들이 되도록 교육시키기를 원하는 것처럼 보일지도 모르나, 사실은 그렇지 않다. 그가 보기에 국가의 목표와 개인의 목표는 일치한다. 그것도 개인이 전적으로 국가에 완전히 흡수된다는 의미에서가 아니라, 시민 개개인이 선하고 그들이 각기 적당한 자신들의 목표를 이룰 때 국가가 번성한다는 의미에서 일치하는 것이다. 국가의 안정과 번영에 대한 유일하고 실제적인 보장은 시민들의 도덕적 선(善)과 성실성이다. 반면에 만약 국가가 선하지 못하고 또 국가의 교육제도가 합리적이고 도덕적이며 건전하지 못하면, 그 시민들은 선하게 될 수 없을 것이다. 개인들은 사회 안에서의, 즉 국가 내에서의 삶이라고 하는 구체적인 삶을 통해서 자신을 적절하게 계발하고 완성하는 반면, 사회는 그 구성원들의 완성을 통해서 적당한 자신의 목표를 이룬다. 아리스토텔레스가 국가를 선과 악을 초월한 하나의 위대한 전체주의 국가(Leviathan)로 간주하지 않았다는 것은, 그가 스파르타인들에게 가하는 비판을 보면 분명하다. 전쟁과 통치가 국가의 핵심이라고 생각하는 것은 커다란 오류라고 그는 말한다. 국가는 선한 삶을 위해서 존재하며, 개인들이 따르는 것과 똑같은 도덕적 계율에 따라야 한다. 그의 표현대로 "개인 및 국가에 최선

26　*Pol.*, 1340 b 29-31.

인 것은 서로 같다."²⁷ 이성과 역사 모두는, 입법자는 군사적 수단 및 다른 수단들을 평화를 확립하는 쪽으로 돌려야 한다는 것을 보여준다. 군국주의 국가들은 오직 전시에만 안전하다. 일단 그것들이 제국을 이루고 나면, 그것들은 쇳덩이처럼 녹슬어버리고 영락한다. 플라톤과 아리스토텔레스는 모두 진정으로 문화 · 정치적인 삶의 장려에 몰두하여, 군사력 강화라고 하는 제국주의적 환상에 단호하게 반대한다.

---

27   *Pol.*, 1333 b 37.

제32장

아리스토텔레스의 미학

━━━━━━━ **1. 아름다움**

01.　아리스토텔레스는 아름다운 것을 단순히 즐거운 것과 구별한다. 예를 들면 그는 『문제집』(*Problemata*)에서[1] 성적 선호(sexual preference)와 미적 선택(aesthetic selection)을 대비하고, 그렇게 함으로써 실재의 객관적 아름다움을 오로지 욕구에만 관련된 "아름다움"과 구별한다. 다시 『형이상학』에서도[2] 그는 수학적인 학문들이 아름다운 것과 무관하지 않다고 말한다. 그러므로 그에게 있어서 아름다움이란 단순하게 즐거운 것, 즉 감관을 즐겁게 자극하는 것일 리는 없다.

02.　아리스토텔레스는 아름다움을 선(善)과 구별하는가? 그는 이 점에 관하여 [주장이] 매우 분명한 것 같지는 않아 보인다.

1　896 b 10-28.
2　1078 a 31-b 6.

① 『수사학』에서[3] 그는 "아름다움은 선하기 때문에 즐거운, 그런 선이다"라고 진술하는데, 이것은 아름다운 것과 도덕적인 것 사이에 그 어떤 실재적 구별도 인정하는 것처럼 보이지 않는 정의이다. (로버츠(W. Rhys Roberts) 교수는 아름다움(τὸ χαλόν)을 고결함(Noble)으로 번역한다, Oxford 번역, 제11권 참조.)

② 그러나 『형이상학』에서 그는 "선과 아름다움은 다르다(왜냐하면 전자는 항상 자신의 주체로서 행위를 요구하는 반면에, 아름다움은 움직임이 없는 사물들에서도 발견되기 때문이다)"[4]라고 분명하게 진술한다. 이 진술은 최소한 아름다운 것과 도덕적인 것 사이의 차이를 인정하는 것으로 보이며, 아름다움 그 자체는 단순히 욕구의 대상이 아니라는 것을 의미하는 것으로 해석될 수 있다. 그리고 그것은 칸트 및 쇼펜하우어가 말하는 바 대로의 이설, 즉 아름다움은 관조되며 그러한 관조는 이해에 얽매이지 않는다는 이설을 틀림없이 허용할 것이다.

03.　　한 걸음 더 나아간, 보다 만족스러운 정의나 기술은 아리스토텔레스가 "미(美)의 주요 형식들은 질서와 균형 그리고 명확성이다"라고 말하고 있는 『형이상학』에서[5] 발견된다. 수학이 아름다운 대상들에 관한 어떤 진단적 가치를 부여받는 것은 이러한 세 특성들을 지니기 때문이다. (아리스토텔레스는 계속해서 [선과 미의 관계를] 보다 명료하게 다루겠다고 약속하는 ―비록 이 약속이 지켜졌다 하더라도, 그것이 [오늘날] 남아있지는 않지만― 것으로 보아, 자신이 [그 문제에 대해] 모호하다는 것을 의식하고 있었던 것 같다.)

　　마찬가지로 『시학』에서[6] 아리스토텔레스는 "아름다움은 크기와 질서의 문제"라고, 또는 [그것은] 크기와 질서에 있다고 말한다. 그러므로 그는 생명체는 아름답기 위해서 그 부분들의 배열에 있어 일정한 질서를 나타내야 하며, 또한 너무 크거나 너무 작지도 않은, 어떤 명확한 크기를 지녀야 한다고 주장한다. 이 주장은 『형이상학』에서 제시된 정의와 어느 정도 일치할 것이며, 아름다움은 관조의 대상이지 욕구의 대상이

3　　1366 a 33-36.

4　　1078 a 31-32.

5　　1078 a 36-b 1.

6　　1450 b 40-41.

아님을 의미할 것이다.

04.   아리스토텔레스가 『시학』에서[7] 희극의 주제를 어리석은 것으로 삼는다는 점에 주목하는 것은 매우 흥미롭다. 왜냐하면 어리석은 것은 "추함의 일종"이기 때문이다. ([여기에서] 어리석음이란 "타인에게 고통을 야기하거나 해를 끼치지 않는 실수나 결함"이다.) 이것은 추한 것이 전체적인 효과에 부수적인 것으로서 예술작품에 사용될 수 있다는 것을 의미한다. 그러나 아리스토텔레스는 추한 것과 아름다운 것과의 관계도, 어느 정도까지 "추한" 것이 아름다운 것의 구성요소가 될 수 있는가라는 문제도 명확하게 다루고 있지 않다.[8]

━━━━━━━━━ **2. 순수 예술 일반**

01.   도덕성은 행위 자체(πράττειν)를 목표로 하지만, 기예는 행위 자체가 아니라 무엇을 생산하는 것을 목표로 한다. 하지만 기예 일반(τέχνη)은 다음과 같이 세분되어야[9] 한다.

① 자연의 작업을 완성시키는 것을 목표로 하는 기예, 가령 도구의 제작. 왜냐하면 자연은 인간에게 단지 손만을 주었기 때문이다.
② 자연의 모방을 목표로 하는 기예. 이것이 순수 예술인데, 아리스토텔레스는 플라톤과 마찬가지로 이것의 본질은 모방에 있다고 생각한다. 다른 말로 하면, 예술 속에서 실재 세계의 모방인 상상의 세계가 창조된다.

---

7   1449 a 32-34.
8   "아름다운 예술은 자연세계에서 추하거나 불쾌하게 존재하는 것을 아름다운 것으로 묘사한다는 점에서 그 탁월성을 보여준다." Kant, *Critique of Judgment*, I, 1, 48 참조.
9   *Physics*, B 8, 199 a 15 이하.

02.　　그러나 아리스토텔레스에게서 "모방"은 플라톤에서 그랬던 것과 같이, 경멸적 색채를 띠지는 않는다. 초월적인 개념들이 존재한다고는 믿지 않았기 때문에, 당연히 아리스토텔레스는 예술을 진리로부터 세 단계 떨어져 있는, 모사에 대한 모사로 만들지 않을 것이다. 사실상 아리스토텔레스는 이러한 견해로 기울어 있다. 즉 예술가들은 사물들 속에 들어 있는 이상적 또는 보편적 요소를 어떤 예술이 되었건 당해 예술의 수단으로 변환시킴으로써, 오히려 사물들의 그러한 요소 안으로 파고들어간다는 것이다. 그는 비극은 극중 인물들을 "현재의 인간들"보다 낮게, 그리고 희극은 그보다 못하게 묘사한다고 말하고 있다.[10] 아리스토텔레스에 따르면, 호메로스의 [극중] 인물들은 현재의 우리들보다 낫다. (호메로스는 플라톤에게 매우 심한 비난을 받았다는 것을 기억해야 할 것이다.)

03.　　모방은 인간에게 자연스러우며, 인간이 모방의 작품을 즐기는 것 역시 자연스럽다고 아리스토텔레스는 주장한다. 실재 세계에서는 쳐다보기가 괴로운 것도 그것의 예술적 재현물들은 우리가 보면서 즐거워할 수 있다는 점을 그는 지적한다.[11] (각주에서 이미 인용된 문구에 나오는 칸트를 참조할 것.) 그러나 그는 이 사실에 대한 설명을, 예를 들어 그림 속의 이 사람이 예컨대 소크라테스와 같이 내가 아는 사람임을 알아보는 순수 지적인 쾌락에서 발견하는 것 같다. [무엇인가를] 알아보는 가운데 이러한 즐거움이 있다는 것은 분명히 사실이지만, 그것이 하나의 예술론을 건설할 수 있을 정도는 못 된다. 사실상 그것은 실제로 무관하다.

04.　　아리스토텔레스는 시가(詩歌)란 "역사보다 더 철학적이고 더 중요하다. 왜냐하면 역사의 진술은 개별적인데 반해, 시가의 진술들은 오히려 보편자의 성격을 지닌 것이기 때문이다."[12]라고 분명하게 주장한다. 계속해서 그는 개별적 진술로 알키비아데스가 자신에게 행한 것이거나 또는 행했던 것을 의미하며, 보편적 진술로는 "이러저

10　　*Poetics*, 1448 a 16-18.
11　　*Poetics*, 1448 b 10-19.
12　　*Poetics*, 1451 b 5-8.

러한 종류의 인간이 아마도 또는 반드시 말할 것이거나 또는 행할 것"을 의미한다고 설명한다. 그러므로 시인의 임무는 "발생한 일이 아니라, 발생할 수도 있는 일, 즉 개연적이거나 필연적인 것으로서 가능한 것을 기술하는 것이다." 아리스토텔레스가 시인과 역사가 사이의 차이를 발견하는 것은 이 점에서이지, 그들 중 한 사람은 운문을 쓰고 다른 사람은 산문을 쓴다는 점에서가 아니다. 그것은, "헤로도토스의 작품을 운문으로 바꿀 수도 있을 것이지만, 그래도 여전히 그것은 역사의 일종일 것이다"라는 그의 말에서도 드러난다.

이러한 이론에 근거하자면, 예술가들은 차라리 유형들을 다루는데, 유형들은 보편적인 것 및 이상적인 것과 동류(同類)이다. 역사가는 역사적 인물인 나폴레옹이 말하고 행하고 겪었던 일들을 이야기함으로써 나폴레옹의 생애를 쓸 수 있을 것이다. 그러나 시인은, 비록 자신의 서사시에 나오는 영웅을 나폴레옹이라고 부르긴 했어도, 오히려 보편적인 진리나 "개연성"을 묘사할 것이다. 역사적 사실에 집착하는 것은 시가에서 그다지 중요하지 않다. 시인은 사실상 실제의 역사로부터 주제를 취할 수도 있지만, 그가 기술하고 있는 것이 (아리스토텔레스의 말을 사용하면) "개연적이고 가능한 사물들의 질서" 안에 있는 것이라면, 그는 여전히 시인이다. 아리스토텔레스는 심지어, 가능은 하되 그럴듯하지 않은 것보다는 불가능하지만 그럴듯한 것을 묘사하는 것이 시인으로는 훨씬 더 훌륭하다고까지 말하고 있는데, 이것은 단순히 시가의 보편적 성격을 강조하기 위한 것이다.

05.　　아리스토텔레스가 시가(詩歌)의 진술은 오히려 보편자의 성격을 지닌 것이라고 말한다는 점에 주목해야 한다. 다른 말로 하면, 시가는 추상적 보편자를 다루는 것이 아니다. 시가는 철학이 아니다. 따라서 아리스토텔레스는 교훈적인 시가를 비난한다. 운문의 형태로 철학의 체계를 제공하는 것은 시로 지은 철학을 쓰는 것이지, 시가를 만들어내는 것은 아니기 때문이다.

06.　　『시학』에서 아리스토텔레스는 서사시와 비극 그리고 희극에 대한 고찰에 국한하는데, 특히 비극에 국한한다. 회화와 조각 그리고 음악은 단지 부수적으로만 언급

될 뿐이다. 화가 폴리그노토스는 극중 인물을 "우리들보다 뛰어난" 인물로 그렸고, 파우슨은 우리보다 못한 인물로, 디오니시우스는 "우리들과 마찬가지인" 인물로 그렸다고 말하는 정도이다.[13] 그러나 다른 예술들의 주제에 관해 그가 가지고 있는 이야깃거리는 그의 모방이론에 중요하다.

그리하여 아리스토텔레스는 (연극에 동반되는 것으로서 얼마간 다루어지고 있는) 음악이 모든 예술 가운데 가장 모방적이라고 주장한다. 회화는 몸짓이나 안색과 같은 외적 요소들을 통해서 심적 상태나 도덕적 분위기를 지적할 뿐이지만, 반면에 음악의 곡조는 그 자체 안에 도덕적 분위기의 모사를 담고 있다. 그리고 『문제집』에서[14] 그는 "왜 감각의 대상들 가운데 들리는 것만이 감정적 중요성을 지니는가?"라고 묻는다. 아리스토텔레스는 음악의 [감각에 대한] 무매개적인 자극 효과를 생각하고 있는 것처럼 보일 것인데, 그것은 사실이기는 하지만 심미적 사실은 아니다. 그러나 그럼에도 불구하고 음악이 예술들 가운데 가장 모방적이라는 이론은 모방 개념을 상징체계를 포함하는 데까지 확장하며, 음악은 영적인 정서를 직접 구체화한 것이라는 낭만주의적 개념으로의 길을 열어놓는 것으로 보일 것이다. (『시학』에서 아리스토텔레스는 "화음은 빼고 리듬만이 무용수가 모방을 하는 수단이다. 왜냐하면 심지어 그는 자신의 몸짓의 리듬에 의해서 인간들이 행하고 겪는 것들뿐 아니라 그들의 성격까지도 표현할 수 있기 때문이다"[15]라고 말한다.)

07. 『정치학』에서 아리스토텔레스는 그림 그리기는 "미술가들의 작품에 대해 보다 정확한 판단"을 내리게 하기 때문에 젊은이들의 교육에 유용하다고 말하며,[16] 또한 "음악은 성격을 형성하는 힘이 있기 때문에 젊은이들의 교육에 반드시 도입되어야 한다"[17]고 주장한다. 그렇다면 순수 예술에 대한 아리스토텔레스의 관심은 주로 교육적이고 도덕적인 것으로 보일 것이다. 그러나 보상케가 평하듯이 "교육에 미적 관심을

---

13   1448 a 5-6.

14   919 b 26.

15   1447 a 26-28.

16   1338 a 17-19.

17   1340 b 10-13.

도입하는 것은 미적인 것에 교육적 관심을 도입하는 것과 똑같지 않다."[18] 아리스토텔레스는 음악과 연극이 모두 도덕교육의 기능을 가지고 있다로 간주했음이 분명하다. 그러나 이러한 기능을 인정하는 사람은 그것을 인정함으로써 예술의 도덕적 효과를 예술의 본질적 특성으로 규정한다는 결론이 필연직으로 도출되지는 않는다.

그러나 비록 아리스토텔레스가 예술의 교육적 측면 및 도덕적인 측면을 강조하고는 있지만, 그것이 그가 예술의 재창조적 본성이나 재창조적 효과에 무지했다는 것을 의미하지는 않는다.[19] 만약 그가 음악 및 연극에 재창조적 기능을 인정함으로써, 단순히 감각적 즐거움이나 공상의 자극을 언급했던 것이라면, 이것은 미적인 것과 관련이 없었을 것이다. 그러나 보다 고차원적인 재창조는 당연히 그 이상의 어떤 것을 의미해야 할 것이다.

────────── 3. 비극

01.　　비극에 대한 아리스토텔레스의 그 유명한 정의는 다음과 같다.[20] "비극이란 진지하고(σπουδαίας) 또한 일정한 크기를 지닌 것으로 그 자체로서 완결되어 있기도 한, 어느 한 행위에 대한 모방이다. [그 모방은] 그 각각의 종류가 작품의 여러 부분들에 따로따로 삽입되는 유쾌한 장식들을 지닌 언어로 이루어지고, 서술적 형식이 아니라 드라마의 형식으로 되어 있으며, 연민이나 공포를 불러일으키는 사건들을 포함하고, 그럼으로써 그러한 감정들의 정화(χάθαρσις)를 달성하는 것이다."

몇 가지 논점들을 설명에 덧붙여 보았다.

18　　*A History of Aesthetic*, 63쪽.

19　　아리스토텔레스는 분명히 즐거움을 제공하는 것을 비극의 기능들 가운데 하나로 간주했다. 문제는 이러한 즐거움이 그 성격에 있어서 얼마만큼이나 종적(種的)으로 미적인 것이었느냐 하는 것이다.

20　　*Poetics*, 1449 b 25-29.

① "진지한", "고상한", "좋은"은 비극의 내용상 특징을 가리킨다. 이것은 비극이 서사시와 공유하는 특징이며, 이 특징에 의해 비극과 서사시 모두가 저열한 것, 추한 것, 어리석은 것을 다루는 희극 및 풍자와 구별된다.

② "그 자체로서 완결되어 있는"이란 시작부와 중간부를 지닌 유기적 전체임을 의미한다. 이러한 플롯의 통일성 또는 구성의 유기적 통일성은 아리스토텔레스가 엄격하게 요구한 유일한 통일성이다.

『시학』에서[21] 실제로 아리스토텔레스는 비극은 서사시와는 달리, "가능한 한 태양이 한 번 회전하는 동안의 시간 또는 그에 가까운 어떤 시간을 넘지 않으려고 노력한다"고 말한다. 그러나 이것은 단순히 사실에 대한 진술일 뿐이고, 그가 시간의 통일성에 대한 요구를 분명하게 진술하는 것은 아니다. 그리고 장소의 통일성에 관해서는 아무런 언급이 없다. 그러므로 아리스토텔레스가 희곡에서 세 가지 통일성을 요구했다고 말하는 것은 정확한 것이 아니다.

③ "유쾌한 장식을 지닌 언어"는 "리듬과 화음 또는 노래가 덧붙여진" 언어를 의미한다고 아리스토텔레스 스스로가 우리에게 말하고 있다.

④ "따로따로 삽입되는"은 "어떤 부분은 오직 운문으로만 되어 있고, 다른 부분은 운문과 노래로 번갈아가며 되어 있다"는 의미이다. 당연한 것이겠지만, 아리스토텔레스는 말로 하는 운문과 합창이 번갈아 나오는 그리스의 비극을 생각하고 있다.

⑤ "서술적 형식이 아니라 드라마의 형식으로"는 비극을 서사시와 구별한다.

⑥ 정화(catharsis)는 비극의 심리적 목적 또는 목표를 진술하는데, 우리는 그것을 곧 다시 논의할 것이다.

02.　아리스토텔레스는 비극을 이루는 여섯 가지 요소들을 열거하고 있는데, 그것은 이야기 또는 플롯, 성격, 표현법, 사상, 광경, 그리고 선율이다.[22]

21　1449 b 12-14.

22　*Poetics*, 1450 a 4-16.

① 아리스토텔레스의 견해로는 이 요소들 가운데 가장 중요한 것은 플롯인데, 이것은 "비극의 목적이자 목표"이다. 그것은 성격보다 더 중요하다. 왜냐하면 "연극 공연에 있어서 연기자들은 성격들을 묘사하기 위해 연기하는 것이 아니라, 연기를 위하여 성격들을 [드라마에] 포함시키기" 때문이다. 아리스토텔레스는 이 다소 이상하게 들리는 언명에 대한 자신의 이유를 이렇게 제시하고 있다. "비극이란 본질적으로 사람들에 대한 모방이 아니라 행위와 삶, 행복과 불행에 대한 모방이다. 인간의 모든 행복과 불행은 행위의 형태를 취한다. 우리가 살아가는 목적도 모종의 행위이지 성질이 아니다. 성격은 우리에게 성질을 제공한다. 그러나 우리가 행복한가 또는 그 반대인가 하는 것은 우리의 행위에, 즉 우리가 무엇을 하는가에 있다. 행위가 없는 비극은 불가능하지만, 성격이 없는 비극은 가능할 수도 있다."[23] (우리가 성격묘사는 훌륭하지만 플롯은 엉망인 것보다는 성격묘사는 부족하지만 이야기[플롯]가 훌륭한 것을 더 잘 즐길 수 있다는 말은 아마 사실일 것이다.)

② 그러나 아리스토텔레스는 드라마에서의 성격묘사의 중요성을 떨어뜨릴 생각은 없다. 그는 그것이 없는 비극은 그만큼 부족한 비극이라는 것을 인정하며, 그것을 이야기 다음으로 중요한 요소로 평가한다.

③ "셋째 요소는 사상, 즉 말할 수 있는 모든 것 또는 상황에 적절한 것을 말하는 능력이다." 여기서 아리스토텔레스는 성격을 직접 드러내는 것으로서의 말이 아니라, "순전히 [성격과는] 무관한 주제에 관한" 말, 즉 "특수한 어떤 논점을 증명하거나 반증할 때, 또는 어떤 보편 명제를 진술할 때 그들이 하는 모든 말에서" 드러나는 사상을 생각하고 있다. 에우리피데스는 비극을 여러 다양한 주제들에 관한 논의의 기회로 사용했음이 분명하다. 그러나 우리가 드라마는 소크라테스의 강연을 위한 장은 못 된다고 느끼는 것도 당연하다.

④ 표현법, 곧 운문과 산문. 이것은 중요하지만, 아리스토텔레스가 현명하게 논평하고 있듯이, "표현법과 사상에 관해서는 최고로 세련된 일련의 특징적인

---

23 *Poetics*, 1450 a 17-26.

대사들을 함께 엮을 수 있겠지만, [그렇게 하더라도] 비극의 참다운 효과를 내지는 못한다."

⑤ 선율은 "유쾌한 비극의 장식품들 가운데 가장 큰 것이다."

⑥ 광경은 정말로 매력적인 것이다. 그러나 그것은 "모든 부분들 가운데 가장 왜소한 것이며, 시가(詩歌)의 예술과 가장 관련이 적은 것이다." 무대장치는 "시인의 일이라기보다는 의상담당자의 일이다." 이 점에 대한 아리스토텔레스의 말을 후세에서 유념하지 않았다는 것은 유감스러운 일이다. 정교하게 짜여진 장면과 웅장한 장면의 효과는 플롯과 성격묘사를 대신하기에는 불충분한 것이다.

03.　　우리가 살펴본 바와 같이, 아리스토텔레스는 유기적이고 구조적인 통일성이라는 의미에서의 플롯의 통일성을 요구한다. 플롯은 한 번에 기억할 수 없을 만큼 너무 방대해서도 안 되고, 시시하고 중요치 않을 정도로 짧아서도 안 된다. 그러나 그는 플롯의 통일성이 "혹자가 생각하는 것처럼 한 인물을 주제로 삼는 데 있는 것도 아니며," 또 주인공에게 일어난 모든 것을 묘사하는 데 있는 것도 아니라는 점을 지적한다. 이상적인 것은 플롯의 몇 가지 사건들이 "그것들 가운데 어느 하나를 위치를 바꾸거나 철회할 경우 전체가 분리되거나 뒤죽박죽으로 되어버리도록" 연결되는 것이다. "왜냐하면 있건 없건 간에 감지할 수 있는 아무런 차이도 나지 않는 부분은 전체를 이루는 실재적 부분이 아니기 때문이다." 사건들은 "삽화적으로"가 아니라, 개연적이거나 필연적으로 연결되어야 한다. 아리스토텔레스가 말하는 것처럼, "이 때문에(propter hoc) 일어나는 것과 이 다음에(post hoc) 일어나는 것(διὰ τάδε ἢ μετὰ τάδε) 사이에는 매우 커다란 차이가 있다."

04.　　아리스토텔레스는 (적어도 복합적인) 비극은 급전이나 발견을, 또는 양자 모두를 포함한다고 생각한다. ① 급전(Περιπέτεια)이란, 예를 들어, 사자(使者)가 오이디푸스의 출생에 대한 비밀을 밝힐 때, 오이디푸스가 뜻하지 않게 근친상간을 범했다는 것을 깨달음으로써 그 극 안에서 상황 전체가 바뀌는 경우처럼, 어느 한 사태에서 그 반

대의 사태로 변하는 것이다. ② 발견(Ἀναγνώρισις)은 "행운을 타고난 것으로 선정되었거나 아니면 악운을 타고난 것으로 선정된 인물 내에서, 무지에서 앎으로 변하는 것이다. 그리하여 사랑하게 되기도 하고 미워하게 되기도 한다."[24] 오이디푸스의 경우, 발견은 물론 급전으로 이어지는데, 아리스토텔레스에 따르면, 이것이 가장 훌륭한 형태의 발견이다. 그렇게 해서 연민과 공포의 유발이라는 비극의 효과가 얻어진다.

05.　비극은 연민과 공포를 불러일으키는 행위에 대한 모방이기 때문에, 반드시 피해야만 하는 플롯의 형태 세 가지가 있다.

> ① 선한 사람이 행복하다가 불행해지는 것이 보여서는 안 된다. 왜냐하면 이것은 아리스토텔레스의 견해로는, 단지 불쾌할 뿐이며, 그 혐오감과 불쾌감으로 우리의 마음을 흩뜨려서, 결과적으로 비극의 효과가 실현되지 못할 것이기 때문이다.
>
> ② 악한 사람이 불행하다가 행복해지는 것이 보여서도 안 된다. 이것은 우리의 연민에도 공포에도 호소하지 않는 전혀 "비(非)비극적"인 것이다.
>
> ③ 극도로 악한 사람이 행복에서 불행으로 떨어지는 것이 보여서도 안 된다. 이것은 인간의 감정을 불러일으킬 수는 있을지라도, 연민이나 공포는 불러일으키지 못한다. 왜냐하면 연민은 부당하게 겪는 불행에 의해 야기되고, 공포는 우리들 자신과 비슷한 누군가가 겪는 불행에 의해 야기되기 때문이다. 그렇다면 남는 것은 비극은 악덕이나 결함 때문이 아니라 어떤 판단의 오류로 인해 발생한 불행을 겪어 나아가는 "중간적" 유형의 인물을 묘사해야만 한다는 것이다. 따라서 아리스토텔레스는 에우리피데스가 그 자신의 많은 작품의 결말을 불행한 것으로 맺는다고 비난하는 비평가들에게 동의하지 않는다. 왜냐하면 이러한 결말은 희극에는 적절하지 않지만, 비극에는 적절한 것이기 때문이다. (비록 그리스의 비극에도 간혹 막간의 희극이 삽입되기는 하지만, 주된 경향은 혼

24　*Poetics*, 1451 b 32-35.

합되지 않은 비극이나 혼합되지 않은 희극을 가지는 것이었으며, 아리스토텔레스의 견해는 이러한 경향을 어느 정도 반영한다.)

06. 비극의 연민과 공포는 플롯 그 자체에 의해서 유발되는 것이지, 무대 위에서 벌어지는 잔인한 살인 장면의 묘사와 같은 외적 요소에 의해서 유발되는 것이 아니다. (물론 아리스토텔레스는 아가멤논의 살인이 무대 뒤에서 벌어졌던 방식에 전적으로 찬성할 것이다. 또한 그는 무대 위에서 벌어졌던 데스데모나의 살인을 비난할 것이다.)

07. 이제 연민과 공포라는 감정의 카타르시스(χάθαρσις)를 위하여 연민과 공포를 불러일으킨다는 비극의 심리적 목적을 고찰해보자. 저 유명한 카타르시스 설(說)에 부여되어야 할 정확한 의미가 무엇이냐 하는 것은 끊임없이 논의의 주제가 되어왔다. 로스 교수가 말하듯이, "문고 전체가 이 유명한 이설(理說)에 관해 쓰여져왔다."[25] 그 난제에 대한 해결은 『시학』의 제2권이 소실되었다는 사실 때문에 더욱더 어렵게 되었는데, 왜냐하면 아리스토텔레스가 그 책 안에다 자신이 카타르시스로 무엇을 의미했었는지를 설명해놓았을 것이라고 추측되기 때문이다(그리고 아마도 희극 역시 여기에서 다루어졌을 것이다).

두 가지 커다란 줄기의 설명이 옹호되어왔다. ① 문제의 카타르시스는 연민과 공포라는 감정을 정화하는 것이라는 설(說)로서, 그 은유는 의례적(ceremonial) 정화로부터 이끌어낸 것이다(레싱의 견해). ② 카타르시스는 연민과 공포라는 감정을 일시적으로 제거하는 것이라는 설로서, 그 은유는 치료약에서 이끌어낸 것이다(버네이스의 견해). 후자의 견해가 해석상의 관점에서 볼 때 가장 받아들일 만한 것이며, 또 지금 일반적으로 유리한 위치를 차지하고 있다. 이 견해에 따르면, 아리스토텔레스가 보기에 비극의 주목적은 연민과 공포의 감정, 즉 주인공이 과거에 실제로 겪었던 고통에 대한 연민과 그의 앞에 어렴풋이 보이는 고통에 대한 공포를 불러일으키는 것이다. 그렇다

---

25 Ross, *Aristotle*, 282쪽. 이 주제에 관해서는 예컨대 *Aristotle's Theory of Poetry and Fine Art*, by S. H. Butcher (Macmillan); *Aristotle on the Art of Poetry*, by Ingram Bywater (Oxford)를 보라.

면 이면에 감추어진 비극의 목적은 예술이라는 매체를 통해 제공되는 무해하고 유쾌한 배출구를 통해, 이러한 감정을 영혼으로부터 덜어내거나 또는 씻어내려는 것일 것이다. 여기에 함축되어 있는 의미는 이러한 감정들이 바람직하지 않은 것이라는 것, 보다 정확히 말하자면 이것들이 과도할 경우에는 바람직하지 않다는 의미다. 그러나 모든 인간들 또는 어쨌든 대부분의 인간들은 이러한 감정들을 갖게 마련이고, 그 가운데 약간은 이러한 감정들을 과도할 정도로 가지므로, 예술이라는 매체를 통하여 그들에게 자극과 배출의 기회를 주기적으로 제공하는 것은 모두에게 건전하고 이로운 (과도한 감정을 지닌 약간의 사람들에게는 반드시 필요한) 일이며, 그 과정은 동시에 유쾌한 것이라는 의미이기도 하다. 이것이 『국가』에 나오는 플라톤의 비극 비판에 대한 아리스토텔레스의 대답일 것이다. 비극은 타락시키는 효과를 가지고 있는 것이 아니라, 무해한 쾌락이라는 것이다. 아리스토텔레스가 이러한 여흥 속에 지적(知的) 요소가 들어 있다고 어느 정도까지 인정했는지는 우리가 그 일부가 유실되어 버린 『시학』만을 앞에 놓고 대답할 수는 없는 문제이다.

아리스토텔레스가 도덕적 정제의 효과가 아니라 하제적(下劑的) 효과를 생각하고 있었다는 것은 『정치학』에서 볼 수 있을 것 같다.

(1) 아리스토텔레스에 따르면, 피리는 흥분시키는 효과는 있으나 윤리적 효과는 없다. 따라서 직업적 전문가들에게 맡겨져야 하고 음악의 청취가 교육의 형태가 아니라 카타르시스일 때를 위하여 남겨둬야 한다.[26] 그러므로 카타르시스는 윤리적 효과가 아니라 정서적 효과와 관련되어 있다고 추론된다.

(2) 아리스토텔레스는 질서가 잘 잡힌 국가에서의 "열광적" 조화를 인정하고 있다. 왜냐하면 그러한 조화들은 열광에 사로잡히기 쉬운 사람들을 정상적 상태로 회복시켜주기 때문이다. 그리고 나서 그는 계속해서 음악을 학습해야 하는 세 가지 목적을 열거하고 있다. ① "교육", ② "정화"('정화'라는 말을 지금 우리는 아무런 설명 없이 사용하

---

26   *Pol.*, 1341 a 17 이하.

고 있지만, 나중에 시가(詩歌)에 관해 논할 때, 이 주제를 보다 정확하게 다룰 것이다), ③ "지적 즐거움을 위한 것, 휴식을 위한 것 그리고 노력을 하고 난 후의 긴장완화를 위한 것." 이렇게 열거된 것만을 본다면, 혹자는 위에서 말한 것을 비극에 적용하면서 비극의 효과는 윤리적인 동시에 정화적이라고 생각할지도 모른다. 그러나 아리스토텔레스는 구별을 계속한다. "교육에서는 윤리적 선율이 연주될 수 있지만, 행위 및 격정의 선율은 그것이 다른 사람들에 의해 연주될 때 우리가 들을 수 있다. 왜냐하면 연민 및 공포와 같은 감정, 또는 다시 열광과 같은 감정들이 어떤 영혼들 안에는 매우 강하게 존재하며, 정도의 차이는 있지만, 모든 영혼들에 영향을 주기 때문이다. 어떤 사람들은 종교적 열광 상태에 빠지는데, 우리는 그들이 영혼을 치유하고 정화하는 신비적 선율을 사용함으로써 속박에서 벗어나는 것을 본다. 연민이나 공포 및 모든 감정적 성질에 영향을 받은 사람들은 이와 유사한 경험을 가지고 있으며, 그렇지 않은 사람들도 각각의 정도에 따라 그들에게 특별한 영향을 주는 그 무엇에 의해 동요되는데, 이 모든 사람들은 하나의 방식으로 정화되며 그들의 영혼은 밝아지고 기쁘게 된다. 마찬가지로 정화의 선율은 인류에게 순결한 쾌락을 준다."[27] 이것으로 볼 때, 아리스토텔레스는 연민과 공포에 대한 카타르시스를 (비록 그것이 '순결한 쾌락'이기는 하지만) 그 성격상 윤리적인 것은 아니라고 간주하는 것처럼 보인다. 그리고 만약 그것이 성격상 윤리적이지 않다면, '정화'는 윤리적 의미가 아니라 윤리와는 무관한 의미로, 즉 치료약으로부터의 은유로 해석되어야 한다.

　　모든 사람들이 이러한 해석을 받아들이고 있는 것은 아니다. 그러므로 스테이스 교수는 "어원학적 근거에 입각하여, 그것[연민과 공포의 카타르시스]은 영혼이 연민과 공포를 통하여 정화되는 것이 아니라 연민과 공포에 대하여 정화된다는 것, 우리는 이러한 불쾌한 감정들을 배설함으로써 제거하고 행복하게 된다는 것을 의미한다는 몇몇 학자들의 이론은 그 학문은 위대할지 모르지만 예술에 대한 이해는 한계가 있는 사람들의 생각이다. 그러한 이론은 아리스토텔레스의 위대하고도 계몽적인 비평을 속물의

27　*Pol.*, 1342 a 1-16.

무의미한 재잘거림으로 격하시킬 것이다."[28] 그러나 문제는 어떤 것이 비극에 대한 올바른 견해인가 하는 것이 아니라, 어떤 것이 아리스토텔레스의 견해인가 하는 것이다. 어쨌든 간에, '배설' 이론의 지지자라 할지라도 아리스토텔레스의 의미에 대한 스테이스 자신의 해석("참으로 위대하고 비극적인 고통의 재현은 보는 사람들에게 그들의 영혼을 정화하는 연민과 공포를 불러일으키며, 그 영혼을 맑고 순수하게 만든다.")에 동의할 수 있을 것이다. 여기서 '순수한'이라는 것이 교육과정의 끝으로 이해되지 않는다면 말이다.

---

4. 비극과 희극의 기원

01. 아리스토텔레스에 따르면,[29] 비극은 합창의 전반과 후반 사이에 행했던 것이 분명한, 주신찬가 지휘자에 의한 "즉흥극"에서 시작되었다. 그러므로 비극은 그 기원상 디오니소스에 대한 경배와 관련되어 있을 것인데, 이것은 유럽에서 드라마의 르네상스가 중세의 신비적 연극들과 관련되어 있었던 것과 똑같다.

02. 희극도 "오늘날의 많은 도시들에서 아직도 관습으로 남아 있는" 남근찬가로부터 마찬가지 방식으로 시작되었다. 그는 남근찬가의 지휘자가 상스러운 작품 몇 편을 즉흥적으로 연주하게 되었다고 생각했음이 분명하다.

03. 드라마의 발전에 있어서 아리스토텔레스가 보기에 가장 중요한 것은 연기자의 중요성이 커진다는 것이다. 아이스킬로스가 처음으로 연기자의 수를 두 명으로 늘리고 합창단의 역할을 짧게 줄였으며, 소포클레스는 세 번째 연기자와 무대장치를 더했다.

---

28 *Crit. Hist.*, 331쪽.
29 *Poetics*, 1449 a 9-30.

04. 대사 부분이 도입되었을 때, 단장격 운율(短長格 韻律)이 "운율들 가운데 가장 적합한 운율"로서 도입되었다. (원래 장단격의 4절운율을 사용한 이유는 그 당시의 극들이 오늘날 보다 호색적이고 무용과 관련이 많았기 때문이었다.)

논란의 여지가 많은, 비극 및 희극의 기원에 관한 문제는 철학사에 속한다고 할 수 없다. 그래서 나는 아리스토텔레스의 견해를 이상과 같이 간략하게 지적하는 것에 만족하려 한다. 비록 그것이 ① 해석에 관한 난점들과 ② 그 정확성에 관한 난점들로 가득차 있는 것이기는 하지만 말이다.

━━━━━ **구(舊)페리파테토스학파에 관한 메모**

고대 아카데메이아는 플라톤의 수학적 사색을 계속 이어갔다. 구(舊)페리파테 토스학파 사람들은 논리의 영역에서 약간의 수정 및 발전을 이루기는 했지만, 그들 의 스승[아리스토텔레스]의 일반적인 철학적 입장을 고수하며, 아리스토텔레스의 경험 적 경향을 계속 이어갔다. 그리하여 테오프라스토스와 로데스의 에우데모스는 둘 다 꽤나 충실하게 아리스토텔레스의 형이상학 및 윤리학적 신조를 고수했는데, 심플리 키우스가 아리스토텔레스의 제자들 중에서 수제자(γνησιώτατος)라고 칭한 에우데모 스는 특히 그러했다.[30] 테오프라스토스는 스토아주의자인 제논에 반대하여 세계의 영 원성이라는 아리스토텔레스의 학설을 열렬히 옹호했다.

레스보스 섬 에레소스의 테오프라스토스는 기원전 322/1년에 페리파테토스학 파 학교의 교장으로서 아리스토텔레스를 승계했고, 그가 사망한 해인 기원전 288/7 년 또는 287/6년까지 그 직위에 있었다.[31] 그는 주로 경험과학의 분야에서 아리스토 텔레스의 작업을 계속한 것으로 유명하다. 그는 특히 식물학에 몰두하여 중세 말에 이 르기까지 식물학에 관한 저작들을 남겨 그 주제에 관한 권위자가 되었으며, 게다가 그

---

30 Simplic. *Phys.*, 411, 14.
31 Diog. Laërt., 5, 36.

는 동물학적 연구를 통해 동물계에서의 색채 변화가 부분적으로 "환경에의 적응" 때문이라는 사실을 파악했던 것 같다. 아리스토텔레스 자신과 마찬가지로, 관심이 광범위한 학자였던 테오프라스토스는 철학사(저 유명한 『자연학의 제이론』(φυσικῶν δόξαι))와, 『신론』(Περὶ θεῶν), 『경건론』(Περὶ εὐσεβείας), 그리고 『신의 역사론』(Περὶ τὸ θεῖον ἱστορία) 같은 종교의 역사와 본성에 관한 저작을 저술했다. 이 저작들 가운데 철학사의 일부만이 우리에게 전해졌으며, 포르피리오스는 [자신의 저작 안에] 『경건론』(Περὶ εὐσεβείας)의 일부를 보존했다.[32] 테오프라스토스는 모든 생물은 같은 종족이라고 믿었기 때문에, 동물을 제물로 바치는 것과 육식을 반대했으며, 인간들은 한 국가의 동료 구성원들끼리만 관련되어 있는 것이 아니라, 모든 인간들이 서로서로 관련되어 있다고 주장했다. 30가지 유형의 성격에 대한 연구인 그의 탁월한 저작 『성격론』 역시 언급될 수 있다.

타렌툼의 아리스토크세노스는 영혼은 육체의 조화라는 이설(理說)과 같은 후기 피타고라스주의자들의 이론들 가운데 약간을 페리파테토스학파에 들여왔는데, 그 이설은 그로 하여금 영혼의 불멸성을 부인하도록 만든 이설이었다.[33] 그러므로 그는 플라톤의 『파이돈』에서 심미아스가 제안한 견해를 옹호했다. 그러나 그는 음악의 본성과 역사에 관한 자신의 경험적 저작으로 아리스토텔레스의 발자취를 뒤따랐다.

아리스토크세노스의 영혼론은 메세네의 디카이아르코스가 받아들였다.[34] 그는 『그리스 문명사』(βίος Ἑλλάδος)를 썼는데, 여기서 그는 원시적 야만상태, 유목생활, 그리고 농경생활이라는 단계를 통해 그리스 문명을 추적했다. 그는 이론적 삶보다 실천적 삶을 선호했다는 점에서[35] 아리스토텔레스와 달랐다. 그는 자신의 『세 가지 정체』(Τριπολιτικός)에서 최상의 정체(政體)는 군주제와 귀족제 그리고 민주제라는 세 유형의 정부형태가 혼합된 것이라고 주장했으며, 이러한 유형의 혼합된 정체가 스파르타에서 실현되었다고 생각했다.

---

32   Porph., 『금욕적 삶에 관하여』(Περὶ ἀποχῆς ἐμψύχων).

33   Cic., *Tusc.*, 1, 10, 19.

34   Cic, *Tusc.*, 1, 10, 21; 31, 77.

35   Cic., *Ad Att.*, 2, 16, 3.

테오프라스토스의 제자였으며 다작의 저술가였던[36] 팔레론의 데메트리오스는 정치적 활동(그는 기원전 317년부터 307년까지 아테네 정부의 수장이었다)과 (그가 기원전 297년 경에 방문했던) 알렉산드리아에 학교와 도서관을 설립하도록 [이집트] 프톨레마이오스 왕조의 소테르 왕에게 촉구한 것으로 유명하다. 기원전 285년 직후에, 이러한 그의 기획이 프톨레마이오스 왕조의 소테르 왕의 후계자였던 프톨레마이오스 왕조의 필라델포스 왕에 의해 실현되었기 때문에, 데메트리오스는 아테네의 페리파테토스학파 사람들의 연구활동과, 후에 학문과 교육의 찬란한 중심지가 될 도시인 알렉산드리아에서의 그리스인들의 과학적 탐사활동 사이의 연결고리를 제공해준다.

---

36 Diog. Laërt., 5, 80-81.

제33장

플라톤과 아리스토텔레스

플라톤과 아리스토텔레스가 그리스의 가장 위대한 두 철학자일 뿐만 아니라, 이 세계의 가장 위대한 두 철학자라는 것에 대해서는 추호도 의심의 여지가 없다. 그들은 서로 많은 공통점을 가지고 있었다(아리스토텔레스가 오랫동안 플라톤의 제자였으며, 플라톤의 입장에서 출발한 마당에 어찌 그렇지 않을 수 있겠는가?). 그러나 그들 사이에는 현저한 견해 차도 또한 존재한다. 이 견해 차는, 그들에게 공통적인 요소가 상당하다는 점을 도외시할 경우, 그 두 철학 속에 들어 있는 값지고 참된 요소들이 그 철학자들의 단일한 체계 속에서보다 더 완전하고 충분한 체계 속에서 조화롭게 발전될 필요가 있다는 의미에서, 그들 각각의 철학을 서로 정(正, thesis: 플라톤주의)과 반(反, antithesis: 아리스토텔레스주의)의 관계에 있는 것으로, 즉 한 차원 높은 종합으로 화해될 필요가 있는 정과 반의 관계에 있는 것으로 단정지을 수 있게 해준다. 영속적이고 불변하는 실재라는 의미에서의 존재라는 개념을 언급함으로써, 플라톤주의의 특징을 드러낼 수 있고, 전화(轉化)의 개념을 언급함으로써, 아리스토텔레스주의의 특징을 드러낼 수 있다. 그러나 불변하는 존재가 실재적이라면 변화와 생성 역시 실재적이다. 따라서 어떤 적절한 철학적 체계에 의하여, 실재의 이러한 양 측면 모두가 정당하게 다루어져야 한다.

존재 개념을 언급함으로써 플라톤 철학의 특징을 드러내고, 전화 개념을 언급함으로써 아리스토텔레스 철학의 특징을 드러내는 것은 진리 전체를 나타내지 못하는 일반화의 과오를 범하는 것이다. 플라톤은 전화를 다루지 않았던가? 그는 목적론을 제시하지 않았던가? 또 그는 물질계를 변화의 영역으로 인정하지 않았던가? 그리고 변화나 운동조차(적어도 삶 또는 영혼의 본성이 이것을 포함하는 한에서) 실재의 영역에 속해야 한다는 것을 명백하게 인정하지 않았던가? 하는 물음들이 정당하게 제기될 수 있다. 다른 한편으로, 아리스토텔레스는 불변하는 존재를 위한 장소, 매우 중요한 장소를 마련해두지 않았던가? 그는 변화하는 물질적 세계 안에서조차 안정성과 고정성의 요소를 발견해내지 않았던가? 그는 인간의 가장 숭고한 일이 불변적 대상들에 대한 관조라고 선언하지 않았던가? 이러한 물음들에 대하여 긍정적으로 대답할 수 밖에 없다. 그러나 일반화가 지니는 진리는 제거되지 않는다. 왜냐하면 그것은 각 체계 내의 고유한 특징들, 그것의 일반적인 색조나 풍취, 그리고 그 철학자의 사상이 지니는 일반적 방향성을 가리키기 때문이다. 나는 간략하게나마 이러한 일반화를 정당화하거나, 또는 최소한 지면이 허락한다면, 그것을 세부적으로 정당화해나갈 방향을 지시하고자 한다.

플라톤은 소크라테스와 마찬가지로 윤리적 판단의 타당성을 상정했다. 또 소크라테스처럼 그는 윤리적 가치들에 대한 명확한 이해에 변증법적으로 도달하고, 그것들의 본성을 정의(定義) 안에 보존하며, 윤리적 개념을 결정화(結晶化)하려고 시도했다. 그런데 그는 만약 윤리적 개념들과 윤리적 판단들이 객관적이고 보편적으로 타당하다면, 이러한 개념들은 어떤 객관적 근거를 가져야만 한다는 것을 알게 되었다. 도덕적 가치들은 양(羊)이나 개와 같은 구체적 사물이 아니라는 의미에서, 개념들임이 충분히 분명하다. 그것들은 인간의 행위를 통해서, 구체적인 세계 안에서 실현되어야만 하는 [그 어떤] 것이거나, 또는 구체적인 세계 안에서 실현하는 것이 바람직한 [그 어떤] 것이다. 그러므로 가치들에 귀속하는 객관성은 양이나 개에게 귀속하는 객관성과 같은 종류의 객관성일 수는 없으나, 개념적 객관성 또는 개념적 질서 안에서의 객관성이어야 한다. 또한 이 세계 내의 물질적 사물들은 변화하고 소멸하는 반면, 도덕적 가치들은 불변이라고 플라톤은 확신하고 있었다. 그러므로 그는 도덕적 가치들은 변증적 과정의 끝에 이르러 직관적으로 파악되는 개념적이면서도 객관적인 본질이라고 결론지었다. 그러나 이러한 도덕적 가치들은 선(善) 또는 완전성을 공동으로 공유하기 때문에, 이것들이 최상의 개념적 본질이자 절대 선 또는 완전성인, 그리고 이데아 세계의 "태양"인 선의 이데아에 참여한다고 말하거나 또는 그로부터 자신들의 선이나 완전성을 이끌어낸다고 말하는 것은 옳다.

플라톤은 이러한 방식으로 소크라테스의 윤리에 기초한 하나의 형이상학을 일구어냈다. 그리고 그 형이상학은 소크라테스의 사상에 근거해 있었기 때문에, 부당함을 범하지 않고도 소크라테스의 입을 통해 말해질 수 있었다. 그러나 시간이 지나감에 따라 플라톤은 선한 것들이 선 자체에 참여하는 것과 똑같이, 개별적 실체들은 종적(種的) 본질에 참여한다고 주장함으로써, 자신의 변증법을 도덕적이고 미적인 가치들에만이 아니라 보통의 개념 일반에 적용하게 되었다. 가치론 자체가 어느 정도는 (보통명사는 객관적인 지시체를 지녀야만 한다는) 논리적 토대에 의거하기 때문에, 이러한 새로운 관점은 플라톤 사상의 근본적인 균열을 이룬다기보다는 오히려 그 이론의 확장이라고 말할 수 있다. 그러나 이와 같은 새 관점으로 인해 플라톤은 이데아들 사이의 관계뿐 아니라, 감각적 대상들과 이데아 또는 범형적 본질들 사이의 관계를 보다 정밀하게 고찰해야만 하게 되었다. 그러므로 그는 위계적인 지적(知的) 구조와 이데아들 사이의 "교섭"에 대한 자신의 이론을 개발했으며, 참여를 모방으로 설명했다. 그 결과, 순수한 가치들과 가치들의 담지자들이 있던 곳에, 진정한 본질적 실재 또는 객관적인 지적 구조와 감각적 개별자들 사이의 이분법, 원본과 투영된 것 또는 "복사물" 사이의 이분법이 들어섰다. 이러한 구분은 존재(存在)와 전화(轉化)를 구분하는 힘을 가지게 되었는데, 그 구분선의 어느 쪽에 플라톤의 주요 관심이 있었는가에 관해서는 의문의 여지가 없다.

[이에 대해] 플라톤은 인간의 종적 본질을 개념적인 것으로 간주했으며, 전화의 진정한 의미는 그 개념적인 것을 향한 점진적 접근과, 그 개념적인 것의 물질세계, 즉 인간 개개인과 사회 내에서의 실현에서 (이 실현은 신과 신의 조력자인 인간의 과제이다) 찾아야 한다고 반박할 수 있을 것이다. 이 반박은 완벽하게 옳다. 그리고 나는 플라톤 철학 안에서 목적론이 지니는 중요성을 감소시키기를 조금도 원치 않는다. 그러나 그럼에도 불구하고 플라톤은 매우 단호하게 참된 실재의 영역인 존재의 영역을 강조했다. 확실히 그는 자신의 목적론을 통해 가변적인 세계와 참 존재의 불변적 세계 사이의 어떤 관계를 인정했다. 그러나 전화 그 자체와 특수성 그 자체는 그에게 비합리적인 것으

로 부정(不定)의 영역으로 사라져야만 하는 요소였다. 논리학과 존재론이 같은 것으로, 적어도 양자가 평행한 것으로 간주하는 철학자에게 어떻게 이와 다를 수가 있겠는가? 사유는 보편자에 관한 것이며 사유는 존재를 이해하는 것이다. 그렇다면 보편자는 존재이고 특수자 그 자체는 [참된] 존재가 아니다. 보편자는 불변이며 따라서 참된 존재도 불변한다. 특수자는 변화하고 생성·소멸하며, 그것이 변화하고 생성·소멸하는 한, 그것은 [참된] 존재가 아니다. 철학적 활동 또는 변증법이란 사유의 활동이며, 그러므로 1차적으로는 존재에 관계하며, 생성변화에 대해서는 그것이 [참된] 존재를 "모방하는" 한에서, 오직 2차적으로만 관계한다. 그러므로 플라톤은 철학자로서 1차적으로 본질적이고 불변인 [참된] 존재에 관심을 가졌다. 그가 [참된] 존재의 범형에 따라서 세상을 주조하는 것에도 또한 관심을 가졌다는 것은 사실이다. 그러나 강조점은 틀림없이, 전화(轉化)가 아니라 [참된] 존재에 주어졌다.

내가 이제까지 플라톤에 관해서 말한 것 가운데 많은 것이 아리스토텔레스에게도 마찬가지로 잘, 또는 아마도 더 적절하게 해당될 수 있을 것이다. 왜냐하면 그는 형이상학자는 존재로서의 존재에 관계한다고 주장했으며, 변화와 생성을 부동의 제1원동자의 목적 인과성에 기인한다고 생각했고, 인간이 할 수 있는 최상의 행위는 불변적 대상들, 가장 탁월한 존재이자 현실태이자 형상인 존재들에 대한 이론적 관조라고 가르쳤기 때문이다. 그럼에도 불구하고 아리스토텔레스 철학의 이러한 매우 실재적 측면은, 비록 아리스토텔레스 스스로가 다듬고 발전시키기는 했지만, 얼마간은 플라톤적 유산을 나타낸다. 나는 아리스토텔레스가 자신의 철학의 이러한 측면에 커다란 중요성을 부여했다는 사실이나, 또는 그가 이러한 방면의 사변에서 매우 많은 것을 성취했다는 사실, 예를 들어 순수 형상의 지적이고 비물질적인 본성을 명백하게 드러냄으로써 자연신학에 막대한 가치가 있는 기여를 했다는 사실에 대해 잠시라도 의문을 제기하려는 것이 아니다. 그러나 나는 아리스토텔레스가 플라톤주의를 벗어나는 한, 철학에 고유하게 기여한 것의 성격이 무엇이었는지를 조사하고 싶고, 아리스토텔레스가 플라톤적 정립에 대립하여 설정한 반정립이 무엇이었는지를 묻고 싶다.

플라톤의 이데아론에 대한 아리스토텔레스의 반론은 무엇인가? 그것은 이데아론이 감각적 대상들과 이데아들 사이에 메울 수 없는 간극을 남겨놓았다는 것이다. 감각적 대상들은 이데아들을 모방한다거나 또는 이데아들에 참여한다고 말하기 때문에, 혹자는 플라톤이 대상을 그것의 집합에 속하게 하고 요컨대 대상을 구성하는 대상 자체 내의 어떤 내적인 본질적 원리나 형상적 원인을 인정하고 있다는 사실을 발견하리라고 기대할 것이다. 그러나 사실상 플라톤은 이러한 종류의 내적인 형상적 원리를 고려하지 않았고, 순수 보편자와 순수 특수자의 이원론, 즉 감각적 세계로부터 그 실재성과 의미의 대부분을 빼앗아버리는 것으로 귀착하는 이원론을 남겼다. 이러한 반론에 대한 아리스토텔레스의 대답은 무엇이었나? 보편적 요소 또는 본질적 형상이 학문 및 이성적 지식의 대상이라는 플라톤의 일반적 입장을 인정하는 가운데, 그는 이러한 보편적 요소를 감각적 대상의 내재적인 본질적 형상과 동일시했는데, 그 형상은 질료와 더불어 대상을 구성하며, 대상 안에 있는 지성적 원리이다. 이 형상적 원리는 유기체 내에 있는 형상적 원리처럼 대상의 활동 안에서 자신을 실현한다. 그것의 현실태는 유기체의 기능 속에서 자신을 표현하며, 질료 안에서 자신을 펼치며, 질료를 조직·주조·형성하며, 어떤 목표를 지향하는데, 그 목표는 현상 안에 있는 본질, 즉 '이데아'의 충분한 현현(顯現)이다. 모든 자연은 종(種)들의 위계로 간주되는데, 그 각각의 종(種) 안에 있는 본질은 일련의 현상 안에서 스스로를 완전하게 실현하는 것을 지향한다. 또 모든 자연은 최상의 부동의 원동자가 지닌 궁극적인 목적 인과성에 의해 다소 신비스러운 방식으로 이끌어내지는데, 그 원동자는 그 자체로 완전한 현실태이자 순수한 비물질적 존재 또는 사유로, 자존적이고 자족적이다. 그러므로 자연은 자기완성 또는 자기전개의 역동적 과정이며, 일련의 현상들은 의미와 가치를 가진다.

아리스토텔레스의 입장에 대한 이 간략한 진술을 보더라도, 그의 철학이 단순히 전화(轉化)의 철학은 아니라는 것이 명백할 것이다. 존재는 어떤 것이 현실적인 한, 진정으로 그것의 속성으로 단정될 수 있으며, 가장 탁월한 존재인 것은 가능태와 혼합되지 않은 가장 탁월한 현실태이기도 하다. 실현되는 세계요, 가능태에서 현실태로 환원되는 세계인 전화의 세계는 현실태 또는 존재가 질료 안에서, 그리고 현상 안에서, 궁극적 현실태 또는 궁극적 존재의 목적적 유인(誘引)을 받으면서 끊임없이 실현되고 있는 세계이다. 그러므로 전화는 존재 안에서 설명되어야 한다. 왜냐하면 전화는 비록 시간적으로는 전화보다 앞서지 않는 경우라고 하더라도, 논리적으로는 항상 전화에 앞서는 존재를 위한 것이기 때문이다. 그렇다면 비록 내가 아리스토텔레스는 전화라는 개념에 사로잡혀 있으며, 그의 철학은 그의 전화설(轉化說)을 언급함으로써 정당하게 그 특징이 드러날 수 있다고 말하더라도, 나는 플라톤에게 있어서와 마찬가지로 아리스토텔레스에게 있어서도 존재가 최고로 중요한 것이었다거나 또는 그가 어떤 점에서는 플라톤의 형이상학보다 훨씬 우월한 존재의 형이상학을 제공했다는 것을 부인할 생각은 없다. 내가 말하려는 것은 아리스토텔레스는 자신의 현실태론, 즉 자연의 과정 속에서 자신을 실현하려는 경향이 있는 내재적인 실체적 형상의 이론을 통하여, 플라톤의 철학에서는 소실되어가고 있었던 감각적 세계에 의미와 실재성을 부여할 수 있었다는 것과, 철학에의 이러한 특별한 공헌이 플라톤주의와 구별되는 아리스토텔레스주의에 특징적인 색조와 정취를 부여한다는 것이다. 아리스토텔레스는 인간의 목표는 행위이지 성질이 아니라고 말했다. 반면에 플라톤에서는 성질이 행위에 우선하리라는 인상을 받는다. 플라톤의 '절대자'는 아리스토텔레스가 말하는 "스스로를 사유하는 사유"의 내재적인 활동이 아니라, 최상의 범형이었다. (질료에 대한 아리스토텔레스의 성격규정이 물질계의 실재성과 지성성을 격감시키는 경향이 있었다는 것은 나의 주 논제에 대한 반박이 되지 못한다. 왜냐하면 질료에 대한 그의 이론은 주로 플라톤에게서 받은 교육의 결과인데, 나의 주 논제는 자연철학에 대한 아리스토텔레스의 고유한 공헌에 관한 것이기 때문이다.)

그러므로 아리스토텔레스는 자연철학에 매우 중요한 기여를 했으며, 그는 확실히 자신이 새로운 영역을 개척했다고 생각했다. 첫째, 그는 자신의 내재적 본질설을 플라톤의 초월적 본질설에 대한 반정립(antithesis)이나 또는 그에 대한 수정으로 간주했다. 둘째, 철학에서의 목적성 개념의 등장에 관한 그의 논평들은, 비록 그러한 논평이 어느 정도는 명백하게 플라톤에게 부당하지만, 그가 자신의 내재적 목적론을 새로운 그 무엇으로 간주했다는 것을 명백하게 보여준다. 그러나 비록 아리스토텔레스가 이러한 점에서 플라톤주의에 요구되는 수정이나 반정립을 제공하기는 했지만, 그는 자신의 선배[플라톤]를 수정하는 과정에서 가치 있는 많은 것들을 내버렸다. 플라톤의 섭리 개념, 즉 이 세계에 내재하면서 이 세계 안에서 작용하는 신(神)의 지성이라는 개념뿐만 아니라, 플라톤의 범형적 인과성의 개념 역시 아리스토텔레스는 내버렸다. 플라톤은 절대적 존재를 본질들의 범형적 원인이자 가치의 근거로 보는 체계화된 견해를 만들어내는 데 실패했을지 모른다. 그는 아리스토텔레스가 깨달았듯이, 비물질적인 형상은 지적(知的)이라는 것과, 최상의 현실태는 최상의 지성이라는 것을 깨닫지 못했을지도 모른다. 그는 최상의 작용인과 범형인과 목적인을 한데 묶어서 동일시하는 데 실패했을 수도 있다. 그러나 아리스토텔레스는 이 세계의 구체적 대상들에 대한 플라톤의 부적절한 견해를 반대하는 가운데 스스로가 플라톤의 이론 안에 담겨 있는 심오한 진리들을 놓치고 넘어가도록 허용해버렸다. 그렇다면 이 두 철학자는 각기 자신들의 장점을 지니고 있으며, 철학에 매우 소중한 공헌을 했지만, 그 누구도 완전한 진리를 (그것이 획득 가능한 한에서조차) 제공하지는 못했다. 각자의 기질적 유사성에 의해 플라톤이나 아리스토텔레스 쪽으로 끌릴 수는 있지만, 플라톤을 편들어 아리스토텔레스를 거부하거나, 아리스토텔레스를 편들어 플라톤을 거부하는 것이 정당화되지는 못할 것이다. 그들 각각의 철학에 담긴 진리들은 통합되어야만 하며, 완전한 종합으로 조화롭게 결합되어야만 한다. 그 완전한 종합이란 플라톤과 아리스토텔레스 모두가 공통으로 주장한 주된 주의(主義) 위에서, 즉 완전히 실재적인 것은 완전히 지성적인 것이며 또 완전히 선한 것이라는 확신 위에서, 그 철학자들 각각의 고유한 공헌들을 (그 공헌들이 참되고 적합한 것인 한에서) 이용하면서 통합하고 건설하는 종합이다.

신플라톤주의를 다루는 부분에서 우리는 그러한 종합을 이루려는 시도를 보게 될 터인데, 경우에 따라 성공적이기도 하고 그렇지 않기도 하다. 이러한 시도는 중세철학이 진행되는 기간뿐만 아니라 근대철학이 진행되는 기간에도 반복되어왔다. 그러나 만약 그러한 종합이 가능하다면, 그것은 주로 아리스토텔레스주의에 담겨 있는 플라톤적 요소들을 통해 가능하다는 점을 지적하는 것이 좋다. 이 말의 의미를 설명하기 위해 예를 하나 들어보자. 만약 아리스토텔레스가 자신이 플라톤 인간학의 지나치게 이원론적인 성격이라고 생각한 것을(내가 의미하는 것은 영혼-육체의 관계이다) 수정하는 가운데, 인간 내부에 있는 이성적 원리의 초감각적 성격을 노골적으로 부정하고, 사유를 운동 중인 물질로 환원했다면, 사실상 그는 플라톤의 이론에 대한 반정립을 설정했던 것일 텐데, 이 반정립은 정립과 결합하여 보다 상위의 종합이 될 수 없을 그러한 성격의 것이다. 그러나 사실상 아리스토텔레스는, 비록 영혼은 아무 육체 안에나 깃들 수 있는 것이 아니라 특수한 하나의 육체의 현실태라고 주장했지만, 우리가 아는 한에서는, 결코 인간의 내부에 초감각적 원리가 있다는 것을 부인하지 않았다. 오히려 그는 자신의 『영혼론』에서 그러한 원리가 있음을 긍정하고 있다. 그러므로 하나의 종합이 가능하게 되었는데, 그것은 플라톤과 더불어, 개별적 영혼은 육체 이상의 것이며 사후에도 개별적인 자기동일성을 지닌채 살아남는다는 것을 인정하는 동시에, 영혼은 육체의 형상이라는 아리스토텔레스의 영혼 개념을 포함할 것이다.

또 아마도 처음에는 사유의 사유인 아리스토텔레스의 신(神)은 플라톤의 선(善)의 이데아에 대해 양립할 수 없는 반정립을 이루는 것처럼 보일 것이다. 왜냐하면 플라톤의 선의 이데아는 지성으로 알 수는 있지만 지성을 지닌 것으로는 묘사되어 있지 않기 때문이다. 그러나 순수 형상은 지성으로 알 수 있는 것일 뿐만이 아니라 지성을 지닌 것이기도 하기 때문에, 플라톤의 절대 선은 아리스토텔레스의 신과 동일한 것으로 간주될 필요가 절실했는데, 이러한 동일시는 최소한 기독교적 종합에서는 달성되었고, 따라서 플라톤과 아리스토텔레스는 모두 인격신론의 상보적이되 상이한 면들을 제공했던 것이다.

(앞의 논평들에서 나는 플라톤주의와 아리스토텔레스주의의 종합에 대하여 이야기했다. 그런데 오로지 두 개의 '대립적인' 이론이 있어서, 그것들 각각이 자신이 긍정하는 것에서는 어느 정도 참이고 부정하는 것에서는 거짓이라는 문제가 있을 경우에만, 종합의 필요성을 이야기할 수 있다. 예를 들면 플라톤은 범형론을 긍정하는 점에서는 옳지만 내재적인 실체적 형상을 무시하는 점에서는 틀린 반면, 아리스토텔레스는 자신의 내재적인 실체적 형상론을 주장하는 점에서는 옳지만 범형론을 무시하는 점에서는 틀렸다. 그러나 그들의 철학에는 아리스토텔레스 자신이 이미 종합을 성취했기 때문에, 종합의 필요성을 말할 수 없는 다른 측면들도 있다. 예를 들어 천재의 놀라운 창조물인 아리스토텔레스의 논리학은 플라톤의 논리학(또는 최소한, 우리가 그것에 대해 알고 있는 것)에서 엄청나게 발전된 것이라는 단순한 사실 때문에, 플라톤의 논리학과 종합될 필요가 없으며, 그 자체가 이미 플라톤의 논리학에 담겨 있는 귀중한 것들을 포함하고 있다.)

제5부

아리스토텔레스 이후의 고대철학

POST-ARISTOTELIAN PHILOSOPHY

A HISTORY OF PHILOSOPHY
GREECE AND ROME

제34장

서론

01.　　알렉산드로스 대왕의 통치와 더불어 자유롭고 독립적이었던 그리스 도시 국가들의 시절은 사실상 사라져버렸다. 대왕, 그리고 서로 정치권력 투쟁을 벌였던 그의 후계자들이 통치하는 동안, 그리스 도시들이 가지고 있었던 어떠한 자유도 단지 명목적인 것에 불과했다. 적어도 그것은 최고 권력자의 호의에 달려 있었던 것이다. 기원전 323년 그 위대한 정복자가 죽은 이후에는, 그리스 문명보다는 헬레니즘(즉 국가적 그리스와 반대되는) 문명에 대하여 말해야 한다. 알렉산드로스가 보기에 그리스인과 "야만인"을 엄밀하게 구별하는 것은 비현실적이었다. 그는 도시국가의 견지에서가 아니라 제국의 견지에서 생각했다. 그리고 그 결과는 동방세계가 서방세계의 영향에 개방되었던 반면, 그리스 문화도 그 자신의 쪽에서 그 새로운 사태에 아무런 영향을 받지 않은 채로 남아 있을 수는 없었던 것이다. 아테네, 스파르타, 코린트 등등은 더 이상 자신들을 둘러싸고 있는 야만인들의 미개함에 대해 공동으로 느끼는 문화적 우월감으로 결속된 자유롭고 독립적인 단위체가 아니었다. 이들은 보다 거대한 전체로 합병되었고, 그리스가 로마제국에 속하는 하나의 지방에 불과하게 될 날이 멀지 않았다.

　　그 새로운 정치 상황은 철학에도 그 반향을 일으키지 않을 수 없었다. 플라톤과 아리스토텔레스는 모두 그리스 도시국가의 사람들이었고, 이들에게는 개인은 도시와 도시에서의 삶으로부터 분리하여 생각될 수 없었다. 개인이 목표를 달성하고 선한 삶을 영위했던 것은 도시 안에서였다. 그러나 자유로운 도시국가가 보다 거대한 범세계적 전체로 통합되었을 때, 스토아주의에서 보게 되는 것처럼 세계시민이라는 이상을 지닌 세계주의와 함께 개인주의 역시 전면에 등장하는 것은 자연스러울 따름이다. 사실상, 세계주의와 개인주의라는 이 두 요소는 서로 밀접하게 연결되어 있었다. 왜냐하면 플라톤과 아리스토텔레스가 생각했던 대로의, 작으면서도 모든 것을 포괄하던 도시국가의 삶이 붕괴되고 시민들이 훨씬 거대한 전체 안으로 통합되었을 때, 개인은 어쩔 수 없이 도시국가 안에서의 정신적 지주에서 풀려나 홀로 표류하게 되었기 때문이다. 그렇다면 이러한 세계주의적 사회에서 철학은 스스로의 관심을 개인에 집중하여, 그 개인이 더 이상 비교적 자그마한 도시와 가족 안에서가 아니라, 거대한 사회 안에서 영위해야만 했었던 삶의 지침에 대한 그 개인 자신의 요구를 충족시키기 위해 애쓰리라는 것, 따라서 스토아주의에서나 에피쿠로스주의에서와 같이 현저하게 윤리적이고 실천적인 경향을 보여주리라는 것이 예상될 수 있었을 뿐이었다. 형이상학적 사색과 자연학적 사색은 잠적해버리는 경향을 보인다. 그것들은 그 자체를 위해서가 아니라, 윤리학을 위한 기초적 준비를 제공하는 것으로서만 흥미롭다. 윤리적인 것에 이렇게 관심이 집중되었던 것을 보면, 어째서 새로운 학파들이 그들 스스로 새로이 형이상학을 시도하지 않고, 다른 사상가들로부터 형이상학적 개념들을 빌려왔는지를 쉽게 이해할 수 있다. 실제로, 그들이 소크라테스 이전의 철학자들에게로 되돌아가는 것은 이 점에 있어서인데, 스토아주의는 헤라클레이토스의 자연학을 이용하고, 에피쿠로스학파는 데모크리토스의 원자론을 이용한다. 나아가 아리스토텔레스 이후의 학파들은, 최소한 부분적으로는 심지어 자신들의 윤리적 사상이나 경향에 있어서조차도 소크라테스 이전의 철학으로 복귀했는데, 스토아주의자들은 키니코스주의의 윤리학을 빌려왔고, 에피쿠로스주의자들은 키레네주의자들의 윤리학을 빌려왔다.

이러한 윤리적이고 실천적인 관심은 특히 로마 시대에 전개된 아리스토텔레스 이후의 학파들에게서 두드러졌는데, 그 이유는 로마인들은 그리스인들처럼 사색적이고 형이상학적인 사색가들이 아니라, 주로 실천적인 사람들이었기 때문이다. 고대의 로마인들은 개개인의 품성을 강조했으며, 사변은 그들에게 다소 낯설었다. 그리고 그리스 공화국의 과거 이상들과 전통이 사라진 후, 로마 제국에서는 어떤 정신적이고 도덕적인 독자성에 기초한 행위와 원리 사이에 일관성을 유지하면서 인생이라는 바다를 헤치고 자신의 길을 찾아 나아갈 수 있도록 해줄 행위 규범을 개개인에게 제공하는 것이 바로 철학자의 임무였다. 따라서 기독교 세계에 알려진 대로의 정신적 지도자들의 임무와 유사한 임무를 수행하는 철학자-지도자가 등장했다.

이처럼 실천적인 것에 관심이 집중되었다는 것, 즉 철학이 삶의 표준을 제시하는 것을 자신의 임무로 삼았다는 사실로 인하여, 철학은 자연스럽게 헬레니즘-로마 세계의 교양을 갖춘 계층에 폭넓게 확산되었으며, 따라서 일종의 대중철학이 되었다. 로마 시대에 철학은 점차적으로 정규 교육과정의 일부가 되었으며(이 사실은 철학을 쉽게 이해된 형태로 제시할 것을 요구했다), [기독교라는] 그 새로운 종교가 제국에 대한 충성을 선언하기 시작했을 때, 철학이 기독교의 라이벌이 되었던 것은 이러한 방식에 의해서였다. 실제로 철학은 최소한 어느 정도까지는 인간의 종교적 욕구와 열망을 만족시키려 했다고 말할 수 있다. 통속적인 신화에 대한 불신이 만연되어 있었고, 이러한 불신이 지배적이었던 곳에서 (교육받은 계층의 사람들 사이에서) 종교가 없는 삶에는 전혀 만족할 수 없었던 사람들은 다음 가운데 하나를 택해야만 했다. 동방에서 제국으로 유입된 많은 이교(異敎)들 가운데 하나이며, 사무적인 태도를 지닌 국가의 공식적 종교보다는 인간의 정신적 열망을 분명히 더 잘 만족시킬 것 같은 이교에 가입하던가, 아니면 그러한 욕구들을 충족시키기 위해 철학에 의지하는 것. 따라서 스토아주의와 같이 윤리설이 지배적인 체계에서 우리는 종교적 요소를 발견할 수 있으나, 반면에 고대철학의 마지막 꽃인 신(新)플라톤주의에서는 철학과 종교의 혼합이 그 절정에 이른다. 더욱이 정신의 신비한 비약이나 환희를 지적 활동의 최종적인 최고의 경지로 삼는 플로티노스의 신(新)플라톤주의에서는, 철학이 종교로 넘어가는 경향을 보인다.

오로지 윤리만을 강조하면 스토아주의와 에피쿠로스주의 모두에서 발견하는 정신적 독립성과 자족(自足)이라는 이상에 도달하게 되고, 반면에 종교를 강조하면 초월적 원리에의 의존성을 주장하고 자신의 정화를 신(神)의 활동 탓으로 돌리게 되는데, 그것은 미트라 종파와 같은 신비적 종교집단에서 발견되는 태도이다. 그러나 두 경향들, 즉 윤리적인 것과 인격의 자족적인 완성이나 진정한 도덕적 인격의 획득을 강조하는 경향과, 신에 대한 숭배자의 태도나 또는 자족적이지 못한 인간의 신과 합일

될 필요성을 강조하는 경향은 모두 동일한 욕구, 즉 각자 자신의 삶에 대한 확실한 기초를 발견하려는 그리스-로마 세계의 개인들의 욕구를 충족시키는 데 공헌했다. 왜냐하면 그러한 종교적 태도가 세속적인 제국에 대한 어떤 독립성을 유발했기 때문이다. 물론 실제로는 이 두 태도가 서로 융합하는 경향을 보였는데, 어떤 때는 윤리적 요인이 강조되었고(스토아에서처럼), 어떤 때는 종교적 요인이 강조되었다(신비적 종교에서처럼). 한편 신(新)플라톤주의에서는 [이 두 경향의] 포괄적인 종합이 시도되었는데, [그 종합에서] 윤리적인 것이 종교적인 것에 종속되어 있었지만, 그렇다고 해서 그 중요성을 상실한 것은 아니었다.

02.   헬레니즘-로마 철학의 발전은 몇 가지 국면으로 구별되는 것이 보통이다.[1]

① 제1국면 또는 제1기는 기원전 4세기 말경부터 기원전 1세기 중엽에 걸쳐 있다. 이 시기의 특징은 스토아철학과 에피쿠로스철학이 창시되었다는 것인데, 그 철학들은 행위 및 개인적 행복의 획득을 강조하며, 자신들 체계의 우주론적 기초를 마련하기 위하여 소크라테스 이전의 철학에 귀를 기울인다. 이 '독단적' 체계들에 맞서서 피론(Pyrrho)과 그 추종자들의 회의주의가 있었는데, 이러한 회의주의에는 중기 아카데메이아와 신(新)아카데메이아에서의 회의적 기질이 더해졌음이 틀림없다. 이 철학들의 상호 교류는 어떤 절충주의로 귀착되는데, 그것은 중기 스토아, 페리파테토스학파 그리고 아카데메이아가 각각 서로의 이설(理說)들을 절충적으로 융합시키려한 경향에서 드러났다.

② 한편으로는 절충주의 그리고 다른 한편으로는 회의주의가 제2기(대략 기원전 1세기 중엽에서 서기 3세기 중엽까지)로 계속 이어지는데, 이 시기에는 철학적 '정통성'으로의 복귀라는 특징을 보인다. 학파의 창시자들과 그들의 생활, 저작, 이설 등에 커다란 관심이 모아지는데, 철학적 '정통성'으로의 이러한 경향은

---

1   Ueberweg-Praechter, 32-33쪽 참조.

계속되는 절충주의에 대한 반발이다. 그러나 과거에 대한 이러한 관심은, 예를 들어 옛 철학자들의 저작을 편집하고, 거기에 주석을 달고 해석을 하는 것과 같은 학문적 연구에 있어서도 커다란 결실을 보았다. 이러한 작업에서 알렉산드리아인들은 탁월성을 발휘했다.

그러나 이러한 학문적 관심만이 제2기의 유일한 특징은 아니다. 학문적 관심과는 대조적으로 종교적 신비주의에의 경향이 발견되는데, 그것은 점점 더 강해진다. 이러한 경향은 학문적 경향, 즉 생산적인 사색의 실종과 그 뿌리를 공유하고 있다는 점이 지적되어왔다(예를 들어 프래흐터의 책, 36쪽 참조). 후자의 요인은 회의주의나 또는 학문적 추구에의 몰두를 초래할 수 있었던 반면, 마찬가지로 종교적 신비주의의 경향으로 귀결될 수도 있었다. 이러한 경향은 물론 당시의 점증하던 종교의식 및 동방에서 유래한 종교와의 접촉에 의해서 촉진되었다. 예를 들어 신피타고라스주의자들과 같은 서양 철학자들은 이 종교적이고 신비한 요소들을 그들의 사변체계 속으로 통합하려 노력했고, 반면에 알렉산드리아의 필론(Philo) 같은 동방의 사상가들은 자신들의 종교적 개념들을 철학적 틀 속에서 체계화하려고 노력했다. (물론 필론과 같은 사상가들은 자신들의 비(非)그리스적 이설들을 철학의 형태로 제시함으로써 그리스인들로 하여금 그 이설들을 지지하도록 하려고 하는 욕구의 영향도 받았다.)

③ 제3기(서기 3세기 중엽 무렵에서부터 서기 6세기 중엽에 이르기까지, 또는 알렉산드리아에서는 7세기 중엽까지)는 신(新)플라톤주의의 시기이다. 고대철학의 이 마지막 사색적 노력은 동서양의 철학적 종교적 이설 속에 들어있는 모든 가치 있는 요소들을 하나의 포괄적인 체계 속으로 결합해넣으려고 시도했는데, 실제로 수백 년 동안의 모든 철학 학파들과 지배적이던 철학적 발전을 흡수했기 때문에, 그것을 철학사에서 간과하거나 비교(秘敎)의 신비주의라는 쓰레기통 속에 처박는 것은 정당하지 않다. 더구나 신(新)플라톤주의는 기독교적 사색에 커다란 영향을 행사했다. 우리는 단지 성 토마스 아퀴나스와 위(僞)디오니시우스와 같은 이름만 생각하면 된다.

03. 　간과되어서는 안 될 헬레니즘 세계의 또 다른 한 특징은 특수과학들의 양성이 증가되었다는 것이다. 우리는 철학과 종교가 어떻게 결합되려는 경향을 보였는지를 보았다. 철학과 특수과학의 관계에 있어서는 그 반대의 경우가 된다. 철학의 영역은 그리스 사상의 초기에서보다 더 뚜렷하게 그 윤곽이 그려질 뿐만 아니라, 다른 과학들도 (그것들을 특별한 방식으로 취급할 필요가 있을 정도로) 발전의 정점에 도달했다. 게다가 조사와 연구의 외적 여건들의 향상은 (비록 이러한 향상 자체가 대체로 특수화의 산물이기는 하지만) 과학의 발전에 다시금 영향을 주었으며, 분화된 연구와 조사의 심화를 촉진했다. 물론 뤼케이온이 이러한 과학의 발전과 성장에 막대한 공헌을 했다. 그러나 헬레니즘 시대에는 알렉산드리아와 안티오크, 페르가모스과 같은 주요 도시들에 연구소와 박물관과 도서관들이 세워졌으며, 그 결과 문헌학적 조사와 문자적 조사 및 수학적·의학적·물리학적 연구들이 막대한 진보를 이룰 수 있었다. 그러므로 체체스(Tzetzes)에 따르면, 알렉산드리아의 도서관 '별관'에는 4만 2,800책(冊)의 장서가 있었으며, 궁전 안의 본관에는 40만여 책(冊)의 '복서(複書)'와 9만여 책의 '단서(單書)'가 소장되어 있었는데, 후자[단서]는 아마도 조그만 파피루스 두루말이였고, 반면에 전자[복서]는 그보다 큰 두루말이였을 것이다. 나중에 보다 큰 책들은 권으로 나뉘어져 '단서'로 환원되었다. 안토니우스가 클레오파트라에게 페르가모스의 도서관을 선물했을 때, 그는 20만여 권의 '단서'를 그녀에게 주었다고 전한다.

특수과학에 대한 철학의 영향이 특수과학의 발전에 언제나 유리한 것은 물론 아닐 것이다. 왜냐하면 실험과 정확한 관찰이 결정적인 역할을 했어야 했을 때에도, 때때로 사변적 가설들이 자신의 자리가 아닌 곳을 차지하고는 성급하고 경솔한 결론으로 이끌었기 때문이다. 그러나 반면에, 특수과학들은 철학적 토대를 제공받음으로써, 도움을 받기도 할 것인데, 왜냐하면 그것들은 그렇게 됨으로써 서툰 경험주의로부터 그리고 전적으로 실제적이고 실용적이기만 한 편향성으로부터 구제될 것이기 때문이다.

제35장

초기 스토아

━━━━━━━━━ **1. 스토아철학의 창시자**

스토아철학의 창시자는 제논이다. 그는 기원전 336/5년경에 키프러스의 키티움에서 태어나서 기원전 264/3년경에 아테네에서 사망했다. 처음에 그는 아버지를 따라서 상업활동을 했었던 것 같다.[1] 기원전 315년경에 아테네로 온 그는 크세노폰의 『회상』과 플라톤이 쓴 『변론』을 읽고 소크라테스의 강직한 성품에 경탄을 금치 못했다. 제논은 키니코스주의자인 크라테스가 소크라테스를 가장 많이 닮은 사람이라고 생각하여 그의 제자가 되었다. 제논은 비록 크세노크라테스에게 그리고 크세노크라테스가 죽은 후에는 폴레몬에게도 역시 배웠다고 전해지고 있지만, 키니코스주의자들로부터 스틸폰에게로 간 듯하다.[2] 기원전 300년경에는 자신의 철학 학파를 세웠는데, 그 학파는 그가 강연을 베풀었던 '얼룩덜룩한 강당(Στοὰ Ποικίλη)'에서 그 이름을 땄다. 그는 자살한 것으로 전해지고 있으며, 우리는 그의 저작들 가운데 오직 단편들만을 가지고 있다.

---

1   Diog. Laërt., 7, 2와 31.
2   Diog. Laërt., 7, 2.

제논 이후 그 학파 지도권은 아소스의 클레안테스(331/30-233/2 또는 231)에 의해 계승되었고, 클레안테스의 후계 자리는 킬리키아 지방의 소로이 출신 크리시포스(281/278-208/205)로 이어졌다. 크리시포스는 스토아주의의 이설(理說)들을 체계화했기 때문에, 스토아학파의 제2의 창시자라고 불렸다. 크리시포스가 없었다면, 스토아학파는 존재하지 않았을 것이다(Εἰ μὴ γὰρ ἦ Χρύσιππος, οὐκ ἂν ἦν Στόα).[3] 그는 705권 이상의 저서를 썼다고 전해지며, 비록 그의 문체는 유명하지 않았으나, 그의 변증론은 유명했다.

제논의 제자들 가운데는 치오스의 아리스톤, 카르타고의 헤릴로스, 헤라클레이아의 디오니시우스, 키티움의 페르시우스가 있었다. 클레안테스의 한 제자가 보스포로스의 스파이루스였다. 크리시포스는 두 명의 제자, 타르수스의 제논과 세레우케이아의 디오게네스에 의해서 계승되었다. 세레우케이아의 디오게네스는 상납금을 탕감받으려고 기원전 156/5년에 다른 철학자들과 함께 아테네의 대사로 로마에 왔다. 그 철학자들은 로마에서 강연을 했는데, 그 강연은 로마 젊은이들 사이에게 찬사를 받았으나, 카토는 그러한 철학적 관심이 상무의 덕에 일치하지 않는다고 생각하여 대사관을 가능한 한 조속히 철거하도록 원로원에 충고했다.[4] 디오게네스는 타르수스의 안티파트로스에 의해 계승되었다.

━━━━━━ ## 2. 스토아의 논리학

스토아주의자들은 논리학을 변증법과 수사학으로 나눴는데, 어떤 사람들은 여기에 정의론(定義論)과 진리 기준론(眞理 基準論)을 덧붙였다.[5] 비록 우리가 스토아주의자들은 아리스토텔레스의 10범주들을 4범주로, 즉 기체(基體, τὸ ὑποχείμενον), 본질적 성질(τὸ ποιόν 또는 τὸ ποιὸν ὑποχείμενον), 우유적 성질(τὸ πῶς ἔχον 또는 τὸ πῶς ἔχον ποιὸν

---

3   Diog. Laërt., 7, 183.
4   Plut., *Cat. Mai.*, 22.
5   Diog. Laërt., 7, 41-42.

ὑποχείμενον) 그리고 상대적인 우유적 성질(τὸ πρός τι πῶς ἔχον, τὸ πρός τι πῶς ἔχον ποιὸν ὑποχείμενον)로 환원시켰다는 사실에 주목할 수 있을 것이나, 여기에서는 형식논리학에 대한 그들의 설명은 생략하고, 스토아주의의 인식론에 대하여 얼마간 말할 것이다. 스토아 형식논리학이 지닌 그 이상의 특징 역시 언급될 수 있다. 명제들은 자신의 항들이 비(非)명제들이면 단순명제이고, 그렇지 않으면 복합명제이다. 또 복합명제(τὸ συνημμέ νον) "if X, then Y"는 ① X와 Y 모두가 참일 때는 참이고, ② X가 참이고 Y가 거짓이면 거짓이고, ③ X가 거짓이고 Y가 참이면 참이고, ④ X와 Y 모두가 거짓이면 참이다. 그러므로 우리들의 '실질적' 함언은 '형식적' 함언 및 '엄격한' 함언과 구별되며, 존재론적 필연성에 의한 함의와도 구별된다.[6]

스토아주의자들은 플라톤의 초월적 보편자설뿐만이 아니라 아리스토텔레스의 구체적 보편자설도 거부했다. 오로지 개별자들만이 존재하며 우리들의 지식은 특수한 대상들에 대한 지식이다. 이 개별자들은 영혼에 인상을 만들어주는데(자국(τύπωσις): 제논 및 클레안테스 또는 변형(ἑτεροίωσις): 크리시포스), 지식은 1차적으로 이 인상에 대한 지식이다. 그러므로 스토아주의자들은 플라톤의 입장과 반대되는 입장을 취한 것이다. 왜냐하면 플라톤은 감관지각을 경시했던 반면, 스토아철학은 모든 지식을 감관지각에 정초했기 때문이다. 스토아주의자들은 틀림없이, 자신은 말(馬)을 보았지 '말성(horse-ness)'을 본 것은 아니라는 취지의 안티스테네스의 말(言)을 되풀이할 것이다(우리가 이미 살펴본 대로, 제논은 키니코스주의자였던 크라테스의 제자가 되었다). 영혼은 본래 백지 상태인데, 이러한 영혼이 알기 위해서는 지각이 필요하다. 물론 스토아주의자들도 우리가 우리의 내적 상태와 내적 행위에 대한 지식을 가지고 있다는 것을 부인하지는 않았다. 하지만 크리시포스는 이러한 지식 역시 지각으로 환원시켰는데, 그 환원은 이러한 상태들과 행위들이 물질적 과정들로 구성되어 있다고 간주되었다는 점에서 더욱 더 용이하게 되었다. 실제 대상이 더 이상 거기에 없을 때에도, 지각이라는 행위 후에 기억(μνή μη)은 남아 있으며, 경험은 다수의 유사한 회상들(ἐμπείρια)로부터 생긴다.

그러므로 스토아주의자들은 경험주의자들, 심지어 '감각주의자들'이었다. 그러

---

6   Sext. Emp., *Pyrr. Hyp.*, 2, 105; *Adv. Math.*, 8, 449.

나 그들은 철저하게 경험주의적이고 유명론적인 입장과는 거의 부합되지 않는 합리론 또한 주장했다. 왜냐하면 비록 그들이 이성(λόγος, νοῦς)이 지각으로부터 점차적으로 성장하며 14세경에서야 비로소 형성된다는 점에서 발전의 산물이라고 주장하기는 했으나, 그들은 또한 사려에 의해 형성된 일반적 관념들뿐만 아니라, 우리가 그것들을 형성하는 자연적 성향을 가지고 있다는 점에서 명백하게 경험에 선행하는(ἔμφυτοι προλήψεις), 말하자면 생득관념인 일반적 관념(κοιναὶ ἔννοιαι 혹은 προλήψεις)도 역시 존재한다고 주장했기 때문이다. 더구나 실재의 체계가 알려질 수 있는 것은 오로지 이성을 통해서이다[라고 그들은 주장했다].

스토아주의자들은 진리의 기준이라는 문제에 많은 주의를 기울였다. 그들은 진리의 기준이 감지되는 지각 혹은 표상(φαντασία καταληπτική)이라고 선언했다. 그러므로 진리의 기준은 지각 그 자체에, 다시 말하면 영혼의 승인을 강요하는 지각에, 즉 어느 모로 보나, 명백한 지각에 있다. (이것은 우리에게 실재에 대한 확실한 지식을 제공하는 것은 과학뿐이라는 견해와 거의 부합하지 않는다.) 그러나 영혼은 객관적으로 참인 지각인 것에 대해서도 승인을 보류할 수 있다는 어려움이 발생했다. 그러므로 죽은 알케스티스가 지하세계로부터 아드메토스에게 나타났을 때, 그녀의 남편은 그녀를 분명하게 지각했지만, 주관적 장애 때문에, 다시 말해서 죽은 사람의 기만적인 허깨비는 있을 수도 있는 반면 죽은 사람은 다시 일어설 수 없다는 믿음 때문에 그는 이 분명한 지각을 승인하지 않았다. 이러한 종류의 반대를 고려하여 후기 스토아주의자들은, 섹스투스 엠피리쿠스가 우리에게 말하듯이 진리의 기준에 "장애가 없는"을 추가했다. 객관적으로 말하자면, 죽은 알케스티스에 대한 지각은 진리의 기준이라는 가치를 가지고 있으나 (왜냐하면 그것은 객관적으로 감지되는 표상(καταληπτικὴ φαντασία)이기 때문이다) 주관적으로 말하자면, 그것은 주관적 장애로 작용하는 믿음 때문에 진리의 기준 노릇을 할 수 없다는 것이다.[7] 이 모든 것은 매우 훌륭하다. 그러나 언제 그러한 장애가 존재하고 언제 그러한 장애가 존재하지 않는지를 확인하는 어려움은 여전히 남는다.

---

7   Sext. Emp., *Adv. Math.*, 7, 254 이하.

　　자신들의 우주론에 있어서 스토아주의자들은 헤라클레이토스의 로고스와 세계실체로서의 불(火)이라는 이설에 의존했다. 그러나 플라톤과 아리스토텔레스에게서 빌려온 요소들도 또한 존재한다. 그러므로 종자적 형상(λόγοι σπερματιχοί)은 관념론의 물질적 지평으로의 전이(轉移)라고 여겨진다.

　　스토아주의자들에 따르면, 실재에는 두 원리, 즉 작용함(τὸ ποιοῦν)과 작용받음(τὸ πάσχον)이 있다. 그러나 이것은 플라톤에게서 발견되는 것과 같은 이원론은 아니다. 왜냐하면 능동적 원리인 작용함은 정신적인 것이 아니라 물질적인 것이기 때문이다. 그 두 원리는 모두 물질적이고 함께 하나의 전체를 형성하기 때문에, 사실상 그것은 전혀 이원론이 아니다. 그러므로 스토아주의의 이설은 일원론적 유물론(비록 그 입장이 일관되게 주장되고 있지는 않지만)이다. 제논의 견해가 무엇이었지는 확실치 않지만, 클레안테스와 크리시포스는 이 두 요소들을 궁극적으로는 하나이자 동일한 것으로 간주했던 것으로 보인다.

　　"모든 것은 자연을 그 육체로 삼고 신(神)을 그 영혼으로 하는 하나의 거대한 전체의 부분들에 불과하다."[8]

　　수동적 원리는 속성이 결여된 질료이며, 반면에 능동적 원리는 내재적인 이성 또는 신(神)이다. 자연적 아름다움이나 또는 자연 내부의 목적성은 우주 안에 사고의 원리, 즉 신이 존재한다는 것을 말해주는데, 신은 모든 것을 인간의 선(善)을 위하여 자신의 섭리 속에서 배열해놓았다. 더구나 자연의 최고 현상인 인간이 의식을 가지고 있는 것으로 보아, 세계 전체가 의식을 결여하고 있다고 상정할 수는 없다. 왜냐하면 전체가 부분보다 덜 완전할 수는 없기 때문이다. 그러므로 신은 세계의 의식이다. 그럼에도 불구하고 신은, 자신이 작용을 미치는 기체(基體)와 마찬가지로 물질적이다. "(제논) 육체를 결여한 것으로부터는 그 어떤 것도 산출될 수 없다. (또한 산출하는 것이든 산출되는 것이든 간에 참으로 육체가 아닐 수 없다(Nullo modo arbitrabatur quidquam effici posse

---

8　　Pope, *Essay on Man*, I, 267.

ab ea (natura) quae expers esset corporis -nec vero aut quod efficeret aut quod efficeretur, posse esse non corpus).)"⁹ 그들은 육체적인 것만을 존재하는 것으로 본다(ὄντα γὰρ μόνα τὰ σώματα χαλοῦσιν).¹⁰ 스토아주의자들은 헤라클레이토스와 마찬가지로 불을 만물의 재료로 삼는다. 신(神)은 능동적인 불(πῦρ τεχνιχόν)로서 우주 속에 내재해 있지만(πνεῦμα διῆχον δι᾽ ὅλου τοῦ χόσμου), 동시에 물질적 세계를 형성하는 보다 거친 요소들이 발생되어 나오는 주요 근원이기도 하다. 이 거친 요소들은 신으로부터 나와 마침내는 다시금 신에게로 되돌아가며, 따라서 존재하는 모든 것은 태고의 불(신 그 자체)이거나 또는 다른 상태로 있는 신이다. 세계가 존재하고 있을 때, 신은 세계의 영혼이기 때문에, 신과 세계와의 관계는 영혼과 육체와의 관계와 같다. 신은 그 자신의 육체인, 이 세계를 이루는 재료와 완전히 다른 어떤 것이 아니다. 오히려 그것은 보다 정제된 재료이며, 운동 및 형상 부여의 원리이다. 반면에 세계를 형성하는 보다 거친 재료는, 비록 모든 종류의 운동과 형상을 받아들일 수는 있지만, 그 자체는 운동성과 형상이 없다. "제논과 다른 대부분의 스토아주의자들에게 에테르가 정신이 구유된 최고의 신이라 여겨졌으며, 그로부터 모든 것들이 다스려진다(Zenoni et reliquis fere Stoicis aether videtur summus deus, mente praeditus, qua omnia reguntur)."¹¹

그러므로 로고스(ὁ Λόγος)인 신(神)은 존재하게 될 모든 사물들의 능동적 형상들을 자신 속에 포함하는 능동적 원리인데, 이 형상들은 종자적 형상(λόγοι σπερματιχοί)이다. 이 능동적 (그러나 물질적인) 형상들은 말하자면 '씨앗들'로서, 그것들의 운동을 통해서 개별적인 사물들이 세계가 발전함에 따라 생성된다. 달리 말하면 그것들은 개별적인 사물들의 형태로 자신을 전개하는 씨앗들이다. (종자적 형상이라는 이 개념은 신플라톤주의와 성 아우구스티누스에게서 rationes seminales라는 이름으로 발견된다.) 이 세계의 실제 발전에 있어서, 신(神)을 구성하는 불의 기체(氣體) 가운데 일부분이 공기로 변형되고 공기로부터 물이 형성된다. 물의 일부로부터 흙이 나오는 한편, 두 번째 부분은 물로 남고, 세 번째 부분은 공기로 변형되는데, 공기는 희박해짐을 통하여 초보적인 불이 된다. 이렇

9　　Cic., *Acad. Post.*, I, II, 39.

10　　Plut., *De Comm. Notit.*, 1073.

11　　Cic., *Acad. Prior.*, 2, 41, 126.

게 신의 '육체'가 탄생된다.

그런데 헤라클레이토스는, 우리가 살펴본 것처럼 전 세계가 그것이 태어난 태고의 불로 돌아간다는 우주의 대화재론을 결코 가르쳤을 것 같지 않다. 그러나 스토아주의는 분명히 이 대화재(ἐκπύρωσις)론을 첨가했는데, 그 이론에 따르면, 신은 세계를 형성하고 우주적 화재를 통하여 그것을 자신 속으로 되돌려놓으며, 그 결과 세계 건설과 세계 파괴가 끊임없이 이어진다. 더구나 각각의 새로운 세계는 모든 특수자들에 있어서 이전 세계를 닮았다. 예를 들어, 모든 개인들은 연속되는 각 세계 모두에 나타나서 그가 이전 세계에 존재할 때 행했던 것과 동일한 행위를 한다(니체의 '영겁회귀' 사상 참조). 스토아주의자들은 이러한 신념에 어긋나지 않도록 인간의 자유를 부정했다. 또는 그들에게 자유란 어떠한 경우에도 하게 될 것을 의식적으로 동의하면서 행하는 것을 의미했다(어느 정도는 스피노자를 생각나게 한다). 필연의 이러한 굴레를 스토아주의자들은 운명(Εἱμαρμένη)이라는 개념으로 표현했다. 그러나 운명이란 신이나 보편적 이성과 다른 것이 아니고, 만물을 최상으로 배열하는 신의 섭리(Πρόνοια)와도 다르지 않다. 운명과 섭리는 신의 서로 다른 측면에 불과하다. 그러나 이 우주론적 결정론은, 그들이 내적 자유를 주장함으로써 수정된다. 그 내적 자유란 인간은 사건들을 '신의 의지'의 표현으로 이해하고 환영함으로써 사건들에 대한 자신의 판단과 태도를 바꿀 수 있다는 의미의 자유이다. 이런 의미에서 인간은 자유롭다.

스토아주의자들은 신이 만물을 최상으로 배열했다고 주장했기 때문에, 그들은 이 세계에 존재하는 악(惡)을 설명해야만 했으며, 또는 최소한 악이 그들의 '낙관론'과 조화를 이루도록 해야만 했다. 크리시포스는 특히 개별자들의 불완전함은 전체의 완전함에 공헌한다는 이론을 자신의 기본 교의(敎義)로 삼고, 영원한 난제인 신정설(神正說)을 정식화하는 문제를 떠맡았다. 사물들을 영원의 상(相)에서(sub specie aeternitatis) 바라보면, 실재로 악이란 없다는 결론이 뒤따를 것이다(여기에서 [스토아적 낙관주의로 해서] 스피노자가 연상된다면, 스토아적 낙관주의뿐만이 아니라 자연의 그 어떤 두 개의 개별적 현상도 완전히 동일하지는 않다는 그들의 이설로 인해 라이프니츠도 역시 연상된다). 크리시포스는 섭리에 관한 자신의 책 넷째 권에서, 대립적 쌍 가운데서 그 어느 것도 다른 한편의 것 없이는 존재할 수 없으며, 따라서 만약 우리가 하나를 없앤다면 우리는 모두를 없애는 것이라는 데 근거해서,[12] 악이 없었다면 선이 존재할 수 없었을 것이라고 주장한다. 확실히 이 주장에는 많은 진리가 포함되어 있다. 예를 들어 즐거워할 수 있는 감각적 피조물들의 존재는 고통을 느낄 수 있는 가능성 역시 함축한다. 물론 신이 달리 결정하지 않는다면 말이다. 그러나 우리는 지금 초자연적인 신의 명령에 대해 말하고 있는 것이 아니라, 자연적 사태에 대해 말하고 있다. 또한 고통은 악이라고 일컬어짐에도 불구하고, 어떤 측면에서는 선인 것처럼 보일 것이다. 예를 들어 우리의 치아가 썩어 들어갈 가능성이 있다면, 치통은 명백히 선 또는 이익으로 여겨질 것이다. 치아에 있어서 올바른 질서가 결여된다는 것은 분명 악이지만, 그렇게 썩을 수 있는 가능성이 주어진 마당에 치통이 있을 수 없다면, 우리의 상황은 더욱 나빠질 것이다. 왜냐하면 치통은 치과의사에게 치아를 검진받도록 해야 할 때라는 것을 우리에게 경고해주는 위험신호 노릇을 하기 때문이다. 마찬가지로, 우리가 배고픔(이 자체는 고통이다)을 전혀 느끼지 않는다면, 우리는 불충분한 영양부족으로 건강을 해칠지도 모른다. 크리시포스는 이러한 점을 분명하게 보고, 인간이 구조가 섬세한 머리를 가지고 있는 것은 (머리의 구조가 섬세하다는 바로 그 사실이 동시에 상대적으로 작은 충격에 의해서도 위험해질 가능성을 포함하고 있음에도 불구하고) 인간을 위해 좋은 것이라고 주장했다.

그런데 비록 물리적 악(惡)에는 그렇게 큰 어려움이 없지만, 도덕적 악에 관해서는 어떤가? 스토아주의자들에 따르면, 어떠한 행위도 행위 그 자체로는 악하거나 비난받을 만하지 않다. 행위를 악하게 하는 것은 의도, 즉 행위를 하는 행위자의 도덕적 조건이다. 물리적인 것으로서의 행위는 선도 악도 아니다. (만약 이것이 의도가 좋으면 어떠한 행위도 정당화된다는 것을 의미하는 것으로 해석된다면, 그러한 행위는 도덕적 질서 속에 있으며 선이나 악이 될 것이다. 만약 그 행위자가 자신의 행위가 올바른 이성에 상반된다는 사실을 모르는 결백한 무지의 상태에서 선한 의도를 가지고 악한 행위를 한다면, 그 행위는 단지 질료적으로만 악하며 그 행위자는 형상적 죄를 범하진 않지만[13] 말이다. 그러나 인간의 행위로서의 자신의 성격을 떠나서, 행위가 단

---

12 Apud Gellium, *Noctes Atticae*, 6, 1.

13 행위, 예를 들어 인간이라는 행위자의 자유의지에서 나오는 인간의 행위는, 그 행위가 올바른 이성과 객관적인 자연법에 객관적으로 일치하는가 일치하지 않는가에 따라 질료적으로 (혹은 객관적으로) 선하거나 또는 악하다. 행위자가 의식하는 의도는 그 행위가 객관적으로 악한 행위일 경우, 형상적인 도덕적 잘못을

순히 그 자체로서, 즉 어떤 실재적인 존재로 간주된다면, 행위 그 자체는 악이 아니라는 ─사실상 그것은 선이다─ 크리시포스의 말은 옳다. 행위가 그 자체로서 악일 수 없다는 것은 한 가지 예로써 쉽게 보여 질 수 있다. 사람이 살인을 목적으로 총격을 당할 때나 전시에 전장에서 총격을 당할 때나 그 물리적 행 위, 즉 실재적 요소는 정확하게 동일하다. 도덕적 악은 살인 속의 실재적 요소, 즉 단순히 추상적으로 고 찰된 행위가 아니다. 도덕적 악은 면밀하게 그 자체로 고찰하면 실재적인 존재일 수가 없다. 왜냐하면 만 약 그렇다면 모든 존재의 근원인 창조자의 선성(善性)이 손상될 것이기 때문이다. 도덕적 악이란 본질적 으로 인간의 의지 속에 올바른 질서가 결여되는 것인데, 이때의 인간 의지는 인간의 나쁜 행위 안에서 올 바른 이성과의 조화를 벗어난다.) 그런데 사람이 올바른 의도를 가질 수 있다면, 잘못된 의 도 역시 가질 수 있다. 그러므로 물리적 영역에서 못지않게, 도덕의 영역에서도 대립 자들이 서로를 수반한다. 크리시포스는 비겁과 별도로 어떻게 용기가 이해될 수 있을 것이며, 불의와 별도로 어떻게 정의가 이해될 수 있을 것인가를 묻는다. 쾌락을 느끼 는 능력이 고통을 느끼는 능력을 함의하는 것과 똑같이, 정당할 수 있는 능력은 부당 할 수 있는 능력을 함의한다.

크리시포스가 단순히 덕에 대한 능력은 사실상 악덕에 대한 능력을 함의한다는 것을 의미한 한, 그는 진리를 말하고 있었다. 왜냐하면 최고선(Summum Bonum)을 제 한적으로밖에 파악할 수 없는, 이 세상의 현 상태의 인간에게는 덕스러울 수 있는 자 유는 죄를 범할 수 있는 자유 역시 함의하기 때문이며, 따라서 도덕적 자유를 가지는 것이 인간에게 좋은 것이고, 덕을 자유롭게 선택할 수 있는 것이 (비록 이것은 악덕의 가 능성을 포함하고는 있지만) 자유가 전혀 없는 것보다 낫다고 한다면, 이 세상에 도덕적 악 의 가능성이 있다거나 실제로 도덕적 악이 존재한다는 것으로부터 신의 섭리에 반대 하는 어떤 타당한 논증도 도출될 수는 없기 때문이다. 그러나 크리시포스가, 상반되 는 것들은 언제나 서로를 수반한다는 것에 근거하여, 이 세상에 덕이 있다는 것은 필 연적으로 그것과 반대되는 것[악덕]이 있음을 함의한다는 것을 말한다면, 그는 거짓을 말하고 있다. 왜냐하면 인간의 도덕적 자유는 이 생(生)에서의 악덕의 가능성은 수반 하는 반면, 그것의 현실태를 반드시 수반하지는 않기 때문이다. (물리적 악에 대해서와 마

면해줄 수는 있어도, 인간 행위의 객관적 또는 질료적 성격을 변화시킬 수는 없다.

찬가지로 도덕적 악에 대해서도, 선은 악의 현존을 통하여 보다 선명하게 된다고 말하는 변명은, 만약 강조된다면, 똑같은 틀린 견해를 함축할 수 있을 것이다. 이 세계의 이 현 질서가 주어진 경우, 인간에게 자유와 함께 죄를 지을 수 있는 가능성이 있는 것이 인간에게 자유가 없는 것보다 확실히 낫다. 그러나 악덕의 현존이 아무리 선(善)을 보다 선명하게 한다고 할지라도, 인간이 자신의 자유를 덕스러운 행위들을 선택하는 데 사용하는 것이 보다 나으며, 이 세계가 최상일 수 있는 조건은 모든 사람들이 언제나 옳은 것을 행해야 하는 것이다.)

크리시포스는 일반적으로 잘 관리되고 있는 거대한 가족 안에서 사소한 사건들이 모종의 부주의에 의해서 발생하는 경우와 마찬가지로, 외적인 불행이 섭리 쪽에서의 실수에 기인할 수도 있지 않을지를 사색할 때 그다지 편안치 않았다.[14] 그러나 그는 선한 사람들에게 닥치는 물리적 악(惡)들이 개인을 통해서뿐만이 아니라(그러한 악들에 대한 자신의 내적 태도를 통해서), 크게는 인류를 위해서도 (예를 들어 의학의 연구와 발전을 촉진함으로써) 축복으로 변할 수 있음을 올바로 간파했다. 게다가 크리시포스는, 빛과 그림자의 대조가 그림에서 어떤 즐거움을 주는 것과 똑같이, 이 세상의 악은 선을 보다 두드러지게 한다는 취지의 논증, 또는 크리시포스가 실제로 사용한 예를 사용하자면, "희극 속에는 바보스러운 시(詩)들이 있는데, 그것들은 그 자체로는 나쁘지만 극 전체에 어떤 우아함을 더해준다"[15]와 같은 논증을 제공하는데, 그 논증이 후에 신(新)플라톤주의와 성 아우구스티누스, 버클리와 라이프니츠에게서 다시 나타난다는 점은 흥미로운 주목거리이다.

비유기적 대상들에 있어서 보편적 이성 혹은 프네우마(πνεῦμα)는 성상(ἕξις) 혹은 결합의 원리로서 작용한다. 그리고 이것은 영혼을 지니지 않은 식물들에게도 또한 마찬가지인데, 단 이들에게 있어서 성상(ἕξις)은 운동의 원리이고 본성(φύσις)의 등급으로 격상했다. 동물들에게는 영혼(ψυχή)이 있는데 이것은 감각(φαντασία) 및 충동(ὁρμή)의 능력으로 나타난다. 그리고 인간에게는 이성이 있다. 그러므로 인간의 영혼은 가장 고귀한 영혼이다. 사실상 이것은 창조의 순간에 인간에게 내려와 생성의 순

---

14   Plut., *De Stoic. Repugn.*, 1051 c.

15   Plut., *De Comm. Notit.*, 1065d; Marcus Aurel., *To Himself*, VI, 42.

간에 인간에게 전해진 신적(神的)인 불(火)의 부분이다. 왜냐하면 이것은 다른 모든 것과 마찬가지로 물질적인 것이기 때문이다. 크리시포스에 따르면, 영혼의 지배적 부분(τὸ ἡγεμονι χόν)은 심장에 자리하고 있는데, 이것은 분명히, 사유의 표현인 목소리가 심장에서부터 울려나온다는 것을 근거로 한 것이다. (몇몇 다른 스토아주의자들은 지배적 부분을 머리에 위치시켰다.) 스토아주의의 체계 안에서는 개인의 불멸성이란 거의 불가능하며, 스토아주의자들은 모든 영혼들은 대화재 시(時)에 태고의 불로 되돌아간다는 것을 인정했다. 이것에 관한 유일한 쟁점은 어떤 영혼들이 죽은 이후로부터 대화재 시에 이르기까지 존속하는가 하는 점이다. 클레안테스는 이것[사후의 존속]이 모든 인간들의 영혼에 통용된다고 본 반면, 크리시포스는 오직 현자들의 영혼에 관해서만 그것을 인정했다.

우리는 스토아주의자들의 체계와 같은 일원론적 체계 내에서 신적(神的) 원리에 대한 그 어떤 개인적 헌신의 자세도 발견되리라고 기대할 수 없을 것이다. 그러나 사실상 그러한 경향은 명백하게 볼 수 있다. 이러한 경향은 특히 클레안테스의 유명한 제우스 송가에서 볼 수 있다.

여러 이름으로 불리는, 오, 가장 영광스러운 신(神)이시여,
당신은 끝없는 세월을 통해 변치 않는 자연의 위대한 왕이십니다.
당신의 정의로운 천명(天命)으로 만물을 지배하는 전지전능함을 찬양하며 제우스
를 부릅니다. 모든 나라의 당신 피조물들은 당신을 부를 필요가 있기 때문입니다.
우리는 당신의 자식들입니다. 오직 우리만이,
이리 저리로 어지러이 뻗은 그 넓은 대지의 길 위에 모든 것들 가운데.
그 어디로 가든 당신의 모습을 간직하고 있습니다.
그리하여 나는 찬양의 노래 불러 당신의 권능을 보이렵니다.
보십시오! 저 하늘, 그것은 대지를 둘러싸고 돌며,
당신의 지도에 따르고, 또 당신에게 기꺼이 경의를 표하고 있습니다.
당신의 압도할 수 없는 손이자, 그토록 열렬한 종인, 번개칼은 양날의 검을 휘두르고,
그 칼의 불멸하는 힘은 자연이 밝히는 모든 것을 통해서 맥박칩니다.

우주적 말씀의 전달 매체는 만물을 통하여 흐르고,

크고 작은 별들이 발하는 천상의 빛 속에서 반짝입니다.

오 끊임없이 이어지는 세대를 통하여 내내 왕중의 왕이신 신이시여,

당신의 목적은 생명을 낳는 것이니, 당신은 땅 위 또는 바닷속

혹은 무한한 높은 하늘, 그 어디에서든 생명을 만드십니다.

죄인이 열중하여 일한 것을 지켜주십시오.

아니 그러나 당신은 굽은 것을 똑바르게 펼 줄 아십니다.

혼란이 당신에게는 질서입니다.

선한 것들과 악한 것들을 조화시키는 당신의 눈에는 사랑받지 못하는 것들이

사랑스럽게 보이니, 거기엔 만물을 관통하는 한 말씀이 영원히 있어야 합니다.

한 말씀 그것의 소리를 아뿔사! 고약한 자들이 쫓아버렸습니다.

그들의 정신은 탐욕스럽게 선(善)을 갈망합니다.

그러나 보아도 보이지 않고 들어도 들리지 않는 신(神)의 우주 법칙,

그것을 이성의 안내를 받아 행복을 얻는 사람들은 숭배합니다.

나머지 사람들은 비이성적이고, 다양한 형태의 죄를 지은 스스로 고무된 자들입니다.

그들은 헛되게도 명예의 명부에 실린 허명을 구하고자 몸부림치는 것입니다.

다른 사람들은 멋대로 재산을 얻으려 하거나,

또는 무절제하게 육체의 즐거움을 찾습니다.

때로는 여기로, 때로는 저기로 방황하지만, 여전히 소득은 없으며,

영원히 좋은 것을 찾지만 발견하는 것은 나쁜 것입니다.

더할 수 없이 아름다우신 제우스여, 어둠이 당신을 감싸면

당신의 번개는 천둥 구름 속에서 빛납니다.

당신의 자식들을 과오의 치명적인 흔들림에서 구하소서.

그것을 그들이 얻는 앎으로 허락하소서.

왜냐하면 당신은 아시기 때문에 만물을 통치할 만큼 강력하게 되시며,

그리고 만물을 올바르게 다스리시기 때문입니다.

그렇게 당신에 의해 명예스러워지면, 우리는 당신을 존경하여

계속 노래불러 당신이 하신 일을 찬양할 것입니다.

우리 인간들이 마땅히 그래야 하듯이 말입니다.

우주의 법칙을 영원히 올바르게 숭배하는 것보다

더 높은 보상은 심지어 신(神)들조차도 받을 수 없습니다.[16]

그러나 몇몇 스토아주의자들 쪽에서 최고 원리에 대해 이러한 개인적 헌신의 태도를 보였다는 것이 그들이 대중적 종교를 거부했다는 것을 의미하지는 않는다. 반대로, 그들은 자신들의 보호 하에 대중 종교를 받아들였다. 제논은 실제로 기도와 제물(祭物)이 쓸모없는 것이라고 선언하지는 않았다. 그러나 그럼에도 불구하고 스토아주의자들은 다신론을 정당화했는데, 그 근거는 하나의 원리 또는 제우스가 스스로를 현상들 안에, 예를 들어 천체들 안에 드러내기 때문에 신의 경배는 이러한 현시에 기인하는데, 그 경배는 또한 신격화된 인간이나 '영웅들'에게까지 확장되어야만 하는 경배라는 것이다. 나아가 스토아주의는 점(占)과 신탁이 들어설 여지도 마련했다. 스토아주의자들이 결정론을 고수했고 이 우주의 모든 부분들과 사건들은 서로 상호 연결되어 있다고 주장했다는 것을 생각한다면, 이 사실이 실제로 크게 놀랄만한 것은 아니다.

━━━━━ 4. 스토아주의의 윤리학

스토아주의자들에게 철학의 윤리적 부분이 얼마나 중요한 것인가는 세네카가 기술한 철학에 대한 자료에 의하여 예증된다. 세네카는 물론 후기 스토아학파에 속하지만, 철학을 행위에 관한 학문이라고 강조한 점은 초기 스토아학파와 마찬가지였다. "철학이란 삶을 영위하기 위한 올바른 이성, 또는 영예로운 삶을 위한 지식, 또는 올바른 삶을 영위하기 위한 실천적 능력 이외에 다른 것이 아니다. 선하고 영예롭게 살기 위한 계율이 곧 철학이라고 말한다면 틀린 것이 아니며, 그러한 삶의 규칙을 말한 자

---

16   Hicks, Dr.james, Adam 옮김, *Stoic and Epicurean*, 14-16쪽(Longmans, 1910)에서 인용.

는 철학에 자신의 이름을 올린 것이다(Philosophia nihil aliud est quam recta vivendi ratio vel honeste vivendi scientia vel ars rectae vitae agendae. non errabimus, si dixerimus philosophiam esse legem bene honesteque vivendi, et qui dixerit illam regulam vitae, suum illi nomen reddidit).[17] 그러므로 철학은 1차적으로 행위에 관계한다. 그런데 인생의 목표인 행복(εὐδαιμονία)은 (스토아적 의미의) 덕(德), 즉 자연적인 삶 또는 자연에 따르는 삶(ὁμολογουμένως τῇ φύσει ζῆν)에 있으며, 인간의 행위가 자연의 법칙과 일치하는 데 또는 인간의 의지가 신의 의지와 일치하는 데 있다. 그러므로 "자연에 따라 살라"는 스토아주의의 유명한 경구가 나오는 것이다. 우주는 자연 법칙에 지배를 받기 때문에, 인간이 넓은 의미의 우주의 법칙에 순응한다는 것과 인간이 자신의 행위를 자기 자신의 본질적 본성인 이성에 맞춘다는 것은 같은 것이다. 초기 스토아주의자들은 인간이 따라야 할 '자연'을 우주의 본질로 생각했던 반면, 크리시포스로부터 시작되는 후기 스토아주의자들은 자연을 보다 인간학적 관점에서 생각하는 경향이 있었다.

그러므로 자연에 따르는 삶이라는 스토아적 개념은 디오게네스의 행위와 가르침 속에 예증된 대로인 옛날 키니코스주의의 개념과는 다르다. 키니코스주의자들에 있어서 '자연'은 다소 원시적이고 본능적인 것을 의미했으므로, 자연에 따르는 삶이란 문명화된 사회의 규약과 전통에 대한 의도적인 조롱을 함축했는데, 이 조롱은 기괴하고 드물지 않게 상스러운 행동 속에서 구체화되는 조롱이었다. 반면에 스토아주의자들에 있어서 자연에 따르는 삶이란 자연 속에서 작용하는 원리이자 인간의 영혼이 나누어 받은 원리인 로고스(λόγος)에 따르는 삶을 의미했다. 그러므로 스토아주의자들에 따르면, 윤리의 목표는 본질적으로 신(神)에 의해서 정해진 세계 질서에 복종하는 데 있는데, 플루타르코스는 모든 윤리적 탐구를 우주의 질서와 배열에 대한 고찰에서 시작하는 것이 크리시포스의 일반 원리였다고 전한다.[18]

자연이 동물 속에 심어놓은 기본적인 본능은 자기보존의 본능인데, 스토아주의자들에게 그것은 우리가 자기완성 또는 자기발전이라고 부르는 것을 의미한다. 이제

---

17   Seneca, Frag. 17.

18   Plut., De Stoic, *Repugn.*, c. 9 (1035 a 1-22 이하).

인간은 이성을 부여받았으며, 그것은 인간에게 짐승에 대한 우위성을 제공하는 능력이다. 그러므로 인간에게 있어서 "자연에 따르는 삶이란 이성에 따르는 삶을 의미하는 것으로 이해되어야 옳다. 그러므로 목표에 대한 제논의 정의는 자연에 순응하여 사는 것인데, 이것은 덕(德)스러운 삶을 사는 것을 의미한다. 왜냐하면 자연이 나아가는 곳은 덕이기 때문이다. 다른 한편으로, 우리 인간의 본성은 우주의 본성의 일부분에 불과하기 때문에, 덕스러운 삶이란 자연의 과정에 대한 우리의 경험에 들어맞는 삶이다. 그러므로 목표는 자연을 따르는 삶이며 (이때의 자연이란 우리 자신의 본성만을 의미하는 것이 아니라, 우주의 본성도 의미한다) 또한 보편자에 의해서, 즉 만물에 스며 있고 우주의 안내자이자 지배자인 제우스와 동일시될 수 있는 올바른 이성에 의해서 금지된 것은 그 어떤 것도 행하지 않는 삶이다."[19] 그러므로 스토아주의자들의 윤리적 가르침에 대한 디오게네스 라에르티오스의 설명은 덕이란 자연에 따르는 삶이며, 인간에 있어서 자연에 따르는 삶이란 올바른 이성에 따른 삶이라고 선언한다. (다른 사람들이 지적해온 바와 같이, 이것은 우리에게 많은 것을 알려주지는 않는다. 왜냐하면 자연에 따르는 삶이 이성적인 것이고, 이성에 따르는 삶이 자연적인 것이라는 진술은 덕(德)의 내용을 결정하는 데 많은 도움이 되지 않기 때문이다.)

스토아주의자들은 모든 것이 필연적으로 자연의 법칙을 따른다고 주장했으므로, 다음의 반론이 제기될 수밖에 없다. "인간은 어떠한 경우에도 그렇게 하지 않을 수 없다면, 인간에게 자연의 법칙을 준수하라고 말하는 것이 무슨 소용인가?" 이에 대해 스토아주의자들은 다음과 같이 대답한다. 인간은 이성적이며 그렇기 때문에 비록 그가 어떤 경우에라도 자연의 법칙을 따를 것이기는 하지만, 그는 그 법칙들을 알고 그것들에 의식적으로 동의할 수 있는 특권을 지녔다. 그러므로 도덕적 권고에는 목적이 있다. 인간은 자신의 내적 태도를 바꿀 자유가 있기 때문이다. (줄잡아 말해서, 이것은 물론 결정론적 입장에 대한 수정이다. 그러나 그렇다면 그 어떤 결정론자들도 실제로 일관적일 수 없고 또 실제로 일관적이지 않다. 그리고 스토아주의자들 역시 그 규칙에서 예외는 아니다.) 결과적으로 그 어떤 행위도 엄밀히 말해서 그 자체로는 옳거나 그르지 않다. 왜냐하면 결정론은 자발적인 행위와 도덕적 책임이 들어설 여지를 남기지 않기 때문이다. 또 한편으로, 일원론

---

19   Diog. Laërt., 7, 86 이하.

적 체계 내에서 악은 어떤 특수한 관점에서 보았을 경우에만 실재로 악이다. 영원의 상(相)에 있어서는 모든 것이 선하고 옳다. 스토아주의자들은 (적어도 이론상으로는) 제논이 식인(食人)이나 근친상간(近親相姦) 그리고 동성연애(同性戀愛)마저도 그 자체로는 나쁜 것이 아니라고 인정했을 때처럼, 그 어떤 행위도 그 자체로는 잘못된 것이 아니라는 개념을 수용한 듯하다.[20] 물론 제논이 그러한 행위를 권장하려는 것은 아니었다. 그가 의도한 것은 물리적 행위는 가치중립적인 것이고, 도덕적 악은 인간의 의지와 의도에 관련되어 있다는 것이었다.[21] 클레안테스는 인간은 운명의 길을 필연적으로 따른다고 선언했다. "…설사 나의 의지가 나쁜 쪽으로 이반한다 할지라도, 나는 여전히 따라야만 할 필요가 있다."[22] 똑같은 사상이 세네카의 저 유명한 격언에서도 나타난다. "운명은 동의하는 자는 인도하고, 동의하지 않는 자는 강제한다(Ducunt volentem fata, nolentem trahunt)."[23] 그러나 스토아주의자들의 결정론은 실제적으로는 크게 수정된다. 왜냐하면 이미 언급했듯이, 현자란 의식적으로 운명의 길을 추종하는 사람이라는 (방금 인용한 세네카의 격언에서 드러나는) 이설은 스토아주의자 자신들의 권고적 윤리와 짝을 이룰 때 어느 정도의 자유를 함의하기 때문이다. 즉 인간은 자신의 내적 태도를 바꿀 자유와, 반항보다는 복종과 인종(忍從)의 태도를 택할 자유를 지니는 것이다. 또한 스토아주의 자들은 가치의 등급을 인정했는데, 거기에는 현자의 경우 높은 가치를 선택하고 낮은 가치를 삼갈 자유가 있다는 것이 최소한 암묵적으로 함축되어 있다. 그러나 그 어떤 결정론의 체계도 실제로는 일관적일 수 없는데, 이것은 그다지 놀랄 만한 것이 못된다. 왜냐하면 자유는 우리가 의식하고 있는 현실이며, 설사 그것이 이론적으로 부인된다 하더라도 그것은 뒷문을 통해 다시금 살며시 기어들어올 것이기 때문이다.

스토아주의자들에 따르면, 오직 덕(德)만이 온전한 의미의 선(善)이다. 그러므로 덕도 아니고 악덕도 아닌 것은 모두가 선도 아니고 악도 아닌, 가치 중립적인 것 (ἀδιάφορον)이다. "덕이란 이성에 순응할 수 있는 성향이며, 그 자체로서 그리고 그 자

20　Von Arnim, *Stoic. Vet. Frag.*, Vol. I, 59-60쪽. (Pearson, 210쪽 이하.)

21　Origen, *c. Cels*, 4, 45 (P.G., 11, 1101) 참조.

22　Frag. 91. (Pearson, *The Fragments of Zeno and Cleanthes*, 1891.)

23　Seneca, *Ep.*, 107, 11.

체를 위해서 바람직한 것이지, 그 어떤 희망이나 공포 또는 외적 동기 때문에 바람직한 것은 아니다."[24] 크리시포스가 내세에서의 보상과 처벌에 관한 플라톤의 신화를 조소한 것은 덕의 자기충족성과 자기욕구성에 대한 이러한 견해에 따른 것이었다. (우리는 이것을 칸트의 이설과 비교해볼 수 있다.) 그러나 가치중립적인 것들의 이러한 중간 영역에 관하여, 스토아주의자들은 어떤 것들은 선호할 만하고(προηγμένα), 어떤 것들은 거부되어야 하며(ἀποπροηγμένα), 또 어떤 것들은 보다 좁은 의미에서 가치중립적이라는 것을 인정했다. 이것은 아마도 이론을 희생시켜서 실제에 양보를 한 것이었을 테지만, 덕은 자연에 순응하는 데 있다는 것이 스토아주의의 이설이 요구하는 것임에는 의심의 여지가 없다. 그래서 스토아주의자들은 도덕적으로 가치중립적인 것들 사이에 다음의 세 가지 구별을 도입했다. ① 자연과 일치하며 따라서 가치가 부여될 수 있는 것(τὰ προηγμένα), ② 자연에 반대되며 따라서 무가치한 것(τὰ ἀποπροηγμένα), ③ 가치도 부정적 가치도 지니지 않은 것(τὰ ἀπαξία). 스토아주의자들은 이런 식으로 가치의 등급을 구성했다. 쾌락은 행위의 결과이거나 그에 수반되는 것으로서, 결코 목적으로 삼을 수 없는 것이다. 이에 관해서는 모든 스토아주의자들이 의견을 같이했다. 그러나 모든 스토아주의자들이 클레안테스처럼 쾌락은 자연에 따르는 것이 아니라고 주장하는 데까지 나아간 것은 아니었다.

주덕(主德)은 도덕적 통찰력(프로네시스, φρόνησις), 용기, 자기통제 또는 절제 그리고 정의이다. 이 덕들은 그것들 가운데 하나를 가진 자는 모든 것을 가진다는 의미에서, 있으면 전부 있고 없으면 전부 없는 것이다. 제논은 모든 덕들의 공통적 원천이 프로네시스에 있다고 생각했으며, 반면에 클레안테스에게는, 프로네시스가 자기지배(ἐγκράτεια)로 대체되었기 때문에, 그것[모든 덕들의 공통적 원천]은 자기지배였다. 그러나 스토아주의자들은 서로 차이는 있으나 일반적으로 이러한 원리를 고수했다. 즉 덕들은 모두 하나의 동일한 성품을 표현하는 것으로서 불가분하게 연결되어 있기 때문에, 어느 한 덕의 현전은 곧 모든 덕의 현전을 함의한다는 것이다. 그들은 반대로, 하나의 악덕이 현전하면 모든 악덕들이 현전한다고 생각했다. 그렇다면 성품이 강조되는 주

---

24   Diog. Laërt., 7, 89.

안점이며, 진정으로 덕스러운 행위는 기꺼운 마음으로 의무(τὸ χαθῆχον, 이 용어는 제논이 만들어낸 것으로서, 오늘날의 의미로는 의무보다는 적합한 것을 가리킨다)를 수행하는 것인데, 이는 오직 현자에 의해서만 수행된다. 현자는 열정에 사로잡히지 않으며, 자신의 내적 가치에 있어서는 그 누구에게도, 심지어 제우스에게도 뒤지지 않는다. 또한 그는 자기 인생의 주인이며, 자살을 할 수도 있다.

만약 모든 덕들이 불가분하게 결합되어 있어서 어느 한 덕을 가진 자는 다른 덕들을 가져야 한다면, 덕에는 등급이 없다고 상정하는 것은 당연한 조치이다. 인간은 덕스럽거나, 즉 완전하게 덕스럽거나 또는 전혀 덕스럽지 않다. 이것이 초기 스토아주의자들의 입장이었던 것으로 보인다. 그러므로 크리시포스에 따르면, 도덕적 진보의 길을 거의 끝낸 사람이라 할지라도 아직 덕스러운 것은 아니다. 즉 진정한 행복인 덕을 아직 지니지 못하는 것이다. 이 이설의 결론은 오직 극소수만이, 그것도 인생의 말년에나 덕에 도달할 수가 있다는 것이다. "인간은 자신의 전 생애를, 또는 적어도 대부분의 생애를 사악한 가운데 보낸다. 만약 인간이 덕을 획득하게 된다면, 그것은 늦게, 바로 인생의 황혼기에서 이루어질 것이다."[25] 그러나 이러한 엄격한 도덕적 이상주의가 초기 스토아주의의 특징인 반면, 후기 스토아주의자들은 덕의 길로 들어서서 그 길로 계속 나아가게끔 사람들을 격려하는 데에 주의를 기울이면서, 발전 개념을 훨씬 더 강조했다. 현실적으로는 그 어떤 개인도 현자의 이상에 부합하지 못한다는 것을 인정하고, 그들은 인간을 어리석은 사람과 덕 또는 지혜를 향해서 발전하는 사람으로 구분했다.

스토아주의적 윤리학의 특징은 정열과 애정에 관한 그들의 이설이다. 쾌락(ἡδονή), 슬픔 또는 우울(λύπη), 욕구(ἐπιθυμία) 그리고 공포(φόβος)는 비합리적이고 비자연적인 것이다. 그러므로 문제는 그것들을 절제하고 규제하는 것이라기보다는, 그것들을 제거하고 아파테이아(ἀπάθεια, 초연)의 상태를 끌어들이는 것이다. 적어도 정열 또는 애정이 습관(νόσοι ψυχῆς)이 되어갈 때는, 그것들은 제거되어야만 한다. 그러므로 스토아주의의 윤리는 실제에 있어서는 주로 '애정'에 대한 투쟁이며, 도덕적 자유 및 도덕적 지배의 상태에 도달하기 위한 노력이다. (그러나 스토아주의자들은 이러한 극단적 입장

---

25 Von Arnim, I, 529, 119쪽. (i.e. Sext. Empir., *Adv. Math.*, 9, 90, of Cleanthes)

을 어느 정도 완화하려는 경향을 보여주고 있는데, 우리는 몇몇 사람들이 현자에게 선한 것을 즐거워하는 것(εὐπάθειαι)과 같은 합리적 감정들이 있음을 인정하는 것을 발견한다.) 세네카로부터 인용된 한 구절은 자기지배에 관한 스토아주의자들의 태도를 잘 설명해준다.

인간사에 있어서 중요한 것은 무엇인가? 함대로 바다를 가득 채우는 것도 아니고, 붉게 물든 바닷가에 군기를 꽂아 휘날리는 것도 아니고, 불의를 행사할 땅이 없어졌기 때문에 알려지지 않은 곳을 찾아 대양을 헤매는 것도 아니다. 영혼으로 모든 것을 보고 죄를 정복하는 것보다 더 위대한 승리는 없다. 민족들과 도시들을 다스리는 자는 많지만, 자기 자신을 지배하는 자는 매우 드물다. 무엇이 중요한가? 운명의 약속과 위협들을 넘어서 영혼을 들어올리는 것과, 네가 원하는 것을 가지는 것이 아무런 가치가 없다고 생각하는 것이다. 왜냐하면 네가 욕구하는 것 중에 도대체 어떤 것이 가치 있는 것인가? 신들과의 교제에서 인간적인 것으로 되돌아 오는 자는 밝은 태양으로부터 어두운 그림자로 다시 돌아갈 때처럼 눈이 희미해진다. 무엇이 중요한가? 즐거운 마음으로 역경을 견디어낼 수 있는 것이다. 무슨 일이든지 생기면, 마치 그것이 너에게 일어나기를 네가 원했던 것처럼 그렇게 행동하라. 만일 네가 신들의 결정에 의해 모든 것이 이루어진다는 것을 안다면, 그렇게 원해야만 했기 때문이다. 울거나 원망하거나 탄식하는 것은 모두 신들의 결정으로부터 이탈하는 것이다. 무엇이 중요한가? 첫째, 말을 여는 입술 속에 정신을 지니는 것이다. 이것은 자유롭게 하는데, 로마인들의 법에 의해서가 아니라 자연의 법으로부터 그러하다. 노예상태에서 벗어난 자는 자유롭기 때문이다. 이는 어렵고, 회피할 수 없고, 밤이나 낮이나 마찬가지로 괴롭히는 것이다. 끊임없이, 중단없이. 자기 자신에게 노예적인 것이 가장 노예적인 것이다. 만일 네가 스스로 요구하는 많은 것을 중단한다면, 네가 너에게 보상하기를 중지한다면, 그리고 네가 네 눈앞에 너의 자연과 인생을 (비록 그것이 최상의 인생이라 할지라도) 세운다면, 이 노예상태를 파괴하는 것은 쉽다. 그리고 너는 자신에게 말한다. 왜 방황하는가? 왜 숨을 쉬는가? 왜 땀을 흘리는가? 왜 땅과 저잣거리를 방황하는가? 그런 것들은 많이도, 오랫동안도 필요한 게 아니다(Quid praecipuum in rebus humanis est? non classibus maria complesse nec in rubri maris litore signa fixisse nec deficiente ad iniurias terra errasse in oceano ignota quaerentem, sed animo omnia vidisse et, qua maior nulla victoria est, vitia domuisse. Innumerabiles sunt, qui populos, qui urbes habuerunt in potestate, paucissimi qui se. quid est praecipuum?

erigere animum supra minas et promissa fortunae, nihil dignam illam habere putare, quod speres:

quid enim habet dignum, quod concupiscas? qui a divinorum conversatione, quotiens ad himana

recideris, non aliter caligabis, quam quorum oculi in densam umbram ex claro sole redierunt. quis

est praecipuum? posse laeto animo tolerare adversa. quidquid acciderit, sic ferre, quasi volueris tibi

accidere. debuisses enim velle, si scires omnia ex decreto dei fieri: flere, queri, gemere desciscere est

quid est praecipuum? in promis labris animam habere. haec res efficit non e iure Quirium liberum,

sed e iure naturae. liber enim est, qui servitutem effugit. haec est assidua et ineluctabilis et per diem

et per noctem aequaliter premens. sine intervallo, sine commeatu. sibi servire gravissima est servi-

tus: quam discutere facile est, si desieris multa te posceris, si desieris tibi referre mercedem, si ante

oculos et naturam tuam et aetatem posueris, licet prima sit, ac tibi ipsi dixeris: quid insanio? quid

anhelo? quid sudo? Quid terram, quid forum verso? nec multo opus est, nec diu).[26]

스토아 윤리의 이러한 측면(즉 모든 외적인 것들로부터의 완전한 독립을 얻으려는 노력)은 키니코스주의의 유산이다. 그러나 그것은 키니코스주의 철학을 넘어서는 다른 측면도 가지고 있는데 그것은 세계시민주의이다. 모든 인간은 본성적으로 사회적 존재이며, 사회 속에서 살라는 것은 이성의 명령이다. 그런데 이성은 모든 사람들에게 공통적인 본질적 본성이다. 그러므로 모든 사람에게는 단지 하나의 법과 하나의 조국이 있을 뿐이다. 인류를 서로 싸우는 여러 국가로 나누는 것은 불합리한 것이다. 현자는 특수한 이 나라 또는 저 나라의 시민이 아니라, 세계의 시민이다. 이러한 근거로부터, 모든 사람들은 우리의 호의를 요구할 권리가 있으며, 심지어 노예라 할지라도 자신의 권리들이 있고, 적들조차 우리의 자비와 용서를 받을 권리가 있다는 결론이 나온다. 그런데 편협한 사회적 한계에 대한 이러한 초월은 스토아주의의 일원론적 체계에 의해서 지지되는 것이 분명하지만, 스토아주의의 세계시민주의에 대한 윤리적 근거는 자기보존 또는 자기애(οἰχείωσις)라는 근본적 본능이나 성향에서 발견되었다. 물론 자기보존의 이 본능적 성향은 우선적으로 각 개인의 자기애(自己愛) 형태로 나타난다. 그러나 그것

---

26 Seneca, *Nat. Quaest.*, Ⅲ, Praef., 10-17.

은 좁은 의미의 자기애를 넘어서 그 개인에 속하는 모든 것들, 가족, 친구들, 동료 시민들, 그리고 마침내는 인류 전체를 포용하는 데로 뻗어간다. 그 사랑은 자연히 그 개인과 관계가 가까운 것일수록 강해지고, 관계가 멀어질수록 약해진다. 따라서 윤리학적 관점에서 볼 때, 개인의 임무는 자기애(οἰχείωσις)를 자기와 먼 대상들에 관해서도, 그것이 자기와 가까운 대상들에 관해서 나타나는 것과 똑같은 정도의 강도로 높이는 것이다. 다른 말로 하면, 우리가 모든 사람들을 우리 자신을 사랑하는 것처럼 사랑할 때, 또는 우리의 자기애가 크게는 인류를 포함해서 자신과 관련되는 모든 것들을 똑같은 강도로 포용할 때, 윤리적 이상에 도달하는 것이다.

제36장

에피쿠로스주의

────────── 1. 에피쿠로스학파의 창시자

에피쿠로스학파의 창시자인 에피쿠로스는 기원전 342/1년에 사모스에서 태어났다. 사모스에서 그는 플라톤주의자인 팜필루스에게서 배웠고,[1] 그 후에 테오스에서 데모크리토스의 추종자인 나우시파네스에게서 배웠는데, 그는 비록 나중에 에피쿠로스와 다투게 되지만, 에피쿠로스에게 상당한 영향을 행사했다.[2] 에피쿠로스는 18세 때 병역을 위해 아테네에 왔다가, 나중에 콜로폰에서 연구에 진력했던 것 같다. 그는 310년에 미티레네에서 가르쳤으나 그 후 람프사코스로 자리를 옮겼다가, 307/6년에는 아테네로 와서 자신의 학교를 열었다.[3] 이 학교는 에피쿠로스 자신의 정원에 설치되어 있었는데, 디오게네스 라에르티오스는 그 철학자가 그 집과 정원을 자신의 제자들에게 유산으로 준다는 유언을 남겼다고 전한다. 에피쿠로스주의자들은 그 학교의 환경 때문에 심연으로부터 온 사람들(οἱ ἀπὸ τῶν κήπων)이라는 이름을 얻었다. 에피쿠로스는 자신의 생전에도 거의 신과 같은 숭앙을 받았는데, 다른 어떤 학파에서보

---

1   Diog. Laërt., 10, 14.
2   Cic., *De Nat. D.*, I, 26, 73; Diog. Laërt., 10, 8.
3   Diog. Laërt., 10, 2.

다도 에피쿠로스주의자들 사이에서 철학적 정통성이 유지되었다는 사실은 틀림없이 그 창시자에 대한 이러한 숭배의 탓이다. 주요 이설(理說)들은 학생들에게 주입되어 암기되었다.[4]

에피쿠로스는 다작하는 저술가였다(디오게네스 라에르티오스에 따르면, 그는 약 300권을 썼다). 그러나 그의 저작들은 대부분 분실되었다. 그러나 디오게네스 라에르티오스는 우리에게 세 통의 교훈적인 서한을 전해주었는데, 그 서한들 가운데 헤로도토스에게 쓴 것과 메노에케오스에게 쓴 것은 진품으로 간주되는 반면, 피토클레스에게 쓴 것은 에피쿠로스의 한 제자가 에피쿠로스의 저술로부터 발췌한 것으로 간주된다. 그의 주요 작품인 『자연론』(Περὶ Φύσεως)의 단편들 역시 에피쿠로스주의자인 피소(기원전 58년의 영사였던 피소로 사료된다)의 도서관에서 보존되어왔다.

미티레네의 헤르마르코스가 교장으로서 에피쿠로스를 승계했는데, 그를 다시 폴리스트라토스가 승계했다. 에피쿠로스의 직접적인 제자는 헤르마르코스와 폴리아이노스와 더불어 람프사코스의 메트로도루스이다. 키케로는 기원전 90년경에 로마에서 파이드루스(기원전 78-70년경 아테네의 철학학교 교장)의 강의를 들었다. 그러나 그 학교의 가장 잘 알려진 학생은 라틴계 시인(詩人)인 루크레티우스 카로스(기원전 91-51년)인데, 그는 '사물 본성론(De Rerum Natura)'이라는 자신의 시(詩)에서 에피쿠로스의 철학을 표현했으며, 인간을 신(神)들과 죽음의 공포로부터 해방시키고 영혼의 평화에로 인도하는 것을 자신의 주요 목표로 삼고 있었다.

─────── **2. 기준 연구**

에피쿠로스는 변증법 또는 논리학 그 자체에는 관심이 없었고, 그가 주의를 기울인 논리학의 유일한 부분은 진리의 기준을 다루는 부분이었다. 다시 말하면, 그는 변증법이 자연학에 직접적으로 도움이 되는 한에 있어서만, 변증법에 관심을 가졌다.

---

4   Diog. Laërt., 10, 12.

그리고 다시 자연학이 윤리학에 직접적으로 도움이 되는 한에 있어서만, 자연학에 관심을 가졌다. 그러므로 에피쿠로스는 스토아주의자들보다도 더 윤리학에 집중했으며, 모든 순수 학문의 추구를 경시했으며 수학은 삶의 행위와 관련이 없기 때문에 무용하다고 선언했다. (메트로도루스는 이렇게 선언했다. "설사 결코 호메로스의 글 한 줄도 읽은 적이 없으며, 헥토르(Hector)가 트로이 사람이었는지 아니면 그리스 사람이었는지를 모른다 하더라도, 어느 누구도 그것 때문에 고민할 필요는 없다.")[5] 에피쿠로스가 수학에 반대했던 이유들 가운데 하나는, 실재 세계에서는 어디에서도 기하학의 점, 선, 면이 발견될 수 없으므로, 수학은 감각지식에 의해서 실증되지 않는다는 것이었다. 그런데 감각지식은 모든 지식의 근본적인 기초이다. "만약 네가 너의 모든 감각에 반대하여 싸운다면, 너는 네가 조회할 표준을 갖지 못할 것이고 그러므로 심지어는 네가 거짓이라고 선언한 감각에 대해서도 판단할 수단을 갖지 못할 것이다"[6] 루크레티우스는 무엇이 감각보다 더 확실한 것으로 간주될 수 있는지를 묻는다. 감각자료를 판단하는 이성은 그 자신이 전적으로 감각에 기초해 있기 때문에, 만약 감각이 참이 아니라면 이성도 마찬가지로 거짓이 된다.[7] 또한 에피쿠로스주의자들은, 이를테면 천문학적인 문제에 있어서 "천체의 현상들은 그 형성에 있어, 서로 다른 많은 원인들에 의존할 수 있기 때문에"[8], 우리가 이 입장 역시 저 입장과 마찬가지로 옹호할 수 있으므로, 확실성을 획득할 수가 없다는 점을 지적했다. (그리스 사람들은 우리가 가지고 있는 현대적 과학 장비들을 결여하고 있었다는 점과 과학적 주제들에 관한 그들의 견해들은 대체로 추측의 성격을 띠고 있었고 정확한 관찰에 의하여 실증되지 않았다는 점을 잊어서는 안 된다.)

에피쿠로스의 논리학 또는 기준 연구는 지식의 규범과 진리의 기준을 다룬다. 진리의 기본적인 기준은 지각(ἡ αἴσθησις)인데, 그 안에서 우리는 분명한 것(ἡ ἐνάργεια)을 획득한다. 지각은 대상들의 상(像, εἴδωλα)들이 감관들을 꿰뚫고 들어갈 때 발생하

---

5   Frag.24. (Metrodori Epicurei Fragmenta, A. Körte, 1890). 그러나 Sext. Emp., *Adv. Math.*, 1, 49를 참조할 것.

6   Diog. Laërt., 10, 146.

7   *De Rerum Nat.*, IV, 478-499 참조.

8   Diog. Laërt., 10, 86.

며(데모크리토스 및 엠페도클레스를 참조) 언제나 참이다. 모든 지각은 상을 받아들임으로써 발생하기 때문에, 에피쿠로스주의자들은 상상적 표상들(φανταστιχαὶ ἐπιβολαὶ τῆς διανοίας)도 지각에 포함시켰다는 사실에 주목해야 한다. 이 상들이 계속해서 동일한 대상으로부터 흘러서 감관으로 들어갈 때, 우리는 좁은 의미 지각을 가지게 된다. 그러나 개별적인 상들이 육체의 세공(細孔)을 통해 들어가면 그것들은 뒤섞이고, 예를 들어 상상적인 켄타우로스의 그림이 발생한다. 그 두 경우에 우리는 '지각'을 갖는데, 두 종류의 상들이 객관적인[대상적인] 원인으로부터 발생하므로 두 종류의 지각은 모두 참이다. 그렇다면 오류는 어떻게 발생하는가? 그것은 오직 판단을 통해서만 발생한다. 만약 우리가 어떤 상이 실제로는 그렇지가 않은데 외부의 대상에 정확하게 들어맞는다고 판단한다면, 우리는 오류를 범하는 것이다. (물론 문제는 상이 언제 외부 대상에 들어맞고, 언제 들어맞지 않는지 그리고 언제 완전하게 들어맞고, 언제 불완전하게 들어맞는지를 아는 것인데, 이 점에 대해서 에피쿠로스주의자들은 우리에게 도움을 주지 못한다.)

그러므로 첫 번째 기준은 지각이다. 두 번째 기준은 개념(προλήψεις)에 의해서 제공된다. 에피쿠로스주의자들에 따르면, 개념은 단순히 기억의 상(μνήμη τοῦ πολλάχις ἔξωθεν φανέντος)에 불과하다.[9] 우리가 대상에 대한, 예를 들어 사람에 대한 지각을 가진 연후에는 '사람'이라는 말을 들으면 사람에 대한 기억의 상 또는 일반적인 상이 발생한다. 이 개념(προλήψεις)들은 언제나 참이며, 참 또는 거짓의 문제가 생기는 것은 우리가 견해나 판단을 형성하기 시작할 때뿐이다. 만약 견해 또는 판단(ὑπόληψις)이 미래와 관련이 있다면 그것은 경험에 의해서 확증되어야 하지만, 반면에 만약 그것이 감추어져 있고 지각되지 않은 원인들(예를 들어 원자들)과 관련이 있다면 그것은 최소한 경험과 모순되어서는 안 된다.

또 세 번째 기준, 즉 느낌(πάθη)이 있는데, 그것은 행위의 기준이다. 그러므로 쾌락의 느낌은 우리가 무엇을 선택해야 하느냐에 대한 기준이며, 고통의 느낌은 우리가 무엇을 회피해야 하는지를 보여준다. 그러므로 에피쿠로스는 "진리의 기준은 감각이

---

9   Diog. Laërt., 10, 33.

고, 선개념(先概念)이고, 정열이다"[10]라고 말할 수 있었다.

——— 3. 자연학

자연학 이론에 대한 에피쿠로스적인 선택은 실천적 목표에 의해서 결정되었는데, 그 목표는 인간을 신(神)들과 내세의 공포로부터 해방시킴으로써 인간에게 영혼의 평화를 주는 것이다. 그는 신들의 존재를 부정하지는 않았던 반면, 신들은 인간사에 간섭하지 않으며, 그러므로 인간은 일반적으로 속죄와 청원과 '미신'에 몰두할 필요가 없다는 것을 보여주기를 바랐다. 또한 그는 불멸성을 거부함으로써 인간을 죽음의 공포로부터 해방시키기를 바랐다. 죽음이 단순히 절멸이고, 모든 의식과 느낌의 부재이며, 저승에는 우리를 기다리는 재판도 없고 처벌도 없다면, 죽음을 두려워할 이유가 무엇인가? "죽음은 우리에게 아무것도 아니다. 왜냐하면 분해된 것은 감각이 없고, 감각이 없는 것은 우리에게 아무것도 아니기 때문이다."[11] 에피쿠로스는 이러한 생각에 감동을 받아 데모크리토스의 체계를 선택했는데(이 체계를 그는 단지 조금만 수정하여 받아들였다), 그 이유는 이 체계가 자신의 목표에 가장 크게 도움을 줄 것 같았기 때문이다. 그것은 모든 현상들을 원자들의 기계적인 운동으로 설명하여, 신의 간섭을 호소할 필요를 없애고, 불멸성을 거부할 구실을 (물체는 물론이고 영혼도 원자들로 구성되어 있으므로) 제공하지 않았던가? 에피쿠로스 자연학의 이러한 실제 목표는 시인의 화려한 언어와 표현으로 치장된 루크레티우스의 『사물 본성론』(De Rerum Natura)에서 뚜렷하게 나타난다.

에피쿠로스는 무(無)로부터는 아무것도 나오지 않으며, 그 어떤 것도 무로 사라지지는 않는다고 선언하며 과거 우주론자들의 사상을 되풀이했다. "그리고 우리는 무엇보다도 먼저, 존재하지 않는 것으로부터는 아무것도 생성될 수 없다는 것을 인정해야만 한다. 왜냐하면 만약 사실이 그렇지 않다면, 모든 것이 모든 것으로부터 생산될

10　　Diog. Laërt., 10, 31.

11　　Diog. Laërt., 10, 139.

것이고 어떠한 씨앗도 필요하지 않을 것이기 때문이다. 그리고 만약 사라진 것이 비존재가 될 정도로 완전히 파괴된다면, 모든 것은 바로 절멸할 것인데, 왜냐하면 그것들 [모든 것]이 분해되는 바의 것들은 존재를 갖지 못할 것이기 때문이다."[12] 우리는 다음과 같은 루크레티우스의주의(主義)와 비교할 수 있다. "자 이제, 내가 가르친 대로 사물들은 무로부터 창조될 수 없으며, 마찬가지로 창조된 것은 무로 되돌려질 수 없다(Nunc age, res quoniam docui non posse creari de nilo neque item genitas ad nil revocari)."[13] 우리가 경험하는 물체들은 미리 존재하는 물질적 개체들(원자들)로 구성되어 있으며, 그것들이 사라지는 것은 그것들이 자신들을 구성하고 있는 개체들로 분해되는 것이다. 그러므로 우주의 궁극적인 성분은 원자들이다. 원자들과 공간인 것이다. "이제 우주적 전체는 물체이다. 왜냐하면 우리의 감각들은 모든 경우에, 물체가 실재적 존재를 가진다고 증언하기 때문이다. 그리고 감각의 증거는 내가 전(前)에 말한 바와 같이 직접적으로 지각되지 않는 모든 것에 관한 우리의 추론규칙이 되어야 한다. 그렇지 않고 만약 우리가 진공, 공간 또는 만질 수 없는 자연이라고 부르는 것이 실재적인 존재를 갖지 못한다면, 물체들을 포함할 수 있고, 물체들로 하여금 우리가 그것들이 실제 움직이고 있는 것을 보는 그대로 자신을 가로질러 움직이게 할 수 있을 것이 아무것도 없게 될 것이다. 이러한 생각에다, 우리가 지각이나 또는 지각에 기초한 어떤 유비에 의하여, 모든 존재들에 고유한 일반적인 성질로서 속성도 아니고, 물체나 공간의 우유성도 아닌 그 어떤 것도 생각하는 것이 불가능하다는 점을 덧붙이자."[14] 이러한 원자들은 그 크기와 형태와 무게가 서로 다르며(이전의 원자론자들은 어떻게 생각했건간에, 에피쿠로스주의자들은 원자에 무게가 있다고 생각했음이 분명하다) 보이지 않고, 수(數)가 무한하다. 비록 루크레티우스는 원자들의 운동을 햇살 속에 있는 먼지의 운동에 비유하고 있으며, 에피쿠로스주의자들은 원자들이 실제로 평행한 직선으로 쏟아져 내리고 있다고 생각하지 (이것은 '충돌'을 가망없어 보이는 상황의 해결책(deus ex machina)으로 만들게 될 생각이다) 않았을 것이지만, 태초에 원자들은 진공 또는 빈 공간을 통하여 쏟아져내렸다.

---

12   Diog. Laërt., 10, 38-39.
13   *De Rerum Nat.*, 1, 265-266.
14   Diog. Laërt., 10 39-40.

에피쿠로스는 세계의 기원을 설명하기 위해서 원자들의 충돌을 허용해야 했다. 더구나 그는 동시에 인간의 자유(그것은 그의 학파가 주장했던 것이다)에 대한 어떤 설명을 제공하고 싶었다. 그러므로 그는 자발적인 사선 운동, 또는 개별적인 원자들 쪽에서의 하강 직선으로부터 발생하는 편위(偏位)를 가정했다. 그러므로 첫 번째의 원자 충돌이 발생했으며, 그 충돌과 이탈의 결과로 인한 뒤엉킴으로부터 회전운동이 시작되었고 빈 공간들(μεταχόσμια 또는 intermundia)에 의해서 서로 나뉘어진 수많은 세계들을 구성하게 되었다. 인간의 영혼은 매끈매끈하고 둥근 원자들로 구성되어 있으나, 동물의 영혼과는 달리 합리적인 부분을 가지고 있는데, 그것은 공포 또는 환희의 감정에서 보여지는 것처럼 가슴에 위치해 있다. 삶의 원리인 비합리적인 부분은 몸 전체에 퍼져 있다. 죽을 때 영혼의 원자들은 흩어지며, 지각은 더 이상 존재하지 않게 된다. 죽음이란 지각의 결여(στέρησις αἰσθήσεως)이다.

그러므로 이 세계는 기계적 원인들에 의한 것이며 목적론을 가정할 필요는 없다. 그와 반대로 에피쿠로스주의자들은 스토아주의자들의 인간 중심적인 목적론은 완전히 거부하며 스토아적인 신정설(神正說)과는 관련이 없을 것이다. 인간의 삶에 괴로움을 주는 악은 우주 내에서의 신(神)의 지도라는 어떤 생각과도 조화될 수 없다. 신들은 중간계(intermundia)[15]에서 아름답고, 행복하며, 인간사에 대한 생각 없이, 먹고 마시고 그리스어를 말하면서 산다!

신들의 신성과 그들의 평온한 거처가 드러난다. 그곳은 바람이 흔들어놓을 수도 없고, 구름이 비를 뿌려 흠뻑 젖게 할 수도 없고, 눈이 잿빛의 뾰족한 서리로 응고되어 떨어지면서 파괴할 수 있는 장소도 아니며, 항상 청명한 대기로 둘러싸여 있고, 넓게 퍼진 빛으로 그들이 미소짓고 있는 그러한 곳이다(Apparet divinum numen sedesque quietae Quas neque concutiunt venti nec nubila nimbis Aspergunt neque nix acri concreta pruina Cana cadens violat semperqe innubilus aether Integit, et largo diffuso lumine rident).[16]

---

15 *역자 주: 중간계(intermundia)란 에피쿠로스가 모든 신들이 거처한다고 말한 천체 간의 공간을 말한다.
16 *De Rerum Nat.*, Ⅲ, 18-22.

신들 역시 원자들로 구성되어 있기 때문에 (비록 가장 훌륭한 원자들로 구성되어 있고 오로지 무형의 공기(에테르) 같은 육신 또는 외견상의 육신만을 가지고 있긴 하지만) 인격적으로 인지되며, 성적으로 암수로 구별된다. 그들은 외모가 인간과 유사하며 우리처럼 숨 쉬고 먹고 한다. 에피쿠로스주의는 고요한 평정이라는 자신의 윤리적 이상의 구현으로 제시하기 위해서 신들을 필요로 할 뿐만이 아니라, 신 존재에 대한 믿음의 보편성은 오로지 신들의 객관적인 존재를 가정함으로써만 설명될 수 있다고 생각하기도 했다. 환영(幻影, εἴδωλα)은 신들로부터 우리에게 오는데, 특히 잠잘 때 그러하다. 그러나 지각은 우리에게 오직 신들의 존재와 그들의 인격적 성격만을 제시한다. 그들의 행복한 조건에 대한 지식은 이성(λόγος)에 의해서 획득된다. 인간은 신들의 탁월함 때문에 신들을 경모할 수 있고, 심지어는 관습적인 숭배 의식에 참여할 수도 있으나, 그들에 대한 모든 두려움은 부적절한 것이며, 제물을 바쳐서 그들의 환심을 사려는 모든 시도 역시 그러하다. 진정한 경건은 올바른 생각에 있다.

경건한 것이란 얼굴을 가린 채 돌에게 절하거나 모든 신전을 두루 방문하며, 땅에 엎드려 포복하거나 신들의 동상 앞에서 팔을 펴는 것, 짐승들의 온갖 피로 제단과 신전을 적시거나 서약에 서약을 거듭하는 것들이 아니다. 오히려 평온한 정신으로 모든 사물들을 관조하는 것이 바로 경건한 것이다(nec pietas ullast velatum saepe videri nertier ad lapidem atque omnis accedere ad aras nec procumbere humi prostratum et pandere palmas ante deum delubra nec aras sanguine multo spargere quadrupedum nec votis nectere vota, sed mage pacata posse omnia mente tueru).[17]

그러므로 현자는 죽음을 두려워하지 않으며(죽음이란 단순히 없어짐에 불과하기 때문에), 신들 또한 (신들은 인간사에 관심이 없으며 징벌을 내리지도 않기 때문에) 두려워하지 않는다. 베르길리우스의 그 유명한 글귀가 생각날 것이다.

---

[17]   *De Rerum Nat.*, V. 1198-1203.

행복한 자여, 그대는 사물의 원인을 알 수 있었고 모든 공포와 냉혹한 운명, 그리고 굶주린 아케론의 울부짖음마저도 자신의 발 아래 굴복시킨 자이다(felix qui potuit rerum cognoscere causas: atque metus omnes et inexorabile fatum subiecit pedibus strepitumque Acherontis avari).[18]

━━━━━━━ **4. 에피쿠로스주의의 윤리학**

에피쿠로스는 키레네주의자들과 마찬가지로 쾌락을 인생의 목표로 삼았다. 모든 존재는 쾌락을 추구하며, 행복이 있는 곳은 쾌락 속(內)이다. "…우리는 쾌락은 행복한 삶의 시작이며 끝이라고 단언한다. 왜냐하면 우리는 이것을 선천적인 제1의 선(善)으로 인정했기 때문이다. 그리고 우리가 모든 선택과 회피를 시작하는 것은 이것과 관련해서이다. 그리고 우리는 마치 우리가 열정을 표준으로 모든 선들을 판단하기라도 하는 듯이, 이것에 이르게 된다…"[19] 에피쿠로스가 쾌락을 인생의 목표로 삼았다면, '그는 무엇을 쾌락으로 이해했을까?'라는 의문이 제기된다. 여기에서 우리는 두 가지 사실에 주목해야 한다. 첫째, 에피쿠로스는 순간의 쾌락이나 개인적인 감각이 아니라, 전 일생을 통해서 지속되는 쾌락을 의미했다는 것. 둘째, 에피쿠로스에게 있어 쾌락은 적극적인 만족에 있었다기보다는 고통의 부재에 있었다는 것. 이 쾌락은 주로 영혼의 평정(ἡ τῆς ψυχῆς ἀταραξία)에서 발견될 수 있다. 에피쿠로스는 이 영혼의 순결에 육체의 건강을 또한 연결시켰으나, 강조점은 오히려 지적인 쾌락에 두었는데, 왜냐하면 매우 혹독한 육체적 고통은 짧게 지속되는 반면, 덜 혹독한 고통은 정신적 쾌락에 의해서 극복될 수 있거나 또는 견딜 수 있게 되기 때문이다. "…정확한 이론은 … 모든 선택과 회피의 원인을 육체의 건강과 영혼의 동요로부터의 해방 때문으로 설명할 수 있다." "… 어떤 어려움이 쾌락에서 발생할 것 같을 경우, 우리는 때때로 많은 쾌락들

---

18   *Georgics*, II, 490~492.
19   Diog. Laërt., 10, 129.

을 지나쳐버린다. 그리고 잠시 동안 고통을 참으면, 그 고통으로부터 보다 큰 쾌락이 나올 경우, 우리는 많은 고통들이 쾌락보다 더 낫다고 생각한다."[20] 에피쿠로스가 쾌락들 사이에서의 선택과 어떤 쾌락들의 거부에 관해서 말할 때, 그가 주목하고 있는 것은 쾌락의 영속성과 그에 따르는 고통의 유무(有無)인데, 왜냐하면 실제로 그의 윤리학에는 서로 다른 도덕적 가치들에 기초한 쾌락들 사이의 차별을 용인할 여지가 없기 때문이다. (그러나 우리는 당연히 부지불식간에 스며드는 도덕적 가치에 근거하여 쾌락들의 차이를 구별할 수 있다. 쾌락주의자가 '최저의' 쾌락이 보다 세련된 쾌락들과 동급이라는 것을 인정할 준비가 되어 있지 않는 한, 그것은 어떠한 쾌락주의 윤리학에서도 그럴 수밖에 없을 것이다. 그러나 어떠한 진지한 도덕 철학자가 쾌락 이외의 다른 기준들을 제시하는 조건들을 도입하지 않고, 그것을 인정할 준비가 되어 있었던가?) "그러므로 모든 쾌락은 그 자신의 본성에 의해서 선(善)이지만, 그렇다고 해서 모든 쾌락이 선택할 만한 가치가 있다는 결론이 나오지는 않는다. 그것은 모든 고통이 악이지만 모든 고통이 반드시 회피되어야만 하는 것은 아닌 것과 꼭 같다." "그러므로 우리가 쾌락이 주된 선이라고 말할 때, 무지하고 우리의 견해를 받아들이지 않거나 또는 비뚜로 해석하는 몇몇 사람들이 생각하는 것처럼, 방탕한 사람들의 쾌락이나 또는 관능적 즐거움에 속하는 쾌락에 관해서 말하고 있는 것이 아니라, 육체의 고통으로부터의 해방과 영혼의 혼란으로부터의 해방을 말하는 것이다. 왜냐하면 인생을 즐겁게 하는 것은 지속되는 음주나 주연이 아니라, 선택과 거부의 근거들을 조사하는 그리고 영혼을 괴롭히는 많은 혼란을 야기하는 공허한 의견들을 패주시키는 냉철한 관조이기 때문이다."[21] "어떠한 쾌락도 본래적으로 악은 아니다. 그러나 어떤 쾌락들의 작용인은 쾌락에 대한 매우 많은 혼란을 가져온다"[22]

실제로 우리는 어떤 개별적 쾌락이 더 많은 고통을 산출하지 않을지 그리고 어떤 개별적 고통이 더 많은 쾌락을 산출하지 않을지를 숙고해야 한다. 예를 들어 어떤 개별적인 쾌락은 순간적으로는 매우 강렬할지 모르지만, 건강을 해치게 하거나 습관의 노예가 되게 할 수도 있을 것이다. 이 경우 그것은 더 많은 고통을 산출한다. 반대

---

20   Diog. Laërt., 10, 128과 129.

21   Diog. Laërt., 10, 129와 131-2.

22   Diog. Laërt., 10, 141.

로 어떤 고통은 수술이 그러하듯이 순간적으로는 매우 강렬할지 모르지만, 더 많은 선(善)을 산출하고 건강에 좋을 수도 있을 것이다. 그러므로 비록 추상적으로 생각하면 모든 고통은 악이고 모든 쾌락은 선이지만, 실제로 우리는 미래에 주목해야만 하며, 지속적인 쾌락의 극대화를, 에피쿠로스의 견해에 의하면 육체의 건강과 영혼의 평정(平靜)을 이룩하려고 노력해야 한다. 그렇다면 에피쿠로스의 쾌락주의는 방탕과 과도(過度)가 아니라, 고요하고 평정한 삶으로 귀결될 것이다. 왜냐하면 인간은 두려움이나 또는 무제한적이고 헛된 욕망 때문에 불행한 것인데, 만약 인간이 그러한 것들을 제어한다면, 인간은 그 자신에게 이성의 축복을 확보할 수 있기 때문이다. 현자(賢者)는 자신의 욕구를 늘이지 않을 것인데, 왜냐하면 그것이 고통의 근원을 늘이는 것이기 때문이다. 오히려 그는 그의 욕구를 최소한으로 감소시킬 것이다. (에피쿠로스주의자들은 심지어, 현자는 육체적 고통을 당할 때조차도 완벽하게 행복할 수 있다고 말하는 정도로까지 나아갔다. 그러므로 에피쿠로스는 "현자는 비록 고문을 당하고 있더라도, 여전히 행복하다"[23]고 선언했다. 다음의 말에서 이 입장에 대한 극단적인 한 진술이 발견된다. "현자는 비록 태워지고 있더라도, 그리고 고문을 당하고 있더라도, 아니, 팔라리스의 황소[24] 안에서도, 이렇게 말할 것이다. 이것이 얼마나 즐거운가! 그것을 나는 얼마나 개의치 않는가!"[25]) 그러므로 에피쿠로스의 윤리학은 온건한 금욕주의, 자제, 독립에 이르게 된다. "그러므로 자기 자신을 간이(簡易)하고 검소한 습관에 익숙하게 하는 것은 건강을 완성하는 데 중요한 요소이며, 인간으로 하여금 필수불가결한 인생의 선용에 관해서 주저함이 없도록 한다."[26]

물론 에피쿠로스는 쾌락을 산출하는 능력에 따라서 덕(德)의 가치를 평가하지만, 덕은 영혼의 평정(ἀταραξία)의 한 조건이다. 간이성(簡易性), 온건, 절제, 유쾌성과 같은 덕들이 무제약적인 사치나 열광적인 야심 등등보다, 쾌락과 행복에 더 많은 도움이 된다. "신중하고, 영예롭고, 의롭게 살지 않고, 즐겁게 산다는 것은 불가능하며,

23   Diog. Laërt., 10, 118.
24   *역자 주: 팔라리스(Phalaris)의 황소란 아그리겐툼(Agrigentum)의 폭군이었던 팔라리스(대략 기원전 570-554년)가 자신의 반대자들을 그 안에 넣고 불로 볶는 데 사용했던 청동으로 만든 황소 모양의 고문 기구를 말한다.
25   Cic, Tusc., 2, 7, 17.
26   Diog. Laërt., 10, 131.

또 즐겁게 살지 않고, 신중하고, 영예롭고, 의롭게 산다는 것도 불가능하다. 신중하고, 영예롭고, 의롭게 살지 않는 사람은 즐겁게 살기가 불가능하다." "의로운 사람은 모든 사람들 가운데서 걱정으로부터 가장 자유로운 사람이다. 그러나 불의한 사람은 그것(걱정)의 영원한 희생물이다." "불의가 본래 나쁜 것은 아니다. 불의가 나쁜 유일한 이유는 그것이, 나쁜 행위들을 처벌하도록 지명된 사람들을 피하지 못하리라는 공포와 연결되어 있다는 것 때문이다." "새로운 상황이 발생하지 않은 상태에서, 옳다고 공표된 것이 실제로는 이성의 인상과 일치하지 않을 때, 그것은 그것[옳다고 공표된 것]이 실제로는 옳지 않다는 증명이다. 마찬가지로 옳다고 공표된 것이 새로운 상황의 결과로 더 이상 유용성에 부합하지 않는 듯이 보일 때, 인간의 사회적 관계와 교류에 유용했기 때문에 옳았던 그것은 그것이 더 이상 유용하지 않는 그 순간 옳기를 멈춘다."[27] 그뿐만이 아니라 에피쿠로스주의자들의 윤리학은, 그것이 개인의 쾌락에 기초해 있다는 점에서 근본적으로 이기적 또는 자기 중심적이라는 사실에도 불구하고, 실제로는 겉보기처럼 그렇게 이기적이지 않다. 그러므로 에피쿠로스주의자들은 친절을 베푸는 것이 친절을 받는 것보다 더 즐겁다고 생각했으며, 창시자 자신은 만족해하는 친절한 성격 때문에 칭찬을 받았다. "다른 사람들로부터 당하지 않을까 하는 걱정이 전혀 없이 평온하게 살기를 원하는 사람은 그 자신을 [다른 사람들의] 친구로 만들어야만 한다. 그가 친구로 삼을 수 없는 사람들이라면 최소한 적으로 만드는 것은 피해야 한다. 그런데 그것이 능력 밖의 일이라면 가능한 한 그들과의 모든 교류를 피해야 하며, 그렇게 하는 것이 그에게 이로운 한, 그들을 멀리해야 한다." "가장 행복한 사람들은 자신들 주변의 사람들로부터 당할 걱정이 전혀 없는 상태까지 도달한 사람들이다. 그러한 사람들은 서로 간의 신뢰에 대한 가장 확고한 근거를 가지고 서로 매우 유쾌하게 살아가며, 우정의 이점을 최대한으로 즐기고, 친구들의 요절(夭折)을 통탄할 상황으로 한탄하지도 않는다."[28] 에피쿠로스의 실천적 도덕 판단이 그의 윤리학의 이론적 근거들보다 더 견실했다고 말하는 것이 아마도 옳을 것인데, 왜냐하면 그의 윤리학은 도덕적

---

27   Diog. Laërt., 10; Maxims, 5, 17, 37, 42

28   Diog. Laërt., 10, 154.

의무에 대한 설명을 거의 할 수 없었던 것이 분명하기 때문이다.

　제공되는 제1의 쾌락을 경솔하게 추구해서는 안 된다는 사실 때문에, 인생의 행위에 대한 일종의 계산 또는 측량이 필요하다. 그러므로 우리는 공통적 측정(συμμέτρησις)을 익혀야만 하며, 최고의 덕(德)인 통찰의 본질 또는 프로네시스(φρόνησις)가 놓여 있는 곳은 쾌락과 고통에 대한 올바른 측량, 즉 하나의 행복과 불행을 현재 또는 미래의 다른 행복과 불행에 대해서 고려하고 균형을 맞추는 능력이다. 만약 어느 한 사람이 진정으로 행복하고 유쾌하고 만족스러운 삶을 살려면, 그는 이러한 통찰력을 가져야 한다. 즉 그는 사려 깊어야(φρόνιμος)만 하는 것이다. "이제 이 모든 것들에 대한 시작과 최대의 선(善)은 신중함인데, 그렇기 때문에 신중함은 심지어 철학보다도 더 가치 있는 어떤 것이다. 왜냐하면 다른 모든 덕들은 신중함으로부터 나오기 때문인데, 신중함은 우리에게 신중하고 영예롭고 의롭게 살지 않고는 즐겁게 살기가 불가능하며, 즐겁게 살지 않고는, 신중하고 영예롭고 의롭게 살기가 불가능하다는 것을 가르쳐준다. 왜냐하면 덕들은 즐거운 삶과 동시 발생적이고, 즐거운 삶은 덕들과 떨어질 수 없기 때문이다.²⁹ 어떤 사람이 사려 깊을(φρόνιμος) 때, 그 사람은 덕스럽다. 왜냐하면 덕스러운 사람이란 어떤 주어진 순간에 실제로 쾌락을 즐기는 사람이라기보다는, 쾌락을 추구함에 있어서 어떻게 행동해야 하는지를 아는 사람이기 때문이다. 일단 덕이 이렇게 정의되면, 그것이 행복의 지속을 위한 절대적인 필요조건임은 명백하다.

　에피쿠로스는 우정을 매우 강조했다. "전체 인생의 행복을 위해서 지혜가 제공해주는 모든 것들 가운데 지금까지 가장 중요한 것은 우정의 획득이다."³⁰ 근본적으로 이기적인 윤리학에서 이러한 말은 이상하게 들릴지도 모르지만, 우정을 강조하는 것 그 자체도 이기적인 생각, 즉 사람은 우정 없이는 안정되고 평온한 삶을 영위할 수 없으며, 반면에 다른 한편으로는 우정이 쾌락을 준다는 생각에 기초해 있다. 그러므로 우정은 이기적인 토대, 즉 개인적인 이익이라는 생각 위에 놓여 있다. 그러나 이 이기주의는 우정이 진행되는 동안 이타적인 애정이 발생한다는 그리고 우정 속에서 현자

29　Diog. Laërt., 10, 132.

30　Diog. Laërt., 10, 148.

는 친구를 그 자신처럼 사랑한다는 에피쿠로스의 이설에 의해서 수정되었다. 그럼에도 불구하고 에피쿠로스주의자들의 사회 이론은 그 성격에 있어서 이기적이라는 것은 여전히 사실인데, 그것은 영혼의 평온에 방해를 받기 때문에 현자는 정치에 휘말리지 않을 것이라는 그들의 가르침에서 명백하게 드러나는 사실이다. 그러나 두 가지 예외가 있다. 그 첫째는 자신의 개인적 안정을 확보하기 위해서 정치에 참여할 필요가 있는 사람의 경우이고, 그 둘째는 정치경력에의 강한 충동이 있어서 은거해 있는다면 영혼의 평정(ἀταραξία)이 불가능할 사람의 경우이다.

쾌락과 개인적 이익은 다시 에피쿠로스의 법 이론에 있어서도 결정적이다. 법이 지배하고 '권리'가 존중되는 사회가 만인의 만인에 대한 투쟁 상태에서보다 더 살기가 좋다. 후자의 조건은 영혼의 평정(ἀταραξία)에 결코 이롭지 않다.

스토아학파가 헤라클레이토스의 우주론으로 회귀했듯이, 에피쿠로스주의자들은 자신들의 자연학을 위하여 레우키푸스와 데모크리토스 쪽으로 되돌아갔다. 반면에 에피쿠로스주의의 윤리학은 키레네주의의 윤리학과 다소 일치한다. 아리스티포스와 에피쿠로스는 모두 쾌락을 인생의 목표로 삼았으며, 이 두 학파 모두는 미래와 계산, 즉 쾌락과 고통의 '측정'에 주목했다. 그러나 에피쿠로스주의자들과 키레네주의자들 사이에는 차이가 있다. 왜냐하면 후자는 일반적으로 적극적인 쾌락(부드러운 운동이나 약탈적 운동(λεία κίνησις))을 목표로 생각한 반면, 에피쿠로스주의자들은 고요와 평정 같은 소극적인 측면(확립된 쾌락(ἡ καταστηματικὴ ἡδονή))을 더 강조했다. 또 키레네주의자들이 정신적 고통보다 육체적 고통을 더 나쁘게 생각한 반면, 에피쿠로스주의자들은 육체는 단지 현재의 악으로부터만 고통을 받지만, 영혼은 과거의 악에 대한 회상 및 미래의 악에 대한 예상이나 두려움으로부터도 고통을 받을 수 있다는 이유에서, 육체적 시련보다 정신적 시련을 더 나쁘게 여겼다. 그러나 결과적으로 키레네주의는 에피쿠로스주의에 흡수되었다고 말할 수 있음은 당연하다. 에피쿠로스는 고통의 부재를 강조한 점에 있어서는 키레네주의자인 헤게시아스에 동조하고, 현자에게 우정의 장려를 권고한 점에서는 안니케리스에 동조하지 않았던가?

그러므로 에피쿠로스의 철학은 영웅들의 철학이 아니며, 스토아적 교의(敎義)가 지닌 도덕적 웅장함도 없다. 그러나 그것은 맨 처음 보았을 때, 그것의 기본적 교의가 함축할 수도 있을 것처럼 그렇게 이기적이거나 '부도덕'하지는 않다. 그리고 어떤 유형의 사람들이 그것에 매력을 느낀다는 것은 쉽게 이해할 수 있다. 그것은 분명히 영웅의 교의나 철학은 아니다. 그러나 실제 생활에 대중적으로 적용할 때 그것의 교의가 무엇이 되던, 그것의 창시자는 그것이 비천한 삶에 대한 격려이기를 의도했던 것은 아니었다.

───────── ## 헬레니즘 시대 제1기의 키니코스주의에 관한 메모

이 시기의 키니코스주의는 독자성, 욕구의 억제 및 육체적 인내를 강조하는 자신의 진지한 특성을 상실하고는 오히려 관습, 전통, 일반적인 신념들, 행동의 양식들을 조롱하는 데 몰두하는 경향이 있었다. 물론 이 경향이 초기의 키니코스주의에는 없었다는 것이 아니라 (우리는 디오게네스를 생각해 보기만 하면 된다) 그것이 이 시기에는 풍자(σπουδογέλοιον)라는 새로운 문학 장르를 통하여 나타났다는 것이다. 기원전 3세기 전반(前半)에 키레네주의의 영향을 받은 보리스테네스의 비온(그는 아테네에서 키레네주의자인 테오도로스에게 배운 바 있었다)은 행복과 간이(簡易)한 키니코스주의식 삶의 쾌락적 특징에 관하여 논하면서 자신이 쓴 '비난문' 속에서 소위 '쾌락주의적 키니코스주의'를 선전했다. 기원전 240년경에 메가라에서 가르쳤던 텔레스는 비온을 좇아 외관(外觀)과 실재, 貧(빈)과 부(富), 냉소적 '무관심' 등등을 다루는 '비난문'(대중적이고 일화적인 작품)을 작성했다.

가다라의 메니포스(기원전 약 250년)는 풍자문학을 창조했는데, 거기에서 그는 시가(詩歌)를 산문과 결합시켰으며, 여러 가지 형식으로 (예를 들면 하데스(Hades) 여행, 신들에게 보내는 편지 등과 같은) 자연철학과 전문화된 학문을 비판했으며, 에피쿠로스의 추종자들이 에피쿠로스에게 바치는 맹목적인 숭배를 비웃었다. 그를 흉내낸 사람들은 바로(Varro), 『아포콜로킨토시스』에 나오는 세네카와 루키아누스였다.

『메리암보이』(meliambs)의 작자인 메갈로폴리스의 케르키데스도 똑같은 풍자적 기풍을 보였는데, 예를 들면 그는 왜 크로노스는 어떤 사람들에게는 아버지로 나타나

고 어떤 사람들에게는 의붓 아버지로 나타나는가라는 까다로운 문제에 대한 해답을
천체 관측자(μετεωροσχόποι)에게 맡길 것이라고 선언했다.

제37장

구(舊)회의주의학파, 중기 및 신(新)아카데메이아

<hr>

1. 구(舊)회의주의자들

스토아에서 그리고 에피쿠로스의 정원에서 이론이 실천에 종속되어 있었던 것과 똑같이, 회의주의의 창시자인 피론(Pyrrho)의 학파에서도 그랬다. 그러나 물론 커다란 차이가 있기는 하다. 즉 스토아주의자들과 에피쿠로스주의자들은 학문 또는 적극적인 지식을 영혼의 평화를 위한 수단으로 간주한 데 반하여, 회의주의자들은 똑같은 목적을, 지식을 거부함으로써, 즉 학문의 반대인 회의주의에 의하여, 달성하고자 했다.

엘리스의 피론(약 360-270년)은 인도로 행군하는 알렉산드로스와 동행했다고 전해지는데,[1] 감각적 성질들에 대한 데모크리토스의 이론과, 소피스트들 및 키레네주의 인식론의 상대주의의 영향을 분명하게 받았다. 그는 인간의 이성은 사물들의 내부 실체 안으로 뚫고 들어갈 수 없다(우리의 시선으로는 사물들이 파악될 수 없다($\dot{\alpha}\kappa\alpha\tau\dot{\alpha}\lambda\eta\pi\tau\dot{\alpha}$))고 가르쳤다.[2] 우리는 단지 사물들이 우리들에게 어떻게 보이는지만을 알 수 있다. 같은 사물들도 사람에 따라서 다르게 보이며, 우리는 어떤 것이 옳은지를 알 수 없다. 우리

<hr>

1   Diog. Laërt., 9, 61.
2   Diog. Laërt., Proem., 16.

는 어떠한 주장에 대해서도, 그것만큼 훌륭한 근거를 가지고(ἰσοθένεια τῶν λόγων) 그것에 모순되는 주장을 제기할 수 있다. 그러므로 우리는 어떠한 것도 확신할 수가 없으며, 현자(賢者)는 자신의 판단을 억제할(ἐπέχειν) 것이다. 우리는 "이것은 이렇다"고 말하기보다는 "그것은 나에게 이렇게 보인다" 또는 "그것은 그러할 것이다"라고 말해야 한다.

마찬가지의 회의주의와 그에 따르는 판단의 유보가 실천의 영역으로 확장된다. 어느 것도 그 자체로는 추하거나 아름답지 않고, 옳거나 그르지 않다. 달리 말하면 최소한 우리가 그것을 확신할 수 없다. 우리의 인생에서 모든 외부적인 것들은 아무래도 좋은 것들이며, 현자는 단지 영혼의 평온만을 목표로 할 것이며, 자신의 영혼을 평온한 상태로 유지하려고 노력할 것이다. 심지어 현자조차도 실제 생활에 참여하고 거기에서 행위하는 것을 피할 수 없는 것이 사실이지만, 그는 절대적인 진리는 얻을 수 없다는 것을 알고, 실제로는 그럴듯한 의견, 관습 그리고 법을 따를 것이다.

디오게네스 라에르티오스는 피론은 자신의 철학적 견해들을 오로지 구두로만 표현했다고 우리에게 전한다.[3] 그러나 그의 견해들은 그의 제자인 프리우스의 티몬(기원전 약 320-230년)의 견해들을 통하여 알려져 있는데, 그[티몬]는 섹스투스 엠피리쿠스에 의하여 '피론의 원리들을 해석하는 자(ὁ προφήτης τῶν Πύρρωνος λόγων)라고'[4] 불린다. 티몬은 풍자시(Σίλλο)를 지었는데, 거기에서 그는 호메로스와 헤시오도스의 시문을 풍자적으로 개작했으며, 크세노파네스와 피론 자신을 제외한 그리스 철학자들을 희롱했다. 티몬에 따르면, 우리는 감관지각도 이성도 신뢰할 수 없다. 따라서 우리는 모든 판단을 유보해야만 하며, 우리 자신이 이론적 주장에 빠지는 것을 허용하지 말아야 하는데, 그렇게 되면 우리는 진정한 영혼의 평정(ἀταραξία)에 도달하게 될 것이다.

(키케로는 분명히 피론을 회의론자로 알고 있지 않았고, 오히려 외부의 사물들에 대한 무관심을 설교하고 실행하는 도덕주의자로 간주했다. 그렇다면 피론이 개인적으로 회의주의적인 입장을 발전시킨 것은 아닐 수도 있다. 그러나 그가 아무런 기록도 남기지 않았기 때문에, 우리가 이 점에 관해서 확신

---

3   Diog. Laërt., Poem., 16; 9, 102.

4   *Adv. Math.*, 1, 53.

을 가질 수 없다.)

━━━━━━ 2. 중기 아카데메이아

플라톤은 감관지각들의 대상들은 진정한 지식의 대상들이 아니라고 주장했지만, 그의 변증법의 전체적인 논점은 영원하고 항구적인 것에 대한 참되고 확실한 지식을 획득하는 것이었음으로, 그는 결코 회의주의자가 아니었다. 그러나 하나의 회의론적 사고의 조류가 두 번째 아카데메이아 또는 중기 아카데메이아라고 알려진 것 속에서 나타나는데, 그것은 주로 스토아주의의 독단주의에 반대하는 회의주의였지만, 또한 보편적 용어로 표현되기도 한 회의주의였다. 그러므로 중기 아카데메이아의 창시자인 아르케실라오스(315/14-214/40)는 아무것도 확신하지 않는다고, 심지어는 자신이 아무것도 확신하지 않는다는 사실조차도 확신하지 않는다고 말한 것으로[5] 소문이나 있다. 그러므로 그는 자신이 아무것도 모른다는 것을 알고 있었던 소크라테스보다 더 나아가고 있었던 것이다. 그는 그러므로 피론주의자들의 그것과 유사한 판단유보(ἐποχή)를 실행했던 것이다.[6] 아르케실라오스는 소크라테스를 예로 들고 신봉함으로써 자신의 입장을 강화하려고 한 한편, 특히 스토아주의의 인식론을 공격의 대상으로 삼았다. 거짓이 아닐 수 있는 표상은 주어지지 않는다. 우리의 어떠한 감관지각이나 표상도 그것들 자신의 객관적인 타당성에 대한 보장을 갖지 못하는데, 왜냐하면 우리는 그 표상이 객관적으로 거짓인 때조차도 마찬가지로 강렬한 주관적 확실성을 느낄 수 있기 때문이다. 그러므로 우리는 결코 확신할 수가 없는 것이다.

---

5   Cic, *Acad. Post.* 1, 12, 45.

6   Cic, *de orat.*, 3, 18, 67.

3. 신(新)아카데메이아

01.　제3의 아카데메이아 또는 신아카데메이아의 창시자는 키레네의 카르네아데스(약 214/12-129/8년)였는데, 그는 156/5년에 로마에 사절로 가는 스토아주의자인 디오게네스를 수행했다. 카르네아데스는 아르케실라오스의 회의주의를 추종하여, 지식은 불가능하며 진리의 기준은 없다고 가르쳤다. 그는 스토아주의자들에 반대하여, 우리가 그 옆에 참인 표상과 구별되지 않는 거짓 표상을 놓을 수 없을 감각표상은 없다고 주장했는데, 이때 그는 꿈 속의 표상들, 즉 비실재적인 표상들이 우리에게 미치는 영향과 환상과 미망(迷妄)의 사실에 호소했다. 그러므로 감관들의 인상들(impressions)은 비가류(非可謬的)적이지 않다. 스토아주의자들은 이성을 치료약으로 기대할 수 없는데, 왜냐하면 그들 자신도 개념들은 경험에 기초해 있다는 것을 인정하기 때문이다.[7]

　　우리는 어떤 것도 증명할 수가 없는데, 왜냐하면 모든 증명은 그 자신이 증명되어야만 하는 가정들에 기초해 있기 때문이다. 그러나 이 후자의 증명 그 자체도 가정들에 기초해 있을 것이고, 그런 식으로 무한히 계속될 것이다. 따라서 모든 독단주의적 철학은 전혀 불가능하다. 왜냐하면 문제의 양쪽에 똑같이 좋거나 또는 똑같이 나쁜 근거들이 제시될 수 있기 때문이다. 카르네아데스는 스토아주의자들의 신 존재 증명이 결정적이지 못하다는 것과 신의 본성에 관한 그들의 이설은 이율배반적이라는 것을 보여주려고 노력함으로써, 스토아주의의 신학을 공격했다.[8] 예를 들어 스토아주의자들은 신이 존재한다는 논증으로서 일반적 합의(consensus gentium)에 호소했다. 이제 만약 그들이 이 일반적 합의를 증명할 수 있다면, 그들은 신의 존재에 대한 보편적인 믿음은 증명했다. 그러나 그것이 신이 존재한다는 것을 증명한 것은 아니다. 그런데 스토아주의자들은 무슨 근거로 우주가 현명하고 합리적이라고 주장하는가? 제일 먼저 그것이 생명이 있음이 증명되어야 하는데 그들은 그것을 증명하지 않았다. 만약 그들이 보편적 이성이 존재하여 인간의 이성이 그것으로부터 발생하는 것이 틀림없다고

7　　Sext. Emp., *Adv. Math.*, 7, 159와 166 이하; Civ., *Acad. Prior.*, 2, 30, 98 이하 참조.

8　　Sext. Emp., *Adv. Math.*, 9, 13 이하; Cic., *De Nat. D.*, 3, 17, 44; 3, 29 이하 참조.

주장한다면, 그들은 먼저 인간의 마음은 자연의 자발적인 산물일 수 없다는 것을 증명해야만 한다. 또 설계로부터의 논증도 결정적이지 않다. 만약 우주가 설계된 산물이라면 설계자가 있어야만 한다. 그러나 전체적인 쟁점은 우주가 설계된 산물인가 아닌가이다. 그것이 자연적 힘의 설계되지 않은 산물일 수는 없는가?

스토아적 신은 살아 있고 따라서 감정을 가지고 있음에 틀림없다. 그러나 만약 그가 느낄 수 있고 인상들을 받아들일 수 있다면, 그는 인상들로부터 고통을 당할 수 있고 궁극적으로는 붕괴되기 쉬울 것이다. 더구나 신이 스토아주의자들이 상정하는 것처럼 합리적이고 완전하다면, 신은 스토아주의자들이 상정하는 것처럼 덕스러울 수 없다. 예를 들어 어떻게 신이 용감하거나 또는 용기 있을 수 있겠는가? 어떠한 위험 또는 고통 또는 수고가 그에게 영향을 미쳐서 그가 그것에 관하여 용기를 보일 수 있을 것인가?

스토아주의자들은 신의 섭리론을 주장한다. 그러나 그렇다면 그들은 어떻게 독사의 현존을 설명할 수 있을 것인가? 스토아주의자들은 신의 섭리는 신이 인간에게 이성을 선물한 데에 나타나 있다고 말한다. 그런데 많은 사람들이 이 이성을 자신을 낮추는 데 사용하기 때문에, 그러한 사람들에게는 이성의 소유는 해로움이지 이익은 아니다. 만약 신이 진정으로 모든 사람들에게 섭리를 행사했다면, 신은 모든 사람들을 선하게 만들고 모두에게 올바른 이성을 주었어야 했다. 더구나 크리시포스가 사소한 것들에 관한 신의 편에서의 '소홀'을 말하는 것은 쓸데없는 일이다. 첫째, 섭리가 제공하기를 소홀히 한 대상은 사소한 대상이 아니다. 둘째, 그 소홀은 신의 의도일 수 없다(왜냐하면 의도적인 소홀은 심지어 지상의 통치자에게 있어서도 흠이기 때문이다). 반면에 셋째, 비의도적인 소홀은 무한한 이성의 관점에서는 생각할 수 없는 것이다.

카르네아데스의 이런 비판들과 다른 비판들은 스토아주의의 이설들을 겨냥한 것인데, 부분적으로는 학문적인 관심에서 그러하다. 스토아주의자들은 신에 대한 유물론적 이설을 주장함으로써 극복할 수 없는 어려움에 휘말리는데, 왜냐하면 만약 신이 물질적이라면 그는 붕괴될 수 있을 것이며, 만약 신이 세계의 영혼(육체를 가진)이라면, 신은 쾌락과 고통을 느낄 수 있을 것이기 때문이다. 우리에게 이러한 신성(神性) 개념에 대한 비판은 단지 학문적으로만 관심거리일 뿐이다. 더구나 우리는 덕들을 카르네아데스가 채택한 비판의 계열이 상정하는 신인동형동성론적(神人同形同性論的) 방식으로, 신에게 귀속시키는 것은 꿈도 꾸지 못할 것이다. 우리는 만물이 인간의 이익을 위하여 창조되었다는 것을 철학 안에서 증명하려고 기도하지도 않을 것이다. 그러나 카르네아데스가 제기한 난점들 가운데 몇 가지(예를 들어 이 세상에 육체적 고통과 도덕적 악이 존재한다는 것)는 지속적인 관심거리이다. 그것들을 해결하려는 시도가 모든 신정론 속에서 행해져야 한다. 스토아주의의 신정론을 다룰 때, 나는 이미 이 주제에 관하여 약간의 언급을 했으며, 앞으로 중세 및 근대의 다른 철학자들이 어떻게 이 문제들에 대해 대답하려고 노력했는지를 보여주고 싶다. 그러나 비록 인간의 이성이 어느 한 입장에 반대해서 제기될 수 있는 모든 난제들에 대해 충분하고 완전히 만족스럽게 대답할 수는 없지만, 그것이 우리로 하여금 그 입장을 (만약 그 입장이 타당한 논증에 기초해 있다면) 포기하도록 강요하지는 못한다는 점은 언제나 기억되어야만 한다.

　　카르네아데스는 완전한 판단유보는 불가능하다는 것을 알았으며, 따라서 그는 개연성(πιθανότης) 이론을 다듬었다. 개연성에는 여러 등급이 있으며, 개연성은 행위를 위해 필요하고 또 충분하다. 예를 들어 그는 우리가 비록 확실성을 확보할 수는 없더라도, 어떤 입장을 수용하는 데 대한 근거들을 축적함으로써 어떻게 진리에 접근할 수 있는지를 보여주었다. 만약 내가 단지 내가 아는 어떤 사람의 형체를 보기만 했다면 그것은 환영일 수도 있을 것이다. 그러나 만약 내가 그 사람이 말하는 것을 들었다면, 만약 내가 그를 만졌다면, 만약 그가 무엇을 먹는다면, 나는 그 어떤 실천적 목적으로도 그 표상이 참임을 인정할 수 있다. 특히 그 사람이 그때 그 장소에 존재하는 것이 실질적으로 틀림없을 것 같은 경우에는, 그 개연성의 정도는 매우 높다. 만약 어떤 남자가 영국에 있는 그의 아내를 떠나서 사업차 인도로 간다면, 그리고 그가 봄베이에서 하선할 때 부두에서 그의 아내를 본 것 같다면, 그가 표상의 객관적 유효성을 의심하는 것도 당연할 것이나, 만약 그가 영국으로 귀환하는 길에 돌제(突堤)에서 그를 기다리는 그녀를 발견한다면 그 표상의 유효성은 그것 자신의 내재적인 개연성을 지닌다.

02.　　아카데메이아는 아스카론의 안티오쿠스(대략 기원전 68년)의 지도 하에서 독단론으로 회귀했는데, 그는 분명히 불가지론자로 출발했으나 나중에는 그 입장을 포기

하게 되는데,[9] 키케로가 79/8년 겨울에 그의 강의를 들었다. 그는 어떤 것도 알 수 없다 또는 모든 것이 의심스럽다고 주장하는 데에 포함된 모순을 지적했다. 왜냐하면 모든 것이 의심스럽다고 주장함에 있어서 나는 어쨌든 모든 것이 의심스럽다는 것을 내가 알고 있음을 단언하고 있기 때문이다. 그는 진리에 대한 그 자신의 기준을 저명한 철학자들의 의견일치에서 발견했음이 분명하고, 아카데메이아의 체계와 페리파테토스주의의 체계와 스토아주의의 체계가 본질적으로는 서로 일치한다는 것을 보여주려고 노력했다. 사실상, 그는 스토아주의의 이설들을 공개적으로 가르쳤고, 제논이 그 이설들을 구(舊)아카데메이아로부터 빌려왔다고 당당하게 주장했다. 그러므로 그는 회의주의자들에게서 그들의 주요한 논증들 가운데 한 논증, 즉 다양한 철학 체계들 사이의 모순을 없애려고 노력했다. 동시에 그는 스스로 절충주의자임을 드러낸다.

이 절충주의적 성향은 그의 도덕적 가르침에서 드러난다. 왜냐하면 그는 스토아주의자들과 더불어 덕이 행복을 위해서 충분하다고 주장하면서, 아리스토텔레스와 더불어 최고도의 행복을 위해서는 외적인 재물과 육체의 건강이 또한 필요하다고 주장했기 때문이다. 키케로가 안티오쿠스는 아카데메이아주의자라기보다는 스토아주의자였다고 선언한 사실에도 불구하고,[10] 그는 의심할 나위 없이 절충주의자였다.

03. 로마의 대표적 절충주의자는 고전학자이자 철학자인 테렌티우스 바로(기원전 116-27년)였다. 바로의 견해로는 유일하게 참된 신학은 하나의 신을 인정하는 신학인데, 그 신은 세계의 영혼이며 그 세계를 이성에 따라서 통치한다. 시인(詩人)들의 신화적 신학은 존경할 가치가 없는 특성들과 행위들을 신에게 귀속시키기 때문에 배척되어야 하며, 자연철학자들의 물리적 신학들은 서로 상반된다. 그러나 우리는 국가의 공식적인 종파도 소홀히 해서는 안 되는데, 왜냐하면 이것은 실제적이고 대중적인 가치가 있기 때문이다. 심지어 바로는 대중 종교는 옛날 정치가들의 업무였으며, 만약 그 업무가 다시 수행되어야 한다면, 그것은 철학의 관점에서 보다 잘 수행될 수 있을 것

---

9 Cic., *Acad. Prior.*, 2, 22, 69; Numenius cited by Eused., *Prep. Evang.*, 614, 9, 2(*P.G.* 21, 1216-1217); Aug., *Contra Acad.*, 2, 6, 15; 3, 18, 41 참조.

10 Cic., *Acad. Prior.*, 2, 43, 132.

이라는 설(說)을 내놓기까지 했다.[11]

바로는 포세이도니오스의 영향을 크게 받았던 것 같다. 그는 포세이도니오스로부터 문화, 지리, 수문학(水文學) 등등의 기원과 발전에 관한 많은 이론들을 받아들였으며, 이러한 이론들을 해설함으로써 비트루비우스(Vitruvius)와 플리니우스(Pliny)와 같은 후기 로마인들에게 영향을 주었다. 바로의 피타고라스주의의 '수(數) 신비주의'적 경향 역시 포세이도니오스의 사상에서 유래하며, 그로 인해 그는 겔리우스, 마크로비우스, 그리고 마르티아누스 카펠라와 같은 후기 작가들에게 영향을 주었다. 바로의 『메니포스적 풍자시』에서는 키니코스주의의 영향을 볼 수 있는데, 그 작품은 단지 단편들만이 남아 있다. 거기에서 그는 키니코스주의적 간이성(簡易性)을 부유한 사람들의 사치에 대비(對比)하며, 부유한 사람들의 대식(大食)을 조롱거리로 만들었고 철학자의 시시한 언쟁을 놀려댔다.

04. 로마의 모든 절충주의자들 가운데 가장 유명한 사람은 위대한 웅변가 툴리우스 키케로(기원전 106년 1월 3일-43년 12월 7일)였다. 젊은 시절 키케로는 에피쿠로스학파인 파이드루스, 아카데메이아학파인 필론(Philon), 스토아주의자인 디오도토스, 아스카론의 안티오쿠스, 그리고 에피쿠로스 학파인 제논의 제자였다. 그는 로데스에서 스토아주의자인 포세이도니오스의 가르침을 받았다. 그는 젊은 시절 아테네와 로데스에서 철학을 공부한 후에 공적인 생활과 공무(公務)로 세월을 보내기도 했으나, 그의 인생의 마지막 3년 동안은 철학에 복귀했다. 그의 철학적 저술들 가운데 대부분은 이 만년(晩年)에 나온 것이다(예를 들면, 『역설』(*Paradoxa*), 『위안』(*Consolatio*), 『호르텐시우스』(*Hortensius*), 『아카데메이아의 철학자들』(*Academica*), 『목적론』(*De Finibus*), 『투스쿨라누스』(*Tusculana*), 『신 본성론』(*De Natura Deorum*), 『노령론』(*De Senectute*), 『점술론』(*De Divinatione*), 『운명론』(*De Fato*), 『우정론』(*De Amicitia*), 『덕론』(*De Virtutibus*)). 『국가론』((*De Republica*), 54 B.C. 이하)과 『법률론』((*De Legibus*), c. 52 이하)은 초기의 작품이다. 키케로의 저술은 그 자신도 솔직히 인정하듯이 내용이 독창적이라 할 수 없다. "이것들은 베껴 적은 것에 불과하

---

11   *De Civil., Dei* 6, 4.

며, 커다란 수고 없이 이루어진 것이다. 나는 단지 거기에 풍부한 말들을 전할 뿐이다 (ἀπόγραφα sunt, minore labore fiunt, verba tantum affero, quibus abundo)."[12] 그러나 그는 그리스인들의 이설들을 로마의 독자들에게 명쾌한 문체로 소개하는 재주를 지녔다.

키케로는 회의주의에 대한 학문적인 반박을 실행할 수는 없었으나(서로 대립되는 철학적 학파들과 이설들의 갈등 때문에 그는 회의주의적 성향이 있었다), 즉각적이고 확실한 도덕 의식의 직관이라는 피난처를 마련했다. 그는 도덕성에 대한 회의주의의 위험성을 깨닫고, 도덕적 판단을 그것을 약화시키는 회의주의의 영향 밖에 두려고 했다. 따라서 그는 생득관념, 본성적으로 우리에게 심어진 관념(notiones innatae, natura nobis insitae)에 대하여 이야기한다. 도덕적 개념들은 우리의 본성으로부터 나아가고, 일반적 합의(consensus gentium)에 의해서 확인을 받는다.

자신의 윤리설에서 키케로는 덕은 행복을 위해 충분하다는 스토아주의자들에 동의하는 경향이 있었으나, 외적인 재화에도 가치를 인정해주는 페리파테토스학파의 가르침(비록 그가 이 문제에 관한 자신의 견해에 있어서 약간 머뭇거렸던 것처럼 보이지만)을 완전히 배격하는 데까지 나아갈 수는 없었다.[13] 그는 현자는 느낌(πάθη)이 없어야 한다는 스토아주의자들에 동의했으며,[14] 덕은 서로 대립되는 느낌(πάθη) 사이의 중용이라는 페리파테토스학파의 가르침에는 반대했다. (그러나 키케로의 동요(πάθος 또는 perturbatio) 개념은 용기의 본성에 반하여 올바른 이성에 등돌린 격정(aversa a recta ratione contra naturam animi commotio)이라는 개념이다.[15]) 스토아주의자들에게서와 마찬가지로, 다시금 키케로에게서도 사색적이 아닌 실천적인 덕이 보다 높은 덕이다.[16]

자연철학의 영역에서 키케로는 회의주의의 경향이 있었으나, 그렇다고 그가 인간 사유에 대한 이 분야를 무시한 것은 결코 아니었다.[17] 그는 자연으로부터 신의 존재를 증명하는 데 특히 관심이 있었으며 무신론적 원자론의 이설을 배격했다. "이것(

---

12   *Ad. Att.*, 12, 52, 3.
13   *De Fin.*, 5, 32, 95; *De Off.*, 3, 3, 11; *De Fin.*, 5, 26, 77 이하와 *Tusc.*, 5, 13, 39 이하 참조.
14   *Tusc.*, 4, 18, 41 이하.
15   *Tusc.*, 4, 6, 11; 4, 21, 47.
16   *De Off.*, 1, 44, 158.
17   *Acad. Prior.*, 2, 41, 127.

원자들의 우연한 충돌로 인해 세계가 형성되었다고 하는 것)이 가능하다고 생각하는 사람이 도대체 왜 금이나 혹은 그 어떤 것으로 만들어진 무수히 많은 21개의 알파벳 글자들을 한데 뒤섞어서 쏟아놓을 경우, 그것들로부터 이 땅에 엔니우스의 연대기가 나와 이 세상의 독자들이 읽을 수 있다고 동일하게 생각하지 않는 이유를 나는 모르겠다(Hoc qui existimat fieri potuisse non intelligo cur non idem putet, si innumerabiles unius et viginti formae litterarum vel aureae vel qualesilibet aliquo coiciantur, posse ex iis in terram excussis annales Enni ut deinceps legi possint, effici)."18

키케로는 대중 종교는 일반적으로 공동체적 관심에서 보존되어야 하는 한편, 동시에 상스러운 미신과 신들에게 부도덕성을 귀속시키는 행위(예를 들면 가니메데를 강간하는 이야기)로부터 정화되어야 한다고 생각했다.19 특히 우리는 섭리는 존재하고 영혼은 불멸이라는 신념을 보존해야 한다.20

키케로는 인간의 동료의식이라는 이상을 강조했으며(스토아학파 참조), 플라톤의 제9서간에 호소했다. "···가족과 자신들에 대한 애정으로부터 출발해서 우선 동료 시민들에게로, 그리고 나서 모든 인류에게로 점차 나아가도록 하며, 플라톤이 아르키타스에게 써 보냈듯이, 인간은 자기 자신만을 위해서가 아니라 국가를 위해서, 그리고 인류를 위해서 태어났다는 것을 상기시키고, 자신을 위해서는 자신의 아주 적은 부분만을 남겨두도록 한다(—ut profectus a caritate domesticorum ac suorum serpat longius et se implicet primum civium, deinde omnium mortalium societate atque, ut ad Archytam scripsit Plato, non sibi se solum matum meminerit sed patriae, sed suis, ut perexigua pars ipsi relinquatur)."21

---

18   *De Nat. D.*, 2, 37, 93.
19   *Tusc.*, 1, 26, 65; 4, 33, 71.
20   *Tusc.*, 1, 12, 26 이하; 1, 49, 117 이하.
21   De Fin., 2, 14, 45.

제 38 장

중기 스토아

    기원전 2세기와 3세기에 스토아주의의 철학자들은 절충주의로 기우는 경향을 뚜렷하게 보이는데, 자신들의 학파에 플라톤적 요소들과 아리스토텔레스적 요소들이 유입되는 것을 인정하여 정통적인 스토아철학과 결별했던 것이다. 그들이 이러한 길을 걷지 않을 수 없었던 것은 아카데메이아학파의 사람들이 스토아주의의 독단론에 대해서 가했던 공격 때문만이 아니라, 그들이 로마 인들과 접촉하게 되었기 때문이기도 한데, 그 로마인들은 사색보다는 철학적 이설들을 실제로 적용하는 데 훨씬 더 관심이 있었던 사람들이었다. 중기 스토아학파의 주요 인물은 파나이티오스와 포세이도니오스이다.

01.   로데스의 파나이티오스(기원전 약 185-110/9년)는 한때 로마에 살았는데, 그는 그곳에서 젊은 스키피오와 라일리우스에게 그리스 철학에 관심을 갖도록 했으며 로마의 사학자 무시우스 스카에볼라와 그리스 사학자 폴리비오스에게 커다란 영향을 주었다. 키케로는 파나이티오스의 저작들을 이용했는데, 특히 『의무론』의 첫 번째 2권에서 그랬다.[1] 그는 기원전 129년에 아테네에서 타르수스의 안티파트로스를 계승하여 교

---

1   *Ad. Att.*, 16, 11, 4.

장이 되었다.

파나이티오스는 한편으로는 어떤 스토아 이설들을 수정했던 반면, 다른 한편으로는 주저하지 않고 스토아적 정통성이라는 짐의 일부를 완전히 벗어던졌다. 즉 그는 평범한 사람들의 경우 인생의 목표는 단순히 그들 개개인 본성을 합리적으로 완성하는 것임을 인정함으로써 스토아적 '청교도주의'를 수정했다. 그러므로 스토아주의는 파나이티오스의 손에서 덜 '이상적'이 되었는데, 그가 초기 스토아주의의 이상인 진정한 현자의 존재를 부정하고 능숙함(προχόπτων)을 어느 모로 보거나 제1로 여겼던 것처럼 보일 때 특히 그러하다. 더구나 그는 외적인 재화에 초기 스토아학파가 부여했던 것보다 더 많은 가치를 부여했으며 '초연(Apathy)'이라는 이상을 거부했다.

그러므로 파나이티오스는 스토아주의의 윤리학을 수정하는 한편, 스토아주의의 예언론을 버렸고(그 예언론은 초기의 스토아주의자들이 결정론이라는 철학적 기초에 근거하여 주장한 바 있었다), 점성학을 거부했으며 세계 대화재 설(說)과 영혼의 상대적 불멸 설(說)을 내버렸다.[2] 그는 대중 신학에 공감하지 않았다.[3] 그는 자신의 정치론에 있어서는 플라톤과 아리스토텔레스의 영향을 받았던 듯하다. 하지만 보다 넓은 이상을 주장함에 있어서는 그 두 그리스 철학자들의 이설보다는 스토아주의의 이설을 따랐다.

스카에볼라가 자신의 신학 3중 분할(바로 참조)을 얻은 것은 분명히 파나이티오스로부터였다. 그는 ① 의인적이고 거짓인 시인들의 신학과, ② 합리적이고 참이긴 하지만 대중적 용도를 위해서는 부적합한 철학자들의 신학과, ③ 전통적 종파를 유지하며 대중의 교육을 위하여 필수 불가결한 정치가들의 신학을 구별했다.[4]

02.   파나이티오스의 가장 훌륭한 제자는 아파마에아의 포세이도니오스(기원전 약 135-51년)이었다. 맨 처음 그는 아테네에서 파나이티오스의 제자로 있었고, 그 다음에는 광범위한 여행을 했는데, 예를 들면 이집트와 스페인 등으로 여행했다. 그 후에는 기원전 97년에 로데스에서 한 학파를 창설했다. 키케로가 기원전 78년 그에게 배우

---

2   Cic., *Tusc.*, 1, 32, 79.
3   Cic., *De Div.*, 1, 3, 6.
4   St. *Aug.*, *De Civit*. Dei; 4, 27.

기 위해 찾아온 곳이 이곳이었다. 또 그는 두 번이나 폼페이우스의 방문을 받았다. 그의 작품들은 소실되었으며, 포세이도니오스가 위대하다는 감을 잡게 된 것은 (비록 그것이 모든 점에서 매우 분명한 생각은 아니지만) 포세이도니오스의 영향을 입은 문헌들에 대한 비판적 분석을 통하여 최근에서야 비로소 이루어진 일이다. 역사학자요 지리학자이며 합리주의자이면서 신비주의자인 그는 다양한 여러 철학의 조류들을 스토아적 일원론의 틀 안에 묶었으며, 자신의 사변적 학설들을 풍부한 경험적 지식으로 뒷받침하려고 노력했고, 종교적 영감의 온기를 학설 전반(全般)에 주입했다. 젤러는 그를 "아리스토텔레스의 시대 이래로 그리스가 경험한 가장 박식한 인물"[5]로 부르기를 주저하지 않았다. 프로클로스는(『에우클레이데스의 첫 번째 책에 관한 주석』(*In Eukleiden*)에서) 예를 들어 평행선, 정리와 문제 사이의 구별, 그리고 정리의 존재 등과 같은 수학철학과 관련하여 포세이도니오스와 그의 학파를 7번이나 언급하고 있다.

스토아적 일원론은 포세이도니오스의 철학에 기본이 되는 것이다. 따라서 그는 연결된 자연의 통일성을 상세히 보여주려고 노력한다. 달에 의해서 야기되는 밀물과 썰물의 현상은 우주 체계의 모든 부분들 사이에 퍼져 있는 '공감'을 그에게 드러냈다. 이 세계는 광물계에서와 같은 비유기체적 개체로부터 동 · 식물을 거쳐 인간에 이르고 그렇게 해서 신의 초유기체적 영역에 이르는 존재 등급들의 위계인데, 존재 전체가 하나의 거대한 체계 안에 서로 묶여 있고 모든 세부적인 존재들은 신의 섭리에 의해서 배열되어 있다. 이 우주의 조화와 우주의 구조적 자리매김은 그 위계의 정상(頂上)에, 모두에 스며 있는 이성적 행위로서 신이라는 절대 이성을 가정한다.[6] 이 세계에는 태양으로부터 나오는 생명력(ζωτικὴ δύναμις)이 스며있으며, 포세이도니오스는 정통적인 스토아철학의 발걸음을 쫓아서 신 그 자체를 이성적인 불의 숨(breath)으로 묘사한다. 더구나 포세이도니오스는 그의 스승 파나이티오스와는 다르게 대화재(ἐκπύρωσις) 설을 재차 단언하는데, 그 설은 우주의 일원론적 성격을 강조하는 이설이다.

그러나 비록 자신의 철학이 일원론적이기는 하지만, 포세이도니오스는 이원론

---

5 *Outlines*, 249쪽.
6 Cic., *De Nat. D.*, 2, 33 이하.

을 인정하는데, 그것은 명백히 플라톤주의의 영향을 받은 것이다. 우주는 천상의 세계와 지상의 세계라는 두 부분으로 나뉜다. 후자의 세계가 땅의 세계이고 가멸적인 반면, 전자는 하늘의 세계이고 '불멸'이며 그것이 나누어주는 힘을 통해서 아래의 세계를 떠받친다. 그러나 이 두 세계는 인간 속에서 서로 결속되어 있어서, 인간은 그것들을 연결하는 끈(δεσμός)이다.[7] 인간은 육체와 정신으로 구성되어 있어서 가멸적인 것과 불멸적인 것 또는 지상적인 것과 천상적인 것 사이의 경계에 서 있다. 그리고 인간이 존재론적인 끈인 것처럼, 인간의 지식은 인식론적인 끈으로 자신의 속에서 모든 지식들, 즉 천상적인 것에 대한 지식과 지상적인 것에 대한 지식을 서로 연결시킨다. 또한 인간은 육체적 관점에서 최상의 등급인 것처럼, 거꾸로 영적인 관점에서는 최하의 등급이다. 달리 말하면 인간과 최상의 신성(神性) 사이에 '다이몬' 또는 보다 높은 영적 존재가 존재하는데, 그것은 인간과 신 사이의 중간적 등급을 형성한다. 그러므로 비록 이원론은 남아 있지만, 우주의 위계적 성격은 방해를 받지 않는다. 이 이원론은 포세이도니오스의 심리학에서 강조되는데, 왜냐하면 비록 그가 과거의 스토아주의자들과 더불어 영혼을 불의 숨(πνεῦμα)으로 (따라서 육체와 같은 물질로) 만들기는 하지만, 그러고 나서는 영혼과 육체의 이원론을 플라톤을 생각나게 하는 방식으로 계속 강조해나가기 때문이다. 그러므로 육체는 영혼에 대한 장애로서, 영혼이 지식을 자유로이 발전시키는 것을 방해한다.[8] 포세이도니오스는 거기서 더 나아가서 플라톤의 영혼 선존재(先存在)를 다시 채택했는데, 그것은 자연스럽게 이원론을 강조했고, 또한 (파나이티오스에 반(反)하여) 영혼의 불멸성을 인정했다. 그러나 이 불멸성은 포세이도니오스의 철학에서는 (육체에) 상대적인 불멸성에 불과할 것인데, 왜냐하면 그가 스토아주의의 세계 화재를 재차 확언했기 때문이다. 그러니까 '불멸성'에 관한 그의 가르침은 과거 스토아주의자들의 가르침을 따른 것이었다.

포세이도니오스는 플라톤과 아리스토텔레스의 영향을 받은 자신의 인간심리학에서의 이러한 이원론에도 불구하고, 자신의 일반 심리학에서는 등급화적 측면을

---

7   Plat. *Tim.*, 31 b c 참조.
8   Cic., *De Div.*, 1, 49, 110; 1, 57, 129-130.

강조했다. 그러므로 초기 스토아학파의 견해로는 단지 본성(φύσις)만을 소유할 뿐이고 영혼(ψυχή)을 소유하지 못하는 식물들이 욕구의 부분(τὸ ἐπιθυμητικόν)과 식물적 영혼(θρεπτική) 및 성장능력(αὐξητικὴ δύναμις) 역시 소유하게 되며, 게다가 동물들은 그것에 더하여 기개의 부분(τὸ θυμοειδές), 감각(ἡ αἴσθησις), 욕구(τὸ ὀρεκτικόν) 그리고 공간 이동(τὸ κινητικὸν κατὰ τόπον) 능력을 소유하게 된다. 그리고 동물들보다 고등한 인간은 숙고의 능력(τὸ λογιστικόν)과 따라서 이성(λόγος, νοῦς) 및 추론적 사고(διάνοια)의 능력을 소유하게 된다.

그러므로 포세이도니오스는 비록 플라톤적 이원론을 인정했지만, 헤라클레이토스의 조화 속의 대립론 또는 차이성 속의 단일성론에 영향을 받아, 그것을 궁극적인 일원론에 종속시켰다. 이원론과 일원론을 종합하려는 이 시도에서 그는 신(新)플라톤주의로 가는 길의 한 단계를 기록했다.

포세이도니오스는 파나이티오스와는 반대로, 스토아주의의 예언론을 재차 확언했다. 우주의 보편적 조화와 운명의 지배 때문에, 미래는 현재 속에서 예언될 수 있다. 더구나 신의 섭리는 인간에게 미래의 사건들을 예언하는 수단들을 불허하지 않았을 것이다.[9] 잠(眠)과 환희와 같은 상황에서 영혼은 육체의 장애를 받지 않고 사건들의 배후 연결을 볼 수 있고, 미래를 예언할 수 있다. 포세이도니오스가 '다이몬'의 존재를 인정했다고 이미 말한 바 있다. 그는 또한 인간은 다이몬들과의 의사소통에도 참여할 수 있다고도 믿었다.

포세이도니오스는 역사 이론 또는 문화 발전론을 제기했다. 초기 황금기에는 현자들, 즉 철학자들이 통치했으며(인간계에서 동물계 안의 무리 가운데 가장 강한 짐승의 자연적 지도(指導)에 상응함), 인간을 원시적인 삶의 방식으로부터 보다 세련된 물질 문명의 조건으로 고양시킨 발명들을 이루어낸 것은 그들이었다. 현자들은 철을 발견했고, 연장들을 만드는 기술들 등등을 발견했다.[10] 도덕적 영역에서는 순결의 초기 단계에 타락이 뒤따랐으며, 폭력의 만연은 법의 제정을 필요하게 했다. 따라서 철학자들은 기술적

---

9   Cic., *De Div.*, 1, 49, 110; 1, 55, 125.
10   Seneca, *Epist.*, 90; Lucr, *De Rerum Nat.*, V 참조.

인 장비들을 다듬는 일은 다른 사람들에게 맡긴 채, 무엇보다도 실천적이고 정치적인 행위를 통하여, 그리고 그 후에는 사색적 생활(θεωρία)에 몰입함으로써, 인류의 도덕적 조건들을 고양하는 일에 전념했다. 그러나 가장 저급한 것에서 가장 고급한 것에 이르기까지 이 모든 행위들은 하나의 동일한 지혜(σοφία)의 상이한 등급들에 불과했다.

포세이도니오스는 또한 인종학적 문제들에도 관심을 가져서, 기후와 자연 조건들이 사람들의 성격과 생활방식에 미치는 영향을 강조했는데, 이 문제에 관한 관찰 자료는 여행을 통하여 얻었다. 나아가 그의 경험적 성향으로 해서 그의 활동은 수학, 천문학, 역사와 문학 등과 같은 특수과학 분야의 넓은 영역으로 확장되었다. 그러나 그의 탁월한 특징은 이 모든 풍부한 경험적 지식을 단일한 철학적 체계로 환원시키는 것이었는데, 그는 도처에서 연관성, 상호작용 그리고 조화를 발견했으며, 우주의 합리적 구조와 역사의 합리적 발전 속으로 파고들어가 그것들을 드러내려고 노력했다.

━━━━━━━━ 헬레니즘―로마 시대의 페리파테토스학파에 관한 메모

01. 자연인(ὁ φυσικός)이었던 람프사코스의 스트라톤은 테오프라스토스의 뒤를 이어서 대략 기원전 287년부터 269년까지 아테네에 있는 페리파테토스학파의 수장으로 있었다. 그의 철학적 가르침은 자신을 우주에 대한 일원론적 견해로 향하도록 강요한 데모크리토스의 영향을 드러낸다. 이 세계는 입자들로 구성되어 있으며 그것들 사이에는 빈 공간이 있다. 그러나 이 입자들은 무한히 분할될 수 있으며 (스트라톤이 따뜻함과 차가움이라는 궁극적인 성격들 또는 속성들을 가정하는 것으로 보아) 속성들을 가지고 있는 것처럼 보인다. 이 세계는 자연적 필연성 또는 자연의 법칙에 의하여 형성되었으며, 신이 자연 그 자체의 의식없는 힘과 동일시될 수 있는 한에 있어서만큼은 신에 귀속될 수 있다. 그러므로 비록 스트라톤이 상세한 문제에 있어서는 데모크리토스를 따르지 않았지만, 그가 유물론적 일원론을 고취하고, 아리스토텔레스적 이원론을 거부한 것은 데모크리토스 철학의 영향을 받은 덕분으로 생각되어야 한다. 스트라톤의 손을 거치면서 나타난 페리파테토스학파적 체계의 이러한 변형은 물리 과학에 대한 스

트라톤의 각별한 관심과 일치한다. 이러한 관심이 그에게 자연인(ὁ φυσικός)의 칭호를 얻게 해주었다. 그는 알렉산드로스 시대의 의학, 천문학 그리고 역학에 영향을 미쳤던 듯하다.

스트라톤의 눈에는, 사유와 느낌 같은 모든 심적 활동들은 운동으로 환원될 수 있으며, 그것들은 하나의 이성적 영혼의 활동들인데, 그 영혼은 양 눈썹 사이에 위치해 있다. 우리는 오로지 이전의 감각인상의 원인이었던 것만을 사유의 대상으로 할 수 있으며,[11] 거꾸로 모든 지각은 지성적인 활동을 수반한다.[12] 이것은 언뜻 보기에 아리스토텔레스 인식론을 반복하는 것에 불과해 보일지 모르지만, 스트라톤은 그것을 동물의 영혼과는 본질적으로 구별되는, 인간 내부에 있는 이성적 원리에 대한 부정을 포함하는 의미로 말했던 것처럼 보인다. 그러므로 그가 불멸성을 부정하는 것은 논리적 귀결인데, 왜냐하면 만약 모든 사고가 본질적으로 감관에 의존한다면 육체와 독립적으로 존재하는 사고의 원리라는 문제는 있을 수 없기 때문이다.

02. 스트라톤의 후계자들, 즉 트로아스의 리콘, 키오스의 아리스톤, 파세리스의 크리톨라우스, 티로스의 디오도루스와 에림네우스의 지도 하에서 페리파테토스학파는 철학에 어떠한 실제적인 공헌도 하지 못했던 것으로 보인다. 더구나 학파 내에서 절충적 경향이 가시화되었다. 그러므로 비록 크리톨라우스가 스토아주의에 반대하여 아리스토텔레스의 세계 영원설을 옹호하긴 했지만, 그는 신과 인간의 영혼을 물질(에테르)로 환원시키는 스토아학파적 환원을 수용했으며 쾌락에 관해서는 키니코스학파의 태도를 택했다.

03. 이 학파는 로데스의 안드로니코스와 더불어 새롭게 전환했다. 안드로니코스는 아테네 철학학교의 10번째 교장(아리스토텔레스 자신을 빼고)이었는데, 그 직책을 기원전 70년경에서부터 기원전 50년까지 맡았다. 그는 아리스토텔레스의 '교육학적' 저

---

11   Simplic., *Phys.*, 965, 16 a.
12   Plut., *de sol. animal.*, 3(961 a).

작들을 출판했고 그것들의 신빙성에 대하여 연구했으며, 논리학에 각별한 주의를 기울이면서 많은 저술들에 관해 논평했다. 주석가들의 계보는 마침내 아프로디시아스의 알렉산드로스에 와서 절정에 이르게 되는데, 그는 서기 198년에서 211년 사이에 아테네에서 페리파테토스학파의 철학에 관하여 강의했다. 알렉산드로스는 아리스토텔레스 주석가들 가운데 가장 유명했으나, 주저하지 않고 아리스토텔레스의 가르침을 떠났다. 예를 들면 그는 보편자들에 관하여 유명론자들의 입장을 채택했으며 인간 중심의 목적론을 부정했다. 게다가 그는 능동지성($\nu o \tilde{u} s$ ποιητικός)을 제1원인(τò πρῶτον αἴτιον)과 동일시했다. 인간은 태어날 때 오직 자연적 지성($\nu o \tilde{u} s$ φυσικός 또는 ὑλικός)만을 소유하며 이후에 능동지성의 영향을 받아 부가적 지성($\nu o \tilde{u} s$ ἐπίκτητος)을 획득한다. 이것의 한 가지 결과는 인간 영혼의 불멸성을 부정하는 것이다. 인간 영혼의 불멸성을 부정하는 데 있어서 알렉산드로스는 아마도 아리스토텔레스와 일치할 것이지만, 그 부정은 아리스토텔레스의 다소 모호한 말보다 알렉산드로스의 교설(敎說)로부터 훨씬 더 명백하게 귀결된다는 것을 인정해야 한다.

04. 『분석론 전서』에 관한 논평 속에 들어 있는 논리학 연구에 대한 알렉산드로스의 웅변적인 옹호는 언급할 가치가 있다. 그는 거기에서 논리학은 철학의 실제적인 부분이라기보다는 철학의 도구라는 사실 때문에 우리가 관심을 가지고 연구할 가치가 떨어지는 것은 아니라고 선언한다. 왜냐하면 만약 인간의 최대의 선(善)이 신과 비슷하게 되는 것이라면, 그리고 이 유사성이 진리를 관조하고 앎으로써 얻어지는 것이고 진리에 대한 앎은 증명을 통해서 얻어지는 것이라면, 우리는 증명을 최대한으로 존중하고 경애해야 하며, 따라서 삼단논법의 추론 역시 존중하고 경애해야 (증명은 삼단논법적 추론의 한 형태이므로) 하기 때문이다.[13] 이러한 학문적 경향과 함께 절충주의적 경향이 증대했다. 그리하여 유명한 물리학자 갈렌(서기 129년에서 서기 약 199년까지)과 메사나의 아리스토클레스(서기 약 180년)는 모든 자연에 스며 있는 내재적이고 활동적인 지성(Nous)론 때문에 스토아주의로 기울어 있었다.

---

13   *C.A.G.* 11/1, 4; 30과 6; 8.

05.   말기의 페리파테토스학파는 사실상 페리파테토스학파라고 불리기 어렵다. 아무런 제약 없이 그렇게 불리기는 확실히 어렵다. 그 학파는 사실상 그리스 철학 최후의 위대한 역작인 신(新)플라톤주의에 흡수되었으며, 후기의 페리파테토스학파는 절충주의의 경향을 보이거나 또는 아리스토텔레스의 저작들에 관해 논평을 하는 것으로 만족했다. 그러므로 서기 268년경에 라오디케아의 주교가 되었으며 이암블리코스의 스승이었던 아나토리우스와 동일인일 수 있는 알렉산드리아의 아나토리우스[14]는 1에서 10까지의 수들에 관한 자신의 논문에서 수들의 실재 속성들에 대한 고찰을 피타고라스의 '수(數) 신비주의'와 결합시켰다.

콘스탄티노플과 동방의 다른 곳에서 가르쳤고 결코 기독교인이 되지 않았던 테미스티우스(서기 약 320년-약 390년)는 자신은 지혜로의 안내자로 아리스토텔레스를 선택했다고 실제로 확언했으며, 아리스토텔레스의 몇몇 저작들을 설명하거나 또는 그것들에 관해 논평을 했으나, 사실은 플라톤 철학에 많은 영향을 받았다. 그는 후기 플라톤주의와 더불어 철학을 인간의 능력으로 신과 가까워지는 것(ὁμοίωσις θεοῦ κατὰ τὸ δυνατὸν ἀνθρώπῳ)으로 정의했다(플라톤 『테아이테토스』(*Theaet.*) 176 b 참조).

---

14   Eunap., *Vit. Soph.*, II.

제39장

후기 스토아

초기 로마 제국에서 스토아학파의 주된 특징은 자신의 실천적이고 도덕적인 원리들을 고집했다는 것인데, 그 원리들은 인간은 신과 친족이며, 동료 인간들을 향한 사랑의 의무가 있다는 이설과 결합하여 종교적 색채를 띠었다. 스토아학파의 고귀한 도덕성은 세네카, 에픽테토스 그리고 마르쿠스 아우렐리우스 황제 등, 당대의 위대한 스토아주의자들의 가르침 속에서 현저하게 드러난다. 동시에 다른 학파에서와 마찬가지로 스토아학파에서도 어떤 절충주의적 경향이 보인다. 스토아학파에 당대의 과학적 관심이 없었던 것도 아니다. 예를 들어 우리는 지리학자 스트라본을 생각할 수 있다. 다행히도 우리는 이 시기의 광범위한 스토아 문헌을 가지고 있어서, 그 학파의 가르침과 위대한 인물들의 특징들을 분명하게 알 수 있다. 그러니까 우리는 세네카의 저작들을 충분히 갖고 있으며, 플라비우스 아리아누스가 에픽테토스의 강의를 기록해놓은 8권의 책 가운데 4권을 가지고 있다. 게다가 마르크스 아우렐리우스의 명상록은 우리에게 로마 왕위에 있는 스토아철학자를 보여준다.

01. 코르도바의 루키우스 아나에우스 세네카는 네로 황제의 가정교사이자 각료였는데, 서기 65년에 그 철학자가 자신의 정맥을 끊은 것은 네로 황제의 명령에 복종해서였다.

우리가 로마인에 대해서 기대하는 것만큼 세네카는 철학의 실천적 측면, 즉 윤리를 강조했으며 윤리의 영역 내에서도 그것의 본질에 대한 이론적 탐구보다는 덕의 실천에 더 관심이 있었다. 그는 지성적 지식을 그 자체를 위하여 추구하지 않고, 덕의 성취를 위한 하나의 수단으로서 철학에 종사했다. 철학은 필요하다. 그러나 그것은 계획된 실천적 목표를 가지고 수행되어야 한다. 우리의 말은 즐거움을 주는 것이 아니라 유용한 것이어야 한다. 병자는 말만 번지르르한 의사를 찾지 않는 법이다(Non delectent verba nostra, sed prosint - non quaerit aeger medicum eloquentem).[1] 이 주제에 관한 그의 말들은 종종 "필요 이상으로 아는 것은 방종에 속한다(plus scire quam sit satis, intemperantiae genus est)"[2]와 같은 토마스 아 켐피스의 말들을 상기시킨다. 자신의 시간을 계획된 실천적 목표 없이, 소위 교양적 학문(Liberal studies)에 쓰는 것은 시간낭비이다. 진정으로 자유로운 학문이란 자유롭게 만드는 것이다(unum studium vere liberale est quod liberum facit).[3] 그리고 그는 루킬리우스에게 숭고한 논제들을 문법적 또는 변증론적 사기로 환원시키는 문학적 놀음을 포기할 것을 요구한다.[4] 세네카는 물리학 이론에 어느 정도 관심이 있었으며, 진정으로 중요한 점은 그리고 인간을 신과 동등하게 만드는 것은 열정의 극복이라고 주장했다.[5] 그리고 그는 도덕적 논의를 위한 자료를 제공하기 위해 캄파니아에서의 지진(서기 63년)을 사용할 때처럼, 종종 결론을 도덕화하는 기회로 물리적 주제들을 사용한다.[6] 그러나 그는 분명히 자연에 대한 연구를 찬양하며(포세이도니오스의 영향을 받아서) 심지어는 자연에 대한 지식은 그 자체를 위해서 추구되어야 한다고 선언하기까지 한다.[7] 그러나 여기에서조차 실천적이고 인간적인 관심을 볼 수 있다.

세네카는 이론적으로 구(舊)스토아학파의 유물론을 고수하지만,[8] 실제로는 분

---

1   *Ep.*, 75, 5.
2   *Ep.*, 88, 36.
3   *Ep.*, 88, 2.
4   *Ep.*, 71, 6.
5   *Ep.*, 73, 13.
6   *Nat.Q.*, 6, 32.
7   *Nat.Q.*, 6, 4.
8   *Ep.*, 66, 12; 117, 2; 57, 8.

명히 신을 초월적 물질로 간주하는 경향이 있다. 이러한 형이상학적 이원론의 경향은 그의 두드러진 심리적 이원론의 경향의 자연적인 귀결 또는 부수물이었다. 그가 영혼의 물질성을 주장한 것은 사실이지만, 그는 플라톤적 기질로, 영혼과 육체 사이의 갈등, 고매한 인간의 열망과 육욕설(肉慾說) 사이의 갈등에 대해 계속 이야기한다. 이 육체는 영혼의 짐이며 형벌이고, 영혼은 짓누르는 육체에 의해 압박받고 육체라는 감옥에 갇혀있다(Nam corpus hoc animi pondus ac poena est, premente illo urgetur, in vinculis est).⁹ 참된 덕과 참된 가치는 내부에 존재한다. 외적인 재물은 진정한 행복을 줄 수 없으며, 그것은 운명의 일시적인 선물로, 그것을 신뢰하는 일은 어리석은 짓이다. 풍요로 가는 가장 빠른 길은 재산을 멸시하는 것이다(Brevissima ad divitias per contemptum divitiarum via est).¹⁰ 세네카는 칼리굴라와 클라우디우스의 정신(廷臣)으로서, 그리고 젊은 네로의 부유한 가정교사이자 각료로서 처신이 일관되지 못했으며 위선적이었다는 비난을 받아왔다. 그러나 한편으로 거대한 부(富)와 영예 그리고 다른 한편으로 죽음에 대한 끊임없는 공포의 대조에 대한 그의 바로 그 경험이 그와 같은 기질을 가진 사람들에게 부와 지위와 권력의 덧없는 속성을 깨닫도록 도와줄 것이라는 점을 잊지 말아야 한다. 그뿐만 아니라, 그는 인간의 타락, 육욕 그리고 방탕을 지근(至近) 거리에서 관찰할 더할 나위 없는 기회를 가졌다. 세네카가 자기 자신의 원리에 따라 살지 못했다는 것을 보여주는, 세네카 사생활에 관한 험담을 모아놓은 고대 작가들도 있다.¹¹ 그러나 비록 반대자들의 과장과 험담을 참작하더라도, 그는 자신의 도덕적 이상에서 [밑바닥으로] 타락하지 않고 인생을 헤쳐나가지는 못했는데, 사실상 그것은 타락한 궁정에 소속되어 그의 직위 및 관계를 가진 사람에게서라면, 유감이지만 정말로 있음직한 일이다.¹² 그러나 그것이 그가 자신의 가르침과 설교에 있어서 [역시] 불성실했다는 것을 의미하지

---

9 *Ep.*, 120, 14; 65, 16. 네가 종말인 것처럼 두려워하는 이날은 바로 영원이 시작되는 날이다(Dies iste quem tamquam extremum reformidas, aeterni natalis est). *Ep.*, 102, 26 참조.

10 *Ep.*, 62, 3.

11 Dion Cassius, 61, 10 참조.

12 나는 용서할 만한 인간으로부터도, 하물며 완전한 인간으로부터도 많이 동떨어져 있는 나 자신에 대해서는 말하지 않겠다(Nonde me loquer, qui multum ab homine tolerabili nedum a perfccto absum)고 인정하지 않았던가? *Ep.*, 57, 3.

는 않는다. 탐욕과 야심과 육욕이 초래할 수 있을 유혹의 힘과 타락에 대한 그의 지식은 어느 정도는 아마도 자신의 개인적 경험에서 나왔을 것이나, 보다 많은 부분은 다른 사람들에 대한 그의 관찰에서 나왔다. 그리고 이러한 지식은 그의 펜대와 도덕적 충고에 힘을 실어주었다. 모든 수사(修辭)에도 불구하고 세네카는 자신이 무엇에 관해 이야기하고 있는지를 알고 있었다.

세네카는 비록 이론적으로는 전통적인 스토아주의의 결정론을 고수했지만, 모든 사람은 이성적이기 때문에 원하기만 한다면 덕의 길을 택할 능력이 있다고 주장했다. 우리가 이용하려고만 한다면, 자연은 우리에게 충분한 역량을 주었다(Satis natura dedit roboris si illo utamur).[13] 더구나 신은 자신을 도우려고 노력하는 사람들을 도울 것이다. 신들은 오르려는 자[노력하는 자]들을 멸시하지 않고 오히려 그들에게 손을 내민다. 오 그대 이러한 증언을 업신여긴다면 그대는 불쌍한 자니라(Non sunt di fastidiosi: adscendentibus manum porrigunt, O te miserum si contemnis hunc testem).[14] 자신을 돕는 사람은 자신의 격정을 정복하고 올바른 이성에 맞추어 삶을 영위하며, 황금의 시기의 우리 선조들보다 더 잘 사는데, 왜냐하면 만약 그들이 죄가 없다면 무지하고 유혹이 없어서 죄가 없는 것이기 때문이다. 그들은 현자들이 아니었다. 사물에 대한 무지에 책임이 없을 뿐이다(Non fuere sapientes - ignorantia rerum innocentes erant).[15]

덕의 길에 발을 내딛고, 유혹과 타락에도 불구하고 그 안에서 계속 정진하라고 사람들을 격려하는 것을 목표로 했기 때문에, 세네카는 자연히 초기 스토아주의자들의 엄격한 도덕적 이상주의를 완화할 수밖에 없었다. 그는 도덕적 투쟁에 대해서 너무 많이 알고 있었기 때문에, 인간이 갑작스러운 개심(改心)에 의해서 덕스러워질 수 있다고 상정할 수 없었다. 그러므로 우리는 그가 세 가지 부류의 명인들(proficientes)을 구별하는 것을 발견한다. ① 자신의 죄 가운데 일부는 버렸으나, 전부는 버리지 않은 자들. ② 비록 여전히 때때로 쉽게 타락하지만, 사악한 격정 일반을 버리기로 결심한 자들. ③ 타락의 가능성을 넘어서기는 했으나, 여전히 자신에 대한 확신과 스스로의 지혜에

---

13   *Ep.*, 116, 7.
14   *Ep.*, 73, 15; 43, 5.
15   *Ep.*, 90, 46.

대한 의식이 없는 자들. 그러므로 그들은 지혜와 완전한 덕(德)에 근접한다.[16] 또한 세네카는 외적인 재물, 즉 부(富)가 선한 목적을 위해서 사용될 수 있다는 것을 인정한다. 현자는 부의 주인이 되지, 종이 되지는 않을 것이다." "현자는 자신이 실천했던 매일매일의 자기점검에 의해 도덕적 발전을 확보하는 방법에 대한 실천적 조언을 한다.[17] 만약 당신이 동시에 당신 자신을 바꾸려고 시도하지 않는다면, 고독 속으로 은둔하는 것은 소용없다. 장소의 변화가 반드시 마음의 변화를 의미하지는 않는다. 당신이 어디를 가든지, 당신은 당신 자신과 싸워야 할 것이다. 또한 그 보상으로 그 어떤 관(冠)도, 영예도 아닌 이 모든 것을 극복할 것이다(Nos quoque evincamus omnia, quorum praemium non corona nec palma est)"[18]와 같은 구절을 읽으면, 세네카가 성 바울과 서신교환을 했다는 전설이 어떻게 생겨날 수 있었는지를 이해하기 쉽다.

세네카는 모든 인간들 사이에 존재하는 스토아주의의 친족 관계설을 강조하며, 현자의 자족성 대신 (자족성은 다른 사람들에 대한 경멸을 띠고 있다) 우리에게 동료 인간을 도울 것과 우리를 해친 자들을 용서할 것을 요구한다. 너를 위해 살기 원한다면, 다른 사람들을 위해 사는 것이 마땅하다(Alteri vivas oportet, si vis tibi vivere).[19] 그는 적극적인 자비의 필요성을 강조한다. "자연은 우리에게 다른 사람들에게 (그들이 자유인이건 노예이건 간에) 소용이 되기를 명한다. 인간이 있는 곳에는 어디든지 자비의 여지가 있다."[20] "살아 있는 동안에는 모든 사람들에게 사랑을 받도록, 그리고 죽을 때는 그들이 슬퍼하도록 하라."

그러나 악을 행한 자에 대한 처벌도 필요하다. 악을 용서하는 자는 선을 해하는 자이다(Bonis nocet qui malis parcet).[21] 그러나 교화시키기 위한 가장 효과적인 처벌은 가장 가벼운 처벌이다. 처벌이 분노나 또는 복수욕 때문에 변질되어서는 안 된다(『복수론』(De Ira)과 『관용론』(De Clementia)을 참조).

---

16   *Ep.,* 75, 8.
17   *De Ira,* 3, 36, 3.
18   *Ep.,* 78, 16, 4.
19   *Ep.,* 48, 2.
20   *De Vita Beata.,* 24, 3.
21   Fr. 114.

02.   히에라폴리스의 에픽테토스(서기 약 50-138년)는 처음에는 네로의 경호원인 노예였으며, 자유인이 되었을 때는 도미티아누스 황제에 의하여 철학자들이 추방될 때(서기 89년 또는 93년)까지 계속해서 로마에 살았다. 그 후 그는 에피루스에 있는 니코폴리스에 한 학교를 설립했으며 아마도 그가 죽을 때까지 그 학교의 교장으로 있었을 것이다. 플라비우스 아리아누스가 에픽테토스의 강의를 들은 곳이 바로 니코폴리스였는데, 아리아누스는 자신이 들은 강의에 근거하여, 연구(Διατριβαί)에 대해 8권의 책을 썼다. 우리는 8권의 책 가운데 4권을 가지고 있다. 아리아누스는 자기 스승의 이설들에 대한 조그만 교리문답집 또는 안내서인 『편람』('Εγχειρίδιον)을 출판하기도 했다.

에픽테토스는 모든 사람들은 덕(德)에 대한 능력이 있으며, 신(神)은 모든 사람들에게 행복해지는 수단, 즉 확고부동한 성격을 지니며 자제력 있는 사람이 되는 수단을 제공했다고 주장한다. "그렇다면, 인간의 본성은 무엇인가? 물고, 차고, 투옥하고, 목을 베는 것인가? 아니다. 선(善)을 행하고, 다른 사람들과 협력하고, 그들이 잘되기를 기원하는 것이다."²² 모든 사람은 충분한 본래의 도덕적 직관이 있어서 그것에 근거하여 도덕적 생활을 건설할 수 있다. "당신이 불편부당하게 칭찬할 때, 당신 자신이 칭찬하는 사람을 관찰하는가? 당신은 의로운 사람을 칭찬하는가, 불의한 사람을 칭찬하는가? 온건한 사람을 칭찬하는가, 아니면 온건하지 않은 사람을 칭찬하는가? 절제하는 사람을 칭찬하는가, 무절제한 사람을 칭찬하는가?"²³ "완전히 비뚤어지지 않은 사람들이라면 모든 사람이 소유하는 공통의 개념에 의해서 볼 수 있는 어떤 것들이 있다."²⁴

그러나 비록 모든 사람들이 도덕적 생활을 건설하기 위한 충분한 기초를 가졌다고 하더라도, 그들이 선과 악에 대한 자신들의 1차적 개념들(προλήψεις)을 특수한 상황에 적용하려면 철학적 훈련이 필요하다. "1차적 개념은 모든 사람에게 공통이다."²⁵ 그러나 이러한 1차적 개념들은 특수한 사실들에 적용한다면 갈등이나 어려움이 발생할 수 있다. 상이한 민족들과 상이한 개인들 사이에 적용된 개념들이라는 의미에서 윤리

---

22   *Disc.*, 4, 1, 22.
23   *Disc.*, 3, 1, 8.
24   *Disc.*, 3, 6, 8.
25   *Disc.*, 1, 22.

적 개념들의 다양성을 설명하는 것이 바로 이것이다.[26] 그러므로 교육은 필요하다. 그리고 원리들의 올바른 적용이 추론, 즉 논리에 근거한 추론에 달려 있으므로, 논리학에 대한 지식은 경시되어서는 안 된다. 그러나 중요한 것은 형식적 변증술에 대한 지식을 가져야 한다는 것이 아니라, 자신의 원리를 실제에 적용할 수 있어야 한다는 것이며, 무엇보다도 실제로 그것을 자신의 행위 속에서 실천에 옮겨야 한다는 것이다. 교육이 주로 기초하는 두 가지 요소가 있다. ① 교육은 자연적인 1차 개념들을 '본성'에 따라서 특수한 상황들에 적용하는 것을 배우는 데 있다. ② 교육은 우리의 능력 안에 있는 것과 우리의 능력 밖에 있는 것을 구별하는 것을 배우는 데 있다.[27] 에픽테토스는 일반적인 스토아학파와 마찬가지로 이 후자의 구별을 많이 활용한다. 명예와 부를 얻는 것, 지속적인 건강을 누리는 것, 황제로부터의 물리적 학대나 미움을 피하는 것, 자신 또는 친구와 친지들을 죽음 또는 재앙으로부터 보호하는 것, 이 모든 것이 단순히 어떤 개인의 노력에만 달려 있는 것은 아니다. 그렇다면, 개인은 이 모든 것들을 탐하지 않도록 조심해야 하고, 그 자신 또는 그의 친지들과 친구들에게 일어나는 모든 것을 운명으로, 신의 뜻으로 받아들이도록 주의해야 한다. 그는 이러한 종류의 모든 사건들을, 반발이나 또는 불만 없이, 신의 의지의 표현으로 받아들여야만 한다. 그렇다면 인간의 능력 안에 있는 것은 도대체 무엇인가? 그것은 사건들에 관한 스스로의 판단과 자신의 의지이다. 이러한 것들을 그는 통제할 수 있으며, 그의 자기교육은 참된 판단과 올바른 의지에 도달하는 데 있다. "선과 악의 본질은 의지의 태도에 있다"[28], 그리고 이것은 인간의 능력 안에 놓이게 될 것인데, 왜냐하면 "의지는 스스로를 정복할 수 있지만, 그 밖에 어떤 것도 그것을 정복할 수 없기"[29] 때문이다. 그러므로 인간에게 정말로 필요한 것은 덕을 기원하는 것, 그리고 악에 대한 승리를 기원하는 것이다. "인간의 영혼보다 더 다루기 쉬운 것은 없음을 분명히 확신하라. 당신은 당신의 의지를 발휘해야 한다, 그러면 일은 행해지고 올바르게 된다. 반면에 경계심을 늦추면 모든 것을 잃어버리는

---

26   *Ibid.*

27   *Ibid.*

28   *Disc.*, 1, 29.

29   *Ibid.*

데, 왜냐하면 내부로부터 파멸도 오고, 도움도 오기 때문이다."[30] 죄들은 물질적인 입장에서는 서로 다르지만, 도덕적인 입장에서는 그것들이 모두 왜곡된 의지를 포함한다는 점에서 동일하다. 이 왜곡된 의지를 극복하고 바로 펴는 것은 모든 사람의 능력 안에 있다. "이제 당신은 당신 자신을 돕지 않겠습니까? 이 도움이 얼마나 더 쉽습니까? 어떤 사람을 죽이거나 투옥할 필요도 없고 또는 무례하게 다루거나 법정으로 갈 필요가 없습니다. 당신은 오로지 당신 자신에게 말해야만 합니다. 당신은 가장 쉽게 설득될 것입니다. 당신 자신보다 당신을 더 잘 설득할 힘을 가진 사람은 아무도 없습니다."[31]

도덕적 진보의 실천 수단으로 에픽테토스는 양심(양심을 성실하게 사용하면 나쁜 습관을 좋은 습관으로 바꿀 수 있다)을 매일매일 검사할 것과, 나쁜 친구들과의 교제를 피할 것, 죄지을 일을 피할 것, 끊임없이 자신을 경계할 것 등을 권한다. 우리는 타락에 낙심하지 말며, 소크라테스나 제논처럼 덕에 대한 어떤 이상을 목전에 두고 인내해야 한다. 다시금 "…위에서 누군가가 무슨 일이 일어나고 있는지를 굽어보고 있다는 것과 너는 여기의 사람이 아니라 그를 기쁘게 해야 한다는 것을 명심하라."[32] 도덕적 진보의 과정 안에서 그는 세 가지 단계를 구분한다.

① 인간이 자신의 욕구를 올바른 이성에 따라서 배정하는 것과, 자신을 병적인 감정들로부터 해방시키는 것 그리고 영혼의 평정에 도달하는 것을 배운다.
② 인간이 행동하도록 훈련된다. 즉 자신의 의무(τὸ καθήκον)를 수행하도록 훈련되는 것이다. 그리하여 참된 아들로서, 형제로서 그리고 시민으로서 행동하게 된다.
③ 셋째 단계는 판단과 동의에 관한 것이며, "그것의 목표는 그 다른 두 단계들을 튼튼하게 하여 심지어 잠들었을 때나, 흥분 속에서나 또는 우울증에 빠졌을 때라도, 우리가 어떠한 진술도 테스트하지 않고는 통과시키지 않게 되는

---

30 *Disc.*, 4, 9, 16.
31 *Disc.*, 4, 9, 13.
32 *Disc.*, 1, 30.

것이다."[33] 그러면 과실(過失) 없는 도덕적 판단이 생성된다.

자기 자신에 대한 의무들은 육체의 청결로부터 시작해야만 한다. "실제로 어느 한 젊은이가, 맨 처음 철학을 배우러 갈 때는, 자신의 머리털을 더럽고 텁수룩하게 한 채보다는 정성들여 손질한 채로 나에게 왔으면 좋겠다."[34] 다시 말하면, 만약 어떤 사람이 자연적 청결과 아름다움에 대한 느낌을 가지고 있다면, 그를 도덕적 아름다움을 지각하도록 끌어올릴 수 있는 희망이 더 많은 것이다. 에픽테토스는 절제, 겸손, 자비를 가르쳤고, 간부(姦夫)를 비난했다. 간이성(簡易性)은 배양되어야 하지만, 부(富)의 추구는 그것이 선한 목적을 위해서 행해진다면 아무런 해가 없다. "만약 내가 돈을 벌 수 있으면서, 또한 내 자신을 겸손하고, 성실하며 관대하게 유지할 수 있다면, 그 방법을 지적하라. 그러면 나는 돈을 벌 것이다. 그러나 만약 당신이 선하지 않은 것들을 얻기 위하여, 선하며 나 자신에게 고유한 것들을 잃어버리라고 나에게 요구한다면, 당신이 얼마나 불공평하고 어리석은지를 보라."[35] (이것은 자신들 역시 약간의 돈을 가지기 위하여, 친구에게 돈 벌기를 촉구하는 사람들에게도 마찬가지이다.) 에픽테토스는 다른 모든 스토아주의자들처럼 정직과 성실을 찬미했다.

진정한 경건은 권장해야 한다. "신들을 향한 종교에 대해서는, 주된 요소는 존재하고 있으며 전체를 공평한 질서와 정의 속에서 다스리고 있는 그 신들에 관한 올바른 견해를 가지는 것임과, 당신 자신을 그들에 복종하도록 하는 것임, 그리고 일이 있을 때마다 그들에게 양보하는 것임과, 최고의 충고들을 받을 때 그러하듯이 그 종교에 기꺼이 복종하는 것임을 알라."[36] 무신론과 신의 섭리에 대한 부정은 보편적이든 특수하든 모두 비난받는다. "신들에 관해서, 신적(神的)인 존재는 존재하지 않는다고 말하는 사람들이 있다. 그리고 그 존재는 실제로 존재하지만, 게으르고 무신경하며 그 어떤 것에 대해서도 사전에 배려를 해주지 않는다고 말하는 사람들도 있다. 그리고 세

---

33   *Disc.*, 3, 2; 1ch, 18장(끝) 참조.
34   *Disc.*, 4, 11, 25.
35   *Ench.*, 24.
36   *Ench.*, 31.

번째 부류는 그러한 존재는 있으며, 사전 배려 역시 해주지만, 그것은 위대한 일과 천상의 일에 관해서만 그러하고, 지상의 일에 대해서는 결코 그렇지 않다고 말한다. 그리고 네 번째 부류는 그 존재는 천상의 일과 지상의 일 모두에 대해 배려하지만, 오직 일반적으로만 배려할 뿐이고, 개별적인 일에 대해서는 배려하지 않는다고 말한다. 그리고 다섯 번째 부류도 있다. 오디세우스와 소크라테스가 그 부류인데, 그들은 '당신에 대해 알지 못하면, 나는 움직일 수도 없다'고 말한다."[37]

비록 선교사는 자신의 일 때문에, 자유롭기 위해서 독신으로 남을 수 있으나, 결혼과 가족은 올바른 이성에 부합한다.[38] 어린이들은 아버지가 부도덕한 것을 명하지 않는 한, 항상 아버지에 복종해야만 한다. 애국심과 공직 생활에의 적극적인 참여는 권장된다. 이것은 다소 모순적이다. 그러나 전쟁은 비난받으며, 통치자는 솔선수범함으로써, 그리고 자신의 신민들을 자기 희생적으로 돌보아줌으로써 신민들의 충성을 얻어야 한다.

그러나 세계동포주의와 인간성에 대한 사랑은 편협한 애국심을 초월한다. 모든 사람은 신을 자신의 아버지로 하며 본래 서로 형제이다. "당신은 당신이 누구이며, 누구를 지배하는지 기억하지 못하겠습니까? 그들이 혈족이라는 것, 그들이 본래 형제라는 것, 그들이 제우스의 자손이라는 것을 기억하지 못하겠습니까?"[39] 우리는 모든 사람에게 사랑을 빚지고 있으며 악을 악으로 갚아서는 안 된다. "우리에게 먼저 적의를 보인 사람들에게 가능한 모든 수단을 동원하여 위해를 가하지 않는다면, 우리는 다른 사람들에게 쉽게 멸시를 당할 것이라고 생각하는 것은 매우 비천하고 어리석은 사람이나 하는 짓이다. 왜냐하면 이것은 [남을] 해칠 능력이 없다는 것이 우리가 경멸스럽게 생각되는 이유임을 의미하기 때문이다. 하지만 정말로 경멸스러운 사람은 해칠 능력이 없는 사람이 아니라, 도움을 줄 능력이 없는 사람이다.[40] 그러나 에픽테토스는 다른 스토아주의자들과 마찬가지로 처벌을 거부하지는 않았다. 스토아주의자들은 법의

---

37   Disc., 1, 12.
38   *Disc.*, 3, 22; 3, 26, 67 참조.
39   *Disc.*, 1, 13.
40   Stob., *Flor.*, 20, 61.

위반은 반드시 처벌되어야 하나, 이 처벌은 성숙한 숙고로부터 나와야지 성급한 분노로부터 나와서는 안 되며, 그것은 자비로 누그러뜨려져야 하며 범법자에 대한 억제물로서만이 아니라 치료제로도 적합해야 한다고 주장한다.

에픽테토스는 『담론』(*Disc.*) 3, 22에서 한 장(章)을 키니코스주의에 할애하는데, 그 장에서 키니코스주의 철학자들은 선과 악에 관한 진리의 설교자로, 신(神)의 사절로 나온다. 에픽테토스는, 학문에 대한 키니코스주의적 경멸은 공유하지 않았으나, 외적인 재산에 대한 키니코스주의적 무관심은 경모했던 것 같다. 에픽테토스에게 있어서 행복은, 유일하게 우리의 능력 안에 있으며 외부 조건들로부터는 독립적인 것, 즉 우리의 의지, 사물들에 관한 우리의 관념들, 그 관념들에 대한 우리의 사용에 달려 있다는 점에서, 그것[외적 재산에 대한 키니코스주의적 무관심을 경모하는 것]은 더욱더 자연스럽다. 만약 우리가 획득하거나 또는 지속적으로 소유함에 있어, 전적으로 우리 자신들에게 달려 있지 않은 재산 속에서 우리의 행복을 찾는다면, 우리는 불행을 부른다. 우리는 절제 그러니까 무소유와 금욕(ἀνέχου καὶ ἀπέχου)을 실천해야 하며, 우리의 행복을 내부에서 찾아야 한다.

(프래흐터 박사는 스위스 요양소의 소장에 대해 이야기하고 있는데, 그 소장은 신경쇠약증 환자들 및 정신쇠약증 환자들에게 독일어로 번역된 그 편람의 사본을 한 권씩 건네주는 습관이 있었고, 그것이 병을 치료하는 데 소중한 도움이 된다고 생각했다는 것이다.[41])

03. 서기 161년에서 180년까지의 로마 황제, 마르쿠스 아우렐리우스는 12권으로 된 명상록(그리스어로 쓰인)을 경구체로 저술했다. 그는 에픽테토스를 열렬히 흠모했으며,[42] 자신의 철학에 종교적인 채색을 가한 점에서는 에픽테토스 및 세네카와 일치한다. 우리는 마르쿠스 아우렐리우스의 경우에도 역시 신의 섭리와 우주의 현명한 배열, 인간과 신 사이의 밀접한 관계, 동료 인간들을 사랑할 의무가 강조되어 있는 것을 발견한다. 그러므로 그 황제는 인간의 결함에 대한 동정심을 가르친다. "어떤 사람이

---

41 Ueberweg-Praechter, 498쪽 주(註).

42 *Med.,* 1, 7.

너에게 잘못된 일을 행할 때, 너는 즉시 선한 관점이든 악한 관점이든 어떤 관점에서 그가 잘못인지를 숙고하려고 애써라. 네가 그것을 인지하자 마자, 너는 놀라거나 또는 화가 나는 것이 아니라 그를 동정하게 될 것이다. 왜냐하면 선에 대한 네 자신의 견해는 그의 견해와 동일하거나 또는 같은 종류의 어떤 것이고, 너는 [그것을] 고려할 것이기 때문이다. 아니면 선과 악에 대한 네 자신의 견해가 바뀌었다고 생각하면, 그의 실수에 대한 자비가 보다 쉽게 일어나는 것을 발견할 것이다."[43] "과오에 빠지는 사람들조차 사랑하는 것이 인간의 특수한 재능이다. 이것은 우리가 인간은 우리의 형제라는 것, 죄는 무지이며 의도적이지 않다는 것, 얼마 후면 우리는 모두 죽을 것이라는 것, 무엇보다도 우리에게 아무런 해도 가해지지 않았다는 것을 깨닫는 순간 효력을 발휘한다. 우리의 내적 자아는 이전보다 더 나쁘게 되지 않는다."[44] 적극적인 자비가 강조된다. "눈(眼)은 봄(見)에 대한 보상을 요구하는가, 또는 발(足)은 걸은 데 대한 보상을 요구하는가? 이것이 그것들이 존재하는 목적인 것처럼, 그리고 그것들이 자신들의 존재 법칙에 대한 깨달음 속에서 자신들의 보상을 발견하는 것처럼, 인간 역시 친절하도록 만들어졌으며, 친절한 행위를 할 때마다, 또는 그와 다르게 공동의 이익에 도움을 줄 때마다, 인간은 그렇게 함으로써 자신의 존재 법칙을 충족시키며 스스로의 이익을 손에 넣는 것이다."[45] "인류를 사랑하라, 신을 따르라."[46]

마르쿠스 아우렐리우스는 스토아주의의 유물론을 돌파하는 단호한 경향을 보인다. 그는 다음의 문구에서처럼 사실상 스토아주의의 일원론을 고수한다. "그대와 조화를 이루는 모든 것, 즉 우주는 나와 조화를 이룬다. 그대에게 적절한 시기인 것은 어느 것도 나에게 너무 이르거나 너무 늦지 않다. 그대를 위하여 모든 것이 있으며, 그대 안에 모든 것이 있고, 그대에게로 모든 것이 되돌아간다. 시인은 친애하는 케크로프스 시(市)라고 말한다. 그대는 친애하는 제우스의 시(市)라고 말하지 않을 것인가?"[47] 더구

---

43   Med., 7, 26.
44   Med., 7, 22.
45   Med., 9, 42.
46   Med., 7, 31.
47   Med., 4, 23.

나 그 황제는 다신교적 숭배 형식을 꼼꼼하게 준수했는데, 그것은 그의 통치 기간 동안 있었던 기독교인들에 대한 박해를 부분적으로 설명해주는 사실이다. 왜냐하면 그는 분명히 국가숭배 요구의 충족이 훌륭한 시민 자격 속에 함축되어 있는 것으로 간주했기 때문이다. 그러나 마르쿠스 아우렐리우스는 비록 스토아주의의 일원론을 고수하지만, 인간을 세 부분으로 나눔으로써 유물론을 넘어서는 경향이 있다. 이 세 부분은 육체(σῶμα), 영혼(ψυχή) 그리고 지성(νοῦς)으로서, 영혼은 물질이지만 지성은 네 원소들 모두와 명백하게 구별되며, 따라서 적어도 논리적으로 말하자면 물질과는 구별된다. 인간의 지성(νοῦς 또는 τὸ νοερόν)은 우주의 지성(νοῦς)으로부터 나오는데, 그것은 신(神)의 일부(ἀπόσπασμα)이며,[48] 그것은 지배능력(τὸ ἡγεμονικόν)이다.[49] 이는 플라톤주의의 영향을 받았음이 분명하다. 그러나 그 황제는 페리파테토스학파인 클라우디우스 세베루스를 스승 가운데 한 사람으로 모시고 있었기 때문에,[50] 아리스토텔레스 이설의 영향을 받았을 가능성도 있다.

　　지성(νοῦς)은 신이 모든 사람들에게 지침으로 준 정령(δαίμων)이며, 이 정령은 신성(神性)의 발산이다. 그렇다면, 이성의 명령인 정령(δαίμων)의 명령을 준수하지 않는 사람은 누구든지 비합리적으로 행동할 뿐만 아니라, 불경하게 행동한다는 결론이 나온다. 그러므로 비도덕성은 불경이다.[51] "신들과 함께 살아라. 신들에게 자신의 영혼을 주고 그들의 섭리를 수용하며, 신의 의지로 바쁜 사람, 심지어는 제우스가 모든 사람에게 그들의 지배자 및 통치자 대신 준 제우스의 부분, 즉 자신의 마음과 이성까지도 신들에게 내어주는 사람은 누구나 신들과 함께 사는 사람이다."[52] 인간은 그것[지성]을 사악함을 피할 수 있는 자신의 힘 속에 가지고 있다. "악(惡)과 사악함같이 진정으로 나쁜 것들에 대하여 말하면, 그들(신들)은 그러한 것들을, 인간이 원한다면 그것들을 피할 수 있도록, 인간 자신의 능력 속에 넣어놓았다."[53]

48　　*Med.*, 5, 27.

49　　*Med.*, 12, 1.

50　　Capitol, *Vit. M. Ant.*, 3,3.

51　　*Med.*, 2, 13; 11, 20; 9, 1.

52　　*Med.*, 5, 27.

53　　*Med.*, 2, 11.

마르쿠스 아우렐리우스는, 스토아주의의 전통에 따라서 오직 제한된 부도덕성만을 인정한다. 비록 그가 세네카가 한 것처럼 영혼과 육체의 이원론을 강조하고 죽음을 해방으로 묘사하지만,[54] 그는 세계 대화재 때의 영혼의 '재흡수' 가능성뿐만이 아니라 영혼이 본성상 끊임없이 변하기 때문에 우주적 이성 속에 재흡수될 가능성(이것은 현상의 흐름을 강에 비유하는 그 황제가 숙고한 논제이다)까지도 용인한다.[55] 어떤 경우이든, 영혼은 사후(死後)의 단지 제한된 지속만을 즐길 뿐이다.[56]

---

54   *Med.*, 9, 3; 11, 3.

55   *Med.*, 4, 14; 4, 43; 5, 23.

56   *Med.*, 4, 21.

제40장

키니코스주의자들, 절충주의자들, 회의주의자들

1. 키니코스주의자들

로마 제국 내부의 도덕적 타락은 자연스럽게 키니코스주의의 부활을 촉진시켰으며, 고대 키니코스주의자들의 이름으로 편지를 썼던 것은 이 부활의 촉진을 계산했던 것으로 보인다. 그리하여 우리는 디오게네스의 이름으로 된 편지 51통과, 크라테스의 이름으로 된 편지 36통을 가지고 있다.

세네카 유형의 로마 스토아주의자들은 주로 사회 최상 계급의 구성원들, 즉 자연스럽게 궁정생활로 이끌려들어가는 계층에 속한 사람들, 무엇보다도 덕과 영혼의 평온에 대한 갈망을 가지고 있으나 동시에 귀족의 호화스럽고 감각을 사랑하는 생활에 당황하며, 육체의 능력과 죄악의 매력을 느끼지만 또한 방종에 염증을 느끼고 그들에게 뻗칠지 모르는 구원의 손길을 붙잡을 준비가 되어 있는 사람들에게 접근했다. 그러나 귀족과 부자들 이외에도 대중들이 있었는데, 그들은 스토아주의자들이 자신들의 주인들 사이에 전파시켜놓은 인간주의적 이상들로 어느 정도 득(得)을 보기는 했지만, 세네카와 같은 사람들과 직접 접촉하지는 못했다. 대중들의 영적·도덕적 필요를 충족시키기 위하여, 다른 유형의 '사도'들, 즉 키니코스주의적 유형의 설교자 또는 선교사가 성장했다. 이 사람들은 자신들에게 설교를 들으러 오는 대중들의 '개종'을 목표로 하면서, 순회 설교사의 가난하고 금욕적인 생활을 했다. 신비주의자요, 기적을 행한다고 알려진 유명한 티야나의 아폴로니우스(그는 차라리 신피타고라스주의의 설화에 속한다)가, 파당에 의해서 분열된 스미르나의 주민들에게 애국심 경쟁을 설파했을 때나, 경기와 경주를 보기 위해서 올림피아에 운집한 군중들에게 덕(德)에 관하여 논했을 때[1] 그러했고, 무소니우스(그는 키니코스주의와 관계가 있었음에도 불구하고 실제로는 스토아학파에 속했으며 에픽테토스의 스승이었다)가 자신의 목숨을 걸고 베스파시아누스와 비텔리우스의 군단에 평화의 축복과 내전의 공포에 관하여 열변을 토했을 때나,[2] 불경(不敬)을 비난하고 남자에게나 여자에게나 똑같이 덕(德)을 요구했을 때 그러했다. 종종 그들은 방금 기술한 무소니우스의 예에서처럼, 또는 네로에 대한 데메트리오스의 [다음과 같은] 도전에서 볼 수 있는 것처럼, 꺾이지 않는 용기의 사나이들이었다. "그대는 나를 죽음으로 위협하지만, 자연은 그대를 위협합니다."[3] 세네카가 자신의 글에서 찬양한 데메트리오스는 영혼과 그것의 운명에 관하여 논함으로써 트라시아의 마지막 순간을 위로했다.[4]

　　루키아누스는 키니코스주의적 설교자들을 특히 예의와 교양이 없으며, 거칠고 형편없고 야비하며 음란하다고 무자비하게 비판했다. 루키아누스는 모든 열광을 싫어했는데, 종교적 열정 및 '신비적' 환호는 그의 비위에 거슬렸고, 따라서 종종 그는 틀림없이 동정과 이해의 부족으로 키니코스주의자들을 부당하게 평가한다. 그러나 루키아누스가 그러한 비판을 하는 유일한 사람이 아니라는 점을 잊지 말아야 한다. 왜냐하면 마르티알리스, 페트로니우스, 세네카, 에픽테토스, 디온 크리소스톰과 그 밖의 사람들이 의심할 나위없이 실재했던 폐해들을 비난하는 것과 일치하기 때문이다. 키니코스주의자들 가운데 일부는 디온 크리소스톰이 솔직하게 진술하는 것처럼, 철학의 이름에 망신을 준 사기꾼이고 어릿광대였음이 틀림없다.[5] 그뿐만 아니라, 그들 가운데 어떤 사람들은 쌀쌀맞은 이기심을 드러냈으며, 훌륭한 멋도 없었고 합당한 존경

1　　Philosotr., Apoll. Tyan., 4, 8; 4, 31.

2　　Tac., *Hist.*, 3, 81.

3　　Epict., *Disc.*, 1, 25.

4　　Tac., *Ann.*; 16, 34.

5　　예를 들면, *Or.*, 32, 9.

도 받지 못했음을 드러냈는데, 네로를 비난했던 바로 그 데메트리오스가 결단을 내리고 베스파시아누스 황제(그는 네로가 아니었다)를 모욕했을 때 그랬고, 혹은 페레그리누스가 안토니누스 피우스 황제를 공격했을 때 그랬다.[6] (베스파시아누스는 데메트리오스를 주목하지 않았으며, 게다가 페레그리누스는 단지 지사(知事)로부터 도시를 떠나라는 명령만을 받았을 뿐이었다. 베레니키아와 정을 통했다고 티투스를 극장 안에서 공개적으로 공격했던 키니코스주의자는 채찍질을 당했으나, 반면에 연극의 상연을 반복한 주인공들은 참수당했다.[7]) 루키아누스는 키니코스주의자들의 행동에 최악의 해석을 가하는 경향이 있다. 그러므로 팔레스티나에서 기독교도가 되었다가 그 후 키니코스주의자들의 계열에 합류했던 페레그리누스(프로테우스라고 불린다)가 죽음에 대한 경멸의 한 예를 제공하기 위하여, 그리고 키니코스주의의 후원자인 헤라클레스를 흉내내고 자신을 신적(神的)인 요소와 결합하기 위하여, 올림피아에서 공개적으로 분신자살을 했을 때, 루키아누스는 그의 행동이 단순히 유명해지는 것(χενοδοξία)을 좋아한 데 기인한 것이라고 추측한다.[8] [그 행동에는] 허영이라는 동기도 충분히 들어갈 것 같다. 그러나 그것이 페레그리누스에게 작용했던 유일한 동기는 아니었을 것이다.

그러나 방종했음에도 불구하고, 또 사기꾼과 어릿광대들이 존재했음에도 불구하고, 키니코스주의가 전적으로 비난받을 수는 없다. 아테네에서 데모낙스(서기 약 50-150년)는 선했기 때문에 일반적인 존경을 받았는데,[9] 아테네 사람들이 도시 안에다 검투사 쇼를 설치할 것을 제안했을 때, 그는 그들에게 무엇보다도 먼저 동정의 제단을 없애라고 권고했다. 비록 그의 방식은 단순하고 소박했으나, 그는 드러내보이기 위한 기이성(奇異性)은 피했던 것 같다. 제물 바치기를 거절하고, 에레우시니아의 신비 의식에 참가하라는 요구를 거부했기 때문에 불경죄로 에테네의 법정 앞에 끌려왔을 때, 그는 신은 제물을 필요로 하지 않으며, 또한 신비 의식들에 관해서는 만약 그것들이 인간에게 좋은 소식들의 계시를 포함한다면 자신이 그것을 공표해야만 할 것이지만, 반

---

6   Suet., *Vesp.*, 13; Dion Cass., 66, 13; Luc., *De morte Peregr.*, c. 18.
7   Dio.Cass., 66, 15 참조.
8   *De Morte Peregr.*, 4; 20 이하.
9   *Demonax*(Lucian) x 참조.

대로 그것들이 가치가 없다면 사람들에게 그것들에 대해서 경고를 해야 할 의무를 느낄 것이라고 대답했다.[10] 가다라의 오이너마우스는 신들에 관한 이교(異敎)의 의인화된 설화들을 없애고 점(占)과 신탁에 대한 믿음의 부활을 맹렬하게 공격했다. 그는 신탁은 단순히 기만에 불과하며, 반면에 인간은 어떤 경우에도 자유의지를 가지고 있으며 단지 인간만이 자신의 행위에 책임을 진다고 말했다. 이교신앙(異敎信仰)의 옹호자인 배교자 율리아누스는, 오이너마우스가 이교(異敎)의 신탁을 공격했기 때문에 그와 같은 사람을 기억하는 바로 그것에 의해서도 자극을 받아 분개했다.[11]

디온 크리소스톰은 유명하고 존경받는 키니코스주의의 설교자였는데, 그는 서기 40년경에 태어나서 트라야누스 황제의 통치 때까지 어쨌든 잘 살았다. 그는 프루사(비티니아)의 귀족 가문 출신이며 처음에는 수사학자이며 소피스트였다. 도미티아누스 황제의 통치 기간 중인 서기 82년에 비티니아와 이탈리아로부터 추방형을 받고 가난한 방랑 생활을 했다. 그는 유배 기간 중 일종의 '개종'을 경험했고, 제국의 기층민중들을 위한 사명을 지닌, 순회하는 키니코스주의 설교자가 되었다. 디온은 수사적 매너를 유지했으며, 자신의 연설 속에서 스스로가 표현한 도덕적 진리들을 매력적이고 우아한 형태로 치장하기를 좋아했다. 그러나 비록 수사학적 전통에 충실했지만, 그는 자신의 설교에서 신의 의지에 맞도록 살 것과 도덕적 이상과 참된 덕의 실천과 순전히 물질적인 문명의 불충분성을 강조했다. 『에우보이아』(Εύβοϊκός)에서 그는 가난한 촌부의 생활을 부유한 도시 거주자의 생활보다 더 자연스럽고 더 자유로우며 더 행복한 것으로 묘사한다. 그러나 그는 또한 어떻게 도시의 가난한 사람들이, 사치를 갈망하거나 영혼이나 육체에 해로운 것에 자신을 연루시키지 않고, 자신들의 삶을 가장 만족스럽게 영위할 수 있는가 하는 문제에도 몰두한다. 그는 타르수스의 사람들에게 그들은 가치에 대해 잘못 알고 있다고 경고했다. 행복은 훌륭한 건물들, 부(富) 그리고 우아한 삶에서가 아니라 절제, 정의 그리고 진정한 경건에서 발견될 수 있다. 예를 들어 아시리아 같은 과거의 거대한 물질적 문명은 소멸했으며, 또 알렉산드로스의 거대한

---

10   *Demonax*, 11.

11   Juillian, *Or.*, 7, 209.

제국은 지나가 버리고 펠라(Pella)는 벽돌 더미가 되었다.[12] 그는 알렉산드리아 사람들에게 그들의 사악성, 관능을 향한 탐욕, 위엄의 부족 그리고 사소한 관심사에 관해 열변을 토했다.[13]

디온의 사회적 관심은 그를 스토아주의 쪽으로 인도했고 그는 세계 조화와 세계시민주의에 대한 스토아주의의 이설을 사용했다. 신이 이 세계를 다스리는 것처럼 군주는 국가를 다스리며, 이 세계가 많은 현상들의 조화인 것처럼 개별적 국가들은 그것들이 평화롭게 조화를 이루어 다른 국가들과 서로 자유롭게 교류하면서 살아가는 방식으로 보존되어야 한다. 디온은 스토아주의의 영향 이외에 포세이도니오스의 영향도 입었던 것으로 보인다. 그는 삼중적 신학의 분리, 즉 철학자의 신학, 시인의 신학 그리고 관리(官吏) 집단의 신학을 포세이도니오스로부터 받아들였던 것이다. 디온은 도미티아누스 치하에서의 추방 기간이 끝난 다음에 트라야누스의 총신이 되었는데, 트라야누스는 그 철학자를 식사에 초대하고, 그를 친구로서 자신의 마차에 태우곤 했다. 하지만 그는 디온의 수사학을 이해하는 척 하지는 않았다. [그는 이렇게 말했다.] "나는 당신이 말한 것을 알지는 못하지만, 당신을 나 자신처럼 사랑합니다(τὶ μὲν λέγεις, οὐχ οἶδα. φιλῶ δέ σε ὡς ἐμαυτόν)."[14] 디온이 이상적인 군주를 폭군과 대비시키는 몇 차례의 연설을 행한 곳은 트라야누스의 궁정 앞이었다. 진정한 군주는 자기 백성의 목자이며, 자기 신하들의 이익을 위하여 신에 의해 임명된다. 그는 진정으로 종교적이어야 하고[15] 덕성스러운 사람이라야 하고, 자기 백성의 아버지라야 하고, 열심히 일하는 일꾼이라야 하며, 아첨꾼들을 미워해야 한다.

디온 크리소스토모스에게 있어, 신(神)의 관념은 생득적이고 모든 사람들에게 보편적이며, 우주 안의 계획과 섭리를 관조함으로써 완전히 의식된다. 그러나 신은 우리로부터 감춰져 있으며, 우리는 아버지 또는 어머니를 찾기 위하여 손을 내뻗는 어린

---

12   *Or.*, 33.
13   *Or.*, 32.
14   Philostr., *Vit, Soph.*, 1, 7.
15   *Or.* 1-4 참조.

아이와 같다.[16] 그러나 비록 신 그 자체는 우리로부터 가려져 있지만, 우리는 자연적으로 우리가 할 수 있는 한 가장 잘 그를 상상하려고 노력하는데, 이 일은 시인(詩人)이 가장 잘 해낸다. 예술가들 역시 똑같은 일을 시도하지만, 시인들보다 불충분하다. 왜냐하면 어떤 조각가나 화가도 신의 본성을 그릴 수 없기 때문이다. 그럼에도 불구하고 그들이 신을 인간의 형상으로 묘사하는 것은 잘못이 아닌데, 왜냐하면 우리가 직접 경험한 최고의 존재를 신의 상(像)로 쓰는 것은 당연할 따름이기 때문이다.

후일 우리는 알렉산드리아의 막시무스라는 인물에게서 기독교화한 키니코스주의를 발견할 것인데, 그는 서기 379년 또는 380년에 콘스탄티노플에 와서 성 그레고리 나치안첸과 친밀한 우정을 쌓았으나, 후에 성 그레고리 모르게 자신을 주교에 서품토록 하였다. 막시무스는 스토아주의자들의 방식을 흉내냈으나, 그의 행동에 일관성이 있었던 것처럼 보이지는 않는다.[17]

─────── **2. 절충주의자들**

공공연한 절충주의 학파는 아우구스투스 황제 시절에 알렉산드리아의 포타몬에 의해서 창설되었다. 디오게네스 라에르티오스에 의하면 그 학파는 절충학파('Εκλεκτικὴ αἵρεσις)[18]라고 이름 지어졌는데, 비록 포타몬 역시 플라톤의『국가』에 관한 주석서를 썼지만, 그 학파는 스토아주의의 요소와 페리파테토스주의의 요소를 결합한 듯하다.

퀸투스 섹스티우스(기원전 약 70년 출생)의 학파 역시 절충주의적 경향들을 보인다. 그 학파 사람들은 스토아주의의 원리들과 키니코스주의의 원리들을 채택했는데, 그들은 그 원리들을 피타고라스적 요소들과 플라톤·아리스토텔레스적 요소들과 결

---

16 *Or.*, 12, 61. 부모에게 손을 내밀어 무엇인가를 바라는 기색이 역력한 어린 아이들처럼…(ὥσπερ νήπιοι παῖδες πατρὸς ἢ μητρὸς ἀπεσπασμένοι δεινὸν ἵμερον ἔχοντες καὶ πόθον ὀρέγουσι χεῖρας…)

17 Greg., *Adv. Maxim., P.G.*, 37, 1339 이하.

18 Diog. Laërt., *Proem.*, 21.

합했다. 그러므로 섹스티우스는 자기 반성과 육고기에 대한 금식이라는 피타고라스적 습관을 채택한 한편, 그의 제자인 알렉산드리아의 소티온은 피타고라스주의자들로부터 윤회전생(輪廻轉生)의 이론을 넘겨받았다. 비록 세네카가 소티온의 제자이기는 했지만, 이 학파가 크게 중요했던 것 같지는 않다.[19]

━━━━━ ### 3. 회의주의자들

비록 아스카론의 안티오쿠스 시대 이전에 아카데메이아는 우리가 살펴본 것처럼, 투렷한 회의주의적 경향을 보였지만, 부활된 회의주의가 자신의 전신(前身)으로 간주한 것은 피론의 회의주의에 대해서이지, 아카데메이아에 대해서가 아니었다. 그러므로 부활된 그 학파의 설립자인 크노소스의 아이네시데무스는 『피론의 원리들』(Πυρρωνείων λόγων)이라는 8권의 책을 썼다. 그 학파의 구성원들은 자신들이 논거(Τρόποι)라고 불렀던 것 속에서 이 입장을 옹호하는 자신들의 논증을 구체화함으로써, 모든 판단들과 견해들의 상대적인 성격을 보여주려는 시도를 했다. 그러나 그들이 비록 당연하게 철학적 독단주의에는 반대했지만, 실제 생활의 주장들은 반드시 인정했으며, 그에 따라서 인간이 실제로 행동해야 하는 규범들을 진술했다. 이것은 자신의 회의주의에도 불구하고, 습관, 전통, 국법은 실제 생활을 위한 규범을 제공한다고 선언한 피론의 정신에 어긋나지 않는 것이었다.

크노소스의 아이네시데무스(그는 알렉산드리아에서 가르쳤고, 아마도 자신의 작품들을 대략 기원전 43년경에 지었을 것이다)는 회의론적 입장을 옹호하는 10개의 논거들(Τρόποι)을 제공했다.[20] 그것들은 다음과 같다.

---

19 Sen., *Ep.*, 108,17.
20 Sext., Emp., *Pyrr. Hyp.*, 1, 36 이하.

① 생물들의 유형들 사이의 차이는 동일한 대상에 대한 상이한 (그러므로 상대적인) '관념'을 의미한다.

② 개인들 사이의 차이는 동일한 것을 의미한다.

③ 우리의 여러 감각의 상이한 구조와 표상(예를 들면 냄새는 고약하지만 맛은 좋은 동방의 과일이 있다).

④ 우리들의 여러 상태들 사이의 차이. 깸 또는 잠, 젊음 또는 늙음. 어떤 공기의 흐름은 젊은 사람에게는 기분 좋은 미풍으로 여겨지지만, 반면에 늙은 사람에게는 견디기 어려운 외풍이다.

⑤ 시각의 차이. 물 속에 잠긴 막대기는 굽어 보이며, 사각탑은 멀리서 보면 둥글게 보인다.

⑥ 지각의 대상들은 결코 순수하게 제시되지 않으며, 언제나 공기 같은 매개물이 개입된다. 그러므로 [그것들은] 혼합물(ἐπιμιξία)이다. 잔디는 정오에는 초록으로 보이고, 저녁 햇살을 받으면 금빛으로 보인다. 숙녀의 드레스는 햇빛 속에서는 전등 빛에서 보이는 것과 다르게 보인다.

⑦ 질의 차이에 의한 지각의 차이. 한 줌의 모래는 거칠게 보이지만, 손가락 사이로 모래를 미끄러지게 하면 매끄럽고 부드럽게 느껴진다.

⑧ 상대성 일반. 떨어져 있는 어떤 것과의 관계(ὁ ἀπὸ τοῦ πρός τι).

⑨ 지각의 빈번함과 빈번하지 않음에 의한 인상의 차이. 혜성은 가끔 보이기 때문에 태양보다 더한 인상을 준다.

⑩ 상이한 생활 방식들, 도덕률, 법률, 신화들, 철학 체계들 등등(소피스트들을 참조).

아이네시데무스의 이 열개의 논거(Τρόποι)는 아그리파에 의하여 다섯으로 줄어들었다.[21]

---

① 동일한 대상들에 관한 견해들의 다양성.

② 어떤 것을 증명하는 데 수반되는 무한의 과정(즉 증명은 증명되기를 요구하는 가정들에 기초해 있으며, 무한히 그러하다).

③ 대상들은 지각자의 기질 등등에 따라서 그리고 그들과 다른 대상들과의 관계에 따라서 사람들에게 다르게 보인다는 사실에서 수반되는 상대성.

④ 무한 퇴행을 피하기 위하여 출발점으로 가정된 독단적 가정들의 임의적 성격.

⑤ 순환논증 또는 어떤 것의 증명에서, 증명되어야 할 바로 그 결론을 가정해야 할 필연성.

한편, 다른 회의주의자들은 그 논거들을 두 개로 축소시켰다.[22]

① 어떤 것도 그 자신을 통해서는 명백해질 수 없다. 다양한 의견들을 보라. 그것들 사이에서는 어떤 선택도 확실하게 할 수 없다.

② 어느 것도 다른 어떤 것을 통해서 명백해질 수 없는데, 왜냐하면 그렇게 하려는 시도는 무한 퇴행이나 또는 순환논증을 수반하기 때문이다.

(상대주의를 옹호하는 이 논증들은, 적어도 대부분이 지각에 관계한다. 그러나 지각은 오류를 범하지 않는데, 왜냐하면 지각은 판단하지 않으며 오류는 잘못된 판단에 있기 때문이다. 더구나 경솔한 판단을 회피함으로써, 사물을 보다 면밀히 숙고함으로써, 어떤 경우들에 있어서는 판단을 유보함으로써 등등으로 오류를 방지하는 것은 이성의 능력 속에 있다.)

상세한 회의론적 이설의 주(主)원천인 섹스투스 엠피리쿠스(서기 약 250년)는 어떤 결론을 삼단논증적으로 증명할 가능성에 반대하여 논증했다.[23] 대전제, 가령 "모든 사람은 죽는다"는 오직 완전한 귀납에 의해서만 증명될 수 있다. 그러나 완전한 귀납은 결론 "소크라테스는 죽는다"에 대한 지식을 수반한다. 왜냐하면 소크라테스는 죽는

---

22 Sext. Emp., *Pyrr. Hyp.*, 1, 178 이하.

23 Sext. Emp., *Pyrr. Hyp.*, 2, 193 이하.

다는 것을 우리가 이미 알고 있지 않다면, 우리는 모든 사람은 죽는다고 말할 수 없기 때문이다. 그러므로 삼단논법은 순환논증의 한 예이다. (19세기 존 스튜어트 밀에 의해서 부활된 삼단논증에 대한 이 반론은 유명론을 편들어서, 특수 본질에 대한 아리스토텔레스의 이설이 거부되어야만 타당할 것이라는 점을 우리는 알아차릴 수 있다. 우리가 모든 사람은 죽는다고 단언할 수 있는 것은 인간의 본성 또는 보편적 성질에 대한 우리의 인식 덕분이지, 우리가 실제 관찰을 통한 특수자들의 완전한 매거를 주장하기 때문이 아닌데, 적절한 예에서 보면 그것은 전혀 불가능할 것이다. 그러므로 대전제는 인간의 본성에 근거하여 알려지며, 그 삼단논증의 결론에 대한 명백한 지식을 요구하지 않는다. 그 결론은 대전제 속에 암암리에 포함되어 있으며, 삼단논증의 과정은 이 암묵적 지식을 분명하고 명백하게 한다. 물론 유명론적 입장은 새로운 논리학을 요구하며, 밀은 이것을 제공하려고 시도했다.) 회의주의자들은 또한 원인 개념의 타당성에 반대하여 논증했으나, 데이비드 흄에 의해서 제기된 인식론적 난점들을 예상했던 것으로 보이지는 않는다.[24] 원인은 본질적으로 상대적이지만, 상대적인 것은 객관적이지 않고 마음에 의해서 외부적으로 있다고 생각된다. 또 원인은 결과와 동시에 일어나거나 또는 [결과보다] 먼저 일어나거나 또는 후에 일어남에 틀림없다. 그것은 [결과와] 동시에 일어날 수 없는데, 그렇게 되면 A가 B의 원인이라고 불릴 수 있는 것만큼 당연하게 B가 A의 원인이라고 불릴 수 있을 것이기 때문이다. 원인은 결과에 앞설 수도 없는데, 그렇게 되면 그것은 자신의 결과와의 관계없이도 먼저 존재할 것인데, 원인은 또한 본질적으로 결과에 대해 상대적이기 때문이다. 원인은 명백한 이유에 의해서, 결과보다 뒤질 수 없다.

회의주의자들은 또한 신학 내부에 모순들이 존재함을 증명하고자 시도했다. 예를 들면 신은 무한하거나 또는 유한하다.[25] 전자는 아닌데, 왜냐하면 신은 부동일 것이고 따라서 생명 또는 영혼이 없을 것이기 때문이다. 후자도 아닌데, 왜냐하면 신은 전체보다 덜 완전할 것이나, 반대로 신은 가정상 완전하기 때문이다. (이것은 신이 물질적이라는 스토아주의자들에 반대하는 논증이다. 그것은 신이 무한한 영혼이라는 사람들에게는 영향을 주지 못한다. 무한한 영혼은 움직일 수 없지만 살아 있다. 아니 그보다는 무한한 생명이다.) 또 스토아주의

---

24   Sext. Emp., *Adv. Math.*, 9, 207 이하. 8, 453 이하 참조.
25   Sext. Emp., *Adv. Math.*, 9, 148 이하.

의 섭리설은 필연적으로 딜레마에 빠진다. 이 세상에는 많은 악과 고통이 있다. 그런데 신은 이 악과 고통을 멈출 의지와 능력이 있거나 또는 없다. 후자의 가정은 신의 개념과 양립 불가능하다(비록 존 스튜어트 밀이 우리와 협동하는 유한한 신이라는 이상한 개념에 도달하기는 했지만). 그러므로 신은 이 세상의 악과 고통을 멈출 의지와 능력이 있다. 그러나 신은 이것을 명백히 하지 않는다. 신의 편에서는 최소한 어떤 보편적 섭리도 없다는 결론이 나온다. 그러나 우리는 왜 신의 섭리가 이 존재에는 뻗치고 저 존재에는 뻗치지 않는지를 설명할 수 없다. 그러므로 우리는 섭리란 전혀 없다고 결론을 내릴 수밖에 없다.[26]

실제 생활에 관해서 회의주의자들은 지각의 표상과 사고를 따라야 하며, 우리의 자연적 본능을 만족시켜야 하며, 법칙과 전통을 고수해야 하고, 학문을 수행해야 한다고 가르쳤다. 사실상 우리는 학문에서 결코 확실성에 도달할 수 없지만, 계속해서 [확실성을] 찾을 수는 있다.[27]

---

26   Sext. Emp., *Pyrr. Hyp.*, 3, 9 이하.
27   Sext. Emp., *Pyrr. Hyp.*, 1, 3; 1, 226; *Adv. Math.*, 7, 435 이하.

제41장

신(新)피타고라스주의

구(舊)피타고라스학파는 기원전 4세기에 소멸해버린 것 같다. 설사 그것이 계속 되었더라도, 우리에게는 그것이 인상적이며 활력적으로 살아 있었다는 어떤 증거도 없다. 그러나 기원전 1세기에 그 학파는 신(新)피타고라스주의라고 알려져 있는 형태로 다시 태어났다. 그것은 창설자에 대한 존경에 의해서뿐만이 아니라, 학문 연구에 대한 어떤 관심, 그리고 무엇보다도 그것의 종교적 색채에 의해서도 구(舊)학파와 연결되어 있었다. 구피타고라스학파적 금욕주의의 많은 부분이 새로운 학파에 의해서 수용되었다. 새 학파는 자연히 영혼과 육체의 이원론(이것은 우리가 살펴본 바와 같이, 플라톤 철학의 현저한 특징이다)을 고수했고, 거기에다 신비적 요소들을 첨가했는데, 그것은 보다 순수하고 보다 개인적인 종교에 대한 당시의 요구에 응한 것이었다. 신성(神性)에 대한 직접적인 직관과, 계시가 주장되었는데, 예를 들어 티야나의 아폴로니우스[의 경우에서]처럼 철학자가 종종 예언자 또는 요술쟁이로 묘사될 정도이다.[1] 그러나 새로운 학파는 이전의 피타고라스적 체계를 단순히 재생산하는 것은 결코 아니었다. 왜냐하면 그 새 학파는 당시의 절충주의적 경향을 따랐고, 따라서 우리는 신(新)피타고라스주의 자들이 플라톤 철학, 아리스토텔레스 철학 그리고 스토아철학에 널리 의존해 있는 것

---

1 Apoll. Tyana, 600~602쪽 티야나의 아폴로니우스에 관한 메모를 보라.

을 발견하기 때문이다. 빌려온 이 요소들은 그 학파의 모든 구성원들에게 공통적인 하나의 종합물로 융합되지 않는데, 왜냐하면 다양한 구성원들이 자신들의 서로 다른 종합물들을 건설했는지라, 그것들 가운데 어떤 것에서는 스토아학파의 주제가 지배적일 수 있었을 것이고, 다른 것에서는 플라톤 철학에서 온 주제가 지배적일 수 있었을 것이기 때문이다. 신피타고라스주의는 역사적으로 어느 정도 중요하지만, 그 이유는 그것이 그 당시의 종교적 생활과 밀접한 관계에 있기 때문만이 아니라(그것은 헬레니즘의 철학과 특수과학과 동방 종교의 교차점인 알렉산드리아에서 발생했던 것 같다), 그것이 신플라톤주의로 가는 길 위에 하나의 발자취를 남기기 때문이기도 하다. 그러니까 누메니우스는 신의 위계론(位階論)을 가르쳤다. 그것은 제1신(πρῶτος θεός)은 시원적 실재(οὐσίας ἀρχή) 또는 아버지(πατήρ)이고, 제2신은 데미우르고스이고, 제3신은 이 세계, 즉 제조된 것(τὸ ποίημα)인 위계론이다.

섹스투스 엠피리쿠스는 우리에게 신피타고라스주의 내부의 다양한 경향들에 대해서 말한다. 그런데 신피타고라스주의의 한 형태에서는 모든 것이 모나드 또는 점(ἐξ ἑνὸς σημείου)으로부터 유래한다. 점(點)은 흘러서 선(線)을 생성하는 한편, 선들로부터는 면(面)들이 생성되고, 면들로부터는 3차원적 물체들이 생성된다. 여기에서 우리는 (비록 과거의 수학적 개념들로부터 명백하게 영향을 받기는 했지만) 하나의 일원론적 체계를 가진다. 신피타고라스주의의 다른 형태에서는, 비록 모든 것이 궁극적으로 점(點) 또는 단위체(μονάς)로부터 유래하지만, 단위체와 무규정적 둘(ἀόριστος δυάς)의 이원론이 최대로 강조된다. 모든 '단일성들'은 단위체에 참여하고, 모든 이원성들은 무규정적 둘에 참여한다.[2] 이러한 형태의 신피타고라스주의에는 특별히 독창적인 것이라곤 아무것도 없지만, '유출(emanation)'이라는 개념은 명백히 존재하는데, 이것[유출의 개념]이 신플라톤주의에서 주된 역할을 할 것이었다.

신플라톤적 유출론을 촉진시키고, 물질세계와 최고 신 사이의 중간적 존재들에 대한 주장을 촉진시킨 동기들 가운데 하나는 감각적 사물들과 어떠한 접촉도 없는 신의 순수성을 유지하려는 욕구에서 나왔다. 신의 무조건적 초월성, "존재를 넘어서는"

---

2   *Adv. Math.*, 10, 281 이하.

위치가 선명하게 눈에 띄게 된다. 이제 신의 초월성에 대한 이러한 논제가 신피타고라스주의 안에서 이미 감지된다. 그것은 비록 우리가 그것의 잠재적 씨앗을 플라톤 자신의 사상 속에서 감지할 수 있긴 하지만, 유대-알렉산드리아 철학과 동방적 전통에 영향을 받았을 것이다. 앞서 지적된 요술쟁이 티야나의 아폴로니우스(그는 약 서기 1세기 말경을 풍미했다)는 (필로스트라투스가 그의 '삶을' 저술했다) 제1의 신을 다른 신들과 구별했다. 이 제1의 신에게는 어떠한 물질적 제물도 바쳐서는 안 되는데, 왜냐하면 모든 물질적인 것들은 비순수성으로 오염되어 있기 때문이다. 다른 신들에게는 산 제물을 바쳐야 하지만, 제1의 신에게는 산 제물을 바쳐서는 안 되고, 외적인 말(言)이나 제물 없이, 우리 이성의 봉사만을 바쳐야 한다.

게라사(아라비아에 있는)의 니코마코스라는 인물은 재미있는 인물로, 서기 140년경에 살았으며, 『대수학 입문』(ἀριθμητικὴ εἰσαγωγή)의 저자였다. 그의 체계 안에서는 이데아들이 이 세계가 형성되기 이전에 존재하며(플라톤), 이데아는 수(數)이다(다시 플라톤). 그러나 수(數)-이데아들은 그것들 자신의 초월적 세계 안에는 존재하지 않았다. 오히려 그것들은 신의 마음속에 있는 이데아들이었고, 따라서 이 세계의 사물들이 그것에 따라 형성되는 바의 전형들 또는 원형들이었다(유태인인 필론(Philo) 및 중기 플라톤주의와 신플라톤주의를 참조). 그러므로 이데아들이 신의 마음으로 전이(轉移)하는 것은 신플라톤주의의 생기(生起) 이전에 발생했으며, 그 전이는 신플라톤주의로부터 기독교적 전통으로 전해졌다.

유사한 전이가 아파메아(시리아)의 누메니우스의 철학 안에서 관찰될 수 있는데, 누메니우스는 서기 2세기의 후반기에 살았으며, 알렉산드리아의 유대 철학에 정통했던 것 같다. 클레멘스에 따르면, 그는 플라톤을 아티카의 모세(Μωϋσῆς ἀττικίζων)라고 말했다.[3] 누메니우스의 철학에서는 제1신(πρῶτος θεός)이 존재의 원리(οὐσίας ἀρχή)이며, 왕(βασιλεύς)이다.[4] 그는 또한 순수 사유(νοῦς)의 활동이며, 이 세계의 형성에 직접 참여하지 않는다. 더구나 그는 선(善)이다. 그러므로 누메니우스는 플라톤의 선의 형상을

---

3   Clem. Alex., *Strom.*, 1, 22, 148. (*P.G.*, 8, 895.)

4   Plato, *Ep.*, 2 참조.

제5부 아리스토텔레스 이후의 고대철학

아리스토텔레스의 신이나 또는 사유의 사유(νόησις νοήσεως)와 동일시했던 것 같다. 제 2의 신은 데미우르고스(『티마에오스』)인데, 그는 제1신의 존재에 참여함으로써 선하며, 발생의 원리(γενέσεως ἀρχή)로서 이 세계를 형성한다. 그는 질료에 작용하고 원형적 이데아들의 패턴에 따라 그것을 형성함으로써, 이것을 행한다. 이 세계 자체, 즉 데미우르고스의 생산물은 제3의 신이다. 누메니우스는 이 세 신들의 특징을 아버지(πατήρ)와 제조자(ποιητής), 피조물(ποίημα)로 또는 할아버지(πάππος)와 손자(ἔγγονος) 및 후손(ἀπόγονος)으로 각각 규정한다.[5]

누메니우스의 심리학에서는 이원론이 매우 명백하게 드러나는데, 왜냐하면 그는 인간 안에 두개의 영혼, 이성적 영혼과 비이성적 영혼이 있다고 가정하며, 영혼이 육체에 들어가는 것을 악한 어떤 것, 즉 '타락'이라고 선언하기 때문이다. 그는 또한 악한 세계영혼과 선한 세계영혼이 존재한다고 가르쳤던 것 같다.[6]

그러므로 누메니우스의 철학은 이전의 사상가들로부터 취한 요소들의 화합 또는 제설혼합주의였다. 그것은 신의 초월성을 크게 강조하는 철학이었으며, 일반적으로는, 전체로서의 실재와 특수하게는 인간의 본성, 그 양자(兩者)에서 '보다 높은'과 '보다 낮은' 사이의 첨예한 대립을 주장한 철학이었다.

소위 헤르메스 트리스메기스토스의 문헌과 칼데아의 신탁도 신피타고라스주의와 관계가 있다. 전자는 서기 1세기에 일어난, 이전 이집트 저술들의 도움을 받았을 수도 있고 아닐 수도 있는 '신비한' 문헌의 한 유형에 주어진 이름이다. 그리스인들은 헤르메스가 이집트 신 토스(Thoth)라고 생각했으며, 그들이 부르는 명칭 '헤르메스 트리스메기스토스'는 이집트의 '위대한 토스'에서 유래한다. 그러나 이집트적 전통이 헤르메스 트리스메기스토스의 문헌에 영향을 미쳤으리라는 가정의 진위 여부야 어떠하든, 후자[칼데스의 신탁]는 그 주요 내용을 초기 그리스 철학에 힘입고 있으며, 특히 포세이도니오스에게 도움을 받았던 같다. 헤르메스 트리스메기스토스의 문헌에 표현되어 있는 기본 개념은 신에 대한 지식을 통한 해방(인식(γνῶσις))이라는 개념으로 '영지주

---

5   Procl., in *Tim.*, I, 303, 27 이하.

6   Chalcid., in *Tim.*, C, 295.

의'안에서 커다란 역할을 한 개념이다. 이와 유사한 해방론이 서기 200년경에 지어진 시(詩)인 칼데스 신탁의 내용을 형성하는데, 그것은 헤르메스 트리스메기스토스의 문헌과 마찬가지로 오르페우스적 · 피타고라스주의적 요소와 플라톤적 요소 그리고 스토아주의적 요소들을 결합한다.

종교적 관심과 시간에 대한 요구와 밀접한 관계가 있었다는 점에서, 그리고 신플라톤주의를 위한 터전을 마련하는 일을 했다는 점에서, 신피타고라스주의는 중기 플라톤주의를 닮았는데, 지금 우리는 그[중기 플라톤주의]쪽으로 화제를 돌려야만 한다.

━━━━━━━━ **티야나의 아폴로니우스에 관한 메모**

수사학자인 필로스트라투스는 셉티미우스 세베루스의 두 번째 부인이었던 율리아 돔나의 요청에 의해 아폴로니우스의 생애에 관해 저술을 했다. 이 책은 대략 서기 200년경에 쓰여졌다. 필로스트라투스가 전하는 이 이야기는 아폴로니우스의 제자였던 아시리아인 담니스가 자신의 스승에 대해 회상한 내용을 담니스의 친척이 율리아 돔나에게 전해준 것이라고 되어 있지만, 아마도 이 책은 문학적 허구이기 쉽다.[7] 어쨌든 간에 필로스트라투스의 주제는 모에라게네스가 아폴로니우스에 대한 자신의 『회상』에서 아폴로니우스를 마술사나 요술쟁이로 그려내고 있는 것과는 달리, 그를 현자로, 진정한 신들의 종복이자 기적을 행하는 자로 그리려는 것이었던 것 같다.[8] 필로스트라투스가 복음서들과 사도행전, 그리고 성자들의 삶에 대해 알았고 또 그것들을 사용했다는 징후들이 있지만, 그가 기독교의 그리스도를 '헬레니즘의 그리스도'의 이상(理想)으로 대체하고자 얼마나 의식적으로 의도했는가는 그다지 분명하지 않다. [양자 사이의] 유사성이 크게 과장되어왔던 것이다. 필로스트라투스의 의도가 모호한 것이라면, 마찬가지로 그의 이야기의 근저에 있는 진실의 근거 역시 모호한 것이다. 역

---

7 Ed. Meyer, *Hermes*, 197, 371쪽 이하 참조.
8 Orig., *Contra Celsum*, 6, 41(*P.G*, 11, 1357).

사적으로 존재했던 아폴로니우스가 실제로 어떠한 부류의 인간이었는가를 정확하게 말하는 것은 사실상 불가능하다.

필로스트라투스의 저작은 커다란 성공을 거두어 아폴로니우스에 대한 숭배를 일으키게 되었다. 그 결과 카라칼라는 이 기적을 행하는 자를 위해 사당을 건립했고,[9] 알렉산드로스 세베루스는 페나테스와 아브라함, 오르페우스, 그리고 그리스도와 더불어 그를 자신의 『라라제(祭)』(Laralium)에 포함시켰다.[10] 아우렐리우스주의자들은 아우렐리우스가 파괴하겠다고 맹세했던 티야나 시(市)를 그것이 아폴로니우스의 출생지라는 점을 고려하여 보존했다.[11] 에우나피우스는 자신의 『소피스트들의 생애』에서 그를 찬양했고,[12] 율리아누스 황제의 친구였던 암미아누스 마르케리누스(Ammianus Marcellinus)는 그에 대해 플로티노스와 더불어 우호적인 수호신들(familiares genii)의 방문을 받은 특권 있는 인간들 가운데 한 사람으로 말하고 있다.[13]

필로스트라투스 자신의 의도가 무엇이었건 간에, 이교도 변증가들은 그들이 기독교에 대항해 싸우는 데에 아폴로니우스를 이용했다. 디오클레티아누스 치하에서 동이집트의 집정관이었고, 기독교계에 대한 사나운 적이었던 히에로클레스(Hierocles)는 아폴로니우스가 행한 '기적들'을 인용함으로써 그리스도가 행한 기적들의 중요성을 약화시키려 했고, 자신들은 아폴로니우스가 이런 기적을 행한다고 해서 그를 신과 같은 급으로 격상시키지는 않는다는 점에서 이교도의 지혜가 보다 우월하다는 것을 보여주려고 했다.[14] 포르피리오스 역시 아폴로니우스가 행한 기적들을 인용하고, 도미티아누스에 대한 아폴로니우스의 대담한 저항을 그리스도가 십자가 수난에서 당했던 굴욕에 대비시키는 등 그를 이용하고 있다.[15] 성 아우구스티누스는 이러한 것이 이교도

---

9   Dion Cass., 77, 18.

10   Lamprid., *Alex.*, 29.

11   Lamprid., *Aurel.*, 24.

12   Ed. Boissonade, 500쪽, Didot

13   *Rerum gest.*, 21, 14, 5.

14   Lact., *Div. Inst.*, V, 3; *P.L.* 6, 556 이하.

15   St. Jerome in *Ps.* 81(*P.L.* 26, 1130).

편에서 아폴로니우스를 변증적으로 불법 이용한 것임을 입증하고 있다.[16]

　　4세기가 끝나갈 무렵, 이교도인 비리우스 니코마코스 플라비아누스가 필로스트라투스의 책을 라틴어로 번역했고, 이것은 다시 문법학자인 타스키우스 빅토리누스에 의해 손질되었다. 시도니우스 아폴리나리우스가 이 책을 개정했고, 또 그가 지대한 경의를 표하면서 아폴로니우스에 대해 말하고 있는 것을 보면, 이 책은 기독교 세계에도 상당한 관심을 불러일으켰던 것 같다.[17]

16　　*Ep.*, 136, 1; 102, 32; 138, 18 참조.

17　　*Ep.*, 8, 3; ed. Mohr, 173쪽.

제42장

중기 플라톤주의

중기 아카데메이아와 신(新)아카데메이아가 어떻게 회의주의로 기울었으며, 아카데메이아가 아스카론의 안티오쿠스 아래에서 독단주의로 돌아섰을 때, 어떻게 후자가 플라톤 철학과 페리파테토스학파 철학의 근본적인 통일론을 주장했는지를 우리는 이미 보았다. 그러므로 절충주의를 중기 플라톤주의의 주된 특징들 가운데 하나라고 생각하는 것도 놀라운 일이 아니다. 플라톤주의자들은 플라톤의 강의록이 아니라, 보다 대중적인 대화편들을 가지고 있는데, 이 사실 때문에 어떤 엄격한 정통성도 주장되기가 어려웠다. 마치 창시자[플라톤]가 체계화되고 조심스럽게 표현된 철학적 업적을 남겨서, 그것이 플라톤주의의 규범과 규준으로서 전수될 수 있었던 것 같지는 않았다. 그렇다면 중기 플라톤주의가, 예컨대 페리파테토스학파의 논리학을 넘겨받았다고 해서 놀랄 이유가 없다. 왜냐하면 페리파테토스학파의 철학자들은 플라톤주의자들이 가지고 있었던 것보다 더 조심스럽게 다듬어진 논리적 기초를 가지고 있었기 때문이다.

플라톤주의는 신피타고라스주의 못지않게, 당대의 종교적 관심들과 요구들의 영향을 느꼈고, 그 결과 플라톤주의는 신피타고라스주의로부터 종교사상을 차용했거나 또는 자신 속에 잠복해 있던 [종교적 사상의] 씨앗들을 신(新)피타고라스주의학파의 영향 아래서 발전시켜나갔다. 그러므로 우리는 중기 플라톤주의에서, 우리가 중간적 존재에 대한 이론 및 신비주의에 대한 믿음과 함께 신피타고라스주의에서 이미 관찰한 신의 초월성에 관한 주장과 동일한 주장을 발견한다.

다른 한편으로 (여기에서 중기 플라톤주의는 다시 당대의 경향들과 일치하는데) 플라톤의 대화편들을 연구하고 그 대화편들에 주석을 붙이는 작업에 많은 관심이 경주되었다.[1] 이러한 관심의 결과로 창시자 개인과 그의 실제 언명들에 대한 존경심이 보다 강해졌으며, 따라서 플라톤주의와 다른 철학적 체계들 사이의 차이점들을 강조하는 경향이 생겨났다. 그러므로 우리는 페리파테토스학파 학도들과 스토아주의자들에 반대하는 저술들을 발견한다. 이 두 움직임들, 즉 철학적 '정통성'을 향한 한 움직임과 절충주의를 향한 다른 움직임은 명백히 상충되며, 그 결과 중기 플라톤주의는 통일적인 전체의 성격을 나타내지 않게 된다. 상이한 철학자들이 다양한 요소들을 상이한 방식으로 결합했다. 따라서 중기 플라톤주의는 과도적 플라톤주의이다. 즉 그것은 과도적 단계의 특징을 가진다. 다양한 조류들과 경향들의 진정한 종합과 결합이 발견될 수 있는 곳은 단지 신플라톤주의에서뿐이다. 그러므로 신플라톤주의는 바다와 같아서, 그곳으로 다양한 공헌(貢獻)의 강들이 흘러들어가고, 그곳에서 마침내 그 강물들이 섞인다.

01. 알렉산드리아의 에우도로스(기원전 약 25년)의 사상 속에서는 중기 플라톤주의의 절충주의적 경향과 정통성의 경향이 함께 관찰될 수 있다. 에우도로스는 『테아이테토스』(176 b)에 따라서, 철학의 목표가 힘에 의한 신과의 합일(ὁμοίωσις θεῷ χατὰ τὸ δυνατόν)이라고 단언했다. 철학의 목표에 대한 이러한 개념에 있어서는 소크라테스, 플라톤 그리고 피타고라스가 일치한다고 에우도로스는 말했다. 이것은 에우도로스 사상의 절충주의적 측면, 특히 신피타고라스주의 영향을 보여주는데, 에우도로스는 신피타고라스주의에 따라서 삼중(三重)의 일자(一者, ἕν)를 구별했다. 그 첫 번째 것은 최상의 신성(神性)이며 존재의 궁극적인 원천인데, 그것으로부터 제2의 일자(제2의 일자는 또한 단위체(μονάς)라고도 불리며, 무규정적 둘(ἀόριστος δυάς)과 함께 배열(τεταγμένο)되어 있다), 잉여(περιττόν), 빛(φῶς) 등등이 나온다. 무규정적 둘은 불규칙(ἄταχτον), 완결(ἄρτιον),

---

1 플라톤 대화편들이 4부작적(tetralogic)으로 배열되었던 것은 플라톤학파에 참여했던 티베리우스(Tiberius)의 궁중 천문학자인 트라쉴루스(Thrasyllus)란 인사 때문이었다.

어두움(σκότους) 등등이다. 그러나 비록 에우도로스가 신(新)피타고라스주의의 영향을 분명히 느꼈고, 그러한 한 절충주의적이었으나, 우리는 그가 아리스토텔레스적 범주들(χατηγορίαι)에 반대하는 작품을 지었으며, 그리하여 절충주의적 경향에 반대되는 '정통성'을 보여주었다는 말을 듣는다.

02.   중기 플라톤주의의 저명한 인물은 그리스 및 로마 명사들의 유명한 전기들의 저자인 카에로네아의 플루타르코스이다. 이 출중한 사람은 서기 45년경에 태어났으며 아테네에서 교육을 받았는데, 그곳에서 그는 플라톤주의자인 암모니우스에게서 수학을 공부하도록 자극을 받았다. 그는 종종 로마를 방문했으며 제국 도시 안의 중요한 명사들과 교제를 했다. 수이다스에 따르면,[2] 트라야누스 황제는 그에게 집정관의 직위를 주었으며 아카이아의 관리들에게 그들의 법령에 대해 플루타르코스의 승인을 요청할 것을 명했다. 또한 플루타르코스는 자신의 고향 도시의 집정관이 되었고 몇 년 동안은 델피의 아폴론 신전의 승려였다. 플루타르코스는 『전기들』(傳記들)과 『도덕경』(道德書) 이외에도 플라톤에 관한 주석서들(예를 들면 『플라톤 주석』(Πλατωνιχὰ ζητήματὰ), 스토아주의자들과 에피쿠로스주의자들에 반대하는 책들(예를 들면 『반(反)스토아학파론』(Περὶ Στοιχῶν ἐναντιωμάτων)과 『에피쿠로스에 따르면 즐거운 삶이란 존재하지 않기 때문에』(Ὅτι οὐδὲ ζῆν ἔστιν ἡδέως χατ'Επίχουρόν)), 심리학과 천문학에 관한 책들, 윤리학과 정치학에 관한 책들을 썼다. 여기에다 가족 생활에 관한 저술, 교육학에 관한 저술 그리고 종교에 관한 저술(예를 들면 『신의 도움을 늦게 받은 사람들에 관하여』(Περὶ τῶν ὑπὸ τοῦ θείου βραδέως τιμωρουένων)와 『신 경배론』(Περὶ δεισιδαιμονίας))이 첨가되어야만 한다. 그의 이름으로 통하는 많은 저작들은 플루타르코스에 의한 것이 아니다(예를 들면 『견해들』(Placita)과 『운명론』(Περὶ είμαρμένης)).

플루타르코스의 사상은 그 성격이 결정적으로 절충적이었는데, 왜냐하면 그는 플라톤의 영향만을 받은 것이 아니라 페리파테토스학파의 철학자들, 스토아주의자들 그리고 특히 신(新)피타고라스주의자들의 영향을 받았기 때문이다. 더구나 한편

---

2   Suid., 플루타르코스(πλούταρχος).

으로, 중기 아카데메이아와 신아카데메이아의 회의주의가 그로 하여금 이론적 사색에 대한 다소 불신적 태도와 미신에 대한 강한 반대(아마도 후자는 보다 순수한 신(神) 개념에 대한 그의 욕구 탓이 더 클 것이다)를 받아들이도록 인도했는데, 그는 거기에 예언과 '계시'와 '열광'에의 믿음을 결합시켰다. 그는 직접적인 직관 또는 초월적인 것과의 접촉을 말하는데, 그것은 의심할 나위 없이 플로티노스의 환희설(歡喜說)을 위한 길을 마련하도록 도왔다.[3]

플루타르코스는 보다 순수한 신(神)의 개념을 목표로 했다. "여기 아래에서는 우리가 육체적 질병들에 의해 방해를 받는 동안, 우리는 철학적 사고 속에서, 꿈속에서처럼 희미하게 신과 접촉할 수 있을 것을 제외하고는 신과 교류할 수 없다. 그러나 우리의 영혼들이 풀려나서 순수하고 비가시적이고 불변의 영역으로 들어갈 때, 이 신은 길잡이가 될 것이며, 신에게 의존한 사람들의 왕이 될 것이며, 끝간 데 없는 그리움을 지니고 인간의 입술로는 말할 수 없는 아름다움을 바라볼 것이다."[4] 보다 순수한 신의 개념에 대한 욕구가 그로 하여금 신이 악(惡)을 만들었다는 것으로 부인하게 했다. 이 세상에 존재하는 악에 대해서 다른 어떤 이유가 발견되어야만 했는데, 플루타르코스는 이것을 세계영혼 속에서 발견했다. 이것은 이 세상에 존재하는 악과 불완전의 원인으로 가정되고, 순수 선(善)로서의 신과 대비되며, 따라서 선과 악의 두 원리들에 대한 이원론이 주장된다. 그러나 악의 원리는 창조될 때, 신성(神性)으로부터의 발산물인 이성에 참여하거나 또는 이성으로 채워짐으로써, 신적(神的)인 세계영혼이 된 것 같다. 그러므로 세계영혼은 이성 및 조화를 결여한 것은 아니다. 그러나 반면에 그것은 악의 원리로서 활동을 계속하므로 이원론이 주장된다.

악에 대한 모든 책임들로부터 면제되어 있는 신은 이 세계에서 훨씬 더 위로 끌어올려지기 때문에, 플루타르코스가 신 밑의 중간적인 존재들을 도입해야 하는 것은 당연할 따름이다. 그러므로 그는 별신(星神)들을 수용했으며 크세노크라테스와 포세이도니오스를 따라서 신과 인간 사이의 연결 고리를 형성하는 많은 '데몬들(Demons)'

---

3   *De Is. et Osir.,* 77.
4   *De Is. et Osir.,* 78.

을 가정했다. 이들 가운데 어떤 것들은 신에 더 가깝고, 다른 것들은 낮은 세계의 악에 물들어 있다.[5] 터무니없는 예식(禮式)들과 미개하고 추잡한 제물들은 실제로 악한 데몬들에게 제공된다. 선한 데몬들은 섭리의 도구들이다(플루타르코스는 이것을 크게 강조한다). 플루타르코스는 (내가 이미 언급한 대로) 자신을 미신의 적이라고 공언했으며 신의 자격이 없는 미신을 비난했다(그는 포세이도니오스처럼, 삼중의 신학을 구별했다). 그러나 그것이 그가 대중종교에 대해 상당한 동정을 보이는 것을 막지는 못했다. 그러므로 그에 따르면, 인류의 다양한 종교들은 모두 동일한 신을 다른 이름들로 숭배한다. 그리고 그는 대중적인 믿음들을 정당화하기 위해서 비유적인 해석을 사용한다. 예를 들면 그는 자신의 『이시스와 오시리스에 관하여』(De Iside et Osiride)에서, 오시리스는 선한 원리들을 나타내고 트리폰은 악한 원리들을 나타내며, 이시스는 물질을 나타낸다는 것을 보여주려고 노력하는데, 플루타르코스의 견해로는 물질은 악이 아니며 비록 그 자체로는 중립적이지만, 선에 대한 자연적인 성향과 사랑을 가지고 있다.

플루타르코스의 심리학은 영혼의 근원 및 영혼과 데몬과의 관계라는 신화적이고 환상적인 개념들에 대한 증거를 제공하지만, 그것을 천착(穿鑿)할 필요는 없다. 그러나 혹자는 영혼(ψυχή)과 지성(νοῦς) 사이에 주장되는 이원론을 지적할 수 있는데, 그것은 영혼과 육체의 이원론보다 상위에 놓인다. 영혼이 육체보다 더 낮고, 더 신적(神的)인 것처럼, 지성도 영혼보다 더 낮고 더 신적인데, 후자는 격정에 지배를 받고 전자는 인간 속의 데몬이며 지배해야 하는 요소이다. 플루타르코스는 불멸성을 단언했으며, 또한 사후 생활의 행복에 대해 묘사했는데, 그때[사후에] 영혼은 진리에 대한 지식에 도달할 뿐만 아니라, 친지들 및 친구들과의 교제도 다시 한 번 즐기게 된다.[6] 자신의 윤리학에 있어서 그 철학자는 분명히 페리파테토스학파적 전통의 영향을 받았는데, 왜냐하면 그는 지나침(ὑπερβολή)과 모자람(ἔλλειψις) 사이의 행복한 중용에 도달할 필요를 강조하기 때문이다. 사랑을 제거하는 것은 가능하지도 않고, 바람직하지도 않다. 그보다도 우리는 절제와 황금의 중용을 목표로 해야 한다. 그러나 플루타르코스는

---

5 *De Is. et Osir.*, 26.

6 *Non p. suav.*, 28 이하; *De ser.num. vind.*, 18.

스토아주의자들을 따라서 자살을 허용했으며, 또한 그들의 세계시민주의에 의해 영향을 받기도 했는데, 로마 제국에 대한 그의 경험에 비추어 보면 특히 그러했다. 통치자는 신을 대리한다.

이 세계는 시간 속에서 창조되었는데, 왜냐하면 육체에 대한 영혼의 우선성 원리 그리고 이 세계에 대한 신의 우선성 원리에 의해서 그렇게 되지 않으면 안 되기 때문이다.[7] 다섯 개의 요소들이(에테르를 포함해서) 존재하며 다섯 개의 세계가 존재한다.[8]

03. 중기 플라톤주의자 가이우스의 제자인 알비누스(서기 2세기)는 제1신(πρῶτος θεός), 지성(νοῦς) 그리고 영혼(ψυχή)을 구별했다. 제1신은 부동(不動)이지만(아리스토텔레스), 원동자는 아니며, 천상의 신(ὑπερουράνιος θεός)과 동일하게 보일 것이다. 제1신은 직접 작용하지 않고 (왜냐하면 그는 부동이지만 원동자는 아니기 때문이다) 지성 또는 세계지성을 통하여 작용한다.[9] 신과 세계 사이에는 별신(星神)들 및 기타 생산의 신들(οἱ γεννητοὶ θεοί)이 있다. 플라톤의 이데아들은 영원한 신의 관념들로 되며 사물들의 원형(原型) 또는 범형인(範型因)이다. 아리스토텔레스의 형상(εἴδη)은 복사물로서 사물들에 종속된다.[10] 부동이며 작용인을 통하여 작용하지 않는 신 개념은 물론 그 기원에 있어서 아리스토텔레스적이긴 하지만, 신의 개념 속에 들어 있는 요소들은, 예를 들어 이데아의 신의 관념에로의 전이(轉移)와 같은 플라톤 이설(理說)을 발전시킨 것인데, 그것은 우리가 신(新)피타고라스주의에서 이미 경험한 이설이다. 알비누스는 또한 미(美)의 여러 등급을 통한 신(神)에게로의 점차적인 향상을 이용하는데, 그것은 플라톤의 『향연』에서 제안된 개념이고, 게다가 세계영혼이라는 개념은 『티마이오스』와 연결될 수 있음이 분명하다.[11] 플라톤적 요소들과 아리스토텔레스적 요소들을 이렇게 결합하는 가운데, 알비누스는 신(新)피타고라스주의자인 누메니우스와 마찬가지로, 신플라톤주의를 위

---

7   *De anim. procr.*, 4 이하.
8   *De def. orac.*, 32 이하., 37; Plat., *Tim.*, 31 a b, 34 b, 55 c d 참조. 거기서 플라톤은 한 세계를 선택한다.
9   *Didaskalikos*, 164, 21 이하.
10 *Didask.*, 163-164.
11 *Didask.*, 169, 26 이하.

한 길을 마련하는 데 기여했다. 제1신과 지성과 영혼에 대한 그의 구별 또한 일자(τὸ ἕν)와, 지성과 영혼에 대한 신플라톤주의의 구별로 가는 직접적인 한 단계였다. (자신의 심리학과 윤리학에서 알비누스는 플라톤적 요소들과 아리스토텔레스적 요소들 그리고 스토아주의의 요소들을 결합했는데, 예를 들면 스토아주의의 지배(ἡγεμονικόν)를 플라톤의 이성(λογιστικόν)과 동일시했으며, 이성(λογιστικόν)에 대하여 아리스토텔레스의 수동성(παθητικόν)을 도입했고, 플라톤과 더불어 기개(氣槪)의 부분(τὸ θυμικόν, 플라톤에서는 θυμοειδές)과 욕구의 부분(τὸ ἐπιθυμητικόν)을 구별했으며, 스토아주의의 소유(οἰκείωσις)를 사용했고, 윤리학의 목표는 힘에 의한 신과의 합일(ὁμοίωσις θεῷ κατὰ τὸ δυνατόν)이라는 플라톤의 목표라고 선언했으며, 스토아주의자들을 쫓아서 도덕적 통찰력(φρόνησις)을 제1의 주덕(主德)으로 삼았고, 플라톤을 좇아서 정의(正義, δικαιοσύνη)를 보편적인 덕으로 만들었으며, 플라톤·아리스토텔레스의 '절제(Metriopathy)'를 옹호하여 스토아학파의 초연에 반대했다. 그는 정말이지 절충주의자였다!)

04. 우리는 또 다른 중기 플라톤주의자들 가운데 아풀레이우스(서기 약 125년 출생), 아티쿠스(서기 약 176년), 켈수스와 티리우스의 막시무스(서기 약 180년)를 언급할 수 있다. 아티쿠스는 우리가 알비누스에게서 보았던 것과 같은 절충주의의 경향과는 반대로, 보다 정통적인 플라톤주의적 경향을 나타냈다. 그러므로 그는 아리스토텔레스를, 신의 섭리를 무시했으며, 이 세계의 영원성을 가르쳤고, 불멸성을 부정했거나 또는 명백하게 표현하지 않았다고 공격했다. 그러나 그는 물질적이고 외적인 선(善)들이 행복에 필요하다는 페리파테토스학파의 이설과는 반대로, 신의 내재성을 강조하고 덕의 전(全) 충족성을 강조하는 것으로 보아, 스토아적 이설에 영향을 받았던 것처럼 보인다. 그는 당연히 플라톤의 이데아들을 주장하지만, 자신의 시대의 특성을 나타내도록, 그것들을 신에 대한 사고들 또는 신의 관념들로 만들었다. 게다가 그는 『티마이오스』의 데미우르고스를 선의 형상과 동일시했으며, 물질에는 그것의 원리로서 악한 영혼이 있다고 생각했다.

켈수스는 기독교의 단호한 반대자로 우리에게 가장 잘 알려져 있다. 우리는 그의 『진리의 로고스』(Ἀληθὴς λόγος, 서기 179년경에 쓰여짐) 내용에 대해 오리게네스의 대답을 통해서 알고 있다. 그는 신의 전적인 초월성을 강조했으며 물질적인 것이 신의 작품이라는 것을 용인하지 않을 것이다. 그는 신과 이 세계 사이의 간격을 메우기 위하여 '데몬들', 천사들 그리고 영웅들을 인정했다. 신의 섭리는 우주를 자신의 대상으로 가지며, 기독교인들이 믿는 것처럼 인간중심적이지 않다.

[켈수스와] 유사하게 신의 초월성을 강조하는 것, 아울러 열등한 신들과 데몬들을 인정하는 것, 그리고 악을 물질에 귀속시키는 것은 또한 티리우스의 막시무스(서기 약 180년)의 경우에서도 발견된다. 막시무스는 초월적인 신을 보는 것(見)에 대하여 이야기한다. "나이가 들거나 또는 죽음에 임해서 신이 그대를 부르실 때만 그대는 신을 완전히 볼 것이다. 그러나 그동안에도, 만약 신의 광휘(光輝)를 가리고 있는 베일과 포장이 찢겨 나간다면, 육안으로 볼 수 없으며 혀로도 말할 수 없는 아름다움을 흘낏 볼 수 있으리라. 그러나 우연의 세계에 속하거나 또는 인간의 노력으로 얻을 수 있는 세속적인 물건들을 구하기 위하여, 즉 유덕한 사람이라면 얻고자 기도할 필요가 없는 물건들을 구하기 위하여 헛된 기도를 드림으로써 신을 모독하지 말라. 응답되는 유일한 기도는 선(善)과 평화와 죽음 속에서 희망을 구하는 기도이다"[12] 천사들은 신의 종이며 인간의 조력자이다. "그들[천사들] 3만이 비옥한 땅 위에 영원히 죽지 않고, 제우스의 종으로 있다."[13]

12　　*Diss.*, 17, 11; 11, 2와 7.
13　　*Diss.*, 14, 8.

제43장

유태-헬레니즘의 철학

　　그리스 사색이 유태 사람들에게 미친 영향이 매우 두드러진 곳은 ─비록 그러한 영향의 자취가, 오르페우스적 · 피타고라스적 특징을 보이는 에세네스 파(그것은 기원전 160년경 요세푸스가 하스모니아 가(家)의 일원이었던 요나단의 시절을 묘사하면서 최초로 언급되었다)[1]의 교리에서처럼 팔레스타인 자체 내에서도 보여질 수 있긴 하지만─ 특히 알렉산드리아였다. 예를 들면 에세네 파 신도들은 영혼과 육체의 명백한 이원론을 주장했으며, 그것에 영혼은 사후에도 존속한다는 믿음뿐만이 아니라, 영혼은 출생 이전에 이미 존재한다는 믿음까지도 연결시켰다. 피를 제물(祭物)로 하는 것과 고기와 포도주의 소비를 금했으며, 천사나 또는 중간적인 존재들에 대한 믿음에 커다란 중요성을 부여했다. 또한 안티오쿠스 에피파네스가 팔레스타인의 유태인들을 강제로 그리스화하려고 시도했을 때, 그가 유태인들 스스로에서 나온 어느 정도의 지지에 의지할 수 있었다는 것은 (지나치게 강조되어서는 안 되지만) 하나의 중요한 특징이다. 하지만 그는 보다 정통적인 사람들 편에서 제기한 단호한 반대에 부딪치기도 했는데, 그들은 자신들 선조의 전통을 단호하게 고수했고, 따라서 당연히 자신들이 헬레니즘의 부산물로 간주한 도덕적 오용(誤用)을 용납할 수 없을 정도로 미워했다. 그러나 동과 서의 경계에 놓인

1　　*Ant. Jud.*, 13, 5, 9.

위대한 세계주의적 도시, 알렉산드리아가 유태-헬레니즘 철학의 실제 중심이 되었는데, 그 철학은 필론(Philo)의 사상에서 극치를 이루었다. 유태인들은 고향으로부터 떨어져서 그리스적 영향을 당연히 더 수용하는 경향이 있었다. 이러한 면모는 그리스 철학을 유태의 신학과 조화시키려는 시도에서 주로 드러나는 데, 그 시도는 한편으로는 그리스적 사색 속에서 유태 종교와 가장 잘 조화되는 요소들을 선택하는 것이 되었고, 다른 한편으로는 유태적 성구(聖句)들을 우화화(寓話化)하는 일, 그리고 그리스 사상과 조화를 이루는 방식으로 그 성구들을 해석하는 일이 되었다. 그러므로 우리는, 심지어 위대한 그리스 철학자들은 자신들의 지도적인 사상들을 그 성구들에 빚지고 있다고 주장하는 유태인들도 발견한다. 이 생각은 플라톤에 관한 한 (물론 역사적 근거는 없으나) 그 제국의 그리스화된 유태인들의 혼합주의적 경향의 징후를 나타낸다.[2]

유태-헬레니즘의 철학의 주요 인물은 알렉산드리아의 필론(Philo)인데, 그는 기원전 25년경에 태어나서, 가이우스 황제 하(下)의 알렉산드리아 유태인들의 대사로서 로마에 있던 서기 40년 이후에 죽었다. 비록 약간은 사라졌지만, 우리는 그의 저작들을 많이 가지고 있다.[3]

필론은 그리스 철학자들에 대한 찬탄으로 가득 차서, 동일한 진리가 그리스 철학과 유태의 성구(聖句)들 및 전통에서 모두 발견될 수 있다고 주장했다. 그는 그 철학자들이 신성한 성구들을 사용했다고 믿는 한편, 동시에 필요하다고 생각될 때는 그 성구들을 주저하지 않고 우화적으로 해석했다. 그러므로 그는 자신의 저작 『신 부동성론』("Ότι ἄτρεπτον τὸ θεῖον)에서 신은 결코 물질적이지 않기 때문에, 신이 움직인다고 말하는 것은 적절하지 않음을 보여준다. 따라서 우리는 성구들의 의인적(擬人的) 대목에서 두 가지 의미, 즉 고급이고 비(非)의인적 의미와, 일상인들에게 맞는 저급이고 의인적 의미를 알아야만 한다. 이 우화화(寓話化)의 작업과 '고급한' 의미들을 구별하는 작업은 충분히 추진되면 최소한 그 고급한 의미를 구별할 수 있는 사람들에

---

2   그리스의 사색이 유태인들의 외경(外經) 작품들과 심지어 구약 자체의 몇몇 편들에 어떠한 영향을 미쳤는 가라는 문제에 대한 고려가 여기에는 빠져있다.

3   Euseb., *Hist. Eccles.*, 2, 18. 필론(Philo)의 작품들에 대한 참고 문헌들은 Leopold Cohen과 Paul Wendland 편, Berlin(Vol. 6, Cohen과 Reiter)에 따라서 제공되어 있다.

게는 율법의 의례적인 가르침을 글자대로 준수할 필요성을 부정하는 결과를 가져온다. 그러나 이것을 필론은 허락하지 않을 것이다. 영혼은 육체 위에 있으나, 육체는 인간의 부분이다. 그리고 비록 우화적 의미가 글자대로의 의미보다 고급이지만, 우리는 글자대로의 의미를 무시할 자격이 없다. 그보다 우리는 글자와 정신 모두에 주의를 기울여야 한다. 그러므로 그의 의도는 유태의 정통성을 파괴하거나 또는 교체하는 것이 아니라, 율법의 준수는 그대로 보존하는 동시에, 그것을 철학과 조화시키는 것이었다.[4]

유태의 신학이 가르치는 것처럼, 신은 인격적이지만 동시에 순수 존재(τὸ ὄντως ὄν)이고, 절대적으로 단순하며(φύσις ἁπλῆ), 자유롭고, 자족하다.[5] 그는 공간이나 장소를 차지하지는 않고, 오히려 모든 것들을 자신의 내부에 포함한다.[6] 그러나 그는 절대적으로 초월적이어서 심지어는 선(善)의 관념과 미(美)의 관념(αὐτὸ τὸ ἀγαθὸν καὶ αὐτὸ τὸ καλόν)조차 초월한다.[7] 인간은 학문적 이해(λόγων ἀποδείξει)를 통해서가 아니라 ("신을 이해하기 위해서, 먼저 우리는 신이 되어야 하는데, 그것은 불가능하다"[8]) 직접적인 직관(ἐνάργεια) 속에서 신에게 도달한다.[9] 그러므로 신은 말로 표현할 수 없는 존재로서, 사유의 위에 존재하며 환희 또는 직관을 통해서만 도달될 수 있다. 우리는 필론이 신적 초월성을 찬양하는 당시의 경향에 어떻게 영향을 받았는지를 이해한다. 하지만 신적 존재의 초월성이 철학적 용어로 표현되어 있지는 않지만, 유태의 성서 중시적 신학 속에 명백하게 주장되어 있다는 점을 잊어서는 안 된다.

신의 초월성과, 물질적인 모든 것에 대한 신의 상위성에 대한 이러한 주장은 이후에 (예를 들어 중기 플라톤주의자인 알비누스와 신(新)피타고라스주의자인 누메니우스에게서처럼) 신 그 자체와 물질적 우주 사이의 간극을 메우기 위하여 자연스럽게 중간적 존재들의 개념으로 이어졌다. 중간적 존재자들 중에서 가장 높은 것은 로고스 또는 지성(Nous)이다. 로고스는 창조된 것들 가운데 가장 중요하고 고귀한 것(πρεσβύτατος καὶ γενικώ

---

4   *De migrat. Abrah.*, 16, 92 참조.
5   *De post. Caini*, 48, 167; *Leg. alleg.*, 2, 1, 2 이하; *De Mutat nom.*, 4, 27 참조.
6   *De conf. ling.*, 27, 136; *De somniis*, I, II; 63.
7   *De opif. mundi.*, 2, 8.
8   Frag. a 654.
9   *De post. Caini*, 48, 167.

τατος τῶν ὅσα γέγονε)¹⁰으로 신의 첫 번째 자식이라고 말들 한다. 필론에 있어서 로고스는 명백히 신보다 열등하며 창조된 것들(ὅσα γέγονε)의 계급에 위치할 수 있는데, 그것은 (비록 로고스가 우선적이기는 하지만) 로고스 이외에 다른 많은 존재들을 포함한다. 그러므로 필론의 로고스 개념은, 비록 초기 기독교 사상가들에게 영향을 주기는 했지만, 기독교적 신학에서 주장되는 대로의 로고스 교리와 동일하지 않다. 때때로 로고스는 사실상 신의 한 양상으로 생각되는 듯하다. 그러나 이 경우에서조차 로고스에 대한 필론의 개념과 기독교적 개념 사이에는 여전히 명백한 차이가 있다. 필론은 '군주주의'와 '아리안주의' 사이를 배회했지만, 아타나시우스주의를 주장하지는 않았다는 말은 옳은 말이다. 물론 로고스의 필론적 교리 속에는 역사적 인간에 대한 언급이 없다는 것이 이해된다는 전제 하에서 그러하다. 플라톤의 이데아는 로고스 안에 위치해 있으며 따라서 로고스는 이데아계(ὁ χα τῶν ἰδεῶν κόσμος)가 위치하는 공간(Τόπος)이거나 또는 장소이다.¹¹ 이 개념에 있어서 필론은 이데아들을 지성(Nous) 속에 놓은 신플라톤주의와 일치한다. (누메니우스는 필론의 철학에 영향을 받았다.) 일반적으로 말해서, 필론은 로고스에 대해서 간단하게 말한다. 그러나 그는 자체적 로고스(ὁ λόγος ἐνδιάθετος)와 의존적 로고스(ὁ λόγος προφορικός)라는 로고스의 두 측면들 또는 기능들을 구별하는데, 그 첫 번째 것은 이데아들의 비물질적 세계에 있고, 두 번째 것은 그것들이 비물질적인 이데아들의 복사물인 한, 이 세계의 가시적인 것들에 있다.¹² 로고스에 대한 이러한 구분은 자체적 로고스, 즉 이성 자체의 기능과 근원으로부터의 흐름으로서 자체적 로고스에서 나오는 의존적 로고스, 즉 구어 낱말의 기능 사이에 있는 인간의 시각에 부합한다. 필론이 이 이중적 로고스에 대한 상징을 고위 성직자의 이중적인 가슴받이에서 발견한다는 사실에서 그가 우화화(寓話化)를 행하고 있다는 한 예가 발견될 수 있다. 로고스는 신이 이 세계를 만드는 데 사용하는 도구인데, 필론은 이것에 대한 언급을 모세 5경에 나오는 말씀인 "신은 자신의 형상에 따라 인간을 만들었다(χαὶ ἐποίησεν ὁ θεὸς τὸν

---

10   *Leg. alleg.*, 3, 61, 175.

11   *De opif. mundi.*, 4, 17 이하.

12   *Quod Deus sit immut.*, 7, 34; *De vita Mos.*, 2(3), 13, 127 참조.

ἄνθρωπον χατ εἰχόνα θεοῦ) "[13]에서 발견했다.

몇몇 천사들이 언급될 때 필론이 그것들을 능품(能品)천사와 동일시하는 것(아래를 보라)과 똑같이, 구약이 신의 현현을 기술하면서 신의 천사들을 언급할 때 그는 천사를 로고스와 동일시한다는 점이 주목되어야 한다. 이 로고스는 비육체적 실체, 비물질적 세계 또는 신의 목소리이다. 그러나 그것이 실재로 신과 구별된다고 생각되는 한, 그것은 신에 종속되는 것으로, 신의 도구로 생각된다. 필론은 지혜의 서(書) 안에서 발견되는 신의 지혜라는 개념뿐만 아니라, 플라톤적 범형주의(로고스는 신의 상(像), 그림자이며 그 자신이 창조의 범형이다)와 스토아적 논제들(로고스는 내재적이지만 동시에 초월적이고, 이 세계 안에 존재하는 법의 원리이자 피조물들에 대한 체계화적 결속의 원리이다)을 사용한다. 그러나 일반적인 개념은 존재의 등급이 하강한다는 개념인 듯하다. 다른 말로 해서, 필론의 로고스는 그것이 궁극적인 신성(神性)인 여호아와 실재로 구별되는 한, 종속적이고 중간적인 존재인데, 신은 그것을 통해서 자신을 표현하고 행동한다. 그것은 아버지와 동체인 말씀이 아니고 삼위일체의 제2위(位)가 아니다. 필론의 철학은 로고스에 관해서는 기독교적 삼위일체론보다는 신(新)플라톤주의에 더 가깝다.[14]

로고스 이외에도, 창조자(ἡ ποιητιχή)와 지배자(ἡ βασιλιχή) 또는 군주(χύριος, 종종 고귀한 자(ἀγαθότης)와 권력(ἐξουσία)이라고 불린다), 예견자(ἡπρονοητιχή), 입법자(ἡ νομοθητιχή) 등의 신에게 종속되는 다른 능품천사(δύναμεις) 또는 중간적 존재들이 있다. 그러나 필론은, 로고스를 신의 양상으로 생각하는 것과 독립적인 존재로 생각하는 것 사이에서 배회했던 것과 꼭 같이, 다른 능품천사들을 신의 속성 또는 능력으로, 또 이데아들에 상응하는 것으로(즉 이데아들의 작용 기능들로) 생각하는 것과 상대적으로 독립적인 존재들로 생각하는 것 사이에서 배회했다. 그것들 모두가 로고스 안에서 파악되는 것처럼 보이지만, 이것은 그것들이 인격을 가지고 있는지 또는 결여하고 있는지에 관한 문제를 해결하는 데 크게 도움이 되지 못한다. 만약 로고스가 신의 한 양상으로 생각된다면, 그 능품천사들은 신의 속성이나 관념일 것이고, 만약 로고스가 신에게 종속되었으

---

13 *De opif mundi.*, 6, 25.

14 이 주제에 관해서는 Jules Lebreton, S. J., *Histoire du Dogme de la Trinité.*(Beauchesne, 1910)을 참조할 것.

나 상대적으로 독립적인 존재라고 생각되면, 그 능품천사들은 종속적인 작은 존재 또는 힘일 것이다. 그러나 필론이 이 문제에 관한 정해진 또는 명백한 결정에 도달했던 적은 없었던 것 같다. 그러므로 프래흐터 박사는 "필론은 두 개의 개념들 사이를 배회했는데, 그것들과 '유사한 것들(Analoga)'이 기독교 교회에서 군주주의와 아리안주의로서 되풀이되고 있다. 그러나 아타나시우스의 이설(理說)과 유사한 이설은 그에게 전혀 생소하며 그 자신의 종교 의식(意識)과 철학 의식 모두에 위배될 것이다."[15] 또한 많이 생각해보지 않더라도 필론의 철학은(적어도 필론의 철학이 일관적이라면) 기독교의 성육신설을 결코 인정할 수 없을 것임을 알게 된다. 왜냐하면 그것은 신의 초월성을 매우 강조하는지라, 물질과의 '직접적인' 접촉은 배제되기 때문이다. 기독교 자체가 신의 초월성을 주장한다는 것과 성육신이 신비라는 것은 정말로 완전한 사실이다. 그러나 다른 한편으로, 물질에 대한 기독교적 태도의 정신은 필론의 철학이나 신플라톤적 철학의 정신은 아니다.

플라톤주의의 영향을 받아서 필론은 영혼과 육체 또는 인간 내부의 이성적인 요소와 감각적인 요소라는 예리한 이원론을 주장하며, 인간은 감각적인 것이 지닌 힘으로부터 스스로를 해방시킬 필요가 있다고 주장한다.[16] 덕이 유일하게 참된 선(善)이고, 격정에 관해서는 초연(Apathy)을 목표로 삼아야 한다. 그러나 필론은 비록 스토아주의와 키니코스주의의 윤리적 가르침에 영향을 받았지만, 자기 자신에 대한 신뢰보다는 신에 대한 신뢰를 강조했다. 그렇다면 덕은 추구되어야 하며 인간의 과제는 신과의 가능한 최대한의 유사성을 획득하는 것이다.[17] 이것은 내적 과제이고 따라서 공적인 생활은 그것이 마음을 산란하게 하는 영향력을 가지고 있기 때문에 억제되며, 게다가 학문은 오로지 영혼의 내적 생활에 도움이 되는 한에서만 추구되어야 한다. 신에 대한 개념적 지식 위에는 하늘의 지혜나 또는 말로 표현할 수 없는 신성(神性)에 대한 직접적인 직관이 자리잡아야 하는 것을 보면, 이러한 발전에는 단계들이 있다. 그러므로 이후에 신(新)플라톤 철학에서 그러할 것처럼, 환희라는 소극적인 상태가 지상에서의 영

---

15 Ueb.-P., 577쪽.

16 E.g. *De somn.*, 123, 149.

17 *De opif. mundi.*, 50, 144; *De human.*, 23, 168.

혼의 생활의 최고 단계가 된다.[18]

한편으로 초기 기독교 사상에 미친 필론의 영향이 과장되었다는 것은 의심할 나위가 없으나,[19] 필론주의가 신이 전적으로 초월적이라는 것과 중간적인 존재들이 존재한다는 것, 그리고 영혼은 신에게로 상승하는데 환희에서 그 절정을 이룬다는 것을 주장함으로써, 신플라톤주의를 위한 길을 마련하는 데 기여했다는 점은 인정될 것이다.

---

18 *Quis rer. div. her.*, 14, 68 이하; *De gigant.*, II, 52 이하 참조.

19 그러나 우화화(寓話化)하는 오리게네스의 습관은 상당 정도 필론 때문일 수 있다.

제44장

플로티노스의 신(新)플라톤주의

──────── **1. 플로티노스의 생애**

플로티노스의 출생지는 불확실하다. 왜냐하면 에우나피오스는 리콘이라고 하는데, 수이다스는 리코폴리스라고 하기 때문이다.[1] 어쨌든 그는 서기 203년 또는 204년경(포르피리오스는 205/6년이라고 말한다)에 이집트에서 태어났다. 포르피리오스의 말을 들으면, 플로티노스는 알렉산드리아에서 여러 교수들의 강의를 차례로 들었으나, 약 28세 때 암모니우스 사카스를 만나고 나서야 그가 찾고 있던 것을 발견했다. 그는 그가 페르시아 철학을 알기 위하여 고르디우스 황제의 페르시아 원정에 참가했던 242년까지 암모니우스의 제자로 남아 있었다. 그러나 고르디우스가 메소포타미아에서 암살되자 그 원정은 실패했고, 따라서 플로티노스는 로마로 가게되었는데, 40세가 되어서야 로마에 도착했다. 그는 로마에서 학교를 열었으며, 곧 고관대작들의 호의, 심지어는 갈리에누스 황제와 그의 아내의 호의까지도 누리게 되었다. 플로티노스는 캄파그나에 하나의 도시, 즉 플라톤적 이상국가(Platonopolis)를 세울 생각을 했다. 그것은 플라톤의 국가의 구체적인 실현이었는데, 그는 그 계획에 대한 황제의 승락을 얻었던

──────────
1 Eunap., *Vit. Soph.*, 6; Porph., *Isag.*, 12b; Suid., *Plot.*

듯하다. 그러나 황제는 잠시 후에 이런저런 이유로 자신의 승락을 철회했고 따라서 그 계획은 물거품이 되었다.

플로티노스는 약 60세가 되었을 때, 그 유명한 포르피리오스를 제자로 받아들였는데, 그는 후일 그가 그토록 대단하게 존경하던 그 스승의 생애를 썼다. 플로티노스의 저작들을 6권의 책으로 나누고 각 권이 9장(章)이 되도록 함으로써, 체계적인 형태로 배열하고자 시도했던 사람이 포르피리오스였다. 그러므로 9개 한 조(組, 엔네아데스(Enneads))라는 이름이 생겼는데, 그것은 플로티노스의 작품들에 꼭 들어맞는다. 비록 그 철학자[플로티노스]가 유쾌하고 웅변적인 구어체를 썼다고 말하지만, 그의 작문은 다소 난해했는데, 시력이 약했기 때문에 원고를 교정할 수 없었다는 사실로 해서 그 난해함이 감소되지는 않았다. 그러므로 포르피리오스는 시작하기가 쉽지 않은 과제를 가졌는데, 그는 저자의 문체를 보존하는 것을 중요시했기 때문에, 후세의 편집인들에게 플로티노스의 논문들은 언제나 어려움의 근원이었다.

로마에서 플로티노스는 도움과 조언을 청하려는 사람들의 내방(來訪)을 자주 받았고, 그리하여 일종의 '정신적 지도자' 일을 수행했다. 또한 그는 고아들을 자신의 집으로 불러들였으며 그들의 보호자로 행동했는데, 이것은 그의 친절함과 온후한 성품을 보여준다. 그는 친구는 많이 사귀었으나 적은 만들지 않았고, 비록 그의 개인적인 생활은 금욕적이었으나, 성격은 부드럽고 다정했다. 그가 다소 내성적이며 신경질적이라는 말을 듣는데, 그러한 성격은 그의 강의에서 쉽게 드러난다. 그는 심오한 영적(靈的) 생활을 영위했으며 포르피리오스는 자기 스승이 그가 제자로 있던 6년 동안 네 번이나 신과의 황홀한 합일을 경험했다고 말한다.[2] 플로티노스는 건강을 누리지는 못했는데, 그의 허약함은 서기 269/70년에 그가 캄파그나에 있는 한 시골 집에서 죽었을 때, 숙명적인 종말을 맞았다. 그때 포르피리오스는 시켈리아에 있었는데, 그곳은 플로티노스의 권고에 따라 그가 빠졌던 우울증과 의기소침증으로부터 벗어나기 위하여 갔던 곳이었다. 그러나 플로티노스의 한 친구인 의사 에우스토키우스가 그 철학자의

---

2 그는 제자들과 회합을 갖고 그들이 지켜보는 데서, 말의 의미가 아니라 말로 표현되지 않는 현실성과 만나는 탈아적 상태를 4번씩이나 경험했다고 한다(Ἔτυχε δὲ τετράχις που, ὅτε συνήμην αὐτῷ, τοῦ σχό που, ἐνεργεῖ ἀρρήτ, χαὶ οὐ δυνάμει). *Plotini Vita*, 23, 138.

마지막 말을 듣기 위해서 푸테오리로부터 때맞추어 도착했다. "나는 나의 내부에 있는 신적(神的)인 것이 스스로를 우주 속에 있는 신적인 것과 결합시키기 위해서 나를 떠나기 전에, 당신을 만나려고 기다리고 있었소."

플로티노스는 비록 영지주의자들은 공격했지만, 자신이 어느 정도는 알고 있었음이 틀림없는 기독교에 관해서는 침묵한다. 그는 결코 기독교 신자는 되지 않았지만, 자신의 저작 속에서뿐만 아니라, 자신의 삶 속에서도 영적이고 도덕적인 이상들에 대한 불굴의 증인이었다. 그리고 그의 철학이 위대한 라틴 학자인 히포의 성 아우구스티누스에게 그러한 영향을 미칠 수 있도록 한 것은 그의 철학이 지닌 영적인 이상주의였다.

2. 플로티노스의 이설(理說)

신은 절대적으로 초월적이다. 그는 일자(一者)이며, 모든 사고와 모든 존재를 넘어서며, 말로 표현할 수 없으며 파악될 수 없다(οὗ μὴ λόγος, μηδὲ ἐπιστήμη, ὃ δὴ καὶ ἐπέκεινα λέγεται εἶναι οὐσίας).[3] 일자에 대해서는 본질도 존재도 생명도 그 속성이라고 말할 수 없는데, 그 이유는 물론 일자가 이러한 것들[본질, 존재. 생명] 가운데 어느 것보다 덜하기 때문이 아니라, 더하기 때문, 즉 그런 것 모두를 넘어서 있기(τὸ ὑπὲρ πάντα ταῦτα εἶναι)[4] 때문이다. 일자는 개물(個物)들의 합과 동일할 수 없는데, 왜냐하면 근원 또는 원리를 요구하는 것은 이러한 개물들이고, 따라서 이 원리는 그것들로부터 구별되어야 하며 그것들보다 논리적으로 선행하기 때문이다. (우연적인 사물들의 수(數)를 아무리 많이 늘이더라도, 그렇게 해서 필연적인 존재에 도달할 수 없다고 우리는 말할 수 있을 것이다.) 만약 일자가 따로 따로 떼어놓은 각 개물과 동일하다면, 각 사물은 다른 모든 사물들과 동일할 것이며, 명백한 사실인 사물들의 차이는 환상이 될 것이다. "그러므로 일자는 어떤 존재하

---

3   *Enn.*, 5 4, I(516 b-c).
4   *Enn.*, 3, 8, 9(352 b).

는 사물일 수도 없으며 모든 존재자들에 우선한다."⁵ 따라서 플로티노스의 일자는 파르메니데스의 일자, 즉 일원적(一元的) 원리가 아니며, 우리가 신(新)피타고라스주의와 중기 플라톤주의에서 그 초월성이 강조되는 것을 보는 그 일자이다. 사실상 알비누스가 제1신(πρῶτος θεός)을 지성(νοῦς) 위에 놓았고 천상의 신(ὑπερουράνιος θεός)을 천체의 신(ἐπουράνιος θεός)과 구별하며, 누메니우스가 제1신을 데미우르고스의 위에 놓았고, 필론이 신을 세계를 형성하는 능품천사들의 위에 놓았던 것과 똑같이, 플로티노스도 궁극적인 신성(神性), 즉 일자 또는 제1신을 존재 위에(ἐπέκεινα τῆς οὐσίας) 두었다.⁶ 그러나 이것이 일자는 무(無)이거나 또는 비(非)존재자라는 것을 의미하지는 않는다. 오히려 그것은 일자는 우리가 경험하는 모든 것들을 초월한다는 것을 의미한다. 존재의 개념은 우리가 경험하는 대상들로부터 도출되지만, 일자는 그러한 모든 대상들을 초월하며 따라서 그러한 대상들에 기초를 둔 그 개념 역시 초월한다.

신은 어떠한 다양성이나 또는 분할도 없는 하나이기 때문에, 일자 속에는 실체와 부수[우연]의 이원성이 있을 수가 없으며, 따라서 플로티노스는 신에게 어떠한 적극적인 속성도 귀속시키기를 꺼려한다. 우리는 일자가 "그렇다"든가 또는 "그렇지 않다"고 말해서는 안 되는데, 왜냐하면 만약 우리가 이렇게 말하면 우리는 그렇게 함으로써 일자를 제한하며 그것을 특수한 사물로 만들지만, 반면에 실재에서는 그것이 그러한 속성 부여에 의해서 제한될 수 있는 모든 사물들을 넘어서기(ἄλλο τοίνυν παρ᾽ ἅπαντα τὸ οὕτως)⁷ 때문이다. 그럼에도 불구하고 선성(善性)은, 그것이 내재적 속성으로 귀속되지 않는다는 것이 전제된다면, 일자에 귀속될 수 있다. 따라서 신은 '선하다'기보다는 선함인 것이다.⁸ 또한 우리는 일자에게 사유도 의지도 행위도 정당하게 귀속시킬 수 없다. 일자에게 어떠한 사유도 귀속시킬 수 없는데, 왜냐하면 사유는 사유하는 자와 그 사유의 대상 간의 차별을 함축하기 때문이다.⁹ 일자에게 어떠한 의지도 귀속시킬 수

---

5   *Enn.*, 3, 8, 8(351 d).
6   *Rep.*, 509 b 9 참조.
7   *Enn.*, 6, 8, 9(743 e).
8   *Enn.*, 6, 7, 38.
9   *Enn.*, 3, 8, 8. 일자가 정신을 산출하는 것이 분명하다면, 그것은 정신보다 단순한 것이어야 한다(Ἐι οὖν τοῦτο νοῦν ἐγγένησεν, ἁπλούστερον νοῦ δεῖ αὐτὸ εἶναι) (351 c).

없는데, 왜냐하면 이것 역시 차별을 함축하기 때문이다. 일자에게 어떠한 행위도 귀속시킬 수가 없는데, 왜냐하면 그렇게 되면, 행위자와 그가 행위한 대상 사이의 차별이 존재할 것이기 때문이다. 신은 그 차별이 어떤 것이건 간에 모든 차별을 넘어서는 일자이다. 심지어 신은 그 자신을 그 자신과도 구별할 수 없으며, 따라서 자의식을 넘어선다. 플로티노스는 우리가 본 것처럼, 단일성(單一性)과 선성(善性)이라는 속성이 신에게 귀속되는 것을 용인했다(신은 일자이며 선이라는 의미에서). 그러나 그는 신에게는 이러한 속성들조차 적절하지 않으며 오직 비유적으로만 적용될 수 있을 뿐이라는 사실을 강조한다. 왜냐하면 단일성은 복수성의 부정을 표현하고, 선성(善性)은 다른 어떤 것에 미치는 영향을 표현하기 때문이다. 우리가 말할 수 있는 것은 일자가 (비록 정말로 신은 존재를 넘어서고, 일자이며, 분할할 수 없고, 변할 수 없으며, 과거 또는 미래가 없이 영원하고 변치 않는 자기동일성이기는 하지만) 존재한다는 것뿐이다.

신, 즉 궁극적인 원리에 대한 이 견해에 근거해서, 플로티노스는 어떻게 유한한 사물들의 다양성을 설명할 수 있을까? 신은 마치 유한한 사물들이 자신의 부분이기라도 한 것처럼, 자신을 유한한 사물들로 한정할 수 없다. 그는 자신의 의지대로 자유로운 행위에 의해서 이 세계를 창조할 수도 없는데, 왜냐하면 창조는 하나의 행위이고, 행위를 신에게 귀속시키고 그렇게 함으로써 그의 변화불가능성을 훼손시키는 것은 정당화될 수 없기 때문이다. 그러므로 플로티노스는 유출(流出)이라는 비유에 호소했다. 플로티노스는 비록 흐름(ῥεῖν)과 멈춤(ἀπορρεῖν)같은 비유적인 용어들을 사용했으나, 신이 유출의 과정을 통하여 어떤 식으로든 작아진다는 생각은 명백하게 거부했다. 신은 접촉되지 않고, 줄어들지 않으며, 움직이지 않는다. 신이 자유로운 창조적 행동을 한다고 하면, 그것은 신이 자신의 고요한 자기 포함성의 상태로부터 유출되어 나온다는 것을 의미할 것인데, 플로티노스는 이것을 인정하지 않을 것이다. 그리고 나서 그는 덜 완전한 것은 더 완전한 것으로부터 유출된다는 필연적 원리가 존재하기 때문에, 이 세계는 필연적으로 신으로부터 유출되거나 또는 신으로부터 생긴다고 주장한다. 씨앗이 자신을 전개하듯이 모든 자연이 자신을 전개함으로써 그 자연에 직접적으로 종속되는 것(τὸ μετ' αὐτὴν ποιεῖν)을 만드는 것은 하나의 원리인데, 이때 그 전개 과정은 나뉘어지지 않은 근원 또는 원리로부터 감각의 세계에 존재하는 목표까지이다. 그러나 우선적인 원리는 언제나 그 자신의 장소에 있으며(μένοντος μὲν ἀεὶ τοῦ προτέρου ἐν τῇ οἰκείᾳ ἕδρᾳ), 부차적인 원리는 우선적인 원리 속에 있는, 말로 표현할 수 없는 능력(ἐ x δυνάμεως ἀφάτον)으로부터 발생되어 나오는데, 이 능력의 발휘가 어떤 질투나 또는 이기성(利己性)에 의해서 방해를 받는다는 것은 적절하지 않다.[10] (플로티노스는 또한 일자 를 그 자신은 줄어들지 않으면서 빛을 발산하는 태양에 견주면서 광휘(περίλαμψις), 조명(ἔλλαμψις)의 비유를 사용한다. 그는 또한 거울의 비유를 사용하는데, 그 이유는 거울에 비치는 대상은 배가(倍加)되지 만, 그 자신은 어떠한 변화를 겪거나 또는 손실을 입지도 않기 때문이다.)

그러므로 만약 플로티노스에 있어서 유출 과정이 그 성격상 범신론적이라는 진 술을 하려면, 우리는 조심해야만 한다. 플로티노스에 있어서 이 세계는 자연의 필연성 에 따라(secundum necessitatem *naturae*) 신으로부터 생기며, 그가 무(無)로부터의(*ex nihilo*) 자유로운 창조를 거부한다는 것은 완전히 참이다. 그러나 그에게 있어서 우선적인 원 칙은 언제나 종속적인 존재를 초월하여, "그 자신의 자리에" 머물러 있고, 줄어들지도 손상되지도 않는 것임을 또한 기억하여야 한다. 사실의 진상은 다음과 같은 것으로 여 겨질 것이다. 플로티노스는 무로부터의 창조를 그것이 신의 변화를 수반하리라는 이 유로 거부하는 한편, 개별적인 피조물들 속에 있는 신성(神性)의 완전히 범신론적 자 기 발현, 신의 자기 분화도 똑같이 거부한다. 달리 말하면, 그는 한편의 일신적(一神的) 창조와, 다른 한편의 완전히 범신론적 이론 또는 일원론 사이의 중간 노선을 택하려고 노력한다. 우리가 (궁극적인 이원론은 문제가 되지 않기 때문에) 그러한 타협은 가능하지 않 다고 생각하는 것도 당연하다. 그러나 그것이 플로티노스를 마땅한 제한 없이 범신론 자라고 부를 수 있는 이유는 아니다.

일자로부터의 맨 처음 유출은 사고 또는 마음, 지성(Noῦs)인데, 그것은 직관 또는 직접적 파악으로, ① 일자, ② 그 자신이라는 이중적 대상을 가진다. 비록 전체의 수많

---

10 *Enn.*, 4, 8, 6(474 b-c). 질투에 의해 우선적 원리가 방해를 받지 않는다는 주장은 『티마이오스』에 나오는 플라톤 말의 되풀이이다. 플로티노스가 행하는 일자나 선(善)의 태양에의 비유는 플라톤이 『국가』에서 이 미 행한 비유를 발전시킨 것이다. 신(神)은 창조되지 않은 빛이며 피조물들은 그 빛나는 정도에 따라 위계 적으로 순서가 매겨진 참여된 빛이라는 견해를 우리는 얼마간의 기독교 철학자들에게서 발견하는데, 그것 은 신(新)플라톤주의에서 유래한다.

은 이데아들이 분할될 수 없도록 지성 속에 포함되어 있기는 하지만, 지성 속에는 집합들에 대해서뿐만 아니라, 개별자들에 대해서도 이데아가 존재한다(τὴν δὲ ἐν τῷ νοητῷ ἀπειρίαν, οὐ δεῖ δεδιέναι πᾶσα γὰρ ἐν ἀμερεῖ, καὶ οἷον προείσιν, ὅταν ἐνεργῇ).[11] 지성은 플라톤의 『티마이오스』의 데미우르고스와 동일한데, 플로티노스는 원인(αἴτιον)을 지성 및 데미우르고스와 동일시하면서 일자에 대해 '원인의 아버지(πατὴρ τοῦ αἰτίου)'란 구절을 사용한다. 지성 그 자체가 지성의 대상계(ὁ κόσμος νοητός)[12]라는 것은 플로티노스가 롱기누스에 반대해서 주장하는 점이다. 『티마이오스』에서는 이데아들이 데미우르고스와 별개의 것으로 묘사되어 있기 때문에, 롱기누스는 플라톤의 『티마이오스』에 호소하여, 이데아들을 지성으로부터 분리시켜 놓았다. (포르피리오스는 플로티노스가 설득하여 바꾸기 전까지는 롱기누스와 견해가 같았다.) 일자는 모든 다양성을 초월하기 때문에, 심지어는 사유 작용(νοεῖν)과 사유 대상(νοητόν)의 구별까지도 초월하기 때문에, 다양성이 처음 나타나는 곳은 지성(Nous)이다. 그러나 지성에 있어서 구별은 절대적인 것으로 이해되어서는 안 되는데, 왜냐하면 정신 작용(τὸ νοοῦν)이며 동시에 정신적 직관의 대상(τὸ νούμενον)인 것이 동일한 하나의 지성이기 때문이다. 그러므로 플라톤의 데미우르고스와 아리스토텔레스의 스스로를 사유하는 사유(νόησις νοήσεως)는 플로티노스의 지성 속에서 화해한다. 지성은 영원하고 시간을 초월하며, 그것이 행복한 상태는 획득된 상태가 아니라 영원한 소유이다. 그러므로 시간은 단지 흉내만을 낼 뿐인 영원성을 지성은 누린다.[13] 영혼의 경우 그 대상들은 연속적인데, 때로는 소크라테스이고, 때로는 말(馬)이며, 때로는 다른 어떤 것이다. 그러나 지성은 모든 것들을 함께 알며, 과거도 미래도 없고, 모든 것을 영원한 현재 속에서 본다.

　　아름다움인 지성으로부터 『티마이오스』의 세계영혼에 상응하는 영혼이 발생한다. 이 세계영혼은 비물질적이고 비가분적이지만, 초감성적인 세계와 감성적 세계

11　　*Enn.*, 5, 7, 1 이하.

12　　*Enn.*, 5, 9, 9. 지성 안에는 모든 것의 원형이 존재해야 하며, 그 지성은 플라톤이 말한 우주적 이성으로 그 안에 생명이 존재한다(ἀναγκαῖον καὶ ἐν τῷ τὸ ἀρχέτυπον πᾶν εἶναι, καὶ κόσμον νοητὸν τοῦτον τὸν νοῦν εἶναι, ὃν φησὶν ὁ Πλάτων, ἐν τῷ ὅ ἐστι ζῷον).

13　　*Enn.*, 5, 1, 4. 순환적 시간이 영혼을 모방하는 실재적 주기(ὁ ὄντως αἰὼν ὁ μιμεῖται χρόνος περιθέων ψυχὴν) (485 b).

사이의 연결고리를 형성하며, 그러므로 위로는 지성을 우러러볼 뿐만 아니라, 아래로는 자연계를 굽어본다. 그러나 플라톤이 단지 하나의 세계영혼만을 가정한 데 반하여, 플로티노스는 두 개의 영혼, 즉 고급의 영혼과 저급의 영혼을 가정했는데, 전자는 지성에 보다 근접하며 물질계와 직접적인 접촉을 하지 않고 있으며, 후자(1차적 영혼의 산출물(γέννημα ψυχῆς προτέρας))는 현상적 세계의 실재 영혼이다. 이 두 번째 영혼을 플로티노스는 자연 또는 본성(φύσις)이라고 불렀다.[14] 더구나, 현상계가 실재성을 가지고 있는 것은 모두 그것이 지성 속에 있는 이데아에 참여하는 덕택이지만, 이 이데아들은 감각계에서는 작용하지 않으며 감각계와 직접적으로 연결되어 있지도 않다. 따라서 플로티노스는 세계영혼 속에 있는 이데아들의 그림자들을 가정하고 그것들을 종자적 형상(λόγοι σπερματικοί)라고 부르고, 그것들은 로고스 속에 포함되어 있다고 말했는데, 그것은 분명히 스토아주의의 이설을 수용한 것이었다. 두 개의 세계영혼을 구별하는 이 개념에 맞추기 위하여, 그는 또 고급한 영혼 속에 포함되어 있는 제1의 종자 형상(πρῶτοι λόγοι)을 저급한 영혼 속에 포함되어 있는 파생적 종자 형상(λόγοι)과 구별했다.[15]

개별적인 인간 영혼들은 세계영혼으로부터 발생하고, 세계영혼처럼 두 개의 요소들로 나뉘어지는데(플로티노스는 피타고라스 · 플라톤적 3분할에 따라서, 제3의 매개적 요소 역시 인정한다), 지성(아리스토텔레스적 지성을 참조)의 권역에 속하는 고급한 요소와 육체와 직접 연결되어 있는 저급한 요소가 그것이다. 영혼은 타락으로 묘사되는 육체와 결합하기 이전에 이미 존재했으며, 비록 지구상에 존재했던 기간에 대한 기억은 분명히 없지만, 육체가 죽은 후에도 살아남는다. (윤회 또한 인정된다.) 그러나 플로티노스는 비록 개별적인 영혼들을 세계영혼의 통일성 안에서 서로 묶여 있는 것으로 말하지만,[16] 인격적 불멸성을 부인할 준비가 되어 있지는 않다. 영혼은 실재적이며 실재적인 어떤 것도 소멸하지 않을 것이다. 우리는 이 지구 상에 소크라테스로서 존재했던 소크라테스

---

14   *Enn.*, 3, 8, 3. 일반적 본성의 영혼은 1차적 영혼의 산출물(ἡ λεγομένη φύσις ψυχὴ οὖσα γέννημα ψυχῆς προτέρας) (345 e).

15   *Enn.*, 4, 3, 10; 5, 9, 3; 5, 9, 9; 2, 3, 17.

16   *Enn.*, 3, 5, 4. 완전히 분리되지 않고 그 안에 포함되어 있어서 모든 영혼이 하나가 된다(οὐχ ἀποτετμημένη, ἐμπεριεχομένη δέ, ὡς εἶναι πάσας μίαν).

가 모든 거처들 가운데 가장 훌륭한 거처에 도달했다는 바로 그 이유 때문에 소크라테스이기를 그만둘 것이라고 상정할 수 있는가? 그러므로 각각의 개별적인 영혼은 사후 생애에서 각각이 하나의 개별적 영혼으로 남아 있긴 하지만 모두가 함께 하나가 되면서, 존속할 것이다.[17]

영혼의 영역 아래에는 물질적 세계의 영역이 있다. 플로티노스는 빛의 방출과 같은 유출의 과정이라는 자신의 개념에 따라서, 빛을 중심에서부터 진행하여, 물질(그) 자체이며, 빛의 결핍(στέρησις)으로 생각되는 전체적인 암흑으로 변할 때까지, 점차적으로 희미해지면서 밖으로 흘러가는 것으로 묘사한다.[18] 그렇다면 물질은, 그것이 일자로부터 유출의 과정을 통해서만 창조의 한 요소가 된다는 의미에서, (궁극적으로) 일자로부터 생긴다. 그러나 그것은 그것 자체로는, 그것의 최저 한계에서는 우주의 최저 단계를 형성하며 일자에 대한 반(反, antithesis)이다. 형상에 의해서 해명되며, 물질적 대상들(아리스토텔레스의 질료(ὕλη))을 구성하는 한, 그것은 완전한 암흑이라고 말할 수 없다. 그러나 지성적(知性的)인 것에 반(反)하며 『티마이오스』의 필연(ἀνάγκη)을 나타내는 한에 있어서는, 그것은 비추어지지 않은 암흑이다. 그러므로 플로티노스는 플라톤의 논제를 아리스토텔레스의 논제와 결합시켰다. 왜냐하면 그는 비록 물질에 대한 플라톤적 개념을 필연(ἀνάγκη)으로, 지성적인 것에 대한 반(反, antithesis)으로, 빛의 결핍으로 받아들였지만, 또한 물질에 대한 아리스토텔레스적 개념을 형상의 기저(基底), 즉 물질적 대상들의 전체 성분으로 받아들이기도 했기 때문이다. 한 요소가 다른 요소로 변화하는 것은 물체들 그 자체와는 구별되는 물체들의 어떤 기저가 존재함이 틀림없음을 보여준다.[19] 만약 우리가 물체들을 생각하면서 형상을 완전히 추상해 낸다면, 그 나머지가 우리가 물질로서 의미하는 것이다.[20] 그러므로 물질은 그것에 대한 정보에 의해서 부분적으로 설명되며, 구체적인 것 속에 분리되어 완전한 암흑으로서, 비(非)존재의 원리로서 존재하지는 않는다. 더구나 현상계가 일반적으로 그것의 전

---

17   *Enn.*, 4, 3, 5(375 c-f).

18   *Enn.*, 2, 4; 3, 67; 6, 3, 7.

19   *Enn.*, 2, 4, 6(162 c-e).

20   *Enn.*, 1, 8, 9(79 a b).

형을 지성적(知性的)인 것 속에 가지고 있는 것처럼, 물질은 그 본성상 사유되는 질료 (νοητὴ ὕλη)에 상당한다.[21]

플로티노스는 플라톤의 우주론적 논제들과 아리스토텔레스의 우주론적 논제들의 이러한 접합에 더하여, 오르페우스적 물질관과 신(新)피타고라스적 물질관을 악(惡)의 원리라고 주장한다. 그것은 그것의 최저 등급에서, 속성의 결여로서, 빛이 비추어지지 않은 결핍으로서 악 그 자체이며(그러나 선이 선성(善性)을 내재적인 속성으로 가지고 있지 않은 것처럼, 그것 역시 악을 내재적인 속성으로 가지고 있지 않다) 따라서 극단적인 반(反, antithesis)으로서 선에 반(反)한다. (물론 물질의 악은 사유되는 질료(νοητὴ ὕλη)와 관계가 없다.) 그러므로 플로티노스는 (비록 물질 그 자체는 결핍이고 적극적인 원리가 아니라는 점을 잊어서는 안되지만) 거의, 자신의 체계의 실재 속성에 상반될 이원론을 위험하게 주장하는 데까지 이르게 된다. 어떤 경우든 우리는 플로티노스가 사실상은 그렇지 않다 하더라도, 논리적으로는 가시적인 우주를 경시하게 될 것이라고 추측할 수 있을 것이다. 가시적인 우주를 경시하는 어떤 경향이 그의 심리학적 가르침 및 윤리학적 가르침 속에서 드러나는 것이 사실이다. 그러나 그의 우주론에 관한 한, 이것은 우주의 조화와 통일성에 대한 그의 주장에 의해서 상쇄된다. 플로티노스는 이 세계에 대한 영지적(靈知的) 경멸에 반대했으며 이 세계를 데미우르고스 및 세계영혼의 작품으로 찬양했다. 그것은 영원하고 통일된 피조물로 부분들의 조화 속에서 서로 결속되어 있으며 신의 섭리에 의해 지배받는다. 그는 우리가 우주 속에 있는 모든 곤란한 것들에도 불구하고, 우주가 악한 창조물이라는 것을 인정해서는 안 된다고 명백하게 말한다. 그것은 지성적(知性的)인 것의 상(像)이지만, 그것이 엄밀하게 지성적인 것의 짝이어야 한다고 요구하는 것은 너무 심하다. 지성적인 우주를 제외하고, 어떤 우주가 우리가 알고 있는 우주보다 나을 수 있는가?라고 그는 묻는다.[22] 물질적인 우주는 지성적인 우주의 드러냄이며, 감각적인 것과 지성적인 것은 영원히 서로 결속되어 있으며, 전자는 그 용량의 크기에 따라서 후자를 재생산한다.[23] 이 우주적 조화와 우주적 통일성은 초인적 능력이 행하는 예언 및

---

21   *Enn.*, 2, 4, 4-5; 3, 5, 6(질료가 사유될 수 있다고 가정되어야 한다(ὕλην δεῖ νοητὴν ὑποθέσθαι, 296 e)).
22   *Enn.*, 2, 9, 4(202 d-e).
23   *Enn.*, 4, 8, 6(474 d-e).

마술적 영향에 대한 합리적 기초를 형성한다. (플로티노스는 별신(星神)들 이외에 인간에게 보이지 않는 다른 '신들'과 '악마들'도 인정했다.)

플로티노스는 자신의 심리학에서 개별적 영혼에 세 개의 부분들을 할당한다. 이것들 가운데 (아리스토텔레스의 지성에 해당하는) 최상의 것은, 물질에 의해서 오염되어 있지 않고 지성계(知性界)에 뿌리박고 있다.[24] 하지만 영혼이 안정(τὸ χοινόν)을 이루기 위하여 육체와의 실재적 합일에 들어가면, 영혼은 물질에 의해서 오염되며, 따라서 신과의 합일(θεῷ ὁμοιωθῆναι)을 근사(近似)한 목표로 하고 일자와의 합일을 궁극적인 목표로 하는 윤리적 상승의 필요성이 생겨난다. 아리스토텔레스에게서처럼, 이 상승에서 윤리적인 요소(πρᾶξις)는 이론적 요소 또는 지성적 요소(θεωρία)를 추종한다. 에로스의 충동을 받아 착수되는(플라톤의 『향연』 참조) 그 상승의 첫 번째 단계는 정화(χάθαρσις)에 있는데, 그것은 인간이 육체와 감각의 지배로부터 벗어나서 정치적 덕(πολιτιχαὶ ἀρεταί)의 실천으로 뛰어오르는 정화의 과정으로서, 플로티노스는 그것으로 4개의 주요한 덕들을 의미한다. (이것들 가운데 가장 높은 것은 도덕적 통찰력(φρόνησις)이다.)[25] 두 번째로, 영혼은 지성 쪽으로 돌아서고 철학 및 학문에 종사함으로써 감관지각을 넘어서야만 한다.[26] 그러나 그보다 높은 단계는 영혼을, 담론적 사고 너머에 플로티노스가 그 특징을 첫 번째 아름다움(πρώτως χαλός)으로 규정하는, 지성과의 합일로 인도한다. 이 합일 속에서 영혼은 자신의 자기-의식을 보존한다. 그러나 이 모든 단계들은 마지막 단계, 즉 모든 이원성의 부재라고 그 특징이 규정되는 환희 속에서 신(神) 또는 (미(美)를 넘어서는) 일자와의 신비한 합일의 단계에 대한 준비에 불과하다. 신에 대한 사고 또는 신에 관한 사고에서 주체는 객체와 분리된다. 그러나 환희의 합일 속에는 그러한 분리가 없다. "천상에서는 보는 것이 아마 그렇겠지만, 천상에서 인간은 신과 그 자신을 모두 볼 것이다. 그 자신이 지성적 빛으로 가득차서 눈부시게 되거나, 또는 질이나 그 어떤 무거움도 없는, 순수한 상태의 그 빛으로 뒤덮인, 사람이 되어서 신성으로 변모됨을, 아니 그 자신이 본질에 있어서 신임을 보게 될 것이다. 그 시간 동안 그는 타오른다. 그

---

24   *Enn.*, 4,8,8 (476 a-d).

25   *Enn.*, 1,2,1.

26   *Enn.*, 1,3,4.

러나 그가 한 번 더 무거워지면, 그것은 마치 그 불이 꺼진 것과 같다." "그 광경은 말로 옮기기가 어렵다. 신이 그 자신의 의식과 구별되는 것이 아니라, 그 자신의 의식과 하나라는 것을 보아서 알게 되었을 때, 어떻게 인간이 신에 관한 보도(報道)를 개별 사물들에 대한 보도처럼 전달할 수 있겠는가?"[27] (신으로의 상승이 신이 공간적으로 "저기 밖에" 현전(現前)한다는 것을 의미하도록 의도된 것이 아님은 말할 필요도 없다.) 신에 관한 명상에서 신이 마치 자신이 존재하지 않는 다른 장소들을 떠나는 방식으로 어느 한 장소에 현전하는 것처럼, 사고를 표출하는 것은 불필요하다.[28] 반대로 신은 어디에나 현전한다. 신은 "밖에 있는" 그 누구도 아니지만, 모든 사람에게 (비록 그들이 그것을 모르더라도) 현전한다.[29] 그러나 이 환희의 합일은 이 생애에 관한 한, 짧게 지속된다. 우리는 우리가 육체의 장애로부터 해방되는 미래의 상태에서 그것을 완전하고 영원하게 소유하기를 기다린다. "그는 다시 시야에서 벗어날 것이다. 그러나 그로 하여금 자신의 내부에 있는 덕을 다시 깨우게 하고, 스스로가 훌륭히 완벽하게 만들어졌다는 것을 알게 하라. 그러면 그는 덕을 통하여 지성으로 상승함으로써, 자신의 짐을 벗어 다시 가볍게 될 것이고, 따라서 지혜를 통하여 신으로 상승할 것이다. 이것이 신들의 삶, 인간들 가운데 신을 닮은 행복한 자의 삶이다. 이것은 낯설고 세속적인 것들과의 이별이며, 세속적 쾌락을 초월한 삶이고, 단독자의 단독자로의 비행이다."[30]

그러면 플로티노스의 체계 속에서는 오르페우스·플라톤·피타고라스적 계통의 '피안성', 지성적 상승, 신에의 동화 및 신에 대한 지식을 통한 구원이 가장 완전하고 체계적으로 표현되기에 이른다. 철학은 이제 논리학, 우주론, 심리학, 형이상학과 윤리학뿐만이 아니라, 종교의 이론과 신비주의 또한 포함한다. 사실상 최고 유형의 지식은 신에 대한 신비적 지식이기 때문에, 그리고 자신의 신비주의론(神秘主義論)을 과거의 사색 위에뿐만 아니라, 아마도 그 자신의 경험 위에도 기초시킨 플로티노스는 분명히 신비적 경험을 진정한 철학자의 최고 성취로 간주하기 때문에, 우리는, 플로티노

---

27   *Enn.*, 6, 9, 9 (768 f-769 a); 6, 9, 10 (769 d). (도스(E. R. Dodds) 교수의 번역).
28   *Enn.*, 6, 9, 7 (765 c).
29   *Enn.*, 6, 9, 7 (766 a).
30   *Enn.*, 6, 9, 11 (771 b). (도스 교수의 번역).

스적 신(新)플라톤주의 안에서는 철학이 종교로 변하는 경향이 있다(그것은 최소한 그것 자신 이상의 것을 지향한다)고 말할 수 있다. 사색은 자신을 성취되어야 할 궁극적인 목표로 설정하지 않는다. 이것이 신플라톤주의가 기독교의 라이벌 노릇을 하는 것을 가능하게 했다. 그러나 다른 한편으로, 신플라톤주의의 복잡한 철학적 체계와 "역사에 관심을 두지 않는" 태도는 그것이 될 수도 있었을 그 라이벌이 되지 못하도록 방해했다. 그것은 예를 들면, 신비적 종교가 행하는 대중적 호소가 없다. 정말로 신플라톤주의는 개인적 구원에 대한 당대의 동경에 대한 주지주의적 대답이었는데, 그 동경은 개인들의 정신적 갈망이며, 그 갈망은 그 시대의 매우 뚜렷한 한 특징이다. "정말이지, '아버지의 땅으로 떠나자'[31]는 권고의 말을 깊은 의미로 말할 수 있을 것이다. 우리에게 아버지의 땅이란 우리가 온 곳이다. 그리고 그곳에 아버지가 계신다."[32] 역사 속에 뿌리를 두고 대중적 호소를 점증(漸增)하는 사색적 배경에 연결시키고, 피안에 대한 주장을 이승에서 성취되어야 하는 사명감과 연결시키며, 신비적 내성(內省)을 윤리적 성실과 연결시키며, 금욕주의를 자연적인 것의 성화(聖化)와 연결시키는 기독교는 신플라톤주의자들의 초월철학이나 또는 신비적 종파의 유행적 신앙보다도 훨씬 더 넓고 깊은 호소력을 가졌을 것이다. 그러나 기독교 자체의 관점에서 볼 때, 신플라톤주의는 수행해야 할 중요한 한 기능, 즉 계시종교의 주지적인 진술에 공헌하는 기능을 가졌다. 그러므로 신념이 있는 기독교인은 동정심과 어떤 존경심을 가지고 플로티노스의 초상을 우러러 보지 않을 수 없는데, 왜냐하면 가장 위대한 라틴 신부도 (그러므로 만국 교회도) 그에게 적지 않은 빚을 졌기 때문이다.

---

31   *Iliad*, 2, 140.
32   *Enn.*, 1, 6, 8 (56 g). (도스 교수의 번역).

━━━━━━━━ **3. 플로티노스학파**

신(神)과 물질적 대상들 사이에 중간적인 존재들을 늘리는 경향은 이미 플로티노스의 제자 아멜리우스에게서 관찰될 수 있는데, 그는 정신 속에 있는 3개의 원질, 즉 존재(τὸν ὄντα)와, 산출된 존재(τὸν ἔχοντα)와 이원적 존재(τὸν ὅρωντα)를 구별했다.[33] 그러나 더 중요한 철학자는 티로스의 포르피리오스였는데(서기 232/3년-301년 이후), 그는 262/3년에 로마에서 플로티노스에 합류했다. 포르피리오스가 전하는 그 스승의 생애는 이미 말했다. 그는 이것에 더하여, 수많은 다른 작품들을 썼으며 매우 다양한 주제에 대해서 썼는데, 가장 유명한 책은 그의 『아리스토텔레스의 범주론 입문』(Isagoge)이다. 이것은 라틴어(예를 들면 보에티우스에 의해서), 시리아어, 아랍어 그리고 영어로 번역되었으며, 많은 주석서들의 주제가 되어서 고대뿐만이 아니라 중세까지도 커다란 영향력을 행사했다. 그 작품은 5가지 언어로(Ἀι πέντε φωναί), 유(γένος), 종(種, εἶδος), 종차(διαφορά), 속성(ἴδιον) 그리고 우유성(συμβεβηκός)을 다룬다. 포르피리오스는 플라톤(예를 들면 『티마이오스』에 관하여)과 아리스토텔레스(주로 그의 논리적 작품들에 관해서)에 관한 많은 다른 주석서들을 지었으며, 그의 『플라톤과 아리스토텔레스가 한 학파에 속한다는 것에 관하여』(Περὶ τοῦ μίαν εἶναι τὴν Πλάτωνος Ἀριστοτέλους αἵρεσιν)에서 플라톤의 철학과 아리스토텔레스의 철학이 본질적으로 일치한다는 것을 보여주려고 노력했다.

포르피리오스는 플로티노스의 이설을 분명하고 이해할 수 있는 방식으로 설명하려고 노력했으나, 실천적 측면과 종교적 측면을 심지어 플로티노스가 했던 것보다 더 강조했다. 철학의 목표는 [영혼의] 구원(ἡ τῆς ψυχῆς σωτερία)이다. 그리고 영혼은 자신의 주의를 낮은 것으로부터 높은 것으로 돌림으로써 자신을 정화해야 하는데, 그것은 금욕주의와 신에 대한 지식에 의해서 성취될 수 있는 정화이다. 덕의 가장 낮은 단계는 정치적 덕(πολιτιχαὶ ἀρεταί)의 실행에 있는데, 그것은 본질적으로 "격정완화의" 덕이다. 즉 그것은 영혼의 애정을 이성 지배 하의 중용으로 환원하는 데 있으며, 인간의 동료 인간과의 교류에 관계하는 것이다. 이 덕들 위에는 카타르시스의 덕들 또는 정화

---

33 Procl., in *Plat. Tim.*, I, 306, 1 이하.

의 덕들이 있는데, 그것들은 오히려 '초연(Apathy)'을 목표로 한다. 이것은 신과의 합일 (πρὸς θεὸν ὁμοίωσις) 속에서 실현된다. 덕의 세 번째 단계에서는 영혼이 지성 쪽으로 향하며(포르피리오스에게 있어서 악(惡)은 육체 그 자체에 있는 것이 아니라, 영혼이 저급한 욕망의 대상에로 전환하는 데 있다),[34] 덕의 최고 단계, 즉 원형적 덕(παραδειγματιχαὶ ἀρεταί)의 단계는 지성(νοῦς) 그 자체에 속한다. 4가지 주덕(主德)들이 각 단계에서 되풀이되는데, 물론 그 고도(高度)는 [단계마다] 다르다. 영혼의 상승을 촉진하기 위해서 포르피리오스는 육고기를 금함, 독신주의, 과장된 행위를 금함 등등과 같은 금욕주의를 실천할 필요성을 강조한다. 긍정적인 종교는 그의 철학에서 중요한 위치를 차지한다. 포르피리오스는 점(占)과 다른 유사한 미신들(그러나 그는 악마신앙의 존재를 믿었기 때문에 그것을 받아들였으며, 그 자체로는 인정했다)의 오용에 대해 경고를 발하는 한편, 동시에 이교적(異敎的) 신화를 철학적 진리에 대한 우화적 표현으로 만듦으로써 대중적이고 전통적인 종교를 지원했다. 그는 신은 현자(賢者)의 말이 아니라, 현자의 행위를 칭찬한다고 단언하면서[35] 노동의 중요성을 주장했다. 진정으로 경건한 사람은 항상 기도하고 제사 지내는 것이 아니라, 자신의 경건성을 노동 속에서 실천한다. 신은 사람을 그의 명성이나 또는 그가 사용하는 공허한 신앙 형식 때문에 받아들이지 않고, 자신의 고백에 부합하는 생활을 하기 때문에 받아들인다.[36]

포르피리오스는 시켈리아에 거주하는 동안 기독교에 반대하는 15권의 책을 지었다. 이 논쟁적인 저작들은 발렌티니아 3세 황제와 테오도시오스 2세 황제 치하에서 서기 448년에 불탔으며, 단지 단편들만이 우리들에게 전해내려왔다. 포르피리오스가 택한 공격의 방향에 관한 증거를 위해서 우리는 대체로 기독교인들의 저작에 의존해야 한다. ([그에 대한] 대답은 다른 사람들보다도, 캐사레아의 메토디우스와 에우세비우스가 작성했다.) 성 아우구스티누스는 포르피리오스가 지혜를 진정으로 사랑했고 예수 그리스도를 알았더라면, "자신의 건전한 겸양으로부터 후퇴하지 않았을 것이다(nec ab eius

---

34 *Ad Marcellam*, 29.
35 *Ad Marc.*, 16.
36 *Ad Marc.*, 17.

saluberrima humilitate resiluisses)"³⁷라고 말한다. 이 구절은 포르피리오스가 실제로 기독교인이었거나 또는 심지어 예비신자이었다는 결정적인 증거가 되지 못하는 것처럼 보일 것인데, 왜냐하면 비록 역사가인 소크라테스가 포르피리오스는 기독교를 포기했다(τὸν χριστιανισμὸν ἀπέλειτε)고 확언하며 그 배교(背敎)를 팔레스티나의 캐사레아에서 어떤 기독교인들에 의해 공격을 받은 것에 대해서 그 철학자가 분개한 탓으로 돌리는 것이 사실이지만, 성 아우구스티누스는 그가 포르피리오스를 배교자로 간주했다는 더 이상의 증거를 제공하지 않기 때문이다.³⁸ 우리는 포르피리오스가 기독교인이었는지 아니었는지 하는 문제에 대해서 절대적인 확실성에 도달할 수 없는 것처럼 보인다. 그는 자신이 기독교의 종교를 고수한 적이 있다고 스스로 말하고 있는 것으로 인용되지 않는다. 포르피리오스는 교양 있는 사람들이 기독교로 개종하는 것을 방해하고 싶었으며, 기독교라는 종교는 비논리적이며, 저열하며 모순에 싸여있다는 것 등을 보여주려고 노력했다. 그는 성경과 기독교적 주석들을 공격하는 것을 특별히 강조했는데, 그가, 예를 들면 다니엘 서(書)가 진본임을 부인하고 그 속에 포함되어 있는 예언들을 사건에 관한 예언들(vaticinia ex eventu)이라고 선언함으로써, 또 모세 5경(經)이 모세에 의한 것이라는 것을 부정하여 복음서들에 들어 있는 불일치와 모순들 등등을 지적함으로써, 성서의 고등 비평을 예상하고 있었음을 관찰하는 것은 흥미로운 일이다. 그리스도의 신성(神性)은 특별한 공격점이었다. 그리고 그는 그리스도의 신성과 그리스도의 교리들에 반대하는 많은 논증을 폈다.³⁹

---

37 *De Civit. Dei.*, 10, 28. (포르피리오스는 젊었을 때 오리게네스를 알았다. Euseb., *Hist. Ecc.*, 6, 19, 5.)

38 *Hist. Eccl.*, 3, 23, (*P.G.*, 67, 445).

39 "그의 작품 『분산된 부분들』(*membra disiecta*)에 의해 판단해보건대, 포르피리오스는 모호성, 비정합성, 비논리성, 거짓말, 자신감의 남용과 어리석음 이외에 어떤 것도 기독교에서 거의 보지 못했다." (Pierre de Labriolle, *La Réaction Païenne*, 286쪽. 1934).

제45장

그 밖의 신플라톤주의 학파들

━━━━━ **1. 시리아학파**

신플라톤주의 시리아학파의 으뜸 인물은 포르피리오스의 제자인 이암블리코스 (서기 약 330년 사망)이다. 이암블리코스는 존재 위계의 수(數)를 늘이는 신플라톤주의의 경향을 한층 더 밀고 갔는데, 그는 그것을 마법과 일반적인 신비주의의 중요성에 대한 주장과 결합시켰다.

01. 존재 위계의 수를 늘이는 경향은, 최고 신성(神性)의 초월성을 강조하고 신을 감각 세계와의 모든 접촉으로부터 떼어놓고 싶은 욕망의 결과로서, 신플라톤주의 안에 처음부터 있었다. 그러나 플로티노스가 이 경향을 이성적 테두리 안으로 제한한 반면, 이암블리코스는 이 경향에 날개를 달아주었다. 그러므로 그는 플로티노스의 일자 위에 또 다른 일자를 주장했는데, 그것은 무엇이든 모든 제약들을 넘어서며 선(善)[1]의 위에 선다. 이 일자는 모든 술어들 또는 우리 쪽의 어떠한 진술들도 초월하기 때문에 (단일성에 대한 진술을 제외하고) 선과 동일한 플로티노스의 일자보다 우월하다. 일자로부

---

1   전혀 말해질 수 없는 근원(ἡ πάντη ἄρρητος ἀρχή) Damasc., *Dubit.*, 43.

터 이데아 또는 지성적 대상들의 세계(ὁ κόσμος νοητός)가 생기며 이것으로부터 다시 지성(Noῦς)과 어떤 한 중간적인 원질 그리고 데미우르고스로 구성된 지성적 존재들의 세계(ὁ κόσμος νοερός)[2]가 생기게 된다. 그러나 이암블리코스는 이 정도의 복잡함에 만족하지 않고, 지성적 존재들의 세계(κόσμος νοερός)에 속하는 대상들을 더 구별했던 것 같다. 지성적 존재들의 세계의 아래에는 초지상적 영혼이 있으며, 이 영혼으로부터 다른 두 가지가 생긴다.[3] 대중 종교의 신들과 '영웅들'에 관해서 말하면, 이것들은 많은 천사들과 악마들과 더불어 이 세계에 속하는데, 이암블리코스는 이것들을 수(數)에 따라서 정돈하려고 했다. 그러나 이암블리코스는 사변적 이성을 수단으로 이러한 환상적인 도식을 만들려고 노력하는 한편, 신들에 대한 우리의 지식이 직접적(直接的)이고 본유적(本有的)인 성격임을 주장했는데, 그 지식은 신에게로 향한 우리의 본유적인 심리적 충동과 함께 우리에게 주어진다.

02.   이암블리코스의 종교적 관심은 그의 윤리적 이설 속에서 명백히 드러난다. 그는 정치적 덕과 정화(카타르시스)의 덕과 수범적 덕(paradigmatic)에 대한 포르피리오스의 구별을 수용한 후, 정화의 덕과 수범적 덕 사이에 이론적 덕을 도입하는 데까지 나아가는데, 그 이론적 덕에 의해서 영혼은 지성을 자신의 대상으로 관조하며 최종 원리에서 시작하는 [원리들의] 위계를 본다. 수범적 덕에 의해서 영혼은 자신을, 모든 사물들의 이데아들과 원형들(παραδείγμα)의 장소인 지성과 동일시한다. 마지막으로, 이 네가지 유형의 덕들 위에 성직자의 덕들이 있는데, 그 덕들이 발동할 때 영혼은 열광적으로 일자와 합일된다. (그러므로 이 덕들은 또한 단일자들(ἑνιαῖαι)이라고도 불린다.) 우리는 신과의 합일 수단을 확인하기 위하여 신의 계시에 의지해야만 하기 때문에, 성직자는 철학자보다 우월하다. 감각적인 것, 마술적인 것, 기적, 점(占)으로부터의 정화는 이암블리코스의 체계 안에서 중요한 역할을 한다.

---

2   Procl., *in Tim.*, 1308, 21 d.

3   Procl., *in Tim.*, 1308, 21 이하. d. Damasc., *Dubit.*, 54.

2. 페르가모스학파

페르가모스학파(Pergamon School)는 이암블리코스의 제자인 아이데시우스에 의해서 창설되었으며, 주로 마술과 다신숭배의 부흥에 관심을 둔 것이 특징이다. 그러므로 율리아누스 황제의 가정교사들 가운데 한 사람인 막시무스는 마술에 각별한 주의를 기울였고, 살루스티우스는 다신숭배를 위한 선전물로서 저서『신들과 이 세계에 관하여』를 저술한 반면, 율리아누스의 또 다른 가정교사인 수사학자 리보니우스는, 사르데스의 에우나피오스가 또한 그러했던 것처럼, 기독교에 반대하는 글을 썼다. 율리아누스(322-363년)는 기독교인으로 양육되었으나, 이교도가 되었다. 율리아누스는 자신의 짧은 통치기간 동안(361-363년) 기독교에 대한 광적인 반대자이며 다신숭배의 신봉자임을 나타내 보였으며, 이 다신숭배 사상을 신플라톤주의적 이설과 결합시켰는데, 그렇게 함에 있어서, 그는 주로 이암블리코스에 의존했다. 예를 들어 그는 태양을 지성적인 영역과 감성적인 영역 사이의 중간적인 영역으로 만듦으로써, 태양의 숭배를 신플라톤주의 철학에 맞추어 해석했다.[4]

3. 아테네학파

신플라톤주의의 아테네학파(Athenian School) 안에서는 플라톤의 저술에 대한 관심은 물론 말할 것도 없고, 아리스토텔레스의 저술에 대한 관심도 무성했는데, 그러한 관심은 네스토리우스의 아들이며 아테네 철학 학교의 교장이었던 플루타르코스(서기 431/2년 사망)가『영혼론』에 관하여 쓴 주석서와 플루타르코스의 아테네 학교 교장직 후계자 시리아노스(약 430년 사망)가『형이상학』에 관하여 쓴 주석서에서 드러났다. 그러나 시리아노스는 플라톤과 아리스토텔레스의 견해가 일치한다고 믿었던 사람은 아니었다. 반대로 그는 아리스토텔레스 철학의 연구를 플라톤 연구를 위한 단순한 준비

---

4   Julian, *Or.*, 4.

로 간주했을 뿐만 아니라, (『형이상학』에 관한 자신의 주석서에서) 플라톤의 관념론을 아리스토텔레스의 공격에 대하여 방어했는데, 이것은 이 논점에 관한 두 철학자들 사이의 차이를 분명하게 알고서 한 것이었다. 그러나 그는 이러한 인식에도 불구하고 플라톤, 피타고라스주의자들, 오르페우스주의자들, 그리고 '칼데아의' 문헌 사이의 일치점을 보여주려고 노력했다. 그는 유태 혈통의 시리아 사람인 도미누스에 의하여 승계되었는데, 돔니누스는 수학에 관하여 저술했다.

그러나 이 사람들 가운데 그 누구보다도 훨씬 더 중요한 사람은 그 유명한 프로클로스(410-485년)인데, 그는 콘스탄티노플에서 태어났으며, 수년 동안 아테네 철학학교의 교장이었다. 그는 지칠줄 모르는 근면한 사람이었으며, 비록 그의 많은 작품들이 소멸되었으나, 그 자신의 저작인 『신학의 기초』(Στοιχείωσις Θεολογιχή), 『플라톤의 신학』(Εἰς τὴν Πλάτωνος Θεολογίαν)와 『섭리에 대한 10개의 의문점들에 관하여』(De decem dubitationibus circa providentiam), 『섭리와 운명, 그리고 우리 안에 있는 운명에 관하여』(De providentia et fato et eo quod in nobis), 『악 실재론』(De malorum subsistentia) —마지막 3권은 모에르베크 출신 윌리암의 라틴어 번역으로 보존되어 있다— 에 더하여, 『티마이오스』, 『국가』, 『파르메니데스』, 『알키비아데스 I』과 『크라튈로스』에 관한 그의 주석들이 여전히 남아 있다. 플라톤 철학과 아리스토텔레스 철학 및 자신의 신(新)플라톤주의 선배들의 철학에 관한 광범위한 지식을 가지고 있었던 프로클로스는 이 지식에 모든 종류의 종교적 신념들, 미신들 및 의식(儀式)들에 대한 커다란 관심과 열의를 결합시켰고, 심지어는 자신이 계시를 받았으며, 신피타고라스주의자인 니코마코스의 화신이라고 믿었다. 그러니까 그는 막대한 정보와 교설(敎說)들을 마음대로 주무를 수 있었다. 그는 이 모든 요소들을 결합하여 조심스럽게 연결된 하나의 체계를 만들고자 시도했는데, 그것은 그의 변증론적 능력으로 해서 더욱더 쉬워진 과제였다. 이것으로 해서 그는 (그가 다른 사람들로부터 받아들였던 이설들에 관한 교묘한 체계화를 위하여 자신의 변증론적 능력과 천재성을 발휘했다는 점에서) 가장 위대한 고대의 스콜라 철학자라는 평판을 얻었다.[5]

---

5 에우클리데스 I에 대한 자신의 주석에서 프로클루스는 수학 철학에서의 플라톤적 입장, 아리스토텔레스적 입장, 신(新)플라톤적 입장과 그 밖의 입장에 관하여 매우 귀중한 정보를 제공한다(ed. Friedlein, Leipzig, 1873).

프로클로스의 변증법적 체계화의 주제는 삼부적(三部的) 발전이다. 확실히 이 원리는 이암블리코스가 사용했던 것이다. 그러나 프로클로스는 이것을 변증법적으로 상당히 교묘하게 사용했으며, 일자로부터 시작하는 존재들의 생성과정에 있어서, 즉 최상의 근원(Ἀρχή)에서부터 가장 낮은 단계까지 이르는 존재 등급들의 유출에 있어서 그것[삼부적 발전]을 지배적인 원리로 만들었다. 결과 또는 유출되는 존재는 원인 또는 유출의 근원과 부분적으로는 유사하고 부분적으로는 유사하지 않다. 유출되는 존재가 그것의 원천과 유사한 한, 그것은 자신의 원리와 어느 정도는 동일한 존재로 간주된다. 왜냐하면 그 과정이 발생하는 것은 오로지 후자[원천]의 자기 전달 덕분이기 때문이다. 다른 한편으로는, 유출과정이 존재하므로 유출되는 존재들 속에는 그 원리와 동일하지 않고 상이한 어떤 것이 들어 있음에 틀림없다. 그러므로 우리는 발전의 두 가지 계기(契機)를 동시에 갖는데, 그 첫 번째 것은 부분적인 동일성의 덕택으로 원리 속에 남아 있는 계기(μονή)이고, 그 두 번째 것은 외향적 유출과정의 덕택인 차이의 계기(πρόοδος)이다. 그러나 유출되는 모든 존재에는 선(善)을 지향하는 자연적인 경향이 있는데, 존재의 발전이 지닌 엄격하게 계급적인 성격 때문에, 선을 지향하는 이 자연적 경향은 유출되는 존재 쪽에서 유출의 직접적인 근원을 향하여 되돌아가는 것을 의미한다. 그러므로 프로클로스는 발전의 세 가지 계기들, 즉 ① 원리 속에 남아 있는 계기(μονή), ② 원리로부터 유출되어 나아가는 계기(πρόοδος), 그리고 ③ 그 원리로 되돌아가는 계기(ἐπιστροφή)를 구별한다. 이러한 삼부적(三部的) 발전 또는 3계기의 발전이 연속적인 유출의 전체를 지배한다.[6]

　　발전의 전 과정에 대한 본래의 원리는 제1의 원리(τὸ αὐτὸ ἕν)이다.[7] 존재는 반드시 원인을 가져야만 하며, 원인은 결과와 똑같은 것이 아니다. 그러나 우리는 무한 퇴행(regressus ad infinitum)을 인정할 수 없다. 그러므로 "하나의 뿌리로부터 가지들이 나오듯이" 많은 존재들이 유출되어 나오는 제1의 원인이 있어서, 어떤 것들은 그 제1의 원인에 보다 가깝고, 다른 것들은 보다 멀어야만 한다. 또한 그러한 제1의 원인은 오

6　　*Instit. Theol.*, 30 이하.; *Theol. Plat.*, 2, 4; 3, 14; 4, 1.

7　　*Instit. Theol.*, 4, 6; *Theol. Plat.*, 2, 4.

직 하나만이 존재할 수 있는데, 왜냐하면 다수성의 존재는 언제나 단일성에 종속적이기 때문이다.[8] 이것[제1의 원인]은 반드시 존재해야 하는데, 왜냐하면 논리적으로 우리는 모든 다수성을 단일성으로, 모든 결과들을 궁극적인 원인으로 그리고 모든 참여한 선(善)들을 절대적인 선으로 되돌리지 않을 수 없기 때문이다. 그러나 사실상, 제1의 원리는 그것이 존재를 초월하는 것처럼 단일성, 원인 그리고 선이라는 술어들을 초월한다. 우리는 궁극적인 원리의 속성이 어떤 것이라고 긍정적으로 단정할 자격이 없다는 결론이 나온다. 우리는 그것이 모든 담론적 사고와 긍정적 단정을 넘어서기 때문에 말로 나타낼 수 없고, 파악할 수 없다는 것을 깨닫고, 오로지 그것이 아닌 것[말로 나타낼 수 있고, 파악할 수 있는 것]만을 말할 수 있을 뿐이다.

근원적 일자로부터 단일체들(ἐνάδες)이 유출되는데, 그것들은 그럼에도 불구하고 초본질적이고 파악할 수 없는 신들로 간주되며, 섭리의 근원으로 간주되는데, 그것[단일체]들의 속성은 선(善)이라고 단정할 수 있다. 일자적(一者的)인 것들(Henads)로부터 지성(Nous)의 영역이 유출된다. 지성의 영역은 지성체(νοητοί)의 영역과, 지성체와 인식작용(νοητοὶ καὶ νοεροί)의 영역, 그리고 인식작용(νοεροί)의 영역으로 나뉘는데(이암블리코스 참조), 그 영역들은 각각 존재, 생명 그리고 사고라는 개념에 상응한다.[9] 프로클로스는 이러한 구분에 만족하지 못하고 지성의 세 영역 각각을 보다 더 세분했는데, 처음의 두 영역은 세 쪽으로 나뉘고, 셋째 영역은 일곱 쪽으로 나뉜다.

일반적인 지성의 영역 아래에는 영혼의 영역이 있다. 그것은 초감성계와 감성계 사이의 중간자이며 초감성계의 복사물(εἰκονικῶς)로서 그것을 반영하고 감성계에 대한 범형(παραδειγματικῶς) 노릇을 한다. 영혼의 이 영역은 신의 영혼들의 영역, '데몬의' 영혼들의 영역, 그리고 인간 영혼(ψυχαί)들의 영역이라는 세 영역으로 세분된다. 각각의 세부 영역은 다시 세분된다. 그리스 신들은 신의 영혼들의 영역에 나타나지만, 똑같은 이름이 문제의 신의 상이한 측면 또는 기능에 따라서, 다른 무리들 속에서 발견된다. 예를 들어 프로클로스는 3중의 제우스를 가정했던 것 같다. 신들과 인간

---

8   *Instit. Theol.*, ii.
9   *Theol. Plat.*, 3, 14; 4, 1.

들 사이의 가교 노릇을 하는 데몬의 영혼들의 영역은 천사들과, 데몬들과 그리고 영웅들로 세분된다.

살아 있는 피조물인 이 세계는 신의 영혼들에 의하여 형성되고 인도된다. 그것은 악(惡)일 수 없는데 (물질 그 자체도 악일 수 없다) 왜냐하면 우리는 악이 신에게 속한다고 생각할 수 없기 때문이다. 악은 오히려 불완전으로 사료되는데, 그 불완전은 존재 서열 상의 계급들과 분리될 수 없다.[10]

이러한 유출의 과정에서 생산의 원인 그 자신은 변하지 않는다고 프로클로스는 주장한다. 그것은 존재의 종속적인 영역을 현실태로 만드는데, 운동이나 손실 없이 그 자신의 본질을 보존하면서, "그것의 결과물로 변형되거나 어떠한 감소도 겪지 않고" 그렇게 한다. 그러므로 생산은 생산자의 자기 분화를 통해서도 변형을 통해서도 발생하지 않는다. 프로클로스는 플로티노스처럼, 이러한 방식으로 한편으로 무(無)에서의 창조와 다른 한편으로 참된 일원론이나 범신론 사이에 중간 노선을 찾아가려고 노력했는데, 그 이유는 생산하는 존재는 종속적인 존재의 생산을 통하여 변하지도 감소하지도 않지만, 그럼에도 불구하고 자기 자신의 존재로부터 종속적인 존재를 제공하기 때문이다.[11]

유사한 것은 오직 유사한 것에 의해서만 도달될 수 있다는 원리에 근거하여, 프로클로스는 인간 영혼에 사유 이상의 어떤 기능을 부여했는데, 영혼은 그 기능에 의하여 일자에 도달할 수 있다.[12] 이것은 황홀한 상태에서 궁극적인 원리에 도달하는 단일한 기능이다. 포르피리오스, 이암블리코스, 시리아노스 등등과 마찬가지로, 프로클로스 역시 영혼에 빛으로 구성된 에테르체를 부여했는데, 그것은 물질적인 것과 비물질적인 것 사이의 중간적인 것이며 소멸하지 않는다. 영혼이 신의 현현(顯現)을 지각할 수 있는 것은 이 에테르체의 눈에 의해서이다. 영혼은 여러 등급의 덕들을 거쳐서 (이암블리코스에게서처럼) 근원적 일자와의 황홀한 합일로 상승한다. 프로클로스는 영혼의 상승 속에 있는 3개의 일반적 단계, 에로스, 진리 그리고 신앙을 구별했다. 진리는

---

10   *Theol. Plat.*, 1, 17; in *Remp.*, I, 37, 27 이하.

11   *Instit. Theol.*, 27.

12   *In Alcib.*, Ⅲ; *de Prov.*, 24.

아름다운 것에 대한 사랑을 넘어서도록 영혼을 이끌며, 참된 실재에 대한 지식으로 영혼을 가득 채운다. 반면에 신앙은 이해할 수 없고 말로 표현할 수 없는 것 앞에서의 신비적인 침묵에 있다.

프로클로스의 아테네학파 수장직은 사마리아의 원주민 마리누스에 의하여 승계되었다. 마리누스는 수학에 뛰어났으며, 플라톤에 대한 청명하고 온당한 해석으로 두드러졌다. 예를 들면, 그는 『파르메니데스』에 관한 자신의 논평에서 일자 등은 신들이 아니라, 이데아들을 가리킨다고 주장했다. 그러나 그렇다고 해서, 그가 그것 때문에, 종교적 미신들에 커다란 중요성을 부여하는 당시의 유행을 좇지 못했던 것은 아니었으며, 그는 덕들의 등급 최정상에 이론적 덕(θεουργιχαὶ ἀρεταί)을 위치시켰다. 마리누스의 교장직은 이시도루스에게 승계되었다.

아테네 철학 학교 교장들 가운데 마지막 사람은 다마스키우스(서기 약 520년부터 교장이었음)였는데, 그에게 마리누스는 수학을 가르쳤다. 인간의 이성은 일자와 유출되는 존재들과의 관계를 이해할 수 없다는 결론을 내리지 않을 수 없게 된 다마스키우스는 인간의 사색은 실제로 진리에 도달할 수 없다고 생각했던 것 같다. 이 문맥에서 우리가 사용하는 모든 단어들, 즉 '원인'과 '결과', '유출과정', 등은 비유에 불과할 뿐이고 현실태를 묘사하지는 않는다.[13] 다른 한편으로 그는 사변을 포기할 생각이 아니었으므로, 견신론(見新論), '신비주의' 그리고 미신을 제멋대로 놔두었다.

다마스키우스의 잘 알려진 제자는 심플리키우스인데, 그는 아리스토텔레스의 『범주론』, 『자연학』, 『천체론』 및 『영혼론』에 관하여 귀중한 논평들을 썼다. 『자연학』에 관한 논평이 특히 귀중한데, 왜냐하면 소크라테스 이전 철학자들의 단편들이 그 속에 포함되어 있기 때문이다.

529년 유스티아누스 황제는 아테네에서 철학을 가르치는 것을 금했고, 따라서 다마스키우스는 심플리키우스와 그 밖에 신(新)플라톤학파의 학생들 5명과 함께 페르시아로 갔는데, 거기서 그들은 코스로에스 왕의 환영을 받았다. 그러나 그들은 페르시아의 문화 상태에 명백한 실망을 느끼고, 533년 아테네로 되돌아 왔다. 6세기 중엽 직

---

[13]   *Dubit.*, 38, I 79, 20 이하; 41, I 83, 26 이하; 42 I 85, 8 이하; 107 I 278, 24 이하.

후에 남아 있었던 이교도적인 신플라톤주의자들은 더 이상 없었던 것 같다.

━━━━━━━━ **4. 알렉산드리아학파**

01.　신플라톤주의 계열인 알렉산드리아학파는 특수과학의 분과들에 대한 연구 및 플라톤과 아리스토텔레스의 저작들에 주석을 다는 작업의 중심지였다. 히파티아 (그는 서기 415년 기독교의 한 광신적 폭도에 의해 살해당한 것으로 유명하다)는 수학과 천문학에 관한 글을 썼는데, 플라톤과 아리스토텔레스에 관해 강연을 했다고도 전한다. 또 말년 에 카리아에 있는 아프로디시아스에서 살았던 알렉산드리아의 아스클레피오도투스 (서기 5세기 후반)는 과학과 의학, 수학, 그리고 음악을 연구했다. 암모니우스, 요아네스 필로포누스, 올림피오도로스, 그리고 그 밖에 많은 사람들이 플라톤과 아리스토텔레 스의 작품에 주석을 달았다. 이 학파의 주석들에서는 아리스토텔레스의 논리적 저작 에 특별한 주목이 이루어졌는데, 이 주석들은 온건했으며 또 자신들이 주석을 달고 있 는 작품들을 자연스럽게 해석하려는 주석자들의 욕구를 보여주고 있다고 일반적으로 말할 수 있다. 형이상학적이고 종교적인 관심사들이 전면에서 물러나는 경향이어서, 이암블리코스와 프로클로스의 특징이었던 다수의 중간적 존재자들은 폐기되었고, 환 희설(說)은 거의 주목받지 못했다. 프로클로스의 제자였으며, 경건하면서 어느 정도는 신비적 경향을 지녔던 아스클레피오도투스 마저도 복잡하고 고도로 사변적인 형이상 학을 회피했다.

02.　알렉산드리아 신플라톤주의의 특징은 그것이 기독교 및 저 유명한 교리문답 학파 사상가들과 관계를 맺고 있었다는 것이다. 이암블리코스와 프로클로스의 사변적 인 사치를 버린 결과, 알렉산드리아의 신플라톤 학파는 점차 특유의 이교적 성격을 상 실하고 오히려 '중립적'인 철학적 기관이 되었다. 논리학과 과학은 분명 기독교도들과 이교도들이 다소간 공통적인 기반을 가지고 만날 수 있는 주제였다. 이처럼 이 학파와 기독교 간의 관계가 증대함으로써 콘스탄티노플에서 헬레니즘 사상이 계속될 수 있었

던 것이다. (알렉산드리아의 스테파누스는 콘스탄티노플로 이주하여, 헤라클리우스 황제가 통치하던 7세기 전반부, 즉 유스티니아누스가 아테네의 학원을 폐쇄한지 1세기 후에 대학에서 플라톤과 아리스토텔레스를 해설했다.) 알렉산드리아에서 신플라톤주의자들과 기독교도들 간에 밀접한 관계가 있었다는 한 가지 예가 히파티아의 제자였던 케레네의 시네시우스의 생애인데, 그는 서기 411년에 프톨레마이스(Ptolemais)의 주교가 되었다. 또 하나의 두드러진 예는 요아네스 필로포누스가 기독교로 개종한 것이다. 개종자로서 그는 세계의 영원성이라는 프로클로스의 개념에 반박하는 책을 썼으며, 그가 시간 안에서의 창조를 가르치는 것이라고 해석한 플라톤의 『티마이오스』에 의거하여 자기 자신의 견해를 옹호였다. 필로포누스는 또한 플라톤이 모세 5경으로부터 지혜를 얻었다는 견해를 주장하기도 했다. 또 페니키아 지방 에메사의 주교인 네메시우스를 언급할 수 있는데, 그는 알렉산드리아 학파의 영향을 받았다.

03.　　그러나 신플라톤주의가 알렉산드리아의 기독교 사상가들에게 막대한 영향을 끼쳤다면, 기독교 사상가들이 비기독교 철학자들에게 영향력이 없지 않았다는 것 또한 분명한 사실이다. 이 점은 서기 420여 년경부터 알렉산드리아에서 가르쳤던 알렉산드리아의 히에로클레스의 경우에서 분명히 볼 수 있다. 히에로클레스는 자신의 신플라톤주의 전임자들보다는 오히려 중기 플라톤주의와 유사성을 보여주고 있는데, 그 이유는 그가 이암블리코스와 프로클로스에 의해 매우 과장되었던 존재자들의 위계질서라는 플로티노스의 사상을 무시하고, 오직 하나의 초지상적 존재인 데미우르고스만을 인정하기 때문이다. 그러나 특히 두드러진 점은 히에로클레스가 데미우르고스에 의한 무(無)로부터의 자유로운 창조를 주장한다는 점이다.[14] 그는 사실상 시간 안에서의 창조를 거부하지만, 이러한 사실이 그가 기독교의 영향을 받았을 커다란 가능성을 반박하는 것은 아니다. 운명('Αιμαρμένη)이 히에로클레스에게는 기계론적 결정론이 아니라 인간의 자유로운 행위에 어떤 영향을 주는 것으로 이해될 때에는 특히 그

14　　*Phot.*, 460 b 23 이하; 461 b 6 이하.

렇다. 그러므로 탄원하는 기도와 섭리적인 운명은 상호 배타적인 것이 아니며,[15] 필연성 혹은 운명의 교의(敎義)는 한편으로 인간의 자유, 다른 한편으로 신의 섭리라는 기독교의 주장과 더욱 조화롭게 된다.

---

5. 서구 기독계의 신플라톤주의자들

서구 기독계의 신플라톤주의에 대하여 하나의 '학파'라고 말하는 것은 정당한 것이라고 할 수 없을 것이다. 그러나 통상 '서부 기독계의 신플라톤주의자들'이라고 분류되는 사상가들에게 공통적인 특징이 하나 있는데, 그것은 신플라톤주의의 사변적 측면은 거의 눈에 띄지 않지만, 반면에 학문적 측면이 전면에 부각된다는 것이다. 그리스어 저작들을 라틴어로 번역함으로써, 그리고 라틴 철학자들에 대해서뿐만 아니라 플라톤주의와 아리스토텔레스주의의 저작들에 대해서도 주석을 닮으로써, 그들은 철학에 대한 연구가 로마세계에 확산되는 데 도움을 주었으며, 동시에 고대철학이 중세시대로 넘어가는 교량을 건설했다. 그러므로 서기 4세기 전반에 칼키디우스(아마도 원래 기독교도였거나 아니면 기독교도가 된 사람이다)는 플라톤의 『티마이오스』를 라틴어로 번역했고 그에 대한 라틴어 주석을 달았다. 이것은 분명 포세이도니오스의 주석(그리고 아마도 매개 역할을 한 저작들을 이용하면서)에 의존한 것이다. 이 번역물과 그것에 대한 주석은 중세시대에 매우 많이 사용되었다.[16] 같은 세기에 마리우스 빅토리누스(나이가 들어서 기독교인이 되었음)는 아리스토텔레스의 『범주론』과 『명제론』, 포르피리오스의 『아리스토텔레스의 범주론 입문』(*Isagoge*), 그리고 몇몇 신플라톤주의자들의 작품을 라틴어로 번역했다. 그는 키케로의 『변증론』과 『발견론』에 대한 주석서도 썼고, 자신의 작품인 『정의론』(*De Definitionibus*)과 『삼단추리론』도 저술했다. 기독교도로서 그는 신학

---

15   *Phot.*, 465 a 16 이하.

16   이 작품은 다른 그리스 철학자들의 인용문과 원문과 견해들뿐 아니라 플라톤의 다른 대화편으로부터의 인용문들을 포함하고 있기 때문에, 칼키디우스는 기원후 12세기에 이르기까지 그리스 철학에 대한 지식을 얻기 위한 주요 근원들 가운데 하나로 간주되게 되었다.

적인 작품들도 썼는데, 이것들 대부분은 오늘날에도 현존하고 있다. (성 아우구스티누스는 마리우스 빅토리누스에게 영향을 받았다.) 이외에 언급해야 할 사람으로, 아리스토텔레스의『분석론』에 대한 테미스티우스의 주석을 번역한 베티우스 아고니우스 프라이텍스타투스(Vettius Agonius Praetextatus, 384년 사망)가 있고, 또한 마크로비우스(그는 말년에 기독교도가 된 것으로 보인다)가 있는데, 그는『새턴 축제』(*Saturnalia*)와 키케로의『스키피오의 꿈』(*Somnium Scipionis*)에 대한 주석을 서기 400년경에 썼다. 이 주석에는 신플라톤주의적 유출이론이 나타나고 있으며, 여기서 마크로비우스는『티마이오스』에 대한 포르피리오스의 주석을 이용하고 있는 듯한데, 이 포르피리오스의 주석 역시 포세이도니오스의 주석을 이용하여 이루어진 것이다.[17] 5세기 벽두에 마르티아누스 카펠라는 (오늘날에도 현전하는)『머큐리와 문헌학의 결혼에 관하여』를 저술했는데, 이 책은 중세에 많이 읽혔다. (예컨대 오세르의 레미기우스는 이에 대한 주석을 달았다.) 일종의 백과사전이라고 할 수 있는 이 책은 7자유학예의 각각을 다루고 있는데, 제3권에서 9권까지가 각기 하나의 학예를 다루고 있다. 이것은 3학(trivium) 4예(quadrivium)의 7자유학예를 교육의 기초로 삼았던 중세에 매우 중요한 것이었다.

그러나 앞서 언급한 그 어느 저술가보다도 더 중요한 사람은 기독교인 보에티우스(대략 서기 480-524/5)이다. 그는 아테네에서 수학했고, 동고트의 테오도리쿠스 왕 밑에서 고위직을 지냈으며, 반역죄를 짓고 한동안 옥살이를 하다가 마침내 처형되었는데, 그가 그[옥살이를 하던] 동안에 그 유명한『철학의 위안』을 저술했다. 보에티우스의 철학은 중세철학의 도입부에 다루는 것이 훨씬 편리하기 때문에, 여기서 나는 그의 몇몇 저작을 언급하는 데 만족할 것이다.

아리스토텔레스의 모든 저작을 라틴어로 번역하고, 그것들에 대한 주석을 다는 것이 보에티우스의 목표였으나, 그는 자신의 기획을 완전히 실행하는 데 성공하지 못했다. 그러나 그는『범주론』,『명제론』,『변증론』,『분석론』및『소피스트 논박』을 라틴

---

17 마크로비우스는 수(數)-상징론, 유출설, 덕에 관한 플로티노스적 위계론, 그리고 심지어는 다신론까지도 자신의 주석에 도입하고 있기 때문에, 이 저작은 "실로 신플라톤적 이교주의의 모든 학설을 종합한 산물"이다. (Maurice De Wulf, *Hist. Med. Phil.*, I, 79쪽. E. Messenger, 박사 옮김, Longmans, 3rd Eng. edit., 1935.)

어로 번역했다. 보에티우스는 자신의 원래 계획에 따라『오르가논』이외의 다른 아리
스토텔레스 저작들을 번역했을지도 모르지만, 그 여부는 확실하지 않다. 그는 포르피
리오스의『아리스토텔레스 범주론 입문』을 번역했는데, 중세 초기를 그토록 뒤흔들
었던 보편자에 관한 논쟁은 포르피리오스와 보에티우스에 대한 언급에서 출발한다.

『아리스토텔레스의 범주론 입문』(마리우스 빅토리누스의 번역)에 대한 이중의 주
석을 제공한 이외에도, 보에티우스는 [아리스토텔레스의]『범주론』과『명제론』,『변증
론』,『분석론』, 그리고 (아마도)『소피스트 논박』에 대한 주석과 키케로의『변증론』에
대한 주석을 썼다. 그는 이러한 주석에 더하여, 그 자신의 작품도 저술했는데,『정언
삼단논법 입문』(*Introductio ad categoricos syllogismos*),『정언 삼단논법론』(*De categoricis syl-
logisomis*),『가언 삼단논법론』(*De hypotheticis syllogismis*),『구분론』(*De divisione*),『제 주제
론』(*De topicis differentiis*),『철학의 위안』(*De Consolatione Philosophiae*),『수학교육론』(*De
Institutione arithmetica*) 등이 그것이다. 생애 마지막 기간에는 몇 개의 신학적 소논문들
이 그의 펜 끝에서 나왔다.

이와 같이 번역과 주석에 들인 막대한 노력으로 인해 보에티우스는 고대와 중
세를 연결하는 주요 매개자로, 그리고 (실제 그가 그렇게 불렸듯이) "최후의 로마인이자 최
초의 스콜라 철학자"라고 불릴 수 있다. "12세기의 끝무렵에 이르기까지 그는 아리스
토텔레스주의가 서구세계로 유입되는 주요 통로였다."[18]

18　M. De Wulf, *Hist. Med. Phil.*, I, 109쪽.

제46장

결론적 개관

    우리가 그리스의 철학과 그리스-로마 세계의 철학을 되돌아볼 때, 소아시아 해변 위에서의 그것의 소박한 출발을 바라볼 때, 헤라클레이토스의 정신적인 힘과 포괄적인 마음을 보거나 또는 파르메니데스가 철학적 언어의 치명적인 빈곤과 투쟁하는 것을 볼 때, 이 세상 사람들이 지금까지 보았던 가장 위대한 두 철학, 즉 플라톤의 철학과 아리스토텔레스의 철학의 발전을 추적할 때, 스토아학파의 영향력이 넓어지는 것을 보며 고대 정신의 마지막 창조적 노력인 플로티노스의 신(新)플라톤주의 체계가 전개되는 것을 목도할 때, 우리는 우리가 인류 최상의 성취들 가운데 하나를 마주하고 있음을 인정하지 않을 수 없다. 만약 우리가 감탄하면서, 시실리에 있는 그리스 사원들, 중세의 고딕 성당들, 수사 안젤리코나 미켈란젤로의 작품, 루벤스의 작품이나 벨라스케스의 작품을 응시한다면, 만약 우리가 호메로스나 단테, 셰익스피어나 괴테의 저작들을 소중히 한다면, 우리는 순수 정신의 영역 안에서 위대한 것에 대해서도 똑같은 감탄의 경의를 표해야만 하며, 그것을 우리 유럽 유산의 가장 위대한 보물들 가운데 하나로 여겨야만 한다. 풍요로운 그리스 정신 속으로 파고들기 위해서는 분명히 정신적 노고와 인내가 요구되지만, 두 명의 천재인 플라톤과 아리스토텔레스의 철학을 이해하고 음미하려는 시도에 지불되는 노력이라면 어떠한 것도 충분히 보상을 받는다. 이것은, 우리가 베토벤이나 모차르트의 음악이나 카르투지오 성당의 아름다움을 한껏 음미하기 위하여 기울이는 노력이 낭비가 아닌 것처럼, 낭비일 수 없다. 그리스의 연극, 그리스의 건축, 그리스의 조각은 그리스의 천재와 문화, 그리고 헬라스의 영광을 기념하는 불멸의 기념비들이다. 그러나 그리스 철학이 없이는, 그 영광은 완전하지 못할 것이고, 우리가 그리스 철학을 얼마간 알지 못한다면, 우리는 그리스 문화를 완전하게 이해할 수 없을 것이다. 이 결론적인 단평(短評)에서 내가, 우리가 그리스 철학을 전체로 간주할 수 있는 상이한 방식들에 관하여 몇 가지 제안들(이 제안들 가운데 몇 가지는 이미 다루어졌다)을 한다면, 그리스 철학을 이해하는 데 도움이 될 것이다.

01.　나는 일(一)과 다(多)의 문제를, 특히 소크라테스 이전의 철학자들과 연결하여 이미 언급했다. 그러나 일과 다의 관계와 성격에 대한 주제는 그리스 철학 전반에 걸쳐 감지될 수 있다. 다는 경험 속에 주어져 있는 반면 철학자는 다를 개관적(槪觀的) 시각으로 보려고 하며, 실재에 대한 포괄적인 견해에 도달하고자, 즉 다를 일의 관점에서 보고자 또는 어떤 의미에서는 다를 일로 환원시키고자 한다는 사실 때문에 그 주제가 철학 전반을 관통하는 것과 똑같다. 개관적으로 보려는 이 시도는 소크라테스 이전 우주론자들의 경우 매우 명백하다. 따라서 경험의 다를 사고가 요구하는 일과 조화시키려던 그들의 시도는 주로 물질의 차원에서 수행되었다는 것을 상기하는 이상으로 이 문제를 다시 심사숙고할 필요는 없다. 다는 물질적이며, 일 또한 상이성 안에서의 통일성으로 물질적인데, 물이거나 또는 중간자이거나 또는 공기이거나 또는 불이다. 어느 때는 엘레아학파의 체계에서처럼 통일성의 측면이 우세하며, 어느 때는 레우키푸스와 데모크리토스의 원자론적 철학에서처럼 다가 우세하다. 비록 우리가, 예를 들면 피타고라스의 철학에서 영혼과 육체가 보다 명백하게 구분되는 것을 보는 데 반하여, 아낙사고라스의 경우에는 정신(Nous)의 개념이 유물론으로부터 해방되는 경향을 보이긴 하지만, 정신이 물질적 단계를 넘어서지는 못하는데, 이것은 부분적으로는 분명히 언어의 빈곤 때문이다.

　　우리가 소피스트들이 전적으로 이 문제에 몰두했다고 말할 수 있는 한, 강조되는 것은 다양성(삶의 방식의 다양성, 윤리적 판단의 다양성, 의견의 다양성)의 측면인 반면, 소크라테스의 경우에는 가치에 대한 참된 판단의 기초적 단일성이 명백하게 드러나 있기 때문에, 통일성의 측면이 강조된다. 그러나 그 문제의 복잡성과 풍요성을 실제로 발전시킨 사람은 플라톤이다. 현상들과 경험적 자료들의 무상한 다양성이 범형적인 이데아들의 일원적 실재들을 배경으로 하여 보여지고 인간의 정신에 의해서 개념 속에서 이해된다. 그리고 실재의 이데아적 권역에 대한 이 주장은 그 철학자가 일과 다의 문제를 논리적 영역에서뿐만 아니라, 비물질적 존재에 대한 존재론적 영역에서도 고찰하도록 강요한다. 그 결과는, 비물질적 단일성들(그 자체는 하나의 다양성이다)은 초월적인 영역과 궁극적인 전형을 종합하는 실재인 일자의 기능 안에서 보여진다는 것이다. 나아가 비록 감관경험의 특수자들, 즉 과거 우주론자들의 다가 정확하게 개념적 사고에 의해서 발을 들여놓을 수 없는 것으로 간주된 자신들의 특수성에 관해서, 무한자 또는 중간자 속으로 '축출되'긴 하지만, 물질적 세계 전체는 정신 또는 영혼에 의하여 질서지어지고 알려지는 것으로 간주된다. 반면에 '분리(chorismos)'는 범형적인 실재와 무상한 특수자들 사이에 남겨지는 한편, 범형적인 것과 작용인 사이의 정확한 관계에 대해서는 (적어도 명백하게는) 어떠한 대답도 주어지지 않는다. 따라서 비록 플라톤이 문제의 복잡성을 보다 눈에 띄게 하고 소크라테스 이전의 유물론을 명백히 넘어서지만, 그 문제에 충분한 해결책을 제공하는 데는 실패하며 우리에게 한편으로는 실재의 영역과 다른 한편으로는 반(半)실재 또는 전화(轉化)의 영역이라는 이원론을 남긴다. 그의 비물질적인 것에 대한 주장은 그를 파르메니데스와 헤라클레이토스 위에 올려놓지만, 그 주장조차 존재와 전화 또는 일과 다의 관계를 설명하는 데 충분할 수 없다.

　　아리스토텔레스의 경우, 우리는 물질계의 풍부함과 비옥함에 대한 보다 커다란 깨달음을 발견한다. 그는 자신의 내재적인 실체적 형상론을 통하여, 일과 다라는 실재들의 어떤 종합의 실행을 시도하는데, 그 종합이란 하나의 종(種) 안에 있는 다양한 성원(成員)들이 유사한 종적(種的) 형상에 소유되어 결합되는 (비록 거기에 수적(數的)인 동일성은 없지만) 것이다. 또 다시, 물질형태론은 아리스토텔레스로 하여금 지상에서의 실재적 통일원리를 주장할 수 있게 한 한편, 동시에 그는 경험 속에 주어진 명백한 다양성과 상충될 것 같은 단일성의 지나친 강조는 피했다. 따라서 그는 안정성의 원리와 변화의 원리를 제공함으로써, 존재와 전화 모두를 공평하게 다루었다. 또한 아리스토텔레스의 부동의 원동자, 우주의 궁극적인 목적인은 현상들의 다양성을 지성적인 단일성 속으로 끌어들이기 때문에, 어느 정도는 통일과 조화의 원리 노릇을 했다. 그러나 반면에 아리스토텔레스는 플라톤의 이데아론이 불만스러웠으며, 그것의 약점을 알았기 때문에 불행하게도 플라톤의 범형주의를 전반적으로 거부하게 되지만, 한편으로 그가 우주의 작용인성(作用因性)을 명백하게 배제할 정도로 목적인성(目的因性)을 고집하는 것은 그가 신(神)과 독자적인 세계 사이의 궁극적인 이원론을 주장한다는 것을 의미한다.

아리스토텔레스 이후의 철학에서, 스토아주의에서 우주적 범신론(그것은 윤리적 세계시민주의 속에 반영된다)으로 귀결되는 일(一)에 대한 지나친 강조를 보는 것과, 그리고 에피쿠로스주의에서, 원자론적 기초 위에 세워진 우주론과 (최소한 이론적으로는) 이기주의적 윤리학 속에서 나타나는 다(多)에 대한 지나친 강조를 보는 것은 공상적인 일이 아니다. 우리는 신(新)피타고라스주의와 중기 플라톤주의에서, 신플라톤적 체계에서 절정을 이루는 피타고라스적, 플라톤적, 아리스토텔레스적 그리고 스토아적 요소들의 제설혼합(諸說混合)이 증가하는 것을 본다. 이 체계 안에서 일과 다의 문제의 해결에 대한 유일하게 가능한 방법이 파악되는데, 그것인즉 다는 어떤 방식으로든 일로부터 유출되어야 한다는 것이다. 그러면 한편으로는 신과 독자적인 세계 사이의 이원론이 피해지며, 다른 한편으로는 일원론이 피해져서 일과 다의 실재, 즉 일의 최고 실재와 다의 독립적인 실재가 정당하게 다루어질 수 있을 것이다. 그러나 신플라톤주의자들은 자신들의 존재 위계론을 통하여 우주적 일원론을 거부하고 초월적 일자(一者)의 어떠한 자기 분화도 거부했다. 또 그들은 '다중적 다(manyfold Many)'를 인정하고 우주와 하위 등급의 존재를 환상으로 만들려고 시도하지 않는 반면, 진정한 창조와 일원론 사이의 사잇길을 헤쳐나가려는 자신들의 시도의 불만족스러운 성격을 간파하지 못했으며, 그들의 '유출'론은, 한편으로 무(無)로부터의 창조에 대한 자신들의 부정(否定)이 주어지고, 다른 한편으로는 신의 자기 분화에 대한 자신들의 부정이 주어지면, 어떠한 지적인 의미도 갖지 못하고 단순한 비유로 남을 뿐이라는 점을 간파하지 못했다. 자신과 실체들의 무로부터의 창조(creatio ex nihilo sui et subiecti)에 대한 진정한 해결의 주장은 기독교 철학에 넘겨졌다.

02.　조금 다른 관점에서 보면, 우리는 전체로서 그리스 철학을 궁극적인 원인 또는 이 세계의 원인을 발견하려는 시도로 간주할 수도 있을 것이다. 아리스토텔레스가 말하듯이 소크라테스 이전의 철학 일반은 물질적 원인 즉, 이 세계의 원질료(Urstoff)에 관심을 두었는데, 그것은 부단한 변화를 넘어서 영구히 존속하는 것이다. 그러나 플라톤은 범형인(範型因) 즉, 관념적이며 초물질적 실재를 특별히 강조한 반면, 소크라테스 이전 철학자 아낙사고라스의 제1단계를 발전시켜, 운동의 작용인(Efficient operative Cause), 즉 정신과 영혼을 주장했다. 아리스토텔레스가 한 말에도 불구하고, 그는 목적인을 무시하지 않았는데, 왜냐하면 범형인은 또한 목적인이기도 하기 때문이다. 그것은 이데아일 뿐만 아니라 이상이기도 하다.『티마이오스』에 분명하게 진술되어 있는 것처럼, 이 세상에서 신(神)은 어떤 하나의 목표를 노리고 행동한다. 그러나 플라톤은 범형인과 작용인의 이분법을 떠났던 것으로 보인다(최소한 이것은 그가 실제로 말하는 것에 의해서 추정되며 그가 그 두 궁극적 원인들을 결합시켰다고 단정할 충분한 근거는 없다). 반면에 지상의 세계에서 그는 아리스토텔레스가 제공한 그 분명한 위치를 내재적인 형상인에 부여하지 않는다. 그러나 아리스토텔레스는 지상 세계에서 내재적인 형상인과 질료인에 관한 명백한 이론을 발전시킨 반면, 그의 체계는 궁극적인 작용인과 범형인에 관해서는 딱하게도 부실하다. 아리스토텔레스의 신은 궁극적인 목적인으로 작용하지만, 그러나 그 철학자[아리스토텔레스]는 신의 불변성과 자족성이 작용인성의 활동과 어떻게 조화될 수 있을 지를 알지 못했기 때문에, 최종적인 작용인을 제공하는 것을 소홀히 했다. 그는 부동의 원동자에 의한 목적인성의 활동이 또한 필수적인 최종적 작용인성이기도 하다고 확신했음이 틀림없다. 그러나 이것은 아리스토텔레스에게 있어서 이 세계는 영원할 뿐만이 아니라, 존재론적으로 신으로부터 독립적이기도 하다는 것을 의미했다. 부동의 원동자가 목적인성을 무의식적으로 활동시킴으로써 이 세계를 탄생시키는 것으로 간주될 수는 없을 것이다.

　그러므로 플라톤과 아리스토텔레스의 종합이 필요한데, 신(新)플라톤주의에서 (결국 그것이 되는 중도적 철학에서도 어느 정도는 마찬가지로)는 비록 전적으로 만족스러운 방식은 아니지만, 아리스토텔레스의 신과 플라톤의 범형인과 작용인이 다소간 결합된다. 반면에 기독교 철학에서는 최종적인 작용인, 범형인 그리고 목적인이 하나의 정신적 신 (그것은 최고의 존재이며 실재이고, 모든 피조물과 종속적인 존재의 근원이다) 속에서 명백하게 동일시된다.

03.　또한 우리는 그리스 철학 전체를 각 체계들 속에서 처한 입장에 따라, 휴머니즘의 관점에서 볼 수 있을 것이다. 소크라테스 이전의 우주론은 내가 이전에 지적했던 것처럼, 특별히 대상과 물질적 우주에 관계했으며 인간은 그 우주 속의 한 항목으로 간주되었는데, 예를 들면 그의 영혼은 최초의 불이 응축된 것이거나(헤라클레이토스) 또는 특수한 유형의 원자들로 구성된 것이다(레우키푸스). 반면에, 예를 들어 피타고라스의 철학과 엠페도클레스의 가르침 속에서 발견되는 것과 같은 영혼윤회설은 인간의 내부에는 물질에 우선하는 원리가 있음(그것은 플라톤의 철학에서 훌륭한 결실을 맺을 사상이었다)을 함의했다.

　　소피스트들의 경우와 소크라테스의 경우, 우리는 여러 가지 원인 때문에 객체로부터 주체로, 물질적 우주 그 자체로부터 인간에게로의 전환을 발견한다. 그러나 그 두 실재들을 포괄적인 종합 속에서 연결하려는 첫 번째의 진정한 시도가 이루어진 곳은 플라톤의 철학 안에서이다. 인간은 알며 원하는 주체로서, 즉 자신의 개인 생활과 사회 생활 속의 참된 가치들을 깨달으며 깨달아야 하는 존재로서, 불멸의 영혼을 부여받은 존재로서 나타난다. 그리고 인간의 지식, 인간의 본성, 인간의 행위와 인간의 사회를 심원하고 예리한 분석과 고찰의 대상으로 삼았다. 반면에 인간은 두 세계, 즉 인간 위의 완전히 비물질적인 실재세계와 인간 아래의 단순하게 물질적인 한계 사이에 놓인 존재로서 나타난다. 그러므로 인간은 육화된 정신이라는 자신의 이중적 성격 속에서, 중기 스토아의 뛰어난 사상가인 포세이도니오스가 후에 비물질적인 것과 물질적인 것의 두 세계들 사이를 잇는 끈(δεσμός)이라고 부르게 되는 것으로 나타난다.

　　인간은 아리스토텔레스의 철학에서 또 다시, 말하자면 중간적 존재가 되는데, 왜냐하면 플라톤뿐만 아니라 아리스토텔레스도 인간을 최상의 존재로 간주하지 않았기 때문이다. 뤼케이온의 창설자는 아카데메이아의 창설자와 마찬가지로 인간 위에는 불변의 존재가 있으며 불변의 존재에 대한 관조가 인간 최고 능력의 발휘라고 확신했다. 또한 아리스토텔레스는 플라톤과 마찬가지로 인간의 심리, 인간의 행위, 인간

의 사회를 깊이 고찰했다. 그러나 우리는 아마도 아리스토텔레스의 철학에 대해서 그
것은 플라톤의 철학보다 더 인간적이며 동시에 덜 인간적이라고 말할 수 있을 것이다.
예를 들면, 그는 영혼과 육체를 플라톤보다 더 긴밀하게 서로 엮어서 보다 '사실주의
적인' 인식론을 생산하며, 인간의 미적 경험과 예술작품에 보다 큰 가치를 부여하고,
정치적 사회를 다룸에 있어 보다 '상식적'이라는 점에서는 더 인간적이지만, 모든 인
간 내부의 능동적인 지성에 대한 확인(『영혼론』에 대한 보다 그럴듯한 해석에 따르면 그렇다)
이 개인의 비불멸성에 대한 부정으로 귀결된다는 점에서는 덜 인간적이다. 또한 아리
스토텔레스에는 어떤 실재적 의미에서도 인간이 신과 결합될 수 있을 것이라고 암시
하는 것이 전혀 없다.

그러나 비록 플라톤과 아리스토텔레스가 개인으로서 그리고 사회의 구성원으
로서의 인간과 인간의 행위에 대한 연구가 중요한 위치를 차지한다고 생각한 것이 사
실이긴 하지만, 그 두 사람이 (아리스토텔레스의 경험과학적 경향에도 불구하고) 모두 위대한
형이상학자이며 사변적 철학자였고, 우리는 그 두 사람 가운데 누구에 대해서도 그가
자신의 관심을 인간에만 고정시켰다고 말할 수 없을 것이다. 그러나 헬레니즘과 로마
시대에는 인간이 점점 더 논의의 중심을 차지하게 된다. 우주론적 사변은 시들해지는
경향이고 그 성격에 있어서 독창적이지도 못했다. 반면에 에피쿠로스주의와 발전된
스토아철학에서 철학자는 무엇보다도 인간의 행동에 관심을 둔다. 이러한 인간의 몰
두는 후기 스토아, 즉 세네카와 마르쿠스 아우렐리우스 등 고상한 이설(아마도 에픽테토
스의 이설이 가장 눈에 띌 것이다)을 탄생시키는데, 그 이설들에서는 모든 사람들이 이성적
존재로서 형제요, '제우스'의 자식들로 나타난다. 그러나 스토아학파에서 가장 강조되
는 것이 인간의 도덕적 행위라면, 플라톤적 전통에 영향을 받은 학파들과 사상가들 사
이에서 두드러진 것은 인간의 종교적 능력과 필요와 갈망이다. '구원'과 신에 대한 지
식과 신과의 동화에 대한 이설은 일자(一者)와의 황홀한 합일(合一)에 대한 플로티노스
의 이설에서 그 절정을 이룬다. 에피쿠로스주의와 스토아주의(아마도 후자는 약간의 제약
을 두고 말해야 하겠지만)가 우리가 수평적 측면에서 인간을 논한다면, 신(新)플라톤주의
는 수직적 측면, 즉 인간의 신에로의 상승을 논한다.

04.　　인식론 또는 지식론은 일반적으로 철학의 한 분야로 간주되는데, 그것에 대한 연구는 우리의 근대 시대에 두드러지며, 어떤 근대 철학자들에게는 그것이 사실상 철학의 전부를 이루었다. 제일 먼저 인식론을 실제로 심각하고 비판적인 학문으로 만든 것은 근대 철학이었다는 주장에는, 물론 많은 진리가 담겨 있으나, 그것은 제한 없이 주장되면 완전히 참인 진술은 아니다. 역시 인식론적 논제들을 다루었던 중세철학을 무시하더라도, 고대의 위대한 사상가들이 (비록 인식론이 철학의 독립된 한 분야로 인정되지 않았다고 하더라도, 또 그것에 부여된 비판의 중요성은 일반적으로 근대, 최소한 임마누엘 칸트 시대 이후라는 점을 인정한다 하더라도) 인식론적 문제들에 어느 정도 몰두했다는 것을 부정할 수는 없다. 나는 고대철학에서의 인식론 발전에 대한 완벽한 개관을 제공하려는 시도를 하지 않고, 고대의 세계에서 중요한 인식론적 문제들이 비록 대낮의 햇빛 속으로 드러나지는 않았으며 그 문제들이 받아 마땅한 세심한 주의를 받지는 못했지만, 최소한 땅 위로 그 얼굴을 쳐들었다는 사실을 명백히 하는 데 도움이 될 수 있을 한두 가지 논점들을 제안하려고 한다.

　　소크라테스 이전의 철학자들은 그들이 인간은 실재를 객관적으로 알 수 있다고 추정한다는 의미에서 대개는 '독단론자들'이었다. 엘레아의 철학이 진리의 길과 신념 또는 의견 또는 외양의 길을 구분했다는 것은 사실이다. 그러나 엘레아학파의 사람들 자신은 그들의 철학 속에 포함된 그 문제들의 중요성을 깨닫지 못했다. 그들은 합리주의적인 근거 위에서 일원론적 입장을 택했는데, 이 입장이 감관경험의 자료와 상충하기 때문에 현상들의 객관적 실재를 호기롭게 부정했다. 그들은 자신들의 일반적인 철학적 입장이나 현상을 초월할 수 있는 인간 정신의 능력에 대해 회의적이었던 것이 아니라, 오히려 이 능력이 있다고 추정했다. 그들은 현상의 객관적 실재를 부정함으로써 자신들의 형이상학을 붕괴시키고 있다는 것을 명백하게 깨닫지 못했다. 그러므로 일반적으로 엘레아학파의 사상가들은 제논과 같은 사람의 변증법적 능력에도 불구하고, 소크라테스 이전 철학자들의 일반적으로 무비판적인 태도에 대해 예외적인 사람들이라고 말할 수 없다.

　　소피스트들은 정도의 차이는 있지만 정말로 상대주의를 주장했는데, 상대주의의 주장은 암암리에 인식론을 내포한다. 인간은 만물의 척도라는 프로타고라스의 격언을 넓은 의미로 해석한다면, 그것은 윤리적 영역에서 도덕적 가치들의 창조자로서 인간의 독립성에 대한 주장일 뿐만 아니라, 형이상학적 진리에 도달할 수 없는 인간의 무능에 대한 주장이기도 하다. 프로타고라스는 신학에 관하여 회의적인 태도를 취했으며 일반적으로 소피스트들은 우주론적 사색을 시간 낭비에 불과한 것으로 간주하지 않았던가? 그런데 소피스트들이 인간 지식에 대한 비판을 계속 제기했고, 인간의 지식은 왜 필연적으로 현상에 국한되는지를 보여주려고 시도했다면, 그들은 인식론자들이었을 것이다. 그러나 사실상 그들의 관심은 대부분 철학적인 것이 아니었으며 그들의 상대주의적인 이론들은 주체나 객체의 본성에 대한 어떤 깊은 통찰에도 근거한 것 같지 않다. 그러므로 그들의 일반적 입장 속에 포함된 인식론은 암묵적이며 명백한 지식론으로 다듬어지지 못했다. 물론 우리는 소피스트들의 철학에서뿐만 아니라, 소크라테스 이전의 철학에서도 인식론적 이론들 또는 인식론적 문제들의 싹을 식별할 수 있다. 그러나 그것이, 소피스트들이나 또는 소크라테스 이전의 우주론자들이 이 문제들을 반성적으로 이해하고 있었다고 말하는 것은 아니다.

그러나 플라톤과 아리스토텔레스 쪽으로 눈을 돌리면, 우리는 명백한 지식론을 발견한다. 플라톤은 그가 지식으로 무엇을 의미했는지를 분명히 알고 있었으며 참된 지식의 본성을 견해의 본성과 상상의 본성으로부터 예리하게 구별했고, 감관지각 속에 들어 있는 상대주의적이고 가변적인 요소들에 대한 명백한 반성적 지식을 가지고 있었으며 판단의 오류가 어떻게 발생하며 어디에 있는지 하는 문제를 논의했다. 지식의 상승 정도와 그에 상응하는 지식의 대상에 대한 그의 전(全) 이론은 그에게 의심할 나위 없이 인식론자로 자리매김될 자격을 부여했다. 아리스토텔레스 또한 마찬가지인데, 그는 추상의 이론과 심상의 기능에 대한 이론, 인식에 있어서의 능동적 원리와 수동적 원리에 대한 이론, 감관지각과 개념적 사고 사이의 차이에 대한 이론, 이성의 상이한 기능들에 대한 이론을 주장했다. 물론, 만약 우리가 인식론의 범위를 "우리가 지식에 도달할 수 있을까?"라는 문제로 제한하기를 바란다면, 아리스토텔레스의 인식론은 차라리 심리학에 속할 것인데, 왜냐하면 그것은 "우리는 알 수 있는가?"라는 질문보다는 "어떻게 우리는 알게 되는가?"라는 질문에 대답하고자 하기 때문이다. 그러나 우리가 인식론의 영역을 알게 되는 과정의 특징을 망라하도록 확장하기를 바란다면,

우리는 확실히 아리스토텔레스를 인식론자로 간주해야 한다. 그는 자신이 제기하는 문제들을 그의 심리학에서 다루었을 수도 있다. 그리고 오늘날 우리는 그 문제들의 대부분을 심리학이라는 표제 아래 포함시킬 수 있을 것이지만, 이름은 별도로 치더라도, 아리스토텔레스가 지식론을 가졌다는 의심할 나위 없는 사실은 남는다.

반면에, 비록 플라톤과 아리스토텔레스가 모두 지식론을 만들었다 하더라도, 그들이 '독단론자들'이 아니었던 체하는 것은 아무 소용이 없다. 플라톤은 내가 말했던 것처럼, 자신이 지식으로 무엇을 의미했는지를 분명히 알고 있었다. 그러나 그는 그러한 지식이 인간에게 가능하다고 추정했다. 그가 물질계의 가변적 성격에 관한 자신의 주장을 헤라클레이토스에게서 받아들이고, 감관지각의 상대성을 소피스트들에게서 받아들였다면, 엘레아학파와 피타고라스주의자들에게서 역시 인간의 마음은 현상을 초월할 수 있다는 합리적인 가정을 받아들였으며, 소크라테스에게서는 자신의 본질 형이상학에 대한 출발점들을 받아들였다. 더구나, 플라톤의 윤리적·정치적 목표에는 불변의 가치들과 범형적 본질들을 알 수 있는 가능성은 반드시 인정되어야 한다는 점이 중요했다. 실제로 그는 이 가능성을 결코 의심하지 않았으며, 인간의 인식 속에 있는 순수하게 주관적인 선험적 요소에 대해서 진지하게 의문을 제기해본 적도 없었다. 그는 (그가 인정한) 그 선험적 요소를 '상기', 즉 이전의 객관적 지식의 탓으로 돌렸다. 아리스토텔레스 역시 '비판적 문제'를 제기한 적이 없었다. 그는 인간의 마음은 현상을 초월할 수 있으며, 불변이고 필연적인 대상들, 즉 이론적 관조의 대상들에 대한 확실한 지식에 도달할 수 있다고 추정했다. 플라톤은 지칠 줄 모르는 변증론자였고 아리스토텔레스는 언제나 새로운 문제들을 고찰할 준비가 되어 있었으며, 비록 다른 사람들의 이론들을 진술할 때는 그렇지 않았지만, 그 자신의 이론들을 진술할 때는 조심스러웠다. 그러나 우리는 그들 가운데 어느 누구에 대해서도 고대 세계의 칸트였다거나 또는 반(反)칸트주의자였다고 말할 수 없는데, 왜냐하면 그들은 칸트의 문제는 고려하지 않았기 때문이다. 실제로 이것은 놀라운 일이 아닌데, 왜냐하면 그 두 사람은 존재의 문제(반면에 근대철학에서는 그렇게 많은 철학자들이 의식에서 출발했다)에 주로 몰두했고, 그 결과 그들의 인식론은 어떤 형이상학에 대한 필연적인 서언으로서가 아니라, 자신들의 형이상학과 일반적인 철학적 입장의 역할 속에서 만들어졌기 때문이다.

예를 들어 스토아주의자들과 에피쿠로스주의자들이 진리의 기준에 대한 문제에 상당한 주의를 기울였다는 것 또한 비록 사실이지만, 회의주의자들을 제외한다면, 일반적으로 아리스토텔레스 이후의 철학에서도 플라톤이나 아리스토텔레스와 똑같은 '독단적' 태도를 발견할 수 있다. 달리 말하면 사상가들은 감관지각의 가변성 때문에 발생하는 어려움을 의식하고 이 어려움에 대처하고자 시도했다. 사실상 그들은 몇 가지 자신들의 철학적 구조들을 세우기 위해서 그 어려움에 대처해야 했다. 그들은 소크라테스 이전의 철학자들보다 훨씬 더 비판적이었다. 그러나 그 사실이 그들이 칸트적 의미에서 비판적인 철학자였다는 것을 의미하지는 않는다. 왜냐하면 그들은 다소간 특수한 문제에 국한했는데, 예를 들면 객관적 감관지각과 상상과 환상을 구별하려고 노력했기 때문이다. 그러나 신(新)아카데메이아에서는, 극단적인 회의주의가 그 모습을 나타냈는데, 카르네아데스가 어떠한 감각표상도 확실하게 진리는 아니며, 개념적 추론은 감관경험에 기초해 있기 때문에 감관경험보다 더 믿음직스러울 것이 없다는 것에 근거하여 진리의 기준은 없으며 지식은 불가능하다고 가르쳤을 때가 그랬다. 그리고 그 이후의 회의주의자들은 독단론을 체계적으로 비판했으며 감각과 판단의 상대적인 성격을 주장할 만큼 단호한 반(反)형이상학자들이었다. 독단론은 고대철학에서 최후의 승리를 거두었다. 그러나 회의론자들의 공격에 비추어 보면, 고대철학은 전혀 무비판적이었다든가 또는 인식론은 고대철학자들의 생각 속에서 어떠한 자리도 차지하지 못했다고 말할 수는 없다. 이것이 내가 말하고자 하는 논점이다. 나는 형이상학에 관한 공격들은 답변될 수 있다고 믿기 때문에 그 공격들이 정당화되었음을 인정할 생각은 없다. 나는 단지 모든 그리스 철학자들이 소박한 '독단론자들'은 아니었다는 것과 비록 소크라테스 이전의 철학자들에게는 그렇게 주장하는 것[독단론자들이라고]이 합당할 수 있을지라도, 그리스 철학자 일반에 대해서라면 그것은 너무나 광범위한 주장일 것이라는 점을 지적하고 싶을 뿐이다.

05.　　인식론과 밀접하게 연결된 것은 심리학이고, 그러므로 고대철학에서의 심리학 발전에 관하여 몇 마디 하는 것도 좋을 것이다. 사후(死後)에도 개체성 안에 존속되는 영원한 원리로서 명확한 영혼 개념을 소유하여 소크라테스 이전의 철학자들 가운

데 우뚝 선 것은 피타고라스학파였다. 물론 헤라클레이토스의 철학은 육신보다 우주의 궁극적인 원리에 더 가까운 인간의 부분을 인정했으며, 아낙사고라스는 정신(Nous)이 인간 속에 존재한다고 주장했다. 그러나 아낙사고라스는 최소한 언어적으로는 소크라테스 이전 체계의 유물론을 넘어서는 데 실패한 반면, 헤라클레이토스에 있어서는 인간 내부의 이성적인 요소는 불의 원리의 보다 순수한 현시(顯示)이다. 그러나 피타고라스적 심리학은 최소한 영혼과 육체를 구별함으로써 정신적인 것과 육체적인 것의 구별을 함축했다. 영혼윤회설은 영혼과 육체의 구별을 지나치게 강조했는데, 왜냐하면 그것은 영혼은 어떤 특수한 육체와도 내재적인 관계에 있지 않다는 결론을 수반하기 때문이다. 더구나 영혼윤회의 수용은 기억과 연속되는 자기동일성에 대한 반성적 의식이 개인의 존속에 본질적이지 않다는 이론의 수용을 수반한다. (아리스토텔레스가 각개의 사람들 속에는 독립적인 능동적 지성이 있으며, 그 능동적 지성이 개인의 개성 안에 존속한다고 주장했다면, 기억은 죽음과 더불어 사라진다는 그의 생각은 그 자신의 심리학과 생리학에서뿐만 아니라, 피타고라스적 이설의 잔재와 그 이설의 함축에서도 기인했을 것이다.) 피타고라스의 영혼의 삼부적(三部的) 본성론에 관해서 말하자면, 이것은 궁극적으로는 의심할 나위 없이 인간의 이성적이고 감정적인 기능들에 대한 경험적 관찰과 이성과 열정 사이의 갈등에 대한 경험적 관찰에 기인했다.

피타고라스적 영혼 개념은 플라톤의 사상에 매우 심대한 영향을 행사했다. 플라톤은 부수현상주의(epiphenomenalism)를 거부하고 영혼을 인간 내부의 생명 및 운동의 원리로 만들었는데, 그것은 자신의 최상의 지성적 기능들을 행사하기 위하여 본질적으로 육체에 의존하지 않는 원리이며, '외부'로부터 오며 육체의 죽음 이후에도 살아남는 원리이다. 본성상 삼부적인 영혼은 다양한 기능들 또는 '부분들'을 가지고 있는데, 플라톤은 그것들의 위계를 자신의 일반적인 형이상학적 입장에 맞추었다. 하위의 부분들 또는 기능들은 본질적으로 육체에 의존하지만, 이성적인 영혼은 영속적인 실재의 영역에 속한다. 그 자신의 본래 변증법적이고 직관적인 과정들 속에서 그것의 활동은 현상의 차원보다 높은 차원에 있으며 영혼의 '신성한' 또는 불멸적 성격을 증명한다. 그러나 플라톤이 1차적으로 영혼에 관심을 갖은 것은 엄격하게 심리학적 측면에서가 아니며, 생물학자의 관점에서는 더욱더 아니다. 그는 영혼의 윤리적 측면에서,

이해하고 실현하는 가치로서의 영혼에 제일 먼저 관심을 가졌다. 그러므로 그가 영혼의 교육과 수양에 부여한 중요성은 어마어마하다. 그가 (실제로 그렇게 했듯이) 영혼과 육체 사이의 반(反, antithesis)을 뚜렷하게 하고, 영혼을 육체에 사는 것으로, 선장이 배에 기거하는 것처럼 육체를 다스릴 운명으로 육체 속에 기거하는 것으로 말했다면, 그를 그렇게 하도록 인도한 것은 주로 그의 윤리적 관심이었다. 그가 예를 들면 인간 지식 속의 선험적 요소로부터 추론하는 인식론적 논증들을 가지고 영혼은 [육체 이전에] 미리 존재한다는 것과 본질적으로 육체로부터 독립적이라는 것 그리고 불멸이라는 것을 증명하고자 시도했다는 것은 사실이다. 그러나 그는 항상 윤리적 관심과 또 어느 정도는 종교적 관심의 지배를 받고 있었다. 우리는 그가 자신의 인생 말기에도 여전히 영혼은 인간의 가장 소중한 재산이며 영혼을 돌보는 것이 인간의 가장 숭고한 과제이며 임무라고 주장하는 것을 발견한다. 이것이 우리가 플라톤 심리학의 특징적인 측면이라고 부를 수 있을 것이다. 왜냐하면 비록 분명히 그는 영혼에는 운동과 생명의 원리로서 생물학적인 기능이 있다고 생각했지만, 윤리적 측면과 형이상학적 측면에 대한 그의 논의가 영혼의 생물학적 기능에 대한 그의 논의와 일치하는지 여부를 의심하는 것이 당연할 정도로 윤리적 측면과 형이상학적 측면을 강조했기 때문이다.

아리스토텔레스는 플라톤의 영혼 개념과 플라톤의 형이상학적 · 윤리적 영혼 묘사로부터 출발했는데, 이 개념의 특징들은 교육학적인 저작들 속에 나타나 있는 그의 심리학의 뚜렷한 특징들이다. 그러므로 아리스토텔레스에 따르면, 인간 영혼의 최고 부분인 능동적인 지성은 외부에서 오고 사후(死後)에도 존속하며, 또 아리스토텔레스 철학에서 교육과 도덕문화에 관한 주장은 플라톤 철학에서처럼 두드러진다. 그럼에도 불구하고, 그의 영혼설의 이 측면은 실제로 아리스토텔레스 심리학의 특징적 측면이 아니라는 인상을 피할 수가 없다. 그가 아무리 많이 교육을 주장하고, 『윤리학』속에 제공되어 있는 인간의 이성적 삶에 대한 묘사에 들어 있는 그의 주지주의적 태도가 아무리 두드러진다고 하더라도, 심리학에 대한 아리스토텔레스의 특징적 기여는 영혼을 그 생물학적 측면에서 다룬 데서 발견될 수 있다고 말하는 것이 옳다고 여겨질 것이다. 플라톤이 영혼과 육체 사이에 그어 놓은 예리한 반(反, antithesis)은 뒷전으로 물러나고, 이 특수한 육신에 결합된 영혼처럼 육체에 내재하는 형상으로서의 영혼 개넘에 자리를 물려주는 경향이 있다. 능동적 지성은 (일원론적으로 이해되든 그렇지 않든) 사후에도 존속하지만, 영혼은 그 일반적 성질에 있어서 수동적인 지성도 포함하며 기억 등의 기능을 포함하기 때문에 육체적 유기체에 의존하며 죽음의 순간에 사라져버린다. 인간의 이 영혼(능동적 지성은 빼고), 그것은 어디에서 오는가? 그것은 "외부"에서 들어오지 않으며, 그 어떤 데미우르고스에 의해서도 '만들어지지' 않는다. 그것은 아마도 육체의 부수현상에 불과한 육체의 한 기능일 것인가? 아리스토텔레스는 기억, 상상, 꿈, 감각과 같은 영혼의 기능들을 광범위하게 경험적으로 다루었다. 그리고 그토록 많은 이러한 기능들이 생리학적 요인들과 조건들에 의존된다는 것에 대한 깨달음이 (비록 그가 자신의 플라톤적 유산의 총체를 명백히 거부하거나 또는 그가 플라톤의 심리학 중에서 유지하고 있었던 것과 그 자신의 연구와 성향에 의해 그가 인도되고 있던 영혼관 사이의 긴장을 깨달았던 적은 결코 없었지만) 그를 부수현상주의적 영혼관 쪽으로 인도하고 있었던 것으로 보일 것이다.

아리스토텔레스 이후 철학의 심리학에 대한 가장 중요한 기여는 넓은 의미에서는 아마도 그것이 인간 영혼의 종교적 측면을 강조했다는 점이었을 것이다. 이것은, 비록 아리스토텔레스 이후의 모든 학파에 대해서는 물론 사실이 아닐지라도, 적어도 신플라톤주의와 신플라톤주의 쪽으로 이끌린 학파들에 대해서는 사실이다. 플라톤적 전통의 관점으로부터 연구하는 운동으로 신플라톤주의에서 절정을 이룬 운동의 사상가들은 인간의 신과의 유사성, 영혼의 초월적 정위(定位)와 운명을 명백히 했다. 달리 말하면, 고대철학에서 승리를 거둔 것은 특징적으로 아리스토텔레스적인 태도라기보다는 특징적으로 플라톤적인 태도였다. 스토아주의자들과 에피쿠로스철학자들에 관해서 말하자면, 전자는 그들의 독단적인 유물론이 요구한 심리학과 그들의 윤리가 요구한 심리학이 서로 달랐다는 단순한 사실 때문에, 실제로 통합된 심리학을 성취할 수가 없었다. 더구나 그들은 영혼의 본성과 기능을 그 자체를 위해서 연구하지도 않았고 합리적 심리학을 순수 경험적 토대 위에 확립하려고 노력하지도 않았다. 그러나 그들은 소크라테스 이전의 우주론을 수용하고 개작하며 자신들의 주의를 윤리적 행동에 집중시킴으로써 하나의 합리주의적인 심리학을 그들이 할 수 있는 최선을 다하여 하나의 혼합된 체계에 끼워 맞추었다. 그럼에도 불구하고 스토아 이설의 경향과 그 영향의 결과는 분명히 관심의 방향을 영혼의 생물학적 측면들보다는 윤리적 측면들과 종교적 측면들 쪽으로 증가시키는 것이었다. 에피쿠로스주의자들은 영혼의 불멸성을 부정하고 그것의 원자적 성격을 주장했다. 그러나 비록 스토아주의의 심리학이 스토아주의의 이상주의적 윤리에 들어맞는 것보다는 에피쿠로스주의의 심리학이 자신의 진부한 윤리에 더 잘 들어맞는다는 것은 인정되어야 하지만, 에피쿠로스주의자들이 영혼의 불멸성을 부정하고 그것의 원자적 성격을 주장했던 것은 그들 자신의 윤리에 대한 관심에서이지, 그들이 영혼이 실재로 원자들로 구성되어 있다는 것을 발견했기 때문은 물론 아니었다. 스토아주의의 심리학과 스토아주의의 윤리학은 모두 자신들이 그 속에 묶여 있는 전통적 유물론의 일원론적 구속을 타파하려고 끊임없이 몸부림치고 있었으며, 에피쿠로스주의자들이 사유를 원자들의 운동에 의해 설명할 수 없었던 것처럼 스토아주의자들도 이성적 사유를 자신들의 체계 속에서 설명할 수 없었다. 에피쿠로스주의자들은 홉스의 심리학이나 또는 프랑스 계몽주의 사상가들의 심리학을 어느 정도 예견할 수 있었을 것이다. 그러나 고대의 세계에서도, 18세기의 프랑스에서도, 심지어는 20세기에서도, 정신적인 것은 물질적인 것에 의해 만족스럽게 설명될 수 없으며, 이성적인 것이 비이성적인 것에 의해 만족스럽게 설명될 수 없고, 의식적인 것이 비의식적인 것에 의해 만족스럽게 설명될 수는 없다. 다른 한편으로, 정신적인 것이 물질적인 것으로 환원될 수 없다면, 물질적인 것도 정신적인 것으로 환원될 수 없다. 비록 순수하게 정신적인 영역과 순수하게 물질적인 영역의 결속인 인간 속에서는 그 두 요소들이 긴밀하게 연결되어 있지만, 양자[정신적인 것과 물질적인 것]는 분리되어 있다. 플라톤은 분리의 사실을 강조했고, 아리스토텔레스는 긴밀한 [연결] 관계를 강조했다. 한편으로 우인론(偶因論)이나 또는 근대 관념론을 피하고 다른 한편으로 부수현상주의를 피하려면, 두 요소[정신적인 것과 물질적인 것] 모두를 명심할 필요가 있다.

06.   고대철학에서 윤리학의 발전에 관해, 특히 윤리적 규범들과 도덕성의 초월적 기초 사이의 관계에 관해 몇 가지 언급하겠다. 나는 윤리학과 형이상학과의 관계에 대한 문제가 뜨겁게 논의된다는 것을 잘 알며, 그 문제를 그 자체의 옳고 그름에 따라 논의할 생각은 없다. 단지 그리스 윤리사상의 주류들 가운데 하나라고 생각하는 것만을

지적하고 싶다.

우리는 도덕철학 그 자체와 인간의 체계화되지 않은 도덕적 판단들을 구별해야만 한다. 도덕적 판단들은, 소피스트들, 소크라테스, 플라톤, 아리스토텔레스, 스토아주의자들 등이 그것들에 관하여 반성하기 오래전부터 그리스 사람들에 의해 전해져 왔다. 그리고 인간의 일상적인 도덕적 판단들이 그 판단들에 대한 반성의 자료들을 형성했다는 사실은 철학자들의 이론들이 넓게든 좁게든 그 시대의 일상적인 도덕적 의식을 반영한다는 것을 의미했다. 그러나 이러한 도덕적 판단들은 적어도 부분적으로는 교육, 사회적 전통 그리고 환경에 의존하며, 사회에 의하여 형성되기 때문에, 도덕적 판단들이 사회와 국가에 따라 다소 다른 것은 자연스러울 뿐이다. 그런데 이 차이에 직면하여 어쨌든 두 가지 반응 방식이 철학자에게 가능하다.

① 주어진 한 사회가 자신의 전통적 규약을 고수하고 그것을 유일한 규약, 즉 '자연적' 규약으로 간주하며, 반면에 다른 한편으로 모든 사회들이 정확하게 똑같은 규약을 가지고 있는 것은 아니라는 것을 알고, 철학자는 도덕은 상대적이며, 비록 어느 한 규약이 다른 규약보다 더 유용하고 더 편리할 수는 있지만, 절대적인 도덕적 규약은 존재하지 않는다는 결론을 내림으로써 반응할 수 있다. 이것이 소피스트들이 택한 노선이다.

② 철학자는 관찰된 많은 차이점들이 오류에 기인한다고 생각하고 도덕성의 확실한 표준과 규범을 주장할 수 있다. 이것이 플라톤과 아리스토텔레스가 취한 방식이다. 사실상, 특히 소크라테스의 특징인 (비록 그보다 적은 정도로는 플라톤의 특징이기도 하지만) 윤리적 주지주의는 그들이 도덕적 판단의 차이를 실수와 오류의 탓으로 돌렸다는 사실을 입증한다. 그러므로 플라톤은 [인생의] 자연적, 본래적 진행이란 적들을 해치거나 또는 뻔뻔스런 이기주의의 길을 추구하는 것이라고 생각하거나 또는 생각한다고 공언하는 사람에게, 그의 생각이 완전히 잘못이라는 것을 보여주고자 시도한다. 비록 단지 정황적 논증(argumentum ad hominem)으로만이긴 하지만, 그는 때때로 자기 이해(利害)에 호소할지도 모른다. 그러나 플라톤이 자신의 견해를 증명하기 위하여 그 무

엇에 호소하든 간에, 분명 플라톤은 윤리학에 있어서 상대주의자는 아니다. 그는 객관적으로 참이며 보편타당한 영속적인 표준이 존재한다고 믿었다.

그런데, 우리가 플라톤과 아리스토텔레스의 도덕철학을 바라보면, 그 두 경우에 행동의 표준은 인간 본성에 대한 그들의 개념에 의해서 측정된다는 사실이 명백하다. 플라톤은 이상적인 것을 고정되고, 영원하며 초월적이고 상대성과 변화에 시달리지 않는 것으로 간주했다. 인간의 상이한 능력들은 어떤 습관들이나 또는 덕(德)들에 따라 행위하는 능력들이며, 각각의 덕에 대해서 하나의 이상적 전형이 있는데, 그 이상적 전형은 모든 것을 포괄하는 이상인, 선(善)이라는 이상에 포함된다. 인간의 이상이 있고 인간의 덕들에 대한 이상들이 있는데, 자신을 그러한 이상들에 순응시키는 것이 인간의 도덕적 기능이다. 인간이 그렇게 할 때, 인간의 본성이 이상적인 것에 따라서 조화롭게 발전하며 완성될 때, 그 인간은 '정의로운' 또는 좋은 사람이며, 인간의 본보기이며 진정한 행복을 획득한 것이다. 더구나 플라톤에 있어서 신(神)은 구체적인 실제 세상에서 이상적인 것을 실현하려고 노력하면서, 이 세상에서 끊임없이 활동한다. 신 그 자신은 이상적인 것을 결코 떠나지 않고, 언제나 이상적인 것과 최선의 것에 유의한다. 그는 이 우주 속에서 작용하는 이성이며 섭리이다. 신은 또한 인간 이성의 근원이기도 하며 그 자신이 인간의 이성을 형성하는 것으로 『티마이오스』 속에 상징적으로 묘사되어 있다. 따라서 인간의 이성적 영혼은 신적인 것과 유사하며 신과 동일한 과제 즉, 이 세상에서 이상적인 것과 가치있는 것을 실현시키는 작업을 자신의 과제로 가지고 있다. 그러므로 인간은 본성상 신과의 협조자이다. 인간의 개인 생활과 사회 또는 국가 생활에 있어서, 이상적인 것과 가치있는 것의 실현, 거기에 그의 소명이 있다. 플라톤은 프로타고라스에 반대하여, 표준을 설정하는 것은 인간이 아니라 신이며, 인간의 목표는 신에게 가능한 최대한으로 가까워지는 것이라고 말한다. 플라톤이 도덕적 의무에 대하여 말하지 않는 것은 사실이다. 그러나 그는 (비록 사실을 충분히 반성적으로 의식하고 한 것은 아니지만) 인간은 진정으로 인간에 걸맞게 행동해야 할 의무가 있다는 점을 고찰했다. 그가 소크라테스로부터 물려받은 윤리적 주지주의는 도덕적 의무와 책임을 분명하게 깨닫는 데 방해가 되는 장애물이었음은 의심의 여지가 없다. 그러나 미래의 삶과 상벌(賞罰)에 대한 신화들이 도덕적 의무에 대한 어떤 깨달음을 명백하게 함의하지는 않는가? 확실히 플라톤은 도덕 법칙의 내용에 초월적 토대를 제공했다. 그리고 그는 (비록 도덕 법칙의 형식, 즉 정언 명령에 관해서도 똑같은 말을 할 수는 없지만) 도덕 법칙은, 그것의 도덕적으로 구속하는 성격과 보편타당한 성격이 구체화되려면, 그것의 내용에 관해서뿐만 아니라, 그것의 형식에 관해서도 초월적 토대를 제공받아야 한다는 사실을 어렴풋하게 알았던 것 같다.

아리스토텔레스에게로 눈을 돌리면, 선한 삶과 도덕적이고 지적인 덕(德)들에 대한 매우 세밀한 분석을 발견하는데, 아리스토텔레스는 그것들을 플라톤보다 훨씬 더 완벽하고 체계적으로 분석했다. 그리고 플라톤의 초월적 가치들은 일소(一掃)되었거나 내재적 형상으로 대체되었다. 아리스토텔레스가, 어떤 의미에서는 심지어 아리스토텔레스에 있어서조차 인간의 삶에 영원한 전형이 존재한다고 할 정도로, 사람들에게 신적인 것들을 생각하고 최고의 대상에 대한 신의 관조를 가능한 한 모방하도록 요구하는 것은 사실이다. 그러나 이론적 삶은 대부분의 사람들에게는 다가갈 수 없는 것이다. 반면에 다른 한편으로, 아리스토텔레스는 인간이 신과 협조하도록 요구받는다고 생각할 어떤 근거도 제공하지 않는데, 왜냐하면 적어도 『형이상학』의 신은 이 세계에서 의식적으로 그리고 유효하게 활동하지 않기 때문이다. 아리스토텔레스는 실제로 도덕적 덕들을 지닌 삶과 이론적 삶을 만족스럽게 종합한 적이 결코 없으며, 아리스토텔레스에 있어서 도덕법칙은, 형식과 내용 모두에 관하여 어떠한 실재적인 초월적 토대도 결여하고 있는 것처럼 보일 것이다. 『윤리학』에서 제안된 방식의 삶의 의무를 의심하는 사람에게 그가 무엇을 말할 수 있을 것인가? 그는 미적 표준들, 훌륭한 형식, '공평함'에 호소할 수 있을 것이며, 다르게 행동하는 것은 모든 사람들이 필연적으로 추구하는 행복의 목표를 놓치는 것으로 결과적으로 비이성적으로 행동하고 있는 것일 것이라고 대답할 수 있을 것이다. 그러나 그는 절대적 실재 속에 굳건한 토대를 지닌 특수하게 도덕적인 의무에 호소할 여지는 남기지 않았다.

예를 들어 에피쿠로스주의자들을 제외하고 후기 그리스 철학자들은 표준적인 도덕성을 절대적인 초석 위에 정초할 필요성을 알았던 것 같다. 스토아주의자들은 임무와, 신의 의지와, 자연과 일치하는 삶인 이성적 삶을 주장하는데, 왜냐하면 인간의 이성적 본성이 신, 즉 도처에 유포된 이성으로부터 나오며, 신에게로 되돌아가기 때문이다. 그들의 범신론은 확실히 그들을 윤리적 난제들에 부딪치게 했다. 그러나 그럼에도 불구하고 그들은 도덕성을 궁극적으로 인간과 인간의 삶 속에 들어 있는 신의 표현으로 보았다. 신이 하나이고, 인간의 본성이 변함이 없기 때문에, 단지 하나의 도덕성만이 존재할 수 있을 뿐이다. '의무'를 나타내는 그들의 표현을 그 용어가 현대에서 획득한 모든 의미로 해석하는 것은 시대착오일 것이다. 그러나 그들은 최소한 임무와 도덕적 의무에 대한 어떤 개념은 (비록 이 개념에 대한 명백한 진술은 그들의 범신론의 결과인 결정론에 의해서 방해를 받지만) 가지고 있었다. 신플라톤주의적 체계 또는 체계들 안에서 진정한 윤리학은 인간의 삶의 종교적 측면과 인간의 신에로의 상승에 대한 주장보다 하위에 위치한다. 그러나 도덕적 삶의 실천은 그 상승의 필수적 부분으로 간주되었으며, 인간은 그것을 실천할 때 선험적으로 정초된 표준들에 따르게 된다. 뿐만 아니라, 도덕적 생활을 갈망했고 도덕적 가치들에 중요성을 부여했던 로마인들이 신의 관념을 정화하고 섭리를 강조할 필요성을 알았다는 사실은 윤리학을 궁극적으로 형이상학에 정초하는 실제적 이점을 설명하는 데 도움이 되며 그럼으로써 그러한 정초의 이론적 주장에 대한 경험적 확증의 역할을 한다.

07.   윤리학에 대해서 언급하며 선험적 토대를 도덕성에 귀속시키는 것에 대해서 언급하다 보면 기독교에 대한 예비적인 정신적 도구, 즉 복음의 준비(preparatio evangelica)로 간주되는 그리스 철학에 대해 간단한 고찰을 하게 된다. 그러나 단지 몇 가지 제안만이 행해질 수 있다. 그 주제를 어떻게 다루더라도, 그 주제를 충분하게 다루는 것은 내가 이 결론의 절(節)에서 그 주제에 할애할 수 있는 것보다 더 많은 지면을 요구할 것이다. (기독교 철학이 그리스 사상가들로부터 직접 또는 간접으로 실제 빌려온 이설들에 대한 고찰은 중세철학을 다루고 있는 다음 권의 몫으로 남겨두는 것이 최선이다.)

헤라클레이토스의 철학에서 우리는 이 세계에서 활동하는 내재적 이성에 대한 이설의 시작(비록 이성은 물질적 지평 위에서 최초의 불(火)과 동일하게 생각되지만)을 발견하는데, 반면에 아낙사고라스는 제1의 움직이는 원리로서 정신에 대한 이론을 내놓았다. 그러나 그 두 경우에 모두 그 후에 올 발전들에 대한 단 하나의 힌트가 있으며, 우리가 자연신학 같은 어떤 것을 발견하는 것은 플라톤 이후이다. 그러나, 우리가 소크라테스 이전의 철학자들 가운데 신(우리가 신이라고 부를 것)에 대한 이설 ─제1의 작용인으로서 신(아낙사고라스)과 섭리 또는 내재적 이성으로서 신(헤라클레이토스)─ 에 대한 힌트들만 발견한다면, 우리는 피타고라스주의에서는 영혼과 육체의 구별, 영혼의 육체에 대한 우위성 그리고 영혼을 기르고 오염으로부터 보존할 필요성에 대한 조금 더 명백한 선언을 발견할 수 있다. 그러나 소크라테스 이전의 철학 전체에 관하여 말하자면, 그것을 어떠한 의미에서고 먼 복음의 준비로, 즉 계시종교를 받아들이도록 이교도의 마음을 준비시키는 것으로 간주될 수 있도록 하는 것은, 어떤 특수한 이설들이라기보다는 이 세계의 궁극적인 본성과 법칙 정연한 세계로서의 세계 개념에 대한 탐색이다(아마도 오르페우스-피타고라스주의의 심리학을 제외하고). 왜냐하면 자연적으로 법칙 제정자와 명령자의 개념으로 이어지는 것은 법칙 정연한 세계의 개념이기 때문이다. 그러나 이러한 다음의 행보가 취해질 수 있기 위해서는 영혼과 육체에 대한 그리고 비물질적인 것과 물질적인 것에 대한 분명한 구별에 도달하는 것이 필요했으며, 이 구별에 대한 이해의 길을 (비록 초월적인 것과 현상적인 것 그리고 비물질적인 것과 물질적인 것에 대한 피타고라스학파의 인류학적 구별을 확장한 사람은 실제로 플라톤이었지만) 오르페우스교의 사람들과 피타고라스주의자들이 열었다.

이교도 세계의 지성적 복음의 준비에 있어서 플라톤의 중요성은 [아무리 과장하려 해도] 과장되기 어려울 것이다. 자신의 범형설과, 초월적 범형인 이론과, 이 세계에서 활동하며 이 세계를 최고로 만드는 이성 또는 정신에 관한 자신의 이설에 의해서, 그는 하나의 초월 · 내재적 신의 궁극적인 수용에 대한 이해의 길을 명백하게 멀리 열었다. 다시금 그는 자신의 불멸적이고 이성적인 인간 영혼설과, 응보설, 도덕적 정화설로 기독교 심리학과 금욕주의를 정신적으로 수용하는 것을 보다 쉽게 만들었고, 반면에 위대한 스승인 소크라테스의 가르침과 일치하는 절대적인 도덕적 표준에 대한 자신의 주장과, 신과의 동화에 관해 그가 준 힌트들은 기독교 윤리의 수용을 위한 원모적(遠謀的) 준비였다. 우리는 플라톤이 『법률』에서 왜 우주 안에서 활동하는 정신의 존재를 인정해야만 하는지에 대한 이유들을 제시했으며, 그리하여 이후의 자연 신학들을 예시했다는 것을 잊어서는 안 된다. 그러나 기독교의 수용에 이르도록 도와준 것은 어떤 특수한 논증들이었다기보다는 플라톤 철학에 의해서 길러진 전체적 태도(여기서 말하는 것은 초월적 실재, 영원한 가치들, 불멸성, 올바름, 섭리 등이 존재한다는 믿음과, 그러한 믿음에 의해서 논리적으로 배양되는 특정적인 정신적·감정적 태도이다)였다. 중기 플라톤주의와 신플라톤주의에서 발전된 대로의 초월자설은 기독교를 반대하는 데 이용되었는데, 그것은 성육신의 교리가 신의 초월적인 성격과 양립할 수 없다는 이유 때문이었다. 그러나 신의 초월적 성격은 기독교의 전체적 교리이다. 그리고 플라톤이 소크라테스 이전 철학자들의 유물론을 넘어서는 점은 초월자의 최고의 실재와 정신적 가치들의 영속적 성격을 주장하는 종교를 수용할 소지를 심어주는 요인이었다는 것은 부정될 수 없다. 확실히 초기 기독교 사상가들은 플라톤 철학에서 비록 다소 멀기는 하지만 그들 자신의 세계관과 어떤 유사성을 인지했는데, 비록 아리스토텔레스가 이후에 스콜라 철학의 탁월한 철학자가 되기는 하지만, 아우구스티누스의 철학은 오히려 플라톤적 전통의 계열에서 있다. 더구나 아리스토텔레스 철학을 채택하고 개작한 바로 그 스콜라주의자, 성 토마스 아퀴나스의 철학 속에 플라톤적·아우구스티누스적 요소들이 없을 수는 결코 없다. 그러므로 비록 플라톤적 전통을 발전시킨 후계의 학파들을 통해서이기는 하지만, 플라톤 철학이 기독교를 위한 길을 준비하는 데 어느 정도 도움을 주었다면, 기독교는 또한 그것의 철학적 '장비' 일부를 플라톤 철학으로부터 빌려 왔다고 말할 수도 있다.

성 보나벤투라(아리스토텔레스에 대한 그의 반대들 가운데 하나는 그가 범형론을 거부했다는 것이다)와 같은 아우구스티누스적 전통의 중세 철학자들은 아리스토텔레스 철학을 기독교 종교와 사이가 나쁜 것으로 간주하는 경향이 있었는데, 그 이유는 대체로 그가 주로 아랍의 주석가들을 통해서 서방에 알려졌기 때문이었다. (그러므로 아베로에스는 아리스토텔레스를 [아마도 옳게] 예를 들어 인간 영혼의 개인적 불멸성을 부정하는 것으로 해석했다.) 그러나 비록 전적으로 자기 몰두적이고 이 세상과 인간을 조금도 돌보지 않는 『형이상학』 속에서의 신 개념은 기독교의 신 개념이 아니라는 것은 사실이지만, 아리스토텔레스의 자연 신학은 기독교의 수용을 위한 준비였다는 것은 확실하게 인정되어야 한다. 신은 초월적 비물질적 정신으로, 절대적인 목적인으로 나타난다. 그리고 이후에 플라톤의 이데아가 신의 마음 속에 위치하게 되고 플라톤 철학과 아리스토텔레스 철학의 어떤 혼합설이 발생할 때, 궁극적인 작용인, 범형인 그리고 목적인이 유합(癒合)

하면서, 지성적 관점에서부터의 기독교 수용을 다른 상황에서 그랬을 것보다 더 쉽게 만든 실재 개념이 제공되었다.

지금의 문맥에서 아리스토텔레스 이후의 철학에 대해서 많은 것을 말할 수 있을 것이다. 나는 오직 몇 개의 진술 요점만을 선택할 수 있을 뿐이다. 스토아주의는 그것이 주장하는 내재적 로고스설과, 이 세계 안에서의 '섭리의' 활동, 그리고 고상한 윤리학으로 해서, 기독교가 이식되어 성장한 세계에서는 하나의 중요한 요소였다. 스토아철학이 이론적으로는 유물론적이며 다소 결정론적이라는 것은 단연코 사실이다. 그러나 실천적 관점에서, 인간이 신과 유사하다는 주장, 자기 통제와 도덕적 교육에 의한 영혼정화의 주장, '신의 의지'에 복종해야 한다는 주장은 스토아주의적 세계시민주의의 광범위한 영향력과 더불어, 일부 사람들에게 보편종교의 수용을 준비시키는 역할을 했다. 보편종교는 스토아주의자들의 유물론을 넘어서면서, 신의 자녀로서 인간의 형제성을 주장하고 스토아주의의 체계 속에는 결여되어 있던 역동적 영향력을 불러 왔다. 더구나 윤리적 스토아주의가, 위대한 세계시민적 제국 속의 개인이 추구해야 할 올바른 과정에 관한 도덕적 안내와 방향에 대한 당대의 필요성에 대한 대답이었다면, 이러한 필요에는 기독교의 교설(教說)이 훨씬 더 잘 응했다. 왜냐하면 그 교설은 스토아주의가 거의 할 수 없는 방식으로 못 배운 자들과 단순한 자들에게 호소할 수 있었기 때문이다. 또 그 교설은 도덕적 노력의 결말로서 미래 생활에서의 완전한 행복에 대한 조망을, 스토아주의는 바로 자신의 체계 때문에 할 수 없었던 방식으로 제공했기 때문이다.

인간에게는 엄격하게 윤리적인 요구 이외에도 종교적 능력과 충족되어야만 하는 종교적 요구도 있다. 국가 종교는 이 요구에 응할 수 없었던 반면, 신비 종교들 그리고 심지어 철학까지(훨씬 덜 대중적인 형태로, 예를 들면 신플라톤주의에서) 그 요구를 충족시켰다. 그것들은 인간의 보다 깊은 정신적 열망을 제공하려고 시도함으로써, 동시에 그 열망들을 발전시키고 강화하는 경향이 있었는데, 그 결과로 기독교는 이미 준비된 토대를 만났다. 기독교는 그것의 구원설, 성예전(聖禮典) 존중의 체계, 교리들, 교회 구성원이 됨으로써 예수와 일체가 된다는 이설과 결국 신을 본다는 이설, 초자연적인 삶의 제공으로 해서 '신비 종교'였다. 그러나 기독교는 모든 이교도의 신비 종교에 비하여, 어떤 역사적 시기에 팔레스타인에서 살았고 고통을 겪었던 신-인간, 예수 그리스도의 삶과 죽음 그리고 부활에 근거한 역사적 종교라는 엄청난 장점을 가졌다. 그것은 신화가 아니라, 역사적 사실에 근거했다. 철학 학파들 속에서 발견되는 대로의 '구원'설과 신플라톤주의 안에서 발전된 대로의 신과의 황홀한 합일설에 관해서 말하자면, 그것은 성격상 너무 지적(知的)이라서 자신이 대중적 호소력을 갖는 것을 허락하지 않았다. 기독교는 성예전과, 초자연적 생활의 수용을 통하여, 배웠든 못 배웠든 마찬가지로, 이 생(生)에서는 불완전하지만, 다음 생에서는 완전한 모든 사람들에게, 신과의 합일을 제안했고, 그래서 순전히 자연적 관점에서 보더라도, 비록 종교적 요소들로 물든 철학이라 하더라도, 철학 그 자체가 행사할 수 있을 영향보다 훨씬 더 광범위한 영향을 행사할 것이 명백하게 운명으로 정해졌다. 더구나, 신플라톤주의 철학은, 성육신설과 같은 이설은 자신의 정신에 맞지 않는다는 의미에서, 비역사적이었으며, 역사적 종교는 형이상학적 철학보다 더 넓은 대중적 호소력을 가지게 되어있다. 하지만 신비 종교들, 특히 성예전과 유사한 의식들을 지닌 미트라(Mithras)의 신비 종교에 관하여 몇몇의 초기 기독교 작가들이 (아주 당연하게) 취한 충격받은 듯한 분개한 태도에도 불구하고, 다소 대중적인 신비 종교들과 지성적인 신플라톤주의가 모두 인간의 마음을 기독교의 수용을 준비하도록 한다는 목적에 기여했다. 그것들은 기독교의 라이벌로 자처하는 경향이 있었을 수 있으며, 자신들이 없었더라면 기독교를 신봉했을 어떤 개인들이 기독교를 신봉하는 것을 방해했을 수도 있다. 하지만 그것이, 그것들이 기독교에 이르는 길로서 쓸모가 있을 수 없으며 또 쓸모가 없었다는 것을 의미하지는 않는다. 포르피리오스는 기독교를 공격했지만, 성 아우구스티누스는 플로티노스를 거쳐서 기독교에 인도되지 않았던가? 신플라톤주의는 고대 이교도 철학의 마지막 숨결이며 마지막 꽃이었다. 그러나 성 아우구스티누스의 생각으로는, 그것이 기독교 철학의 첫 단계가 되었다. 물론 기독교는 어떤 의미에서도 고대철학의 결과가 아니었으며, 철학적 체계라고 불릴 수도 없는데, 왜냐하면 그것은 계시종교이며 그것의 역사적 선례들은 유대교 안에서 발견될 수 있기 때문이다. 그러나 기독교인들이 철학을 하기 시작했을 때, 그들은 손 가까이에서 풍부한 자료와, 변증법적 도구들과 형이상학적 개념들과 용어들의 창고를 발견했으며, 신의 섭리가 역사 속에서 작용한다고 믿는 사람들은 그 자료의 예비와 그 자료에 대한 수 세기에 걸친 정교화가 단순히 그리고 오로지 우연이었다고 상정하기는 힘들 것이다.

제5부 아리스토텔레스 이후의 고대철학

AËTIUS. Collection placitorum. (philosophorum).

ALBINUS. Dudask. (Didaskalikos).

AMMIANUS MARCELLINUS. Rerum gest. (Rerum gestarum libri 18).

AUGUSTINE. Contra Acad. (Contra Academicos).

 C.D.(De Civitate Dei).

BURNET. E.G.P. (Early Greek Philosophy).

 G.P.,I. (Greek Philosophy. Part I, Thales to Plato).

CAPITOLINUS, JULIUS,. Vit. M. Ant. (Vita Marci Antonini Pii).

CHALCIDIUS. In Tim. (Commentary on Plato's *Timaeus*).

CICERO. Acad. Prior. (Academica Priora).

 Acad. Post. (Academica Posteriora).

 Ad Att. (Letters to Atticus).

 De Div. (De Divinatione).

 De Fin. (De Finibus).

 De Nat. D. (De Natura Deorum).

 De Off. (De Offciis).

 De Orat. (De Oratore).

 De Senect. (De Senectute).

 Somn. Scip. (Somnium Scipionis).

Tusc. (Tusculanae Disputationes).

CLEMENS ALEXANDRINUS. Protrep. (Protrepticus).

Strom. (Stromata).

DAMASCIUS. Dubit. (Dubitationes et solutiones de primis principiis).

DIOGENES LAËRTIUS. Lives of the Philosophers.

EPICTETUS. Disc. (Discourses).

Ench. (Enchiridion).

EUDEMUS. Phys. (*Physics*, of which only fragments remain).

EUNAPIUS. Vit. Soph. (Lives of the Sophists).

EUSEBIUS. Hist. Eccl. (Historia Ecclesiastica).

Prep. Evan. (Preparatio Evangelica).

GELLIUS, AULUS. Noct. Att. (Noctes Atticae).

GREGOTY OF NAZIANZEN. adv. Max. (adversus Maximum).

HIPPOLYTUS. Ref. (Refutationis omnium haeresium libri X).

JOSEPHUS. Ant. Jud. (Jewish Antiquities).

LACTANTIUS. Div. Inst. (Institutiones divinae).

LAMPRIDIUS. Alex. (Life of Alexander Severus).

Aurel. (Life of Aurelian).

LUCIAN. De morte Peregr. (De morte Peregrini).

MARCUS AURELIUS. Med. (Meditations or To Himself).

MAXIMUS OF TYRE. Diss. (Dissertationes).

ORIGEN. c. Cels. (Contra Celsum).

P.G. Patrologia Graeca. (ed. Migne).

P.L. Patrologia Latina. (ed. Migne).

PHILO. De conf. ling. (De confusione linguarum).

De gigant. (De gigantibus).

De human. (De humanitate).

De migrat. Abrah. (De migratione Abrahami).

그리스 로마 철학사

De mutat. nom. (De mutatione nominum).

De opif. mundi. (De opificio mundi).

De post. Caini. (De posteritate Caini).

De somn. (De somniis).

De vita Mos. (De vita Moysis).

Leg. alleg. (Legum allegoriarum libri).

Quis rer. div. her. (Quis rerum divinarum heres sit).

Quod Deus sit immut. (Quod Deus sit immutabilis).

PHOTIUS. Bibliotheca. (about A.D. 857).

PLUTARCH. Cat. Mai. (Cato Maior).

De anim. proc. (De animae procreatione in Timaeo).

De comm. notit. (De communibus notitiis adversus Stoicos).

De def. orac. (De defectu oraculorum).

De gloria Athen. (Bellone an pace clariores fuerint Athenienses). De Is. et

Osir. (De Iside et Osiride).

De prim. frig. (De primo frigido).

De ser. num. vind. (De sera numinis vindicta).

De sol. animal. (De sollertia animalium).

De Stoic repug. (De repugnantiis Stoicis).

Non p. suav. (Ne suaviter quidem vivi posse secundum Epicurum).

PSEUDO-PLUTARCH. Strom. (Fragments of the stromateis conserved in Eusebius' *Preparatio*

Evangelica).

PORPHYRY. Isag. (Isagoge, i.e. introd. to Aristotle's *Categories*).

PROCLUS. De Prov. (De providentia et fato et eo quod in nobis).

In Alcib. (Commentary on *Alcibiades* I of "Plato").

In Remp. (Commentary on *Republic* of Plato).

In Parmen. (Commentary on *Parmenides* of Plato).

In Tim. (Commentary on *Timaeus* of Plato).

Instit. Theol. (Institutio Theologica).

Theol. Plat. (In Platonis Theologiam).

SENECA. Nat. Quaest. (Naturalium Quaestionum libri VII).

SEXTUS EMPIRICUS. adv. math. (Adversus mathematicos).

Pyrr. Hyp. (Pyrrhonenses Hypotyposes).

SIMPLICIUS. In Arist. Categ. (Commentary on Aristotle's *Categories*).

Phys. (Commentary on Aristotle's *Physics*).

STACE, W. T. Crit. Hist. (A Critical History of Greek Philosophy).

STOBAEUS. Flor. (Florilegium).

TACITUS. Ann. (Annales).

Hist. (Historiae).

THEOPHRASTUS. Phys. Opin. (Physicorum Opiniones).

XENOPHON. Cyneg. (Cynegeticus). Mem. (Memorabilia).

부록 II
전거(典據)에 관한 메모

한편으로는 전혀 아무런 저술도 남기지 않은 철학자들이 있는 데다가, 다른 한편으로는 저술을 남긴 많은 철학자들의 작품들이 소실(消失)되었기 때문에, 많은 경우 우리는 그리스 철학의 경과에 관한 정보를 구하기 위하여 후대 작가들의 고증에 의지할 수밖에 없다. 고대 세계에서 소크라테스 이전의 철학에 대한 주 지식원(主知識源)은 『자연학에 대한 견해들』(*Physicorum Opiniones*)이라는 제목이 붙은 테오프라스토스의 작품이었다. 그러나 유감스럽게도 우리는 그 작품을 단지 단편의 형태로만 소유하고 있을 뿐이다. 테오프라스토스의 작품은 다른 여러 편집물들이나, 초록(抄錄)들 또는 '학설지들(doxographies)'의 출전(出典)이 되었는데, 그것들 가운데 어떤 것들에서는 철학자의 견해들이 주제에 따라 배열되었던 반면, 다른 것들에서는 그 견해들이 각각의 철학자 이름별로 배열되었다. 기원후 1세기 전반에 포세이도니오스의 알려지지 않은 한 제자가 저술한 『원(元) 견해들』(*Vetusta Placita*)이 전자의 유형이었다. 우리가 이 작품을 가지고 있지는 않지만, 딜스(Diels)는 그것이 존재했으며, 테오프라스토스의 저작을 근거로 했다는 것을 보여주었다. 다시 『元(원) 견해들』은 소위 『아에티우스의 견해들』(*Aëtii Placita*, 또는 Συν-αγωγὴ τῶν Ἀρεσχόντων, 서기 100년경)의 주된 전거가 되었다. 다시 아에티우스(Aëtius)의 작품은 위(僞)플루타르코스의 『철학적 견해들』(서기 150년경에 편찬)과 요한 스토바이우스(John Stobaeus, 기원후 5세기)가 자신의 『모음집』(*Eclogae*) 제1권에 실은 학술지 초록들의 기초 역할을 했다. 마지막의 이 두 작품이 우리가 가지고 있는 가장 중요한 학술지적 편집물인데, 그 두 작품 모두에 대한 궁극적인 주요 전거는 테오프라스토스의 작품이었음이 명백해졌다. 또한 그것은 히폴리투스(Hippolytus)의 『모든 이교들에 대한 반박』(이 책에서는 주제가 각각의 당해 철학자 이름 별로 배열되어 있다)의 제1권 및 에우세비오스(Eusebius)의 『복음의 준비』에 인용되어 있는, 플루타르코스의 작

품으로 잘못 추정된 단편들에 대한 유일하지는 않지만 주요한 궁극적 전거였다.

그리스 철학자들의 견해에 관한 더 이상의 정보는 아우루스 겔리우스(Aulus Gellius, 서기 150년경)의 『아티카의 밤에』(Noctes Atticae)와, 플루타르코스, 키케로, 섹스투스 엠피리쿠스 같은 철학자들의 저술들과, 기독교 신부들 및 초기 기독교 작가들의 저작들 같은 작품들에 의해서 제공된다. (그러나 이러한 역사적 원전들을 사용할 때는 조심해야만 한다. 왜냐하면 키케로는 초기 기독교 철학자들에 대한 자신의 지식을 매개적인 출전들에서 취했으나, 반면에 섹스투스 엠피리쿠스는 독단적인 철학자들의 서로 모순되는 견해들에 주의를 기울임으로써 자기 자신의 회의적 입장을 옹호하는 데 관심을 두었기 때문이다. 자기 선배들의 견해에 관한 아리스토텔레스의 고증에 관해서는, 아리스토텔레스는 이전의 철학자들을 단순히 자기 체계의 관점에서 고찰하며 그들의 업적을 자기 자신의 성과를 위한 예비 작업으로 간주하는 경향이 있었다는 점을 잊지 말아야 한다. 이 문제에 관한 그의 태도는 물론 대체로 정당화되었다. 그러나 그것은 그가 철학 사상의 경과에 대한 순수하게 객관적이고 과학적인 설명으로 간주되어야 하는 것을 제공하기를 언제나 원했던 것은 아니었음을 의미한다.) 고대의 저자들이 유명한 철학자들에 관하여 지은 주석서들도 또한 상당히 중요한데, 예를 들면 아리스토텔레스의 자연학에 관한 심플리키우스의 주석이 그러하다.

철학자들의 생애에 관하여 우리가 가지고 있는 가장 중요한 작품은 디오게네스 라에르티오스(기원후 3세기)의 작품이다. 이 작품은 여러 원전들에서 취한 자료들로 만든 편집물로 다른 것과는 비할 수 없는 장점이 있지만, 많은 서지자료가 그 성격상 일화와 전설에 관한 것이며 무가치하고, 과장된 이야기들이며, 또 한 사건에 대한 서로 다르고 때로는 모순적인 설명들이 실려있기도 한데, 그 설명들은 그 저자가 이전의 작가들과 편찬자들에게서 수집한 것들이다. 그러나 다른 한편으로, 그 작품의 비과학적인 성격이 그 작품의 중요성과 실질적 가치를 가리도록 허락한다면, 그것은 커다란 오류일 것이다. 철학자들의 저작에 대한 목록들은 중요하다. 그리스 철학자들의 견해와 생애에 관한 귀중한 정보를 우리는 디오게네스 라에르티오스에게 신세지고 있다. 디오게네스 진술들의 역사적 가치를 평가하는 데는 그가 주어진 어떤 경우에 어떤 특수한 원전을 인용했는지를 아는 것이 중요한데, 학자들은 이러한 지식을 얻기 위하여 힘들고 효과적인 노력을 적지 않게 들였다.

그리스 철학자들에 대한 연대학을 위한 주요 원전은 아폴로도로스(Apollodorus)의 『연대기』(Chronica)인데, 그는 자신의 연대기 첫 번째 부분의 기초를 키레네 출신 에라토스테네스(기원전 3세기)의 『연대기적 편찬』에 두었으나, 그것을 기원전 110년 이전까지로 끌어내리면서 부록을 하나 첨가했다. 물론 아폴로도로스가 정확한 자료를 쓸 수 있었던 것은 아니었으며, 그는 어느 한 철학자가 살아 있는 동안에 발생했다고 추정된 중요한 어떤 사건을 그 철학자의 절정기 (αχμή, 40세로 간주됨)와 연결시키는 임의적인 방법을 썼고, 그러고 나서 그 철학자의 출생일을 역산해냈다. 이와 유사하게, 제자는 스승보다 40세 젊은 것이 일반적 규칙으로 간주되었다. 그러므로 정확성은 기대될 수 없었다.

　　(전거에 대한 일반적인 주제에 관해서는, 예컨대 위버벡(Ueberweg)-프래흐터(Praechter)의 『고대철학』(*Die Philosophie des Altertums*), 10-26쪽(아폴로도로스의 『연대기』는 이 책 667-671쪽에 나온다)과 페어뱅크스(A. Fairbanks)의 『그리스의 첫 번째 철학자들』(*The First Philosophers of Greece*, 263-88쪽, 로빈(L. Robin)의 『그리스의 사상과 과학적 정신의 원류들』(*Greek Thought and the Origins of the Scientific Sprit*), 7-16쪽 그리고 딜스(Diels)의 『소크라테스 이전 철학자들의 단편들』의 선문표(選文表)를 보라.)

부록 III
추천도서

─────────

──────── **1. 일반적인 그리스 철학사**

ADAMSON, R. (ed. Sorley and Hardie). *The Development of Greek Philosophy.* London, 1908.

BENN, A. W. *The Greek Philosophers.* London, 1914.

BRÉHIER, E. *Histoire de la philosophie.* Tome 1. Paris, 1943.

BURNET, J. *Greek Philosophy, Part 1.* Thales to Plato. Macmillan. (이 학문적 저작은 학생들에게 없어서는 안 된다)

ERDMANN, J. E. *A History of Philosophy*, vol. 1. Swan Sonnenschein, 1910. (Erdmann은 헤겔학파의 저명한 역사가였다)

GOMPERZ, Th. *Greek Thinkers*, 4 vols. (L. Magnus 옮김) John Murray.

ROBIN, L. *La pensée grecque et les origines de l'esprit scientifique.* Paris, 1923.

_____, *Greek Thought and the Origins of the Scientific Spirit.* London, 1928.

RUGGIERO, G. DE. *La filosofia greca.* 2 vols. Bari, 1917. (De Ruggiero 교수는 이탈리아의 신(新)헤겔주의자의 관점에서 저술한다)

STAEE, W. T. *A Critical History of Greek Philosophy.* Macmillan, 1920.

STENZEL, J. *Metaphysik des Altertums.* Berlin, Oldenbourg, 1929. (플라톤을 다루는 데 특히 소중하다)

STOCKL, A. *A Handbook of the History of Philosophy.* Part 1. *Pre-Scholastic Philosophy.*

T. A. Finlay 옮김, S. J. Dublin, 1887.

UEBERWEG-Praechter. *Die Philosophie des Altertums*. Berlin, Mittler, 1926.

WERNER, C. *La philosophie grecque*. Paris. Payot, 1938.

ZELLER, E. *Outlines of the History of Greek Philosophy*. Kegan Paul, 1931. (W. Nestle 개
   정, L. R. Palmer 옮김)

━━━━━━━━ ## 2. 소크라테스 이전의 철학

가장 훌륭한, 소크라테스 이전 철학자들의 단편 모음집은 Hermann Diels의『소크라테스 이전
철학자들의 단편들』, 제5판, Berlin, 1934-1935에서 찾아볼 수 있다.

BURNET, J. *Early Greek Philosophy*. Black, 제3판, 1920; 제4판, 1930. (이 유용한 저작은 매
   우 많은 단편들을 포함하고 있다)

COVOTTI, A. *I Presocratici*. Naples, 1934.

FAORBANKS, A. *The First Philosophers of Greece*. London, 1898.

ZELLER, E. *A History of Greek Philosophy from the earliest period to the time of Socrates*.
   S. F. Alleyne 옮김, 2 vols. Longmans, 1881.

━━━━━━━━ ## 3. 플라톤

플라톤의 저작들은, 버넷(J. Burnet)의 편집으로 출간되어『옥스포드 고전 텍스트들』(Oxford Clas-
sical Texts) 안에 실려 있다. 잘 알려진 5권짜리 번역으로 조엣(B. Jowett) 옮김, O.U.T., 제3판,
1892이 있다. 뿐만 아니라 보다 축어적인 번역들도 있다.

ARCHER-HIND, R. D. *The Timaeus of Plato*. Macmillan, 1888.

CORNFORD, F. M. *Plato's Theory of Knowledge*. Kegan Paul, 1935. (『테아이테토스』와 『소피

스테스』에 대한 번역으로 해설을 달아놓았다)

_____, *Plato's Cosmology*. Kegan Paul, 1937. (『티마이오스』에 대한 번역으로 필요에 따라 수시로 해설을 달아놓았다)

_____, *Plato and Parmenides*. Kegan Paul, 1939. (『파르메니데스』에 대한 해석으로, 해설과 논의들을 붙여놓았다)

_____, *The Republic of Plato*. (해석과 더불어 소개와 주(註)들을 붙여 놓았다. O. U. P)

DEMOS, R. *The Philosophy of Plato*. Scribners, 1939.

DIES, AUGUSTE. *Autour de Platon*. Beauchesne, 1927.

_____, *Platon. Flammarion*, 1930.

FIELD, G, C. *Plato and his Contemporaries*. Methuen, 1930.

GROTE, C. *Plato and the other Companions of Socrates*. John Murray, 제2판, 1867.

HATDIE, W. F. R. *A Study in Plato*. O. U. P., 1936.

HARTMANN, N. *Platons Logik des Seins*. Giessen, 1909.

LODGE, R. C. *Plato's Theory of Ethics*. Kegan Paul, 1928.

LUTOSLAWSKI, W. *The Origin and Growth of Plato's Logic*. London, 1905.

MILHAUD, G. *Les philosophes-géomètres de la Grèce*. 제2판, Paris, 1934.

NATORP, P. *Platons Ideenlehre*. Leipzig, 1903.

NETTLESHIP, T. L. *Lectures on the Republic of Plato*. Macmillan, 1898.

RITTER, C. *The Essence of Plato's Philosophy*. George Allen&Unwin, 1933. (Adam Alles 옮김)

_____, *Platon, sein Leben, seine Schriften, seine Lehre*. 2 vols. Munich, 1910 및 1923.

ROBIN, L. *La théorie Platonicienne des idées et des nombres*. Paris, 1933.

_____, *Platon*. Paris, 1936.

_____, *La physique de Platon*. Paris, 1919.

SHOREY, P. *The Unity of Plato's Thought*. Chicago, 1903.

STENZEL, J. *Plato's Method of Dialectic*. O.U.P., 1940. (D. G. Allan 옮김)

_____, *Zahl und Gestalt bei Platon und Aristoteles*. 제2판. Leipzig, 1933.

_____, *Platon der Erzieher*. 1928.

_____, *Studien zur Entwicklung der Platonischen Dialektik*. Breslau, 1917.

STEWART, J. A. *The Myths of Plato*. O.U.P., 1905.

_____, *Plato's Doctrine of Ideas*. O.U.P., 1909.

TAYLOR, A, E. *Plato, the Man and his Work*. Methuen, 1926. (플라톤을 공부하는 학생은 그 누구도 이 걸작을 몰라서는 안 된다)

_____, *A Commentary on Plato's Timaeus*. O.U.P., 1928.

_____, Article on Plato in *Encyc. Brit.*, 제14판.

_____, *Platonism and its Influence*. U.S.A. 1924 (Eng. Harrap).

WILAMOWITZ-MOELLENDORF, U. von. *Platon*. 2 vols. Beriln, 1919.

ZELLER, E. *Plato and the Older Academy*. Longmans, 1876. (S. F. Alleyne와 A. Goodwin 옮김)

━━━━━━━━ 4. 아리스토텔레스

아리스토텔레스의 저작에 대한 옥스포드 번역은 J. A. Smith와 W. D. Ross의 편집에 의해 11권으로 출판되었다.

BARKER, E. *The Political Thought of Plato and Aristotle*. Methuen, 1906.

_____, Article on Aristotle in the *Encyc. Brit.*, 제14판.

_____, CASE, T. Article on Aristotle in the *Encyc. Brit.*, 제11판.

GROTE, G. *Aristotle*. London, 1883.

JAGER, WERNER. *Aristotle. Fundamentals of the History of his Development*. O. U. P., 1934. (R. Robinson 옮김)

LE BLOND, J. M. *Logique et Méthode chez Aristote*. Paris, Vrin, 1939

MAIER, H. *Die Syllogistik des Aristoteles*. Tübingen, 1896. 신판, 1936.

MURE, G. R. G. *Aristotle*. Benn, 1932.

PIAT, C. *Aristotle*. Paris, 1912.

ROBIN, L. *Aristote*. Paris, 1944.

ROSS, Sir W. D. *Aristotle*. Methuen, 제2판, 1930. (위대한 아리스토텔레스 학자에 의한, 아리스토텔레스 사상의 개관)

_____, *Aristotle's Metaphysics*. 2 vols. O. U. P., 1924.

_____, *Aristotle's Physics*. O. U. P., 1936. (이 두 주석서들은 매우 귀중하다)

TAYLOR, A. E. *Aristotle*. Nelson, 1943.

ZELLER, E. *Aristotle and the earlier Peripatetics*. 2 vols. Longmans, 1897.

━━━━━━━━━ ## 5. 아리스토텔레스 이후의 철학

ARMSTRONG, A. P. *The Architecture of the Intelligible Universe in the Philosophy of Plotinus*. Cambridge, 1940. (플로티노스의 신(新)플라톤주의의 원류와 본성에 대한 매우 면밀한 연구)

ARNOLD, E. Q. *Roman Stoicism*. 1911.

BAILEY, C. *The Greek Atomists and Epicurus*. O. U. P.

BEVAN, E. E. *Stoics and Sceptics*. O. U. P., 1913.

_____, *Hellenistic Popular Philosophy*. Cambridge, 1923.

BIGG, C. *Neoplatonism*. S. P. C. K., 1895.

BRÉHIER, E. *Philon d'Alexandrie*. Paris, 1908.

_____, *La philosophie de Plotin*. Paris, 1928.

CAPES, W. W. *Stoicism*. S. P. C. K., 1880.

DILL, SIR S. *Roman Society from Nero to Marcus Aurelius*. Macmillan, 1905.

DODDS, E. R. *Select Passages illustrating Neoplatonism*. S. P. C. K., 1923.

FULLER, B. A. G. The Problem of Evil in Plotinus. Cambridge, 1912.

HENRY, PAUL (S. J.). *Plotin et l'Occident*. Louvain, 1934.

_____, *Vers la reconstitution de l'enseignement oral de Plotin*. Bulletin de l'Academie royale de Belgique, 1937.

HICKS, R. D. *Stoic and Epicurean*. Longmans, 1910.

그리스 로마 철학사

INGE, W. R. *The Philosophy of Plotinus.* 2 vols, 제3판, Longmans, 1928.

KRAKOWSKI, E. *Plotin et le Paganisme Religieux.* Paris, Denoël et Steele, 1933.

LEBRETON, J. (S. J.). *Histoire du Dogme de la Trinité.* Beauchesne, 1910.

MARCUS AURELIUS. *The Meditations of the Emperor Marcus Aurelius* A. S. L. Farqu-
harson 편집, 번역 및 주석, 2 vols., O. U. P., 1944.

PLOTINUS. *Enneads*는 S. MacKenna와 B. S. Page가 영문판 5권으로 번역했다, 1917-1930.

PROCAUS. *The Elements of Theology.* O. U. P. (E. R. Dodds가 해석하고 소개문과 해설을 붙인
수정판)

REINHARDT, K. *Poseidonios.* Munich, 1921.

ROBIN, L. *Pyrrhon et le Scepticisme Grec.* Paris, 1944.

TAYLOR, T. *Select Works of Plotinus* (G. R. S. Mead 편집). G. Bell & Sons, 1929.

WHITTAKER, T. *The Neo-Platonists.* 제2판, Cambridge, 1901.

WITT, T. E. *Albinus and the History of Middle Platonism.* Cambridge.

ZELLER, E. *The Stoics, Epicureans and Sceptics.* Longmans, 1870. (O. J. Reichel 옮김)

_____, *A History of Eclecticism in Greek Philosophy.* Longmans, 1883. (S. F. Alleyne 옮
김)6366

찾아보기

그리스 로마 철학사

저자 **프레드릭 코플스턴** Copleston, Frederick Charles

말보로(Marlborough) 대학과 옥스퍼드 대학교의 성 요한 대학(St. John's College)을 졸업하고,
1929년 로마에 있는 교황청 직속 신학교 그레고리오(Gregorian) 대학교에서 철학박사 학위를 받았다.
1925년 기독교에 입문하여, 1930년 예수회 회원이 되었고, 1937년 신부 서품을 받았다. 1939년부터
1969년까지 런던 대학교 철학과 교수로 재직했으며, 1970년에서 1974년까지 헤이드롭(Heythrop)
대학의 학장을 지내고, 런던 대학교의 명예교수로 있다가 1994년 2월 영국 런던에서 별세했다.
그의 주요 저서는 다음과 같다.

Friedrich Nietzsche: Philosopher of Culture (London: Burns, Oates & Washbourne, 1942)

St. Thomas Aquinas and Nietzsche (Oxford: Blackfriars, 1944)

Arthur Schopenhauer: Philosopher of Pessimism ([S.l.]: Burns, Oates & Washbourne, 1947)

A History of Philosophy, 9 vols (Westminster, Maryland; London: Newman Press; Search Press, 1947-1975)

Contemporary Philosophy: Studies of Logical Positivism and Existentialism (Westminster, Maryland: Newman Press, 1966)

Philosophy and religion in Judaism and Christianity ([Watford, Eng.]: Watford Printers, 1973)

Religion and philosophy (Dublin: Gill and Macmillan Ltd., 1974)

Philosophers and Philosophies (New York: Barnes & Noble, 1976)

On the History of Philosophy and other essays (London: Search Press, 1979)

Philosophies and Cultures (Oxford: Oxford Univ Press, 1980)

Religion and the One: Philosophies East and West (London: Search Press, 1982)

Aquinas. (Harmondsworth, New York: Penguin, 1982)

Memoirs of a Philosopher (Cansas CT: Sheed & Ward, 1993)

Philosophy in Russia: From Herzen to Lenin and Berdyaev (Notre Dame, Ind.: University of Notre Dame Press, 1986)

Russian Religious Philosophy: Selected Aspects (London: Search Press. 1988)

역자 **김보현**

연세대학교 철학과와, 같은 대학교 대학원 철학과를 각각 졸업하고, 1989년 독일 트리어(Trier)
대학교에서 철학박사 학위를 받았다. 현재 울산대학교 철학과 교수로 재직 중이며, 2015년 2월부터
2016년 1월까지 독일 콘스탄츠 대학교(Universität Konstanz) 방문교수로 머물러 있다.
저서로는 *Kritik des Strukturalismus*(Amsterdam: Rodopi, 1991);『바른 추론, 그른 추론』(공저,
북코리아, 2012);『논증의 원리와 글쓰기』(북코리아, 2015), 그리고 역서로는『방법론』(알버트 메네
지음, 서광사, 1996);『그리스 로마 철학사』(초판, 프레드릭 코플스턴 지음, 철학과 현실사, 1998);
『비트겐슈타인』(앤서니 케니 지음, 철학과 현실사, 2001);『지식철학』(케네스 갤러거 지음,
철학과 현실사, 2002) 등이 있다.